国家社科基金
GUOJIA SHEKE JIJIN HOUQI ZIZHU XIANGMU
后期资助项目

卢继芳 著

江西都昌方言语音研究

社会科学文献出版社
SOCIAL SCIENCES ACADEMIC PRESS (CHINA)

图书在版编目（CIP）数据

江西都昌方言语音研究／卢继芳著 .--北京：社
会科学文献出版社，2025.1.--ISBN 978-7-5228-3770-
3

Ⅰ.H175

中国国家版本馆 CIP 数据核字第 2024T8J697 号

国家社科基金后期资助项目
江西都昌方言语音研究

著　　者／卢继芳

出 版 人／冀祥德
组稿编辑／祝得彬
责任编辑／郭红婷
责任印制／王京美

出　　版／社会科学文献出版社·文化传媒分社（010）59367004
　　　　　地址：北京市北三环中路甲 29 号院华龙大厦　邮编：100029
　　　　　网址：www.ssap.com.cn
发　　行／社会科学文献出版社（010）59367028
印　　装／三河市龙林印务有限公司

规　　格／开　本：787mm×1092mm　1/16
　　　　　印　张：30.5　字　数：470 千字
版　　次／2025 年 1 月第 1 版　2025 年 1 月第 1 次印刷
书　　号／ISBN 978-7-5228-3770-3
定　　价／188.00 元

读者服务电话：4008918866

国家社科基金后期资助项目
出版说明

  后期资助项目是国家社科基金设立的一类重要项目，旨在鼓励广大社科研究者潜心治学，支持基础研究多出优秀成果。它是经过严格评审，从接近完成的科研成果中遴选立项的。为扩大后期资助项目的影响，更好地推动学术发展，促进成果转化，全国哲学社会科学工作办公室按照"统一设计、统一标识、统一版式、形成系列"的总体要求，组织出版国家社科基金后期资助项目成果。

全国哲学社会科学工作办公室

目　录

绪 论

一 都昌县历史沿革与概况

都昌县隶属于江西省九江市，位于东经 116°2′24″ 至 116°36′，北纬 28°50′28″ 至 29°38′。春秋战国时期为楚、吴地，属番邑。秦始皇二十六年（公元前 221 年），分天下为三十六郡，置番县，隶九江郡。汉高祖元年（公元前 206 年），番县隶九江国九江郡，四年（公元前 203 年）隶淮南国，六年（公元前 201 年）析番县地立鄡阳县，治所四望山（今周溪镇泗山境），隶淮南国豫章郡。今泗山位于鄱阳湖东北，与都昌周溪镇隔港相望，由湖中十几处大小岛相隔组成。这里是古代都昌经水路去往饶州、景德镇的必经之地。相传公元前 201 年汉高祖刘邦派灌婴杀淮南王英布于泗山，便在此处立县鄡阳。现今可见的鄡阳城遗址标志是城头山，当鄱阳湖水位降至 18.5 米以下时，古土城垣、手工作坊遗址、山边高地汉墓群及大量绳纹板瓦、长乐未央瓦当、陶片等文化古迹便呈现在湖洲上。1987 年古城址被列为省级重点文物保护单位，现已是全国重点文物保护单位。汉建安十五年（210）分豫章置鄱阳郡，鄡阳县隶鄱阳郡，西晋永安元年（304）改隶江州寻阳郡。

南朝宋永初二年（421）因彭蠡湖盆地发生多次沉降运动，湖水南侵，鄡阳县地大部分沉入湖中，鄡阳县境域入彭泽县，隶江州。唐高祖武德五年（622）割鄱阳县雁子桥之南境置都昌县，"沉鄡阳、浮都昌"，因地有都村，南接南昌，西望建昌，故名"都昌"。

都昌地处鄱阳湖北滨，三面环水，一面靠山，地势自东北向西南倾斜，湖岸线长达 185 公里。东界黄金山、银宝湖、上岸东洲，与鄱阳县接壤；南濒鄱阳湖，南界下岸洲、下山、南岸洲、蚕豆湖洲，与鄱阳县、余干县、南昌县、新建区、永修县交界；西界饶河口、西长河，与庐山市（原星子县）交界；北依武山，北界屏峰河、芦塘涧、武山鹅公凸、卸衣岭、双尖山，与湖口县、彭泽县毗连。全境东西宽 52.7 公里，南北长 80 公里。面积 2669.53 平方公里，约占全省面积的 1.6%。据《都昌县志》（2009：1~2），全县有 24 个乡镇，即徐埠镇、都昌镇、多宝乡、左里镇、大树乡、北山乡、汪墩乡、苏山乡、春桥乡、西源乡、周溪镇、和合乡、大沙镇、阳峰乡、三汊港镇、土塘镇、蔡岭镇、鸣山乡、狮山乡、芗溪乡、万户镇、南峰镇、中馆镇、大港镇。

都昌县是特色鲜明的滨湖大县，域内分布湖水、岛屿、草洲、滩涂、丘陵、坡地、山地，属江南低山丘陵区。都昌湿地面积与岛屿数量为鄱阳湖区各县之首，有"白鹤世界""珍禽王国"之称《都昌县志》（2009：44~46）。匡庐之东、鄱阳湖之滨的都昌县峰峦叠秀、田园阡陌、渔舟唱晚，古往今来，秀美风光惹得无数文人墨客驻足忘返。谢灵运："千念集日夜，万感盈朝昏。攀岩照古镜，牵叶入松门"（《入彭蠡湖口》）；"昏旦变气候，山水含清晖。清晖能娱人，游子憺忘归"（《石壁精舍还湖中作》）。张九龄："庐山直阳浒，孤石当阴术。一水云际飞，数峰湖心出"（《彭蠡湖上》）。刘长卿："日暮苍山远，天寒白屋贫。柴门闻犬吠，风雪夜归人"（《逢雪宿芙蓉山主人》）；黄庭坚："山悠而水远，能阴而善晴。升南山而望之，如李成、范宽得意图画"（《清隐禅院记》）。至今都昌民间仍流传谢灵运读书石、陶侃矶山垂钓、苏东坡题壁等故事传说，这些诗文、故事印证了都昌秀美山水和悠久的历史文化。

都昌拥有鄱阳湖 1/3 的水域面积，湖岸线达 185 公里，湖中 41 座岛屿有 37 座在都昌水域，鄱阳湖最宽、最窄、最中心的水域也均在都昌，水力资源丰富，水上风光无限。都昌地扼鄱阳湖、赣水之咽喉，古有"自江藩论之乃中流之砥障，从外境望之为北门之锁钥"之称，历史上为兵家必争之地。东晋义熙年间，卢循"栅断左蠡"，大挫刘裕。元末朱元璋与陈友谅大战鄱阳湖，扼据都昌左蠡与之相持，最终取胜，至今都昌县乡间仍流传许多有关朱元璋的传说故事，这些在都昌地名文化中也有充分体现。例如，多宝乡龙头山首，与庐山市隔鄱阳湖相望的道观老爷庙，庙后有朱元璋"点将台"和"插剑池"遗址，庙左岩上有"水面天心"石刻，相传为明太祖朱元璋题；大港镇有卸衣岭，相传朱元璋曾在此卸衣宿营，因此得名；汪墩乡有遇驾山，相传元末陈友谅驻兵吴城，朱元璋驻都昌汪墩魏家山一带，战乱中朱元璋与妻子马秀英失散，后来二人在魏家山重逢，后来魏家山被赐名"遇驾山村"；大树乡北部有高山峰名叫"龙望垴"，相传元末朱元璋屯兵于此，常站在峰顶观望，了解鄱阳湖大战情况，故得此名；和合乡黄金嘴与朱袍山隔水相望，相传元末朱元璋与陈友谅大战于鄱阳湖时曾在此歇马晒战袍，故得此名；等等。

　　鄱阳湖最险的水域也在都昌。鄱阳湖北部近长江处水域狭长，最窄的地方便是位于都昌多宝乡西山南的老爷庙水域，宽度为 3000 米；老爷庙水域西面有高大庐山作为屏障，气流由高山东南绕过，冲向老爷庙狭长水域。地矿部门现代考证表明其底下存在一个东西走向、长约 2000 米的巨大沙坝，使湖底形成巨大旋涡。特殊的地势地貌使老爷庙水域风力变大。1988 年联合国科学考察委员会组织科考团进行实地考察，调查结果表明此水域年平均风速达到 5 级；又据都昌县航监站资料，20 世纪 60 年代至今，已有近 200 艘船在此沉没，故老爷庙水域被称为"鄱阳湖魔鬼三角""东方的百慕大"（李懋等主编，2019）。

　　都昌县位于赣江、鄱阳湖、长江航道重要节点，历史上军事地位突出。据许怀林《江西史稿》（1993：242~449），北宋灭南唐之后，朝廷加强对鄱阳湖—赣江航道全线的军事管理。太平兴国三年（978）建星子县，以星子县建南康军（包括星子、建昌、都昌三县），把鄱阳湖北半部水域及滨湖城乡统辖起来。公元前 2020 年前后的地壳运动形成了彭蠡古泽，南北朝至隋唐时期彭蠡古泽南浸扩充形成了今天的鄱阳湖。鄱阳湖航道形成后，不仅是中国南北重要交通枢纽（大运河—长江—鄱阳湖—赣江—大庾岭—广州），"止旅乃密，芮鞫之即"的聚居特点也使赣北沿湖地区形成发达的经济文化圈。明清时期江西商业贸易发达，市场往往分布于水陆交通便利的居民聚居区，如景德镇、樟树镇、河口镇、吴城镇便是江西工商业的四大名镇（陈荣华，2004：409）。都昌是鄱阳湖区域贸易转运链条的重要组成部分，都昌重要的埠岸、水运码头有徐家埠（俗称"埠下"）、南峰街、周溪镇、和合乡瓦屑坝等。沿湖各县之间借助水路舟楫，往来无阻。都昌西北端与湖口交界的苏山乡屏峰湖西至鄱阳湖主航道，是经由鄱阳湖从西北端进入都昌的水上要道。都昌县城东北25公里处的徐家埠（现称"徐埠镇"）水流穿行，入北庙湖（今新妙湖）汇入鄱阳湖，西至左里，可通（永修）吴城、南昌，当地有民谣"买不尽的埠下，装不尽的吴城"。土塘镇地处都昌中心腹地，源头港水流经土塘河汇入鄱阳湖。都昌南峰街位于都昌东南，为鄱阳湖岸古镇，是都昌东部及鄱阳县银宝湖物资集散地。都昌周溪镇原名"洲溪"，地处都昌县东南37公里处鄱阳湖中的湖洲上，相传元末此处有双溪平行，中夹一洲，明万历年间洪水毁洲，双溪合一，改称"周溪"。明洪武年间，镇西2公里处建柴棚巡检司，清雍正年间柴棚巡检司移驻镇上，是鄱阳湖沿岸主要货物集散地之一（都昌县地名志编纂委员会编，1986：255），周溪客货船可通鄱阳、余干、吴城、庐山（原星子）、湖口。都昌和合乡有瓦屑坝古迹遗址，和合乡黄金嘴向南伸入鄱阳湖，是鄱阳湖主航道的古码头，即便冬季湖水退缩，这里也可通行大船，来往于余干、鄱阳等地。明洪武三年江南14万户迁往凤阳，饶州、南康、南昌、九江等府县移民曾集聚于瓦屑坝集中迁移（李懋等主编，2019）。

　　一方水土养一方人，灿烂的鄱阳湖文化孕育了一代又一代人杰，贫穷不失义、临危难不苟全、豪爽好胜。据《都昌县志》（1993：518~522），晋代著名军事家、政治家陶侃是都昌矶山人。据考证，都昌西北苏山西麓的十里陶家冲便是陶侃、陶渊明故里，晋代称彭泽县五柳乡，今在都昌境内陶家山。北宋苏东坡作："鄱阳湖上都昌县，灯火楼台一万家。水隔南山人不渡，东风吹老碧桃花"（《过都昌》）。足见当时都昌人口稠密。宋代也是都昌经济文化繁荣时期，如北宋都昌进士人数为15人、南宋进士人数为106人（陈文华、陈荣华，1999：385）。南宋时期江西教育大发展，这与朱熹创立白鹿洞书院有密切关系（陈文华、陈荣华，1999：377）。朱熹于淳熙六年（1179）至淳熙八年任南康军秘书郎，常来都昌考察民情，对都昌文化教育影响大。都昌历史上有名的书院有石潭精舍（盛多园）、宝林书院、去非书院、东斋书院、云住书院、汇东书院、南山书院、经归书院、古南书院，这些书院与白鹿洞书院在鄱阳湖沿岸形成了以私塾、都昌书院、白鹿洞书院为载体的阶梯形教育体系。朱熹在白鹿洞书院教授的弟子姓名可考的有20多人，其中都昌籍弟子有黄灏、彭蠡、冯椅、曹彦约，民间雅称"朱门四友"。彭蠡长兄彭寻、子彭方,曹彦约兄曹彦纯均为白鹿洞书院的学生。北炎乡马坡村人陈澔为朱熹的再传弟子,1335~1340年担任白鹿洞书院主讲,为元代著名理学家、教育家,一生著述很多,如《礼记集说》名扬海内。都昌延昌乡林塘柏树下江村人(今阳峰乡共升村村委会府前村)江万里为南宋政治家、教育家,少年时随父学习朱熹理学,曾官居左丞相,事理宗、度宗二帝,1275年元兵破城,举家于饶州止水殉难,谥号"文忠"。江万里创立白鹭洲书院、宗濂书院、道源书院,培育了大量爱国志士、有用人才。元代都昌发生过大规模的反元起义,和合乡杜家村人杜万一揭竿起义,得到数万人的拥戴,朝廷命史弼同江西行省参知政事贾居贞镇压,这在《元史·贾居贞传》(卷一五三)中有明确记载。

都昌人自古以来便具有执着拼搏的精神,景德镇瓷业兴旺离不开都昌人的贡献。清代景德镇有"十里长街半窑户,迎来随路唤都昌"的说法,都昌人在景德镇书写了一部筚路蓝缕的创业史。都昌人将鄱阳湖的灵性转化成精美绝伦的陶瓷艺术,至今活跃在景德镇陶瓷业的各行人士追根寻祖不少是都昌人(李懋、邱林主编,2019:1~16)。由于历史上大量都昌人涌入景德镇,都昌方言对景德镇方言特点的形成与发展起着重要作用。景德镇方言的底层主要是都昌方言,老年层上声的调型、舌尖后塞擦音及擦音都是受都昌方言影响形成的,词汇中也有一批口语词来自都昌方言(陈昌仪主编,2005:43)。

当交通运输由水陆转为公路交通后,都昌地理位置由优势转入劣势,再加上易涝易旱,工业基础弱,信息阻塞,都昌直至20世纪80年代仍是工业弱县、财政穷县、人口大县。随着改革开放尤其是21世纪信息技术发展,都昌发生了日新月异的变化。在交通上,都昌县提高沿湖乡镇公路等级,打通连接昌九、九景高速公路通道,成为名副其实的"金三角"交通枢纽中心。都昌县拥有依山傍水、得天独厚的生态优势,东湖、矶山湖、新妙湖等造就了"城在湖中、湖在城中、城湖相融"的生态景观。都昌县沿湖打造中国淡水珍珠之乡,生产无公害农产品,建立早熟梨、大白桃等绿色果业基地;利用独特的沙山资源,建成蔓荆子、车前子等药材生产基地。2007年江西省第一个风力发电项目在矶山湖建成发电,2011年老爷庙风电场并网发电,2013年笔架山风电场并网发电，湖畔高坡风机飞旋，碧水、沙山、蓝天、白云为衬，蔚为壮观。新时代的都昌，古色与绿色交相辉映，历史文化与生态环境相得益彰。

二　都昌方言研究现状

1983 年陈昌仪在《方言》第 4 期上发表《都昌（土塘）方言的两个特点》，引起学界对都昌方言的关注，此后，都昌方言因"次清化浊""送气分调"等特点成为北部赣语重要代表方言，学界在讨论北部赣语时多会涉及都昌方言，下文详细梳理都昌方言研究成果与状况。

（一）都昌方言的归属与划片情况

学界将赣语划分为九片，即大通片、昌都片、吉茶片、宜浏片、抚广片、鹰弋片、耒资片、洞绥片、怀岳片（《中国语言地图集·汉语方言卷》第 2 版），都昌方言地理位置在江西北部，属于赣北的赣语，具体归属分片的名称在既往研究成果中有不同说法。

①归属赣语昌靖片。颜森（1986：21）提出，赣语昌靖片方言区域包括南昌市、新建区、南昌县、永修县、安义县、德安县、都昌县、湖口县、星子县（今庐山市）、奉新县、高安县（今高安市）、靖安县、修水县、武宁县。《中国语言地图集》（1987：264）中，昌靖片方言区域除上述地区外，还包括江西铜鼓县、湖南省平江县。

②归属赣语南昌片。陈昌仪（1991：18）提出，赣语南昌片方言区域包括南昌市、南昌县、新建区、永修县、安义县、奉新县、靖安县、德安县、星子县（今庐山市）、都昌县、湖口县、武宁县、修水县。刘纶鑫（1999）也持此观点。

③归属赣语赣北区。李如龙、张双庆等（1992：2）将赣语分为赣东区、赣中区、赣北区三个区域，都昌方言属赣北赣语的代表，赣语赣北区其他代表方言点有平江县、修水县、安义县、阳新县、宿松县。

④归属赣语南昌都昌片。魏钢强、陈昌仪（1998：43）提出，赣语南昌都昌片方言区域包括修水县、武宁县、永修县、德安县、星子县（今庐山市）、都昌县、湖口县、南昌市（包括新建区）、南昌县、安义县、奉新县、靖安县以及湖南省平江县。

⑤归属赣语北区都昌片。孙宜志、陈昌仪、徐阳春（2001：114）

提出，赣语北区都昌片方言区域包括南昌县、南昌市、修水县、武宁县、湖口县、都昌县、永修县、德安县。

⑥归属赣语昌都片。谢留文（2008：266）提出，赣语昌都片方言区域包括南昌市（包括新建区）、南昌县、德安县、星子县（今庐山市）、都昌县、湖口县、永修县、安义县、武宁县、修水县。

本文采用昌都片赣语说法。昌都片赣语区域内赣方言根据方言差异又可以分为不同小片，都昌方言具体归属方言小片情况如下。

陈昌仪（1991：25）指出，赣语南昌片分为三个小片，即南昌小片、都昌小片、靖安小片，都昌方言归属赣语南昌片都昌小片，包括都昌县、星子县（今庐山市）、永修县、湖口县、安义县、下新建区域①。

刘纶鑫（1999：23）指出，赣语南昌片方言分为湖口小片与南昌小片，都昌方言归属赣语南昌片湖口小片，包括湖口县、星子县（今庐山市）、瑞昌市西南地区、武宁县、修水县、都昌县、永修县、德安县。

孙宜志、陈昌仪、徐阳春（2001：114）认为，赣语内部差异首先可以分成怀玉山、袁江以北的北区赣方言，怀玉山、袁江以南的南区赣方言；北区赣方言主要分布在鄱阳湖平原，又可以分成三小片，即都昌小片、乐平小片、奉新小片，其中都昌小片包括湖口县、都昌县、永修县、德安县、修水县、武宁县、南昌县、南昌市。

卢继芳（2018：234）曾对昌都片赣语语音的内部分片做进一步考察，指出昌都片赣语南北存在较大差异，将赣语昌都片划分为三个小片，即武宁小片、南昌小片、都昌小片。都昌方言归属都昌小片，都昌小片包括湖口方言、庐山市方言、都昌方言、修水方言、德安部分乡镇方言、永修部分乡镇方言。

综上所述，都昌方言是北部赣语的重要代表，对于其归属分片，本文采用昌都片赣语说法，以"赣语昌都片方言"称呼。

（二）昌都片赣语及都昌方言的语音特点

袁家骅等（2001：127）以南昌方言为代表，描述赣语的特点是中

---

① 新建区分为上下两片，以望城为界，望城以北包括望城是下新建，望城以南为上新建。

古塞音和塞擦音合流读送气清音。"中古塞音和塞擦音今读"是丁邦新（1998：171）提出的"早期历史性条件"，学界认同"中古塞音和塞擦音一律变送气清音"是赣语最重要的特征，遗憾的是，这条特征无法将赣语方言与客家方言截然分开，也无法涵盖北部昌都片赣语（都昌、湖口等鄱阳湖周边县市方言）"古全浊塞音、塞擦音今读与次清声母合流今读浊音"等现象。刘纶鑫（1999：269）提出："客赣方言的古全浊声母字不单单表现为变成送气清音而已（虽然绝大部分的客赣方言是这样），还在于它们的古全浊声母与次清声母的合流——这才是最为重要的。"赣语分区语音标准"尴尬"正说明江西北部赣语昌都片方言是赣语方言较复杂性区域，具有不同于其他赣语方言的鲜明特点。

都昌方言属昌都片，昌都片区域内赣语的共性特点是什么？本书着重讨论语音问题，下文将详细梳理以往学界对昌都片区域内赣语的语音特点的认识。

颜森（1986：21）指出，昌靖片赣语入声分阴阳，调值上阴入高，阳入低；昌靖片赣语声母送气影响调类分化，有些方言如南昌市、南昌县、安义县、永修县、修水县、德安县、星子县（今庐山市）今声母送气影响调类分化，有些方言如都昌县、湖口县语音系统中今无送气清音，古声母送气影响今调类分化。

陈昌仪（1991：18~26）提出，赣语南昌片声调特点包括：有调类6~10个，古声母的清浊、今声母的送气与否影响声调演变，入声分阴入、阳入，阴入高，阳入低。南昌片声母特点包括：声母一般有19~22个；星子县（今庐山市）、武宁县、修水县、都昌县及湖口县下片方言声母系统中有塞音、塞擦音浊声母，这是本片的一大特色；南昌市、南昌县、星子县、都昌县方言普遍有声母［φ］，非敷奉母、晓匣母合口一二等及部分三等字声母读［f］或［φ］；都昌县、星子县、湖口县和武宁县泉口镇方言泥来母不混，泥母读［n］，来母读［l］，其他方言相混，一般读［l］；疑影母开口洪音字读［ŋ］；庄组字和精组字声母合流，读舌尖前清塞擦音、擦音，细音可能腭化为舌面前清塞擦音、擦音，永修县、星子县、都昌县、湖口县、安义县等方言分尖团音，其他市县方言不分尖团音；知章组今读有四类，即舌尖后塞擦音、擦音，舌尖塞音、擦音，舌尖前塞擦音、擦音，舌面前清塞擦音、擦音；本片见组读法特殊的方言现象有德安聂桥镇山臻合口三等见溪群声母读［tʂ、tʂ'］，修水县方言溪母开口洪音字读［h］，奉新县方言遇山臻三摄非敷奉大多读零声母。南昌片韵母特点包括：韵母有 55~69 个，南昌市、南昌县、德安县、湖口县、武宁县方言四呼俱全，新建区、永修县、星子县、都昌县、安义县、奉新县、靖安县、修水县等方言没有撮口呼韵母；果摄帮组、端系字读［o］，遇摄合口一等精组字、合口三等庄组字，修水县、新建区望城、新建区石岗方言读舌尖元音［ʮ］，其他方言都读［u］；蟹开一等与二等见系字大多不分立，读［ai］，修水县、靖安县、奉新县、新建区方言蟹摄开口一等字读［ei］，开口二等字读［ai］，武宁县方言开口一等字读［oi］，开口二等字读［ai］，蟹摄合口一等端系字读［i］，新建区石岗方言读［ai］，武宁县方言读［y］；止摄开口三等知章组字多读舌尖后元音［ʮ］，南昌市、南昌县、武宁县方言读舌尖前元音［ʅ］，新建区望城、大塘方言读舌面前不圆唇高元音［i］，修水县方言读［ɛ］，安义县方言读［ə］，奉新县、靖安县方言常用字读［ɵ］；效摄开口三等知章组字与同摄一二等字分立，一般开口一二等字读［au］，开口三等知章组字读［eu］，不分立的代表点一律读［au］；流摄开口一等见溪母字，南昌市、南昌县、新建区、靖安县方言读［ieu］，安义县、武宁县方言读［iau］；咸摄、山摄开口一等字与开口二等见系字分立，开口一等字多读［on］，开口二等字多读［an］，山摄合口一等字与合口二等字分立，合口一等字读［uon］，合口二等字读［uan］，咸山摄开口三等精组见系字读［iɛn］；臻摄合口一等端系字，武宁县方言读［un］，其他方言读［ən］，南昌市、南昌县、新建区方言端泥组字读［ən］，精组字读［un］［uŋ］［in］；江宕摄字读音较一致，读［ɕuŋ、iɔŋ、uɔŋ、ɔk/ɕɔ?、iɔk/iɔ?、uɔk/uɔ?］，梗摄字的白读多为［ʌŋ、iʌŋ、uʌŋ、ʌk/ʌ?、iʌk/iʌ?、uʌk/uʌ?］；安义方言鼻韵尾为［m、n、ŋ］，其他方言为［n、ŋ］，入声韵尾有［t、?］［t、k］，南昌市、南昌县、新建区、永修县、安义县、奉新县、靖安县方言为［t、?］型，新建区、都昌县、修水县方言为［t、k］型，星子县、德安县、武宁县方言只有一个入声韵尾［?］，武宁泉口方言阴入字带［?］尾，阳入字无韵尾，湖口县方言没有入声。

　　李如龙、张双庆（1992）将赣语分为赣东区、赣中区、赣北区三个区域，赣北区方言代表点有都昌县、平江县、修水县、安义县、阳新县、宿松县。赣北区方言声母特点包括：都昌县、修水县、平江县方言中並滂、透定、彻澄、清从、初崇、昌、溪群字今读浊音声母，都昌县方言浊音声母为［b、l、dz（dʐ）、g（dʑ）］，修水县、平江县方言浊音声母为［b'、d'、dz'（dʐ'）、g'］；来母细音字读塞音声母，平江县、修水县方言读［t'］，安义县方言读［d'］。韵母特点包括：古入声字，逢咸深山臻摄字都昌县读［l］尾；逢咸深山臻摄字余干方言读［tn］尾，逢宕江曾梗通摄字余干方言读［kŋ］尾，邵武方言逢咸深摄字多读［n］尾，安义方言存在韵尾影响调类分化现象，入声字依今不同韵尾，分属不同调类。声调特点包括：都昌县、安义县、修水县、新余等方言代表点，声母送气与否影响调类分化（或独立分调或派入别调）；安义县方言声调演变受声韵母影响，清入字依今不同韵尾分化为两个调类，［p、t］韵尾读高促调［5］，［ʔ］韵尾读舒调［53］，上声字中，清声母、次浊声母、全浊声母字今声调归派不同。

魏钢强、陈昌仪（1998：43）提出，赣语南昌都昌片方言的共同特点是古今声调的演变受到今声母清浊和送气不送气的影响；本片入声有两个调类的，调型都是阴入高、阳入低，没有例外。

刘纶鑫（1999：22~23）提出，赣语南昌片方言的声母特点包括：除南昌县、南昌市、新建区、安义县方言外都有浊音声母，湖口县、星子县（今庐山市）、都昌县、修水县方言古次清和全浊声母合流为不送气浊声母，德安县、永修县方言合流为送气浊声母或清音浊流，武宁县方言及瑞昌市西南的南义镇（与武宁邻近）方言有不送气全浊声母，但不与次清声母合流。韵母特点包括：咸山摄一二等字有区分的痕迹，修水县方言蟹摄一二等字有别。声调特点包括：声母送气与否及清浊都影响调类分化，永修县、修水县、德安县、都昌县方言依古声母送气与否分调，南昌县、新建区方言依今声母送气与否分调，入声分阴阳，阴入高，阳入低。

游汝杰（2000：107）提出，保留全浊声母、覃谈两韵不同音是北部赣语共性特点。

孙宜志、陈昌仪、徐阳春（2001：114）指出，都昌方言属赣语北区，覃谈非见系分韵是赣语北区的特点。

谢留文（2006：267~268）提出，昌都片赣语的主要特点是声母送气影响调类分化，南昌市、南昌县、新建区、安义县、永修县、德安县方言今声母送气与否影响调类分化，都昌县、湖口县、星子县（今庐山市）、修水县方言古声母送气与否影响调类分化；昌都片除南昌市、南昌县、新建区、安义县外，都有浊音声母。

卢继芳（2018：231）提出，昌都片赣语最重要的区别是送气分调，浊音声母或清音浊流现象是昌都片赣语区别于其他赣语的第二个重要特点。

都昌方言在上述赣语研究文献中分别属都昌小片、湖口小片、北区都昌片、昌都片小片，都昌所属小片又有哪些共性？

陈昌仪（1991：25）指出，都昌小片方言的共同点有：①古今声母送气与否影响今调类的分化；②古全浊声母和次清声母今读全浊声母或清音浊流声母（湖口上片、安义县方言除外）；③非敷奉三母字和晓匣合口一二等及部分三等字声母读双唇清擦音［ɸ］；④来母细音一般读［d］或［tʰ］（永修县方言除外，下新建只限于个别字）；⑤知章组字声母读舌尖后塞擦音、擦音；⑥韵母系统［in、iŋ］对立，无撮口呼韵母（湖口县方言除外）。

魏钢强、陈昌仪（1998：43~44）提出，赣语南昌都昌片方言分为三小片，即南昌小片、都昌小片、靖安小片。都昌小片包括都昌县、星子县（今庐山市）、德安县、永修县、湖口县、安义县、下新建、武宁县和修水县。都昌小片方言的共同特点包括古全浊声母和古次清声母今读塞音、塞擦音的为送气全浊声母，声母送气与否影响今调类的分化，擦音［h］归送气类，其余归不送气类；大多有舌尖后声母，有［in、iŋ］对立，无撮口呼韵母。

刘纶鑫（1999：23）提出，赣语南昌片方言分为湖口小片、南昌小片。湖口小片方言的声母较有特色：有浊音声母；泥来母多不混；古晓匣母合口字声母今读不与非组字声母相混；知三章组多读舌尖后音［tʂ、dʐ、ʂ］，与精组、庄组有别；修水县、湖口县方言溪母开口洪音韵字读［h］；瑞昌市南义镇方言知三章组字、精组拼细音部分字、见组二等字声母读［tɕ、tɕʻ、ɖ］；湖口县、修水县、星子县（今庐山市）、都昌县方言来母细音字声母读［d］；修水县方言书、禅母部分字声母读［f］。对于湖口小片韵母，刘纶鑫指出，瑞昌市南义镇方言咸山摄鼻音韵尾失落，韵母元音鼻化；修水县方言咸山摄入声字有［1］尾。对于湖口小片声调，刘纶鑫指出，湖口县方言无入声，古入声字依声母清浊和送气与否分别派入阴去₁、阴去₂和阳去。

孙宜志、陈昌仪、徐阳春（2001：114）提出，都昌小片方言的特点是有全浊声母，有送气分调现象。

卢继芳（2018：234~235）提出，都昌小片方言相对于其他昌都片方言的区别性特点有：①中古全浊声母今读浊音；②非组今读［ɸ］；③知三章组多读舌尖后音［tʂ、dʐ、ʂ］；④透定母有读边音声母现象。

综上所述，对于昌都片赣语的区域性特点，较为一致的认识是浊音与送气分调现象。

（三）都昌方言研究情况

赣语研究始自 20 世纪 20 年代至 40 年代，"中研院"历史语言研究所组织了大规模方言调查，李方桂、杨时逢于 1935 年春对江西方言进行了调查。这个时期出版了一些方言点著作，如罗常培《临川音系》（1940）。20 世纪 50 年代，全国开展汉语方言普查工作，余心乐等人进行了赣方言调查，但调查成果在"文革"中大多散失。《方言》杂志于 1979 年创刊，标志着汉语方言研究步入繁荣发展道路，熊正辉、陈昌仪等在《方言》上发表南昌、余干等地方言研究成果，为赣方言研究翻开了新篇章。从 1979 年至今，赣方言各方面研究硕果累累。都昌方言研究正是在这样的大背景下逐步发展深入。

1. 都昌方言专门研究

（1）都昌方言语音研究

陈昌仪（1983）对都昌土塘方言声母、韵母、声调、声韵调配合做了细致的描述。土塘方言音系中有 22 个声母、67 个韵母、8 个声调，有塞音韵尾［t］［k］。陈昌仪指出，土塘方言的语音特点有：无闭塞送气声母，古次清声母和古全浊声母今读塞音、塞擦音的，土塘方言今读带音声母；古全清声母今读塞音、塞擦音的，土塘方言今读不送气不带音声母；古声母送气与否影响土塘方言今调类的分化。陈昌仪《都昌（土塘）方言的两个特点》一文第一次全面系统地描述都昌方言的语音特点，由此引起了学界对都昌方言的关注。

声母专题研究方面，段玉泉（2002）分析了都昌方言中鼻音声母［n̥］的来源，指出［n̥］声母是中古泥母在［i（y）］前腭化的结果，疑母在高元音［i（y）］前同化的结果。段玉泉认为，认清古今音演变规律，有助于方言区人读准相应的普通话读音。栗华益（2017）在都昌县 14 个点的方言语料的基础上，从音素作用和语音因素两个角度分析了都昌方言溪群母零声母化的过程与原因。

声调专题研究方面，杨自翔（1999）对都昌县城方言入声演变做了专门讨论。陈维（2020）采取实验语音学研究方法，分析了都昌徐埠镇方言 3 个易混上升声调（分别来源于次浊平、全浊平、全清去）的特征、差异，根据共时与历时、新老派语料指出 3 个上升调有合并的发展趋势。杨自翔还结合声母语音学中的 VOT 值，讨论了都昌方言声母与声调的关系。

语音比较研究方面，卢继芳（2010）对都昌方言语音地理差异做了详细分析。卢继芳（2012b）从历时、共时角度对都昌方言透定母今读的特色音变做了深入讨论。都昌方言语音特点及发展同当地历史文化有着密不可分的联系。卢继芳（2012a）主要比较都昌及周边方言的语音异同，结合历史文化讨论了都昌方言与鄱阳湖周边方言的亲疏关系。一些成果从语言学习指导的角度对都昌方音与普通话、英语做对比分析。卢继芳（2006）从学习普通话的角度分析了都昌方言与普通话的语音差异，并对都昌人说普通话时的母语迁移现象做了详细分析。韩琨（2013）分析了都昌方言与英语语音的差异性，以都昌方言为例研究赣方言母语者在英语语音学习中存在的负迁移现象，为都昌人学好英语提供参考。

（2）都昌方言语法研究

①重叠研究。曹保平（2003）详细分析了都昌方言的变式形容词与特色形容词短语，提出变式形容词有重叠式与附加式两类，探讨了变式形容词的语音、语义特点。曹保平（2002）描述了都昌方言名词重叠、形容词重叠、量词重叠现象，并从语音、语法、语义等方面进行分析。

②词缀研究。卢继芳（2012e）分析了都昌方言人称代词词缀"侬"的构词特点及人称代词的语法功能，并结合历史文献与邻近方言分析

其形成原因。冯青（2018）结合汉语史中"首"的历时替换和词义变化，考察都昌方言用于动词后的"首"字。"首"用在动词后面，与"有""谬""冒"构成"有 / 谬 + 动词 + 首"，语义表示值得或不值得做某事。江莹（2019）结合汉语史，参照赣语南昌、东乡、黎川等方言材料，讨论了都昌方言被动标记"驮"从背负义至遭受义，进一步虚化的语法化过程。

③虚词"得"的研究。肖萍（2001）详细分析了置于谓词及谓词词组之后"得₂"及虚词"得₂"句法结构的语法意义。卢继芳（2012）将虚词"得"功能分为体态助词、结构助词、语气助词，结合汉语史文献及现有研究成果，探讨不同用法的历史层次，提出体态助词中保留秦汉时完成体态用法，结构助词中包含中古时期汉语表达法。

④句类、句式研究。冯桂华（2006）采用语言类型学理论，讨论了都昌话的句类，提出都昌话是典型的话题型语言，同普通话比较，都昌话更常使用受事前置充当话题。赵建华（2014）把表语气情态的"是"字句归纳为"x 是 y""是 y""x 是 y 个"三种类型，并对其表达判断、强调、反驳、厌恶等语气情态的情况做了详细分析。

一些成果涉及都昌方言多方面语法现象，如曹保平、冯桂华（2003）描述了都昌方言的词类、重叠式、语序等现象。

（3）词汇、熟语研究

一些方言文化爱好者从民俗角度收集与整理都昌方言材料，如雷道彩等（2017）收集了 1800 条都昌俗语，并逐条注释、举例句。

（4）语音、词汇、语法综合研究

《都昌县志·方言卷》（1993）是较早对都昌方言的整体面貌及地区差异进行描述的成果。该书共四部分，第一章为方言区划，提到全县方言东西差异大、南北差异小，把全县划为 8 片，并列出 48 字读音对照表、调值调类对照表、23 条词条对照表。卢继芳（2007）以都昌阳峰方言为代表，对都昌方言的语音、词汇、语法进行全面探讨。冯桂华、曹保平（2012）从都昌方言概况、语音、词汇、语法、话题句、语法语料库数据等方面对都昌方言做了全面的研究。

2. 涉及都昌方言的研究

一些大型调查研究报告或者大区域方言专题研究中涉及都昌方言。

（1）语音、词汇、语法综合研究

《赣方言概要》（陈昌仪，1991）将土塘方言作为赣语南昌片都昌方言代表点收入，内容相较《都昌（土塘）方言的两个特点》更为深入，材料上增加土塘方言同音字汇、方言词语描述及个别语法举例。

《客赣方言调查报告》（李如龙、张双庆主编，1992：14、195）记载了都昌（城关）方言语音系统（声母22个，韵母66个，声调10个），并从客赣方言比较研究的角度记载了都昌（城关）方言1320个单字音、1100多条词语。都昌方言声母特点包括：[b、dz、dʑ、g]为不送气浊音；无轻唇音声母，非敷奉和晓匣合口字读双唇清擦音[ɸ]；[l]在齐齿呼前可自由变读[d]；[ȵ]只拼细音，但与[n]有对立，如女[ȵi3]≠你[ni3]，义[ȵi6]≠内[ni6]；知三章组等读[tʂ、tʂʻ、ʂ]，发音部位与北京话类似；溪群母逢细音读零声母。都昌方言韵母特点包括：[ə]在韵母[ə]及[uəu]中，实际音值为[ə]，在[əu]中，与[tʂ、tʂʻ、ʂ]相拼，音值接近[ɯ]，与其他声母相拼音值为[ə]，在[ən、əŋ、əl、uəl、ək]中，音值均接近[ɯ]；[l]韵尾在浊音声母音节中，带音成分明显，在非浊音声母中，带音成分稍弱。都昌方言声调特点包括：阳平、阴入、阳入各分为两类，凡逢今声母为[h]及浊音者为乙类，其余声母为甲类，调值各不相同；古清去字中逢今浊音声母及[h]声母读阳去调，其余仍读阴去调。

《客赣方言比较研究》（刘纶鑫主编，1999）记录了都昌县城方言音系（24个声母，62个韵母，10个声调）、1179个单字音。都昌方言声母特点包括：古全浊、次清塞音、塞擦音声母合流为不送气浊音；透定母今读[l]；泥来母不混；精庄知二组今读[ts、dz、s、z]，知三章组读[tʂ、dʐ、ʂ、ʐ]；分尖团；溪群细音韵字读零声母[ŋ]。韵母特点为入声韵尾有[l][k]。声调特点包括：次浊平与全浊平分为两类阳一调；全浊上声字多归阴平调；去声的不送气及清擦音声母（今读清声母）字归阴去，送气及浊擦音声母（今读浊声母）和[h]声母字归阳去；阴入依古声母的送气与否分为两类，[h]声母字归第二类；阳入依古声母次浊、全浊分为两类，[h]声母字归第二类。

《江西方言的分区（稿）》（颜森，1986）认为，都昌方言归赣语昌靖片，都昌方言的特点包括：今无送气清音；都昌靠近九江官话区，说

"喝茶"，不说"吃茶"；在例字例词表中，都昌县城话作为代表有 17 字例、7 条词汇；从语音记录可见，都昌县城话中有喉塞音韵尾［ʔ］；从声调表中可知，都昌县城话古声母送气影响今调类分化，分为阴平、阳平$_1$、阳平$_2$、上声、阴去、阳去、阴入$_1$、阴入$_2$、阳入，共 9 个调。

（2）语音专题研究

都昌方言中存在古次清与全浊声母合流今读浊音声母、送气分调现象，这是都昌方言引起学界关注的重要原因，学界语音专题性研究成果常用都昌话语音材料作为佐证或论据对相关音变规律进行探讨。

《汉语方言语音的演变和层次》（王福堂，1999：23）的"语言接触引发的语音变化"一节中分析湘鄂赣交界地区蒲圻、崇阳、通城、修水方言归属问题时，认为蒲圻、崇阳、通城、修水等方言的古次清与全浊声母合流为浊声母现象，符合赣方言次清与全浊合流这一特征，是古浊声母清化后又浊化的结果，并指出都昌话中也存在这种情况。《自发新的内爆音——来自赣语、闽语、哈尼语、吴语的第一手材料》（朱晓农，2009：10~17）研究了北部赣语语料，提出包括都昌方言在内的北部赣语存在作为常态浊爆音变体的内爆音。《江西都昌、余干方言的塞音塞擦音声母——兼论汉语塞音塞擦声母的演变过程和类型》（栗华益，2021）结合都昌多宝乡、余干瑞洪镇方言声母演变情况，探讨汉语古次清声母的本质、历时演变过程和古全浊声母的演变类型。

此外，论文《赣语古上声全浊声母字今读阴平调现象》（谢留文，1998）、《江西赣方言语音的特点》（孙宜志、陈昌仪、徐阳春，2001）、《江西赣方言中古精庄知章组声母的今读研究》（孙宜志，2002）、《江西赣方言来母细音今读舌尖塞音现象的考察》（孙宜志，2003）、《江西赣方言古全浊声母今读新论》（孙宜志，2008）、《江西赣方言见溪群母的今读研究》（孙宜志，2009）、《论湘鄂赣边界地区赣语中的浊音走廊》（陈立中，2004）、《汉语方言声调送气分化现象初探》（陈立中，2005）、《赣语中的次清浊化与气流分调》（王莉宁，2010）、《赣语中的合流型浊音》（夏俐萍，2010）等，专著《规律与方向——变迁中的音韵结构》（何大安，2004）、《客赣方言历史层次研究》（刘泽民，2005）、《江西赣方言语音研究》（孙宜志，2007）、《赣语声母的历史层次研究》（万波编著，2009）、《汉语方言全浊声母演变研究》（夏俐萍，2020）等，都对都昌方言相关现象做过探讨。

从方言与文化关系角度展开的研究，如《从古透定母方音看鄱阳湖文化的多元性》（卢继芳，2012）结合包括都昌方言在内的鄱阳湖周边县市方言透定母今读差异以及地理和历史文化，对昌都片方言特点及发展进行了深入探讨。

（3）语法专题研究

肖萍（1999、2001）对鄱阳湖周边方言体态助词做了专题研究，其中都昌方言常用助词为"得"，根据语法功能，"得₁"为名词后缀，"得₂"充当动词、形容词的后缀是都昌方言完成体标记，其作用相当于普通话中的"了₁"；已然体助词常用"个"，都昌话动词进行体常用"在"放于动词之前表示，持续体多用"得₂""到"，经历体多用"过"。

综上所述，都昌方言研究成果在 21 世纪学术研究大背景下日益增多，研究角度与研究方法也越来越丰富，但仍存在许多不足：一是都昌方言专门研究成果不多，既往成果中多是描述性，专门深入的研究成果不多；二是以往成果多以某一地点方言为代表，全县内部地理差异性研究不够；三是研究方法以传统结构主义描写法为主，较少运用实验语音学、历史层次分析、地理语言学等新兴研究方法。

三　本书研究内容以及理论与方法

（一）主要研究内容与研究意义

本书旨在对都昌方言的语音做深入系统研究，涉及五大方面。

一是都昌方言语音系统与特点研究。以都昌县政治经济中心地都昌镇方言语音为对象，描写方言语音系统，采用实验语音学、语言类型学等现代手段和方法记录描写典型语音特点。语音面貌研究的具体内容包括声韵调系统、单音字表、声韵调拼合关系、文白异读与新老派异读、同音字汇等。

二是都昌方言语音多维度的比较。结合《广韵》音系、北京音系，进行古与今、方言与普通话的多维度比较研究。都昌全县共有 24 个乡镇，在全面调查的基础上进行语音的系统调查研究，深入挖掘都昌方言语音内部差异，分析音类今读的历史层次，综合历时音韵条件及共时平面差异对全县方言进行内部划分。

三是都昌方言语音特色音变。结合历史文献与中古音系，探讨声母、韵母、声调特色音变现象。声母专题包括今读浊音声母的类型与特点、浊音声母弱化现象；韵母专题包括［ε］韵母、中古阳声韵尾今读演变、入声字塞尾边音化、自成音节现象；声调专题包括语流音变中两字组连读变调规律，全浊上与全浊去归阴平、送气分调、入声字今读演变等。结合其他汉语方言相关现象，分析都昌方言音变的特殊性，探讨音变的机制与成因。

四是都昌方言与周边方言的关系。基于方言语音的共性与差异，结合都昌自然地理历史，探讨都昌方言与周边方言的关系，并结合移民、人文历史解释分布特征及成因。

五是都昌方言语音的区别性特征，包括分析都昌方音的赣语特点；结合赣北赣语、湘语、吴语的相似性，揭示昌都片方言语音的演变规律；结合周边县市方言，分析探究都昌方言语音的区别性特征。

在研究意义上，一是本书采取多种研究方法与思路，全面深入揭示都昌方言语音特点。以往都昌方言的研究多采用传统描写方法，较少采用实验语音学方法、地理语言学方法、历史层次分析法，故许多语言事实没有得到挖掘，许多语言音变现象没有得到合理的解释，本书则运用多种方法对都昌方言语音进行深度挖掘和系统研究。

二是内部差异挖掘与研究有助于深入探讨北部赣语自身特点。就本地人的语感来说，都昌方言内部语音、词汇、语法都有很多差异，这些差异往往是因为地域不同甚至同赣北鄱阳湖周边其他方言的影响有关系，故对都昌方言内部差异进行全面深入研究，无论是对都昌方言本身还是揭示赣北鄱阳湖周边方言面貌都是很有价值和必要的。

三是语音比较及历史层次研究有助于探讨北部赣语形成及历史演变等问题。原始方言的构拟是历史比较语言学理论在方言研究中的应用，也是当前汉语方言研究工作之一，构拟地区方言的原始方言最根本的依据是同属某个地区方言的若干地点方言的语音系统，所以建立地点方言之间的语音对应规律是构拟工作的基础。语言在不同地域的发展是不平衡的，语言的地域差异可以呈现语言的历史演变过程，所以深入研究都昌方言语音内部差异及演变规律，有助于北部赣语史研究。

四是本书研究为建设地理语言学理论增添样本。方言与地理因素密切相关，方言的各种语言特征及其分布总是离不开地理条件。都昌东部同鄱阳县接壤，北部同湖口县、彭泽县毗邻，西部、南部隔湖同庐山市、永修县、新建区、余干县相望，有着丰富的地理语言学研究资源。以前的研究注重局部地点方言，缺乏从地理语言学角度对方言语音特征及差异形成的研究。本书从地理语言学的视角来全面考察某些音类在地理分布上的现状和演变特点，并结合移民史、方言接触现象深入解释都昌方言内部共性与差异的地理分布特点及成因。

（二）研究理论与方法

本书在田野调查方法的基础上，综合运用历史比较、历史层次分析、实验语音学、地理语言学、语言接触等理论方法对都昌方言语音进行全面深入的研究。

1. 历史比较法

在19世纪印欧系语言研究基础上建立起来的历史比较语言学是通过语音的对应规律去探索语音的发展规律，这也是历史比较语言学研究语言史的基本途径（徐通锵，2001：113），历史语音学在印欧语研究的基础上总结了许多语音演变的音变规律。

Lyle Campbell（2013）总结的音变类型有：Merger（合流）（A，B＞B 或 A，B＞C）、Split（裂变）（A＞B，C）、Assimilation（同化）、Dissimilation（异化）、Deletions（删除）、Epentheses or Insertions（增音）（asta＞asata）、Nasal Assimilation（鼻音同化）、Diphthongisation（双元音化）、Lenition（Weakening）（辅音弱化或弱音化）等。本书运用历史语音学音变分析，借助其音变术语研究都昌方言语音演变现象与类型。

运用方言差异比较尤其是亲属关系语言差异构拟原始语言形式是历史比较语言学的研究重点。19世纪末20世纪初法国著名历史比较语言学家梅耶（2008：26）指出，构拟原始共同语的价值在于从历史比较的成果中提炼出简单、明确的方式来构拟原始共同语，在构拟共同语的过程中合理解释现代亲属语言的种种差异，故历史比较语言学与历史比较法的价值之一便是运用亲属语言的差异比较来说明语言的演变过程。20世纪初期历史比较法被广泛运用于汉语方言研究，如罗常培《临川音系》、赵元任《现代吴语研究》等都善用历史比较研究法。本书对都昌方言语音做深入研究，参照中古《广韵》音系，运用历史比较法来描述都昌方言语音今读特点，并归纳其语音演变规律，构拟其早期形式。

下文以都昌县各乡镇方言山摄合口三等见系韵母为例，参照赣语昌都片其他邻近方言，分析山摄合口三等韵母早期形式及音变构拟。

从表0-1可知，都昌方言山摄合口三等见系韵母类型有 ［yɛn］［uɛn］［iɛn］［iɔn］，这显然是中古韵母地域发展不平衡的结果，这些韵母语音层次如何？这是研究都昌方言语音演变必须思考、解决的问题。从汉语语音史来看，撮口呼韵母当是晚近产生的，而符合中古合口三等字韵母的音变链条初步应是 ［uɛn］＞［iɛn］／［iɔn］＞［yɛn］。亲属语言的种种差异通过构拟的共同语得到合理的解释，从理论来看，都昌各乡镇方言、赣语昌都片各地方言都存在亲属关系，源自共同的原始赣语，若从赣语昌都片方言大区域来看，山摄合口三等见系韵母音变情况更加清楚。

表0-1　都昌县各乡镇方言山摄合口三等见系韵母例字

地点	权群	劝溪	冤影	远云
中馆镇	$dʑyɛn^{344}$	$dʑyɛn^{22}$	$uɛn^{33}$	$uɛn^{354}$
万户镇	$dʑyɛn^{33}$	$dʑyɛn^{31}$	$uɛn^{33}$	$uɛn^{354}$
蔡岭镇	$iɔn^{213}$	$iɔn^{312}$	$iɔn^{33}$	$iɔn^{354}$
土塘镇	$dʑiɔn^{355}$	$iɛn^{21}$	$iɔn^{44}$	$iɔn^{354}$
周溪镇	$iɛn^{212}$	$iɛn^{21}$	$iɛn^{33}$	$iɛn^{354}$
徐埠镇	$iɔn^{355}$	$iɔn^{213}$	$iɔn^{33}$	$iɔn^{352}$
左里镇	$iɔn^{214}$	$iɔn^{314}$	$iɔn^{33}$	$iɔn^{354}$
都昌镇	$iɔn^{213}$	$iɔn^{312}$	$iɔn^{33}$	$iɔn^{352}$

中古见组声母一般拟音为 ［k］［kʰ］［g］［ŋ］，表0-2中 ［kuiɛn］／［kuɛn］应是接近中古读音的形式，昌都片内部差异应是早期赣语不同地域不平衡发展的结果，［tɕiɛn］／［tɕiɔn］应是 ［kuiɛn］／［kuɛn］进一步演变的结果。从音理上看，语音是发音器官协同动作的结果，［kuiɛn］音节发音过程中，过渡音 ［i］易丢失，调查时我们发现发音人念"权"字时会出现 ［kuɛn］／［kuiɛn］随意变读，［kuiɛn］＞［kiɛn］音变是客

观存在的，如修水县、庐山市、永修县、南昌市新建区方言均有此现象；辅音［k］、元音［u］都具有后、高发音特点，发音便利、和谐原则易导致［u］丢失，［kuiɛn］音节丢失［u］之后，［k］与［i］相拼易发生声母腭化现象，同时元音［i］前、高发音特点也会导致韵母主元音发生音变，即产生［iɛn］>［ien］/［iɔn］/［ion］音变。据表 0-1、表 0-2 可知，［ien］［ion］［iɔn］韵母分布在都昌、安义、南昌县、湖口方言中。据赣语昌都片各地方言山合三见组韵母差异的比较与分析，本书推断［uiɛn］是昌都片赣语山合三见组字韵母的早期形式，今读韵母曾经历［kuiɛn］>［kiɛn］/［kuɛn］>［tɕien］/［tɕion］>［dʑyɛn］音变过程，而都昌县各乡镇方言山摄合口三等见组韵母读法应处于演变链条不同环节。

表 0-2　昌都片赣语山摄合口三等见组例字

地点	卷 山合三见	权 山合三群	劝 山合三溪	元 山合三疑
修水义宁镇	kuɛn^{51}	guɛn^{214}	guɛn^{325}	ŋuɛn^{214}
湖口武山镇	tɕiɔn^{352}	dʑiɔn^{434}	dʑiɔn^{313}	ȵiɔn^{434}
庐山华林镇	kuɛn^{352}	guiɛn^{324}	guɛn^{214}	uiɛn^{324}
德安林泉乡	kuiɛn^{24}	k'uiɛn^{31}	k'uiɛn^{214}	uiɛn^{31}
永修江益镇	kuɛn^{21}	g'uɛn^{33}	g'uɛn^{445}	ȵiɛn^{33}
安义乔乐乡	tɕiɛn^{324}	tɕ'iɛn^{31}	tɕ'iɛn^{33}	ȵiɛn^{31}
新建乐化镇	kuɛn^{435}	k'uɛn^{324}	k'uɛn^{435}	ȵiɛn^{45}
南昌向塘镇	tɕiɔn^{213}	tɕ'iɔn^{213}	tɕ'iɔn^{213}	ȵiɔn^{44}

2. 历史层次分析法

历史比较法是建立在语言同质说基础之上的，汉语方言发展史是不同时期移民与民族文化融合的历史，由此可知历史比较语言学的天性弱点是不考虑语言间的接触关系，这是历史比较法在汉语方言研究方面不能解决全部问题的原因。考古学和人类学成果不断印证赣北语言文化有着悠久历史和多源融合的发展特点，故从方言接触角度来分析共存于本地的赣语不同语音形式，这是历史层次分析引入汉语方言研究的重要理据。

"层次"术语来源于考古学。有关层次的理解，许多学者（徐通锵，2001；王洪君，2007；陈忠敏，2007；王福堂，2007；潘悟云，2010）做过论述。本书认同历史层次是若干不同音类并存于同一共时系统的叠置现象。在探讨问题时，本地固有的音类采用"本地音层""白读音"说法，外来音类称"外来音层""文读音"说法，对于不同年龄层采用新老派说法。徐通锵（2001：384）认为文白异读是方言间互相影响的产物。在一种方言中，一般白读来自本方言土语，文读则是在本方言音系许可范围内吸收某一标准语的成分，在语音上向标准语靠拢，这样来源不同的文读和白读可能叠置于同一方言中。本书将充分运用历史层次分析法对都昌方言叠置的语音现象进行深入分析。

3. 地理语言学方法

地理语言学是 19 世纪中叶西方语言学界为了纠正过分重视文献材料而轻视方言事实的学术偏见建立起来的。地理语言学研究方法是将语言特点描绘在地图上，并结合历史人文、语言条件分析地理分布的成因，归纳音变分布规律。既往赣方言研究成果里，不少成果后附地图展示语音特征的分布情况，如《客赣方言比较研究》（刘纶鑫主编，1999）中有 36 幅地图，《江西省方言志》（陈昌仪主编，2005）中有67 幅地图等，但地理语言学角度的深入研究成果仍不多见。

如何充分利用地理差异来分析说明历时语音演变规律？项梦冰、曹晖（2005：26）提到汉语方言地理学可以从两个角度来考虑：一是以方言地图为最终表现形式，二是以方言地图为基础进行的各项综合研究。

本书按照地理分布，分析了都昌方言的语音演变规律。例如，都昌方言中古透定母今读差异，东部、中部方言透定母今读［d］或［l］声母，西部方言透定母读［l］声母，透定合流读［l］彻底的西部应是音变的发源地，这股音变力量非常强大，并逐步扩散到中部、东部，横亘都昌县中部的阳储山阻碍了透定音变现象的东进，即阳储山以西方言透定母今读均为［l］声母，以东则是一等读［d］声母，四等读［l］声母，本书将根据该现象在全县的地理分布，结合当地人文历史来分析这种现象产生的原因。

　　4. 实验语音学方法

　　中国现代方言学研究范式是在美国描写主义语言学与中国传统音韵学相结合的基础上形成的，采取口耳之学的听音、辨音，记录方言材料，整理音系，并结合汉语史，分析方言发展特点。进入 21 世纪以来，随着电脑的普及与录音设备的进步，实验语音学语音研究方法在汉语方言研究中得到广泛运用，吴语、湘语研究在这方面有许多成果。

　　采取实验语音学研究方法分析赣语语言现象的成果日益增多，如《自发新生的内爆音——来自赣语、闽语、哈尼语、吴语的第一手材料》（朱晓农、刘泽民、徐馥琼，2009）、《江西都昌、余干方言的塞音塞擦音声母——兼论汉语塞音塞擦声母的演变过程和类型》（栗华益，2021）等。硕博学位论文中有许多采用实验语音学研究方法分析方言现象的成果，如《高安（太阳）方言单双字调声学实验研究》（聂有才，2009）、《南昌方言音系实验研究》（储倩文，2018）、《环鄱阳湖方言声调研究》（汪玲，2020）等。方言研究中引入实验语音学研究方法，不是取代传统方法，也不只是让研究更加数字化或者图形化，而应借助语音的物理声学分析，同传统研究方法相配合，合理科学地探讨语音现象中蕴含的语言学意义。例如，有关昌都片赣语的浊音声母现象，近年来学界不少学者采用实验语音学方法展开研究，对其属性特点有了较清楚的认识。既往研究成果提出北部赣语都存在中古浊音今读浊音现象。学界对赣语浊音的类型有较多的讨论。例如，万波（2009：72）认为赣语古全浊塞音、塞擦音声母的今读类型有：昌靖片的修水县、平江县（南江）、都昌土塘乡以及大通片的通城县等方言与相应的次清声母合流读送气浊音，大通片的蒲圻县、临湘市、岳阳市及昌靖片的都昌县、湖口县、星子县（今庐山市）、德安县等方言与相应的次清声母合流读不送气浊音，昌靖片的武宁县方言与相应的全清和次清声母分立，读不送气浊音。孙宜志（2007：76~77）提出，永修县方言中古全浊与次清合流读送气的全浊声母，星子县（今庐山市）、都昌县、修水县、湖口县等方言中古全浊与次清合流读不送气的全浊声母。运用实验语音学方法讨论方言全浊声母今读的声学特点是很便利的，卢继芳（2007）采取实验语音学方法研究都昌阳峰乡方言音系，证明了都昌方言带音声母为浊不送气。再如，对于送气分调现象，卢继芳（2018：231）在分析昌都片赣语方言167个点的基础上指出，送气分调是昌都片赣语区别于其他赣语的第一个重要特点，浊音声母或清音浊流现象是昌都片赣语区别于其他赣语的第二个重要特点。以往材料都来自口耳听辨，如果结合音高的声学数据分析，送气分调现象的特点及演变规律研究会更加科学。都昌方言在昌都片赣语北部方言中很有代表性，本书充分运用实验语音学方法对都昌各乡镇全浊声母今读的声学特点进行分析，深入讨论都昌方言浊音声母的类型及其与声调之间的关系。

5. 语言接触理论

语言接触学主要研究因语言接触而产生的各种历时性与共时性语言变异和变体（张兴权，2012：6）。相邻的人群互相接触，不论程度怎样，性质怎样，一般都会引起某种语言上的交互影响。在汉语方言研究中引入语言接触理论是符合汉语方言特点的研究思路。语言接触视角最初较多用于民族语研究，如互补竞争、圈层规律、感染机制、质变关系等术语与相关的接触理论、机制较多出现在民族语研究成果中。随着国内语言研究实践推进，国外的语言接触理论不断引入国内，语言接触理论及研究在中国语言研究实践基础上产生了丰硕的成果，如《论语言接触与语言联盟——汉越（侗台）语源关系的解释》（陈保亚，1996）、《论群族互动中的语言接触》（罗美珍，2000）、《语言接触与语言结构的变异》（余志鸿，2000）、《互补和竞争：语言接触的杠杆——以阿昌语的语言接触为例》（戴庆厦、袁焱，2002）、《关于语言接触引发的演变》（吴福祥，2007）、《从语言接触看历史比较语言学》（陈保亚，2006）、《语言接触的类型差距及语言质变现象的理论探讨——以中国境内几种特殊语言为例》（曾晓渝，2012）、《接触语言学》（张兴权，2012）等。

汉语方言的历史是方言的分化和融合的历史，结合汉语方言形成的历史，学界将语言接触理论引入汉语方言学研究是发展的必然趋势。吴福祥将托马森理论较完整地翻译介绍给中国学界，为汉语方言研究提供权威与有价值的参考指导。从语言接触视角开展汉语方言研究的成果越来越多，如《关于客家话和赣方言的分合问题》（王福堂，1998）、《语言接触对郴州方言古全浊声母演变的影响》（刘晓英，2009）、《从语言接触看嘉鱼县马鞍山话的语音层次》（熊桂芬、汪璞赟，2011）、《从语言接触看汉语方言"哒"类持续标记的来源》（罗自群，2007）、《毕苏语方言的形成和语言的接触影响》（徐世璇，1998）等。

历史上都昌位于"吴头楚尾""南楚"之地，中古以后鄱阳湖畔地理位置更是南北通畅，都昌方言必然受到不同时期不同来源文化的影响，沉积着不同文化来源的语言层次，存在一些因历史或近代外来语言影响产生的语言演变现象。鄱阳湖畔都昌县、庐山市等方言有许多特点不同于昌都片赣语其他方言。例如，其他方言中古阳声韵尾字今读一般分为两类：一是咸山深臻四韵摄字及曾梗两摄字的文读韵母韵尾为前鼻尾；二是宕江通字及曾梗两摄字的白读韵母今读韵尾读后鼻尾。都昌县、庐山市等方言则是咸山深臻摄字读前鼻尾，宕江曾梗通摄字读后鼻尾，再如都昌县、庐山市等鄱阳湖畔方言音系中存在与北京话相近的舌尖后塞擦音声母，这些问题需要以语言接触研究思路来突破。

6. 分区理论与方法

本书研究都昌县各乡镇方言语音特点及差异，归纳都昌方言语音特点，并在此基础上对都昌方言进行内部划分，故必然运用方言分区理论及方法。区分方言的语音条件往往处在不同的历史层次，并起着不同作用。丁邦新（1998）提出，早期历史性的条件分大方言，晚期历史性的条件分次方言，用现在平面性的条件区别小方言。都昌县各乡镇方言差异是同一方言晚期语音发展不平衡的结果。本书差异划分原则采取对内一致和对外排他相结合，语音条件体现为历史条件与平面共时差异相结合。

四　方言材料来源及标写

（一）方言材料来源

1. 都昌方言语音系统调查

（1）2000~2003 年调查 17 处方言的语音系统，具体方言点包括大港镇繁荣村小埠村、中馆镇银宝村、南峰镇暖湖村、狮山乡老屋于家湾村、万户镇长岭村、蔡岭镇（原北炎乡）东风大队曹炎村、土塘镇（原化民乡）信和村柏树张家、阳峰乡黄梅沈家、阳峰乡龙山村卢家、和合乡田坂村、周溪镇古塘村、春桥乡云山村余良山村、春桥乡春桥村彭壁、徐埠镇山峰村袁鏂村、左里镇周茂村、北山乡夏家山刘村、都昌镇柳树堰卢家院。

（2）2016~2022年调查26处方言的语音系统，具体方言点包括都昌镇金街岭、都昌镇邵家街、都昌镇吴家街、多宝乡宝桥村新屋赵村、周溪镇输湖村西汪村、西源乡中塘村迭儒堡村、汪墩乡大桥村石甲山村、鸣山乡九山村冯家山村、大树乡大埠村山下王家、春桥乡凤山村培祥村、春桥乡老山村海落舍村、和合乡大前村老屋、南峰镇石桥村、土塘镇珠光村中洲村、土塘镇化民村、土塘镇佛子村岭上刘村、大沙镇店前村店前、苏山乡彭埠村色臣坂、大港镇高塘村曹站村、大港镇邻波村黄莲村、徐埠镇杨岭村郭家山、蔡岭镇华山村店下曹村、蔡岭镇牌垄村张七房村、蔡岭居委会大路边胡家、蔡岭镇牌垄村刘虎山村、芗溪乡芗溪村（行政村）芗溪村（自然村）。

2. 都昌方言语音特征专项调查

（1）2000~2003年对土塘镇4处方言进行语音专项调查，具体方言点包括土塘镇南源村佩畈村、官洞村上官村、莲蓬村口头张家、殿下村陶珠山江家。

（2）2022年对土塘镇18处方言进行语音专项调查，具体方言点包括辉煌村桂芳湾、冯梓桥村康山、小港村老屋肖家村、冯家坊村、长山村佛王山村、港东村冯家嘴、曹店村杨垄村、铺里村南海村、外楼村刘聪山村、官洞村岭下村、潭湖村下坂村、莲蓬村庙峦村、潘垄村江楼村、信和村西舍、横渠村山塘里、杭桥街居委会、土塘社区、土桥碧桃湾。

3. 昌都片赣语其他县市方言点

（1）为深入展开探讨，本书引用了一些已刊语料，具体来源如下。

①南昌市、庐山市（蛟塘镇）、南昌市新建区、鄱阳县城、吉安市、泰和县城、万安县城、宜丰县城、上高县城、万载县城、峡江县城、新余观巢、分宜县城、宜春市方言语料来源于《江西省方言志》（陈昌仪

主编，2005）。

②余干（县城）方言语料来源于《赣方言概要》（陈昌仪，1991），同时参考《赣东北方言调查研究》（胡松柏等，2009）。

③湖口县双钟镇、鄱阳县（鄱阳镇）方言语料来源于《客赣方言比较研究》（刘纶鑫主编，1999）。

④湖口县江桥镇（2002年并入文桥乡，2014年文桥乡改为"均桥镇"）方言语料来源于《江西省湖口方言研究》（陈凌，2019）。

⑤永修县（吴城镇）方言语料来源于《江西吴城方言语音研究》（肖萍，2008）。

⑥彭泽（县城）方言语料来源于《江西省方言志》（陈昌仪主编，2005），同时参考《彭泽方言研究》（汪高文，2019）。

⑦南昌县向塘镇（新村）语料来源于《语言接触视野下的向塘（新村）方言语音研究》（万云文，2011）。

（2）本书运用实验语音学方法对都昌方言及周边方言中古全浊、次清声母今读特点进行了分析，论证所用的录音材料主要来自笔者多年田野调查的积累及增补调查。具体方言点包括南昌市新建区联圩镇大圩村、南昌市新建区石岗镇石岗村、南昌市新建区昌邑乡坪门村、南昌县泾口乡辕门村、南昌县三江镇徐罗村吴黄村、湖口县流芳乡青年村曹府台、庐山市华林镇繁荣村大屋金、彭泽县龙城镇、新干县潭丘镇、余干县三塘乡友爱村。

（二）调查内容

都昌方言调查内容包括语音系统、单字音、声调格局、连读两字组、透定母字、溪群母字等专项调查。

①语音系统调查材料，采用中国社会科学院语言研究所编《方言调查字表》语音系统376个代表字。

②单字音调查材料，从中国社会科学院语言研究所编《方言调查字表》中择取3000字进行调查。

③声调格局调查材料，根据都昌方言古今音情况选择287个代表字进行调查。具体操作方法是：声调格局287个例字按平、上、去、入四声排列，每个声调再按全清、次清、全浊、次浊排列，录音前做成287

张幻灯片，调查时放一张幻灯片发音人念一个单字，一个字念 1 遍。本书语图采用 Praat、Audition 软件录音分析所得，采样率为 44100Hz。

　　④连读两字组调查材料，参照《汉语方言学教程》（第二版）（游汝杰，2016）后附字组，结合都昌方言编制 750 个两字组进行调查。

　　⑤透定母字调查材料，从中国社会科学院语言研究所编《方言调查字表》择取 221 个透定母常用字进行调查。

　　⑥溪群母字调查材料，从中国社会科学院语言研究所编《方言调查字表》择取 205 个溪群母字进行调查。

　　（三）语音标注及符号

　　（1）都昌县及昌都片区域乡镇行政归属近年来有一些变动，本书引用的方言点乡镇名称及行政归属采用现名与原名相结合的表示法。保留引用的来源材料中使用的名称，必要时加以说明。例如，来源材料称"星子县"，本书称"星子县（今庐山市）"。笔者调查的方言点采用调查时的名称及行政归属，必要时加以说明。

　　（2）在描述方言点层级时，采用片、小片、口音、方言点四级分层，如昌都片—都昌小片—周溪口音—周溪镇古塘村方言点。在专题研究中，描述语音特点分布地点时，若成片分布采用口音说法，若零星分布采用具体方言点举例。

　　（3）无字或写不出本字的字用方框"□"代替。

　　（4）对于文白异读现象，在表格内用单横线方式表示白读，双横线表示文读，在表格外用汉字下标格式表示，如交文读、交白读。

　　（5）音标标写。

　　①国际音标拼写在方括号［　］内，表格内的音标不标方括号。

　　②符号">"或"→"表示音变方向。

　　③中古全浊与次清声母今读合流，存在"清音浊流"类型，即听感上有"浊感"，语图上没有浊横杠，声母记音为清声母后加符号［ɦ］，如婆［$p^{ɦ}$］。

　　④文中声调标写根据论证需要采用调值标调法、调类标调法。调值用五度标记法，如"高"［kau^{32}］；传统调类标调法，如"高"［ˌkau］。入声调为短促调时，调值下加下划线，如"急"［tɕit^{45}］。

第一章　都昌方言语音面貌研究

本章语音系统以都昌镇金街岭方言为代表。

第一节　声韵调系统

一　声母系统

都昌方言共有 22 个声母，如表 1-1 所示。

表 1-1　都昌方言声母

p 波包兵饼百	b 怕赔潘盆朴	m 马庙绵名墨	ɸ 飞蜂饭灰福	
t 剁对短冬督		n 奴耐脑暖捺		l 来炭糖绒六
ts 左阻钻争撮	dz 茶妻刺浅策		s 苏洗稍姓俗	
tʂ 蔗枝周砖竹	dʐ 住齿抽穿尺		ʂ 是市手船石	
tɕ 举溪剑巾桔	dʑ 启器琴芹局	ȵ 鱼泥元银肉	ɕ 虚戏现选协	
k 家高改钢甲	g 考苦开敲客	ŋ 牙矮熬雁鸭	x 下号害苋黑	
∅ 乌围袜耳活				

①塞擦音［dz］［dʐ］声母与舌尖元音［ɿ］［ʅ］相拼时，擦音成分所占时长较明显，实际音值接近［z］［ʐ］，如"子字柿刺池祠"。

②［p］［t］［k］发音硬而脆，尤其出现在短促的入声韵前面，如"八搭甲"。

③［ts］［dz］［s］的发音部位比北京音［ts］［ts']［s］靠前些。

④［tʂ］［dʐ］［ʂ］的发音部位比北京音靠前些，舌尖也较平缓，没有北京音那么明显的翘舌。

⑤全浊声母［b］［g］［dz］［dʐ］发音较稳定，在语图上有明显的浊

横杠（VOT 值＜0），如图 1-1 至图 1-4 展示的"病［biaŋ²¹²］、开［gai³²］、草［dzau³⁴²］、抽［dʐou³²］"。［dʐ］声母不稳定，有些字（如骑、权）听感是浊，但语图上没有明显的浊横杠（VOT 值＞0），表现为清音浊流特点，如"骑""权"的实际读音分别是［tɕʰi³²³］［tɕʰion³²³］（见图 1-5、图 1-6）。

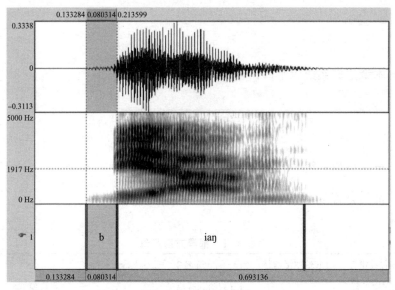

图 1-1　病［biaŋ²¹²］

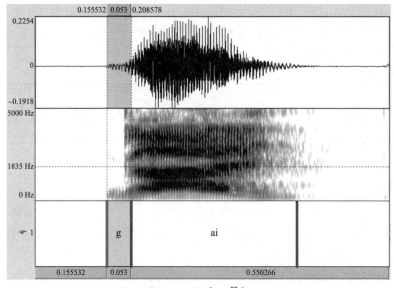

图 1-2　开［gai³²］

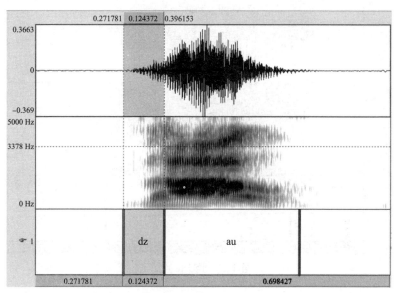

图 1-3　草［dzau³⁴²］

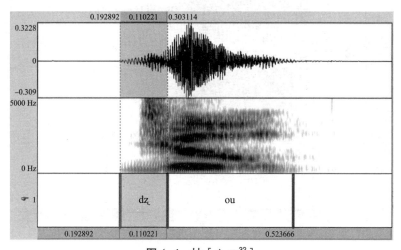

图 1-4　抽［dzʅou³²］

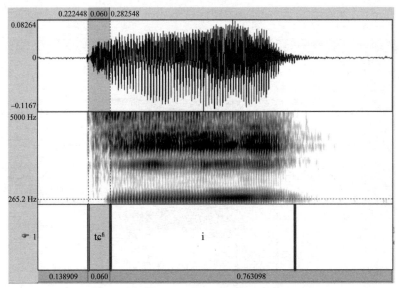

图 1-5　骑 [tɕɦi³²³]

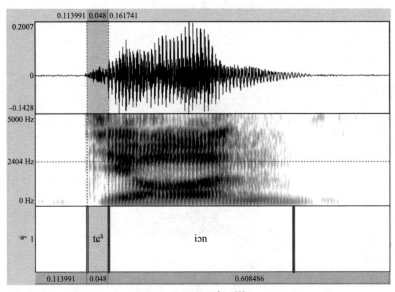

图 1-6　权 [tɕɦiɔn³²³]

⑥非组字声母今读存在新老派差异，老派读 [ɸ]，双唇撮口吹气，发音比国际音标要轻些；新派读 [f]，非组字同开口呼韵母相拼时尤其明显。

⑦来母字声母拼细音韵母今读听感上近 [l]，语图上看近 [d]，实际音值为 [l][d] 过渡状态，记音为 [l]。

⑧古透定母一四等字今读拼细音韵母时声母听感上近 [l]，语图上看近 [d]，实际音值为 [l][d] 过渡状态，记音为 [l]。

⑨古晓组开口一二等字，受韵母影响，有些字声母实际读音靠前，如鞋、海，部分字声母实际音值为 [h]，如好、厚等，音位归纳为 [x]。

二 韵母系统

都昌方言共有 71 个韵母，如表 1-2 所示。字或音节下画双横线表示文读音，画单横线表示白读音。

表 1-2 都昌方言韵母

ɿ 子师丝紫	i 雨梨对戏	u 水妇书猪
ʅ 试痔税施		
ɚ 二耳儿而		
a 巴茶瓦罢	ia 写茄夜靴	ua 瓜花化话
ɛ 舐锯		uɛ □流
ɔ 歌波蓑坐	iɔ 哟呻吟声	uɔ 锅火过果
ai 开鞋袋排		uai 歪块怪快
ɛi □可以		ui 飞灰微鬼
au 宝猫狗朝		uau 浮否
	iɛu 表笑鸟桥	
ou 抽肘绸昼	iu 油幼酒球	
an 担山斩板		uan 凡关幻翻
ən 深神寸春	in 心亲旬军	uən 棍婚稳魂
ɛn 展参根恩	iɛn 检仙边县	
ɔn 南甘安端	iɔn 泉冤渊卷	uɔn 官换穿碗
aŋ 冷郑橙声	iaŋ 平井星剩	uaŋ 横
əŋ 升绳城政	iŋ 冰英庆领	
ɛŋ 等生肯争		uɛŋ 横
ɔŋ 张江棒糠	iɔŋ 娘香腔秧	uɔŋ 广矿往放
	iuŋ 永穷胸龙	uŋ 猛蜂桶宫
ɿl 卒象棋	il 立笔密橘	

续表

ʅ 质十湿出		
al 杀鸭搭八	ial 峡洽	ual 罚法发刮
ɛl 虱舌折涩	iɛl 接热业碟	uɛl 骨物佛忽
ɔl 剥脱割喝	iɔl 血月雪阅	uɔl 活捋阔
ɿk 直食织	ik 逼踢力律	
ak 白尺格隻	iak 脊锡笛迹	uak 划被荆棘刷
ɛk 策色客北		uɛk 国或惑
ɔk 博着桌托	iɔk 脚削嚼药	uɔk 握缚郭扩
	iuk 六绿菊玉	uk 谷屋粥鹿
m̩ 姆~妈	n̩ 你那	ŋ̍ 吴五

①发 [ɚ] 音舌尖比北京音平缓些。

②韵母 [i]，同北京音 [i] 相比，方音 [i] 发音时舌根部更为紧张，舌位更高些，舌面中部紧贴硬腭中后部。

③流开一等字今读存在新老派差异，如豆、狗、沟等字，老派读 [au]，新派读 [ɛu]，音系以老派为代表，如"狗"读音记 [kau³⁴²]。

④韵母 [ou] 与 [uɜ] 相对立，抽 [dʐou³²] ≠ 超 [dʐɛu³²]，韵母 [ou] 发音时，[o] 至 [u] 的动程时长短，但听感上仍是复合韵母。

⑤ [ɛn] 与 [ən] 存在对立关系，参 [sɛn³²] ≠ 孙 [sən³²]，[ɛŋ] 与 [əŋ] 在语音环境上是互补的，但听感上有明显的音色差异，生文 [sɛŋ³²] ≠ 升 [ʂəŋ³²]，故分立为不同的韵母。

⑥韵母 [uŋ] 合口程度比北京音韵母 [uŋ] 明显，[iuŋ] 听感上是 [i] + [uŋ] 的拼合，没有撮口韵。

⑦咸深山臻摄入声字今收塞尾 [t]，促调明显，语流中或拼阴入₂调时有些字 [t] 尾易弱化为 [l] 尾，音位归纳为 [l] 尾。

⑧宕江曾梗通摄入声字今收塞尾 [k]，促调明显，语流中或拼阴入₂调时实际音值更近 [ʔ] 尾，音位归纳为 [k]。

三　声调系统

都昌方言共有 10 个声调，如表 1-3 所示。

表 1-3　都昌方言声调

阴平 32 多开天村清东	阳平₁ 23 毛牛南林门名
	阳平₂ 323 锄头盘糖铜红
上声 342 古走浅买领桶	
阴去 435 布四够变镇柄	阳去 213 汉菜靠路树洞
阴入₁ 45 急笔脚织竹菊	阳入₁ 33 热月日落麦肉
阴入₂ 113 塔铁缺七拍哭	阳入₂ 22 盒舌罚毒笛局

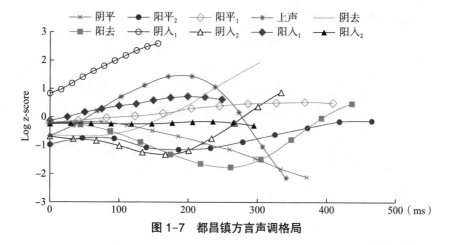

图 1-7　都昌镇方言声调格局

①古浊平字分两类，次浊及浊擦今读阳平₁，全浊及今读喉擦音为阳平₂。阳平₁为中升调，阳平₂为前凹调。

②上声调为拱形调，先升至最高音值后下降，存在假声变体现象。

③部分全浊上字与部分全浊去字今读归阴平。

④全清去与次清去分调，全清去字中今读喉擦音声母的字（如"汉"字）与次清去字同调。次浊去与全浊去部分字（图 1-8 中为全浊去₁）合流为阳去。全浊去部分字（如"害地豆匠病洞"等字，图 1-8 中为全浊去₂）今读阴平调。

⑤入声按古清浊、送气与否分为四类。古清入按送气与否分为两类，全清入字（图 1-9 中为全清入₁）今读阴入₁，次清入、今读喉擦音声母的全清入字（图 1-9 中为全清入₂）、部分全浊字今读阴入₂；部分次浊入字（图 1-9 中为次浊入₂）今读阳入₁，全浊入今读阳入₂，部分次浊入字（图 1-9 中为次浊入₁）今读阴入₁。阴入₁与阳入₁、阳入₂

均有短促调，阴入₂听感不短促。图1-8、图1-9展示了都昌镇金街岭
方言老年层古去声字、古入声字今读基频曲线。

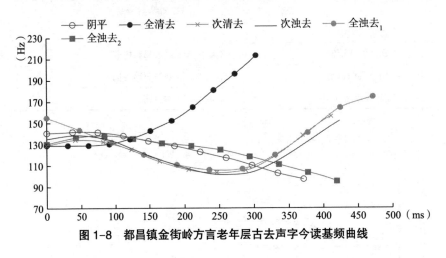

图1-8　都昌镇金街岭方言老年层古去声字今读基频曲线

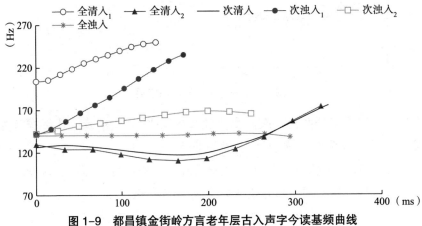

图1-9　都昌镇金街岭方言老年层古入声字今读基频曲线

第二节　单音字表

　　都昌方言单音字表有12个分表，其中续表（1）至续表（8）为舒声字
表，续表（9）至续表（12）为入声字表；表最左列是声母，表端是韵母与
声调。表内是音节例字，其中"□"表示写不出字的音节，方言字、生僻
字和多音字均在表下说明。例词、例句及注释中的本字用"~"表示。字
词义与例词、例句之间用"；"间隔。

表 1-4　都昌方言单音字（1）

声母	ɿ（阴平 阳平 上声 去1 去2）	ʅ（阴平 阳平 上声 去1 去2）	i（阴平 阳平 上声 去1 去2）	u（阴平 阳平 上声 去1 去2）	ɚ（阴平 阳平 上声 去1 去2）	a（阴平 阳平 上声 去1 去2）
p			杯　彼辈	补布		巴　把爸
b			披　皮培　被	步　蒲菩　□		耙爬　怕
m			眯眉　米　妹	模　母　募		妈麻嬷马　骂
ɸ				敷芙　斧附户		
t			堤　底帝	都□　赌炉		打　拿那哪
n				奴努　怒		
l			弟梨雷礼　剃	度卢途土　路		拉□　惹
ts	滋　姿　次		挤际	租　组做		渣　□榨
dz	字　瓷　此		催　徐取　脆	初　锄楚　醋		差　茶
s	思　死四事		西随　洗碎隆	苏　所数		沙　□　洒
tʂ		支　纸至		朱　煮蛀		遮蔗
dʐ		痴　迟齿		住　厨柱		车　扯
ʂ		诗谁　始税市		书薯　委恕树		奢□舍含₂　射
tɕ			鸡　几记			
dʑ			技　郡忌去			
ɲ			鱼　蚁　魏	煮蛙		
ɕ			牺　喜戏系	住　厨柱		

续表

声母	ɿ 阴平1 阳平 上声 阴去 阳去2	ʅ 阴平1 阳平 上声 阴去 阳去2	i 阴平1 阳平 上声 阴去 阳去2	u 阴平1 阳平 上声 阴去 阳去2	ɚ 阴平1 阳平 上声 阴去 阳去2	a 阴平1 阳平 上声 阴去 阳去2
k				姑□ 古故		家□
g				瓠		搭 胳₁ 胳₂
ŋ						椏芽 瓦亚砑
x						下
∅			衣姨骑椅意气	乌梧□苦 裤	儿 耳 二	啊

□ [mi³²³]：动词，闭；~眼。□ [bu²¹³]：汤溢出（锅）。□ [tu²³]：动词，翘（嘴）；~起嘴来。
□ [ku²³]：鸡叫的拟声；（鸡）~叫个~多。□ [u³²³]：风声，笛声拟声词，外头一风~叫个。
□ [la²³]：霸占；吃东西不要~着手来。□ [tsa³⁴²]：~婆眼，眼疾，眼角多眼屎，视线模糊。
□ [ʂa²³]：动词，空着手；明朝~手来，不要拿东西。
看望病人；姑病朝去~下。□ [ka²³]：（鸡）下蛋的叫声，~可指鸡蛋。
舍₁ [sa³²³]：宿~。
舍₂ [sa³⁴²]：~不得。
胯₁ [ga³²³]：动词，用裤裆对着别人的头部。胯₂ [ga²¹³]：身体的下体阴部。

表 1-5　都昌方言单音字（2）

声母	ia 阴平 阳平 阴上 阳去 去1 去2	ua 阴平 阳平 阴上 阳去 去1 去2	ε 阴平 阳平 阴上 阳去 去1 去2	ue 阴平 阳平 阴上 阳去 去1 去2	ɔ 阴平 阳平 阴上 阳去 去1 去2	io 阴平 阳平 阴上 阳去 去1 去2
p			□ □ □		波□ 跛簸　坡 婆颇 破　摸魔 磨名	□
b	□					
m						
ɸ		花华 化画				
t	爹		噻		多 朵刾　□挪 糯　啰螺驮裸 惰	
n						
l			撕			
ts	姐借 邪目 写泻		□		□　左　措	□
dz			□			
s	谢 斜		车 □		梭　锁	
tʂ			□			
dʐ			舐			
ʂ						
tɕ	佳 假					撅
dʑ	□ 茄					
ȵ						
ɕ	靴霞 夏					

续表

声母	ia 阴平	ia 阳平	ia 上	ia 阴去	ia 阳去	ua 阴平	ua 阳平	ua 上	ua 阴去	ua 阳去	ɛ 阴平	ɛ 阳平	ɛ 上	ɛ 阴去	ɛ 阳去	uɛ 阴平	uɛ 阳平	uɛ 上	uɛ 阴去	uɛ 阳去	ɔ 阴平	ɔ 阳平	ɔ 上	ɔ 阴去	ɔ 阳去	iɔ 阴平	iɔ 阳平	iɔ 上	iɔ 阴去	iɔ 阳去
k						瓜	夸		挂								□				歌		可	个						
g						□			□			他					□				屙鹅		我	饿						
ŋ																									贺和河					
x						蛙娃		搲	话			锯		□			□							阿						
∅	耶爷	□	野	夜							呢																	哟		

□ [bia³²]：拍打拟声；打打拟声。
□ [kua²³]：青蛙叫的拟声；~叫。
□ [bɛ³⁴²]：~喝，又为"糊糊状"。
□ [nɛ³²]：挺；~起卧来。
□ [tʂɛ³²]："说"的贬义称：我~嘴义称。
□ [sɛ²³]：滑倒；我~嘴一跤。□ [gɛ²¹³]。□ [xɛ³²³]：
□ [xɛ³²]：~皮，厚脸皮的人。
□ [kuɛ³²]：大流量水极速从高处泻下，雨从天上~洒下来。
□ [kuɛ²³]：猪叫的拟声；外头在那嗜走路不稳□ [pi²³] □ [pi²³]。~叫个。
□ [uɛ³²]：大声喊叫，~叫个。□ 动词，形容小孩走路不稳□ [pi²³] □ [pi²³] ~ ~。
□ [nɔ³²]：唤猪声。~动，用两手左右摇晃器具让里面的东西滚动。
□ [dzɔ³²³]：我~一下。□ [pi²³] □ [pi²³] ~ ~。
□ [dziɔ²¹³]：~一下，高温时的物体放入水中冷却。
□ [siɔ³²]：~嗨，做游戏时小孩伸出手心或拳手来确定哪方来开始的口号。

表1-6　都昌方言单音字（3）

声母	uo 阴平1 阳平2 阴上 阳去 去声	ai 阴平1 阳平2 阴上 阳去 去声	uai 阴平1 阳平2 阴上 阳去 去声	ei 阴平1 阳平2 阴上 阳去 去声	ui 阴平1 阳平2 阴上 阳去 去声	au 阴平1 阳平2 阴上 阳去 去声
p		摆拜				包　保报
b		败　排□派				抛　袍跑　泡
m		埋　买　卖	怀　坏			毛猫某　帽
ɸ	和　火货祸				灰回　悔废慧	
t		呆　戴		□		刀　抖倒
n		奶乃　奈				孬　闹
l		胎来台　赖				偷楼头篓　套
ts		栽　宰债				邹　走皱
dz		猜　柴彩蔡				抄　愁炒
s		鳃　晒				骚　扫瘦
tʂ						朝　沼照
dʐ						超　潮
ʂ						烧箚　少少$_2$部

续表

声母	ɔ					ai					uai					ɛi					ui					au				
	阴平	阳平	上声	去1	去2	阴平	阳平	上声	去1	去2	阴平	阳平	上声	去1	去2	阴平	阳平	上声	去1	去2	阴平	阳平	上声	去1	去2	阴平	阳平	上声	去1	去2
k	果			过		阶		解	械		乖		拐	怪							龟		诡	贵		勾		狗笱		
g						开		楷	慨									□			颏	魁					嗷考			
ŋ	锅	禾				哀	捱	矮	爱	艾																欧		呕	奥傲	
x				课			孩	蟹	害									□		□						蒿				
∅							呆				歪□			块		□			□		盏违		伟傀位				猴	吼	耗浩	

□ [bai³⁴²]：动词，漂洗；洗衣裳个时嗬，要在水里多～下嗬。
□ [uai²³]：～哟，哄小孩睡觉时用的叹词。
□ [tɕi³⁴²]：捉迷藏时，出其不意地跳出时，大叫一声"～"，以引起对方注意。
□ [gɛi³⁴²]：可以。
□ [ɛi²³]：A 称呼 B 时，B 应答之词。
□ [ɛi³⁴²]：叹词，相当于"嗨"。
少₁ [ʂau³⁴²]：多～。
少₂ [ʂau⁴³⁵]：～年。

表 1-7 都昌方言单音字（4）

声母	uau 阴平 阳平 上 阴去 阳去 1 2	ieu 阴平 阳平 上 阴去 阳去 1 2	ou 阴平 阳平 上 阴去 阳去 1 2	iu 阴平 阳平 上 阴去 阳去 1 2	an 阴平 阳平 上 阴去 阳去 1 2	uan 阴平 阳平 上 阴去 阳去 1 2
p		标　表			班　板办₁　办₂　慢	
b		飘　瓢漂　票			攀　瓣　蛮　慢	
m		描　秒　庙				
ɸ	浮　否			□		翻繁　反贩饭
t		雕　鸟吊　尿	舟　帚咒	丢	耽　胆诞	
n				溜硫　柳	难₁　难₂　炭	
l		辽聊　了　料	抽　稠丑　苗	鞣　酒	蛋拦檀毯	
ts		焦　剿醮	收　首兽寿	秋　囚　修绣	□　残铲　产散	
dz					餐　杉	
s		消　小笑			赚	
tʂ						
dʐ						
ʂ						
tɕ		娇　绞叫		纠　九救		
dʑ				妞牛　扭纽		
ɲ		尧				
ɕ		消　晓孝效		休　朽		

续表

声母	uau 阴平 阳平 阴上 阳声 阴去 阳去	ieu 阴平 阳平 阴上 阳声 阴去 阳去	ou 阴平 阳平 阴上 阳声 阴去 阳去	iu 阴平 阳平 阴上 阳声 阴去 阳去	an 阴平 阳平 阴上 阳声 阴去 阳去	uan 阴平 阳平 阴上 阳声 阴去 阳去
k					奸　　拣间	关　　　惯
g					坎	
ŋ					淹岩　眼　晏雁	
x					宽　　　闲□	
∅	□（滑下来；~下来。）	腰谣乔器要耀		优由求有　又		弯环□挽　万

□ [piu⁴³⁵]：滑下来；~下来。
办₁ [pan⁴³⁵]：~事。
办₂ [ban²¹³]：~法。
难₁ [nan²³]：~事。
难₂ [nan²¹³]：有~，即有次~。
□ [tsan³²]：用火烘；衣裳湿嘴，~一下。
□ [san²¹³]：摇头；尔不同意就~头嘴。
□ [xan³⁴²]：一步；几~路嘴，不要开车，走路去！
□ [xan²¹³]：移动；拿桌嘴~下动。
□ [uan²¹³]：同别人换班；明朝你跟我~一下。

表1-8　都昌方言单音字（5）

声母	ən（阴平 阳平 上 阴去 阳去 声1 声2）	in（阴平 阳平 上 阴去 阳去 声1 声2）	uen（阴平 阳平 上 阴去 阳去 声1 声2）	en（阴平 阳平 上 阴去 阳去 声1 声2）	ien（阴平 阳平 上 阴去 阳去 声1 声2）	on（阴平 阳平 上 阴去 阳去 声1 声2）
p	奔 □ 笨	宾 殡			鞭 / 扁 变 骗 面	般 / 半 瓣
b	喷 盆 / 门 闷	拼 贫 品 聘 □			鞭 辫 /	潘 盘 / 馒 满
m		□ 民 敏 □			棉 勉 面	
ɸ			分魂 / 粉类混			
t	敦 / □ 顿 嫩				掂 / 典 店 □	端 / 短 锻
n	忍	鳞 邻			/ 天 怜 连 数 电	南 暖
l	吞 伦 论					贪 鸾 团 卵 段
ts	尊 寸	□ 浸			煎 / 剪 溅	钻₁ / 钻₂
dʑ	春 存	亲 寻 馊 尽		森	迁 / 钱 浅	参 蚕 惨 撰
s	孙 损 迹	辛 荀 信 □		渗	仙 滩 线	酸 算
tʂ	珍 准 疹			占 / 展 战		专 / 转₁ 转₂
dʐ	春 臣 蠢 趁			缠		川 传 喘 篆
ʂ	深 纯 沈 肾			膻 弹 陕 鬲 膳		船
tɕ	斤 锦 禁				兼 检 剑	
dʑ	钦				搛 粘 捻 谵	
ȵ	人	媳 □ 切			掀 嫌 显 献	
ɕ	欣 训					

续表

声母	ən					in					uen					en					ien					ɔn				
	阴平	阳平	上	去1	去2	阴平	阳平	上	去1	去2	阴平	阳平	上	去1	去2	阴平	阳平	上	去1	去2	阴平	阳平	上	去1	去2	阴平	阳平	上	去1	去2
k												滚		棍		根	哽									柑		秆		
g																										刊		□看		
ŋ																恩		垦								庵		□暗岸		
x																										鼾	寒	感	汗	
∅						因黄琴隐印运					温文涸捆			困		□痕 很	根				件延乾演燕焰									

□[pən^{435}]：动词，吵架时在地上撒泼。□[tan^{342}]：动词，堆起来；~起来。
□[min^{32}]：动词，从骨头上剔肉。
□[min^{213}]：动词，南瓜，即南瓜，大米一起蒸的饭。
□[tsin^{32}]：动词，大的东西在小地方挤进去，拿脚~进去。
□[sin^{213}]：动词，心里默想，里隻事你再~。婿[n̠iɲ^{32}]：女儿，我有三隻~。□[n̠iɲ^{435}]：称呼女孩。
□[tsen^{32}]：动词，凝结成块状。□[xen^{32}]：起脚。
□[n̠ien^{323}]：动词，踮起脚跟跟站着，~起脚。
钻1[tson^{32}]：动词，钻山洞，钻鞋底的工具。
钻2[tson^{435}]：名词，纳鞋底的工具。
转1[tson^{342}]：量词，一~；我去过一~。转2[tson^{435}]：动词；~动。
□[ŋon^{342}]：动词，车碾压，尔屋里隻狗等车~死唧。
□[gon^{342}]：动词，东西被在硬物上；头上~得一隻大包。

表 1-9　都昌方言单音字（6）

各韵母调类顺序：阴平1　阳平2　阴上　阳去　去　去

声母	iɔn	uɔn	aŋ	iaŋ	uaŋ	əŋ
p			绷　□ 彭 □	病　饼柄		
b						
m				名　命		
ɸ		欢　焕				
t				钉₁ 拎　钉₂		
n				厅铃　领　听		
l	恋		冷			
ts	泉　宣旋　选		争　挣　撑₂	精　井　晴请		
dz			撑	清		
s			生₁　□生₂　正₂	腥　醒　姓		
tʂ			正　郑橙　声盛			征　拯证
dʐ						
ʂ			声盛			称　成呈　升乘胜　圣盛　秤
tɕ	捐　元　卷绢　软　愿			颈镜		
ȵ	喧恩					
ɕ				兄		

续表

声母	ion	uon	aŋ	iaŋ	uaŋ	üe
	阴平 阳平 阴上 阳去 去声 1 2	阴平 阳平 阴上 阳去 去声 1 2	阴平 阳平 阴上 阳去 去声 1 2	阴平 阳平 阴上 阳去 去声 1 2	阴平 阳平 阴上 阳去 去声 1 2	阴平 阳平 阴上 阳去 去声 1 2
k		棺 馆灌	坑			
g			□			
ŋ			硬			
x			□		□	
∅	冤缘拳远怨院	豌完腕换		轻嬴 影 剩	横	

□₁[paŋ⁴³⁵]: 裂开：桌面～嘴坼。
□₂[baŋ³⁴²]: ～人，形容脸上热辣辣的。□[baŋ²¹³]：要～粑，俺去粑。
□[maŋ³⁴²]: ～长，高；里根椐好～。□[naŋ³²³]：湖里～得～隻死狗。
撑₁[dzaŋ³²]: 动词，～开伞。撑₂[dzaŋ²¹³]：支撑；～角落里。
正₂[tsaŋ³²]: 动词，剥；～牙齿正[tsaŋ³²]：～月。
□[saŋ²¹³]: 摘好，舞～。□[ŋaŋ²³]：动词，～头；～子，病。
钉₁[tiaŋ³²]: 名词，～喟，～子，形容人很凶，不顺服。钉₂[tiaŋ⁴³⁵]：动词，～动作时动作不协调；～手～脚。
□[uaŋ²¹³]: 做事时动作不协调；～手～脚。

表1-10　都昌方言单音字（7）

声母	iŋ 阴平1 阳平2 阴上 阴去 阳去	əŋ 阴平1 阳平2 阴上 阴去 阳去	uəŋ 阴平1 阳平2 阴上 阴去 阳去	ɔŋ 阴平1 阳平2 阴上 阴去 阳去	iɔŋ 阴平1 阳平2 阴上 阴去 阳去	uɔŋ 阴平1 阳平2 阴上 阴去 阳去
p	冰 丙	崩		帮 榜谤 胖		
b	瓶	朋		棒 螃 芒 蟒 望		
m	明 皿	猛 孟	横			
ɸ						荒黄 谎放
t	钉拎 鼎订	灯 等凳		当₁ 挡当₂		
n		口能 口		囊		
l	定零亭艇 另	邓楞藤		汤狼糖朗 烫	凉 两 亮	
ts	晶	曾 僧		脏	浆 奖酱	
dz	净 情请静	层 赠		苍 藏闯 创	枪 墙抢	
s	星 性	生		霜 磉 丧	湘 想相	
tʂ				张 涨胀		
dʐ				昌厂 倡		
ʂ				商裳 赏 上		

续表

声母	iŋ	əŋ	uan	ɔ	iɔŋ	uɔŋ
	阴平 阳平 阴上 阳上 阴去 阳去　1　2	阴平 阳平 阴上 阳上 阴去 阳去　1　2	阴平 阳平 阴上 阳上 阴去 阳去　1　2	阴平 阳平 阴上 阳上 阴去 阳去　1　2	阴平 阳平 阴上 阳上 阴去 阳去　1　2	阴平 阳平 阴上 阳上 阴去 阳去　1　2
tɕ	京　景镜				姜　强₁	
dʑ						
ȵ	宁　认				娘　仰　让	
ɕ	兴行		□		乡　享向	
k		耕　梗更		刚　港杠		光　广逛
g		坑　肯		糠　□ 园　昂		旷
ŋ				项　杭		
x		亨　恒				
Ø	英蝇映影　映				筐羊强₂养　样	汪亡狂　旺

□　[nɛŋ³²]：用眼睛瞪；～人。
□　[nɛŋ³⁴²]：下肢用力挣，用力～哈。
当₁　[kuɛŋ³²]：动词，崴（脚）；～脚。
当₂　[tɔŋ³²]：～官。
当₂　[tɔŋ⁴³⁵]：上～。
□　[gɔŋ³⁴²]：动词，偃；头～破嘚。
强₁　[tɕiɔŋ⁴³⁵]：偪～。
强₂　[iɔŋ³²³]：～大。

表 1-11　都昌方言单音字（8）

声母	iuŋ					uŋ					m					n					ŋ̍				
	阴平	阳平	阳上	阴去	阳去	阴平	阳平	阳上	阴去	阳去	阴平	阳平	阳上	阴去	阳去	阴平	阳平	阳上	阴去	阳去	阴平	阳平	阳上	阴去	阳去
p									蹦																
b						烹	棚	捧																	
m							萌	猛	梦																
φ						枫	红	讽	凤																
t						东□		懂	栋																
n							脓																		
l		龙				通	绒同	桶	痛																
ts						棕		纵	总																
dz		松					葱		丛																
s						松□		怂	送																
tʂ						忠		种	众																
dʐ						充	虫	宠	铳																
tɕ	供₁		迥	供₂																					
dʑ																									
ȵ		浓			用																				
ç	兄	熊		嗅																					
k						宫		拱	贡																
g						空		孔	控																
x						烘			哄																
∅	雍	蓉	穷	勇		翁							姆				唔	你那				吴	五		

供₁ $[tɕiuŋ^{32}]$：养、~猪。
供₂ $[tɕiuŋ^{435}]$：祭祀上供、~神。
□ $[tuŋ^{23}]$：东西掉入水的拟声词；石头落嗯水里"~"一声。
□ $[suŋ^{23}]$：形容人脾气不好；小明好~。

表 1-12　都昌方言单音字（9）

声母	ɿl 阴入1	ɿl 阴入2	ɿl 阳入1	ɿl 阳入2	ʅl 阴入1	ʅl 阴入2	ʅl 阳入1	ʅl 阳入2	il 阴入1	il 阴入2	il 阳入1	il 阳入2	al 阴入1	al 阴入2	al 阳入1	al 阳入2	ial 阴入1	ial 阴入2	ial 阳入1	ial 阳入2	ual 阴入1	ual 阴入2	ual 阳入1	ual 阳入2
p									笔				八											
b									匹						拔									
m									密															
ɸ																					发		罚	
t													搭											
n															纳									
l									立		栗		辣	塔	腊	达								
ts	卒														杂									
dz									七		习		插											
s									婿						杀									
tʂ					质																			
dʐ						出		侄																
ʂ					失		实																	
tɕ									桔															
ȵ											日													
ɕ									吸										峡					
k													甲								刮			
g															掐									
ŋ													鸭											
x													瞎		狭									
∅									一		及										挖		滑	

表 1-13　都昌方言单音字（10）

声母	εl 阴入1	εl 阴入2	εl 阳入1	εl 阳入2	iεl 阴入1	iεl 阴入2	iεl 阳入1	iεl 阳入2	uεl 阴入1	uεl 阴入2	uεl 阳入1	uεl 阳入2	ɔl 阴入1	ɔl 阴入2	ɔl 阳入1	ɔl 阳入2	iɔl 阴入1	iɔl 阴入2	iɔl 阳入1	iɔl 阳入2	uɔl 阴入1	uɔl 阴入2	uɔl 阳入1	uɔl 阳入2
p	不				戾								钵											
b					撇								泼											
m					灭		篾						抹											
ɸ											佛													
t					跌								□											
n																								
l	人				劣	铁	□	碟					脱		夺									
ts					节								撮											
dz					切		截						□				绝							
s	虱				屑								刷				雪							
tʂ	折												拙											
dʐ	撤		辙																					
ʂ	摄		舌										说											
tɕ					洁												决							
dʑ							杰																	
ȵ					孽		热										月		月					
ç					歇		协										血		穴					
k									骨				割								聒			
g									宿				渴											
x													喝		盒									
ø					页	揭	叶		物								悦	缺			阔	活		

□ [liεl^{33}]：动词，拧；～手巾。
□ [tɔl^{45}]：动词，因悲伤或愤怒，自己用头不停往硬物上撞；渠一边哭一边～。
□ [dzɔl^{113}]：动词，用铲子等工具将零碎的东西装入某器具；拿锹～下灰。

表 1-14　都昌方言单音字（11）

声母	ɿk 阴入1	ɿk 阴入2	ɿk 阳入1	ɿk 阳入2	ik 阴入1	ik 阴入2	ik 阳入1	ik 阳入2	ak 阴入1	ak 阴入2	ak 阳入1	ak 阳入2	iak 阴入1	iak 阴入2	iak 阳入1	iak 阳入2	uak 阴入1	uak 阴入2	uak 阳入1	uak 阳入2	ɛk 阴入1	ɛk 阴入2	ɛk 阳入1	ɛk 阳入2
p					碧				百				壁								北		□	
b					僻				拍		白		劈								泊		□	
m							觅		□		陌												墨	
ɸ																			划					
t					的								扚								得			
n																								
l					历	踢	敌								笛						肋	突		
ts					绩				窄				迹								则			
dz					戚		寂		拆												策		贼	
s							媳		□				锡								色		塞	
tʂ	织								隻															
dʐ	斥		植						赤															
ʂ	适		食								石													
tɕ					激																			
ɲ							逆																	
k									格												革			
g																							客	
ŋ											额										扼			
x									吓												黑		核	
∅	益	屈	易	掘									□		吃		□							

□ [mak^{45}]：动词，用手掰；~开。
□ [sak^{45}]：动词，用手指沾水点撒；做豆腐时要~石膏水。
□ [iak^{45}]：省嘚、免嘚；要落雨，带到伞，~嘚我去送伞。
□ [uak^{113}]：动词，拨动、搅动；~一下火钵，用棍子搅动一下火钵里的火灰。
□ [pɛk^{22}]：拍打的拟声词；~一餐，即"打一顿"。
□ [bɛk^{22}]：敲打的拟声词；外头~叫个。

表 1-15　都昌方言单音字（12）

声母	uɛk				ɔk				iɔk				uɔk				iuk				uk			
	阴入1	阴入2	阳入1	阳入2	阴入1	阴入2	阳入1	阳入2	阴入1	阴入2	阳入1	阳入2	阴入1	阴入2	阳入1	阳入2	阴入1	阴入2	阳入1	阳入2	阴入1	阴入2	阳入1	阳入2
p					博																卜			
b						泊	雹														扑		仆	
m						幕															目		木	
ɸ	获														缚						斛		服	
t						浞															笃	朒		
n						诺																		
l					洛	托	落	铎	略		掠						绿		六		睩	秃	毒	
ts					作				爵								足							
dz						戳	浊			鹊	嚼								□		促		族	
s						索				削							粟		俗			速		
tʂ						着															粥			
dʐ							绰															畜	轴	
ʂ						芍	勺														赎		熟	
tɕ									脚								菊							
dʑ																				局				
ȵ											箬								玉	肉				
ɕ																		蓄						
k	国					阁								郭							谷			
g							确																哭	
ŋ						恶																		
x						郝	鹤																	
∅	或									药	钥		握	扩	□				育	曲	屋	酷		

□ [uɔk²²]：烫；渠隻手等火 ~ 嗻。
□ [dziuk¹¹³]：水呛；等水 ~ 嗻。
朒 [tuk²²]：动词，用尖头物去刺、扎；用针 ~ 。

第三节　声韵调拼合关系

声韵调的配合规律反映方言语音的特点。本书以都昌镇方言为代表来分析都昌方言声韵调配合关系。

一　声母与韵母的配合关系

（一）从声母角度考察声韵拼合情况

①声母［p、b、m］能拼开口呼韵母［a、ɔ、ai、au、an、ɔn、ən、aŋ、ɔŋ、ɐ̃ŋ、ɛŋ、ɔt、ɛl、ak、ɔk、ɛk］、齐齿呼韵母［i、iu、iɐu、in、iɛn、iaŋ、iŋ、iɛl、it、iak、ik］、合口呼韵母［u、uk］，不拼撮口呼韵母。

②声母［ɸ］只能跟合口呼韵母相拼，相拼的韵母有［u、ua、uɔ、uai、ui、uau、uan、uɔn、uən、uɔŋ、uɛŋ、uŋ、uat、uɛn、uak、uɔk、uɛk、uk］。

③声母［t］［l］能拼开口呼韵母［a、ai、ɛi、au、an、ɔn、ən、ɔŋ、ɛŋ、al、ɔk、ɛk］、合口呼韵母［u、uŋ、uk］；声母［t］能与少数齐齿呼韵母［i、iu、iɐu、iɛn、iaŋ、iŋ、iɛl、ik］相拼，［l］能与大多数齐齿呼韵母［i、iu、iɐu、iɔn、in、iɛn、iaŋ、iɔŋ、iŋ、iɛl、il、iak、iɔk、ik、iuk］相拼。

④声母［n］拼读范围较窄，能拼开口呼韵母［a、ɛ、ai、au、an、ɔn、ən、aŋ、ɔŋ、ɛŋ、uŋ、at、ɔk］，合口呼韵母只能拼［u］。

⑤声母［ts、dz、s］能拼开口呼韵母［ɿ、a、ɛ、ɔ、ai、au、an、ɔn、ən、ɐ̃ŋ、aŋ、ɐ̃ŋ、ɐ̃ŋ、al、ɔl、ɛl、ɿl、ak、ɔk、ɛk］，能拼齐齿呼韵母［i、ia、iɔ、iu、iɐu、iɔn、in、iɛn、iaŋ、iɔŋ、iŋ、iɔl、iɛl、il、iak、iɔk、ik］，能拼的合口呼韵母较少，只有［u、uŋ、uk、iuk］。

⑥声母［tʂ、dʐ、ʂ］能拼开口呼韵母［ʅ、au、ɛ、ən、ɐ̃ŋ、ɔn、aŋ、ɔŋ、ən、ɔl、ɛl、ʅl、ak、ɔk、ʅk］，能拼的合口呼韵母较少，只有［u、uŋ、uk］

⑦声母［tɕ、dʑ、ɕ、ȵ］只能拼齐齿呼韵母。

⑧声母［k、ɡ］只能拼开口呼韵母和合口呼韵母，开口呼韵母

有［a、ɔ、ɛ、ai、ɛi、au、an、ɔn、ɛn、aŋ、ɔŋ、ɛŋ、al、ɔl、ak、ɔk、ɛk］，合口呼韵母有［ua、uɔ、u、uai、ui、uan、uɔn、uən、uɔŋ、uŋ、uɔl、uɛl、uɔk、uɛk、uk］。声母［x、ŋ］只拼开口呼韵母。

⑨零声母能拼开口呼、齐齿呼、合口呼韵母，除了韵母［a、ɜ、ɿ、ʅ、uau、ou、an、ɔn、ən、ɛn、aŋ、ɔŋ、ɛŋ、əŋ、al、ial、ɔl、ɛl、ɿl、ʅl、ak、uak、ɔk、ʅk］外均能拼合。

表 1-16 都昌镇方言声母与韵母的拼合关系

声母	开口呼			齐齿呼		合口呼	
	ʅ	ɿ	其他	i	i-	u	u-
p、b、m	○	○	怕	皮	边	布	梦
ɸ	○	○	○	○	○	扶	黄
t、l	○	○	汤	顶	粮	都	桶
n	○	○	南	○	○	奴	○
ts、dz、s	资	○	菜	西	酒	租	宗
tʂ、dʐ、ʂ	○	纸	少	○	○	柱	虫
tɕ、dʑ、ɕ、ȵ	○	○	○	鸡	茄	○	○
k、g、ŋ	○	○	加	○	○	古	关
x	○	○	下	○	○	○	○
ø	○	○	阿	衣	夜	苦	话

注：声母与韵母能拼合用例字代表，声母与韵母不能拼合用"○"表示。

（二）从韵母角度考察声韵拼合情况

①都昌镇方言韵母只有开口呼、齐齿呼、合口呼。

②开口呼是四呼中与声母拼合能力最强的，字数多。零声母拼开口呼韵母辖字少，只存于一些语气词或应答之词，如阿［ɔ³²］、□［au³²］老虎叫的拟音词等。同北京音一致的情况是舌尖韵母［ɿ］［ʅ］只拼合［ts］组、［tʂ］组声母。

一些开口呼韵母所辖汉字较少，只存于个别口语词；韵母［ɚ］只辖字"儿耳二而"，[ɛ] 韵母只辖字"□ [nɛ³⁴²] 挺着大肚子的动作、撕白读、舔、锯、渠第三人称，白读"少数字，[ɛi] 韵母只辖字"□ [tɛi³⁴²] 做游戏时，提醒或吓唬他人的语气词""□ [gɛi³⁴²] 可以""□ [ɛi³²] 应答之词"，韵母 [ʅl] 只辖字"卒 [tsʅl⁴⁵] 象棋"。

③合口呼拼合能力次于开口呼。都昌方言同北京音不同之处是 [u][u-] 韵母不能同 [x] 声母相拼，尤其是老派发音中无声母 [f]，北京音中声母念 [f] 的字、声母 [h] 拼合口呼的字在都昌方言中读音均念成 [ɸ]，[ɸ] 与合口呼相拼，发 [ɸual⁴⁵]、花 [ɸua³²]；[uan][uɔn] 合口呼韵母不能拼合 [t][ts][tʂ] 组声母，北京音此类字在都昌镇方言中韵母为开口呼韵母，如端 [tɔn³²]、钻 [tsɔn³²]、篆 [dzɔn²¹³]。一些合口呼韵母所辖汉字较少，只存于个别口语词，如韵母 [uɛ]，只存"□ [uɛ³²] 流出来""□ [uɛ³²³] 大声喊叫"；韵母 [uau]，只辖"浮 [ɸuau²³]、否 [ɸuau³⁴²]"两个书面文读字；韵母 [uaŋ]，只存"横白读 [uaŋ²³]、□ [uaŋ²¹³] ~手~脚：碍手碍脚"；韵母 [uak]，只辖字"划 [ɸuak⁴⁵] 被荆棘剐伤"。

④齐齿呼只拼合 [p、b、m][t、l][ts、dz、s][tɕ、dʑ、ɕ、ȵ] 及零声母。都昌镇方言音系中没有撮口韵，北京音读撮口韵的字在都昌方言中多读 [i] 或 [i-] 韵母，如鱼 [ȵi²³]、芋 [i²¹³]。北京音齐齿呼韵母不能同 [ts] 组声母相拼，而都昌镇方言中，尤其是老派发音中，[ts] 组声母可以同齐齿呼韵母相拼，如晶 [tsiŋ³²]、晴 [dziaŋ²¹³]、秋 [dziu³²]、洗 [si³⁴²]。一些齐齿呼韵母所辖汉字较少，只存于个别口语词，如韵母 [iɔ]，只辖字哟 [iɔ³²] 语气词、□ [dziɔ²¹³] ~一下：把烧红的铁丝放入水中冷却。

二　声母与声调的配合关系

声母和声调的配合一般是由声母的清浊和声调的阴阳决定的，都昌方言中存在次清化浊现象，古次清声母字与全浊声母字声母今读合流为浊声母，故同吴语、湘语相比，都昌方言中声母与声调的配合关系并不完全是按照清声母配阴调，浊声母配阳调的原则，情况更加复杂。都昌镇方言声调和声母的拼合关系如表 1-17 所示。

表 1-17　都昌镇方言声调和声母的拼合关系

声调	p、t、ts、tʂ、tɕ、k	b、g、dz、dʐ、dʑ、x	ɸ、s、ʂ、ɕ	m、n、ȵ、ŋ	l	∅
阴平	+	+	+	+	+	+
阳平$_1$	○	○	+	+	+	+
阳平$_2$	○	+	○	○	+	+
上声	+	+	+	+	+	+
阴去	+	○	+	+	○	+
阳去	○	+	○	+	+	+
阴入$_1$	+	○	+	+*	+*	+
阴入$_2$	○	+	○	○	+	+
阳入$_1$	○	○	+	+	+	+
阳入$_2$	○	+	+	○	+	+

注：“+”表示有拼合关系，“○”表示没有拼合关系，加“*”表示拼合存在条件限制。

从表 1-17 可知，都昌镇方言零声母可以拼合所有的声调，其他声母与声调的拼合搭配情况不一，下面介绍具体的配合规律。

①清塞音与塞擦音声母［p、t、ts、tʂ、tɕ、k］与阴调相拼。

②浊塞音与塞擦音声母［b、g、dz、dʐ、dʑ］可拼阴调与阳调，清喉擦音声母［x］与声调的拼合关系同浊声母较一致。

都昌方言中存在古次清声母字今读浊音声母现象，古平声、上声的古次清声母字今读调类同全清声母字今读的阴调类，这样呈现出浊声母可拼阴阳两种调类方言现象，这也是都昌方言不同于清配阴调类、浊配阳调类的吴方言的语音特点。

今读清喉擦音声母［x］往往跟古浊声母来源的阳调相拼，这也是都昌方言的语音特色。如“汉［xɔn²¹³］”字中古音韵地位属全清字，今读调类不是阴去，而是阳去。

③清擦音声母［ɸ、s、ʂ、ɕ］可拼阴阳两调。

可拼阴调的清擦音声母字往往来源于古全清声母字，可拼阳调的清擦音声母字往往来源于古浊声母字。如古浊平声母字今读清擦音声母的“嫌［ɕiɛn₅₁₅］、神［nɛ₅₁₅］、辰［nɛ₅₁₅］、尝［ʂɔn₅₁₅］、红［ɸuŋ₅₁₅］”，今读调类不归阴调而是阳调（阳平₁）。图 1-10 展示了古浊平声母字（嫌神辰尝红）基频均值曲线。

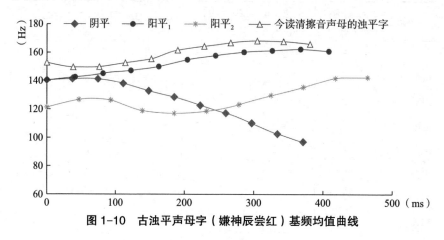

图 1-10　古浊平声母字（嫌神辰尝红）基频均值曲线

④次浊声母［m、n、ȵ、ŋ］可拼阴阳两调。

在入声字范围内，能拼阴入₁调的字往往存在两读，文读音声调为阴入₁调，白读音声调为阳入调，如热、月、日、麦。

⑤次浊声母［l］可拼阴阳两调，具体配合情况与规律又不同于其他次浊声母。

都昌方言中古透定母字今读存在边音音变现象，今读次浊声母［l］的字从来源上看有三类情况，一是古次浊声母（来母、日母），二是古次清声母（透母），三是古全浊声母（定母）。从声母与声调的配合来看，古次浊声母（来母、日母）来源的字往往拼阳调，只是在入声字范围，少数字存在文读阴入调情况，如辣，表示"辣味"读［lal³³］，在"辣椒"词中读［lal⁴⁵］；古次清声母（透母）来源的字平声、上声中拼阴调，如通［luŋ³²］、桶［luŋ³⁴²］，去声中拼阳调，如痛［luŋ²¹³］，入声中拼阴调，如塔［lal¹¹³］；都昌方言中古全浊声母上声字与去声字今读又存在归阴平的现象，古全浊声母（定母）来源的字平声、入声字拼阳调，如铜［luŋ³²³］、笛［liak³³］，若是古上声字与去声字则今读有归阴平与阳去两种情况，如动［luŋ³²］、定［liŋ²¹³］。

三　特色音节

按照上文声韵调配合规则，清塞音与塞擦音声母［p、t、ts、tʂ、tɕ、k］往往同阴调相拼，不拼阳调，但也有少数例外，都昌方言有些

有音无字的方言特色词或无实义的构词语素，存在清塞音声母与阳调相
拼现象。如：

□［tu²³］：动词，翘（嘴）；～起嘴来。

□［ku²³］：鸡叫的拟声；（鸡）～叫个。

□［ka²³］：（鸡）下蛋的叫声拟声，～～也可指鸡蛋。

□［kua²³］：青蛙叫的拟声；～～叫。

□［kuɛ²³］：猪叫的拟声；外头在那噶杀猪，～叫个。

□［pɔ²³］：动词，形容小孩走路不稳；□［pi²³］□［pi²³］～～。

□［tuŋ²³］：东西掉入水的拟声词。

□［pɛk²²］：拍打的拟声词；～一餐，即"打一顿"。

第四节　文白异读与新老派异读

历史语言学对 19 世纪印欧语言的比较研究取得了巨大的成就，徐
通锵《历史语言学》（2001：2）指出历史语言学用历史比较的方法确
定语言之间的亲属关系以及这种关系的亲疏远近，重建原始语，把各
亲属语言纳入母女繁衍式的直线发展关系。历史语言学是建立在语言
同质说基础上的，理论前提是假定一个原始共同语分化为几个不同的
语言，而这些语言又经历了同样的分化，最终形成世界上各种各样的
语言，这就是著名的"谱系树理论"。历史语言学理论及历史比较法自
20 世纪二三十年代以来在汉语史与汉语方言研究中得到了长足发展，
如高本汉《中国音韵学研究》（1994）应用这种研究理论构拟了汉语中
古音。汉语地域方言研究早期成果充分运用了历史比较法的研究方法，
如赵元任《现代吴语研究》（2011）、罗常培《厦门音系》（1931）和
《临川音系》（1940）等。历史语言学最大的局限是忽视了语言发展的
复杂性。语言发展有分化，有统一，有相互影响，如汉语存在多语言
融合的发展历史。随着汉语方言研究的深入，学界越来越认识到历史
比较语言学方法不足以揭示汉语方言发展的真相，这也是历史层次分
析法得以提出并被广泛有效运用于汉语方言研究的学术背景。

潘悟云（2007：61）指出，南方方言大都有多个来源，内部的层
次复杂，如果不把历史层次分清楚，就会把不同来源的不同音类放在一

起进行比较。历史层次研究理论与方法在学术界有较多讨论，本书认同历史层次是若干有对应关系的音类系统地并存于同一共时系统的叠置现象。都昌自汉代建制，有悠久的发展历史，都昌方言同其他汉语方言一样处在变化之中，从较长的历时跨度来看，其变化体现为文白异读，常常表现为同一音韵地位的字呈现出相同的异读现象，从说话人的年龄分布看，体现为新派、老派语音差异。来源不同的异读叠置于都昌镇方言中，本节将着重探讨文白异读与新老派语音差异。

一　文白异读

徐通锵（2001：384）认为文白异读是方言间互相影响的产物，在一种方言中，一般白读来自本方言土语，文读则是在本方言音系许可范围内吸收某一标准语的成分，在语音上向标准语靠拢，这样来源不同的文读和白读可能叠置于同一方言中。王洪君（2007：43）也指出一个有文白异读的共时音系可以看作由两个音系（或叫两个时间层）叠合而成的整体。两个音系相同的部分叠合为一，没有异读；两个音系不同的部分则分层别居，呈现出一种既分又合的"叠置"关系。

都昌方言的声母、韵母、声调三个方面都存在文白异读"叠置"现象。文白异读虽然表现为字音异读，但从深层来看这种异读是音韵层面与古音来源有关的规律性、系统性的对应。

下文例字表中，音标下标单横线表示白读音，标双横线表示文读音，〇表示没有相应的文读或白读。词语例子"/"前为白读，"/"后为文读，不同字词用 ‖ 间隔。

（一）声母

1. 古敷、微母字

微母多读零声母，敷母遇摄合口三等、通摄合口三等个别字，微母臻摄合口三等、宕摄合口三等少数字今读有重唇音声母。敦煌残卷守温三十字母中的"不芳并明"说明当时还没有产生轻唇音，南唐朱翱为徐锴《说文解字系传》作反切，在朱翱反切中重唇与轻唇分用，宋代的三十六字母才有"非敷奉微"四字母。清代钱大昕的重要观点"凡轻唇之音，古读皆为重唇"（《十驾斋养新录》卷五）已是定论。都昌方言中非组声母字读［b］［m］声母，这应当是存古现象，对于当地人来讲，这些字［b］［m］声母读法更具"乡土"色彩，零声母读法则是受普通话影响形成文读音。古敷、微母字文白异读例字见表 1-18。

表 1-18　古敷、微母字文白异读例字

赴	尾	蚊	问	网	忘
遇合三 去遇敷	止合三 上尾微	臻合三 平文微	臻合三 去问微	宕合三 平阳微	宕合三 去漾微
bu²/ɸu²	⁵mi/ ⁵ui	uen⁵/muen⁵	mən²/uen²	⁵mɔŋ/⁵uɔŋ	mɔŋ²/uɔŋ²

2. 见系字

（1）二等见系字文白异读

在北京话等官话方言中，二等开口见系字因声母同细音相拼，声母受后接前高元音影响，发生了［k］>［tɕ］声母的演变。王力（1985：390）曾指出汉语见系字腭化在明代已经形成。丁邦新（2009：820）曾引用郑锦全对官话腭化源流研究的成果，郑锦全认为北方方言中见晓组字腭化形成于 16~17 世纪，完成于 18 世纪前半叶，丁邦新结合 17 世纪韩汉对音材料进一步指出北方方音中腭化形成的上限不早过 17 世纪中叶。万波（2009：160）根据明末张自烈所作《正字通》的反切系统及古屋昭弘研究成果指出，赣语宜春方言里的腭化现象应出现于明末之后，不会早于 17 世纪。

从汉语史来看，二等开口见系字声母拼细音读［tɕ］组声母应是晚近官话对都昌方言的影响，都昌本地人认为这些字读［k］组声母是更加"地道"的本地说法，说方言时会根据不同语境选用［tɕ］组声母或［k］组声母字音，二等开口见系字［tɕ］组声母与［k］组声母文白异读叠置于都昌方言语音系统。

从表 1-19 可知，都昌方言中二等开口见系字声母存在［k］组与［tɕ］组文白异读，白读音出现在方言常用词语中，文读音往往存在于一些新兴词语中。例如，家：成～/～长会‖加：～减/～班‖嘉：～靖年间/～奖‖贾：～家/～宝玉‖假：真～/放～‖嫁：出～/～接‖价：讲～/～值观念‖下：～来/～海‖夏：姓～/～天‖佳：佳单念/～～奶糖‖交：～钱/公～车‖搅：～一下/～拌机‖教：～书/～育‖孝：带～/～顺‖江：～家/～西‖

讲：～斤～两／～演‖项：～链／～目。

表 1-19　二等开口见系字文白异读例字

家	加	嘉	假真假	贾	假放假
假开二 平麻见	假开二 平麻见	假开二 平麻见	假开二 上马见	假开二 上马见	假开二 去祃见
ˍka/ˌtɕia	ˍka/ˌtɕia	ˍka/ˌtɕia	ˉka	ˉka/ˉtɕia	ˉtɕia
嫁	价	蝦	下	夏	佳
假开二 去祃见	假开二 去祃见	假开二 平麻匣	假开二 上马匣	假开二 上马匣	蟹开二 平佳见
ka²/tɕia²	ka²/tɕia²	ˍ₂ga	ˍxa/çia²	ˍxa/çia²	ˍka/ˌtɕia
交	敲	搅	教	孝	学
效开二 平肴见	效开二 平肴溪	效开二 上巧见	效开二 去效见	效开二 去效晓	江开二 入觉匣
ˍkau/ˌtɕiɛu	ˍgau	ˉkau/ˉtɕiɛu	kau²/tɕiɛu²	xau²/çiɛu²	xɔk₂₂
江	讲	虹	项	角	壳
江开二 平江见	江开二 上讲见	江开二 去降见	江开二 上讲匣	江开二 入觉见	江开二 入觉溪
ˍkɔŋ/ˌtɕiɔŋ	ˉkɔŋ/ˉtɕiɔŋ	kɔŋ²	ˍɦɔŋ/ˌɕiɔŋ	kɔk₃₁	gɔk₂₂

（2）其他见系字文白异读现象

见组无论洪细均读〔k〕组声母是汉语史上较早的语音层次。中古疑母一般构拟为〔ŋ〕，据此"吴"中古音应读〔ŋu〕。高元音〔u〕在鼻音〔m、n、ŋ〕声母后与之融合，整个音节演变为"声化韵"，即〔ŋu〕→〔ŋ〕。"魏"读〔n̩〕应当是〔ŋ〕在高元音前发生了腭化音变。表 1–20 列见系字文白异读例字。

表 1-20　其他见系字文白异读例字

锯	肩	渠第三人称	吴	瓠	魏
遇合三 去御见	山开四 平先见	遇合三 平鱼群	遇合一 平模疑	遇合一 平模匣	止合三 去未疑
kɛ²/tɕi²	ˍkɐn/ˌtɕiɛn	ˍ₂gɛ	ˍŋ/ˍu	ˍ₂gu/ˍu	n̩i²/ui²

3. 日母字

二、耳读零声母的读法是接近普通话的文读音，二［lə²］、耳［ˊlə］读音主要分布在都昌县城郊区及北山乡一带。日母例字"饶染热人忍认日瓤让绒"读［l］声母是普通话［ʐ］声母的对应文读音。守温三十字母有"知彻澄日是舌上音"之说，可见隋唐时代，日母应是舌上音，它应当是和知彻澄母发音部位相同的鼻音。高本汉（1994）将日母拟作［n̠ʑ］，主要依据是日母在现代方言中有读鼻音现象；李新魁（2000）也认为日母在上古音中读音与泥母［nd］很接近，《切韵》音系中的日母拟为［n̠ʑ］。刘泽民（2005）根据客赣 95 个方言点的日母今读概括指出，客赣方言日母读音有［∅］［n̠］［ʑ］［n］［ŋ］［z］［v］［ʒ］［j］［ȵ］［ʐ］［t］［g］［l］，其中 n̠ 类（［n̠］［n］［ŋ］［g］）代表的是中古前期即《切韵》时代的层次，是客赣方言日母现存的最早层次。都昌方言日母例字声母今读不同实际是不同时代文白异读叠置。

表 1-21　日母字文白异读例字表

二	耳	饶	染	热	人
止开三 去至日	止开三 上止日	效开三 平宵日	咸开三 上琰日	山开三 入薛日	臻开三 平真日
lə²/ɚ²	ˊlə/ˊɚ	ȵiau₃₁/lau₁₃	ȵiɛn/ˊlan	ȵiɛl₃₁/lɛl₁₃	ȵin₁₃/lən₁₃
忍	认	日	瓤	让	绒
臻开三 平轸日	臻开三 去震日	臻开三 入质日	宕开三 平阳日	宕开三 去漾日	通合三 平东日
ȵin/ˊlən²	ȵin²/lən²	ȵil₃₁/lɛl₁₃	ȵioŋ₁₃/loŋ₁₃	ȵioŋ²/loŋ²	ȵiuŋ₁₃/luŋ₁₃

（二）韵母

韵母文白异读按韵摄分别论述，涉及地理差异时，不同乡镇方言一并论述。

1. 遇摄

遇摄鱼韵韵母今读［ɛ、ɛi、iɛ］，这是《切韵》时代鱼有别于虞的层次，是较早的白读音。从都昌方言各地差异可以看出，与之相对的文读音有［i］和［y］。从共同语发展来看，撮口［y］韵母产生是元代之后的演变结果。与官话［y］韵母相对应，南方很多方言读齐齿［i］韵母，所以都昌方言遇摄今读［i］［y］韵母是不同时期、不同来源的文读音。

表 1-22　遇摄韵母文白异读例字

地点	锯	渠第三人称	去	虚
都昌镇金街岭	kɛ²/tɕi²	₌gɛ/○	○ /dzi²	₋xɛ/₌ɕi
阳峰乡黄梅村	kɛi²/○	₌iɛ/○	iɛ²/○	₋xɛ/₌ɕi
大港镇繁荣村	○ /tɕi²	₌gɛ/○	○ /i²	○ /₌ɕi
大港镇高塘村	○ /tɕy²	₌gɛ/○	○ /dzi²	○ /₌ɕi

2. 蟹摄

《切韵》时代蟹摄一等、二等字韵母有别，中古以后哈皆佳韵合流，都昌方言中大部分乡镇方言一等、二等合流读［ai］韵母，这同共同语发展是一致的。部分乡镇方言一等、二等仍有别，在音值上表现为［ɛi］与［ai］、［ɔi］与［ai］的对立。一等、二等有别的方言，并非所有的一等字均读［ɛi］或［ɔi］，部分较书面语的字读［ai］韵母。一等字韵母普遍存在同二等字合流的趋势，有些方言甚至存在个别一等字韵母两读，白读［ɛi］/［ɛ］，文读［ai］，形成文白异读叠置。

表 1-23　蟹摄韵母文白异读例字

地点	胎	袋	在	改	害
都昌镇金街岭	○ /₋lai	○ /lai²	○ /₌dzai	○ /ᵇkai	○ /₋xai
阳峰乡黄梅村	₋lɛi/₋lai	lɛ²/○	dzɛi²/○	ᵇkɛi/ᵇkai	xɛi²/xai²
西源乡中塘村	₋lɛ/₋lai	lɛ²/○	dzei²/○	ᵇkɛi（kɛ）/ᵇkai	xɛ²/xai²
土塘镇珠光村	○ /₋dai	dɛ²/○	○ /dzai²	○ /ᵇkai	○ /xai²
南峰镇石桥村	○ /₋dai	○ /dai²	○ /dzai²	○ /ᵇkai	xɔi²/○

3. 止摄

唐代《经典释文》和玄应《一切经音义》中的大量例子都足以证明隋唐时代支脂之三韵已经合流。都昌方言止摄"撕""栀"两字韵母读［ɿ］［ʅ］是受共同语发展影响的文读音，即宋元以后资思、支思韵母产生后的新兴读音。本地人认为撒~开 [ₔtsɛ]、舐~一下 [şɛ²]、栀~子花 [ₔtɕi] 是非常土的本地读音。我们认为都昌方言中支韵读 [ɛ] 韵母，应是保存支脂之有别的层次。止摄合口三等字"魏柜尾"今读 [ui] 韵母是同官话一致的文读音，韵母 [i] 保存在常用口语词中，如魏~家、柜谷~、尾~毛。

表 1-24　止摄韵母文白异读例字

地点	撒	舐	栀	魏	柜	尾
都昌镇金街岭	ₔtsɛ/ʂʅ̠	ʂɛ²/ ○	ₔtɕi/tʂʅ̠	n̠i²/ui²	ₔi/kui²	ꜛmi/ꜛui
春桥乡凤山村	○ /ʂʅ̠	ʂɛ²/ ○	ₔtɕi/tʂʅ̠	○ /ui²	○ /kʰui²	ꜛmi/ꜛui

4. 臻摄

隋唐以后共同语韵部系统中真谆臻韵同用。深摄（知庄章组、日母除外）、臻摄开口三等（知庄章组、日母除外）合流，深摄及臻摄开口三等知庄章组、日母合流。昌都片赣语大多数方言臻摄存在一批字韵母有 [in][ɐn] 两读。

表 1-25　臻摄韵母文白异读例字

地点	人	认	忍	轮	唇
都昌镇金街岭	ₗ₁₃n̠in/n̠ɐn₁₃	n̠in²/n̠ɐn²	ꜛn̠in/ꜛn̠ɐn	ₗ₁₃lin/lɐn₁₃	ₗ₁₃ʂin/ʂɐn₁₃
蔡岭镇牌垄村	ₗ₁₃n̠in/n̠ɐn₁₃	n̠in²/n̠ɐn²	ꜛn̠in/ꜛn̠ɐn	ꜛdin/lɐn₁₃	○ /ʂɐn₁₃

韵母 [in] 出现在常用词语（两隻人、认得、日子、忍到、车轮、嘴唇）读音中，韵母 [ɐn] 往往存在于新兴词语（人民、认识、日历、容忍、轮流、唇膏）读音中。联系昌都片赣语其他方言来看，臻摄字韵母今读 [ɐn] 是同共同语官话发展一致的新文读音，韵母 [in] 为较早的文读层，在一些方言中变为白读音。

5. 梗摄

梗摄系统性的文白异读是赣语普遍现象，刘纶鑫（1999：257）指出，客赣方言（除鄱阳、横峰以外）梗摄字在各地都有主要元音为［a］的白读音；陈昌仪（1991：5）认为梗摄阳声韵白读来源于客家话，是客家第三次大迁移给赣语留下的印记，代表两宋及宋元间中原汉语的读音。从汉语史来看，周祖谟（1966：257）指出中唐以后共同语发生了曾梗摄韵母合流现象，大约在宋代曾梗并入梗摄读［*əŋ］。都昌镇方言曾梗摄开口一等韵母、梗摄开口二等（除晓匣母）文读韵母今读［ɛŋ］［ɛk］，曾摄开口三等（除知庄章组）、梗摄开口二等晓匣母、梗摄开口三等（除知章组）文读韵母为［iŋ］［ik］，曾摄开口三等知庄章组韵母、梗摄开口三等知章组文读韵母今读［əŋ］［ɿk］，梗摄开口二等及开口三等知章组字白读韵母为［aŋ］［ak］，三四等白读韵母为［iaŋ］［uaŋ］［iak］，曾摄合口一等、梗摄合口二等入声韵母读［uɛk］，整体情况是曾梗摄白读层分立，文读层呈合流状况。都昌东部方言曾梗摄文读音合流，韵尾鼻尾为前鼻尾［n］。表1-26列梗摄韵母文白异读例字。

表1-26　梗摄韵母文白异读例字

例字	彭	冷	撑	坑	梗	硬
都昌镇金街岭	₂baŋ/₂beŋ	ᶜlaŋ/ ○	꜀dzaŋ/ ○	꜀gaŋ/ ○	ᶜkuaŋ/ᶜkeŋ	ŋaŋ²/ ○
大港镇繁荣村	꜀baŋ/ ○	ᶜlaŋ/ ○	꜀dzaŋ/ ○	꜀gaŋ/ ○	ᶜkuaŋ/ᶜkeŋ	ŋaŋ²/ ○

例字	生	甥	麦	橙	摘	争
都昌镇金街岭	꜀saŋ/꜀seŋ	꜀saŋ/ ○	mak₋₁/mɛk₋₁	₂dzaŋ/₂dzeŋ	tsak₋₁/ ○	꜀tsaŋ/꜀tseŋ
大港镇繁荣村	꜀saŋ/꜀seŋ	꜀saŋ/꜀sɛn	ma²/mɛ²	꜀dzaŋ/ ○	tsa²/ ○	꜀tsaŋ/꜀tsɛn

例字	耕	柄	平	病	明	命
都昌镇金街岭	꜀kaŋ/꜀keŋ	piaŋ²/ ○	₂biaŋ/ ○	biaŋ²/ ○	₋₁miaŋ/₋₁miŋ	miaŋ²/miŋ²
大港镇繁荣村	꜀kaŋ/꜀keŋ	piaŋ²/ ○	○ /꜀bin	biaŋ²/ ○	○ /꜀min	miaŋ²/ ○

例字	镜	影	饼	名	岭	井
都昌镇金街岭	tɕiaŋ²/ ○	ᶜiaŋ/ᶜiŋ	ᶜpiaŋ/ ○	꜀miaŋ/꜀miŋ	ᶜliaŋ/ᶜliŋ	ᶜtsiaŋ/ᶜtsiŋ
大港镇繁荣村	○ /tɕin²	ᶜiaŋ/ᶜin	ᶜpiaŋ/ ○	꜀miaŋ/꜀min	ᶜliaŋ/ ○	ᶜtsiaŋ/ ○

续表

例字	清	请	晴	姓	程	郑
都昌镇金街岭	₌dziaŋ/₌dziŋ	ᶜdziaŋ/ᶜdziŋ	₌₂dziaŋ/ ○	siaŋˀ/sinˀ	₌₂dzaŋ/₌₂dzəŋ	₌dzaŋ/dzəŋˀ
大港镇繁荣村	○ /₌dziŋ	ᶜdziaŋ/ ○	○ /₌dziŋ	siaŋˀ/sinˀ	₅dzaŋ/₅dzən	dzạŋˀ/ ○
例字	正~月	声	盛~饭	赢	壁	钉~子
都昌镇金街岭	₌tʂaŋ/ ○	₌ʂaŋ/₌ʂəŋ	₌₁ʂaŋ/ ○	₅₁iaŋ/ ○	piak₅₁/ ○	₌tiaŋ/ ○
大港镇繁荣村	₌tʂaŋ/ ○	₌ʂaŋ/₌ʂən	₅ʂaŋ/ ○	₌iaŋ/₌in	piaˀ/ ○	₌tiaŋ/ ○
例字	听~话	零	青	星		
都昌镇金街岭	liaŋˀ/ ○	₅₁liaŋ/₅₁liŋ	₌dziaŋ/₌dziŋ	₌siaŋ/₌siŋ		
大港镇繁荣村	liaŋˀ/ ○	○ /₌lin	○ /₌dzin	○ /₌sin		

　　表 1-26 中有文白两读的字，白读音出现在当地常用词语中，文读音往往存在于一些新兴词语中。例如，彭：姓~ / ~泽县名 ‖ 梗：薯~嘚 / 桔~ ‖ 生：~个 / 长 ‖ 麦：~嘚 / ~片 ‖ 橙：~嘚橙子/脐~ ‖ 争：~气 / 取 ‖ 耕：~地动词 / ~地名词 ‖ 明：~朝 / ~白 ‖ 命：~好 / ~运 ‖ 影：~嘚 / 电~ ‖ 名：~字 / ~声 ‖ 岭：山~ / 上甘~电影名 ‖ 井：~水 / ~冈山 ‖ 清：水~ / ~洁 ‖ 请：~客 / ~帖嘚 ‖ 姓：~张 / 百家~ ‖ 程：姓~ / 工~ ‖ 郑：姓~ / ~重 ‖ 声：~音 / ~明 ‖ 零：~数字 / ~分 ‖ 青：~色 / ~菜 ‖ 星：天上个~ / ~子地名。

　　6.通摄

　　汉语史上，从唐诗用韵来看，东独用，冬钟同用，《经典释文》中有相当多东与冬钟混切的例子，晚唐时代东冬钟不分，今天的官话通摄合口一等、合口三等来源字合流读 [uŋ][yŋ] 是中古以后汉语发展的结果，其中读 [yŋ] 韵母字主要是通摄合口三等见系字。都昌音系中没有撮口呼韵母，官话方言韵母 [yŋ] 对应都昌方言韵母 [iuŋ]，同官话不同的是都昌方言通摄合口三等韵母今读 [iuŋ] 字不限于见系字，少数字存在两读，韵母 [uŋ] 是受官话影响的文读音，韵母 [iuŋ] 是本地白读音。

　　表 1-27 中有文白两读的字，白读音出现在当地常用词语中，文读音往往存在于一些新兴词语中。文白异读会体现同一个词不同年龄层的不同方言说法，老年层多用白读音，青年层多用文读音。例如，浓：粥好~ / ~眉大眼 ‖ 松：~树 / ~开 ‖ 龙：划~船 / 凤呈祥 ‖ 足：~球 / 充~ ‖ 俗：风~ / ~气 ‖ 供：~爷娘 / 上~ ‖ 绒：灯芯~ / ~毛 ‖ 蓉：芙~花 / 芙~镇电影名等字。

表 1-27　通摄韵母文白异读例字

例字	浓	松~树	龙	足
都昌镇金街岭	$_{51}$n̠iuŋ/$_{51}$nuŋ	$_{2}$dziuŋ/$_{1}$suŋ	$_{52}$liuŋ/$_{51}$luŋ	tsiuk$_{31}$/tsuk$_{31}$
例字	俗	供	绒	蓉
都昌镇金街岭	siuk$_{22}$/suk$_{31}$	tɕiuŋ²/kuŋ²	$_{51}$n̠iuŋ/$_{51}$luŋ	$_{51}$iuŋ/$_{51}$luŋ

　　从实质来看，文白异读现象是两个有同源关系的音韵系统因接触产生渗透、竞争与演变，在音变方式上，具有叠置音变特点。结合方言常用字调查结果来看，文白异读对词语具有选择性，即白读用于常用口语词，文读用于新兴或晚近产生的词语；有些字只有文读层，有些字只有白读层，有些字存在两读现象，这也正是文白异读叠置音变一般过程，即只有白读→文弱白强→文白相持→文强白弱→只有文读。

　　（三）声调

1. 浊入字文白异读

　　都昌方言中有一些浊入字单念时随清入读阴入，次浊入字如页、业、聂、立、捺、灭、列、烈、裂、孽、捏、抹、沫、阅、密、蜜、律、膜、幕、烙、乐、弱、虐、跃、岳、墨、默、力、测、脉、逆、译、易、腋、历、玉、浴，全浊入字如实、绝。

　　部分次浊入字在新词新语中随清入读阴入，而在常用口语词或自然语句中读阳入调，如木头 ‖ 月光 ‖ 树叶嘞 ‖ 两粒米 ‖ 天好热天很热 ‖ 捋手扎脚 ‖ 大栗嘞板栗 ‖ 莫哭不要哭 ‖ 猪肉 ‖ 实在是好真的好 ‖ 绝种。

2. 文白配合关系

从上文都昌方言文白异读来看，有些字文白异读体现在声母的不同，有些字体现在声韵两个方面，从声调角度看，白读音的声调往往更贴合本字音韵来源，文读音声调则反映晚起的变化。

表 1-28　声调文白异读例字

下	柜	热	日	松
xa^{32}/ɕia^{213}	i^{213}/kui^{435}	ȵiɛl^{33}/$lɛl^{45}$	ȵil^{33}/$lɛl^{45}$	$dziuŋ^{323}$/$suŋ^{32}$

下~头［xa^{32}］阴平调是白读音，下~面［ɕia^{213}］阳去调为文读音；"下"字有两个音韵地位，一是假摄马韵匣母上声，二是假摄马韵匣母去声，在本地方言中均读［xa^{32}］/［ɕia^{213}］。都昌方言存在同共同语一致的全浊上归去现象，所以读［ɕia^{213}］时，声韵调是文读层。结合汉语史，匣母字"下"读［xa］也应当是更早的本地层次。常用器物名词柜谷~［i^{213}］，声韵调均属白读音，而新兴词语柜床头~［kui^{435}］，声韵接近普通话，为文读，声调为阴去调，也不同于白读音的阳去调。热~头：太阳、日~子白读音声韵调与热~情、日~历文读音声韵调完全不同，33 调值为音系中的阳入调，45 调值为音系中的阴入调。"松~树"在方言中有［$suŋ^{32}$］［$dziuŋ^{323}$］两读，"松~树"中古音韵地位是通合三钟韵邪母平声字，松［$dziuŋ^{323}$］声韵调读法符合本地方言音韵读法，本地人也认为松［$dziuŋ^{323}$］读法更土，松［$suŋ^{32}$］为阴平调，读法同普通话一致。

二　新老派语音比较

分析比较方言的年龄差异是研究语言微观演变的重要途径，同时有助于方言历史演变的探讨，本部分着重探讨都昌本地人因年龄不同而产生的方言差异。在年龄差异比较中，老年人称为"老派"，青年称为"新派"，新老派语料来自 4 位发音合作人，包括吴某宝（男，1945 年生，都昌县都昌镇吴家街人）、吴某玉（男，1956 年生，都昌县都昌镇金街岭人）、邵某（男，1984 年生，都昌县都昌镇邵家街人）、陈某平（男，1990 年生，都昌县都昌镇金街岭人），调查时间为 2017 年 5 月。

（一）声调

1. 古来母平声字今读调类

都昌镇方言中古浊平字今读分两类，次浊平字及今读清擦音声母［s、ʂ、ɸ、ç］的全浊平字读阳平₁调（调值23），今读浊塞音、塞擦音声母的全浊平字读阳平₂调（调值323）；古来母字声母今读［l］，来母拼开口呼、合口呼韵母时，如来［lai］、卢［lu］、郎［lɔŋ］等字，按演变规律归阳平₁调（调值23）；来母字拼齐齿呼韵母时今读存在新老派差异，如犁［li］、雷［li］、怜［liɛn］、鳞［lin］等字，新派多归向阳平₁调，老派归向阳平₂调。图1-11展示了新老派"犁"字基频曲线对比。

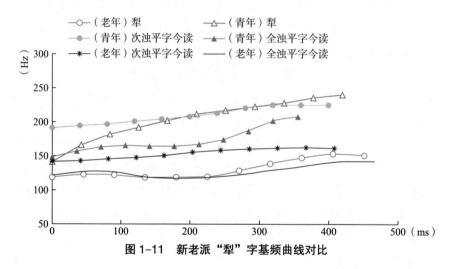

图 1-11　新老派"犁"字基频曲线对比

图1-11为老年层与青年层"犁"字音高基频对比，为了参照，图中还画出了青年层、老年层古次浊平字、全浊平字今读阳平₁调、阳平₂调的音高基频曲线。从图中可知，青年层"犁"字声调归向语音系统中的阳平₁调；老年层"犁"字声调归向语音系统中的阳平₂调。"犁"字读阳平₁调与阳平₂调在都昌方言中表现为新老派差异。

古来母平声字今读调类差异产生的语音条件是来母字拼齐齿呼韵母，对这个现象的理解要从来母字今读声母入手，都昌方言存在古次清声母与全浊声母合流现象，即学界常说的"次清化浊"，都昌方言古透定母今读特点，东部方言"透、定"一等读［d］，四等读［l］→

中部方言"透、定"在个别方言的个别韵摄中读[d]或[l]混杂→西部方言"透、定"读[l]不分,地理差异体现了[d]>[l]弱化过程。卢继芳(2018:259~271)曾探讨昌都片赣语来母拼细音韵母今读现象,来母拼细音韵母读塞音[d、tʼ、t]现象在昌都片赣语普遍存在。在陈昌仪发表于1983年《方言》第4期上的《都昌(土塘)方言的两个特点》中,声母[d]来源例字包括来母来源的"烈刘流溜林良两亮力绿六"等字。李如龙、张双庆主编《客赣方言调查报告》(1992:14)选取了都昌城关方言作为代表,在音系说明中指出,都昌方言音系中"[l]在齐齿呼前可自由变读[d]"。笔者曾调查都昌镇方言古来母与透定母合流今读[l]声母现象,并认为都昌方言发展史上,来母拼细音韵母有读塞音[d]的过程,都昌镇方言老年层来母[l]拼洪音时读次浊平来源的阳平₁调,而拼细音时读全浊平字来源的阳平₂调,这正是古透定母与来母合流为浊音声母[d]阶段的音变现象的印证。

2. 古次清入字今读演变趋向

关于古次清入字今读演变趋向,卢继芳(2018:433)指出,赣语昌都片方言普遍存在古清入字与清去字今读合流现象,如湖口县、庐山市方言普遍存在清入字同清去字合流现象,庐山市及湖口县方言全清入字同全清去字合流,次清入字同次清去字合流。都昌方言清去字与清入字又存在接古声母送气与否分调现象,所以清入与清去合流又有一些不同情况;都昌县大港镇繁荣村方言全清入字与部分浊入字归并到阴去,部分浊入字归并到阳去,次清入保留入声读法,其他乡镇方言大多是次清入保存独立的阴入₂调。

卢继芳(2007:31)在分析都昌县阳峰方言中语音变化情况时指出,都昌县阳峰方言中次清入保存独立的阴入₂调(调值21),老年层能明确区分阴入₂调与阳入₂调,但青年层有一些全浊入字今读同次清入字调。如瞎=辖→[xal²¹],撤=辙→[dzɤl²¹],脱=夺→[lɔl²¹],鹤=郝→[xɔk²¹],鹊=嚼→[dziɔk²¹],镯=浊→[dzɔk²¹]。

古次清入字今读调类演变趋向存在新老派差异,这一特点同样存在于都昌镇方言中,图1-12至图1-15展示了都昌镇金街岭方言青年层、老年层声调格局与音高基频曲线。

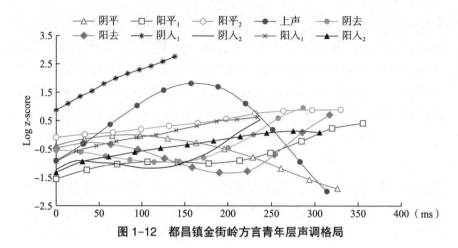

图 1-12　都昌镇金街岭方言青年层声调格局

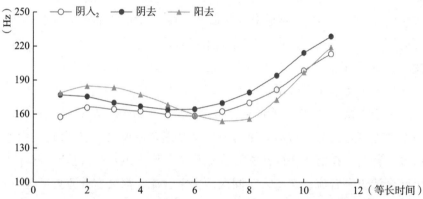

图 1-13　都昌镇金街岭方言青年层古次清入字、去声字今读音高基频曲线

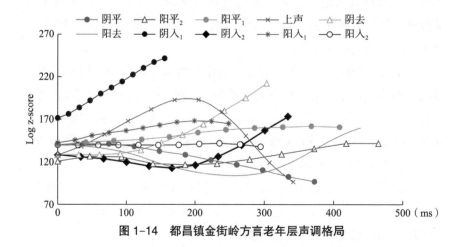

图 1-14　都昌镇金街岭方言老年层声调格局

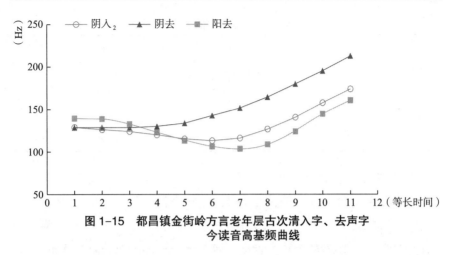

图 1-15　都昌镇金街岭方言老年层古次清入字、去声字
今读音高基频曲线

　　阴入₂基频曲线来源例字为次清入字，如"哭拍塔切刻壳七铁缺客出曲"等字，从图 1-13 至图 1-15 可知，都昌镇金街岭方言古次清入字今读调类存在新老派差异，青年层声调系统中次清入字今读调类与全清去字今读调类接近，而老年层声调系统中次清入字今读调类与阳去调接近。

（二）声母

1. 尖团音分立现象

　　都昌县各乡镇方言中尖团音分立普遍存在新老派差异。老年层语音系统中精组声母同细音韵母相拼时仍读〔ts〕组声母，青年层精组声母与细音韵母相拼时，声母发生腭化，不分尖团音，这种变化显然是受普通话的影响而产生的。尖团音分立现象的新老派差异以都昌镇方言最具代表性，具体例字见表 1-29、表 1-30。

表 1-29　尖团音例字（1）

年龄层	姐	蕉	奖	精	秋	亲
	假开三 上马精	效开三 平宵精	宕开三 上养精	梗开三 平清精	流开三 平尤清	臻开三 平真清
老年层	ꞈtsia	ꞈtsieu	ꞈtsioŋ	ꞈtsiŋ	ꞈdziu	ꞈdzin
青年层	ꞈtɕia	ꞈtɕieu	ꞈtɕioŋ	ꞈtɕiŋ	ꞈdziu	ꞈdzin

表 1-30　尖团音例字（2）

年龄层	七	清	写	细	罪	徐
	臻开三 入质清	梗开三 平清清	假开三 上马心	蟹开四 去霁心	蟹合一 上贿从	遇合三 平鱼邪
老年层	dziʔ₂	ˌdzin	ˊsia	siˀ	ˌdzi	₂dzi
青年层	dziʔ₂	ˌdzin	ˊçia	çiˀ	ˌdzi	₂dzi

2. 来母拼细音韵母今读塞音现象

《都昌（土塘）方言的两个特点》（陈昌仪，1983）中记录土塘方言中"烈溜流柳雷李岭良两亮力绿六"声母为［d］。《客赣方言调查报告》（李如龙、张双庆主编，1992：14）中记录都昌城关方言中的"［l］在齐齿呼前可自由变读［d］，标音概作［l］"。已刊成果说明都昌方言中来母拼细音韵母存在读塞音的现象。近期调查成果表明都昌镇及其他乡镇方言来母拼细音韵母基本上读边音声母，大港镇繁荣村、蔡岭镇牌垄村、春桥乡凤山村、徐埠镇杨岭村、多宝乡宝桥村、土塘镇珠光村存在来母拼细音韵母今读塞音声母［d/tʰ］现象，从共时平面的地理差异及同一地点方言不同年龄层今读差异来看，来母拼细音韵母今读处于塞音→边音演变发展阶段。具体例字请看表 1-31。

表 1-31　来母拼细音韵母今读塞音声母例字

地点	音值	例字
大港镇繁荣村	d	雷留立绿录；犁黎怜
蔡岭镇牌垄村	tʰ	离留榴硫琉林淋临粒连邻鳞轮菱；聊辽怜莲灵零铃伶拎
春桥乡凤山村	tʰ	雷驴滤例离篱璃荔梨狸疗燎泪刘流留榴硫琉镰廉簾帘癉淋临林连联恋鳞邻轮粮良凉量梁粱陵凌隆龙辆令猎立粒笠列烈裂栗律力六绿；犁黎聊辽瞭怜莲灵零铃伶拎翎练炼
徐埠镇杨岭村	d	疗；聊辽拎
多宝乡宝桥村	tʰ	驴雷离璃梨狸疗刘流留硫琉镰淋良粮两亮梁粱陵凌菱隆龙辆令陆猎立粒列烈裂栗律力六绿录；犁黎聊辽瞭怜莲灵零铃伶拎翎练炼

《赣语昌都片方言语音研究》（卢继芳，2018：257~271）据已刊成果及实地调查指出，赣语昌都片方言来母逢细音今读共有四种类型：边音型（［l］）、塞音型（［d］［tʰ］［t］［tʰ］）、过渡型（今读既有

塞音［d］/［tʰ］/［t］/［tʰ］读法，又有边音［l］读法，有些字听上去既像塞音又像边音，记作［lᵈ］)、混合型（塞音［d］/［tʰ］/［t］/［tʰ］、边音［l］、鼻音［n̠］)。从地理分布来看，来母逢细音今读塞音现象在昌都片呈现出不平衡态势，修水县境内渣津镇以北以西地区保存较好，湖口县从北到南渐失，庐山市除南康镇、隘口镇（2001年12月撤隘口镇，划归温泉镇)、温泉镇、华林镇之外保存较好，永修县修河以南地区保存较好，安义县境内从北到南、从东到西呈现渐失态势。从地理上来看，都昌方言来母拼细音读塞音保存完好的方言是与湖口县交界的春桥乡凤山村方言、与庐山市隔湖相望的多宝乡方言。

昌都片赣语各县县城及周边地区方言、各县与外界交往多的乡镇方言来母拼细音今读边音现象突出，塞音现象保存较完好的方言大多分布于各县交通闭塞地区或同一地点方言的老年层。来母逢细音今读塞音应是赣语昌都片早期的区域性特点，来母逢细音今读边音现象应是晚期变化。都昌县各地方言来母逢细音今读塞音不平衡态势则显示来母逢细音今读历时演变，在晚近官话及普通话的推广影响下呈现出边音化发展趋势，在同一地点方言中表现为新老派异读现象。

3.止摄开口三等精组字擦音化现象

卢继芳（2007：31）指出，都昌县阳峰乡方言青年层止摄开口三等支脂之韵中"清从邪初崇彻澄昌"母字今读声母为浊擦音。这个音变现象在都昌镇、左里镇、多宝乡方言中同样存在，但与阳峰乡方言不同，都昌镇、左里镇、多宝乡方言青年层浊塞擦音与浊擦音互为变体。浊塞擦音变为浊擦音，这是浊声母弱化的表现，多宝乡、左里镇方言中个别从母字读成清擦音，如"自"读成［sⱬ²¹³］。

表1-32 止摄开口三等例字

年龄层	此	自	耻	迟	柿	齿
	止开三上纸从	止开三去至从	止开三上止彻	止开三上旨澄	止开三上止崇	止开三上止昌
老年层	꜀dzⱬ	dzⱬ꜄	꜀dzⱬ	꜀₂dzⱬ	dzⱬ꜄	꜀dzⱬ
青年层	꜀dzⱬ	dzⱬ꜄	꜀dzⱬ	꜀₂dzⱬ	dzⱬ꜄	꜀dzⱬ

4.溪群母读零声母现象

都昌镇方言老年层溪群母读零声母，但青年层往往带上相应部位的浊音声母。潘悟云（2007：24~25）在分析上海方言日母文白异读现象时指出，通过某种权威引入新词语时，一定是用该方言中最接近的代表传入方言中的读音，即最小改变原则。杨秀芳（2007：85）也曾指出强势方言进入弱势方言时会在读音上做调整，让强势的文读声韵调更加符合当地人的发音习惯。都昌方言中老年层零声母读法是早已存在的本地音系特点，而青年层浊音声母的读法不应理解为中古语音层次。请看表 1-33 至表 1-36 的例字。

表 1-33　溪群母例字（1）

年龄层	课	枯	裤	款	恐	阔
	果合一去过溪	遇合一平模溪	遇合一去暮溪	山合一上缓溪	通合三上仲溪	山合一上末溪
老年层	uɔ³	꜀u	u³	꜀uɔn	꜀uŋ	uɔl₂
青年层	gɔ³	꜀gu	gu³	꜀guɔn	꜀guŋ	guɔl₂

表 1-34　溪群母例字（2）

年龄层	跨	宽	技	奇	企	丘
	假合二去祃溪	山合一平桓溪	止开三上纸群	止开三平纸群	止开三上纸溪	流开三平尤溪
老年层	ua³	꜀uɔn	꜄i	꜀i	꜂i	꜀iu
青年层	gua³	꜀guɔn	꜀dʑi	꜀dʑi	꜂dʑi	꜀dʑiu

表 1-35　溪群母例字（3）

年龄层	球	琴	牵	穷	缺	骑
	流开三平尤群	深开三平侵群	山合四平先溪	通合三平东群	山合四入屑溪	止开三平纸群
老年层	꜀iu	꜀in	꜀iɛn	꜀iuŋ	iɔl₂	꜀i
青年层	꜀dʑiu	꜀dʑin	꜀dʑiɛn	꜀dʑiuŋ	dʑiɔl₂	꜀dʑi

表 1-36　溪群母例字表（4）

年龄层	桥	钳	件	权	近	群
	效开三平宵群	咸开三平盐群	山开三上狝群	山合三平仙群	臻开三上隐群	臻合三平文群
老年层	꜀iɛu	꜀iɛn	iɛn³	꜀iɔn	i³	꜀in
青年层	꜀dʑiɛu	꜀dʑiɛn	dʑiɛn³	꜀dʑiɔn	dʑi³	꜀dʑin

　　关于都昌方言溪群母老年层今读零声母的发生机制，可以结合有相同现象的邻近赣语方言来探讨。例如，修水县上奉镇石街村方言（如"科课颗棵"），修水县黄龙乡沙塅村方言（如"款窟"），庐山市蓼花镇（今星子镇）胜利村方言（如"坤匡筐"）、蓼南乡新华村方言（如"他白穷"），永修县艾城镇方言（如"亏"），修水县杭口镇厚家源村方言（如"科苦库"），庐山市、永修县虬津镇方言（如"葵柜"）个别溪群母字存在读零声母与 [dʑ][g][kʻ][h][x] 声母变读现象。有学者对大通片赣语中的这种变读现象做过描述，吴宗济在《湖北方言调查报告》（赵元任等，1948：127）中记录蒲圻方言时，描述 [g] 送气很弱，在合口韵前有时失去声母。

　　笔者调查发现，都昌镇方言中，青年层在读老年层读零声母的溪群母字时又带上相应部位的浊音声母。本书认为这是受普通话影响的新近语音变化。由于权威普通话的影响，青年层有意识地将老年层读零声母的溪群母字加上声母，根据最小改变原则，吸取声母的同时也关照了本方言语音系统"次清化浊"的特点，这样就导致都昌镇方言中青年层溪群母字带上浊音声母的读法。有关都昌方言溪群母字今读音变现象将在第四章第一节声母专题深入讨论。

第五节　同音字汇

　　本字汇收录的是都昌方言常用字，包括《方言调查字表》（修订本）中方言口语用字，有些字《方言调查字表》未收，但见于《广韵》或《集韵》。都昌方言一些写不出字形的口语常用音节，用方框"□"表示并加以音释；若一字多读，可能属于文白异读或新老派异读，本字表不特别区分文白异读与新老异读，在右下角用下标数字（1、2）表示，别义异读加注例词、例句；一字有多种词性或词义差异大用带圈数字（①②）标注并加注例词、例句。方言例词、例句的本字用波浪号"～"代表。字表按照韵母、声母和声调顺序排列。

　　（1）韵母的排列次序为：[ɿ][ʅ][i][u][a][ia][ua][ɛ][ɜu][ɚ][ɔ][ɔi][ɔu][ai][uai][ɛi][ui][au][uau][iɜu][ou][iu][an][uan][ən][uən][nɛ][ɛn][iɛn][in][ɔn][iɔn][uɔn][aŋ]

〔iaŋ〕〔uaŋ〕〔ɘŋ〕〔iŋ〕〔ɛŋ〕〔uɛŋ〕〔ɔŋ〕〔iɔŋ〕〔uɔŋ〕〔uŋ〕〔iuŋ〕
〔ʅ〕〔ʮ〕〔il〕〔al〕〔ial〕〔ual〕〔ɛl〕〔iɛl〕〔uɛl〕〔ɔl〕〔iɔl〕〔uɔl〕〔ʅk〕
〔ik〕〔ak〕〔iak〕〔uak〕〔ɛk〕〔uɛk〕〔ɔk〕〔iɔk〕〔uɔk〕〔uk〕〔iuk〕
〔m̩〕〔n̩〕〔ŋ̍〕。

（2）声母的排列次序为：〔p〕〔b〕〔m〕〔ɸ〕〔t〕〔n〕〔l〕〔ts〕〔dz〕
〔s〕〔tʂ〕〔dʐ〕〔ʂ〕〔tɕ〕〔dʑ〕〔ɕ〕〔n̢〕〔k〕〔g〕〔x〕〔ŋ〕〔∅〕。

（3）声调的排列次序为：阴平 32，阳平 ₁23，阳平 ₂323，上声 342，
阴去 435，阳去 213，阴入 ₁45，阴入 ₂113，阳入 ₁33，阳入 ₂22。

ʅ

ts　〔32〕资姿咨兹滋〔342〕滓紫姊子梓

dz　〔32〕字自柿厕茅~厕：厕所寺南山~：原名清隐禅院，唐代建造〔323〕
　　雌瓷慈辞词祠信和~堂：都昌现存的家族古祠，土塘镇信和村刘氏明朝景
　　泰年间建成〔342〕此〔213〕次刺赐嗣

s　〔32〕斯私师狮司丝思〔342〕死使史驶〔435〕四肆伺〔213〕事
　　士似渠□〔kɛ³⁰〕手艺好~尔□〔kɛ³⁰〕：他的技术比你好已~时祀牂下~：
　　棺木放入墓井中

ʮ

tʂ　〔32〕知蜘支枝肢之芝追〔342〕脂止趾址指旨纸只~有〔435〕置
　　智志痣致至制

dʐ　〔32〕治痔□里隻崽哩嚼好~：这个孩子好动稚幼~〔323〕池驰迟持
　　〔342〕侈耻齿〔213〕滞手上好多油~到□〔kɛ³⁰〕：手上有油，油腻不
　　光滑的感觉

ʂ　〔32〕匙施尸诗〔23〕谁时垂〔342〕矢屎氏始豉〔435〕税还~：
　　交税试世势誓逝〔213〕是氏嗜侍市恃视睡示瑞~昌：地名

i

p　〔32〕杯酒~嘬箟碑卑悲〔342〕比彼俾鄙〔435〕背₁~上。另读
　　bi³²辈继字~：（宗谱中）继字辈分臂贝蔽闭

b　〔32〕倍背₂~诵。另读pi³²胚坯被避披备币批陛鬈~刀布〔323〕
　　培陪赔裴姓皮疲脾琵〔213〕配毙沛屁焙

m　［32］眯~下嘚：睡一会儿咪［23］眉楣迷梅玫媒煤糜弥霉~豆腐：
豆腐乳莓［342］每米美尾~毛：~巴［213］谜妹媚魅昧

t　［32］堆低堤［342］底抵［435］帝对碓舂~队兑~水

l　［32］梯推弟第［23］梨~巴嘚：梨子狸黎犁［323］雷~公：雷离
篱璃题提蹄啼［342］偏腿履李姓氏里~嘚：这儿理鲤垒蕊礼体缕屡
［213］退褪蜕荔利痢地教不下~：老师学问不够，教不了学生吏累好~人：
好累泪类丽隶替剃递屉例厉励

ts　［342］挤嘴石~桥：位于新妙湖东上游，左里镇、苏山乡、徐埠镇、春桥
乡、蔡岭镇的水路交通咽喉，又是九江、庐山与都昌西部乡镇去往景德镇的
必经之桥最咀［435］剂济祭际醉缀点~

dz　［32］催崔罪妻趄蛆聚~紧：绑紧［323］齐姓徐姓［342］取娶［213］
趣砌翠脆

s　［32］虽西栖犀须需［23］绥隋随［342］玺髓洗~三：孩子出生后
第三天，给孩子举行沐浴仪式，消灾避难［435］细絮粹岁碎［213］遂
隧序叙绪

tɕ　［32］机①家~布：家织土布②~米：电机碾米饥肌矶~山：位于都昌城
西南5.6公里，西面和南面伸入鄱阳湖基溪1周~：地名。另读ɕi^{32}鸡居车
象棋中的~马炮。另读dʐa^{32}拘驹矩枸~子花［342］纪己几①~多钱：
多少钱②长得~排场哦：长得好漂亮啊举抬~：起床［435］妓寄记季计
继系~鞋带据句赘坠椎雉锥

dʑ　［32］技具［323］祁［213］去

ɕ　［32］牺熙希稀粥煮得好~奚溪2~水。另读tɕi^{32}虚1身体好~。另读
xɛ^{32}［342］喜做~会：小喜事许姓［435］嬉到我屋里去~嘚：到我家去
玩戏［213］系~统

n̠ȵ　［23］宜尼~龙袜嘚：丝袜疑泥愚娱虞鱼红~：用红曲米、盐腌制的鱼块，
逢年过节都昌的传统菜渔［342］蚁拟语［213］腻遇~驾山村：村名，
位于都昌汪墩乡寓谊义家族~道：家族成员间团结和睦议魏姓内

ø　　［32］伊医欺衣依瞿姓俱区巨拒距盂企柜1谷~。另读kui⁴³⁵［23］
　　移夷姨饴于姓余姓榆愉［323］奇骑其棋走~：下棋期旗祈［342］
　　椅已做~嘚：做完了起启伏~，天地开张：建房上梁时的喝彩词的首句雨
　　宇羽与舆~轿：旧时专供官吏使用的轿子［435］意过~不去：做错事心
　　里内疚自责［213］汽锅盖上有~水：锅盖上凝结的蒸馏水气誉豫预芋~
　　头喻裕异弃器肆易

u

p　　［342］补［435］布拖头~：送葬时，棺材上绑着一匹长白布，子孙后代
　　扯着白布随八仙前行

b　　［32］敷~药铺步捕埠徐家~：地名，位于县城东北25公里处，俗称埠
　　下部薄［323］菩［342］谱上~：孩子出生一年左右请族人把名字记入
　　家谱普浦［213］溙粥~嘚：（锅里）粥溢出来

m　　［23］模1~范。另读mo²³摹［213］慕墓募

ɸ　　［32］夫箩脚~：搬运工肤呼傅姓［23］符扶~身娘：新娘出嫁当
　　天的伴娘芙~蓉山，位于都昌北山乡与汪墩乡交界处胡姓湖鄱阳~狐壶
　　水~嘚：装水壶［342］腐辅抚府俯斧~刀：斧头虎浒［435］戽~薯
　　粉：做薯粉羹付副一~筷子：一双筷子赋［213］附赴父户两~人家：
　　两家人互护

t　　［32］都①三~里：地名②~来嘚：都来了［323］□身上起嘚好多~~嘚：
　　身上皮肤上起了凸起的痣［342］吐~水口堵~洞眼嘚：堵塞洞眼赌打~肚
　　猪~［435］妒

n　　［23］奴［342］努［213］怒

l　　［32］□头绳嘚~得：毛衣的线散了杜姓肚~里痛：肚子疼渡~船镀度
　　［23］如儒卢姓芦炉~嘚：炉子［323］□~~嘚：（身上的）小红疱疹
　　［342］乳卤鲁姓土［213］路赂露兔~嘚：兔子

ts　　［32］租［342］祖组阻［435］做①~家婆：孩子出生后第三天，娘家
　　人到男方家庆贺赴宴②~清明：清明节上坟③~精~怪：作怪

dz　　［32］粗［323］雏锄［342］楚［213］醋助

s　［32］苏酥梳蔬疏［342］数1哭～：丧礼中媳妇或女儿要边哭边唱。另读su⁴³⁵所［435］素数2～学。另读su³⁴²

tʂ　［32］猪诸诛蛛株朱珠［342］煮主［435］驻注蛀著

dʐ̩　［32］柱屋～住到我屋里～下嘚：上我家住住苧处［323］储阳～山：地处县城东20公里的阳峰乡境内，"阳气所钟"，故得此名厨除［342］杵拄～拐棍：拄拐杖

ʂ　［32］枢输～赢舒姓［23］薯～粉：红薯淀粉，常用作烹饪佐料［323］叔1细：小叔叔。另读ʂuk⁴⁵［342］暑黍［435］戍恕庶［213］树屋～：屋柱竖①划～线②～起来：立起来

k　［32］姑大～：大姑姑孤～老：没有配偶、孩子的老人估～计［342］古牯水～：公水牛股九～一～：九分之一鼓～楼：土塘镇古建筑，明正德年间建□打～时嘚：猜测［435］故固雇顾

g　［32］枯［323］瓠～芦：圆形的葫芦

ø　［32］巫诬箍打～：给器皿束上箍乌①～□［kɛ³⁰］：黑的②～灯：灭灯污［23］梧［342］午伍①姓②当兵入～：参军入伍武侮鹉舞苦好吃～：能吃苦［213］恶可～误～事：事情耽误了悟开～库张岭水～：地处武山山脉北麓的蔡岭镇内，1958年兴建裤葫～嘚：蔬菜名，长形的葫芦务雾好大□［kɛ³⁰］～：大雾

a

p　［32］疤芭巴笆粑馅心～：都昌清明节、中元节用大米粉制作的小吃，形如饺子，里有菜肉馅扒［342］把～信：亲人去世后，将噩耗告知亲友靶［435］坝瓦屑～：古堤坝名，地处和合乡黄舍村，明初大移民时江西饶州、南康、南昌、九江转迁安徽、湖北的鄱阳湖畔集散中心爸霸欛巴铲～：锅铲柄罢

b　［32］耙杷［323］爬［213］怕

m　［32］嬷～～：奶奶妈□～东西收起来：把东西收起来［23］麻～间饼：本地中秋月饼［342］马码发～：渔民称菜刀的行业语［213］骂

t　［342］打①～散场：旧时尊师重教，放假前，学生集体设宴辞谢②～拜：婚礼迎亲新郎行大礼③～糖：麦芽糖，中秋节传统小吃

n　［23］拿~鱼：渔民称锚的行业语

l　［32］拉［23］□~得多：霸占（东西）太多［342］惹哪尔到~里去：你到哪里去

ts　［32］揸~周：孩子周岁庆贺活动，孩子面前摆放各类物件，任其挑选以卜测其将来的志趣渣豆~：豆腐渣［435］榨①油~②~油

dz　［32］差~不多［323］查茶①下~礼：订婚聘礼的俗称，因为聘礼必包茶叶②煮~：过年时给客人煮点心，如一碗荷包蛋面、肉丸面搽~香：往脸上抹护肤霜杈［213］岔汊三~港：镇名

s　［32］沙多宝~山：都昌县城西北自大小矶山至多宝乡沿湖岸绵延约50公里的沙滩，全国江西铸造型砂基地建于此纱［342］傻洒

tʂ　［32］遮~到：遮住［342］者［435］蔗□~前走：沿着路朝前走

dʐ　［32］车2~水：用龙骨水车给稻田灌溉。另读tɕi³²［342］扯~面：做面条

ʂ　［32］佘奢赊［23］蛇□~病人：看望病人［342］□~人：咒人舍1①~不得②~己：大方。另读ʂa⁴³⁵［435］舍2宿~。另读ʂa³⁴²［213］射麝社过~：祭祀土地神和谷神的节日，有春社、秋社，都昌民谣有"清明不过社，等着菩萨玩社火"

k　［32］家1成~。另读tɕia³²加□~~：爷爷、祖父称呼［23］嘎么嘚~：什么呀！［342］假1真~。另读tɕia³⁴²贾姓［435］架~马：房屋主体开工驾嫁价

g　［32］搁~颈：搁住脖子［323］虾~蟆：青蛙□~人：用裤裆对着别人的头部［342］卡［213］□吃鱼~得：吃鱼时被刺卡了跨~过去胯~裆：两股间

ŋ　［32］桠树~鸦老~：乌鸦［23］牙芽衙［342］瓦雅哑［435］亚［213］砑用力~碎：用力碾压碎

x　［32］虾~公下①~头：下面②一~去：全部人去夏1~家巷：地名。另读ɕia²¹³厦□~饭：往嘴里扒饭

ø　［32］阿~姨

ia

t　［32］爹

n　［342］姐［435］借□～～：姊姊

dz　［32］谢姓禙～片：尿布［323］邪里隻位子好～：这个地方邪气［342］且［213］笡挂～得：挂斜了

s　［342］写［435］泻～屎：大便稀

tɕ　［32］佳家₂～长。另读 ka³²［342］假₂放～。另读 ka³⁴²□～婆嘚：爱打扮的女子

dʑ　［323］茄～嘚：茄子瘸～手～脚：形容人手脚不利索，做事不灵活

ɕ　［32］靴套～：长筒橡胶雨鞋□～人：骗人［23］霞遐瑕［213］夏₂春～。另读 xa³²

ȵ　［32］□～婆嘚：称呼娇气的女子

ø　［32］丫［23］爷［342］野～老公：已婚妇女的男情人［213］夜

ua

f　［32］花①散～：家属请道士为亡者念经超度，道士将死者生平编成歌唱诵②～轿：供婚姻嫁娶用的轿子［23］华［435］化雪～嘚：雪融化了［213］画

k　［32］瓜［342］寡～妇年：农历一年当中无"立春"节气的年份，忌结婚、做屋、砌灶、迁居等［435］挂

ø　［32］蛙□～人：衣服粗糙蹭得皮肤不舒服［213］话～事：说话

ɛ

b　［342］瘪～个［ko³⁰］：瘪的

m　［32］□～乌个［ko³⁰］：形容黑色□牛～嘚：小牛

t　［32］□～进来：拉进来

n　［342］□～起隻肚来：形容挺着大肚子

ts　［32］撕

tʂ　［342］□～婆嘚：不聪明的女子

ʂ　［213］舔

k 　［435］锯①拿把~来：拿一把锯子来②~板

g 　［323］渠第三人称代词

x 　［32］虚2~萝卜：中空萝卜。另读çi^{32}□~皮：骂人厚脸皮［323］□~人，
指事情或人麻烦，令人头疼

ŋ 　［342］□~芋头：煮不熟的芋头

uɛ

Ø 　［32］□~血：流血［213］□明朝早上~尔一道去：明天早上喊你一起去

ɚ

Ø 　［23］儿而［342］尔耳［213］二饵

ɔ

p 　［32］波菠坡玻［342］跛［435］簸~米

b 　［323］婆［342］颇［213］破①~衣裳②~土：挖墓穴时孝子开土

m 　［32］摸［23］模2~子。另读mu^{23}摩魔磨1~刀。另读mɔ^{213}［213］
磨2石~。另读mɔ^{23}

t 　［32］多［342］躲［435］剁

n 　［23］挪［213］糯

l 　［32］拖~头：葬礼中死者至亲头上戴的长布条，布色分层次，子侄辈白布，
孙辈黄布，曾孙辈蓝布，玄孙辈红布舵啰［23］腂螺笋~被：孩子出生后，
外婆家来看望时所赠的婴儿衣服、包被等用品罗姓［323］驮［342］裸
妥椭［213］惰唾

ts 　［32］□~一脚：踢一脚嗝鸟嘟~：鸟啄［342］左

dz 　［32］搓坐座［213］挫~奶：产妇受外界影响少乳锉~平错措

s 　［32］蓑梭［342］锁琐

k 　［32］哥歌［435］个

g 　［342］可

x 　［32］贺□~薯：蒸红薯□~口气：哈口气［213］河何①姓②~时有闲：
什么时候有空荷

ŋ 　［23］讹蛾鹅俄［342］我~侬：我［213］饿卧

Ø　　　［32］阿～胶

iɔ

dz　　［213］□拿烧红□［kɛ³⁰］铁丝～一下：把烧红的铁丝放入水中冷却

s　　　［32］□嗨～：小儿游戏，类似剪刀石头布，手掌正反面决定

Ø　　　［32］哟哎～：语气词，病人忍受疼痛的呻吟声

uɔ

ɸ　　　［23］和 1～面：～解。另读 uɔ²¹³［342］火［435］货［213］祸

k　　　［342］果①～子：过年拜年时馈赠亲朋的食品②过～：患麻疹裹
　　　　［435］过

Ø　　　［32］科锅棵窝倭颗［23］禾～花：水稻穗花［213］课和 2 花生跟
　　　　豆嘚～在一块：花生与豆子掺和在一起，《集韵》胡卧切，应也调也。另读
　　　　ɸuɔ²³

ai

p　　　［342］摆～脸：显摆，炫耀［435］拜打～：婚礼中新郎临行前向女方行拜礼

b　　　［323］排～饼：孩子三朝、周岁喜庆活动中吃的面饼小吃，用发酵的面
　　　　粉捻成小圆球后粘排成块入烤箱烤成饼牌［213］派～人去：派遣人去败
　　　　车～嘚：车子坏了

m　　　［23］埋［342］买～水：封殓前亲友要去七个不同姓的村庄的七口池塘
　　　　取水给逝者洗身体［213］卖迈

t　　　［32］呆［435］戴姓带①鞋～嘚：鞋带②～头：寡妇再嫁时带去的子女

n　　　［342］乃［435］奶吃～［213］耐～烦：形容人有耐心奈

l　　　［32］胎二～贷代袋～里：口袋里待怠殆大①～娘：称呼父亲最大哥哥
　　　　的妻子②做～人嘚：孩子患麻疹的委婉说法［23］来［323］台抬［213］
　　　　赖姓

ts　　　［32］斋做夜～：老人去世，出殡日请道士为其超度灾栽［342］宰崽［435］
　　　　债寨再载～重

dz　　　［32］猜在差钗［323］柴豺材才财裁［342］彩［213］菜～瓜嘚：
　　　　夏季瓜果，形如梨，味甜，南昌称为"梨瓜"蔡姓

s　［32］腮鰓篩衰［435］赛晒帅

k　［32］街阶该［342］解改［435］械概溉盖丐介界届戒

g　［32］开①~财门：新年首次打开厅堂的大门②~头：开始揩［342］凯
　　楷［213］慨

x　［32］害骇亥［323］孩鞋［342］蟹海

ŋ　［32］哀挨~到坐：挨着坐［23］捱~打呆~在□［n²¹³］嗻：呆在那儿
　　［342］矮［435］爱~乡亭：坐落于南山山顶西侧，由28位都昌籍旅台
　　人士捐款修建［213］艾隘

uai

ɸ　［23］怀槐淮□~头板：坏人话，指不聪明的人［213］坏

k　［32］乖［342］拐①渠隻老婆等人~跑嗻：他的老婆被他人带走了②~
　　子：瘸脚的人［435］怪①脾气~：脾气奇怪②莫~我：别怪我

Ø　［32］歪［213］快~些嗻：快一点儿块①一~儿去：一起去②一~洋碱：
　　一块肥皂会~计

εi

t　［342］□叹词，做捉迷藏游戏时，为了惊吓他人，躲藏的人跳出时喊出这
　　个语气词

g　［342］□我~开得车到：我会开车

Ø　［213］哎应答语气词

ui

ɸ　［32］恢灰麾非飞妃［23］回~盘：主人回赠亲朋好友的礼物茴八角~
　　香肥［342］贿悔毁翡匪［435］痱~嗻：痱子费秽肺废晦［213］慧惠
　　汇

k　［32］闺规归龟［342］诡轨鬼［435］贵跪桂柜2床头~。另读 i³²

g　［32］窥［323］魁葵~花盘：向日葵逵

Ø　［32］盔奎危亏微威［23］桅为1作~。另读 ui²¹³ 围违维惟唯［323］
　　谓［342］傀萎委伪伟［435］愧畏［213］位~子：位置胃末味为2~么
　　嗻：为什么。另读 ui²³

au

p　［32］褒包①书~②~起来胞叔~兄弟：堂兄弟［342］饱保堡宝多~：乡名［435］爆~米嗯：炒米豹报

b　［32］抛抱菢~鸡：孵小鸡［323］袍朱~山：与都昌和合乡黄金嘴隔水相望的长形孤岛山［342］刨跑［213］泡①拿水~：用水浸泡②~粑：用米酒酿作酵母将面团发酵后做成的一种松软小吃暴~雨

m　［32］毛姓茅~铺：地名蟆蝦~：青蛙［323］猫［342］某牡茆一~田卯~时［213］冒~去：没有去帽~嗯：帽子貌茂贸

t　［32］刀菜~：切菜刀叨蔸树~：树根部兜裤：裤子口袋［342］斗一~田抖手打~：手颤抖陡好~：很陡岛~山：位于土塘镇境内倒打~［435］到~县里去：去县城倒~水

n　［32］孬~胞：称人不聪明、傻瓜［342］脑~壳：脑门恼垴龙望~：大树乡北部最高山峰［213］闹①~热：热闹②~梁：请人唱曲庆贺新屋上梁的仪式

l　［32］偷~发：建新房时屋主上山选择梁木后趁山林主人不注意砍掉，然后在树蔸上放个红包，寓"偷偷暗发"之意豆~嗯：豆子滔涛道稻盗导捞涝［23］楼吊脚~：傍河而建的房子，半边建在水中劳~动布：20 世纪 70 年代都昌县城流行的一种深蓝色布料牢坐~：进监狱［323］头石桥~：地处南峰镇，都昌古长宁地区最古老的自然村，江右冯氏的发祥地投桃~嗯：桃子逃淘陶~家山：又名陶家冲，位于县城西北苏山西麓，陶侃、陶渊明故里，此处晋代属彭泽县五柳乡，今属都昌萏［342］篓扰绕讨~饭□［ke³⁰］：乞丐老~佬：老人［213］套透漏陋

ts　［32］邹姓遭糟~水：用米酒醪糟与水一起煮的糖水［342］走爪鸡脚~嗯：鸡爪早过~年：早上吃过年饭枣蚤□［kei⁴⁵］：跳蚤澡洗~：指日常洗澡，又可指婴儿出生后第一个五月初一亲朋赠衣服、鞋袜，用艾叶水给孩子"洗澡"去毒气［435］皱~皮搭脑：多指水果等不新鲜，水分不足绉奏躁灶~下：厨房罩灯~嗯：灯罩

dz　［32］抄钞操皂造糙骤秒~田：耕田［323］愁巢姓曹姓槽［342］炒~花生吵①~人：形容环境嘈杂②~嫁：哭嫁草

s　　［32］骚臊稍搜馊~饭［342］嫂~嘚：嫂子［435］瘦扫潲猪~：猪
　　　　食

tʂ　　［32］朝今~：今天昭招~郎：聘上门女婿［342］沼［435］照~相

dʐ　　［32］超赵姓［323］朝~代潮地上好~：地上潮湿

ʂ　　［32］烧~滚茶：朋友来了，煮荷包蛋糖水［23］韶［342］少1多~。
　　　　另读 ʂau⁴³⁵［435］少2~年。另读 ʂau³⁴²［213］邵姓绍兆~头

k　　［32］勾沟钩~公嘚：钩子交1~钱。另读 tɕieu³² 高姓膏篙竹~：竹竿
　　　　羔糕①~粑：年糕②糖~嘚：过年小吃，用炒米、麦芽糖、芝麻和在一起制
　　　　作成冻米糖，切成片状［342］狗搞稿［435］窖薯~：贮藏红薯的地窖
　　　　构够购告~老饭：死者遗像前摆放的一碗半生半熟的米饭教1~书。另读
　　　　tɕieu⁴³⁵

g　　［342］考烤口~里：嘴巴里［213］靠渠~爷娘过日子：他依靠父母生
　　　　活扣~子嘚：纽扣寇

x　　［32］蒿藜~：鄱阳湖岸边生长的一种水草，可作为猪食号后~头：后面
　　　　厚~衣裳：厚衣服候［323］侯姓喉猴~家山：地名豪壕毫［342］吼
　　　　好~多：很多［435］耗［213］浩孝戴~：穿孝服

ŋ　　［32］欧熬1~肉：用水久煮。另读 ŋau²³［23］熬2~糖：用大米和
　　　　麦芽熬制麦芽糖。另读 ŋau³²［323］坳［342］呕藕偶咬~不动：嚼不
　　　　动袄夹~：薄棉袄［435］奥沤柿嘚冒熟用米~一下：柿子没长熟可以用
　　　　米催熟［213］傲

uau

ɸ　　［23］浮［342］否

ieu

p　　［32］膘彪标［342］表［435］□"不要"合音

b　　［32］飘［323］瓢［342］漂1~衣裳：用清水将衣服上的肥皂沫或洗
　　　　涤剂漂洗干净。另读 bieu²¹³［213］漂2~亮。另读 bieu³⁴²票

m　　［23］苗描［342］秒渺藐［213］庙老爷~：位于多宝乡龙头山山上，
　　　　古称龙王庙妙新~湖：鄱阳湖北部湖汊，都昌最大的拦坝内湖

t　　［32］貂雕刁［342］鸟［435］钓吊~颈：上吊调1~动。另读 lieu²¹³

l ［32］挑［323］条燎聊撩辽［342］了［213］料跳调2音~。另读
tieu^435

ts ［32］蕉椒焦［342］剿［435］□~苗：植物苗枯死

dz ［32］锹悄缲~边

s ［32］萧箫消宵硝销［342］小［435］笑

tɕ ［32］骄娇交2~通。另读kau^32浇［342］绞狡搅缴［435］叫教2~育。
另读kau^435

ɕ ［32］淆［342］晓［435］孝~敬［213］效读书好~：读书成绩好，
会读书校

n̠ ［23］尧饶

ø ［32］妖邀腰要1~求。另读ieu^435么~二三：数数，一二三［23］摇
谣窑姚［323］乔侨桥刘古~：土塘镇古桥，建于清顺治年间，有18孔，
又名"十八高~"荞［342］杳~无音信舀~水［435］要2想~。另读
ieu^32［213］耀轿~夫佬：轿夫

ou

tʂ ［32］周姓舟洲沙~：沙滩州［342］帚筅~：把竹子剖成细丝束成洗锅
刷［435］咒昼上~：上午

dʐ ［32］抽［323］仇酬绸稠［342］丑［213］臭纣宙

ʂ ［32］收［342］手拿钱~：过年时称鸡爪（菜名）首守［435］兽［213］
寿暖~：寿典前一天晚上去祝贺授兽

k ［32］阄抽~：抓阄

iu

m ［342］□"没有"的合音

t ［32］丢

l ［32］溜［23］流刘姓留榴硫琉［342］柳①姓②~树堰：县城地名

ts ［32］鬏［342］酒烟头~：全村每户派一人参加的宴席，这种宴席不需
要送礼

dz ［32］袖衫~：衣袖秋就［323］囚

s　　［32］修羞［435］秀锈上~：生锈

tɕ　　［32］鸠斑~纠［342］久九做~不做十：生日寿庆按虚岁来庆祝，如十岁生日满九岁生日过韭［435］究救

ɕ　　［32］休［342］朽

n̠　　［23］牛［323］扭［342］纽

ø　　［32］优悠旧~年：去年舅母~：舅舅幽［23］由油游［323］求球［342］有友酉［213］又右佑保~柚~喈：柚子幼釉

an

p　　［32］攀班斑颁扳［342］板版［435］办1倘个~：怎么办。另读ban²¹³

b　　［32］扮盼［323］瓣［213］办2~事。另读pan⁴³⁵

m　　［23］蛮

t　　［32］丹单担~心［342］掸胆［435］诞旦担挑~

n　　［23］难~过［213］难患~

l　　［32］但蛋滩摊淡［23］阑拦栏~杆蓝篮~喈：篮子［323］弹檀谭姓谈痰［342］坦毯览榄揽［213］滥烂~得：烂了炭叹

ts　　［32］□~干：烘干□蹲［342］斩盏［435］站蘸赞栈

dz　　［32］餐暂［323］残惭谗馋~头鬼：称呼好吃的人［342］铲［213］灿

s　　［32］三~尖源：大港镇境内武山山脉最高峰（海拔647.3米），全县之最衫汗~：夏天贴身穿的圆领衫珊山删［342］产伞散~了：松散［435］散分~

k　　［32］尴监奸艰间1中。另读kan⁴³⁵［342］拣减简［435］间2~断。另读kan³²涧马~桥：距县城47公里，横跨马涧港，古时通往饶州的要道

g　　［32］□跨越［342］坎

x　　［32］嵌陷馅~心：食品小吃的馅限苋［23］还1~等隻恶狗咬落喈鞋哟：还被一只恶狗叼走了鞋。另读uan²³［323］闲咸衔

ŋ　　［23］岩~皮苋：称呼不会读书的人颜［342］俺我们眼~浅：妒忌、眼红［435］晏来~得：来晚了［213］雁~鹅：大雁

uan

ɸ　[32] 藩翻番帆 ~ 布 [23] 烦好耐 ~：很有耐心繁俺都住 ~，结婚都不要送礼：我们都图省事，结婚不必互相送礼凡 ~ 是冒来 □ [kɛ^{30}] 都要罚站：所有没来的都要罚站 [342] 反① ~ 边：背面② ~ 手：左手 [435] 贩 ~ 子 [213] 饭现 ~：剩饭泛范姓犯 ~ 法 □ [kɛ^{30}] 事做不得：犯罪的事不能做患宦

k　[32] 关 ~ 班房：坐牢 [435] 惯

Ø　[32] 湾弯 [23] 环还 2 ~ 年：大年三十夜里家族集体在祖厅放爆竹祭祖。另读 xan^{23} [342] 挽晚 [213] 万姓擐① ~ 肚：怀胎。《广韵》删韵古还切，擐甲，又胡惯切，贯也② 尿桶 ~：尿桶上的弯形提手

ən

p　[342] 本一 ~ 书 [435] 奔在地里 ~：在地上躺卧，身体用力挣扎。《集韵》恨韵补闷切，急赴也。

b　[32] 喷 ~ 香：形容香气笨 ~ 尸：骂人话，指人身体不灵活 [323] 盆脚 ~：洗脚盆

m　[23] 门蚊 ~ 虫：蚊子 [342] 满 1 ~ 到里都是人：到处都是人。另读 mən^{342} [213] 闷

t　[32] 墩汪 ~：乡镇名 [435] 顿盾炖 ~ 肉：用水煮肉

n　[342] 忍 ~ 到：忍着 [213] 嫩 ~ ~ 手喎：形容婴孩柔嫩的手

l　[32] 吞钝刀好 ~：刀不锋利 [23] 囵 ~ 个：整个的仑轮 1 ~ 流。另读 lin^{23} [323] 豚 [213] 论里隻事男女不 ~：这件事男人、女人无区别，都可以做壬任刃闰 ~ 月囤谷 ~：装谷的圆形仓认 1 ~ 真。另读 ȵin^{213}

ts　[32] 尊遵

dz　[32] 村 [323] 存 [213] 寸

s　[32] 孙姓 [342] 损

tʂ　[32] 贞侦珍 ~ 珠针 ~ 公鱼：鄱阳湖里的一种鱼，嘴似长针形真 [342] 疹湿 ~ 诊准① 钟表好 ~：钟表准时② 说 ~ 得：说的符合事实枕 1 ~ 头。另读 tʂən^{435} [435] 震振镇① 都昌 ~：都昌县城所在地② ~ 里：景德镇的俗称。枕 2 ~ 到：枕着。另读 tʂən^{342}

dʐ　［32］春~上：春天阵好一~：好一会儿伸1拉~：拉直。另读ʂən^32，《集韵》真韵痴邻切，申也引戾也，或作傲抻摀［323］臣陈姓尘扬~灰：屋内细小微尘灰［342］蠢［213］趁

ʂ　［32］深身文~：身体上半躯体伸2~腰。另读dʑən^32，《广韵》真韵斯人切，展也申［23］纯晨辰时~神［342］沈姓审［213］谌姓甚肾慎顺①做事好~：做事很顺利②~风：指称筷子，船民行业语

uən

ɸ　［32］分~家芬纷婚［23］魂吓得落~：吓得要命焚坟供~：上坟［342］粉粑~：大米洗净后烘焙半熟后研磨成粉，和水揉成团，用手捻成皮包馅制作粑，形似饺子［435］粪挑~：肩挑人畜粪给田地施肥奋愤［213］混浑水好~：水浑浊

k　［342］滚~水：热水［435］棍~嘚：棍子

Ø　［32］坤昆温~水：温度不高的热水瘟［23］文纹闻［342］捆吻稳站~：站着不晃动刌［213］困睏~到：躺着

ɛn

s　［32］森参1人~。另读dzɔn^32［435］□~饭菜：下饭菜渗~水：地面潮湿，往外冒水

tʂ　［32］占1姓。另读tʂen^435瞻［342］展［435］战颤打~：颤动占2~领。另读tʂen^32

dʐ　［323］缠脚等绳~到得：脚被线绕住啦

ʂ　［32］膻做~味：有膻味［23］禅［342］闪霍~：闪电陕［435］扇~嘚：扇子搧~风［213］善人好~：人很善良膳

k　［32］根跟①~到：跟随着②我~尔去：我同你一起去肩1~膀。《集韵》痕韵胡恩切。另读tɕien^32［342］哽~到得喉：喉咙哽住了

g　［342］恳垦□渠~去：他同意去

x　［323］痕［342］很辣~得：很辣狠~得死：心狠［213］恨~心重：嗔心重

ŋ　　[32]恩

iɛn

p　　[32]边~话~做：一边说话一边做事蝙鞭编[342]贬扁匾送块~得渠：
给他送一块匾[435]变~修：不按本分办事遍

b　　[32]辫扎~嘚：扎辫子篇偏辨辩便1方~。另读 biɛn³²³[323]便2~宜。
另读 biɛn³²[213]骗片

m　　[23]眠绵棉~花[342]免~税勉娩[213]面①量词，一~字②吃~：
吃面条③洗~：洗脸

t　　[32]颠巅[342]典点①~嘚：一点儿②~头[435]店开~：开商
店殿奠

l　　[32]天出~方：正月初一，全村各家各户聚在一起给天地诸神拜年簟
竹~嘚：竹席殓封~：丧礼中将死者放入棺材的仪式过程添[323]连~渠
都去嘚：连他都去了怜可~莲~花田秧~填~土联~系廉镰~刀甜好~：
很甜[342]敛脸口[pieu⁴³⁵]~：不要脸[213]电~灯：手电筒练~字

ts　　[32]尖笔~煎1~鱼。另读 tsiɛn⁴³⁵，《集韵》僊韵将仙切[342]剪[435]
煎2~药：熬药。另读 tsiɛn³²，《集韵》线韵子贱切箭溅~得一身水：溅了
一身水荐

dz　　[32]千迁笺践~一下：踩一下贱饯签歼渐[323]前钱[342]浅水好~：
水很浅[213]羡眼~：羡慕、妒忌

s　　[32]先尔~走：你先走仙鲜里隻菜好~：这菜味道很鲜美[342]癣手生~：
手的皮肤上长癣[435]线

tɕ　　[32]坚肩2是~挑不是手拎。《集韵》先韵经天切。另读 ken³²[342]
检[435]剑建见~~么：见面了吗

ɕ　　[32]掀~桌嘚：连桌布将桌上的东西一起掀掉[23]贤嫌脑~：讨厌
[342]显里件衣服穿得人~老：穿这件衣服人显得比实际年龄大险好~：
很危险[435]献现①~饭~菜：剩饭剩菜②里隻菜~得：这个菜不新鲜
啦宪

ȵ　［32］搛~起来：拾起来［23］年拜大~：逝者去世后第一年的正月初八，亲友要给他拜年 粘手上有糖好~：手上沾了糖有很黏的感觉 言鲇~鱼 严①姓②老师好~：老师很严厉［342］研碾~碎：用碾子压碎 捻~碎：用手指腹磨成粉或粒［213］验酽酒好~：米酒浓度高 念谚砚~池：砚台

∅　［32］牵①~到：牵着②~鱼：捕捞 烟吃~：抽烟 键焉谦歉俭节~淹［23］延筵炎伤口发~ 阎盐［323］乾钳火~：夹火的钳子［342］演~戏遣掩［435］燕 喭：燕子宴堰厌生~：让人不高兴、讨厌［213］焰艳穿得好~：穿得很鲜艳 件健老人家身体好~：老人的身体很健康硬朗

in

p　［32］彬宾槟［435］殡并~拢脚：把两足合在一起

b　［323］贫~农频［342］品［213］聘~人家：女孩找婆家的文雅说法

m　［23］民［342］敏悯闽

l　［23］轮2车~。另读lən23 林姓鳞鱼~淋跟菜~水：给菜浇水［323］邻~舍：邻居 伦沦［213］另~转：下次、下回 吝笠~帽

ts　［435］浸等水~得：被水淹啦 进~宗：搬入新房子的当天 晋俊［323］寻~东西：找东西［342］寝

s　［32］心芯七~灯：装有七根灯芯的灯盏，丧礼中放在逝者躺着的门板底下，给在场的孕妇避邪 辛新~妇：儿媳妇 薪［23］荀旬上~：一个月第一个三分之一 循巡［213］信音~：消息 殉讯□~~：想想

tɕ　［32］金①姓②~子 巾手~：毛巾 斤筋均军［342］锦紧①绑得好~：捆或扎得很紧②~话：多次说或者持续说 仅谨菌［435］禁①~嘴：闭嘴②~到：忍住 劲①手好有~：手上很有力量②读书攒~：读书用功

ɕ　［32］欣熏~肉：用柴火熏制的腊肉 勋［435］训

ȵ　［23］人~家都去得：别人都去了 银~宝湖：地名［323］□~崽哩嘚：女孩［342］媸渠有两隻~：他有两个女儿

Ø　［32］钦音近~路阴①~沟②里隻人好~：这人很阴险荫树~因殷①姓
　　②~实户：富有家庭姻老~：亲家［23］淫寅~时云~顶山：贯通于都昌
　　西北部春桥、徐埠、苏山乡镇境内［323］琴拉胡~：拉二胡勤~快：勤劳
　　芹~菜裙~嘚：裙子群秦姓［342］允尹饮~汤：米汤引~得渠哭：逗引
　　让他哭隐清~禅院：位于都昌县城南山上，古名清隐寺，北宋元丰六年黄庭
　　坚游南山作《清隐禅院记》瘾吃烟有~：抽烟上瘾［435］印~嘚粑：用模
　　具制作的无馅米粑［213］晕①~得：昏过去了②~车运孕

ɔn

p　［32］搬般［435］半过~年：到农历六月三十日为一年过半，中午全家
　　吃团圆饭，重视程度如同过年。

b　［32］潘姓拌~下动：拌动伴做~嘚：做伴［323］盘~嘚：盘子
　　［213］判~刑叛

m　［23］瞒~到：瞒着馒［342］满2~娥，人名。另读 mən^342

t　［32］端①~到：端着②~嘚：杯子［342］短［435］锻断1决~。另
　　读 lɔn^213 段1分成一~ ~嘚：分成段。《集韵》换韵都玩切。另读 lɔn^213

n　［23］南~山公园男［342］暖①好~：很暖和②~嘚：棉袄③~下菜：
　　把菜热一下

l　［32］贪好~：很贪潭氹路上有隻水~嘚：路上有个小水坑［23］鸾
　　［323］团~鱼：甲鱼［342］卵［213］探乱段2姓。《集韵》换韵，
　　徒玩切。另读 tɔn^435 断2棍嘚~得：棍子断了。另读 tɔn^435

ts　［32］钻1~洞。另读 tsɔn^435［342］□拿棍嘚~：用棍捅［435］钻2~嘚：
　　手工做鞋用的锥子。另读 tsɔn^32

dz　［32］参2~加。另读 sɛn^32 氽錾~花嘚：在金属上雕刻花纹的工艺
　　［323］蚕［342］惨［213］撰

s　［32］酸栓［342］糁饭~：锅中饭未熟时称呼饭粒［435］算蒜

tʂ　［32］砖专［342］转1①一~：一次②~房：女人在丈夫死后再嫁给小
　　叔子或大伯子。另读 tʂɔn^435［435］转2~动。另读 tʂɔn^342

dzʅ　［32］川穿①~针②~凶：亲友得知死讯，封殓前备香、纸、爆竹前往悼念［323］传1~达。另读dzʮn²¹³ 椽［342］喘［213］篆串传2~记。另读dzʮn³²³

ʂ　［23］船①~码头：船港②罗滩~、巴斗~、鸦尾~：都昌当地建造的不同形状的小木船

k　［32］甘柑肝干［342］感敢橄秆禾~：稻草□~到：合上、盖上

g　［32］刊［323］看~地：风水先生择基地

x　［32］酣憨鼾~嘚：睡了［323］含口~钱：老人刚咽气时，放入死者口中的系有红线的一枚金银箔、银币或铜钱函韩姓寒~婆婆：指称怕冷的人［342］撼~草皮：将田塍表面草皮掘下来晒干烧土灰作为基肥罕［213］旱天~汉汗

ŋ　［32］庵安~座：宴席中司仪按照当地习俗给客人~排座位鞍马~山：位于鄱阳湖上马鞍岛西南，主航道在山的西南依山而过［435］暗天落~：天黑啦案揞~到：手覆盖住。《集韵》勘韵古暗切，掩也［213］岸~上

ɳ　　　　　　　　　　　nɔi

l　［213］恋

dz　［323］全泉［213］旋1~做□［kɛ³⁰］：现做的。另读siɔn²³

s　［32］宣［23］旋2凯~。另读dziɔn²¹³［342］选

tɕ　［32］捐绢［342］卷［435］眷券

ɕ　［32］喧［23］弦玄悬

n̠ʑ　［23］元①~辰山：位于苏山乡境内，为都昌西北最高峰，传说道教仙人苏耽在此升天，现又名苏山②~宝：过年时称骨头（菜名）源西~：乡镇名原□~蛋：盐水腌制的鸡蛋［342］阮软溜~□［kɛ³⁰］：软软的［213］愿甘~做：愿意做

Ø　［32］冤有~情圈打~~嘚：打圈渊［23］袁姓辕援丸~嘚：药丸缘圆~□［kɛ³⁰］：圆的员［323］拳~头巴嘚：拳头权［342］犬远［435］怨［213］院劝倦

uɔn

ɸ 〔32〕欢~喜：高兴〔435〕焕唤~鸡：呼唤鸡回家

k 〔32〕官当~□〔kɛ³⁰〕：当官的倌老~：老人棺冠1鸡~。另读 kuɔn⁴³⁵
观〔342〕管馆下~子：去饭馆吃饭〔435〕冠~军。另读 kuɔn³² 罐~嘚：
罐子

ø 〔32〕豌~豆嘚：豌豆宽〔342〕腕手~嘚：手腕款~媒：男方在结婚前一夜，
宴请女方的媒人，商定结婚所需礼包物件碗〔435〕换~孝：三年守孝期过
后，在父母墓边将孝衣脱掉，穿上有颜色的衣服

aŋ

p 〔32〕□~嘚：夏天穿的 T 恤〔435〕迸~坼：物品表面或者地面裂口或
裂缝

b 〔32〕□~在水里：浮在水面上〔323〕螃~蟹彭姓〔213〕氅米~：装
米的容器

m 〔32〕蒙1拿布~到：用布蒙住。另读 muŋ²³〔342〕猛1长得好~：长得很高。
另读 muŋ³⁴²

n 〔323〕□~角里：角落

l 〔342〕冷

ts 〔32〕争1~气。另读 tseŋ³² 睁脚~：脚后跟〔323〕挣用力~

dz 〔32〕撑1~船：划船。另读 dzaŋ³²³〔323〕撑2~到：用物抵住。另读
dzaŋ³²。《集韵》庚韵，又抽良切

s 〔32〕甥1外~。另读 seŋ³² 生1~□〔kɛ30〕：生的。另读 seŋ³²

tʂ 〔32〕正1~月。另读 tʂaŋ⁴³⁵、tʂəŋ⁴³⁵〔435〕正2~好。另读 tʂaŋ³²、
tʂəŋ⁴³⁵

dʐ 〔32〕郑姓〔323〕橙程1姓。另读 dʐəŋ³²³

ʂ 〔32〕声~气好大：声音很大〔23〕盛1~饭。另读 ʂəŋ²¹³〔213〕□~头：
歪脖子

k 〔32〕羹搅成得~：搅成了羹〔323〕□~得进来：（从人群缝隙）挤
进来

g　　［32］坑土~

ŋ　　［23］□里隻人好熬~：这个人很不好合作［213］硬

iaŋ

p　　［342］饼［435］柄锄头~：锄头上面的把手

b　　［32］病［323］平1~地。另读 biŋ³²³

m　　［23］名1~字。另读 miŋ²³ 明1~日。另读 miŋ²³［213］命1~好。另
　　　读 miŋ²¹³

t　　［32］丁1姓。另读 tiŋ³² 钉1~嘚：钉子。另读 tiaŋ⁴³⁵［23］拎1~灯笼：
　　　提灯笼。另读 tiŋ²³［435］□~石头：扔石头钉2板上~钉。另读 tiaŋ³²

l　　［32］厅1~里：客厅里。另读 liŋ³²［23］零1~碎嘚：零食或小件物品。
　　　另读 liŋ²³［323］听~话［342］领1衣~嘚：衣领。另读 liŋ³⁴² 岭1~上：
　　　山岭上。另读 liŋ³⁴²

ts　　［32］精1里隻人好~神：这人很聪明。另读 tsiŋ³² 腈~肉：瘦肉［342］井

dz　　［32］清1水好~：水很清。另读 dziŋ³² 青1~菜。另读 dziŋ³²
　　　［323］晴1天~：天气晴。另读 dziŋ³²³［342］请1~客。另读 dziŋ³⁴²

s　　［32］腥鱼好~：鱼腥味很重星1天上有~：天上有星星。另读 siŋ³²
　　　［342］醒~得酒：酒醒了［435］姓1~王。另读 siŋ⁴³⁵

tɕ　　［342］颈［435］镜~嘚：镜子

ɕ　　［32］兄1~弟。另读 ɕiuŋ³²

Ø　　［32］轻~重［23］赢擎~伞：手拿伞高举［342］影1~嘚：影子。
　　　另读 iŋ³⁴²［213］□~饭：剩饭

uaŋ

Ø　　［23］横1里隻人好~：这个人很霸道。另读 ɸuɛŋ²³［213］□~手~脚：
　　　碍手碍脚

əŋ

tʂ　　［32］征长~蒸［342］整拯［435］证症正3立~。另读 tʂaŋ³²、
　　　tʂaŋ⁴³⁵ 政

dz̢ 〔32〕称澄碗里□〔kɛ³⁰〕水 ~ 一下：把碗里的水过滤干净〔323〕成城呈程 2 工 ~。另读 dzaŋ³²³〔342〕逞〔213〕秤

ş 〔32〕升〔23〕乘绳 ~ 嘚：绳子塍田 ~：田间小路承 ~ 福：大年三十夜里祭祖用的猪头丞〔435〕剩胜圣〔213〕盛 2 兴 ~。另读 şaŋ²³

iŋ

p 〔32〕冰兵〔342〕丙秉

b 〔323〕凭平 2 ~ 安。另读 biaŋ³²³ 评萍瓶 ~ 嘚：~ 子屏 ~ 峰湖：位于苏山乡西北

m 〔23〕鸣名 2 有 ~。另读 miaŋ²³ 明 2 ~ ~ 是渠，还要争：分明是他，还要争辩。另读 miaŋ²³〔342〕皿〔213〕命 2 ~ 令。另读 miaŋ²¹³

t 〔32〕丁 2 ~ ~ 当当：拟声词。另读 tiaŋ³²〔23〕拎 2 ~ 东西：提东西。另读 tiaŋ²³〔342〕顶鼎 ~ 罐：厨房饮具〔435〕订 ~ 书

l 〔32〕定厅 2 ~ 长。另读 liaŋ³²〔23〕零 2 ~ 分。另读 liaŋ²³ 铃打 ~ 菱摘 ~：摘菱角停〔323〕亭庭〔342〕艇快 ~ 挺领 2 ~ 导。另读 liaŋ³⁴²岭 2 高 ~ 土：高岭地产的土是制作陶瓷的材料。另读 liaŋ³⁴²〔213〕令另凌结 ~：结冰凌

ts 〔32〕精 2 味 ~。另读 tsiaŋ³²

dz 〔32〕净干 ~ 清 2 ~ 静。另读 dziaŋ³² 青 2 ~ 少年。另读 dziaŋ³²〔323〕情晴 2 ~ 雯：人名。另读 dziaŋ³²³〔213〕静

s 〔32〕星 2 ~ 子镇：地名。另读 siaŋ³²〔435〕姓 2 百 ~。另读 siaŋ⁴³⁵ 性 ~ 躁：性格急躁

tɕ 〔32〕津经和尚念 ~ 京惊鲸〔342〕景警〔435〕敬竟一 ~ 来：特意来径劲用 ~：用力

n̢ 〔23〕宁〔323〕认 ~ 得：认识

ɕ 〔32〕兴 1 ~ 旺。另读 ɕiŋ²¹³〔23〕行 1 ~ 为。另读 xɔŋ³²³ 型刑形〔213〕兴 2 高 ~。另读 ɕiŋ³² 杏幸

ø 〔32〕樱鹦莺英应 1 ~ 该。另读 iŋ³²³〔23〕蝇 ~ 嘚：苍蝇迎盈营〔323〕映应 2 ~ 届。另读 iŋ³²〔342〕影 2 电 ~。另读 iaŋ³⁴² 颖〔213〕庆竞

εŋ

p　［32］崩

b　［323］朋

m　［213］孟 1 ～姜女。另读 muŋ²¹³

t　［32］登灯过～：过元宵节蹬～士：人力三轮车［342］等～郎妹：童养媳，旧时陋习，因没有儿子，认为收养童养媳带来好运后就能生育儿子［435］凳阔板～

n　［23］能［342］□用力～：使劲挣

l　［32］邓姓［23］楞好～：做事不灵活［323］腾藤誊～一下：抄写一遍疼

ts　［32］曾增争 2 ～上游：争先。另读 tsaŋ³² 筝［435］憎

dz　［323］层［213］赠

s　［32］僧生 2 ～日。另读 saŋ³² 牲甥 2 外～。另读 saŋ³²

k　［32］耕庚老～：称呼同年龄的人［342］耿□～□［kε³⁰］：整个、整数［435］更

g　［32］坑～害［342］肯

x　［32］亨［323］恒

uεŋ

ɸ　［23］横 2 一～。另读 uaŋ²³

k　［32］□～得脚：崴了脚

ɔŋ

p　［32］帮～□［ɕia³²］：帮忙邦［342］榜绑［435］谤

b　［32］蚌～壳：河蚌［323］庞姓旁［435］棒冰～：冰棍［213］胖傍一～人：一群人

m　［23］忙农～：夏粮收割芒茫虻盲［342］莽网打～：拉网蟒［213］忘望～一下：看一下往～前走

t　［32］当1~时。另读 tɔŋ⁴³⁵［342］挡~到：挡住党［435］当2~作。
另读 tɔŋ³²

n　［23］囊

l　［32］汤饮~：米汤［23］郎尔隻~来得：你的女婿来了廊狼［323］堂
棠~荫岛：周溪镇南端渔村岛唐姓糖塘高~村：古村名，位于大港镇，都
昌县海拔最高的村庄［342］倘躺朗壤［213］趟荡~节：端午节吃过
宴席后，人们成群结队至湖边看龙舟赛浪盪~衣裳：用清水漂洗衣服烫~衣
裳：熨衣服

ts　［32］脏肮~庄装~郎：新郎迎娶新娘当天，出发前在女方家换上新衣的
婚礼仪式环节［435］葬壮猪供得好~：猪养得很肥

dz　［32］撞~到渠：遇见他状告~仓苍疮生~窗［323］藏床［342］闯
［213］创

s　［32］桑~枣嘈：桑葚丧1~夫嘈：葬礼中抬棺木，给亡者换衣服的人。
另读 sɔŋ⁴³⁵霜打~：降霜双~生：双胞胎［342］磉~墩：柱下石嗓爽［435］
丧2~失。另读 sɔŋ³²

tʂ　［32］张①姓②一~桌嘈：一张桌子章①姓②~子：印章樟~树［342］
长1~大。另读 dzɔŋ³²³掌~彩：喜庆活动中说祝福的话［435］障瘴仗账
卖~：给面子帐~嘈：蚊帐胀吃得~人：骂人话，吃饱撑的

dʐ　［32］昌丈~人老子：岳父杖［323］长2日子~得：日子长。另读
tʂɔŋ³⁴²常时~：经常场肠［342］厂［213］畅唱倡

ʂ　［32］伤商裳衣~：衣服［23］尝~新：六月初一把新收获的稻谷碾成
米后做成米粑［342］赏尚~书古井：位于蔡岭镇衙前村，南宋曹彦约辞官
返乡后造福故里开凿［213］上~谱：把名字写入宗谱

k　［32］冈刚钢缸江①姓氏②~猪嘈：江豚扛［342］港比溪宽，比河长
的水域讲［435］降杠龙~：抬棺材用的两根长木

g　［32］康糠慷［213］抗园~东西：藏东西

x　［32］项巷~间：巷子［323］杭航行1银~。另读 ɕin²³

ŋ　［23］昂

iɔŋ

l　[23] 良的确~：涤纶布料凉~快：凉爽量1~一下：量一量。另读 liɔŋ^{213} [323] 粮梁暖~：新屋上梁的当天晚上，屋主及其长子脱下贴身内衣将梁木两头包住梁 [342] 两辆 [213] 亮谅量2重~。另读 liɔŋ^{23}

ts　[32] 将1~来。另读 tsiɔŋ^{435} 浆~衣裳：将洗干净的衣物用米汤浸泡后晾晒 [342] 蒋姓奖桨 [435] 酱辣椒~将2大~。另读 tsiɔŋ^{32}

dz　[32] 枪匠象像橡 [323] 墙下~脚：地基选好后，用石头垒基详祥 [342] 抢

s　[32] 箱化~：葬礼过程中道士领众烧掉死者生前穿过的衣服，族人也可趁此机会给其他亡者搭寄冥币相1~互。另读 siɔŋ^{435} 厢湘襄镶 [342] 想□量词，一~甘蔗：一节甘蔗 [435] 相2长~好：相貌好。另读 siɔŋ^{32}

tɕ　[32] 缰僵姜姓薑生~疆 [435] 犟~得死：很倔强□~个：原本

ɕ　[32] 香①~味：香气②点~：燃香芗~溪：地名乡 [342] 享~福：小孩睡觉的委婉说法缃~众：男女双方明确成亲关系后，女方宴请族内至亲告知亲事响 [435] 向姓

ȵ　[23] 娘大~：伯母瓤西瓜~喃：西瓜瓤 [342] 仰~背一跤：摔跤后脑着地 [213] 让~路酿

ø　[32] 筐央秧扯~泱 [23] 羊~喃：羊洋~火：火柴烊~得：融化啦杨姓阳~历：公历疡 [342] 养~媳：童养媳 [213] 样~子不好看：脸色不好看

uɔŋ

ɸ　[32] 荒~地方姓芳慌~得筋：慌张 [23] 黄姓簧皇蝗肪房同一~下：同宗同族分支防 [342] 谎打~：说谎访纺晃余~：南峰乡村名仿 [435] 放~水：根据作物生长需要排干水田的水

k　[32] 光①好~：形容光线充足②吃~：吃完 [342] 广 [435] 逛

ø　[32] 汪姓枉匡眶 [23] 亡王姓 [323] 狂 [213] 旺兴~况妄旷

uŋ

b　[323] 篷蓬一~草 [342] 捧①~到②双手合拢所容纳的计量单位。一~花生：一把花生

m　［23］萌蒙 2 ~古族。另读 maŋ³² ［342］猛 2 凶 ~。另读 maŋ³⁴² 懵
　　　［213］梦棚 ~。做梦孟 2 ~子。另读 meŋ²¹³

ɸ　［32］风枫疯丰封峰阳储 ~：地名蜂锋［23］冯姓洪姓虹红鸿逢
　　　［342］讽［213］凤 ~凰山：都昌历史名山，位于万户镇最南端，南依鄱
　　　阳湖，春夏湖水上涨，四面环水成岛山缝门 ~俸奉

t　［32］东 ~湖：位于都昌县城南部南山山麓冬［342］董姓懂［435］冻
　　　打 ~：结冰栋

n　［23］侬我 ~：我农脓化 ~

l　［32］通洞 ~眼嘚：小洞动［23］绒灯芯 ~：一种布料茸垅长 ~水库：
　　　位于都昌县狮山乡长垅村，1958 年兴建龙 1 ~宫。另读 liuŋ³²³ ［323］同
　　　铜桐筒童［342］桶三盆两 ~：平民嫁女的嫁妆基本配置，包括脸盆、澡盆、
　　　脚盆和马桶、提水桶统［213］痛好 ~渠：很宠他

ts　［32］宗综棕［323］纵往下一 ~：向下一跳［342］总［435］粽 ~嘚：
　　　粽子

dz　［32］聪葱囱［323］从丛

s　［32］鬆 ~鞋带嵩［342］丛笀 ~肩［435］送 ~节：认亲后结婚前逢春
　　　节、端午节、中秋节，男方要给女方长辈送礼品宋姓颂诵讼

tʂ　［32］春 ~米中 1 ~间。另读 tʂuŋ⁴³⁵ 终钟盅一 ~酒［342］种 1 ~子。
　　　另读 tʂuŋ⁴³⁵ ［435］众种 2 ~地。另读 tʂuŋ³⁴² 中 2 射 ~。另读 tʂuŋ³²

dʐ　［32］冲重 1 轻 ~。另读 dʐuŋ³²³ 充［323］虫崇重 2 ~写。另读 dʐuŋ³² ［342］
　　　宠［213］铳打 ~：放铳仲

k　［32］供 1 ~销社。另读 tɕiuŋ³²、tɕiuŋ⁴³⁵ 公工 ~夫：时间功蚣宫弓躬［342］
　　　拱巩［435］贡汞

g　［32］空 1 ~□［kɛ³⁰］：空的。另读 ɡuŋ²¹³ ［342］孔姓［213］控空 2 有 ~：
　　　有时间。另读 ɡuŋ³²

x　［32］烘［342］哄

ø　［32］翁共［23］蜈 ~蚣

iuŋ

l [23] 隆 [323] 龙 2 一条~。另读 luŋ²³

dz [323] 松 ~树

tɕ [32] 供 2 ~猪：养猪。另读 kuŋ³²、tɕiuŋ⁴³⁵ [342] 迥 [435] 供 3 ~神：供奉神灵。另读 kuŋ³²、tɕiuŋ³²

ȵ [23] 浓粥好~ [213] 用

ɕ [32] 兄李~。另读 ɕiaŋ³² 胸凶 [23] 熊姓雄 [435] 嗅~~：闻一下

Ø [32] 倾顷雍庸 [23] 萤容蓉荣融 [323] 琼穷 [342] 涌勇永泳咏恐

ɿ

ts [45] 卒小~喇：小卒

ʅ

tʂ [45] 质执汁

dʐ [113] 出① ~窝：孩子满月，女儿抱着孩子回娘家串门② ~梁：建新房时选好做屋梁的树运回家，系上红布，进行加工 [22] 侄秩蛰

ʂ [45] 失室湿 [22] 实十什术

il

p [45] 笔毕必泌 ~汤：倒汤时汤从菜渣中渗出来

b [113] 匹鼻 ~公：鼻子

m [45] 密蜜

l [45] 立 [33] 栗毛~：小栗子粒

dz [113] 七 ~月半：中元节漆缉辑集 [22] 习疾

tɕ [45] 桔 ~喇：~子吉急级□用力吮吸

ȵ [33] 日 ~~：每一天

ɕ [45] 吸

Ø [45] 一 ~好：最好乙 [22] 及

al

p　［45］八

b　［113］拔

t　［45］答搭 ~ 车

n　［45］纳捺

l　［45］辣蜡瘌 ~ 痢头［113］獭踏 ~ 板嘚：床前长几，用于踏脚放鞋塔
烧宝 ~：北山乡中秋习俗塌打 ~ 皮：指做事扑空［33］腊 ~ 月［22］达

ts　［45］杂闸札轧铡扎 ~ 轿：临时在竹椅之类篾具上绑两根长棍制作成的
轿子

dz　［113］插擦察煠水 ~ 蛋：水煮蛋。《广韵》洽韵，七洽切，汤煠

s　［45］杀眨 ~ 眼就到得过年：一转眼就快过年啦煞被婆 ~：冬季婴儿睡觉
晕厥或窒息身亡的迷信说法

k　［45］夹袷甲挟

g　［113］恰掐

x　［113］瞎［22］狭路好 ~：路很窄辖

ŋ　［45］鸭押 ~ 样嘚：双方相亲明确成亲意愿后男方择吉日送去生辰八字及
男方鞋样的议婚过程压 ~ 寿：老人过六十岁后，儿女为长辈准备寿衣、棺木
寿材

ial

ç　［45］峡

ual

ɸ　［45］发①~ 新妇嘚：迎亲当天，新娘从娘家出发②~ 粑嘚：端午节吃的面点，
用面粉发酵制作法［22］筏伐罚乏

k　［45］刮 ~ 猪毛

ø　［45］挖袜 ~ 嘚：袜子［22］滑地上好 ~：地面很滑溜猾 ~ 得死：很狡猾

lɛ

p　［45］不 ~ 吃

s   ［45］虱 ~ 婆: 称呼头上长虱子的人涩

tʂ   ［45］折①~ 起来: 折叠起来②豆 ~ 嗻: 都昌本地手工宽米粉, 根据制作原料,
     有大米豆折嗻、荞麦豆折嗻、苦槠豆折嗻哲浙

dʐ   ［113］撤辙 ［45］摄涉 ［22］舌

iɛl

p   ［45］鳖别区 ~

b   ［113］撇 (笔法) 一 ~

m   ［45］灭 ［33］篾 ~ 排: 竹筏

t   ［45］跌

l   ［45］劣列烈裂 ［113］猎铁贴 ［22］碟 ~ 嗻: 小盘子谍蝶

ts   ［45］接 ~ 梁: 梁木做好后, 在爆竹及鼓乐声中由屋主及长子各抬一头抬
     至新屋节五月时 ~: 端午节

dz   ［113］切妾 ［22］截捷

s   ［45］屑①~ ~ 嗻: 小碎屑②~ 嗻: 渔民称树桩、柴草等兜网之物

tɕ   ［45］结洁劫打 ~: 抢劫

ɕ   ［45］歇 ~ 下嗻: 休息一会儿 ［22］协

ȵ   ［45］捏手 ~ 嗻: 小手帕擘作 ~ 业聂蹑 ［33］热 ~ 天: 夏天

Ø   ［45］页腌 ~ 肉 (名、动) ［113］揭怯 ［22］叶 ~ 嗻: 叶子杰

uɛl

ɸ   ［22］佛 ~ 殿山: 位于都昌县土塘镇西北部, 元代有僧人在此建长庆寺,
     明朝万历年间名僧憨山大师释德清撰写《都昌县佛殿山长庆寺记》忽

k   ［45］骨

Ø   ［45］物杌 ~ 子嗻: 高凳子

lɔ

p   ［45］钵火 ~ 嗻: 火盆拨 ~ 一下

b   ［45］泼

m　［45］末抹沫～ ～嚼：水面因不洁净形成的薄沫

l　［113］脱［22］夺捋～手扎脚：手袖与外裤卷起来，形容干活的样子

ts　［45］撮①动词，用手指尖抓②量词，一～

s　［45］刷

tʂ　［45］拙

ʂ　［45］说

k　［45］割～禾：收割稻子

g　［113］渴

x　［113］喝［22］盒荤素～：出嫁的女儿出钱置办的下葬的石灰、祭品及办丧事的烟酒的统称合和～：乡名

iɔl

dz　［22］绝

s　［45］雪薛姓

tɕ　［45］决

ɕ　［45］血～人：俗称生孩子坐月子的女人［22］穴点～

n̠　［45］月1～季花。另读 n̠iɔl³³　［33］月2～光。另读 n̠iɔl⁴⁵

Ø　［45］悦阅越［113］缺～嘴嚼：指称患兔唇的人

uɔl

k　［45］聒

Ø　［113］阔［22］活～口［kɛ³⁰］：活的

ɻk

tʂ　［45］织职

dʐ　［113］斥［22］植殖直值

ʂ　［45］适释［22］食蚀识饰

ik

p　［45］碧璧逼～迫痹小儿麻～

b　［113］僻

m　［45］觅

t　［45］的里隻钟好~：这钟很准时滴一~~嘚：一点点

l　［45］历力律［113］踢［22］敌

ts　［45］绩积~得好多钱：积攒了很多钱即

dz　［113］籍戚［22］寂席按~：酒宴上依据身份安排座位

s　［45］恤惜夕析息熄媳

tɕ　［45］击激极抑翼

ȵ　［45］溺逆

Ø　［45］益液［113］屈［33］译易［22］掘倔

ak

p　［45］百

b　［113］拍~灰［22］白

m　［33］陌麦油~嘚：芝麻

ts　［45］窄摘~叶嘚：摘叶子

dz　［113］拆~屋：拆房子

tʂ　［45］隻一~人：一个人炙~火：烤火

dʐ　［113］赤~脚：光着脚尺

ʂ　［22］石姓

k　［45］格~子嘚：窗户隔~壁：相邻的地方

x　［113］吓收~：孩子晚上无故哭闹或者发烧生病，使用民间方法治疗的特
　　殊仪式

ŋ　［33］额~角高：脑门鬓发生得高

iak

p　［45］壁~上：墙壁上

b　［113］劈~柴：砍柴

l　　［33］笛～嘚：笛子

s　　［45］锡

Ø　　［113］吃～酒：喝酒

uak

ɸ　　［45］划等巴茅～破得皮：被荆棘剐破皮肤

Ø　　［113］□～下灶里个柴：用棍棒或火钳拨动灶内正在燃烧的柴，使之更加
通透，火更旺

ɛk

p　　［45］北柏伯

b　　［113］泊

m　　［45］墨默心里～一下：心里想想

t　　［45］得～奖德

l　　［45］肋勒［113］突特

ts　　［45］则侧～边：旁边鲫责

dz　　［113］策测册［22］贼

s　　［45］色～气不好：颜色不好［22］塞～到：塞住

k　　［45］革

g　　［113］客刻克

x　　［113］黑［22］核

ŋ　　［45］扼

uɛk

ɸ　　［45］或惑［22］获

k　　［45］国

ɔk

p　　［45］博～士：木匠剥～橘子嘚：剥橘子皮

b　　［22］雹～嘚：冰雹

m　　［45］膜幕寞

t　　［45］涅~雨：淋雨

n　　［45］诺

l　　［45］骆洛络乐若弱［113］托~盘：用来运送菜的木盘［33］落①~雨：
下雨②~灯：舞龙灯结束收队

ts　　［45］桌拜年~：拜年时吃的宴席作捉~鸡：抓逮鸡

dz　　［113］戳［22］浊镯~头嘚：手镯

s　　［45］索绳子塑缩~水

tʂ　　［45］着1~衣裳：穿衣服。另读 dzᶎok^{22} 酌

dʐ　　［113］淖~下水：焯水［22］着2点~火。另读 tʂok^{45}

ʂ　　［45］芍［22］勺~嘚：勺子

k　　［45］各阁搁角~几嘚：三角柜

g　　［113］确壳瓜子~叩~门

x　　［113］郝姓［22］鹤~舍古村：古村名，位于都昌县苏山乡，建于清乾
隆年间学到~里去：去学校

ŋ　　［45］恶好~：好坏鄂

iɔk

l　　［45］略掠

ts　　［45］爵

dz　　［113］鹊丫~嘚：喜鹊［22］嚼~碎

s　　［45］削~皮

tɕ　　［45］脚赤~：光脚觉不自~

n̠　　［33］箬粽~：粽叶

ø　　［45］约岳姓药［22］钥

uɔk

ɸ　　［22］缚~柴：绑柴

k 　[45] 郭姓

g 　[113] 扩

ø 　[45] 握~得手痛：手被抓得很痛

uk

b 　[113] 扑 [22] 瀑匐~在地下：趴在地上

m 　[45] 目穆牧木 1 好~：形容人不灵活。另读 muk³³ [33] 木 2 ~头。
另读 muk⁴⁵

ɸ 　[45] 斛~桶：用来给水稻脱粒的木桶福~礼盒：大年三十夜里祭祖的酒
食盆，内有猪头、全鸡、白酒之类幅 [22] 服伏袱烧包~：中元节烧纸
等祭奠活动

t 　[45] 笃督冢碗~：碗底 [22] 乳用针~：用针刺

l 　[45] □~饭：做饭 [113] 秃 [33] 独读鹿禄毒

ts 　[45] 足 1 ~球。另读 tsiuk⁴⁵

dz 　[113] 族促

s 　[45] 速宿肃

tʂ 　[45] 祝粥煮~：煮稀饭竹筑烛

dʐ 　[113] 畜 1 ~生。另读 ɕiuk⁴⁵ 触 [22] 轴逐

ʂ 　[45] 赎束叔 2 ~公：称呼爷爷的同辈人。另读 ʂu³²³ [22] 熟蜀属

k 　[45] 谷

g 　[113] 哭

ø 　[45] 屋做~：建房子 [113] 酷

iuk

l 　[45] 陆绿 [33] 六都昌民谣"~月~，日头晒得鸡蛋熟"

ts 　[45] 足 2 用料~：材料用得充足。另读 tsuk⁴⁵

s 　[45] 粟~米：黄米续 [22] 俗

tɕ 　[45] 菊

dʑ 　[22] 局

ɕ　　［45］畜₂ ~牧。另读 dzʐuk¹¹³ 蓄

n̠　　［45］玉［33］肉

Ø　　［45］欲浴郁育［113］曲

m̩

Ø　　［342］姆~妈：妈妈

n̩

Ø　　［23］唔_{表疑问叹词}［342］尔你［435］那~嘚：那里［213］唔_{表应}
答的叹词

ŋ̍

Ø　　［23］吴［342］五伍

第二章　都昌方言语音比较研究

第一节　古今音比较

本节对都昌镇方言语音系统与中古《广韵》系统进行比较研究。

一　声母古今音比较

根据《汉语音韵讲义》（丁声树，1984：242），以《切韵》为代表的中古声母有 40 个，都昌镇方言声母（含零声母）有 22 个，表 2-1、表 2-2 展示了都昌镇方言音系与以《切韵》为代表的中古音系的对应关系，归纳古今演变规律。

表 2-1　都昌镇方言声母古今对照（1）

	清		
	全清	全清	次清
帮组	帮 p　饱 pau^{342}		滂 b　派 bai^{213}
非组		非 ɸ　斧 ɸu^{342}	敷　ɸ 费 ɸui^{213} 　　b 捧 buŋ^{342}
端泥组	端 t　带 tai^{435}		透 l　讨 lau^{342}
精组	精 ts　灾 tsai^{32} 最 tsi^{342}	心 s　腮 sai^{32} 碎 si^{435}	清 dz　菜 dzai^{213} 清 dziŋ^{32}
知组	知　tʂ 朝 tʂau^{32} 　　ts 罩 tsau^{435}		彻　dz 超 dzau^{32} 　　dz 撑 dzaŋ^{32}
庄组	庄 ts　装 tsoŋ^{32}	生 s　森 sen^{32}	初 dz　疮 dzoŋ^{32}
章组	章 tʂ　樟 tʂoŋ^{32}	书 ʂ　伤 ʂoŋ^{32}	昌 dz　唱 dzoŋ^{213}
日母　今洪			
今细			

续表

		清					
		全清		全清		次清	
见晓组	今洪	见	k 根 kɛn³²	晓	ɸ 灰 ɸui³² x 后 xau³² 0 歪 uai³²	溪	g 开 gai 0 亏 ui³²
	今细		tɕ 姜 tɕiɔŋ³²		ɕ 嫌 ɕiɛn²³		0 欺 i³²
影组		影	ŋ 爱 ŋai⁴³⁵　鸦 ŋa³² 0 椅 i³⁴²　烟 iɛn³²　弯 uan³²　冤 iɔn³²				

表2-2　都昌镇方言声母古今对照（2）

浊						
全浊		全浊	次浊			
並 b 赔 bi³²³			明 m 妹 mi²¹³			帮组
奉 ɸ 扶 ɸu²³			微 0 武 u³⁴² m 尾 mi³⁴²			非组
定 l 袋 lai³²			泥 n 耐 nai²¹³ ȵ 内 ȵi²¹³	来 l 路 lu²¹³	今洪 今细	端泥组
从 dz 罪 dzi³²	邪	dz 谢 dzia³² s 绪 si²¹³				精组
澄 dʐ 池 dʐʅ³²³ dz 茶 dza³²³						知组
崇 dz 愁 dzau³²³ s 事 sʅ²¹³						庄组
船 ʂ 神 sən²³	禅	dʐ 仇 dʐou³²³ ʂ 肾 ʂən²¹³				章组
			日	l 如 lu²³ 0 二 ɚ²¹³ n 忍 nən³⁴²	今洪	日母
				ȵ 软 ȵiɔn³⁴²	今细	
群 g 葵 gui³²³ dz 瘸 dzia³²³ 0 奇 i³²³	匣	ɸ 混 ɸun²¹³ x 巷 xɔŋ³² 0 魂 un²³ ɕ 杏 ɕiŋ²¹³ 0 丸 iɔn²³	疑	ŋ 我 ŋɔ³⁴² 0 误 u²¹³	今洪	见晓组
				ȵ 鱼 ȵi²³ 0 迎 iŋ²³	今细	
			云 0 芋 i²¹³	以 0 夜 ia²¹³		影组

从表 2-1、表 2-2 可以看出都昌方言声母古今演变的特点与规律。

①古全浊与古次清塞音、塞擦音声母今读合流，读不送气浊音声母，如破 [bo²¹³]、粗 [dzu³²]、袖 [dziu³²]、撤 [dzɛl¹¹³]、茶 [dza³²³]、铲 [dzan³⁴²]、臭 [dzɒu²¹³]、口 [gau³⁴²]。古船母清化为 [ʂ]，如蛇 [ʂa²³]；古邪母开口三等读 [dz]，合口三等及山摄开口三等清化为 [s]，如随 [si²³]；禅母除流摄开口三等、臻摄开口三等、曾摄开口三等、梗摄开口三等平声个别字读 [dʐ]，此外大多清化为 [ʂ]，如薯 [ʂu²³]、纯 [ʂən²³]、仇 [dʐɒu³²³]。

②非敷奉母和晓组合口字合流今读双唇清擦音 [ɸ] 声母，如灰 [ɸui³²]、祸 [ɸuɔ213]、傅 [ɸu⁴³⁵]。微母多读零声母，敷母遇摄合口三等、通摄合口三等个别字，微母臻摄合口三等、宕摄合口三等少数字今读重唇音声母，如赴 [buk²²]、捧 [buŋ³⁴²]、尾 [mi³⁴²]、蚊 [mən²³]、问 [mən²¹³]、网 [mɔŋ³⁴²]、忘 [mɔŋ²¹³]、望 [mɔŋ²¹³]。

③透定母今读 [l] 声母，如土 [lu³⁴²]、贪 [lɔn³²]、大 [lai³²]、肚 [lu³²]。

④泥母、来母不混，泥母拼洪音读 [n] 声母，拼细音读 [ȵ] 声母，如脑 [nau³⁴²]、女 [ȵi³⁴²]；来母不论洪细均读 [l] 声母，如来 [lai²³]、流 [liu²³]。

⑤精组、庄组、知组二等今读 [ts/dz/s] 声母，知组三等、章组今读 [tʂ/dʐ/ʂ] 声母，如草 [dzau³⁴²]、鳃 [sai³²]、债 [tsai⁴³⁵]、初 [dzu³²]、锄 [dzu³²³]、站 [tsan⁴³⁵]、撑 [dzaŋ]、朝 [tʂau³²]、抽 [dʐɒu³²]、陈 [dʐən³²³]、周 [tʂou³²]、沈 [ʂən³⁴²]、穿 [dʐɔn³²]；精组声母拼细音韵母仍读尖音，如酒 [tsiu³⁴²]、精 [tsiŋ³²]、西 [si³²]。

⑥日母大多数字今读 [l] 声母，如儒 [lu²³]，咸摄开口三等、山摄开口三等、臻摄开口三等、宕摄开口三等、通摄合口三等少数字读 [ȵ] 声母，如热 [ȵiɛl³³]、软 [ȵiɔn³⁴²]；臻摄开口三等、曾摄开口三等个别字读 [n] 声母，如忍 [nən³⁴²]；止摄开口三等读零声母，如二 [ɚ²¹³]。

⑦见母一二等今读 [k] 声母，三四等今读 [tɕ] 声母，如家 [ka³²]、改 [kai³⁴²]、减 [kan³⁴²]、举 [tɕi³⁴²]、鸡 [tɕi³²]、几 [tɕi³⁴²]；溪母一二等今读 [g] 声母，溪群母三四等读零声母，如口 [gau³⁴²]、

康［gɔŋ³²］、困［uɛn²¹³］、腔［iɔ̃ɕi³²］、狂［uɔŋ³²³］、筐［iɔ̃ɕi³²］；疑母一二等读［ŋ］声母，如我［ɔ̃ɕ³⁴²］，三四等读［ȵ］声母，如鱼［ȵi²³］，个别读零声母，如迎［iŋ²³］。

　　⑧晓母、匣母开口一二等读［x］声母，如海［xai³⁴²］、夏［xa³²］，合口一二等（晓母止合三）读［ɸ］声母，如火［ɸuɔ³⁴²］、华［ɸua²³］、胡［ɸu²³］；晓母合口二三等，匣母合口一二等一些字读零声母，如禾［uɔ²³］、话［ua²¹³］、歪［uai³²］、况［uɔŋ²¹³］；晓匣母开口三四等及效摄开口二等、梗摄开口二等读［ɕ］声母，如虚［ɕi³²］、牺［ɕi³²］、晓［ɕiɛu³⁴²］、效［ɕiɛu²¹³］、杏［ɕiŋ²¹³］、形［ɕiŋ⁴³⁵］、玄［ɕiɔn²³］。

　　⑨影母假摄开口二等、蟹摄开口一二等、效摄开口一二等、流摄开口一等、咸摄开口一二等、山摄开口一二等、臻摄开口一等、宕摄开口一等读［ŋ］声母，如哑［ŋa³⁴²］、爱［ŋai⁴³⁵］、袄［ŋau³⁴²］、呕［ŋau³⁴²］、鸭［ŋaᶅ⁴⁵］、晏［ŋan⁴³⁵］、恩［ŋɛn³²］、恶［ŋɔk⁴⁵］，其他韵摄字读零声母，如椅［i³⁴²］、枉［uɔŋ³²］、稳［uɛn³⁴²］、厌［iɛn²¹³］。喻母字多读零声母，如袁［iɔn²³］、蝇［iŋ²³］。

　　都昌镇方言中一些字今读声母不符合语音演变的一般性规律，罗列如下：

　　帮母字：谱读［bu³⁴²］，庇读［bi²¹³］，扮读［ban²¹³］

　　滂母字：怖读［pu⁴³⁵］，攀、扳读［pan³²］，坡、玻读［po³²］

　　並母字：篦读［pi³²］，鲍读［pau³²］

　　透母字：吐读［tu³⁴²］，獭读［dzaᶅ¹¹³］，态读［nai²¹³］

　　定母字：队、兑读［ti⁴³⁵］，调～动读［tiɛu⁴³⁵］，诞读［tan⁴³⁵］，盾读［tən⁴³⁵］

　　泥母字：哪读［la³⁴²］

　　心母字：撕读［tsɛ³²］

　　知母字：爹读［tia³²］，拄读［dʑu³⁴²］

　　章母字：栀读［tɕi³²］

　　见母字：懈读［xai³²］

　　溪母字：券读［tɕiɔn⁴³⁵］，溪周～镇读［tɕi³²］

　　群母字：剧读［tɕi⁴³⁵］

　　疑母字：乐音～读［lɔk⁴⁵］

晓母字：喧读［siɔŋ^{32}］

匣母字：瓠读［gu^{323}］，械读［kai^{435}］，舰读［kan^{435}］

以母字：锐读［li^{213}］，用读［ɲiuŋ^{213}］，铅［ɲiɔŋ^{23}］，捐读［tɕiɔŋ^{32}］

二　韵母古今音比较

都昌镇方言韵母有 71 个，中古音有 16 摄，本部分对两者的对应关系进行说明，归纳古今演变规律，并就古开合口与今四呼的关系进行深入研究。

（一）韵母古今音对照

请看都昌镇方言韵母古今对照表（见表 2-3 至表 2-6）。韵母古今对照表分为四表，即舒声开口、舒声合口、入声开口、入声合口，每表的最左侧竖列以摄为序，表中横行先分等，然后按声母系组分排。

表 2-3　都昌镇方言韵母古今对照（1）：舒声开口

韵摄	一等			二等				三四等							
	帮系	端系	见系	帮系	泥组	知庄组	见系	帮系	端组	泥组	精组	庄组	知章组	日母	见系
果摄		ɔ	ɔ												ia
假摄				a	a	a	a				ia	a	a		ia
蟹摄	i	ai	ai	ai	ai	ai	ai	i	i	i	i	ʅ			i
止摄								i		i	ʅ	ɿ/a	ʅ	ɚ	i
效摄	au	au	au	au	au	au		au/iɛu	iɛu	iɛu	iɛu	au	au		iɛu
流摄	au	au	au					uau/u	iu	iu	iu	au	ou	au	iu
咸摄		an/ɔn	ɔn/an			an	an	iɛn	iɛn	iɛn	iɛn	ɛn		iɛn	iɛn
深摄						in	in	in			ɔn/ɿ	ɔn	ɔn		in
山摄		an	ɔn	an		an	an	iɛn	iɛn	iɛn		ɛn	ɛn		iɛn
臻摄		ən	ɯn					in	in	in	ɔn	ɔn	ɔn/in		in
宕摄	ɔŋ	ɔŋ	ɔŋ					iɔŋ	iɔŋ	ɔŋ	ɔŋ	ɔŋ	ɔŋ		iɔŋ

续表

韵摄	一等			二等				三四等							
	帮系	端系	见系	帮系	泥组	知庄组	见系	帮系	端组	泥组	精组	庄组	知章组	日母	见系
江摄				ɔŋ		ɔŋ	ɔŋ/iɔŋ/ɣ								
曾摄	ɛŋ	ɛŋ	ɛŋ					iŋ		iŋ			əŋ	əŋ	iŋ
梗摄				ɛŋ/ɔŋ/aŋ/uŋ	aŋ	ɛŋ/aŋ	ɛŋ/iŋ/aŋ	iŋ/iaŋ	iŋ/iaŋ	iŋ/iaŋ	iŋ/iaŋ		əŋ/aŋ		iŋ/iaŋ

表2-4　都昌镇方言韵母古今对照（2）：舒声合口

韵摄	一等			二等				三四等							
	帮系	端系	见系	帮系	泥组	知庄组	见系	帮系	端组	泥组	精组	庄组	知章组	日母	见系
果摄	ɔ	ɔ	uɔ												ia
假摄						a	ua								
遇摄	u	u	u					u	i/u		i	u	u	u	i/ɛ
蟹摄	i	i	ui/uai/ai			uai/ua		ui	i				ʅ		ui/i
止摄								ui	i	i	ai	ɣ/u	i		ui/i
咸摄								uan							
山摄	ɔn/an	ɔn	uɔn/iɔn			ɔn	uan/an	uan	iɔn	iɔn	ɔn	iɔn			iɔn/iɛn/uɔn
臻摄	ən	ən	uən					uən		in	ən/in		ən	ən	in
宕摄			uɔŋ					uɔŋ/ɔŋ							uɔŋ/iɔŋ
曾摄		uŋ													
梗摄							uɔŋ/uaŋ/uŋ								iuŋ/iŋ/iaŋ

韵摄	一等			二等				三四等							
	帮系	端系	见系	帮系	泥组	知庄组	见系	帮系	端组	泥组	精组	庄组	知章组	日母	见系
通摄	uŋ	uŋ	uŋ					uŋ	uŋ/iuŋ	uŋ/iuŋ	uŋ		uŋ	uŋ/iuŋ	iuŋ/uŋ

表2-5　都昌镇方言韵母古今对照（3）：入声开口

韵摄	一等			二等				三四等							
	帮系	端系	见系	帮系	泥组	知庄组	见系	帮系	端组	泥组	精组	庄组	知章组	日母	见系
咸摄		al	ɔl		al	al/ial		iɛl	iɛl	iɛl		ɛl			iɛl/al
深摄								il	il	ɛl	ʮl		ɛl		il
山摄		al	ɔl	al/ɔl	al	al		iɛl	iɛl	iɛl	iɛl/iɔl		ɛl	iɛl	iɛl
臻摄			il					il	il	ɛl	ʮl		il		il
宕摄	ɔk/ɛʔ	ɔk	ɔk								iɔk	iɔk	ɔk	ɔk	iɔk
江摄				ɔk/uk		ɔk							ɔk/iɔk/uɔk		
曾摄	ɛk	ɛk	ɛk					ik	ik	ik	ɛk		ʮk		ik
梗摄				ak/ɛk	ak/ɛk	ak/ɛk	ik/iak	ik/iak	ik/iak	ik	ik/iak		ʮk/ak		ik/iak

表2-6　都昌镇方言韵母古今对照（4）：入声合口

韵摄	一等			二等		三四等							
	帮系	端系	见系	知庄组	见系	帮系	端组	泥组	精组	庄组	知章组	日母	见系
咸摄						ual							
山摄	ɔl	ɔl	uɔl	ɔl	ual	ual			iɛl	iɔl		ɔl	iɔl
臻摄	ɛl	ɛl/ʮl	uɛl		uɛl		il	il			ʮl		il
宕摄			uɔk			uɔk							
曾摄			uɛk										ik

韵摄	一等			二等		三四等							
	帮系	端系	见系	知庄组	见系	帮系	端组	泥组	精组	庄组	知章组	日母	见系
梗摄					uɛk/ uak								ik
通摄	uk	uk	uk/ uɔk		uk		uk/ iuk	uk/ iuk	uk	uk/ iuk	uk/ iuk	iuk

参照表 2-3 至表 2-6，可以看出都昌镇方言韵母古今演变特点与规律。

①无摄口呼韵母，如鱼［ȵi²³］、雨［i³⁴²］、军［tɕi³²］、拳［iɔn³²³］。

②果摄主要元音为［ɔ］，一等开口、合口及三等见系字有别，如多［tɔ³²］、河［xɔ³²³］、坐［dzɔ²¹³］、哥［kɔ³²］、过［kuɔ⁴³⁵］、锅［uɔ³²］、祸［ɸuɔ²¹³］、茄［ia³²³］、靴［ɕia³²］。

③假摄开口二等、三等庄章组、合口二等庄组字韵母今读［a］，如茶［dza³²³］、车［dza³²］、傻［sa³⁴²］；开口三等精组、知组、喻母字韵母今读［ia］，如姐［tsia³⁴²］、夜［ia²¹³］；合口二等见系字韵母今读［ua］，如瓜［kua³²］。

④遇摄一等及三等非组、知庄章组、日母字韵母今读［u］，三等其他字韵母今读［i］，遇合三等鱼、虞韵见组字有分立痕迹，如补［pu³⁴²］、卢［lu²³］、租［tsu³²］、虎［ɸu³⁴²］、猪［tʂu³²］、书［ʂu³²］、薯［ʂu³²］、徐［dzi³²³］、举［tɕi³⁴²］、渠第三人称代词［gɛ³²³］。

⑤蟹摄开口一等、二等字韵母今读［ai］，如带［tai⁴³⁵］、来［lai²³］、开［gai³²］、排［bai³²³］、街［kai³²］；开口三四等字（知章组除外）、合口一等字（见系除外）、合口三等精组字韵母今读［i］，如杯［pi³²］、对［ti⁴³⁵］、罪［dzi²¹³］、岁［si⁴³⁵］、挤［tsi³⁴²］；开合口三四等知章组字韵母今读［ʅ］，如制［tʂʅ⁴³⁵］、税［ʂʅ⁴³⁵］；合口一等见系字及合口三等字（精章组除外）韵母今读［ui］，如桂［kui⁴³⁵］；合口一等个别字（块外）与合口二等字韵母今读［uai］，如怪［kuai⁴³⁵］、歪［uai³²］。

⑥止摄开口（精知庄章组除外）及合口精组、来母、日母字韵母

今读［i］，如皮［bi³²³］、梨［li³²³］、累［li²¹³］；开口精组、庄组字韵母今读［ʅ］，开合口知章组字韵母今读［ʅ］，如紫［tsʅ³⁴²］、师［sʅ³²］、指［tʂʅ³⁴²］、纸［tʂʅ³⁴²］、知［tʂʅ³²］、志［tʂʅ⁴³⁵］、追［tʂʅ³²］；合口三等庄组字韵母今读［ai］，非组、见系字韵母今读［ui］，如衰［sai³²］、龟［kui³²］、飞［ɸui³²］，知章组个别字韵母读［u］，如吹［dʐu³²］。

⑦效摄一二等字韵母今读［au］，三四等字（知章组除外）韵母今读［iɛu］，如毛［mau²³］、劳［lau²³］、考［gau³⁴²］、包［pau³²］、交［kau³²］、表［piɛu³⁴²］、小［siɛu³⁴²］、腰［iɛu³²］、尿［ɲiɛu²¹³］；效摄三等知章组字与流摄一等、三等非庄日组字韵母合流，今读［au］，如赵［dʐau²¹³］、少［ʂau³⁴²］、走［tsau³⁴²］、狗［kau³⁴²］；流摄三等知章组字韵母今读［ou］，其他字韵母今读［iu］，如抽［dʐou³²］、周［tʂou³²］、流［liu²³］、修［siu³²］、九［tɕiu³⁴²］、丢［tiu³²］，三等非组字"富妇负副"韵母读［u］。

⑧咸山摄韵母合流。咸山摄开口一等（见系除外）、开口二等字韵母今读［an］［al］，如胆［tan³⁴²］、站［tsan⁴³⁵］、减［kan³⁴²］、鸭［ŋal⁴⁵］、狭［hal²²］、山［san³²］、八［pal⁴⁵］、答［tal⁴⁵］、炭［lan²¹³］、达［lal²²］；咸山摄开口一二等见系字及山摄合口一等（见系除外）、合口二等庄组、合口三等知章组字韵母今读［ɔn］［ɔl］，如含［xɔn³²³］、专［tʂɔn³²］、鸽［kɔl⁴⁵］、肝［kɔn³²］、割［kɔl⁴⁵］、短［tɔn³⁴²］、钵［pɔl⁴⁵］、拴［sɔn³²］、刷［sɔl⁴⁵］；咸山摄开口三等知章组字韵母今读［ɛn］［ɛl］，其他三等字与四等字韵母今读［iɛn］［iɛl］，如闪［ʂɛn］、战［tsɛn⁴³⁵］、舌［ʂɛl²²］、尖［tsiɛn³²］、接［tsiɛl⁴⁵］、店［tiɛn⁴³⁵］、协［ɕiɛl²²］、面［miɛn²¹³］、列［liɛl⁴⁵］、天［liɛn³²］、铁［liɛl¹¹³］；咸摄合口三等、山摄合口二等见系、山摄合口三等非组字韵母读［uan］［ual］，如范［ɸuan²¹³］、法［ɸual⁴⁵］、关［kuan³²］、刮［kual⁴⁵］、饭［ɸuan²¹³］、罚［ɸual²²］；山摄合口一等见系字韵母今读［uɔn］［uɔl］，如管［kuɔn³⁴²］、阔［uɔl¹¹³］；山摄合口三等其他字与四等字韵母今读［iɔn］［iɔl］，如全［dziɔn³²³］、拳［ɲiɔn³²³］、元［ɲiɔn²³］、月［ɲiɔl³³］、雪［siɔl⁴⁵］、越［iɔl⁴⁵］。

⑨深臻摄韵母合流。深臻摄开口三等（知庄章组除外），臻摄合口三等精组、见系字韵母今读［in］［il］，如林［lin²³］、金［tɕin³²］、立

［lil⁴⁵］、民［min²³］、亲［dzin³²］、旬［sin²³］、笔［pil⁴⁵］、近［in²¹³］、桔［tɕil⁴⁵］、军［tɕin³²］；深摄庄组字及臻摄开口一等字韵母今读［ɛn］［ɛl］，如森［sɛn³²］；深摄知章组，臻摄开口三等知庄章组，臻摄合口一等（见系除外）及合口三等来母、知章组、日母字韵母今读［ən］［ʅ］［ɛl］，如深［ʂən³²］、肾［ʂən²¹³］、失［ʂʅ⁴⁵］、实［ʂʅ²²］、十［ʂʅ²²］、入［lɛl⁴⁵］、本［pən³⁴²］、村［dzən³²］、不［pɛl⁴⁵］、轮［lən²³］、春［dzən³²］、出［dzʅ¹¹³］；臻摄合口一等见系及合口三等非组字韵母今读［uən］［uɛl］，如骨［kuɛl⁴⁵］、分［ɸuən³²］、物［uɛl⁴⁵］。

⑩宕江摄韵母合流。宕摄开口一等、开口三等知庄章组、日母及江摄字（除个别见组字）韵母今读［ɔŋ］［ɔk］，如汤［lɔŋ³²］、仓［dzɔŋ³²］、张［tʂɔŋ³²］、章［tʂɔŋ³²］、落［lɔk³³］、勺［ʂɔk²²］、恶［ŋɔk⁴⁵］、胖［bɔŋ²¹³］、双［sɔŋ³²］、江［kɔŋ³²］、项［hɔŋ²¹³］、剥［pɔk⁴⁵］、捉［tsɔk⁴⁵］、学［hɔk²²］；宕摄开口三等其他字、合口三等见组个别字及江摄见组个别字韵母今读［iɔŋ］［iɔk］，如娘［n̠iɔŋ²³］、香［ɕiɔŋ³²］、削［siɔk⁴⁵］、药［iɔk⁴⁵］、腔［iɔŋ³²］、筐［iɔŋ³²］；宕摄合口一等、三等非组及见系字韵母今读［uɔŋ］［uɔk］，如光［kuɔŋ³²］、黄［uɔŋ²³］、方［ɸuɔŋ³²］、郭［kuɔk⁴⁵］、狂［uɔŋ³²³］。

⑪曾梗摄开口一等字韵母、梗摄开口二等字（除晓匣母）文读韵母今读［ɛŋ］［ɛk］，如灯［tɛŋ³²］、曾［tsɛŋ³²］、肯［gɛŋ³⁴²］、北［pɛk⁴⁵］、塞［sɛk⁴⁵］、克［gɛk¹¹³］、色［sɛk⁴⁵］、孟［mɛŋ²¹³］、庚［kɛŋ³²］、客［gɛk¹¹³］、择［dzɛk¹¹³］、生文读［sɛŋ³²］、争文读［tsɛŋ³²］；曾摄开口三等字（除知庄章组）韵母、梗摄开口二等晓匣母字文读韵母、梗摄开口三等字（除知章组）文读韵母今读［iŋ］［ik］，如冰［piŋ³²］、力［lik⁴⁵］、极［ik²²］、碧［pik⁴⁵］、情［dziŋ³²³］、幸［ɕiŋ²¹³］、昔［sik⁴⁵］、绩［tsik⁴⁵］、平文读［biŋ³²³］、灵［liŋ²³］；曾摄开口三等知庄章组字韵母、梗摄开口三等知章组字文读韵母今读［əŋ］［ʅk］，如蒸［tʂəŋ³²］；梗摄开口二等及开口三等知章组字白读韵母为［aŋ］［ak］，三四等字白读韵母为［iaŋ］［uaŋ］［iak］，如横白读［uaŋ²³］、彭白读［baŋ³²³］、生白读［saŋ³²］、百［pak⁴⁵］、争白读［tsaŋ³²］、平白读［biaŋ³²³］、晴［dziaŋ³²³］、迹［tsiak⁴⁵］、郑白读［dzaŋ²¹³］、石［ʂak²²］、钉白读［tiaŋ³²］、笛［liak²²］；曾摄合口一等、梗摄合口二等字入声韵母读［uɛk］，如

国［kuɛk⁴⁵］、获［ɸuɛk²²］，曾梗摄合口三等字入声韵母读［ik］，如域［ik⁴⁵］、疫［ik⁴⁵］，曾梗摄合口个别字韵母读同通摄韵母，如弘［ɸuŋ²³］、宏［ɸuŋ²³］、兄文读［ɕiuŋ³²］、永［iuŋ³⁴²］。

⑫通摄一三等字韵母今读［uŋ］［uk］，如东［tuŋ³²］、孔［guŋ³⁴²］、族［dzuk²²］、谷［kuk⁴⁵］、冬［tuŋ³²］、毒［luk²²］、丰［ɸuŋ³²］、虫［dzuŋ³²³］、龙［luŋ²³］、宫［kuŋ³²］、福［ɸuk⁴⁵］、烛［tʂuk⁴⁵］；合口三等泥组、见系部分字韵母今读［iuŋ］［iuk］，如穷［iuŋ³²³］、用［iuŋ²¹³］、六［liuk³³］、肉［n̠iuk³³］。

都昌镇方言一些字的韵母不符合古今演变的一般性规律：

果摄：大［lai²¹³］、哪［la³⁴²］、那［n̠³²³］

遇摄：吴［ŋ²³］、五［ŋ³⁴²］

蟹摄：稗［ba²¹³］、涯［ŋa²³］

止摄：柶［tɕi³²］、舐［ʂɛ²¹³］、撕［tsɛ³²］

效摄：抓［tsa³²］、爪［tsa³⁴²］

咸摄：炸［tsa⁴³⁵］

臻摄：屈［ik¹¹³］、掘［ik²²］

宕摄：昨［dzɔŋ²¹³］

通摄：叔［ʂu³²³］

（二）古开合口与今三呼

都昌镇方言音系中只有开口呼、齐齿呼、合口呼，古代的开合口与现在都昌镇方言的开齐合三呼比较，可以从两个角度来观察，一是古音声母的系组和韵母的摄、等与开合口联系角度，二是今音开齐合三呼的古代来源角度。

1.从古开合口看今三呼

请看古开合口两呼与都昌镇方言今音的开齐合三呼对照表（见表2-7）。

表2-7　古开合口两呼与都昌镇方言今音的开齐合三呼对照

声母	古开口				古合口			
	一等	二等	三等	四等	一等	二等	三等	四等
帮组	开齐合	开合	齐合	齐	合开齐		合	

续表

声母	古开口				古合口			
	一等	二等	三等	四等	一等	二等	三等	四等
非敷奉			合				合	
微母							齐合	
端组	开			齐	齐开合			
泥母	开	开		齐	齐开合			
来母	开	开	齐	齐	齐开合		齐合	
精组	开		齐开	齐	齐开合		齐开合	
知组		开	开齐				开合	
庄组		开齐	开			开合		
章组			开				开合	
日母			开齐				合齐开	
见溪群	开	开齐	齐	齐	合	合	齐开合	齐合
疑母	开	开	齐	齐	开合	开合	齐合	
晓母	开	开	齐	齐	合	合	齐合	齐
匣母	开	开齐		齐	合	合		齐
影母	开	开	齐	齐	合	合	齐合	齐
喻母			齐				齐合	

　　参照表 2-7 可以看出都昌镇方言古声母的系组和韵母的摄、等、开合口与韵母今读三呼的对应规律。

　　（1）帮组

　　帮组古一二等开口今音一般读开口呼，蟹摄开口一等泰韵字今音读齐齿呼，如贝 [pi⁴³⁵]，流摄开口一等侯韵、梗摄开口二等个别字今音读合口呼，如母 [mu³⁴²]、烹 [buŋ³²]、棚 [buŋ³²³]；帮组古三四等开口今音一般读齐齿呼，梗摄开口三等庚陌韵个别字今音读合口呼，如盟 [muŋ²³]；帮组古一二等合口今音一般读作合口呼，果摄合口一等戈韵字韵母今读开口呼，山摄合口一等桓末韵字、臻摄合口一等魂没韵字韵母今读开口呼，如波 [pɔ³²]、盘 [bɔn³²³]、本 [pən³⁴²]，蟹摄合口一等灰韵字韵母今读齐齿呼，如杯 [pi³²]。

　　（2）非组

　　非敷奉三母古三等合口今音读合口呼，流摄开口三等字今音读合口呼，如浮［ɸuau²³］、否［ɸuau³⁴²］、妇［ɸu²¹³］；微母止摄合口三等个别字白读齐齿呼，如尾［mi³⁴²］。

（3）端组

端组古一二等合口今音一般读作齐齿呼，果摄合口一等戈韵、山摄合口一等桓末韵、臻摄合口一等魂没韵今音读开口呼，如剁［tɔ⁴³⁵］、端［tɔn³²］、墩［tən³²］；通摄合口一等今音读合口呼，如东［tuŋ³²］。

（4）泥组

泥母古一二等开口今音读开口呼，合口三等今音一般读作齐齿呼，果摄合口一等戈韵、山摄合口一等桓末韵今音读开口呼，如糯［nɔ²¹³］、暖［nɔn³⁴²］，合口一等一般读合口呼，如努［nu³⁴²］。

来母古一二等开口今音读开口呼，合口今音一般读作齐齿呼；遇摄合口三等个别字今音读合口呼，如卢［lu²³］；臻摄合口一等魂没韵、臻摄合口三等谆术韵今音有两读，白读齐齿呼，文读开口呼，如轮白读［lin²³］/轮文读［lən²³］；通摄合口一等今音读合口呼，如笼［luŋ²³］；通摄合口三等今音有两读，白读齐齿呼，文读合口呼，如龙白读［liuŋ³²³］/龙文读［luŋ²³］。

（5）精组

精组古三等开口今音一般读齐齿呼，止摄三等开口今音读开口呼，如紫［tsɿ³⁴²］、死［sɿ³⁴²］、子［tsɿ³⁴²］；精组古合口今音一般读齐齿呼，果摄一等合口戈韵、山摄一等合口桓末韵、臻摄一等合口魂没韵今音读开口呼，如坐［dzɔ³²］、酸［sɔn³²］、村［dzən³²］，遇摄一等合口模韵今音读合口呼，如祖［tsu³⁴²］，臻摄合口三等谆术韵今音两读，部分字读开口呼，部分字读齐齿呼，如遵［tsən³²］、荀［sin²³］；通摄一三等合口今音一般读合口呼，个别字有两读，文读齐齿呼，白读合口呼，如送［suŋ⁴³⁵］、宋［suŋ⁴³⁵］、松文读，～树［suŋ³²］/松白读，～树［dziuŋ³²³］。

（6）知组

知组古二三等开合口今音多读开口呼，假摄三等开口麻韵读齐齿呼，如爹［tia³²］，遇摄三等合口、通摄三等合口今音读合口呼，如猪［tʂu³²］、虫［dʐuŋ³²³］，止摄三等合口个别字今音读合口呼，如锤［dʐu³²³］。

（7）庄组

庄组古二三等开合口今音一般读开口呼，假摄三等开口麻韵个别字文读齐齿呼，如厦白读［xa²¹³］/厦文读［ɕia²¹³］；遇摄三等合口、通摄三等合口今音读合口呼，如初［dʐu³²］、崇［dʐuŋ³²³］。

（8）章组

章组古二三等开合口今音一般读开口呼，遇摄三等合口、通摄三等合口今音读合口呼，如书［ʂu³²］、冲［dʐuŋ³²］，止摄合口三等支脂韵个别字今音读合口呼，如吹［dʐu³²］、水［ʂu³⁴²］。

（9）日母

日母古三等开合口今音一般读开口呼，遇摄三等合口、通摄三等合口今音读合口呼，个别字存在文白异读，文读合口呼，白读齐齿呼，如绒白读［n̠iuŋ²³］/绒文读［luŋ²³］；咸摄三等开口个别字、臻摄三等开口个别字、宕摄三等开口个别字今音读开口呼，个别字存在白读齐齿呼，如染白读［n̠iɛn³⁴²］/染文读［lɛn³⁴²］、让白读［n̠iɔŋ²¹³］/让文读［lɔŋ²¹³］、人白读［n̠in²³］/人文读［lən²³］。

（10）见组

见组溪群母古一二等开口今音一般读开口呼，古三四等开口今音一般读齐齿呼；溪群母古一二等合口今音一般读合口呼，古三四等合口今音一般读齐齿呼。假摄二等开口麻韵、效摄二等开口肴韵个别字今音存在文白异读，文读齐齿呼，白读开口呼，如贾白读［ka³⁴²］/贾文读［tɕia³⁴²］、交白读［kau³²］/交文读［tɕiɛu³²］，遇摄三等合口个别字今音读开口呼，如锯［kɛ⁴³⁵］，止摄三等合口、通摄三等合口个别字今音存在文白异读，文读合口呼，白读齐齿呼，如魏白读［n̠i²¹³］/魏文读［ui²¹³］、供白读［tɕiuŋ³²］/供文读［kuŋ³²］。

疑母古一二等开口今音一般读开口呼，古三四等开口今音一般读齐齿呼；古一二等合口今音一般读开口呼，只有在遇摄一等合口模韵、蟹摄一等合口灰韵、山摄一等合口换韵中个别字今音读合口呼，如误［u²¹³］、桅［ui²³］、玩［uan²³］，山摄二等合口山韵读合口呼，如顽［uan²³］；古三等合口今音一般读齐齿呼，止摄三等合口支韵读合口呼，如危［ui³²］，止摄三等合口微韵有两读，白读齐齿呼，文读合口呼，如魏白读［n̠i²¹³］/魏文读［ui²¹³］。

（11）晓组

晓母古一二等开口今音读开口呼，三四等开口今音读齐齿呼；古一二等合口今音读合口呼，古三四等合口今音多读齐齿呼。止摄合口三等今音读合口呼，如辉 [ɸui³²]，宕摄合口三等今音读合口呼，如况 [uɔŋ⁴³⁵]。

匣母古一二等开口今音读开口呼，四等开口今音读齐齿呼，假摄开口二等、江摄开口二等个别字有文白两读，文读齐齿呼，白读开口呼，如夏白读 [xa²¹³] / 夏文读 [ɕia²¹³]，项白读 [hɒŋ³²] / 项文读 [ɕiɔŋ³²]；匣母古一二等合口今音读合口呼，四等合口今音读齐齿呼。

（12）影组

影母古一二等开口今音读开口呼，三四等开口今音读齐齿呼；古一二等合口今音读合口呼，三四等合口今音多读齐齿呼。止摄合口三等、山摄合口三等阮韵字、宕摄合口三等养韵字今音读合口呼，如威 [ui³²]、宛 [uɔn³⁴²]、枉 [uɔŋ³⁴²]。

喻母字三等今音一般读齐齿呼，少数三等合口字今音读合口呼，蟹摄合口三等、止摄合口三等、宕摄合口三等今音读合口呼，如卫 [ui³²]、位 [ui³²]、王 [uɔŋ²³]，通摄合口三等个别字今音有文白两读，文读为合口呼，白读为齐齿呼，如蓉白读 [iuŋ²³] / 蓉文读 [luŋ²³]。

2. 从今三呼看古开合口

请看都昌镇方言今音的三呼古代来源表（见表2-8）。

表2-8　都昌镇方言今音的三呼古代来源

声母	今开口呼		今齐齿呼		今合口呼	
	古开口	古合口	古开口	古合口	古开口	古合口
p、b、m	一二	一	一三四	一	二三	一三
ɸ						一二三
t	一	一	四	一		一
n	一二					一
l	一二	一三	三四	一三		三
ts、dz、s	一二三	一二三	三四	一三		三
tʂ、dʐ、ʂ	三	三				三
tɕ、dʑ、ɕ			二三四	三四		
ɲ			三四	一三		
k、g、x	一二					一二三四
ŋ	一二	一二				

声母	今开口呼		今齐齿呼		今合口呼	
	古开口	古合口	古开口	古合口	古开口	古合口
∅	一二		二三四	三四		一二三

参照表 2-8，可以看出都昌镇方言不同声母字的韵母古开合口来源规律。

①〔p、b、m〕三个声母的字，今音读开口呼的来源于古代的一二等开口，如一等字保〔pau³⁴²〕、袍〔bau³²³〕、毛〔mau²³〕，二等字巴〔pa³²〕、爬〔ba³²³〕、马〔ma³⁴²〕，也有些字来源于古代的一等合口，如波〔pɔ³²〕、盘〔bɔn³²³〕、本〔pən³⁴²〕；今音读齐齿呼的字来源于古代的一三四等开口，如三等字悲〔pi³²〕、披〔bi³²〕、美〔mi³⁴²〕，四等字边〔piɛn³²〕、片〔biɛn²¹³〕、面〔miɛn²¹³〕，也有些字来源于古代的一等合口，如杯〔pi³²〕；今音读合口呼的字主要来源于古代的一等合口，如补〔pu³⁴²〕、普〔bu³⁴²〕、墓〔mu²¹³〕，个别字来源于古代的三等合口，如目〔muk³³〕，个别字来源于古代的二三等开口，如烹〔buŋ³²〕、盟〔muŋ²³〕。

②〔ɸ〕声母的字，今音读合口呼的来源于古一二三等合口，如一等合口字虎〔ɸu³⁴²〕、胡〔ɸu²³〕、户〔ɸu²¹³〕，二等合口字环〔ɸuan²³〕、患〔ɸuan²¹³〕，三等合口字夫〔ɸu³²〕、父〔ɸu²¹³〕、付〔ɸu⁴³⁵〕。

③〔t〕声母的字，今音读开口呼的来源于古代一等开口、合口，如多〔tɔ³²〕、剁〔tɔ³⁴²〕；今音读齐齿呼的来源于古代四等开口与一等合口，如底〔ti³⁴²〕、堆〔ti³²〕；今音读合口呼的来源于古代一等合口，如赌〔tu³⁴²〕。

④〔n〕声母的字，今音读开口呼的来源于古代一二等开口，如挪〔nɔ²³〕、拿〔na²³〕，有些古代一等合口字今音也读开口呼，如糯〔nɔ²¹³〕、暖〔nɔn³⁴²〕；今音读合口呼的字来源于古代一等合口，如努〔nu³⁴²〕。

⑤〔l〕声母的字，今音读开口呼的来源于古代一二等开口，如罗〔lɔ²³〕、冷〔laŋ³⁴²〕、毯〔lan³⁴²〕、淡〔lan²¹³〕，有些古代一三等合口字今音也读开口呼，如乱〔lɔn²¹³〕、团〔lɔn³²³〕、轮文读〔lən²³〕；今音读齐齿呼的字来源于古代三四等开口，如例〔li²¹³〕、礼〔li³⁴²〕、

弟［li²¹³］，有些古代一三等合口字今音也读齐齿呼，如雷［li³²³］、吕［li³⁴²］；今音读合口呼的字来源于古代三等合口，如卢［lu²³］、庐［lu²³］、隆文读［luŋ²³］。

⑥［ts、dz、s］声母的字，今音读开口呼的来源于古代一二三等开口，如左［tsɔ³⁴²］、柴［dzai³²³］、师［sๅ³²］，有些古代一二三等合口字今音也读开口呼，如坐［dzɔ³²］、帅［sai⁴³⁵］、传［dzʮ³²³］、栓［sɔ³²］；今音读齐齿呼的字来源于古代三四等开口，如姐［tsai³⁴²］、西［si³²］，有些古代一三等合口字也读齐齿呼，如罪［dzi³²］、岁［si⁴³⁵］、旬［sin⁴³⁵］；今音读合口呼的字来源于古代一三等合口，如祖［tsu³⁴²］、初［dzu³²］、总［tsuŋ³⁴²］、颂［suŋ⁴³⁵］。

⑦［tʂ、dʐ、ʂ］声母的字，今音读开口呼的来源于古代三等开口，如车［dʐʐ̩³²］、知［tʂๅ³²］，有些古代三等合口字今音也读开口呼，如税［ʂๅ⁴³⁵］；今音读合口呼的字来源于古代三等合口，如煮［tʂu³⁴²］。

⑧［tɕ、dʑ、ɕ］声母的字，今音读齐齿呼的来源于古代二三四等开口，如贾［tɕia³⁴²］、基［tɕi³²］、戏［ɕi⁴³⁵］、奚［ɕi³²］，有的来源于古代三四等合口，如居［tɕi³²］、菊［tɕiuk⁴⁵］、胸［ɕiuŋ³²］、决［tɕiɔl⁴⁵］。

⑨［ȵ］声母的字，今音读齐齿呼的来源于古代三四等开口，如尼［ȵi²³］、泥［ȵi²³］，有的来源于古代一三等合口，如内［ȵi²¹³］、女［ȵi³⁴²］。

⑩［k、g、x］声母的字，今音读开口呼的来源于古代一二等开口，如哥［kɔ³²］、开［gai³²］、楷［gai³⁴²］；今音读合口呼的来源于古代一二三四等合口，如官［kuɔn³²］、关［kuan³²］、拐［kuai³⁴²］、桂［kui⁴³⁵］、孔［guŋ³⁴²］。

⑪［ŋ］声母的字，今音读开口呼的来源于古代一二等开口，如我［ŋɔ³⁴²］、牙［ŋa²³］，也有些古一二等合口字今读开口呼，如外［ŋai²¹³］、瓦［ŋa³⁵²］。

⑫［∅］声母的字，今音读开口呼的来源于古代一二等开口个别字，如阿［ɔ³²］；今音读齐齿呼的字来源于古代二三四等开口，如野［ia³⁴²］、椅［i³⁴²］、么［iɛu³²］、谦［iɛn³²］，也有些古三四等合口字今读齐齿呼，如余［i²³］、锐［li²¹³］、远［iɔn³⁴²］；今音读合口呼的字来源于古代一二三等合口，如窝［uɔ³²］、蛙［ua³²］、卫［ui²¹³］。

综上所述，都昌镇方言开口呼一般来自古代的一二等开口；齐齿呼一般来自古代的三四等开口与古代一三四等合口，古代二等开口见系少数字今音也读齐齿呼；合口呼一般来自古代的一三四等合口，古代的二三等开口个别字今音也读合口呼（如烹萌棚盟）。

三　声调古今音比较

都昌镇方言声调有 10 个（阴平、阳平$_1$、阳平$_2$、上声、阴去、阳去、阴入$_1$、阴入$_2$、阳入$_1$、阳入$_2$），中古声调有平上去入四声。请看古今音对照表。

表 2-9　都昌镇方言声调古今对照

古调类		阴平	阳平$_1$	阳平$_2$	上声	阴去	阳去	阴入$_1$	阴入$_2$	阳入$_1$	阳入$_2$
平	全清	高三专猪伤飞									
	次清	抽开粗初天偏									
	次浊		鹅人神难文麻								
	全浊			穷才陈床唐平							
上	全清				古展纸好手死						
	次清				楚草体口丑粉						
	次浊				五老染老暖网						
	全浊	坐淡近柱厚在					是父社似祸序				
去	全清					盖对正世送放	汉				
	次清						抗菜唱怕去配				
	次浊						让帽岸用望漏				
	全浊	大病住汗豆旧					共饭害树谢贱				

续表

古调类		阴平	阳平₁	阳平₂	上声	阴去	阳去	阴入₁	阴入₂	阳入₁	阳入₂
入	全清							笔织急一得锡	黑		
	次清							七曲铁切出拍			
	次浊							药入			月麦肉木袜篾
	全浊							杂截			食舌白读服读

（一）从古调类看今调类

1. 古平声

①古清声母字今读阴平，调值 32。

②古次浊声母及古浊擦音声母字（今读［x］声母除外）今读阳平₁，调值 23。

③古全浊声母字今读阳平₂，调值 323。

2. 古上声

①古全清、次清声母及次浊声母字今读上声，调值 342。

②古全浊声母部分字今读阳去，调值 213。

③古全浊声母部分字今读阴平，调值 32。

3. 古去声

①古全清声母及古清擦音声母字今读阴去，调值 435。

②今读清擦音［x］声母的古全清声母字今读阳去，调值 213。

③古次清声母字今读阳去，调值 213。

④古次浊声母字今读阳去，调值 213。

⑤古全浊声母部分字今读阳去，调值 213。

⑥古全浊声母部分字今读阴平，调值 32。

4. 古入声

①古全清声母及古清擦音声母字今读阴入₁，调值 45。

②今读清擦音［x］声母的古全清声母字今读阴入₂，调值 113。

③古次清声母字今读阴入 $_2$，调值 113。

④古次浊声母部分字今读阳入 $_1$，调值 <u>33</u>。

⑤古次浊声母部分字今读阴入 $_1$，调值 <u>45</u>。

⑥古全浊声母字今读阳入 $_2$，调值 <u>22</u>。

⑦古全浊声母少数字今读阴入 $_1$，调值 <u>45</u>。

（二）从今调类看古调类

①都昌镇方言的阴平包括古平声的清声母字，还有古上声的全浊声母字以及古去声的全浊声母字。

②都昌镇方言的阳平 $_1$ 包括古平声的次浊声母字及古浊擦音声母字（今读 [s] [ʂ] [ɕ] [ɸ] 声母）。

③都昌镇方言的阳平 $_2$ 包括古平声的全浊声母字与来母字（今读 [l] 声母齐齿呼的字）。

④都昌镇方言的上声包括古上声的清声母字与次浊声母字。

⑤都昌镇方言的阴去只包括古去声的全清声母字。

⑥都昌镇方言的阳去包括古去声的次清声母字、今读清擦音 [x] 声母的古去声全清声母字，部分古上声的全浊声母字、古去声的次浊声母字、部分古去声的全浊声母字。

⑦都昌镇方言的阴入 $_1$ 包括古入声的全清声母字、次浊声母字、全浊声母字。

⑧都昌镇方言的阴入 $_2$ 包括古入声的次清声母字、今读清擦音 [x] 声母的全清声母字。

⑨都昌镇方言的阳入 $_1$ 只包括古入声的次浊声母字。

⑩都昌镇方言的阳入 $_2$ 只包括古入声的全浊声母字。

综上所述，都昌镇方言今调类的分合主要受古声母的送气与否、今声母的清浊因素影响。

（三）古今调类对应的例外现象

都昌镇方言中一些字的声调不符合上文总结的规律，具体情况如下：

古次浊平："庸"今读阴平，"猫"今读阴平，"悠"今读阴平，"研"今读上声，"捐"今读阴平。

古清上："扫"今读阴去。

古浊上："腐、辅"今读上声，"跪、仗"今读阴去。

古全清去："塑"今读阴入₁，"输运~"今读阴平，"眷"今读阳去。

古次清去："薄"今读阴入₂，"券"今读阴去。

古全浊去："署、翡"今读上声，"薯"今读阳平₁，"调~动、队"今读阴去，"鼻"今读阴入₂。

古次浊去："溜"今读阴平。

古次浊入："粒"今读阴入₂，"拉"今读阴平。

第二节　都昌镇方言与北京音比较

一　声母比较

包括零声母在内，都昌镇方言有 22 个声母，北京话有 22 个声母。都昌镇方言中没有而北京话中有的声母是［pʻ］［f］［tʻ］［tsʻ］［tʂʻ］［ʐ］［tɕʻ］［kʻ］，都昌镇方言中有而北京话中没有的声母是［b］［ɸ］［dz］［dʐ］［dʑ］［g］［ȵ］［ŋ］。二者声母的对应关系如下所示。

都昌　北京　　例字

［p］　［p］　波贝巴补背拜卑摆保比表包贬彪鞭边班本搬冰殡柄帮饼
　　　　　　　（帮母）

　　　［pʻ］　鄙彼（帮母）

　　　［pʻ］　坡（滂母）

［b］　［p］　扮（帮母）
　　　　　　　败薄罢弊币倍毙抱病傍（并母）

　　　［pʻ］　破谱怕沛披配屁泡票品剖片胖（滂母）
　　　　　　　排牌袍便盘盆贫旁朋彭蓬平棚瓶（并母）

　　　［f］　敷（敷母）

〔m〕　〔m〕　磨埋马买美靡帽庙猫贸谬谋慢面棉满忙民麦木名梦
　　　　　　　（明母）

　　　　〔∅〕　问望蚊忘网（微母）

〔ɸ〕　〔f〕　废否分反方封风（非母）
　　　　　　　芳（敷母）
　　　　　　　扶肥帆房防（奉母）

　　　　〔x〕　慌婚挥毁灰花火货（晓母）
　　　　　　　黄弘幻还慧画怀坏回华禾（匣母）

〔t〕　〔t〕　剁堵爹带堆低鸟刀斗担丢点颠单端当墩灯钉打东盾冬
　　　　　　　（端母）

〔n〕　〔n〕　浓农能囊嫩暖难南男纳闹脑你奶耐女奴拿糯挪（泥母）

　　　　〔ʐ〕　揉饶（日母）

〔ȵ〕　〔n〕　宁娘年碾粘念聂纽尿尼泥扭内（泥母）
　　　　　　　凝仰银研言孽牛（疑母）

　　　　〔ʐ〕　让软瓤染人日忍认（日母）

　　　　〔∅〕　元源原阮月愿吟谚严业验酽毅魏宜疑谊蚁遇艺愚寓娱语
　　　　　　　鱼（疑母）

〔l〕　〔t〕　毒钝定殿电垫奠诞蛋但达淡碟豆道调稻地导队代弟待袋
　　　　　　　杜大度舵邓（定母）

　　　　〔t'〕　偷统桶听吞天添贴毯讨挑推套梯胎土椭（透母）
　　　　　　　头铜亭藤臀囤团弹甜谈谭桃抬徒（定母）

　　　　〔l〕　龙笼隆六铃菱邻凉郎论轮乱恋怜莲列烂林蓝廉柳拉流料
　　　　　　　楼疗老泪李累梨雷荔礼屡来卢路吕驮裸罗（来母）

　　　　〔ʐ〕　茸绒肉壤扔仍润闰仁然热燃任纫入柔冉饶绕扰儒如乳
　　　　　　　（日母）
　　　　　　　锐（喻母）

[ts]　[ts]　左租组祖灾紫最姊嘴子醉早邹走簪赞遵尊葬责增总足宗
　　　　　　（精母）

　　　[ts']　侧阻（庄母）

　　　[tʂ]　楂渣榨债抓皱蘸捉装争（庄母）
　　　　　　罩站展摘（知母）

　　　[tɕ]　姐挤借际蕉酒尖煎浸节俊进精桨绩（精母）

[dz]　[ts]　座坐罪在暂皂族赠字自（从母）

　　　[ts']　搓锉粗错醋措彩猜菜差出~催脆草翠惨餐伧苍村聪雌刺
　　　　　　次（清母）
　　　　　　材柴惭层丛从瓷慈（从母）
　　　　　　赐（心母）
　　　　　　辞（邪母）
　　　　　　钗抄参测策册（初母）
　　　　　　岑（崇母）

　　　[s]　饲似寺（邪母）

　　　[tʂ]　斋（庄母）
　　　　　　助状撰（崇母）
　　　　　　撑（彻母）
　　　　　　赚绽撞（澄母）

　　　[tʂ']　查调~（庄母）
　　　　　　汊初楚差~不多岔插察铲疮窗（初母）
　　　　　　锄豺雏愁馋床（崇母）
　　　　　　茶搽（澄母）

　　　[tɕ]　缉（清母）
　　　　　　就渐集践截贱尽疾静寂净（从母）

　　　[tɕ']　且趋蛆取妻趣秋锹侵签浅切亲枪青清（清母）
　　　　　　齐全秦（从母）
　　　　　　囚（邪母）

　　　[ɕ]　祥详（邪母）
　　　　　　息（心母）

［s］   ［s］   蓑锁苏酥诉素塑碎鳃岁私虽三嫂散孙酸损桑僧送宋粟嵩
                斯（心母）
                随松（邪母）
                洒所森渗色（生母）

        ［tʂʻ］ 产（生母）

        ［ʂ］   士柿事（崇母）
                沙纱梳傻蔬筛数晒衰涮搜杉瘦衫山拴虱双霜省生（生母）

        ［ɕ］   写些絮须需西小洗笑修箫仙先雪信宣性想姓醒宿星（心母）
                斜邪谢徐绪续袖习旬（邪母）

［tʂ］   ［tʂ］ 遮者猪蔗著煮株诸主蛀朱制纸知脂致置追痣朝肘招周针
                占战砖转珍准真章张桌蒸贞征正终竹钟冢烛（章母）

［dʐ］   ［tʂ］ 拄（知母）
                柱住纣阵宙侄丈杖仗值轴郑痔治（澄母）
                注（章母）

        ［tʂʻ］ 崇（崇母）
                超抽趁宠耻（彻母）
                储除池厨绸沉橡陈肠澄程虫重迟持（澄母）
                车扯处吹锤臭穿春唱称铳触侈齿（昌母）
                禅晨臣承成（禅母）

［ʂ］   ［tʂ］ 召兆（澄母）

        ［tʂʻ］ 船乘（船母）
                纯常（禅母）

        ［ʂ］   师（生母）
                枢（章母）
                蛇射示神顺绳赎（船母）
                奢书输世税施屎诗水烧收深闪扇说赏声叔束（书母）
                社薯竖树逝是市邵寿善肾上石盛蜀（禅母）

［tɕ］　［tɕ］　居举拘据佳句计鸡寄基几记季机骄浇九纠（见母）
　　　　　　　菌（群母）

　　　　［ɕ］　溪（溪母）
　　　　　　　系（匣母）

［dʑ］　［tɕ］　具局（群母）

　　　　［tɕʻ］　区（溪母）
　　　　　　　茄瘸（群母）

［ɕ］　［ɕ］　虚许戏牺嬉希喜稀晓吸朽（晓母）
　　　　　　　淆效校县（匣母）
　　　　　　　衣（影母）
　　　　　　　熊（喻母）

［k］　［k］　歌哥过个果姑瓜古该故乖拐怪桂跪规龟归轨鬼高贵稿狗
　　　　　　　沟感敢柑（见母）

　　　　［tɕ］　减家监加架假嫁街锯教交（见母）

［g］　［kʻ］　开盔窥烤口靠扣看坎园糠（溪母）
　　　　　　　葵（群母）

　　　　［tɕʻ］　掐敲（溪母）

　　　　［ɕ］　械（匣母）

［ŋ］　［ø］　俄我卧饿牙瓦五吴误捱外咬（疑母）
　　　　　　　阿挨爱袄奥（影母）

［x］　［x］　海好号吼憨（晓母）
　　　　　　　孩鞋害豪候后痕含厚合盒汗（匣母）

　　　　［ɕ］　嵌（溪母）
　　　　　　　下厦夏咸孝馅狭衔（匣母）

［ø］　［ø］　儿二尔耳而饵（日母）

危偶藕岩（疑母）

歪（晓母）

互（匣母）

窝鸦亚哑蛙乌恶矮椅意医委妖威邀要沤暗幼鸭晏碗
（影母）

耶夜预与芋雨愉卫移易姨异为位维胃舀摇耀有油友柚
（喻母）

　　　　［k］　锅（见母）

　　　　［k'］　会～计昆（见母）

科跨课垮苦枯裤快块亏（溪母）

　　　　［tɕ］　巨拒技距忌旧舅件倦杰仅竞近（群母）

　　　　［tɕ'］　启欺弃起汽巧丘（溪母）

企奇棋祈桥轿钳球乾（群母）

　　　　［x］　话（匣母）

根据上文对应情况，都昌镇方言与北京话声母的对应关系可归纳为六类。

1. 一对一的关系

都昌镇方言的［t］［tʂ］［ɕ］［ŋ］声母对应于北京音的［t］［tʂ］［ɕ］［ø］声母，其中都昌镇方言的［t］声母来源于古端母字，［tʂ］声母来源于古知母三等字与章母字，［ɕ］声母来源于晓匣母开口三四等及效摄开口二等、梗摄开口二等字，［ŋ］声母来源于影疑母一二等字。

2. 一对二的关系

都昌镇方言的［p］声母相当于北京音的［p］［p'］声母，都昌镇方言的［m］声母相当于北京音的［m］［ø］声母，都昌镇方言敷母遇摄合口三等、通摄合口三等个别字，微母臻摄合口三等、宕摄合口三等少数字今读重唇音［m］声母。都昌镇方言的［ɸ］声母相当于北京音的［f］［x］声母，都昌镇方言中非敷奉母和晓组合口字合流今读双唇清擦音［ɸ］声母。都昌镇方言的［n］声母相当于北京音的［n］［ʐ］声母，都昌镇方言中泥母拼洪音韵母读［n］声母，日母臻摄开口三等、曾摄开口三等个别字读 [n] 声母。

都昌镇方言中古次清声母与全浊声母无论平仄均读浊音塞音、塞擦音声母。都昌镇方言的 [dz] 声母相当于北京音的 [tʂ][tʂ'] 声母，都昌镇方言的 [tɕ] 声母相当于北京音的 [tɕ][ɕ] 声母，都昌镇方言的 [dʑ] 声母相当于北京音的 [tɕ][tɕ'] 声母，都昌镇方言的 [k] 声母相当于北京音的 [k][tɕ] 声母。都昌镇方言中古晓母、匣母开口一二等读 [x] 声母，晓匣母开口三四等及效摄开口二等、梗摄开口二等读 [ɕ] 声母，都昌镇方言的 [x] 声母相当于北京音的 [x][ɕ] 声母。

3. 一对三的关系

都昌镇方言的 [b] 声母相当于北京音的 [p][p'][f] 声母。都昌镇方言中古泥母细音，疑母三四等字，日母咸摄开口三等、山摄开口三等、臻摄开口三等、宕摄开口三等、通摄合口三等等少数字均读 [ȵ] 声母，都昌镇方言的 [ȵ] 声母相当于北京音的 [n][ʐ][ø] 声母。都昌镇方言的 [ʂ] 声母相当于北京音的 [tʂ][tʂ'][ʂ] 声母。都昌镇方言中古二等见组字多不产生腭化现象，都昌镇方言的 [g] 声母相当于北京音的 [k'][tɕ'][ɕ] 声母。

4. 一对四的关系

都昌镇方言中 [l] 声母来源较多，透定母今读 [l] 声母，来母不论洪细读 [l] 声母，日母大多数字今读 [l] 声母，都昌镇方言的 [l] 声母相当于北京音的 [t][t'][l][ʐ] 声母。都昌镇方言的 [ts] 声母相当于北京音的 [ts][ts'][tʂ][tɕ] 声母，都昌镇方言的 [s] 声母相当于北京音的 [s][tʂ][ʂ][ɕ]。

5. 一对六的关系

都昌镇方言的 [ø] 声母来源较多，溪母一二等今读 [g] 声母，溪群母三四等读零声母，都昌镇方言的 [ø] 声母相当于北京音的 [ø][k][k'][tɕ][tɕ'][x] 声母。

6. 一对八的关系

都昌镇方言中古次清声母与全浊声母无论平仄均读浊音塞音、塞擦音声母，同时都昌镇方言中精组声母仍同齐齿呼韵母相拼，北京音则不分尖团，都昌镇方言的 [dz] 声母相当于北京音的 [ts][ts'][s][tʂ][tʂ'][tɕ][tɕ'][ɕ] 声母。

二　韵母比较

都昌镇方言有 71 个韵母，北京话有 40 个韵母。都昌镇方言比北京话多 24 个入声韵及若干阴声韵、阳声韵，比北京话少了［ɤ］［iai］［ye］［yan］［yn］等韵母，都昌镇方言与北京话韵母的对应如下（下文的文白读标注为都昌镇方言的文白读音）。

都昌	北京	例字
［ɿ］	［ɿ］	子事私紫思资姊
［ʅ］	［ʅ］	痔世税试施诗
［i］	［y］	絮居去渠许句誉几
	［i］	泥梨批鸡体奇皮披医
	［ei］	贝肺沛废美被备
	［uei］	背推堆雷虽脆嘴蕊尾白读
［u］	［u］	妇书主扶厨乳姑
	［uei］	水锤吹炊
［a］	［a］	巴抓车罢他家
	［ɤ］	者蔗社蛇惹
	［ua］	瓦
［ia］	［ia］	霞茄靴夜姐谢写邪
［ua］	［ua］	瓜跨寡化花蛙华话
［ɔ］	［o］	菠波婆破磨
	［uo］	拖裸多剁左坐挪我锁
	［ɤ］	哥科蛾河荷可课果贺
［iɔ］	［io］	哟
［uɔ］	［uo］	锅火过果祸
	［ɤ］	科棵课

[ɛ]	[y]	锯白读渠第三人称代词，白读
	[ʅ]	舐白读
[ɚ]	[ɚ]	二儿而耳
[ai]	[ai]	戴带灾耐腮埋斋债
	[ie]	街鞋解蟹介械界届
[uai]	[uai]	会～计块快怪坏
[ui]	[uei]	灰微跪桂规卫委龟位挥胃伟
	[ei]	非味肥费
[au]	[au]	烧猫抱帽刀草桃高号好
	[ou]	柔狗揉沟口后呕扣走偷皱头
[uau]	[ou]	浮否
[iɛu]	[iau]	表鸟白读小孝秒标蕉舀骄尧彪
[ou]	[ou]	抽丑绸肘昼宙收周手寿臭
[iu]	[iou]	刘牛修九右有舅幼流酒球
[an]	[an]	淡衫山板站担难扮餐班慢
	[iɛn]	间眼简奸闲晏限苋涧
[uan]	[an]	帆范凡反烦贩饭
	[uan]	关幻晚惯万弯还
[ən]	[ən]	贞针神枕深沈沉陈珍阵神真肾门嫩本人文读轮文读伦文读
	[uən]	墩村钝论顿寸春孙顺准闰吞
[in]	[in]	亲寻旬浸金今音邻民津紧巾
	[ən]	人白读
	[uən]	轮白读伦白读
	[yn]	旬殉循匀允均君群军裙韵云
[uən]	[uən]	滚魂困昆温分婚粉

［ɛn］	［an］	占陕闪展战缠扇善禅
	［ən］	跟膻痕根很恩
［iɛn］	［iɛn］	贬镰盐钳酽绵尖牵甜边嫌连鞭剪建件献年天现铅沿
［ɔn］	［an］	敢南肝庵暗贪岸看旱盘汗满
	［uan］	端团短断酸氽拴船穿砖
［iɔn］	［yan］	全冤泉玄圆卷元拳渊权
	［uan］	丸
［uɔn］	［uan］	官换管穿宽碗罐关幻
［aŋ］	［aŋ］	蟒
	［əŋ］	声_{白读}正~月，白读橙冷郑白读程白读撑白读生白读争白读彭白读
	［iŋ］	硬
［iaŋ］	［iŋ］	命白读饼白读平白读柄白读明白读镜白读颈白读影白读轻白读姓白读赢白读腥白读请白读清白读晴白读听白读钉白读厅白读星白读醒白读
	［əŋ］	剩
	［yŋ］	兄
	［iaŋ］	江
［uaŋ］	［əŋ］	横白读
［ɛŋ］	［əŋ］	朋生_{文读}灯能肯争_{文读}庚孟耕羹
［uɛŋ］	［əŋ］	横文读
［əŋ］	［əŋ］	蒸升绳正_{文读}成称丞胜澄圣城
［iŋ］	［iŋ］	冰凌菱蝇兴顶莺幸杏京庆英情精瓶星_{文读}亭经营
［uŋ］	［uŋ］	宗同东董送桶公红孔烘空总翁冬中统绒颂松重龙_{文读}钟
	［əŋ］	萌棚蒙风猛梦冯丰封捧峰

[iuŋ]　[yŋ]　胸穷熊凶雄用勇

　　　　　[uŋ]　荣融浓龙白读供恐蓉

　　　　　[iou]　嗅

[ɔŋ]　[iaŋ]　樟榜忙汤郎堂磉钢糠账棒上胖蚌港盲（宕摄）

　　　　　[uaŋ]　双疮窗撞装庄床网状望忘

　　　　　[iaŋ]　江降讲巷项（江摄）

[iɔŋ]　[iaŋ]　娘亮香芗秧仰样枪洋墙想腔

　　　　　[aŋ]　瓤让

[uɔŋ]　[uaŋ]　光慌矿黄狂枉王旺

　　　　　[aŋ]　芳房方放

[m̩]　[u]　姆~妈

[n̩]　[i]　你白读

　　　　　[a]　那白读

[ŋ̩]　[u]　吴白读五白读

[ɻl]　[u]　卒象棋

[il]　[i]　七笔桔急缉粒集吸习一

　　　　　[ɿ]　日

　　　　　[y]　屈掘

[ɻl]　[ɿ]　质湿十室失侄

　　　　　[u]　出

[al]　[a]　搭杀达夹杂塔纳腊插蜡闸铡八

　　　　　[ia]　掐狭恰鸭甲压押辖瞎

[ial]　[ia]　峡文读洽文读

[ual]　[ua]　刮滑挖猾

　　　　　[a]　伐法罚发

[ɛl]	[ɤ]	舌涩折摄设涉哲浙
	[ɿ]	虱
	[u]	不突
[iɛl]	[iɛ]	结接猎捷叶妾页协业跌碟贴蝶灭别列杰裂孽歇揭篾切节劣截
	[iɛn]	腌
	[ɤ]	热
[uɛl]	[u]	骨佛物忽
[ɔl]	[a]	抹
	[o]	钵泼末沫
	[ɤ]	割盒喝合
	[u]	捋
	[ua]	刷
	[uo]	拙脱说夺
[iɔl]	[yɛ]	血月绝雪悦越阅决穴缺
[uɔl]	[uo]	活括阔聒
[ɿk]	[ɿ]	植食直织职适式释
[ik]	[i]	逼踢律席力媳息极逆碧僻惜席藉益译积嫡历戚敌绩疫激
[ak]	[ɿ]	石白读赤隻尺
	[ai]	百拍麦白白读窄拆摘
	[ɤ]	格白读轭额白读
	[ia]	吓
[iak]	[ɿ]	吃
	[i]	壁白读笛锡
[uak]	[ua]	划被荆棘刾

［ɛk］	［ɤ］	策得客德肋特刻墨塞色侧测赜革册核
	［ei］	北贼黑
［uɛk］	［uo］	国惑或
［ɔk］	［o］	博膜剥莫
	［u］	幕
	［au］	着烙勺络薄
	［ye］	乐确学
	［uo］	桌落洛托作弱索若捉浊镯缩朔
	［ɤ］	各阁胳搁鄂恶鹤壳
［iɔk］	［ye］	岳掠略鹊跃约
	［iau］	削嚼脚药
［uɔk］	［uo］	握郭扩
	［u］	缚
［uk］	［u］	扑木读独鹿谷禄哭斛酷督福牧目伏屋朴术肃宿竹祝逐
		叔触烛赎蜀束
	［ou］	粥轴熟
［iuk］	［y］	局绿畜～牧菊育郁续玉欲曲浴
	［iou］	六
	［u］	足白读粟陆俗
	［ou］	肉

根据上文对应情况，都昌镇方言与北京话韵母的对应规律可归纳如下。

1. 相同的韵母，来源相异

都昌镇方言与北京话共有的韵母有：［ʅ］［ɿ］［i］［u］［ɚ］［a］［ia］［ua］［ai］［uai］［au］［ou］［an］［uan］［iɛn］［ən］［in］［uən］［aŋ］［iaŋ］［uaŋ］［əŋ］［iŋ］［uŋ］［iuŋ］。其中有些有相同的来源，如止摄开口三等日母读［ɚ］韵母，如"二耳儿"等，蟹摄合口二等见系字韵母读［uai］，如"乖怪块歪怀"等。相同的韵母在更多情况下有不同来源，有些是都昌镇方言来源范围比北京话来源窄，如韵母［u］，都昌镇方言来源于遇摄合口一等帮组字、端系字、精组字、见系字、影组字，遇摄合口三等知组、庄组、章组、日母字，流摄开口三等非组字，如"妇书主扶厨乳姑"，北京话除了有都昌镇方言相同的遇摄字来源外，还来源于臻摄、宕摄、通摄入声字，如"卒象棋出不突骨物佛捋幕缚扑木独读鹿禄谷哭斛督酷福目牧伏朴屋术宿肃竹逐祝叔烛触赎束蜀足陆粟俗"；有些是北京话来源比都昌镇方言来源窄，如韵母［in］，北京话来源于深摄开口三等泥组、精组、见系、影组，臻摄开口三等帮组、泥组、精组、见系、影组字，如"亲浸今金音民邻津巾紧"，都昌镇方言除此来源外，还有臻摄开口三等日母字，臻摄合口三等来母、见系字，如"人白读伦白读轮白读旬循殉匀均允君军群裙熏云韵"。

2. 相似韵母，发音特点不同

都昌镇方言中韵母［ε］［ɔ］［cu］［iɜ］［ui］［iu］［uɜŋ］与北京话韵母［ɣ］［o］［uo］［ei］［uei］［iou］［uəŋ］相似，二者不同体现在发音特点或来源上。北京话的韵母［ɣ］与都昌镇方言的韵母［ε］，从发音特点上看，都昌镇方言［ε］是前半低不圆唇元音，北京话［ɣ］是后元音；从来源上看，北京话中"哥社得合"读韵母［ɣ］，都昌镇方言［ε］来源不同，如"锯渠第三人称代词舐"读韵母［ε］。都昌镇方言的韵母［iu］与北京话的韵母［iou］在听感上有些不同，发音过程中，都昌镇方言韵母［iu］中［i］→［u］过渡音不明显，从来源来看，都昌镇方言来源范围小，来源于流摄开口三等字，而北京话来源除此之外，还有通摄合口三等字，如"嗅六"。

3. 不同韵母，体现方言特色

都昌镇方言与北京话韵母系统最大的区别在于都昌镇方言中存在入声韵母，这些韵母在北京话中均变成了舒声韵母。

北京话中韵母［y］［iai］［iau］［yan］［yn］在都昌镇方言中是没有的，北京话中读撮口呼的韵母在都昌镇方言中读齐齿呼韵母，只是在遇摄合口三等鱼韵字有例外，如锯、渠第三人称代词韵母为［ε］；北京话中［iai］韵母，如"崖"，都昌镇方言中读开口呼［a］韵母；北京话中韵母［iau］，对应都昌镇方言的［iɜu］（如"表小鸟白读孝标秒蕉骄舀尧彪"）、［iɔk］（如"削脚嚼药"）。

都昌镇方言中韵母 [ɜ] [ɜu] [ɔi] [nɔ] [nɔi] [nɔu] [ɛn] [ɜŋ] [ɔŋ] [ɔŋi] [ɔŋu] [ɳ] [ɸ] 是北京话中没有的，都昌镇方言音系比北京话多了许多韵腹为元音 [ɔ] 的韵母，分布在咸山摄开口一二等、宕江摄、梗曾摄合口字，这些字在北京话中对应韵母的韵腹多为元音 [a]，咸山摄开口一二等见系字韵母存在 [ɔn] 与 [an] 的对立是都昌镇方言语音特色之一。

三　声调比较

都昌镇方言有 10 个声调，北京话有 4 个声调，对应如下所示。

都昌	北京	例字
阴平	阴平	高开三天婚（古清平）
	去声	坐肚被断近（古全浊上）；大步字旧汗（古全浊去）
阳平₁	阳平	人云娘龙麻时红船神坟（古次浊平与古浊擦音声母字）
阳平₂	阳平	穷床平才寒（古浊平）
上声	上声	古走口草好（古清上）；五老有网暖（古次浊上）
阴去	去声	正爱对送放（古全清去）
阳去	去声	汉（古全清去今读喉擦音声母的字）；抗唱菜怕（古次清去）；饭树用岸帽漏（古浊去）；是社祸户技市（全浊上去）
阴入₁	阴平	织一积湿锡割桌接搭约歇说削发薛（古全清入）
	阳平	急竹得福（古全清入）
	上声	百窄（古全清入）
	去声	纳蜡聂页业立列抹蜜逆鄂药虐袜力略（古次浊入）
阴入₂	阴平	出七缺切拍（古次清入）；黑瞎（古全清入今读喉擦音声母的字）
	上声	曲铁尺（古次清入）
阳入₁	去声	月入六麦热肉（古次浊入）
阳入₂	阳平	局食读舌俗服盒（古全浊入）

根据上文对应情况，都昌镇方言与北京话声调的对应规律可归纳

如下。

第一，都昌镇方言与北京话的阴平共同来源是古清声母平声字，都昌镇方言阴平来源还有古全浊上声字以及古全浊去声字，这部分字在北京话中读去声。都昌镇方言保存入声调类，北京话阴平字中还有来自古清声母的入声字，这些字在都昌镇方言中仍读入声，按古声母的送气与否分成两调，一类是全清入今读阴入$_1$调，一类是次清入字今读阴入$_2$调，另外古全清入今读喉擦音声母的字同次清入字同调。

第二，都昌镇方言与北京话的阳平共同来源是古浊声母平声字，不同之处是都昌镇方言中阳平有两类，一类是古次浊声母字与全浊声母来源中今读擦音声母的字，调形是升调，一类是古全浊声母字今读塞音与塞擦音声母的字，调形是降升调；北京话中阳平字还有来自古全浊与古全清声母的入声字，这些字在都昌镇方言中读作阴入$_1$或阳入$_2$。

第三，都昌镇方言与北京话的上声共同来源是古清声母与古次浊声母字，北京话的上声字还有来自古清声母的入声字，这些字在都昌镇方言中读阴入$_1$或阴入$_2$。

第四，都昌镇方言与北京话的去声共同来源是古去声字与古全浊上声字，不同之处在于都昌镇方言中古去声今读存在分化，古全清去今读阴去，古全清去今读清擦音［x］声母的字、次清去与浊去字、部分全浊上字今读阳去；北京话的去声来源还有古次浊入声字，这些字在都昌镇方言中仍读入声调。

第五，都昌镇方言古入声字今读入声调，并且按古声母的送气与否，今声母的清浊分化为四类。都昌镇方言中读阴入$_1$调的字在北京话中读入阴平、阳平、上声、去声，读阴入$_2$调的字在北京话中读入阴平与上声，读阳入$_1$调的字在北京话中读入去声，读阳入$_2$调的字在北京话中读入阳平。

第三章　都昌方言语音地理差异研究

　　都昌县位于鄱阳湖北岸，据 2009 年《都昌县志》，总面积 2669.53 平方公里，全境东西宽 52.7 公里，南北长 80 公里。全县有 24 个乡镇：都昌镇、北山乡、大树乡、汪墩乡、大沙镇、和合乡、阳峰乡、三汊港镇、西源乡、周溪镇、土塘镇、蔡岭镇、中馆镇、万户镇、南峰镇、大港镇、徐埠镇、左里镇、芗溪乡、狮山乡、鸣山乡、春桥乡、苏山乡、多宝乡。据《都昌县志·方言卷》（1993），都昌方言东西差异较大，南北差异较小，结合笔者的调查，这一观点是符合方言事实的。

　　为了全面深入了解都昌全境方言共时差异，采取基本面貌调查与语音专项调查相结合的方式，笔者先后调查了 24 个乡镇共 65 处方言点。语音系统调查 37 处方言点，其中东部方言调查点包括大港镇（繁荣村小埠村）、鸣山乡（九山村冯家山村）、中馆镇（银宝村岭上段家）、南峰镇（暖湖村、石桥村）、芗溪乡（芗溪村芗溪村）、狮山乡（老屋村于家湾村）、万户镇（长岭村），中部方言调查点包括蔡岭镇（东风村曹炎村、华山村店下曹村、蔡岭居委会大路边胡家）、土塘镇（佛子村岭上刘村、信和村柏树张家、化民村、珠光村中洲村）、阳峰乡（黄梅村沈家、龙山村卢家）、大沙镇（店前村店前）、和合乡（田坂村、大前村老屋）、西源乡（中塘村迭儒堑村）、周溪镇（输湖村西汪村、古塘村曹家），西部方言调查点包括春桥乡（云山村委会余良三村、凤山村）、徐埠镇（山峰村袁鏂村、杨岭村郭家山）、苏山乡（彭埠村色臣畈）、左里镇（周茂村委会）、多宝乡（宝桥村新屋赵村）、汪墩乡（大桥村石甲山村）、大树乡（大埠村山下王家）、北山乡（夏家山刘村）、都昌镇（金街岭、柳树堰卢家院、邵家街、吴家街）。

　　中部地带是多项语音特征过渡地带，本书对土塘镇 22 处方言点进行了密集专项调查，包括辉煌村桂芳湾、冯梓桥村、小港村老屋肖家村、冯家坊村、长山村佛王山村、港东村冯家嘴、曹店村杨家垄村、铺里村南海村、外楼村刘聪山村、官洞村岭下村、官洞村上官村、潭湖村下坂王伞村、莲蓬村庙峦村、莲蓬村口头张家、潘垄村江楼村、南源村佩畈村、信和村西舍、横渠村山塘里、杭桥居委会、土塘居委会、殿下村陶珠山江家、土桥村碧桃湾。

　　都昌县北部与湖口县，东北部、东部与彭泽县、鄱阳县接壤，为了了解方言接触情况，本书着重调查边界方言点 6 处，包括大港镇（高塘村曹站村、邻波村黄莲村）、春桥乡（凤山村培祥村、老山村海落舍村）、蔡岭镇（牌垄村张七房村、牌垄村刘虎山村）。

　　结合既往研究成果，本章详细分析都昌县方言地理差异，并尝试对全县赣语进行内部划分。

第一节　都昌县乡镇代表点方言音系

　　在上述田野调查的基础上，本节选取 17 处方言的语音系统为代表。下文记录音系时，声母、韵母采用国际音标标记，声调使用汉语传统调类名称，采用数值标明调值。小括号内的数字、字母标示古调类来源及清浊声母的分化，1、2、3、4、5、6、7、8 分别代表古声调的清平、浊平、清上、浊上、清去、浊去、清入、浊入，今音则可称阴平、阳平、阴上、阳上、阴去、阳去、阴入、阳入；方言调类若用两个或两个以上数字标示则说明该调类包具有几类古调来源的字，数字后加 A、B 表示相同来源类别的字今读分化为两类声调，如全浊平与次浊平分调，分别标示为 2A（全浊平来源）、2B（次浊平来源），全清去与次清去分调，分别标示为 5A（全清去来源）、5B（次清去来源）。例字前的中括号内数值表示调值，例字下单横线表示白读，双横线表示文读。

　　一　苏山乡方言音系

　　苏山乡方言音系以彭埠村方言为代表。

表 3-1　苏山乡方言音系：声母（23 个）

p 簸饼八	b 赔蚌拍	m 磨名篾	ɸ 火饭法	l 惰糖粒
t 都冬督	d 律粮龙	n 奴忍捺		
ts 姐钻接	dz 座浅切		s 梳姓虱	
tʂ 朱砖质	dʐ 住陈伫		ʂ 射船十	
tɕ 鸡剑急	dʑ 骑腔局	ȵ 鱼让业	ɕ 靴现蓄	
k 瓜肩挟	g 柜开刻	ŋ 瓦雁鸭	x 夏苋瞎	
Ø 会袜叶				

注: 大部分全浊与次清字合流今读浊音声母, 语图上有明显浊横杠, 是真浊声, 小部分字(如"破怕茶")声母有清音浊流的特点, 音系中清浊并无对立, 声母系统音位合并为浊音声母。

表 3-2　苏山乡方言音系：韵母（72 个）

ɿ 词死字	i 雨退葵	u 煮水母
ʅ 誓税诗		
ɚ 二耳儿		
a 怕牙洒	ia 瘸写野	ua 寡华画
ɛ 锯渠第三人称撕		uɜ □流
ɔ 多波坐	iɔ 哟呻吟声	uɔ 火课禾
ai 大开败		uai 淮怪块
ɛi □可以		ui 飞微柜
au 袍狗招	iau 孝轿鸟	uau 浮否
ɐu 头后皱		
ou 丑绸仇	iu 酒旧幼	
an 谭蛋板		uan 范幻翻
ən 森神春	in 音进军	un 困稳分
ɛn 肩缠恩	iɛn 镰谦县	
ɔn 贪端搬	iɔn 丸渊拳	uɔn 宽穿碗
aŋ 彭迸郑	iaŋ 平井听	uaŋ 横
əŋ 称城胜	iŋ 菱庆令	
ɛŋ 肯等省		uɛŋ 横
ɔŋ 堂尝糠	iɔŋ 粮腔乡	uɔŋ 慌矿访
	iuŋ 荣穷用	uŋ 弘朋宫
l̩ 卒象棋	il 粒熄橘	

续表

ɿ 湿十出		
al 搭插八	ial 峡洽	ual 法滑刮
ɛl 虱折涩	iɛl 接杰穴	uəl 骨杌忽
ɔl 钵割喝	iɔl 薛绝越	uɔl 活捋阔
ɿk 直织	ik 逼力律	
ak 尺格麦	iak 栗锡石	uak 划被荆棘刷
ɛk 色北脉		uək 国或惑
ɔk 膜桌角	iɔk 削脚药	uɔk 握扩郭
	iuk 欲菊育	uk 谷粥足
m̩ 姆~妈	n̩ 你那	ŋ̍ 吴五

表 3-3　苏山乡方言音系：声调（9个）

阴平（1）[32]多巴清东轿巷	阳平$_1$（2A）[224]爬才盘棚同离
	阳平$_2$（2B）[34]磨牛神林连南
上声（3）[352]古楚走展五引	
阴去（5）[325]背对变镇柄送	阳去（6）[214]汉库树项面让
阴入$_1$（7A）[45]笔竹北粒辣落	阳入（8）[33]合舌穴日薄直
阴入$_2$（7B）[312]铁缺七拍吓黑	

说明：入声调阴入$_2$（7B）听感舒缓，阴入$_1$（7A）、阳入（8）听感为短促调。

二　徐埠镇方言音系

徐埠镇方言音系以山峰村方言为代表。

表 3-4　徐埠镇方言音系：声母（22个）

p 杯半不	b 皮潘朴	m 眉慢灭	ɸ 祸弘筏	
t 朵旦跌		n 努能捺		l 哪篮碟
ts 挤剪侧	dz 齐迁捷		s 洗潲薛	
tʂ 纸昼浙	dʐ 池穿撒		ʂ 是深识	
tɕ 鸡检级	dʑ 及局曲	ɲ 女迎肉	ɕ 喜嫌血	
k 归肝葛	g 开龛掐	ŋ 我眼鄂	x 海咸喝	
Ø 位绒袜				

表3-5 徐埠镇方言音系：韵母（70个）

ɿ 思事柿	i 须细最	u 租树母
ʅ 势池诗		
ɚ 二耳儿		
a 哪粑架	ia 茄姐爷	ua 花夸画
ɜ 舐	iɛ 渠第三人称	uɜ □流
ɔ 左波坐		uɔ 课科禾
ai 台蔡斋		uai 块怀拐
		ui 灰肺桂
au 保敲赵	iau 巧轿尿	
ɛu 亩豆愁		uɛu 否浮
ou 周丑仇	iu 柳球幼	
an 谈铲班		uan 饭关还
ən 沈村闰	in 林亲军	un 昆婚温
ɛn 森展恨	iɛn 签钱堰	
ɔn 团肝穿	iɔn 权远犬	uɔn 官欢碗
aŋ 争郑生	iaŋ 兄柄轻	uaŋ 横梗
ɛŋ 灯耕羹		uɛŋ 横宏
əŋ 蒸称征	iŋ 冰杏静	
ɔŋ 堂张降	iɔŋ 将香腔	uɔŋ 光黄况
	iuŋ 兄供龙	uŋ 棚洞重
ɿt 卒	it 笔律橘	
ʅt 术出		
at 杀达铡		uat 法罚挖
ɛt 设虱核	iɛt 接节穴	uɛt 忽骨机
ɔt 合脱撮	iɔt 月缺血	uɔt 阔活
ɿk 侄直释	ik 食逆席	
ak 柏拆摘	iak 壁锡吃	uak 划被荆棘刷
ɛk 泊肋客		uɛk 国或获
ɔk 博焯镯	iɔk 略脚觉	uɔk 郭霍缚
	iuk 欲肉蓄	uk 朴穀熟
m̩ 姆～妈	ŋ̍ 你那	吴五 ŋ

表 3-6　徐埠镇方言音系：声调（9个）

阴平（1）[44]波坐秋尖丹宗	阳平（2）[355]罗排站田铜龙
上声（3）[352]堵写狗展冷统	
阴去（5）[324]簸带吊变奋宋	阳去（6）[213]菜泡炭病创忘
阴入₁（7A）[45]答夹叶执博百 阴入₂（7B）[31]踏擦瞎托克拆	阳入₁（8A）[11]盒碟十鹤贼白 阳入₂（8B）[33]猎粒落麦木六

注：入声调听感有明显的短促感。

三　多宝乡方言音系

多宝乡方言音系以宝桥村方言为代表。

表 3-7　多宝乡方言音系：声母（22个）

p 贝板钵	pʰ 爬潘薄	m 麻慢膜	ɸ 火疯法	
t 多冬督	tʱ 镰添碟	n 奶忍捺		l 拖糖脱
ts 灾煎接	tsʱ 邪前七		s 数自薛	
tʂ 猪展折	tʂʱ 迟肠侄		ʂ 自船舌	
tɕ 架剑结		ȵ 魏年孽	ɕ 嬉献血	
k 家间角	kʱ 瓠糠壳	ŋ 爱眼恶	x 号汗瞎	
Ø 锅窍杰				

注：中古全浊与次清字合流，今读声母大部分带清音浊流特点，听感为浊音，但语图上没有浊杠横。如"楚草袖铲浅承葱"今读为浊音声母，语图上并没有浊杠横。个别次清与全浊字如"村枪肠撞窗镯贼"今读送气清音声母。音系中清音浊流、带音、送气清音并没有区别意义，互为变体，在音位上合并，记为清音浊流声母。

表 3-8　多宝乡方言音系：韵母（71个）

ɿ 紫姊字	i 雨姨废	u 布锤母
ʅ 世师持		
ɚ 二耳儿		
a 哪夏洒	ia 茄裾爷	ua 夸华话
ɛ 锯渠第三人称撕		uɛ □流
ɔ 拖腘个	iɔ 哟呻吟声	uɔ 火和祸
ai 袋阶晒		uai 怀怪快
ei 在□可以		ui 恢卫龟
au 草敲朝	iau 孝轿鸟	

续表

ɐu 苗浮皱		
ou 周寿仇	iu 刘秋丢	
an 胆烂班		uan 帆弯贩
ən 森珍寸	in 饮巾劲	un 棍混分
ɛn 肩展恩	iɛn 镰件县	
ɔn 贪肝潘	iɔn 铅软拳	uɔn 换欢豌
aŋ 橙耕郑	iaŋ 影请井	uaŋ <u>横</u>
əŋ 称贞胜	iŋ 幸精星	
ɛŋ 朋等羹		uɛŋ <u>横</u>
ɔŋ 糖尝让	iɔŋ 蒋养筐	uɔŋ 光狂纺
	iuŋ 永穷勇	uŋ 弘冻峰
ʮl 卒象棋	il 立吸橘	
ʮl 执出质		
al 搭恰八	ial 峡洽匣	ual 法挖刮
ɛl 虱折涩	iɛl 热业篾	uəl 骨机物
ɔl 抹夺喝	iɔl 绝越穴	uɔl 活捋阔
ʮk 侄织植	ik 逼熄逆	
ak 拍尺麦	iak 栗锡迹	uak 划被荆棘刷
ɛk 虱特塞		uɛk 国或惑
ɔk 博着桌	iɔk 略脚觉	uɔk 握扩沃
	iuk 肃育曲	uk 鹿祝足
m̩ 姆~妈	n̩ 你那	ŋ̍ 吾五

表 3-9　多宝乡方言音系：声调（9 个）

阴平（1）[33]巴都清装轿巷	阳平$_1$（2A）[213]爬邪缠拳唐铜
	阳平$_2$（2B）[23]笋爷林门蝇尝
上声（3）[352]古五左敢厂养	
阴去（5）[225]布盖站胜柄叔	阳去（6）[314]破社倍库晕让
阴入$_1$（7A）[45]割骨各腊业膜	阳入（8）[22]达合舌实薄勺
阴入$_2$（7B）[114]铁血出刻瞎黑	

　　注：来源于全浊平的阳平调[213]，阳去调值为[314]，存在嘎裂调变体。入声调阴入$_2$（7B）听感舒缓，阴入$_1$（7A）、阳入（8）听感为短促调。

四　左里镇方言音系

左里镇方言音系以周茂村方言为代表。

表 3-10　左里镇方言音系：声母（21 个）

p 疤拜壁	b 破便别	m 磨棉抹	ɸ 湖费服	
t 堤墩德		n 耐嫩捺		l 惹篮落
ts 酒尊接	dz 就浅绝		s 瘦笋屑	
tʂ 周震织	dʐ 臭趁直		ʂ 手身识	
tɕ 鸡紧菊		ȵ 牛验肉	ɕ 休嫌协	
k 稿肝夹	g 蝦垦渴	ŋ 沤眼额	x 后苋狭	
∅ 邮琴阔				

表 3-11　左里镇方言音系：韵母（69 个）

ɿ 丝四词	i 西细骑	u 都水母
ʅ 誓迟时		
ɚ 二耳儿		
a 把渣社	ia 靴写瓦	ua 刷蛙话
ɛ 舐渠第三人称		uɛ □流
ɔ 河婆坐		uɔ 科货窝
ai 袋晒外		uai 块准怪
ɛi □可以		ui 回废慧
au 报貌烧	iau 胶轿料	
ɛu 透候搜		uɛu 否浮谋
ou 绸帚受	iu 扭旧幽	
an 毯衫兰		uan 贩顽环
ən 针春伦	in 阴训云	un 混瘟文
ɛn 森根占	iɛn 钳健天	
ɔn 探端盘	iɔn 娟袁悬	uɔn 棺款碗
aŋ 绷程正	iaŋ 清明醒	uaŋ 横梗
ɛŋ 凳邓争		uɛŋ 横
əŋ 升正声	iŋ 幸兵名	
ɔŋ 樟伤江	iɔŋ 香筐腔	uɔŋ 广谎旺
	iuŋ 荣熊恐	uŋ 棚宏东

续表

ɿ 侄术出	il 蜜一橘	
al 挟扎达		ual 滑刮罚
ɛl 舌卒核	iɛl 接切劣	uɛl 佛机物
ɔl 磕脱刷	iɔl 月缺穴	uɔl 阔括活
ɿk 直职识	ik 息译疫	
ak 拍麦赤	iak 劈笛吃	uak 划被荆棘刷
ɛk 塞择革		uɛk 国或获
ɔk 驳烛学	iɔk 掠约觉	uɔk 郭霍缚
	iuk 欲足蓄	uk 朴督熟
m̩ 姆~妈	n̩ 你那	ŋ̍ 吴五

表 3-12　左里镇方言音系：声调（10 个）

阴平（1）［44］都沟分村动洞	阳平₁（2A）［214］婆排谭床糖同
	阳平₂（2B）［455］卢雷林神南穷
上声（3）［354］草口展党岭董	
阴去（5）［325］架记痣扇站冻	阳去（6）［314］库叛路树庆命
阴入₁（7A）［45］一脚隻桌竹鹿	阳入₁（8A）［11］盒舌学食宅局
阴入₂（7B）［21］擦切缺拆拍哭	阳入₂（8B）［33］捋月栗落额肉

注：入声调阴入₂（7B）听感舒缓，阴入₁（7A）、阳入₁（8A）、阳入₂（8B）听感为短促调。

五　都昌镇方言音系

都昌镇方言音系以金街岭方言为代表。

表 3-13　都昌镇方言音系：声母（22 个）

p 波饼百	b 赔潘朴	m 马名墨	ɸ 花饭福	
t 剁冬督		n 奴暖捺		l 炭糖六
ts 左钻撮	dz 茶浅策		s 苏姓俗	
tʂ 蔗砖竹	dʐ 住穿尺		ʂ 是船石	
tɕ 举剑桔	dʑ 启琴局	ȵ 鱼元肉	ɕ 戏现协	
k 家钢甲	g 考开客	ŋ 牙雁鸭	x 号苋黑	
∅ 乌袜活				

表3-14　都昌镇方言音系：韵母（71个）

ɿ 子师紫	i 雨对戏	u 水妇猪
ʅ 试税施		
ɚ 二耳儿		
a 巴瓦罢	ia 写茄夜	ua 瓜化话
ɛ 舐锯渠第三人称		uɜu □流
ɔ 波蓑坐	iɔ 哟呻吟声	uɔ 锅火过
ai 开鞋排		uai 歪怪快
ɛi □可以		ui 飞微鬼
au 宝狗朝		uau 浮否
	iɛu 表笑鸟	
ou 抽绸昼	iu 油球幼	
an 担斩板		uan 关幻翻
ən 深寸春	in 心旬军	uən 棍稳魂
ɛn 展根恩	iɛn 检仙县	
ɔn 南安端	iɔn 泉渊卷	uɔn 官穿碗
aŋ 冷郑声	iaŋ 平井剩	uaŋ 横
əŋ 升城政	iŋ 冰庆领	
ɛŋ 等生争		uɛŋ 横
ɔŋ 张江糠	iɔŋ 娘腔秧	uɔŋ 广矿放
	iuŋ 永穷胸	uŋ 猛桶宫
ɿl 卒象棋	il 立笔橘	
ʅl 质十出		
al 杀鸭八	ial 峡洽	ual 罚法刮
ɛl 虱舌涩	iɛl 接热碟	uɛl 骨物忽
ɔl 剥割喝	iɔl 血月阅	uɔl 活捋阔
ɿk 直食织	ik 逼踢律	
ak 白尺格	iak 脊锡迹	uak 划被荆棘刷
ɛk 色客北		uɜk 国或惑
ɔk 博桌托	iɔk 脚嚼药	uɔk 握缚郭
	iuk 六菊玉	uk 屋粥鹿
m̩ 姆~妈	n̩ 你那	ŋ̩ 吴五

表 3-15　都昌镇方言音系：声调（10 个）

阴平（1）［32］多开天村清东	阳平₁（2A）［323］锄头林盘糖铜
	阳平₂（2B）［23］毛牛神南门名
上声（3）［342］古走浅买领桶	
阴去（5）［435］布四够变镇柄	阳去（6）［213］汉菜靠路树洞
阴入₁（7A）［45］急笔脚织竹菊 阴入₂（7B）［113］塔铁缺七拍哭	阳入₁（8A）［22］盒舌罚毒笛局 阳入₂（8B）［33］热月日落麦肉

注：入声调阴入₂（7B）听感舒缓，阴入₁（7A）、阳入₁（8A）、阳入₂（8B）听感为短促调。

六　大树乡方言音系

大树乡方言音系以大埠村方言为代表。

表 3-16　大树乡方言音系：声母（21 个）

p 杯变笔	b 怕辫拍	m 马明抹	ɸ 会粪伐	
t 戴冬督		n 奴暖捼		l 箩田铁
ts 栽钻节	dz 茶铲切		s 苏山削	
tʂ 株镇着	dʐ 吹缠侹		ʂ 输善十	
tɕ 机尖急		ȵ 语让热	ɕ 许县穴	
k 假讲挟	g 敲园刻	ŋ 我安鸭	x 喉巷学	
∅ 茄件哭				

注：中古全浊与次清字合流，今读声母大部分浊音声母语图上有浊杠横。少数字如"爬怕坐楷罪袍考秋愁仇陈园肯刻拆"今读声母带有清音浊流特点。在音系中清音浊流、带音并没有区别意义，互为变体，在音位上合并，记为浊音声母。

表 3-17　大树乡方言音系：韵母（73 个）

ɿ 此次寺	i 徐退肺	u 朱水妇
ʅ 誓视趾		
ɚ 二耳儿		
a 爬牙社	ia 瘸姐夜	ua 剐花画
ɛ 锯撕舔	iɛ 渠第三人称	uɛ □流
ɔ 可襄座	iɔ 哟呻吟声	uɔ 火科禾
ai 来楷街		uai 槐坏块
ei 在□可以		ui 回慧跪

au 嫂曹猫	iau 交孝效	
uɜ 朝赵皱	ieu 巧锹尿	
ou 愁丑手	iu 酒抽舅	
an 毯散奸		uan 犯环烦
ən 沈肾存	in 品筋云	un 捆稳闻
ɛn 森肩缠	iɛn 帘辫县	
ɔn 贪看盘	iɔn 铅院渊	uɔn 唤缓碗
aŋ 彭龚棚	iaŋ 晴井听	uaŋ 横
əŋ 升秤圣	iŋ 劲莺定	
ɛŋ 朋层耕		uɜŋ 横
ɔŋ 郎张让	iɔŋ 酱腔筐	uɔŋ 光王芳
	iuŋ 琼穷浓	uŋ 弘朋董
ɿ 卒象棋	il 习急熄	
ʅ 湿实侄		
al 答掐狭	ial 峡洽匣	ual 乏猾挖
ɜl 虱折涩	iel 孽铁节	uɜl 骨机物
ɔl 拨脱喝	iɔl 雪月血	uɔl 活捋阔
ɿk 职食直	ik 逼极息	
ak 摘隔麦	iak 栗锡脊	uak 划被荆棘刷
ɛk 北黑脉		uɜk 国或惑
ɔk 泊着角	iɔk 脚虐药	uɔk 握郭沃
	iuk 粟菊绿	uk 谷目束
m̩ 姆~妈	ņ 你那	ŋ̍ 吴五

表 3-18　大树乡方言音系：声调（8个）

阴平（1）[33]多瓜清樟坐巷	阳平（2）[55]腒牛蚊林房明
上声（3）[352]古姐胆请等冷	
阴去（5）[324]爱世暗镇冻送	阳去（6）[312]爬社倍轿树晕
阴入₁（7A）[45]答杂鸭业辣	阳入（8）[44]碟粒达薄贼落
阴入₂（7B）[113]塔插脱七壳黑	

注：入声调阴入₂（7B）听感舒缓，阴入₁（7A）、阳入（8）听感为短促调。

七 春桥乡方言音系

春桥乡方言音系以凤山村方言为代表。

表 3-19 春桥乡方言音系：声母（23 个）

p 布半八	pʰ 部潘撇	m 磨慢抹	ɸ 火弘福	
t 底短搭	tʰ 拖镰碟	n 那咸捺		l 哪篮辣
ts 左尖杂	tsʰ 谢寻绝		s 数伞薛	
tʂ 朝枕折	tʂʰ 住穿出		ʂ 射深雪	
tɕ 锯肩结	tɕʰ 茄欠缺	ȵ 女染日	ɕ 靴献血	
k 架肝挟	kʰ 科坎阔	ŋ 我雁恶	x 海巷狭	
∅ 锅阴袜				

注：中古全浊声母今读与次清声母合流，今读声母带清音浊流特点，只有个别字今读带音的浊音声母（如"拖大通桶"[d]，"破埠部抱拼"[b]，"猜豺曹愁抢疮"[dz]，"池锤丑抽缠穿"[dʐ]，"开敲宽阔丸困刻"[g]，"谦"[dʑ]），春桥乡凤山村音系中清音浊流声母与带音浊音声母没有对立，在音位上合并为 [pʰ] [tʰ] [tsʰ] [tʂʰ] [tɕʰ] [kʰ]。

表 3-20 春桥乡方言音系：韵母（66 个）

ɿ 刺死事	i 女底罪	u 五猪税
ʅ 世池市		
ɚ 二耳儿		
a 那怕射	ia 茄褂夜	ua 寡夸挂
ɛ 渠第三人称舐舌	iɛ 热杰	uɛ □流
ɔ 多我破		uɔ 锅科祸
ai 太菜豺		uai 坏怀怪
		ui 汇肺柜
au 抱敲朝	iau 交锹跳	
ɛu 亩头瘦		uɛu 否浮
ou 丑臭寿	iu 刘丘幼	
an 谭站板		uan 范官还
ən 森半镇	in 琴民群	uən 棍魂粉
ɛn 缠根恩	iɛn 尖煎铅	
ɔn 感肝砖	iɔn 软拳远	
aŋ 彭撑生	iaŋ 剩柄轻	uaŋ 横梗
ɛŋ 登能羹		

əŋ 惩蒸贞	iŋ 冰行幸	
ɔŋ 汤望巷	iɔŋ 粮抢腔	uɔŋ 筐房矿
	iuŋ 荣嗅穷	uŋ 棚东缝
ʅ 卒	il 急日橘	
ɻ 质十出		
al 杂插达		ual 法阔滑
əl 钵抹虱	iɛl 接节	uəl 骨机出
ɔl 合脱捋	iɔl 薛绝缺	
ɻk 侄植释	ik 熄逆席	
ak 白拆麦	iak 栗脊吃	uak 划被荆棘刷
ɛk 北特格		uɛk 国或获
ɔk 薄落桌	iɔk 削脚药	uɔk 郭缚
	iuk 陆肉绿	uk 鹿哭熟
m̩ 姆~妈	ŋ̍ 你那	

表 3-21　春桥乡方言音系：声调（9 个）

阴平（1）[42]家开秋贪煎边	阳平（2）[323]茄牌站年镰神
上声（3）[453]姐海狗铲瓦五	
阴去₁（5A）[45]数带半进酱冻 阴去₂（5B）[213]胯派炭劝汉叛	阳去（6）[224]在善住病舌热
阴入₁（7A）[34]杂国隻叔月活 阴入₂（7B）[312]铁尺哭缺出曲	阳入（8）[23]合十食石毒麦

注：全清去来源的阴去调为高升调，有假声听感；次清去来源的阴去调存在嘎裂调变体。阴入₁（7A）、阳入（8）调类有明显短促感。

八　蔡岭镇方言音系

蔡岭镇方言音系以华山村方言为代表。

表 3-22　蔡岭镇方言音系：声母（23 个）

p 布饱钵	pʰ 怕盘白	m 麻满膜	ɸ 飞黄服	
t 戴登搭	tʰ 甜亮粒	n 难软捺		l 兔篮夺
ts 姐站杂	tsʰ 茶层插		s 写酸粟	

tʂ 朱张执	tʂʱ 住肠植		ʂ 社深石
tɕ 架镜急	tɕʱ 绝锹	n̠ 尿染月	ɕ 晓杏蓄
k 家感各	kʱ 胯糠壳	ŋ 牙暗恶	x 夏咸吓
∅ 爷儿阔			

注：中古次清与全浊今读合流，声母听感为浊音，但语图上没有带音浊横杠，实际音值特点是清音浊流，用上标 [ʱ] 表示。

表 3-23 蔡岭镇方言音系：韵母（68 个）

ɿ 刺事私	i 锯底旗	u 火都猪
ʅ 势税是		
ɚ 二耳儿		
a 哪爬瓦	ia 茄靴姐	ua 垮褂画
ɛ 撕舐	ie 渠第三人称	
ɔ 箩左坐		uɔ 锅课禾
ai 带败外		uai 快怪坏
		ui 汇肺葵
au 宝敲朝	iau 巧锹鸟	
ɛu 亩头瘦		
ou 抽周受	iu 酒球油	
an 胆蛋间		uan 范还弯
ən 盘枕门	in 寻民并	un 困魂坟
ɛn 肩展等	iɛn 染连电	uɛn 官宽换
ɔn 潭汗砖	iɔn 软拳圆	
aŋ 彭声程	iaŋ 平饼兄	uaŋ 横梗
ɛŋ 登猛争	iŋ 冰兴京	
əŋ 蒸整城		
ɔŋ 汤厂双	iɔŋ 蒋筐腔	uɔŋ 光房矿
	iuŋ 荣供用	uŋ 弘棚东
ɿl 十质出	il 粒笔日	
al 搭挟八	ial 峡栗	ual 法滑袜
ɛl 折虱热	iɛl 碟蘖切	uɛl 阔活
ɔl 钵抹		uɔl 骨杌物

续表

ɔl 割夺刷	iɔl 薛绝缺	
ik 直植织	ik 力极席	
ak 百拆摘	iak 迹笛吃	uak 划被荆棘剐
ɛk 北色格		uɛk 国获
ɔk 薄勺剥	iɔk 削脚药	uɔk 郭缚握
	iuk 陆麯俗	uk 木读粥
m̩ 姆~妈	n̩ 你那	ŋ̍ 吴五

表 3-24　蔡岭镇方言音系：声调（11 个）

阴平（1）［32］多都刀贪张光	阳平₁（2A）［213］茄图袍咸团连 阳平₂（2B）［23］箩胡篮门形笼
上声（3）［352］宝感土厂我养	
阴去₁（5A）［325］簸锯瘦站半柄 阴去₂（5B）［31］破助抱欠炭痛	阳去（6）［312］大兔帽范段巷
阴入₁（7A）［45］杂接挟节鸭辣 阴入₂（7B）［21］塔铁脱壳客尺	阳入₁（8A）［223］碟舌佫白读六 阳入₂（8B）［33］实勺食石熟日

注：阴入₁（7A）、阳入₂（8B）听感有短促感；阴入₂（7B）、阳入₁（8A）听感上短促感不强，但有入声韵尾。阳入₁（8A）同阳平调听感相似但没有合流，时长更短，且明显带有辅音韵尾。

九　土塘镇方言音系

土塘镇方言音系以信和村方言为代表。

表 3-25　土塘镇方言音系：声母（25 个）

p 蓖扮逼	b 鳖品白	m 米麻墨	ɸ 废凡缚		
t 低耽得	d 胎贪粒	n 拿男迎			l 梨冉特
ts 挤站则	dz 齐签贼		s 洗三塞	z 赐自字	
tʂ 制占织	dʐ 滞沉植		ʂ 世闪识	ʐ 翅迟齿	
tɕ 继检急	dʑ 启钳确	ȵ 泥染月	ɕ 系险蓄		
k 挂甘各	g 盔坎壳	ŋ 外岩岳	x 海陷吓		
ø 蛙炎极					

表 3-26　土塘镇方言音系：韵母（66个）

ɿ 此师子	i 雨荠寄	u 普芏竖
ʅ 税知诗		
ɚ 二耳儿		
a 哪马扯	ia 茄霞邪	ua 花蛙挂
ɜ 渠第三人称		
ɔ 舵波锁		uɔ 果货窝
ai 大解外		uai 会歪淮
		ui 盔废围
au 报号炒		
ɛu 招口搜	iɛu 巧庙彪	
ou 肘帚寿	iu 柳修幼	
an 毯陷餐		uan 凡反湾
ən 沈吞阵	in 饮拼信	un 棍温粉
ɛn 占森跟	iɛn 帘简线	
ɔn 憨竿短	iɔn 权捐渊	uɔn 观碗焕
aŋ 彭橙盛	iaŋ 剩请醒	uaŋ 横梗
ɛŋ 朋甥筝		
əŋ 绳澄政	iŋ 陵杏营	
ɔŋ 旁床江	iɔŋ 想眶腔	uɔŋ 黄方旺
	iuŋ 永绒容	uŋ 宏蒙种
ʅl 执实术	il 立蜜掘	
al 答扎轧		ual 法挖筏
ɛl 涉涩出	iɛl 聂协绝	uɛl 物骨
ɔl 纳钵撮	iɔl 雪阅血	uɔl 括阔活
		ul 佛杌窟
ʅk 食织式	ik 息域戚	
ak 百吓炙	iak 栗擘壁	uak 划被荆棘刷
ɛk 默陌额		uɛk 国获
ɔk 博着雹	iɔk 略虐确	uɔk 霍缚沃
	iuk 速六足	uk 扑目烛
m̩ 姆~妈	ŋ̍ 你那	ŋ̍ 吴五

表3-27　土塘镇方言音系：声调（8个）

阴平（1）［44］坡夫标周丹枪	阳平（2A）［355］胭厨桥刘难良
上声（3）［354］朵主小帚铲忍	
阴去（5）［324］过句照救旦进	阳去（6）［31］课去轿旧帽炭
阴入₁（7A）［45］鸽急结刷笔抹 阴入₂（7B）［21］踏擦切七出尺	阳入（8）［33］盒集夺绝实白

注：入声听感为短促调。

十　阳峰乡方言音系

阳峰乡方言音系以黄梅村方言为代表。

表3-28　阳峰乡方言音系：声母（21个）

p 巴编博	b 铺辫薄	m 墓绵幕	ɸ 货谎髪	
t 多担搭		n 挪忍捺		l 驮烂托
ts 左赞作	dz 搓残凿		s 蓑散索	
tʂ 遮颤执	dʐ 扯缠植		ʂ 舍扇石	
tɕ 举建急		ȵ 女砚月	ɕ 靴宪蓄	
k 哥秆阁	g 可刊壳	ŋ 蛾按恶	x 荷罕郝	
∅ 夜堰扩				

表3-29　阳峰乡方言音系：韵母（73个）

ɿ 紫子丝	i 举须洗	u 模书住
ʅ 纸之试		
ɚ 二耳儿		
a 麻假瓦	ia 茄姐夜	ua 瓜寡画
ɛ 舐	iɛ 渠第三人称	uɛ □流
ɔ 搓我座		uɔ 锅火禾
ai 带排晒		uai 乖歪坏
ɛi 胎爱楷		ui 灰危龟
au 保咬闹	iau 交教巧	
ɤ 赵走愁	iɛu 小鸟苗	uɤ 否浮
ou 昼绸手	iu 榴九纠	

续表

an 谭减散	in 心亲云	uan 范关万
ən 针吞肾		uən 滚稳粪
ɛn 森恩扇	iɛn 店煎见	
ɔn 甘岸半	uɐi 软拳犬	uɔn 官碗换
aŋ 芒<u>彭撑</u>	iaŋ 剩井岭	uaŋ 横<u>梗</u>
ɛŋ 曾孟甥		uɛŋ 宏轰
əŋ 证贞<u>正</u>	iŋ 冰经营	
ɔŋ 仓樟忘	iɔŋ 粮相筐	uɔŋ 广汪网
	iuŋ 荣萤穷	uŋ 猛东宫
ɿt 卒	it 笔桔律	
ʅt 质出术		
at 鸭夹达		uat 挖刮发
ɐt 虱不没		uɐt 骨窟杌
ɤt 折舌核	iɐi 捏劣穴	
ɔt 割捋刷	iɔi 雪月缺	uɔt 括阔活
ʅk 职食植	ik 碧激疫	
ak 白麦石	iak 迹壁吃	uak 划_{被荆棘剐}
ɛk 侧客脉		uɛk 国或获
ɔk 作鹤桌	iɔk 脚削药	uɔk 霍郭缚
	iuk 菊宿绿	uk 木福烛
m̩ 姆~妈	n̩ 你<u>那</u>	ŋ̍ 吴五

表 3-30　阳峰乡方言音系：声调（9个）

阴平（1）［44］哥补堆志站灯	阳平₁（2A）［214］河徒赔词痰藤 阳平₂（2B）［344］罗卢雷离兰能
上声（3）［352］左赌米死胆等	
阴去（5）［324］爸布背寄担凳	阳去（6）［31］怕度配淡邓命
阴入₁（7A）［45］挟接发积页捺 阴入₂（7B）［21］塔铁吃笠碟读	阳入（8）［<u>33</u>］十舌活罚热木

注：入声听感为短促调。

十一　和合乡方言音系

和合乡方言音系以田坂村方言为代表。

表 3-31　和合乡方言音系：声母（24 个）

p 拜宾别	b 败贫撇	m 买民脉	ɸ 粉幻欢	
t 堤端德		n 奶嫩捺		l 丽吞突
ts 再进节	dz 彩秦切	z 此次字	s 腮信屑	
tʂ 制真汁	dʐ 处陈焯	ʐ 池治翘	ʂ 施仲失	
tɕ 寄巾洁	dʑ 契钦	ȵ 虞铅日	ɕ 霞欣血	
k 该棍刮	g 开垦渴	ŋ 碍顽昂	x 亥缓核	
ø 舞芹阅				

表 3-32　和合乡方言音系：韵母（71 个）

ɿ 刺姊字	i 徐被喜	u 都树水
ʅ 枝志世		
ə 二耳儿		
a 茶车洒	ia 腐写野	ua 瓜化话
ɛ 舐	iɛ 去渠第三人称	uɛ □流
ɔ 舵何朵		uɔ 过课祸
ai 戴排街		uai 块淮拐
		ui 灰飞贵
au 讨考泡	iau 胶教炒	
ɛu 超走搜	iɛu 疗挑晓	uɛu 否浮
ou 昼绸手	iu 留韭幽	
an 篮咸伞		uan 帆幻挽
ən 婶震本	in 琴新近	un 婚文粪
ɛn 闪膻垦	iɛn 签浅砚	
ɔn 含寒潘	iɔn 软圈劝	uɔn 冠款换
aŋ 膨明正	iaŋ 柄姓腥	uaŋ 横梗
ɛŋ 楞省耕		
əŋ 蒸澄整	iŋ 行庆形	
ɔŋ 党昌棒	iɔŋ 想强腔	uɔŋ 慌方王
	iuŋ 兄嗅龙	uŋ 猛宏东
ɿt 卒	it 集蜜	

续表

ɻʅ 侄实出		
at 沓狭杀	iat 峡	uat 法滑刮
ɛt 摄汁核	iɛt 接热结	uɛt 骨窟朳
ɔt 喝割抹	iɔt 薛绝月	uɔt 括阔活
ɻk 织直释	ik 力域激	
ak 麦隔石	iak 脊壁笛	uak 划被荆棘刷
ɛk 胳北色		uɛk 国或获
ɔk 落勺戳	iɔk 鹊觉药	uɔk 扩郭缚
	iuk 欲曲足	uk 朴福束
m̩ 姆~妈	ŋ̍ 你那	ŋ̩ 吾五

表 3-33　和合乡方言音系：声调（10 个）

阴平（1）[44] 波布批知报尖	阳平₁（2A）[213] 婆徐题皮袍甜 阳平₂（2B）[355] 笋胡泥梨劳镰
上声（3）[342] 果祖米紫早点	
阴去（5）[325] 坝故计戏灶店	阳去（6）[31] 耙库配字庙念
阴入₁（7A）[45] 答湿八节立抹 阴入₂（7B）[21] 拔铁阔笠撒缺	阳入₁（8A）[11] 十达舌滑穴侄 阳入₂（8B）[33] 辣篾月日落木

注：入声听感为短促调。

十二　周溪镇方言音系

周溪镇方言音系以输湖村方言为代表。

表 3-34　周溪镇方言音系：声母（22 个）

p 巴变别	b 爬便撇	m 麻面篾	ɸ 华范法	
t 多胆滴		n 奶难捺		l 拖楼碟
ts 姐尖节	dz 茶秦集		s 写森卜	
tʂ 猪针汁	dʐ 处缠出		ʂ 薯顺叔	
tɕ 寄肩急	dʑ 契竞麵	ȵ 虞迎孽	ɕ 霞香吸	
k 家感割	g 胯看渴	ŋ 牙暗鸭	x 夏缓合	
ø 爷裤叶				

表 3-35　周溪镇方言音系：韵母（69个）

ɿ 思紫事	i 鱼米骑	u 土楚吹
ʅ 知至势		
ɘ 二耳儿		
a 巴架社	ia 茄瘸裸	ua 瓜华画
ɛ 锯舐	iɛ 去渠第三人称碟	uɜ □流
ɔ 拖坐薄		uɔ 火锅科
ai 带埋柴		uai 快怀怪
ɛi 胎楷税		ui 会肥桂
au 袍交泡	iau 巧抄效	
ɛu 朝狗邹	iɛu 锹鸟晓	uɛu 否浮
ou 周抽手	iu 酒韭丢	
an 毯铲伞		uan 范幻弯
ɘn 针陈本	in 林寻群	uɘn 困温粪
ɛn 闪展垦	iɛn 镰变拳	
ɔn 贪寒盘		uɔn 冠款换
aŋ 橙冷正	iaŋ 剩镜领	uaŋ 横梗
ɛŋ 朋灯猛		
ɘŋ 征称整	iŋ 兴行杏	
ɔŋ 帮张绑	iɔŋ 亮香腔	uɔŋ 光方黄
	iuŋ 永嗅用	uŋ 弘铜缝
ɿl 卒	il 粒七律	
ʅl 侄十出		
al 搭辣八		ual 法滑刮
ɛl 舌折核	iɛl 叶薛孽	uɛl 骨机物
ɔl 合钵脱		uɔl 括阔活
ɿk 职食释	ik 力极激	
ak 拍隔石	iak 壁笛吃	uak 划被荆棘剐
ɛk 北墨色		uɛk 国或获

ɔk 膜着剥	iɔk 削脚药	uɔk 扩郭缚
	iuk 六肉菊	uk 福服粥
m̩ 姆~妈	n̩ 你那	ŋ̍ 吴五

表 3-36　周溪镇方言音系：声调（9 个）

阴平（1）［33］拖都梯深真窗	阳平₁（2A）［214］茄锯排盖瘦站 阳平₂（2B）［114］牛年镰圆丸神
上声（3）［352］楚鸟等哪雨省	
阴去（5）［312］课裤派炭汉铁	阳去（6）［323］坐袋问电用碟
阴入₁（7A）［45］法急八折袜律 阴入₂（7B）［21］粒贼黑白席毒	阳入（8）［33］十实活辣热月

注：入声听感为短促调。

十三　大港镇方言音系

大港镇方言音系以繁荣村方言为代表。

表 3-37　大港镇方言音系：声母（23 个）

p 波饼百	b 怕盆朴	m 马名墨	ɸ 飞患福	
t 对冬督	d 拖堂达	n 奴能捺		l 来炭笛
ts 左斋撮	dz 妻茶策		s 晒姓俗	
tʂ 知卷竹	dʐ 住拳尺		ʂ 是船血	
tɕ 举溪桔	dʑ 启芹局	ȵ 泥鱼肉	ɕ 虚选峡	
k 家钢甲	g 苦共客	ŋ 牙晏鸭	x 下觅黑	
ø 乌话疫				

表 3-38　大港镇方言音系：韵母（59 个）

ɿ 紫子事	i 锯罪碧	u 补火叔	y 猪水粥
ʅ 试税释			
ɚ 二耳儿			

续表

a 巴茶摘	ia 写茄笛	ua 瓜话发
ɛ 瘢舐责	iɛ 接月擘	uɛ 活机物
ɔ 歌波捉	iɔ 哟削	uɔ 锅过果
ai 胎排解		uai 歪块怪
		ui 飞灰鬼
au 宝朝错		
ɛu 头浮瘦	iɛu 教表丢	
ou 抽周收	iu 刘油局	
an 担站兰		uan 凡关还
ən 深盘蒸	in 心亲冰	un 棍婚坟
ɛn 占砖层	iɛn 尖点院	uɛn 官欢碗
ɔn 南肝酸		uɔn 闩撰
aŋ 彭橙郑	iaŋ 影病腥	uaŋ 横
ɛŋ 朋灯邓		uɛŋ 横
ɔŋ 帮创双	iɔŋ 娘王腔	uɔŋ 光广矿
	iuŋ 嗅永龙	uŋ 棚宏东
ʮʔ 出	iʔ 七漆踢	
aʔ 塔擦拍	iaʔ 劈锡吃	uaʔ 划被荆棘刷
ɛʔ 缺客策	iɛʔ 贴撒切	uɛʔ 阔
ɔʔ 渴脱壳	iɔʔ 雀鹊	uɔʔ 扩廓
	iuʔ 麯曲	uʔ 朴哭触
m̩ 姆~妈	n̩ 你那	ŋ̍ 吴五

表 3-39　大港镇方言音系：声调（6个）

阴平（1）［33］多开天村清东	阳平（2）［244］毛门锄头盘铜
上声（3）［353］古走浅买领桶	
阴去（5）［355］布报肺队鸭褓	阳去（6）［212］破菜路树洞达
阴入（7）［45］踏擦出壳策哭	

注：入声调调形同阴去调相似，但时长更短，听感短促。

十四 中馆镇方言音系

中馆镇方言音系以银宝村方言为代表。

表 3-40 中馆镇方言音系：声母（25 个）

p 簸背八	b 破抱匹	m 磨埋篾	ɸ 付挥魂	
t 多底跌	d 兔大夺	n 闹难纳		l 来体碟
ts 姐嘴接	dz 粗吵绝	z 次自辞	s 嫂选俗	
tʂ 正终着	dʐ 茄车尺	ʐ 池齿治	ʂ 神船勺	
tɕ 举娟脚	dʑ 拳仅局	ȵ 泥念肉	ɕ 喜嫌血	
k 哥规刮	ɡ 可靠哭	ŋ 我安岳	x 贺旱学	
∅ 万云握				

表 3-41 中馆镇方言音系：韵母（64 个）

ɿ 此死士	i 蛆挤极	u 布周毒	y 猪水术
ʅ 世知十			
ɚ 二耳儿			
a 巴茶狭	ia 写霞泄	ua 茄瓜罚	
ɛ 舐塞白	iɛ 去叶绝	uɜ 活忽佛	yɤ 穴
ɔ 歌课合	iɔ 哟嚼	uɔ 锅禾缚	
ai 来拜买		uai 怪块坏	
		ui 回废肥	
au 高抄招	iau 教小鸟		
ɛu 豆浮愁			
	iu 修牛局		
an 谭斩蛋		uan 范关湾	
ən 针本问	in 心民兵	un 滚粉坟	yn 准君匀
ɛn 森软灯	iɛn 边烟全	uɜn 员远缘	yɛn 转砖劝
ɔn 贪汉盘		uɔn 官换碗	

续表

aŋ 撑正声	iaŋ 命饼醒	uaŋ 横	
ɐŋ 东宗重	iŋ 熊龙勇		
ɔŋ 忙昌江	iɔŋ 枪王腔	uɔŋ 光黄王	
	iuŋ 永琼用		
ɿʔ 卒			
ʅʔ 执质织	iʔ 吸撇一		yʔ 屈出桔
aʔ 踏挟杀	iaʔ 劈锡吃	uaʔ 法挖刮	
ɛʔ 磕抹色	iɛʔ 聂灭雪	uɛʔ 阅缺获	yɛʔ 缺血决
ɔʔ 答脱落	iɔʔ 削脚约	uɔʔ 阔郭谷	
	iuʔ 麯绿玉	uʔ 哭福木	
uiʔ 骨杌			
m̩ 姆~妈	n̩ 你那	ŋ̍ 吴五	

表 3-42　中馆镇方言音系：声调（7 个）

阴平（1）［33］多开天村清东	阳平（2）［344］毛门锄头盘铜
上声（3）［354］古走浅买领桶	
阴去（5）［41］布报箭破判痛	
阴入₁（7A）［45］答八骨织辣鹿	阳去（6）［22］菜派路树洞达
阴入₂（7B）［21］踏脱壳刻哭触	

注：入声调为短促调。

十五　狮山乡方言音系

狮山乡方言音系以老屋村方言为代表。

表 3-43　狮山乡方言音系：声母（23 个）

p 补搬博	b 步潘薄	m 模满膜	ɸ 虎欢缚	
t 赌端得	d 度脱特	n 奴暖捺		l 卢听烈
ts 做钻绩	dz 趣刺戚		s 须酸锡	
tʂ 遮砖炙	dʐ 车治植		ʂ 蛇船释	

tɕ 株紧激	dʐ 住劝吃	ȵ 遇软捏	ɕ 鼠县血
k 古庚骨	ɡ 枯坑哭	ŋ 我昂额	x 河巷学
∅ 雨冤袜			

表3-44　狮山乡方言音系：韵母（72个）

ɿ 撕柿私	i 去队起	u 租扶妇	y 薯朱吹
ʅ 势税池			
a 哪怕夏	ia 写借夜	ua 茄华画	
ɛ 舔	iɛ 渠第三人称		
ɚ 二耳儿			
ɔ 多笋课	iɔ 哟	uɔ 禾火锅	
ai 大灾外		uai 筷怪坏	
		ui 汇惠肥	
au 宝交猫			
ɛu 赵头皱	iɛu 巧轿鸟		
ou 抽周仇	iu 流秋油		
an 咸炭丹		uan 范还万	
ən 深神本	in 琴进人	un 困春粪	
ɛn 森展恩	iɛn 镰甜连	uɛn 丸砖圈	yɛn 劝劵悬
ɔn 贪汗半		uɔn 官宽换	
aŋ 彭生程	iaŋ 剩明镜	uaŋ 横梗	
ɛŋ 等增猛		uɛŋ 宏横	
əŋ 征秤澄	iŋ 菱兴京		
ɔŋ 汤张绑	iɔŋ 粮筐腔	uɔŋ 广光矿	
	iuŋ 兄穷勇	uŋ 朋弘东	
ɿl 卒			
ʅl 十质出	il 粒急桔	ul 骨杌佛	
al 搭鸭辣	ial 峡栗	ual 法滑袜	
ɛl 舌核	iɛl 接血月	uɛl 阔活缺	
ɔl 合钵刷		uɔl 括豁	
ɿk 直植织	ik 力极滴		

续表

ak 百吓摘	iak 脊壁吃	uak 划被荆棘刷	
ɛk 北色格		uɛk 获国	
ɔk 薄着剥	iɔk 脚药	uɔk 郭缚握	
	iuk 六麴蓄	uk 独谷粥	
m̩ 姆~妈	ŋ̍ 你那	ŋ 吴五	

表 3-45　狮山乡方言音系：声调（9个）

阴平（1）［33］拖巴租胎诗贪	阳平（2）［344］箩模来爬池咸
上声（3）［354］我写土改起感	
阴去（5）［41］破怕布贝气坎	阳去（6）［211］那夏部艾被欠
阴入₁（7A）［4̲5̲］杂吸薛辣叶 阴入₂（7B）［3̲3̲］塔瞎切脱出刻	阳入₁（8A）［1̲1̲］狭十舌佢勺贼 阳入₂（8B）［2̲2̲］碟粒篾日六肉

注：入声调为短促调。

十六　万户镇方言音系

万户镇方言音系以长岭村方言为代表。

表 3-46　万户镇方言音系：声母（25个）

p 爸饱壁	b 婆片拍	m 买问麦	ɸ 货红服		
t 剁店德	d 大态达	n 糯软捺			l 胭忍陆
ts 渣子结	dz 秋寸集		s 思线森	z 刺自寺	
tʂ 指招执	dʐ 超唱植		ʂ 树邵勺	ʐ 池迟齿	
tɕ 猪句菊	dʑ 骑除曲	ȵ 语年铅	ɕ 书休血		
k 加官骨	g 苦葵哭	ŋ 熬颜额	x 厚巷吓		
∅ 锅位屋					

表 3-47　万户镇方言音系：韵母（72个）

ɿ 姊士私	i 需比计	u 祖数斛	y 猪税水
ʅ 世尸市			
ɚ 二耳儿			
a 耙惹射	ia 霞借夜	ua 茄瓜话	
ɔ 哥波坐	iɔ 哟	uɔ 果火窝	

续表

ai 胎斋外		uai 块怪坏	
		ui 灰桂飞	
au 讨炒猫			
ɛu 招偷愁	iɛu 教小叫		
ou 抽吊受	iu 柳修九		
an 担减丹		uan 范关饭	
ən 针珍村	in 品亲轮	un 昆温坟	yn 春匀净
ɛn 森善元	iɛn 尖钱全	uɛn 圆袁云	yɛn 掀砖悬
ɔn 贪肝盘		uɔn 官欢碗	
aŋ 撑声程	iaŋ 平领兄	uaŋ 横	
ɛŋ 灯蒸省	iŋ 冰杏经	uɛŋ 宏横	
ɔŋ 仓状双	iɔŋ 抢样腔	uɔŋ 广放矿	
	iuŋ 兄龙胸	uŋ 萌东宫	
ɿ 卒			
ɿ 十侄实	il 集七律	ul 骨杌佛	yl 出桔屈
al 塔夹瞎	ial 峡栗	ual 法滑刮	
ɛl 舌月核	iɛl 接贴雪	uɛl 阔活物	yɛl 说缺血
ɔl 磕钵刷		uɔl 括豁	
	ik 逼碧积		yk 局
ak 白麦石	iak 壁笛吃	uak 划被荆棘刷	
ɛk 贼食客		uɛk 获	
ɔk 博勺学	iɔk 削脚药	uɔk 郭缚握	
	iuk 六肉绿	uk 哭服粥	
m̩ 姆~妈	ŋ 你那五	ŋ̍ 吴	

表 3-48　万户镇方言音系：声调（9个）

阴平（1）[33] 多破都披包摊	阳平（2）[344] 婆胭卢被轿弹
上声（3）[354] 果坐祖紫炒铲	
阴去（5）[31] 簸过故菜刺变	阳去（6）[22] 大座步自袖饭
阴入₁（7A）[45] 夹急割结笔桌 阴入₂（7B）[21] 塔擦铁七托壳	阳入₁（8A）[11] 捷集达夺实薄 阳入₂（8B）[33] 腊粒篾栗落麦

注：入声听感有短促感。

十七　南峰镇方言音系

南峰镇方言音系以石桥村方言为代表。

表 3-49　南峰镇方言音系：声母（23个）

p 簸背笔	b 爬派匹	m 麻妹篾	ɸ 火画魂	
t 多底跌	d 拖桃夺	n 闹软纳		l 箩礼碟
ts 姐嘴接	dz 坐吵七		s 岁选俗	
tʂ 正终质	dʐ 车池尺		ʂ 薯船勺	
tɕ 锯娟脚	dʑ 欺拳局	ȵ 泥牛肉	ɕ 孝嫌穴	
k 家规各	g 科靠哭	ŋ 牙安岳	x 贺号合	
Ø 禾云叶				

表 3-50　南峰镇方言音系：韵母（64个）

ɿ 刺死事	i 去体粒	u 部扶读	ʮ 锯鱼余	
ʅ 势诗实				ʯ 猪薯吹
ɚ 二耳儿				
a 爬架瞎	ia 褂霞粟	ua 瘌华滑		
ɛ 舐舌月	iɛ 篾铁切	uɛ 阔□流	ɥɛ 缺穴	
ɔ 我磨脱	iɔ 哟嚼	uɔ 科课扩		
ai 大来豺		uai 快块坏		
ɔi 盖海背		uei 汇肺飞		
au 毛刀朝	iau 锹小尿			
ɛu 亩厚皱				
ou 抽周寿	iu 刘秋六			
an 篮站摊		uan 饭还湾		
ən 枕镇蒸	in 林人冰	un 困坟晕	ɥn 拳劝军	
ɛn 森展藤	iɛn 镰店浅	uɛn 丸远缘		ʮɛn 砖穿船
ɔn 潭半肝		uɔn 宽换碗		
aŋ 橙彭程	iaŋ 平镜领	uaŋ 横		
ɔŋ 糖张蚌	iɔŋ 蒋强让	uɔŋ 光房矿		
	iuŋ 兄穷用	uŋ 朋弘篷		
ɿʔ 织质室	iʔ 笔熄疫		ɥʔ 桔	
aʔ 杂八隻	iaʔ 壁锡吃	uaʔ 袜法发		

续表

ɛʔ 北隔格	iɛʔ 结节孽	uɐʔ 国郭越	ʮɐʔ 血决	
ɔʔ 抹角恶	iɔʔ 各药削	uʔ 粥粟叔		
	iuʔ 玉畜肉			
uiʔ 物朼骨				
m̩ 姆~妈	n̩ 你那	ŋ̍ 吴五		

注：［ʅ］［ʮʅ］韵母只拼［tʂ］组声母，［ʮ］［ɯʮ］［ʮʔ］［ɐʔ］韵母只拼组［tɕ］声母；带有塞尾［ʔ］韵母只拼合阴入₁调类。

表 3-51　南峰镇方言音系：声调（7个）

阴平（1）［44］端开天村清通	阳平（2）［324］毛神徐锄头盘糖
上声（3）［352］古米草浅领桶	
阴去（5）［52］布报箭菜痛蛋	阳去（6）［22］路社树洞舌夺
阴入₁（7A）［45］答八骨织辣鹿	阴入₂（7B）［212］插脱切哭力碟

注：上声有假声变体，阴入₁（7A）调有短促感，阴入₂（7B）听感舒缓，无辅音塞尾。

第二节　都昌县乡镇代表点方言单字音对照

本节对照都昌县乡镇 17 处方言点的单字读音。排列顺序先按西部、中部、东部，内部再按从北至南次序，各点名称标至行政村。具体顺序为苏山乡彭埠村、徐埠镇山峰村、多宝乡宝桥村、左里镇周茂村、都昌镇金街岭、大树乡大埠村、春桥乡凤山村、蔡岭镇华山村、土塘镇信和村、阳峰乡黄梅村、和合乡田坂村、周溪镇输湖村、大港镇繁荣村、中馆镇银宝村、狮山乡老屋村、万户镇长岭村、南峰镇石桥村。

表 3-52 共收字 800 个，这些字基本上来自《方言调查字表》（中国社会科学院语言研究所，商务印书馆，2018），选字尽可能覆盖中古音所有的音韵地位。每个字注明其中古音韵地位（摄、开合、等、调、韵、声），多音字用小字号注明，"~"表示本字，例如"数名词""磨石~"。字有文白异读，白读音列在前面，文读音列在后面，中间以"/"隔开。本表按国际音标音位标音法标示声母、韵母，［ɦ］作为清音浊流标示符号，用上标数字标示声调来源类别，参见上文本章第一节的说明。单字按《方言调查字表》所列摄的顺序排列。

表 3-52　都昌县乡镇代表点方言单字音对照

代表点	1 多 果开一平歌端	2 拖 果开一平歌透	3 我 果开一上哿疑	4 大 果开一去箇定	5 哪 果开一上哿泥	6 那 果开一去箇泥	7 笋 果开一平歌来	8 左 果开一上哿精	9 茄 果开三平戈群
苏山乡彭埠村	tɔ¹	lɔ¹	ŋɔ³	lai¹	la³	n̩⁵	lɔ²ᴮ	tsɔ³	ia²ᴬ
徐埠镇山峰村	tɔ¹	lɔ¹	ŋɔ³	lai¹	la³	n̩⁵	lɔ²	tsɔ³	ia²
多宝乡宝桥村	tɔ¹	lɔ¹	ŋɔ³	lai¹	la³	n̩⁵	lɔ²ᴮ	tsɔ³	ia²ᴬ
左里镇周茂村	tɔ¹	lɔ¹	ŋɔ³	lai¹	la³	n̩²ᴬ	lɔ²ᴮ	tsɔ³	ia²ᴬ
都昌镇金街岭	tɔ¹	lɔ¹	ŋɔ³	lai¹	la³	n̩⁵	lɔ²ᴮ	tsɔ³	dʑia²ᴬ
大树乡大埠村	tɔ¹	lɔ¹	ŋɔ³	lai¹	la³	n̩⁵	lɔ²	tsɔ³	ia⁶
春桥乡凤山村	tɔ¹	tʰɔ¹	ŋɔ³	tʰai⁶	la²	na⁵ᴬ	lɔ²	tsɔ³	tɕʰia²
蔡岭镇华山村	tɔ¹	lɔ¹	ŋɔ³	lai⁶	la³	n̩⁵ᴬ	lɔ²ᴮ	tsɔ³	ia²ᴬ
土塘镇信和村	tɔ¹	lɔ¹	ŋɔ³	lai⁶	la³	n̩⁵ᴬ	lɔ²	tsɔ³	dʑia²
阳峰乡黄梅村	tɔ¹	lɔ¹	ŋɔ³	lai⁶	la³	n̩²ᴬ	lɔ²ᴮ	tsɔ³	ia²ᴬ
和合乡田坂村	tɔ¹	lɔ¹	ŋɔ³	lai⁶	la³	n̩²ᴬ	lɔ²ᴮ	tsɔ³	ia²ᴬ
周溪镇输湖村	tɔ¹	lɔ¹	ŋɔ³	lai⁶	la³	n̩²ᴬ	lɔ²ᴮ	tsɔ³	ia²ᴬ
大港镇繁荣村	tɔ¹	dɔ¹	ŋɔ³	dai⁶	na³	n̩⁵	lɔ²	tsɔ³	dʑia²
中馆镇银宝村	tɔ¹	dɔ¹	ŋɔ³	dai⁶	la³	n̩⁶	lɔ²	tsɔ³	dʑʮa²
狮山乡老屋村	tɔ¹	dɔ¹	ŋɔ³	dai⁶	la³	n̩⁶	lɔ²	tsɔ³	dʑʮa²
万户镇长岭村	tɔ¹	dɔ¹	ŋɔ³	dai⁶	la³	n̩²	lɔ²	tsɔ³	dʑʮa²
南峰镇石桥村	tɔ¹	dɔ¹	ŋɔ³	dai⁶	la³	n̩²	lɔ²	tsɔ³	dʑʮa²

续表

代表点	10 簸 果合一上果帮	11 破 果合一去过滂	12 磨~刀 果合一平戈明	13 朒 果合一平戈来	14 惰 果合一上果定	15 坐 果合一上果从	16 锅 果合一平戈见	17 科 果合一平戈溪	18 棵 果合一平戈溪
苏山乡彭埠村	po^5	bo^6	mo^{2B}	lo^{2B}	lo^6	dzo^1	uo^1	go^1	guo^1
徐埠镇山峰村	po^5	bo^6	mo^2	lo^2	lo^6	dzo^1	uo^1	uo^1	uo^1
多宝乡宝桥村	po^5	p^ho^6	mo^{2B}	lo^{2B}	lo^1	ts^ho^1	uo^1	uo^1	uo^1
左里镇周茂村	po^5	bo^6	mo^{2B}	lo^{2B}	lo^6	dzo^1	uo^1	uo^1	uo^1
都昌镇金街岭	po^5	bo^6	mo^{2B}	lo^{2B}	lo^6	dzo^1	uo^1	uo^1	uo^1
大树乡大埠村	po^5	bo^6	mo^2	lo^2	lo^1	dzo^1	uo^1	uo^1	uo^1
春桥乡凤山村	po^{5A}	p^ho^{5B}	mo^2	lo^2	t^ho^6	ts^ho^6	uo^1	k^huo^1	k^huo^1
蔡岭镇华山村	po^{5A}	p^ho^{5B}	mo^{2B}	lo^{2B}	lo^6	ts^ho^6	uo^1	uo^1	uo^1
土塘镇信和村	po^5	bo^6	mo^2	lo^2	lo^6	dzo^6	uo^1	guo^1	guo^1
阳峰乡黄梅村	po^5	bo^6	mo^{2B}	lo^{2B}	lo^6	dzo^6	uo^1	uo^1	uo^1
和合乡田坂村	po^5	bo^6	mo^{2B}	lo^{2B}	lo^6	dzo^6	uo^1	uo^1	uo^1
周溪镇输湖村	po^{2A}	bo^5	mo^{2B}	lo^{2B}	lo^6	dzo^6	uo^1	uo^1	uo^1
大港镇繁荣村	po^5	bo^6	mo^2	lo^2	do^6	dzo^6	uo^1	guo^1	guo^1
中馆镇银宝村	po^5	bo^5	mo^2	lo^2	do^6	dzo^6	uo^1	go^1	go^1
狮山乡老屋村	po^5	bo^5	mo^2	lo^2	do^6	dzo^6	uo^1	go^1	go^1
万户镇长岭村	po^5	bo^5	mo^2	lo^2	do^5	dzo^6	uo^1	guo^1	guo^1
南峰镇石桥村	po^5	bo^5	mo^2	lo^2	do^6	dzo^6	uo^1	guo^1	go^1

续表

代表点	19 课 果合一 去过溪	20 火 果合一 上果晓	21 禾 果合一 平戈匣	22 祸 果合一 上果匣	23 瘸 果合三 平戈群	24 靴 果合三 平戈晓	25 巴 假开二 平麻帮	26 爬 假开二 平麻並	27 怕 假开二 去祃滂
苏山乡 彭埠村	guɔ⁶	ɸuɔ³	uɔ²ᴮ	ɸuɔ⁶	ia²ᴬ	ɕia¹	pa¹	ba²ᴬ	ba⁶
徐埠镇 山峰村	uɔ⁶	ɸuɔ³	uɔ²	ɸuɔ⁶	ia²	ɕia¹	pa¹	ba²	ba⁶
多宝乡 宝桥村	uɔ⁶	ɸuɔ³	uɔ²ᴮ	ɸuɔ⁶	ia²ᴬ	ɕia¹	pa¹	pʱa²ᴬ	pʱa⁶
左里镇 周茂村	uɔ⁶	ɸuɔ³	uɔ²ᴮ	ɸuɔ⁶	ia²ᴬ	ɕia¹	pa¹	ba²ᴬ	ba⁶
都昌镇 金街岭	uɔ⁶	ɸuɔ³	uɔ²ᴮ	ɸuɔ⁶	dʑia²ᴬ	ɕia¹	pa¹	ba²ᴬ	ba⁶
大树乡 大埠村	uɔ⁶	ɸuɔ³	uɔ²	ɸuɔ⁶	ia⁶	ɕia¹	pa¹	ba²	ba⁶
春桥乡 凤山村	kʱuɔ⁵ᴮ	ɸu³	uɔ²	ɸuɔ⁶	ia²	ɕia¹	pa¹	pʱa²	pʱa⁵ᴮ
蔡岭镇 华山村	uɔ⁵ᴮ	ɸu³	uɔ²ᴮ	ɸuɔ⁶	ia²ᴬ	ɕia¹	pa¹	pʱa²ᴬ	pʱa⁵ᴮ
土塘镇 信和村	guɔ⁶	ɸuɔ³	uɔ²	ɸuɔ⁶	ia²	ɕia¹	pa¹	ba²	ba⁶
阳峰乡 黄梅村	uɔ⁶	ɸuɔ³	uɔ²ᴮ	ɸuɔ⁶	ia²ᴬ	ɕia¹	pa¹	ba²ᴬ	ba⁶
和合乡 田坂村	uɔ⁶	ɸuɔ³	uɔ²ᴮ	ɸuɔ⁶	ia²ᴬ	ɕia¹	pa¹	ba²ᴬ	ba⁶
周溪镇 输湖村	uɔ⁵	ɸuɔ³	uɔ²ᴮ	ɸuɔ⁶	ia²ᴬ	ɕia¹	pa¹	ba²ᴬ	ba⁵
大港镇 繁荣村	guɔ⁶	ɸu³	uɔ²	ɸuɔ⁶	tʂɛ¹	ʂua	pa¹	ba²	ba⁶
中馆镇 银宝村	guɔ⁵	ɸu³	uɔ²	ɸuɔ⁶	tʂɛ¹	ʂua¹	pa¹	ba²	ba⁵
狮山乡 老屋村	gɔ⁵	ɸuɔ³	uɔ²	ɸuɔ⁶	dʐ̩ua²	ʂua¹	pa¹	ba²	ba⁵
万户镇 长岭村	guɔ⁵	ɸuɔ³	uɔ²	ɸuɔ¹	dʐ̩ua²	ʂua¹	pa¹	ba²	ba⁵
南峰镇 石桥村	guɔ⁵	ɸu³	uɔ²	ɸuɔ⁶	dʐ̩ua²	ʂua¹	pa¹	ba²	ba⁵

代表点	28	29	30	31	32	33	34	35	36
	麻	茶	家	架	牙	夏	姐	褯	写
	假开二平麻明	假开二平麻澄	假开二平麻见	假开二去祃见	假开二平麻疑	假开二去祃匣	假开三上马精	假开三去祃从	假开三上马心
苏山乡彭埠村	ma^{2B}	dza^{2A}	ka^1	ka^5	ηa^{2B}	xa^1	$tsia^3$	$dzia^1$	sia^3
徐埠镇山峰村	ma^2	dza^2	ka^1	ka^5	ηa^2	xa^6	$tsia^3$	$dzia^1$	sia^3
多宝乡宝桥村	ma^{2B}	$ts^\hbar a^{2A}$	ka^1	$t\varepsilon ia^5$	ηa^{2B}	xa^1	$tsia^3$	$ts^\hbar ia^1$	sia^3
左里镇周茂村	ma^{2B}	dza^{2A}	ka^1	ka^5	ηa^{2B}	xa^6	$tsia^3$	$dzia^1$	sia^3
都昌镇金街岭	ma^{2B}	dza^{2A}	ka^1	ka^5	ηa^{2B}	xa^6	$tsia^3$	$dzia^1$	sia^3
大树乡大埠村	ma^2	dza^6	ka^1	$t\varepsilon ia^5$	ηa^2	xa^1	$tsia^3$	$dzia^1$	sia^3
春桥乡凤山村	ma^2	$ts^\hbar a^2$	ka^1	ka^{5A}	ηa^2	xa^6	$tsia^3$	$ts^\hbar ia^6$	sia^3
蔡岭镇华山村	ma^{2B}	$ts^\hbar a^{2A}$	ka^1	$t\varepsilon ia^{5A}$	ηa^{2B}	xa^6	$tsia^3$	$ts^\hbar ia^{5B}$	sia^3
土塘镇信和村	ma^2	dza^2	ka^1	ka^5	ηa^2	εia^6	$tsia^3$	$dzia^6$	sia^3
阳峰乡黄梅村	ma^{2B}	dza^{2A}	ka^1	ka^5	ηa^{2B}	xa^{31}	$tsia^3$	$dzia^6$	sia^3
和合乡田坂村	ma^{2B}	dza^{2A}	ka^1	ka^5	ηa^{2B}	xa^6	$tsia^3$	$dzia^6$	sia^3
周溪镇输湖村	ma^{2B}	dza^{2A}	ka^1	ka^{2A}	ηa^{2B}	xa^6	$tsia^3$	$dzia^6$	sia^3
大港镇繁荣村	ma^2	dza^2	ka^1	$t\varepsilon ia^5$	ηa^2	xa^6	$tsia^3$	$dzia^6$	sia^3
中馆镇银宝村	ma^2	dza^2	ka^1	ka^5	ηa^2	xa^6	$tsia^3$	$dzia^6$	sia^3
狮山乡老屋村	ma^2	dza^2	ka^1	ka^5	ηa^2	xa^6	$tsia^3$	$dzia^6$	sia^3
万户镇长岭村	ma^2	dza^2	ka^1	ka^5	ηa^2	xa^6	$tsia^3$	$dzia^6$	sia^3
南峰镇石桥村	ma^2	dza^2	ka^1	ka^5	ηa^2	xa^6	$tsia^3$	$dzia^6$	sia^3

代表点	37	38	39	40	41	42	43	44	45
	邪~气	谢姓~	射	社	爷	瓜	胯	瓦	华
	假开三平麻邪	假开三去祃邪	假开三上马船	假开三上马禅	假开三平麻以	假合二平麻见	假合二去祃溪	假合二上马疑	假合二平麻匣
苏山乡彭埠村	dzia²ᴬ	dzia¹	ʂa⁶	ʂa⁶	ia²ᴮ	kua¹	ga⁶	ŋa³	ɸua²ᴮ
徐埠镇山峰村	dzia²	dzia¹	ʂa⁶	ʂa⁶	ia²	kua¹	ga⁶	ŋa³	ɸua²
多宝乡宝桥村	tsʱia²ᴬ	tsʱia¹	ʂa⁶	ʂa⁶	ia²ᴮ	kua¹	kʱa⁶	ŋa³	ɸua²ᴮ
左里镇周茂村	dzia²ᴬ	sia¹	ʂa⁶	ʂa⁶	ia²ᴮ	kua¹	ga⁶	ŋa³	ɸua²ᴮ
都昌镇金街岭	dzia²ᴬ	dzia¹	ʂa⁶	ʂa⁶	ia²ᴮ	kua¹	ga⁶	ŋa³	ɸua²ᴮ
大树乡大埠村	dzia⁶	dzia¹	ʂa⁶	ʂa⁶	ia²	kua¹	kʱa⁶	ŋa³	ɸua²
春桥乡凤山村	tsʱia²	tsʱia⁵ᴮ	ʂa⁶	ʂa⁶	ia²	kua¹	kʱa⁵ᴮ	ŋa³	ɸua²
蔡岭镇华山村	tsʱia²ᴬ	tsʱia²ᴬ	ʂa⁶	ʂa⁶	ia²ᴮ	kua¹	kʱa⁵ᴮ	ŋa³	ɸua²ᴬ
土塘镇信和村	dzia²	dzia⁶	ʂa⁶	ʂa⁶	ia²	kua¹	ga⁶	ŋa³	ɸua²
阳峰乡黄梅村	dzia²ᴬ	dzia⁶	ʂa⁶	ʂa⁶	ia²ᴮ	kua¹	ga⁶	ŋa³	ɸua²ᴮ
和合乡田坂村	dzia²ᴬ	dzia⁶	ʂa⁶	ʂa⁶	ia²ᴮ	kua¹	ga⁶	ŋa³	ɸua²ᴮ
周溪镇输湖村	dzia²ᴬ	dzia⁶	ʂa⁶	ʂa⁶	ia²ᴮ	kua¹	ga⁵	ŋa³	ɸua²ᴮ
大港镇繁荣村	dzia²	dzia⁶	ʂa⁶	ʂa⁶	ia²	kua¹	ga⁶	ŋa³	ɸua²
中馆镇银宝村	dzia²	dzia⁶	ʂa⁶	ʂa⁶	ia²	kua¹	ga⁶	ŋa³	ɸua²
狮山乡老屋村	dzia²	dzia⁶	ʂa⁶	ʂa⁶	ia²	kua¹	ga⁵	ŋa³	ɸua²
万户镇长岭村	dzia²	dzia⁶	ʂa⁶	ʂa⁶	ia²	kua¹	ga⁵	ŋa³	ɸua²
南峰镇石桥村	dzia²	dzia⁶	ʂa⁶	ʂa⁶	ia²	kua¹	ga⁵	ŋa³	ɸua²

续表

代表点	46	47	48	49	50	51	52	53	54
	布	部	埠	模~子	都	吐~痰	土	兔	图
	遇合一去暮帮	遇合一上姥並	遇合一去暮並	遇合一平模明	遇合一平姥端	遇合一上姥透	遇合一上姥透	遇合一去暮透	遇合一平模定
苏山乡彭埠村	pu^5	bu^1	bu^1	mu^{2B}	tu^1	tu^6	lu^3	lu^6	lu^{2A}
徐埠镇山峰村	pu^5	bu^1	bu^1	mu^2	tu^1	lu^3	lu^3	lu^6	lu^2
多宝乡宝桥村	pu^5	$p^f u^1$	$p^f u^1$	mu^{2B}	tu^1	tu^6	lu^3	lu^6	lu^{2A}
左里镇周茂村	pu^5	bu^1	bu^1	mu^{2B}	tu^1	lu^3	lu^3	lu^6	lu^{2A}
都昌镇金街岭	pu^5	bu^1	bu^1	mu^{2B}	tu^1	lu^3	lu^3	lu^6	lu^{2A}
大树乡大埠村	pu^5	bu^1	bu^1	mu^2	tu^1	tu^6	lu^3	lu^6	lu^6
春桥乡凤山村	pu^{5A}	$p^f u^6$	$p^f u^6$	mu^2	tu^1	tu^3	$t^f u^3$	$t^f u^{5B}$	$t^f u^2$
蔡岭镇华山村	pu^{5A}	$p^f u^{5B}$	$p^f u^6$	mu^{2B}	tu^1	lu^{5B}	lu^3	lu^6	lu^{2A}
土塘镇信和村	pu^5	bu^6	bu^6	mu^2	tu^1	tu^3	lu^3	lu^6	lu^2
阳峰乡黄梅村	pu^5	bu^6	bu^6	mu^{2B}	tu^1	tu^3	lu^3	lu^6	lu^{2A}
和合乡田坂村	pu^5	bu^6	bu^6	mu^{2B}	tu^1	tu^3	lu^3	lu^6	lu^{2A}
周溪镇输湖村	pu^{2A}	bu^6	bu^6	mu^{2B}	tu^1	tu^3	lu^3	lu^5	lu^{2A}
大港镇繁荣村	pu^5	bu^6	bu^6	mu^2	tu^1	du^3	du^3	du^6	du^2
中馆镇银宝村	pu^5	bu^6	bu^6	mu^2	tu^1	du^3	du^3	du^5	du^2
狮山乡老屋村	pu^5	bu^6	bu^6	mu^2	tu^1	tu^3	du^3	$ɖu^5$	du^2
万户镇长岭村	pu^5	bu^6	bu^6	mu^2	tu^1	du^3	du^3	du^5	du^2
南峰镇石桥村	pu^5	bu^6	bu^6	mu^2	tu^1	tu^3	du^3	du^5	du^2

代表点	55 杜 遇合一上姥定	56 露 遇合一去暮来	57 租 遇合一平模精	58 粗 遇合一平模清	59 古 遇合一上姥见	60 苦 遇合一上姥溪	61 裤 遇合一去暮溪	62 吴 遇合一平模疑	63 五 遇合一上姥疑
苏山乡彭埠村	lu^1	lu^6	tsu^1	dzu^1	ku^3	gu^3	gu^6	$ŋ̍^{2B}$	$ŋ̍^3$
徐埠镇山峰村	lu^1	lu^6	tsu^1	dzu^1	ku^3	u^3	u^6	$ŋ̍^2$	$ŋ̍^3$
多宝乡宝桥村	lu^1	lu^6	tsu^1	ts^hu^1	ku^3	u^3	u^6	$ŋ̍^{2B}$	$ŋ̍^3$
左里镇周茂村	lu^1	lu^6	tsu^1	dzu^1	ku^3	u^3	u^6	u^{2B}	$n̍^3$
都昌镇金街岭	lu^1	lu^6	tsu^1	dzu^1	ku^3	u^3	u^6	u^{2B}	$n̍^3$
大树乡大埠村	lu^1	lu^6	tsu^1	dzu^1	ku^3	u^3	u^6	$ŋ̍^2$	$ŋ̍^3$
春桥乡凤山村	t^hu^6	lu^6	tsu^1	ts^hu^1	ku^3	k^hu^3	k^hu^{5B}	u^2	u^3
蔡岭镇华山村	lu^6	lu^6	tsu^1	ts^hu^1	ku^3	u^3	u^6	u^{2B}	$ŋ̍^3$
土塘镇信和村	lu^6	lu^6	tsu^1	dzu^1	ku^3	gu^3	gu^6	$ŋ̍^2$	$ŋ̍^3$
阳峰乡黄梅村	lu^6	lu^6	tsu^1	dzu^1	ku^3	u^3	u^6	$ŋ̍^{2B}$	$ŋ̍^3$
和合乡田坂村	lu^6	lu^6	tsu^1	dzu^1	ku^3	u^3	u^6	$ŋ̍^{2B}$	$ŋ̍^3$
周溪镇输湖村	lu^6	lu^6	tsu^1	dzu^1	ku^3	u^3	u^5	$ŋ̍^{2B}$	$ŋ̍^3$
大港镇繁荣村	du^6	lu^6	tsu^1	dzu^1	ku^3	gu^3	gu^6	u^2	$ŋ̍^3$
中馆镇银宝村	du^6	lu^6	tsu^1	dzu^1	ku^3	gu^3	gu^5	$ŋu^2$	$ŋ̍^3$
狮山乡老屋村	du^6	lu^6	tsu^1	dzu^1	ku^3	gu^3	gu^5	$ŋu^2$	$ŋ̍^3$
万户镇长岭村	du^6	lu^6	tsu^1	dzu^1	ku^3	gu^3	gu^5	$ŋu^2$	$n̍^3$
南峰镇石桥村	du^6	lu^6	tsu^1	dzu^1	ku^3	gu^3	gu^5	$ŋu^2$	$ŋ̍^3$

续表

代表点	64 胡 遇合一平模匣	65 瓠 遇合一平模匣	66 户 遇合一上姥匣	67 吕 遇合三上语来	68 女 遇合三上语泥	69 蛆 遇合三平鱼清	70 徐 遇合三平鱼邪	71 猪 遇合三平鱼知	72 楚 遇合三上语初
苏山乡彭埠村	ɸu²ᴮ	gu²ᴬ	ɸu⁶	li³	ȵi³	dzi¹	dzi²ᴬ	tʂu¹	dzu³
徐埠镇山峰村	ɸu²	u²	ɸu⁶	li³	ȵi³	dzi¹	dzi²	tʂu¹	dzu³
多宝乡宝桥村	ɸu²ᴮ	kʱu²ᴬ	ɸu⁶	li³	ȵi³	tsʱi¹	tsʱi²ᴬ	tʂu¹	tsʱu³
左里镇周茂村	ɸu²ᴮ	gu²ᴬ	ɸu⁶	li³	ȵi³	dzi¹	dzi²ᴮ	tʂu¹	dzu³
都昌镇金街岭	ɸu²ᴮ	gu²ᴬ	ɸu⁶	li³	ȵi³	dzi¹	dzi²ᴮ	tʂu¹	dzu³
大树乡大埠村	ɸu²	u⁶	ɸu⁶	li³	ȵi³	dzi¹	dzi⁶	tʂu¹	dzu³
春桥乡凤山村	ɸu²	kʱu²	ɸu⁶	li³	ȵi³	tsʱi¹	tsʱi²	tʂu¹	tsʱu³
蔡岭镇华山村	ɸu²ᴮ	u²ᴬ	ɸu⁶	li³	ȵi³	tsʱi¹	tsʱi²ᴬ	tʂu¹	tsʱu³
土塘镇信和村	ɸu²	u²	ɸu⁶	li³	ȵi³	dzi¹	dzi²	tʂu¹	dzu³
阳峰乡黄梅村	ɸu²ᴮ	u²ᴮ	ɸu⁶	li³	ȵi³	dzi¹	dzi²ᴬ	tʂu¹	dzu³
和合乡田坂村	ɸu²ᴮ	ɸu²ᴮ	ɸu⁶	li³	ȵi³	dzi¹	dzi²ᴬ	tʂu¹	dzu³
周溪镇输湖村	ɸu²ᴮ	u²ᴬ	ɸu⁶	li³	ȵi³	dzi¹	dzi²ᴬ	tʂu¹	dzu³
大港镇繁荣村	ɸu²	gu²	ɸu⁶	li³	ȵi³	dzi¹	dzi²	tɕy¹	dzu³
中馆镇银宝村	ɸu²	gu²	ɸu⁶	li³	ȵy³	dzi¹	dzi²	tɕy¹	dzu³
狮山乡老屋村	ɸu²	gu²	ɸu⁶	li³	ȵy³	dzi¹	dzi²	tɕy¹	dzu³
万户镇长岭村	ɸu²	gu²	ɸu⁶	li³	ȵy³	dzi¹	dzi²	tɕy¹	dzu³
南峰镇石桥村	ɸu²	gu²	ɸu⁶	li³	ȵɨ³	dzi¹	dzi²	tʂʅ¹	dzu³

代表点	73	74	75	76	77	78	79	80	81
	锄	助	薯	锯	去	渠第三人称	鱼	虚	余
	遇合三平鱼崇	遇合三去御崇	遇合三去御禅	遇合三去御见	遇合三去御溪	遇合三平鱼群	遇合三平鱼疑	遇合三平鱼晓	遇合三平鱼以
苏山乡彭埠村	dzu²ᴬ	dzu¹	ʂu²ᴮ	kɛ⁵	dʑi⁶	gɛ²ᴬ	ȵi²ᴮ	çi¹	i²ᴮ
徐埠镇山峰村	dzu²	dzu¹	ʂu²	kɛ⁵	i⁶	iɛ²	ȵi²	çi¹	i²
多宝乡宝桥村	tsᶠu²ᴬ	tsᶠu¹	ʂu²ᴮ	kɛ⁵	i⁶	ɛ²ᴬ	ȵi²ᴮ	çi¹	i²ᴮ
左里镇周茂村	dzu²ᴬ	dzu¹	ʂu²ᴮ	kɛ⁵	i⁶	ɛ²ᴬ	ȵi²ᴮ	çi¹	i²ᴮ
都昌镇金街岭	dzu²ᴬ	dzu¹	ʂu²ᴮ	kɛ⁵	i⁶	gɛ²ᴬ	ȵi²ᴮ	çi¹	i²ᴮ
大树乡大埠村	dzu⁶	dzu¹	ʂu²	kɛ⁵	i⁶	iɛ⁶	ȵi²	çi¹	i²
春桥乡凤山村	tsᶠu²	tsᶠu⁶	ʂu²	tɕi⁵ᴬ	tɕᶠi⁵ᴮ	kᶠɛ²	ȵi²	çi¹	i²
蔡岭镇华山村	tsᶠu²ᴬ	tsᶠu⁵ᴮ	ʂu²ᴮ	tɕi⁵ᴬ	i⁵ᴮ	iɛ²ᴬ	ȵi²ᴮ	çi¹	i²ᴮ
土塘镇信和村	dzu²	dzu⁶	ʂu²	tɕi⁵	dʑi⁶	gɛ²	ȵi²	çi¹	i²
阳峰乡黄梅村	dzu²ᴬ	dzu⁶	ʂu²ᴮ	kɛi⁵	iɛ⁶	iɛ²ᴬ	ȵi²ᴮ	çi¹	i²ᴮ
和合乡田坂村	dzu²ᴬ	dzu⁶	ʂu²ᴮ	kɛ⁵	iɛ⁶	iɛ²ᴬ	ȵi²ᴮ	çi¹	i²ᴮ
周溪镇输湖村	dzu²ᴬ	dzu⁶	ʂu²ᴮ	kɛ²ᴬ	iɛ⁵	iɛ²ᴬ	ȵi²ᴮ	çi¹	i²ᴮ
大港镇繁荣村	dzu²	dzu⁶	çy²	tɕi⁵	dʑi⁶	gɛ²	ȵy²	çi¹	i²
中馆镇银宝村	dzu²	dzu⁶	çy²	tɕy⁵	dʑiɛ⁵	iɛ²	ȵy²	çy¹	y²
狮山乡老屋村	dzu²	dzu⁶	çy²	tɕy⁵	dʑi⁶	iɛ²	ȵi²	çy¹	i²
万户镇长岭村	dzu²	dzu⁶	çy²	tɕy⁵	dʑi⁵	ɛ²	ȵy²	çy¹	y²
南峰镇石桥村	dzu²	dzu⁶	ʂʮ²	tɕʉ⁵	dʑi⁵	iɛ²	ȵʉ²	çʉ¹	ʉ²

续表

代表点	82	83	84	85	86	87	88	89	90
	扶	雾	住	朱	数	输	树	雨	芋
	遇合三平虞奉	遇合三去遇微	遇合三去遇澄	遇合三平虞知	遇合三去遇生	遇合三平虞书	遇合三去遇禅	遇合三上虞云	遇合三去遇云
苏山乡彭埠村	ɸu²ᴮ	u⁶	dzʮ¹	tʂʮ¹	su⁵	ʂʮ¹	ʂʮ⁶	i³	i⁶
徐埠镇山峰村	ɸu²	mu⁶	dzʮ¹	tʂʮ¹	su⁵	ʂʮ¹	ʂʮ⁶	i³	i⁶
多宝乡宝桥村	ɸu²ᴮ	u⁶	tʂʰʮ¹	tʂʮ¹	su⁵	ʂʮ¹	ʂʮ⁶	i³	i⁶
左里镇周茂村	ɸu²ᴮ	mu⁶	dzʮ¹	tʂʮ¹	su⁵	ʂʮ¹	ʂʮ⁶	i³	i⁶
都昌镇金街岭	ɸu²ᴮ	mu⁶	dzʮ¹	tʂʮ¹	su⁵	ʂʮ¹	ʂʮ⁶	i³	i⁶
大树乡大埠村	ɸu²	u⁶	dzʮ¹	tʂʮ¹	su⁵	ʂʮ¹	ʂʮ⁶	i³	i⁶
春桥乡凤山村	ɸu²	mu⁶	tʂʰʮ⁶	tʂʮ¹	su⁵ᴬ	ʂʮ¹	ʂʮ⁶	i³	i⁶
蔡岭镇华山村	ɸu²ᴬ	u⁶	tʂʰʮ⁶	tʂʮ¹	su⁵ᴬ	ʂʮ¹	ʂʮ⁶	i³	i⁶
土塘镇信和村	ɸu²	u⁶	dzʮ⁶	tʂʮ¹	su⁵	ʂʮ¹	ʂʮ⁶	i³	i⁶
阳峰乡黄梅村	ɸu²ᴮ	mu⁶	dzʮ⁶	tʂʮ¹	su⁵	ʂʮ¹	ʂʮ⁶	i³	i⁶
和合乡田坂村	ɸu²ᴮ	mu⁶	dzʮ¹	tʂʮ¹	su⁵	ʂʮ¹	ʂʮ⁶	i³	i⁶
周溪镇输湖村	ɸu²ᴮ	mu⁶	dzʮ⁶	tʂʮ¹	su²ᴬ	ʂʮ¹	ʂʮ⁶	i³	i⁶
大港镇繁荣村	ɸu²	u⁶	dzʮ¹	tɕy¹	su⁵	ʂʮ¹	ʂʮ⁶	y³	i⁶
中馆镇银宝村	ɸu²	u⁶	dʑy⁶	tɕy¹	su⁵	ɕy¹	ɕy⁶	y³	y⁶
狮山乡老屋村	ɸu²	u⁶	dʑy⁶	tɕy¹	su⁵	ɕy¹	ɕy⁶	i³	i⁶
万户镇长岭村	ɸu²	u⁶	dʑy⁶	tɕy¹	su⁵	ɕy¹	ɕy⁶	y³	y⁶
南峰镇石桥村	ɸu²	u⁶	dzʅ⁶	tʂʅ¹	su⁵	ʂʅ¹	ʂʅ¹	ɰ³	ɰ⁶

续表

代表点	91 贝 蟹开一 去泰帮	92 戴 蟹开一 去代端	93 带 蟹开一 去泰端	94 胎 蟹开一 平咍透	95 太 蟹开一 去泰透	96 袋 蟹开一 去代定	97 来 蟹开一 平咍来	98 赖 蟹开一 去泰来	99 灾 蟹开一 平咍精
苏山乡彭埠村	pi⁵	tai⁵	tai⁵	lai¹	lai⁶	lai¹	lai²ᴮ	lai⁶	tsai¹
徐埠镇山峰村	pi⁵	tai⁵	tai⁵	lai¹	lai⁶	lai¹	lai²	laɪ⁶	tsai¹
多宝乡宝桥村	pi⁵	tai⁵	tai⁵	lai¹	lai⁶	lai¹	lai²ᴮ	lai⁶	tsai¹
左里镇周茂村	pi⁵	tai⁵	tai⁵	lai¹	lai⁶	lai¹	lai²ᴮ	lai⁶	tsai¹
都昌镇金街岭	pi⁵	tai⁵	tai⁵	lai¹	lai⁶	lai¹	lai²ᴮ	lai⁶	tsai¹
大树乡大埠村	pi⁵	tai⁵	tai⁵	lai¹	lai⁶	lai¹	lai²	lai⁶	tsai¹
春桥乡凤山村	pi⁵ᴬ	tai⁵ᴬ	tai⁵ᴬ	tʰai¹	tʰai⁵ᴮ	tʰai⁶	lai²	lai⁶	tsai¹
蔡岭镇华山村	pi⁵ᴬ	tai⁵ᴬ	tai⁵ᴬ	lai¹	lai⁵ᴮ	lai⁶	lai²ᴮ	lai⁵ᴮ	tsai¹
土塘镇信和村	pi⁵	tai⁵	tai⁵	dai¹	dai⁶	lai²¹	lai³⁴⁴	lai⁶	tsai¹
阳峰乡黄梅村	pi⁵	tai⁵	tai⁵	lɛi¹	lai⁶	lɛi⁶	lɛi²ᴮ	lai⁶	tsai¹
和合乡田坂村	pi⁵	tai⁵	tai⁵	lai¹	lai⁶	lai⁶	lɛi²ᴮ	lai⁶	tsai¹
周溪镇输湖村	pi²ᴬ	tai²ᴬ	tai²ᴬ	lɛi¹	lai⁵	lɛi⁶	lɛi²ᴮ	lai⁶	tsai¹
大港镇繁荣村	pi⁵	tai⁵	tai⁵	dai¹	dai⁶	dai⁶	lai²	lai⁶	tsai¹
中馆镇银宝村	pi⁵	tai⁵	tai⁵	dai¹	dai⁵	dai⁶	lai²	lai⁶	tsai¹
狮山乡老屋村	pi⁵	tai⁵	tai⁵	dai¹	dai⁵	dai⁶	lai²	lai⁶	tsai¹
万户镇长岭村	pi⁵	tai⁵	tai⁵	dai¹	dai⁵	dai¹	lai²	lai⁶	tsai¹
南峰镇石桥村	pi⁵	tai⁵	tai⁵	dai¹	dai⁵	dai⁶	lai²	lai⁶	tsai¹

续表

代表点	100	101	102	103	104	105	106	107	108
	猜	菜	蔡	在	该	改	盖	开	艾
	蟹开一平咍清	蟹开一去代清	蟹开一去泰清	蟹开一上海从	蟹开一平咍见	蟹开一上海见	蟹开一去泰见	蟹开一平齐溪	蟹开一去泰疑
苏山乡彭埠村	$dzai^1$	$dzai^6$	$dzai^6$	$dzai^1$	kai^1	kai^3	kai^5	gai^1	ηai^6
徐埠镇山峰村	$dzai^1$	$dzai^6$	$dzai^6$	$dzai^1$	kai^1	kai^3	kai^5	gai^1	ηai^6
多宝乡宝桥村	ts^hai^1	ts^hai^6	ts^hai^6	ts^hei^1	kai^1	kai^3	kai^5	k^hai^1	ηai^6
左里镇周茂村	$dzai^1$	$dzai^6$	$dzai^6$	$dzai^1$	kai^1	kai^3	kai^5	gai^1	ηai^6
都昌镇金街岭	$dzai^1$	$dzai^6$	$dzai^6$	$dzai^1$	kai^1	kai^3	kai^5	gai^1	ηai^6
大树乡大埠村	$dzai^1$	$dzai^6$	$dzai^6$	$dzei^1$	kai^1	kai^3	kai^5	gai^1	ηai^6
春桥乡凤山村	ts^hai^1	ts^hai^{5B}	ts^hai^{5B}	ts^hai^6	kai^1	kai^3	kai^{5A}	k^hai^1	ηai^6
蔡岭镇华山村	ts^hai^1	ts^hai^{5B}	ts^hai^{5B}	ts^hai^6	kai^1	kai^3	kai^{5A}	k^hai^1	ηai^6
土塘镇信和村	$dzai^1$	$dzai^6$	$dzai^6$	$dzai^6$	kai^1	kai^3	kai^5	gai^1	ηai^6
阳峰乡黄梅村	$dz\varepsilon i^1$	$dz\varepsilon i^6$	$dz\varepsilon i^6$	$dz\varepsilon i^6$	$k\varepsilon i^1$	$k\varepsilon i^3$	$k\varepsilon i^5$	$g\varepsilon i^{33}$	ηai^6
和合乡田坂村	$dzai^1$	$dz\varepsilon i^6$	$dz\varepsilon i^6$	$dz\varepsilon i^6$	kai^1	kai^3	kai^5	gai^1	ηai^6
周溪镇输湖村	$dzai^1$	$dz\varepsilon i^5$	$dz\varepsilon i^5$	$dz\varepsilon i^6$	$k\varepsilon i^1$	$k\varepsilon i^3$	$k\varepsilon i^{2A}$	$g\varepsilon i^1$	ηai^6
大港镇繁荣村	$dzai^1$	$dzai^6$	$dzai^6$	$dzai^6$	kai^1	kai^3	kai^5	gai^1	ηai^6
中馆镇银宝村	$dzai^1$	$dzai^6$	$dzai^5$	$dzai^6$	kai^1	kai^3	kai^5	gai^1	ηai^6
狮山乡老屋村	$dzai^1$	$dzai^5$	$dzai^5$	$dzai^6$	kai^1	kai^3	kai^5	gai^1	ηai^6
万户镇长岭村	$dzai^1$	$dzai^5$	$dzai^5$	$dzai^6$	kai^1	kai^3	kai^5	gai^1	ηai^6
南峰镇石桥村	$dzai^1$	$dzai^5$	$dzai^5$	$dzai^6$	kai^1	kai^3	$k\mathrm{o}i^5$	$g\mathrm{o}i^1$	ηai^6

续表

代表点	109	110	111	112	113	114	115	116	117
	海	害	爱	排	埋	豺	阶	楷	挨
	蟹开一 上海晓	蟹开一 去泰匣	蟹开一 去代影	蟹开二 平皆並	蟹开二 平皆明	蟹开二 平皆崇	蟹开二 平皆见	蟹开二 上骇溪	蟹开二 平皆影
苏山乡 彭埠村	xai³	xai¹	ŋai⁵	bai²ᴬ	mai²ᴮ	dzai²ᴬ	kai¹	gai³	ŋai¹
徐埠镇 山峰村	xai³	xai⁶	ŋai⁵	bai²	mai²	dzai²	kai¹	gai³	ŋai¹
多宝乡 宝桥村	xai³	xai¹	ŋai⁵	pʱai²ᴬ	mai²ᴮ	tsʱai²ᴬ	kai¹	kʱai³	ŋai¹
左里镇 周茂村	xai³	xai⁶	ŋai⁵	bai²ᴬ	mai²ᴮ	dzai²ᴬ	kai¹	gai³	ŋai¹
都昌镇 金街岭	xai³	xai⁶	ŋai⁵	bai²ᴬ	mai²ᴮ	dzai²ᴬ	kai¹	gai³	ŋai¹
大树乡 大埠村	xai³	xai¹	ŋai⁵	bai⁶	mai²	dzai⁶	kai¹	kʱai³	ŋai¹
春桥乡 凤山村	xai³	xai⁶	ŋai⁵ᴬ	pʱai²	mai²	tsʱai²	kai¹	kʱai³	ŋai²
蔡岭镇 华山村	xai³	xai⁶	ŋai⁵ᴬ	pʱai²ᴬ	mai²ᴮ	tsʱai²ᴬ	kai⁵	kʱai³	ŋai²ᴮ
土塘镇 信和村	xai³	xai⁶	ŋai⁵	bai²	mai²	dzai²	kai¹	gai³	ŋai¹
阳峰乡 黄梅村	xεi³	xεi⁶	ŋεi⁵	bai²ᴬ	mai²ᴮ	dzai²ᴬ	kai¹	gεi³	ŋεi¹
和合乡 田坂村	xai³	xai⁶	ŋai⁵	bai²ᴬ	mai²ᴮ	dzai²ᴬ	kai¹	gai³	ŋai¹
周溪镇 输湖村	xai³	xεi⁶	ŋεi²ᴬ	bai²ᴬ	mai²ᴮ	dzai²ᴬ	kai¹	gεi³	ŋεi²ᴮ
大港镇 繁荣村	xai³	xai⁶	ŋai⁵	bai²	mai²	dzai²	kai¹	gai³	ŋai¹
中馆镇 银宝村	xai³	xai⁶	ŋai⁵	bai²	mai²	dzai²	kai¹	gai³	ŋai¹
狮山乡 老屋村	xai³	xai⁶	ŋai⁵	bai²	mai²	dzai²	kai¹	gai³	ŋai²
万户镇 长岭村	xai³	xai⁶	ŋai⁵	bai²	mai²	dzai²	kai¹	gai³	ŋai²
南峰镇 石桥村	xɔi³	xɔi⁶	ŋai⁵	bai²	mai²	dzai²	kai¹	gai³	ŋai²

续表

代表点	118 派 蟹开二 去卦滂	119 败 蟹开二 去夬並	120 买 蟹开二 上蟹明	121 奶 蟹开二 上蟹泥	122 债 蟹开二 去卦庄	123 柴 蟹开二 平佳崇	124 晒 蟹开二 去卦生	125 寨 蟹开二 去夬崇	126 街 蟹开二 平佳见
苏山乡彭埠村	bai^6	bai^1	mai^3	nai^5	$tsai^5$	$dzai^{2A}$	sai^5	$dzai^1$	kai^1
徐埠镇山峰村	bai^6	bai^1	mai^3	nai^3	$tsai^5$	$dzai^2$	sai^5	$dzai^1$	kai^1
多宝乡宝桥村	p^hai^6	p^hai^1	mai^3	nai^5	$tsai^5$	$ts^ɦai^{2A}$	sai^5	$ts^ɦai^1$	kai^1
左里镇周茂村	bai^6	bai^1	mai^3	nai^5	$tsai^5$	$dzai^{2A}$	sai^5	$dzai^1$	kai^1
都昌镇金街岭	bai^6	bai^1	mai^3	nai^3	$tsai^5$	$dzai^{2A}$	sai^5	$dzai^1$	kai^1
大树乡大埠村	bai^6	bai^1	mai^3	nai^5	$tsai^5$	$dzai^6$	sai^5	$dzai^1$	kai^1
春桥乡凤山村	p^hai^{5B}	p^hai^6	mai^3	nai^{5A}	$tsai^{5A}$	$ts^ɦai^2$	sai^{5A}	$ts^ɦai^6$	kai^1
蔡岭镇华山村	p^hai^{5B}	p^hai^6	mai^3	nai^5	$tsai^5$	$ts^ɦai^{2A}$	sai^{5A}	$ts^ɦai^6$	kai^1
土塘镇信和村	bai^6	bai^6	mai^3	nai^5	$tsai^5$	$dzai^2$	sai^5	$dzai^6$	kai^1
阳峰乡黄梅村	bai^6	bai^6	mai^3	nai^5	$tsai^5$	$dzai^{2A}$	sai^5	$dzɛi^6$	kai^1
和合乡田坂村	bai^6	bai^6	mai^3	nai^3	$tsai^5$	$dzai^{2A}$	sai^5	$dzai^6$	kai^1
周溪镇输湖村	bai^5	bai^6	mai^3	nai^3	$tsai^{2A}$	$dzai^{2A}$	sai^{2A}	$dzɛi^6$	kai^1
大港镇繁荣村	bai^6	bai^6	mai^3	nai^5	$tsai^5$	$dzai^2$	sai^5	$dzai^6$	kai^1
中馆镇银宝村	bai^6	bai^6	mai^3	nai^3	$tsai^5$	$dzai^2$	sai^5	$dzai^6$	kai^1
狮山乡老屋村	bai^5	bai^6	mai^3	nai^5	$tsai^5$	$dzai^2$	sai^5	$dzai^6$	kai^1
万户镇长岭村	bai^5	bai^6	mai^3	nai^5	$tsai^5$	$dzai^2$	sai^5	$dzai^5$	kai^1
南峰镇石桥村	bai^5	bai^6	mai^3	nai^5	$tsai^5$	$dzai^2$	sai^5	$dzai^6$	kai^1

续表

代表点	127 鞋 蟹开二平佳匣	128 矮 蟹开二上蟹影	129 世 蟹开三去祭书	130 米 蟹开四上荠明	131 底 蟹开四上荠端	132 梯 蟹开四平齐透	133 体 蟹开四上荠透	134 弟 蟹开四上荠定	135 礼 蟹开四上荠来
苏山乡彭埠村	xai²ᴬ	ŋai³	ʂʅ⁵	mi³	ti³	li¹	li³	li¹	li³
徐埠镇山峰村	xai²	ŋai³	ʂʅ⁵	mi³	ti³	li¹	li³	li¹	li³
多宝乡宝桥村	xai²ᴬ	ŋai³	ʂʅ⁵	mi³	ti³	li¹	li³	li¹	li³
左里镇周茂村	xai²ᴬ	ŋai³	ʂʅ⁵	mi³	ti³	li¹	li³	li¹	li³
都昌镇金街岭	xai²ᴬ	ŋai³	ʂʅ⁵	mi³	ti³	li¹	li³	li¹	li³
大树乡大埠村	xai⁶	ŋai³	ʂʅ⁵	mi³	ti³	li¹	li³	li¹	li³
春桥乡凤山村	xai²	ŋai³	ʂʅ⁵ᴬ	mi³	ti³	li¹	li³	tʰi⁶	tʰi³
蔡岭镇华山村	xai²ᴬ	ŋai³	ʂʅ⁵ᴬ	mi³	ti³	li¹	li³	li⁶	li³
土塘镇信和村	xai²	ŋai³	ʂʅ⁵	mi³	ti³	li¹	li³	li⁶	li³
阳峰乡黄梅村	xai²ᴬ	ŋai³	ʂʅ⁵	mi³	mi³	li¹	li³	li⁶	li³
和合乡田坂村	xai²ᴬ	ŋai³	ʂʅ⁵	mi³	ti³	li¹	li³	li⁶	li³
周溪镇输湖村	xai²ᴬ	ŋai³	ʂʅ²ᴬ	mi³	ti³	li¹	li³	li⁶	li³
大港镇繁荣村	xai²	ŋai³	ʂʅ⁵	mi³	ti³	li¹	li³	li⁶	li³
中馆镇银宝村	xai²	ŋai³	ʂʅ⁵	mi³	ti³	li¹	li³	li⁶	li³
狮山乡老屋村	xai²	ŋai³	ʂʅ⁵	mi³	ti³	li¹	li³	li⁶	li³
万户镇长岭村	xai²	ŋai³	ʂʅ⁵	mi³	ti³	li¹	li³	li⁶	li³
南峰镇石桥村	xai²ᴬ	ŋai³	ʂʅ⁵	mi³	ti³	li¹	li³	li⁶	li³

续表

代表点	136 计 蟹开四 去霁见	137 洗 蟹开四 上荠心	138 鸡 蟹开四 平齐见	139 溪 蟹开四 平齐溪	140 背 蟹合一 去队帮	141 倍 蟹合一 上贿并	142 媒 蟹合一 平灰明	143 妹 蟹合一 去队明	144 腿 蟹合一 上贿透
苏山乡 彭埠村	tɕi⁵	si³	tɕi¹	tɕi¹	pi⁵	bi¹	mi²ᴮ	mi⁶	li³
徐埠镇 山峰村	tɕi⁵	si³	tɕi¹	tɕi¹	pi⁵	bi¹	mi²	mi⁶	li³
多宝乡 宝桥村	tɕi⁵	si³	tɕi¹	tɕi¹	pi⁵	pʱi⁶	mi²ᴮ	mi⁶	li³
左里镇 周茂村	tɕi⁵	si³	tɕi¹	tɕi¹	pi⁵	bi¹	mi²ᴮ	mi⁶	li³
都昌镇 金街岭	tɕi⁵	si³	tɕi¹	tɕi¹	pi⁵	bi¹	mi²ᴮ	mi⁶	li³
大树乡 大埠村	tɕi⁵	si³	tɕi¹	tɕi¹	pi⁵	bi⁶	mi²	mi⁶	li³
春桥乡 凤山村	tɕi⁵ᴬ	si³	tɕi¹	çi¹	pi⁵ᴬ	pʱi⁶	mi²	mi⁶	li³
蔡岭镇 华山村	tɕi⁵ᴬ	si³	tɕi¹	tɕi¹	pi⁵ᴬ	pʱi⁶	mi²ᴮ	mi⁶	li³
土塘镇 信和村	tɕi⁵	si³	tɕi¹	tɕi¹	pi⁵	bi⁶	mi²	mi⁶	li³
阳峰乡 黄梅村	tɕi⁵	si³	tɕi¹	tɕi¹	pi⁵	bi⁶	mi²ᴮ	mi⁶	li³
和合乡 田坂村	tɕi⁵	si³	tɕi¹	tɕi¹	pi⁵	bi⁶	mi²ᴮ	mi⁶	li³
周溪镇 输湖村	tɕi²ᴬ	si³	tɕi¹	tɕi¹	pi²ᴬ	bi⁵	mi²ᴮ	mi⁶	li³
大港镇 繁荣村	tɕi⁵	si³	tɕi¹	tɕi¹	pi⁵	bi⁶	mi²	mi⁶	li³
中馆镇 银宝村	tɕi⁵	si³	tɕi¹	tɕi¹	pi⁵	bi⁶	mi²	mi⁶	dai³
狮山乡 老屋村	tɕi⁵	si³	tɕi¹	tɕi¹	pi⁵	bi⁶	mi²	mi⁶	li³
万户镇 长岭村	tɕi⁵	si³	tɕi¹	tɕi¹	pi⁵	bi⁶	mi²	mi⁶	li³
南峰镇 石桥村	tɕi⁵	si³	tɕi¹	tɕi¹	pɔi⁵	bi⁶	mɔi²	mi⁶	dɔi³

代表点	145	146	147	148	149	150	151	152	153
	退	队	罪	汇	会~不~	快	坏	画	话
	蟹合一 去队透	蟹合一 去队定	蟹合一 上贿从	蟹合一 上贿匣	蟹合一 去泰匣	蟹合二 去夬溪	蟹合二 去怪匣	蟹合二 去卦匣	蟹合二 去夬匣
苏山乡 彭埠村	li^6	ti^5	dzi^1	ɸui^6	ui^6	uai^6	ɸuai^6	ɸua^6	ua^6
徐埠镇 山峰村	li^6	ti^5	dzi^1	ɸui^6	ui^6	uai^6	ɸuai^6	ɸua^6	ua^6
多宝乡 宝桥村	li^6	ti^5	tsʰi^1	ɸui^6	ɸui^6	uai^6	ɸuai^6	ɸua^6	ua^6
左里镇 周茂村	li^6	ti^5	dzi^1	ɸui^6	ui^6	uai^6	ɸuai^6	ɸua^6	ua^6
都昌镇 金街岭	li^6	ti^5	dzi^1	ɸui^6	ɸui^6	guai^6	ɸuai^6	ɸua^6	ua^6
大树乡 大埠村	li^6	ti^5	tsʰi^1	ɸui^6	ɸui^6	uai^6	ɸuai^6	ɸua^6	ua^6
春桥乡 凤山村	tʰi^{5B}	ti^{5A}	tsʰi^6	ɸui^6	ui^6	kʰuai^{5B}	ɸuai^6	ɸua^6	ɸua^6
蔡岭镇 华山村	li^{5B}	ti^{5A}	tsʰi^6	ɸui^6	ɸui^6	uai^{5B}	ɸuai^6	ɸua^6	ua^6
土塘镇 信和村	li^6	ti^5	dzi^6	ɸui^6	ɸui^6	gua^6	ɸuai^6	ɸua^6	ua^6
阳峰乡 黄梅村	li^6	ti^5	dzi^6	ɸui^6	ɸui^6	uai^6	ɸuai^6	ɸua^6	ua^6
和合乡 田坂村	li^6	ti^5	dzi^6	ɸui^6	ɸui^6	uai^6	ɸuai^6	ɸua^6	ua^6
周溪镇 输湖村	li^5	ti^{2A}	dzi^6	ɸui^6	ui^6	uai^5	ɸuai^6	ɸua^6	ua^6
大港镇 繁荣村	li^6	ti^5	dzi^6	ɸui^6	ɸui^6	guai^6	ɸuai^6	ɸua^6	ua^6
中馆镇 银宝村	li^5	ti^5	dzi^6	ɸui^6	ɸui^6	guai^5	ɸuai^6	ɸua^6	ua^6
狮山乡 老屋村	li^5	ti^5	dzi^6	ɸui^6	ɸui^6	guai^5	ɸuai^6	ɸua^6	ua^6
万户镇 长岭村	li^5	ti^5	dzi^1	ɸui^6	ɸui^1	guai^5	ɸuai^6	ɸua^6	ua^6
南峰镇 石桥村	li^5	ti^5	dzi^6	ɸuei^6	uei^6	guai^5	ɸuai^6	ɸua^6	ua^6

代表点	154 岁 蟹合三去祭心	155 税 蟹合三去祭书	156 肺 蟹合三去废敷	157 惠 蟹合四去霁匣	158 被 止开三上纸并	159 离~开 止开三平支来	160 刺 止开三去真清	161 撕 止开三平支心	162 池 止开三平支澄
苏山乡彭埠村	si⁵	sʅ⁵	ɸui⁵	ɸui⁶	bi¹	li²ᴬ	dzʅ⁶	tsɛ¹	dzʅ²ᴬ
徐埠镇山峰村	si⁵	sʅ⁵	ɸui⁵	ɸui⁶	bi¹	li²	dzʅ⁶	sʅ¹	dzʅ²
多宝乡宝桥村	si⁵	sʅ⁵	ɸui⁵	ɸui⁶	pʰi¹	li²ᴬ	tsʰʅ⁶	tsɛ¹	tʂʰʅ²ᴬ
左里镇周茂村	si⁵	sʅ⁵	ɸui⁵	ɸui⁶	bi¹	li²ᴮ	dzʅ⁶	sʅ¹	dzʅ²ᴬ
都昌镇金街岭	si⁵	sʅ⁵	ɸui⁵	ɸui⁶	bi¹	li²ᴮ	dzʅ⁶	tsɛ¹	dzʅ²ᴬ
大树乡大埠村	si⁵	sʅ⁵	ɸui⁵	ɸui⁶	bi¹	li²	dzʅ⁶	tsɛ¹	tʂʰʅ⁶
春桥乡凤山村	si⁵ᴬ	ʂu⁵ᴬ	ɸui⁵ᴬ	ɸui⁶	pʰi⁶	tʰi²	tsʰʅ⁵ᴮ	tsʅ¹	tʂʰʅ²
蔡岭镇华山村	si⁵ᴬ	ʂʅ⁵ᴬ	ɸui⁵ᴬ	ɸui⁶	pʰi⁶	li²ᴬ	tsʰʅ⁵ᴮ	tsɛ¹	tʂʰʅ²ᴬ
土塘镇信和村	si⁵	sʅ⁵	ɸui⁵	ɸui⁶	bi⁶	li²	zʅ⁶	sʅ¹	dzʅ²
阳峰乡黄梅村	si⁵	sʅ⁵	ɸui⁵	ɸui⁶	bi⁶	li²ᴮ	dzʅ⁶	tsɛ¹	dzʅ²ᴬ
和合乡田坂村	si⁵	sʅ⁵	ɸui⁵	ɸui⁶	bi⁶	li²ᴮ	zʅ⁶	sʅ¹	zʅ²ᴬ
周溪镇输湖村	si²ᴬ	ʂɛi²ᴬ	ɸui²ᴬ	ɸui⁶	bi⁶	li²ᴮ	dzʅ⁵	tsɛ¹	dzʅ²ᴬ
大港镇繁荣村	si⁵	sʅ⁵	ɸui⁵	ɸui⁶	bi⁶	li²	zʅ⁶	sʅ¹	zʅ²
中馆镇银宝村	si⁵	ɕy⁵	ɸui⁵	ɸui⁶	bi⁶	li²	zʅ⁵	sʅ¹	zʅ²
狮山乡老屋村	si⁵	ʂʅ⁵	ɸui⁵	ɸui⁶	bi⁶	li²	dzʅ⁵	tsʅ¹	dzʅ²
万户镇长岭村	si⁵	ɕy⁵	ɸui⁵	ɸui⁶	bi⁶	li²	zʅ⁵	sʅ¹	zʅ²
南峰镇石桥村	si⁵	ʂʅ⁵	ɸuei⁵	ɸuei⁶	bi⁶	li²	dzʅ⁵	tsʅ¹	dzʅ²

续表

代表点	163 舐 止开三 上纸船	164 是 止开三 上纸禅	165 儿 止开三 平支日	166 骑 止开三 平支群	167 徛 止开三 上纸群	168 技 止开三 上纸群	169 鼻 止开三 去至並	170 地 止开三 去至定	171 梨 止开三 平脂来
苏山乡彭埠村	ʂe^6	ɳʅ^6	ɚ^{2B}	dʑi^{2A}	dʑi^1	dʑi^1	bil^8	li^1	li^{2B}
徐埠镇山峰村	ʂe^6	ɳʅ^6	ɚ^2	i^2	i^1	i^1	bi^6	li^1	li^2
多宝乡宝桥村	ʂe^6	ɳʅ^6	ɚ^{2B}	i^{2A}	i^1	i^1	bil^8	li^1	li^{2B}
左里镇周茂村	ʂe^6	ɳʅ^6	ɚ^{2B}	i^{2A}	i^1	i^1	bi^6	li^1	li^{2B}
都昌镇金街岭	ʂe^6	ɳʅ^6	ɚ^{2B}	i^{2A}	i^1	i^1	bi^6	li^1	li^{2B}
大树乡大埠村	ʂe^6	ɳʅ^6	ɚ^2	i^6	i^1	i^1	bil^8	li^1	li^2
春桥乡凤山村	ʂe^6	ɳʅ^6	ɚ^2	tɕi$^{ɦ·2}$	tɕi$^{ɦ·6}$	tɕi$^{ɦ·6}$	pi$^{ɦ·6}$	ti$^{ɦ·6}$	ti$^{ɦ·2}$
蔡岭镇华山村	ʂe^6	ɳʅ^6	ɚ^{2B}	i^{2A}	i^6	i^6	pi$^{ɦ·6}$	li^6	li^{2B}
土塘镇信和村	ɳʅ^6	ɳʅ^6	ɚ^2	i^2	i^6	i^6	bil^{7B}	li^6	li^2
阳峰乡黄梅村	ʂe^6	ɳʅ^6	ɚ^{2B}	i^{2A}	i^6	i^6	bi^6	li^6	li^{2B}
和合乡田坂村	ʂe^6	ɳʅ^6	ɚ^{2B}	i^{2A}	i^6	i^6	bi^6	li^6	li^{2B}
周溪镇输湖村	ʂe^6	ɳʅ^5	ɘ^{2B}	i^{2A}	i^6	i^6	bi^6	li^6	li^{2B}
大港镇繁荣村	ʂe^6	ɳʅ^6	ɚ^2	dʑi^2	dʑi^6	dʑi^6	bi^6	li^6	li^2
中馆镇银宝村	ʂe^6	ɳʅ^6	ɚ^2	dʑi^2	dʑi^2	dʑi^6	bi^6	li^6	li^2
狮山乡老屋村	ʂe^6	ɳʅ^6	ɚ^2	dʑi^2	dʑi^2	dʑi^6	bi^6	li^6	li^2
万户镇长岭村	ɳʅ^6	ɳʅ^6	ɚ^2	dʑi^2	dʑi^2	dʑi^6	bi^6	li^6	li^2
南峰镇石桥村	ʂe^6	ɳʅ^6	ɚ^2	dʑi^2	dʑi^2	dʑi^6	bi^6	li^6	li^2

续表

代表点	172	173	174	175	176	177	178	179	180
	自	死	屎	二	李	字	柿	事	诗
	止开三去至从	止开三上旨心	止开三上旨书	止开三去至日	止开三上止来	止开三去志从	止开三上止崇	止开三去志崇	止开三平之书
苏山乡彭埠村	dzɿ^1	sɿ^3	ʂʅ^3	ɚ^6	li^3	dzɿ^1	dzɿ^1	sɿ^6	ʂʅ^1
徐埠镇山峰村	dzɿ^1	sɿ^3	ʂʅ^3	ɚ^6	li^3	dzɿ^1	dzɿ^1	sɿ^6	ʂʅ^1
多宝乡宝桥村	sɿ^6	sɿ^3	ʂʅ^3	ɚ^6	li^3	tsʰɿ^1	tsʰɿ^1	sɿ^6	ʂʅ^1
左里镇周茂村	dzɿ^1	sɿ^3	ʂʅ^3	ɚ^6	li^3	dzɿ^1	dzɿ^1	sɿ^6	ʂʅ^1
都昌镇金街岭	sɿ^6	sɿ^3	ʂʅ^3	ɚ^6	li^3	dzɿ^1	dzɿ^1	sɿ^6	ʂʅ^1
大树乡大埠村	dzɿ^6	sɿ^3	ʂʅ^3	ɚ^6	li^3	dzɿ^1	dzɿ^1	sɿ^6	ʂʅ^1
春桥乡凤山村	tsʰɿ^6	sɿ^3	ʂʅ^3	ɚ^6	tʰi^3	tsʰɿ^6	tsʰɿ^6	sɿ^6	ʂʅ^1
蔡岭镇华山村	dzɿ^6	sɿ^3	ʂʅ^3	ɚ^6	li^3	tsʰɿ^6	tsʰɿ^6	sɿ^6	ʂʅ^1
土塘镇信和村	zɿ^6	sɿ^3	ʂʅ^3	ɚ^6	li^3	zɿ^6	zɿ^6	sɿ^6	ʂʅ^1
阳峰乡黄梅村	dzɿ^6	sɿ^3	ʂʅ^3	ɚ^6	li^3	dzɿ^6	dzɿ^6	sɿ^6	ʂʅ^1
和合乡田坂村	zɿ^6	sɿ^3	ʂʅ^3	ɚ^6	li^3	zɿ^6	zɿ^6	sɿ^6	ʂʅ^1
周溪镇输湖村	dzɿ^6	sɿ^3	ʂʅ^3	ə^6	li^3	dzɿ^6	dzɿ^6	sɿ^6	ʂʅ^1
大港镇繁荣村	zɿ^6	sɿ^3	ʂʅ^3	ɚ^6	li^3	zɿ^6	zɿ^6	sɿ^6	ʂʅ^1
中馆镇银宝村	zɿ^6	sɿ^3	ʂʅ^3	ɚ^6	li^3	zɿ^6	sɿ^6	sɿ^6	ʂʅ^1
狮山乡老屋村	dzɿ^6	sɿ^3	ʂʅ^3	ɚ^6	li^3	dzɿ^6	sɿ^6	sɿ^6	ʂʅ^1
万户镇长岭村	zɿ^6	sɿ^3	ʂʅ^3	ɚ^6	li^3	zɿ^6	zɿ^6	sɿ^6	ʂʅ^1
南峰镇石桥村	dzɿ^6	sɿ^3	ʂʅ^3	ɚ^6	li^3	dzɿ^6	sɿ^6	sɿ^6	ʂʅ^1

续表

代表点	181	182	183	184	185	186	187	188	189
	市	基	欺	起	旗	气	吹	亏	跪
	止开三 上止禅	止开三 平之见	止开三 平之溪	止开三 上止溪	止开三 平之群	止开三 去未溪	止合三 平支昌	止合三 平支溪	止合三 上纸群
苏山乡 彭埠村	$ʂʅ^6$	$tɕi^1$	$dʑi^1$	$dʑi^3$	$dʑi^{2A}$	$dʑi^6$	$dʐu^1$	gui^1	kui^5
徐埠镇 山峰村	$ʂʅ^6$	$tɕi^1$	i^1	i^3	i^2	i^6	$dʐu^1$	ui^1	kui^5
多宝乡 宝桥村	$ʂʅ^6$	$tɕi^1$	i^1	i^3	i^{2A}	i^6	$tʂ^ɦu^1$	ui^1	kui^5
左里镇 周茂村	$ʂʅ^6$	$tɕi^1$	i^1	i^3	i^{2A}	i^6	$dʐu^1$	ui^1	kui^5
都昌镇 金街岭	$ʂʅ^6$	$tɕi^1$	i^1	i^3	i^{2A}	i^6	$dʐu^1$	ui^1	kui^5
大树乡 大埠村	$ʂʅ^6$	$tɕi^1$	i^1	i^3	i^6	i^6	$dʐu^1$	ui^1	kui^5
春桥乡 凤山村	$ʂʅ^6$	$tɕi^1$	$tɕ^ɦi^1$	$tɕ^ɦi^3$	$tɕ^ɦi^2$	$tɕ^ɦi^{5B}$	$tʂ^ɦu^1$	$k^ɦui^1$	kui^{5A}
蔡岭镇 华山村	$ʂʅ^6$	$tɕi^1$	i^1	i^3	i^{2A}	i^{5B}	$tʂ^ɦu^1$	ui^1	kui^{5A}
土塘镇 信和村	$ʂʅ^6$	$tɕi^1$	$dʑi^1$	$dʑi^3$	$dʑi^2$	$dʑi^6$	$dʐu^1$	gui^1	kui^5
阳峰乡 黄梅村	$ʂʅ^6$	$tɕi^1$	i^1	i^3	i^{2A}	i^6	$dʐu^1$	ui^1	kui^5
和合乡 田坂村	$ʂʅ^6$	$tɕi^1$	i^1	i^3	i^{2A}	i^6	$dʐu^1$	ui^1	kui^5
周溪镇 输湖村	$ʂʅ^6$	$tɕi^1$	i^1	i^3	i^{2A}	i^5	$dʐu^1$	ui^1	kui^{2A}
大港镇 繁荣村	$ʂʅ^6$	$tɕi^1$	$dʑi^1$	$dʑi^3$	$dʑi^2$	$dʑi^6$	$dʐy^1$	gui^1	kui^5
中馆镇 银宝村	$ʂʅ^6$	$tɕi^1$	$dʑi^1$	$dʑi^3$	$dʑi^2$	$dʑi^5$	$dʐy^1$	gui^1	kui^5
狮山乡 老屋村	$ʂʅ^6$	$tɕi^1$	$dʑi^1$	$dʑi^3$	$dʑi^5$	$dʑi^5$	$dʐy^1$	gui^1	kui^5
万户镇 长岭村	$ʂʅ^6$	$tɕi^1$	$dʑi^1$	$dʑi^3$	$dʑi^2$	$dʑi^5$	$dʐy^1$	gui^1	kui^5
南峰镇 石桥村	$ʂʅ^6$	$tɕi^1$	$dʑi^1$	$dʑi^3$	$dʑi^{2A}$	$dʑi^5$	$dʐu^1$	$guei^1$	$kuei^5$

续表

代表点	190 醉 止合三去至精	191 锤 止合三平脂澄	192 水 止合三上旨书	193 葵 止合三平脂群	194 柜 止合三去至群	195 飞 止合三平微非	196 肥 止合三平微奉	197 尾 止合三上尾微	198 魏 止合三去未疑
苏山乡彭埠村	tsi⁵	dzʐ²ᴬ	ʂu³	dzi²ᴬ	gui¹	ɸui¹	ɸui²ᴮ	mi³	ui⁶
徐埠镇山峰村	tsi⁵	dzʐ²	ʂu³	i²	i¹	ɸui¹	ɸui²	mi³	ui⁶
多宝乡宝桥村	tsi⁵	tʂʰu²ᴬ	ʂu³	tsʰi²ᴬ	kʰui¹	ɸui¹	ɸui²ᴮ	mi³	ɲi⁶
左里镇周茂村	tsi⁵	dzʐ²ᴬ	ʂu³	gui²ᴬ	i¹	ɸui¹	ɸui²ᴮ	mi³	i⁶
都昌镇金街岭	tsi⁵	dzʐ²ᴬ	ʂu³	gui²ᴬ	i¹	ɸui¹	ɸui²ᴮ	mi³	ui⁶
大树乡大埠村	tsi⁵	dzʐ⁶	ʂu³	dzi⁶	i¹	ɸui¹	ɸui²	mi³	ɲi⁶
春桥乡凤山村	tsi⁵ᴬ	tʂʰu²	ʂu³	kʰui²	kʰui⁶	ɸui¹	ɸui²	mi³	ui⁶
蔡岭镇华山村	tɕi⁵ᴬ	tʂʰu²ᴬ	ʂu³	ɸui²ᴬ	i¹	ɸui¹	ɸui²ᴮ	mi³	ui⁶
土塘镇信和村	tsi⁵	dzʐ²	ʂu³	gui²	gui⁶	ɸui¹	ɸui²	mi³	ɲi⁶
阳峰乡黄梅村	tsi⁵	dzʐ²ᴬ	ʂu³	dzi²ᴬ	i⁶	ɸui¹	ɸui²ᴮ	mi³	ɲi⁶
和合乡田坂村	tsi⁵	dzʐ²ᴬ	ʂu³	dzi²ᴬ	gui⁶	ɸui¹	ɸui²ᴮ	mi³	ɲi⁶
周溪镇输湖村	tsi²ᴬ	dzʐ²ᴬ	ʂu³	dzi²ᴬ	ui⁶	ɸui¹	ɸui²ᴮ	mi³	ɲi⁶
大港镇繁荣村	tsi⁵	dzʐ²	ɕy³	gui²	gui⁶	ɸui¹	ɸui²	mi³	ɲi⁶
中馆镇银宝村	tsi⁵	dzʑ²	ɕy³	dzʑ²	dzʑ⁶	ɸui¹	ɸui²	mi³	ui⁶
狮山乡老屋村	tsi⁵	dzʑ²	ɕy³	dzʑ²	dzʑ⁶	ɸui¹	ɸui²	mi³	ɲi⁶
万户镇长岭村	tsi⁵	dzʑ²	ɕy³	gui²	dzʑ⁶	ɸui¹	ɸui²	mi³	ɲy⁶
南峰镇石桥村	tsi⁵	dzʐ̩²	ʂʐ̩³	guei²	dzʐ̩⁶	ɸuei¹	ɸuei²	mi³	uei⁶

续表

代表点	199	200	201	202	203	204	205	206	207
	胃	宝	袍	抱	毛	帽	刀	讨	套
	止合三去未云	效开一上皓帮	效开一平豪並	效开一上皓並	效开一平豪明	效开一去号明	效开一平豪端	效开一上皓透	效开一去号透
苏山乡彭埠村	ui⁶	pau³	bau²ᴬ	bau¹	mau²ᴮ	mau⁶	tau¹	lau³	lau⁶
徐埠镇山峰村	ui⁶	pau³	bau²	bau¹	mau²	mau⁶	tau¹	lau³	lau⁶
多宝乡宝桥村	ui⁶	pau³	pʰau²ᴬ	pʰau¹	mau²ᴮ	mau⁶	tau¹	lau³	lau⁶
左里镇周茂村	ui⁶	pau³	bau²ᴬ	bau¹	mau²ᴮ	mau⁶	tau¹	lau³	lau⁶
都昌镇金街岭	ui⁶	pau³	bau²ᴬ	bau¹	mau²ᴮ	mau⁶	tau¹	lau³	lau⁶
大树乡大埠村	ui⁶	pau³	pʰau⁶	bau¹	mau²	mau⁶	tau¹	lau³	lau⁶
春桥乡凤山村	ui⁶	pau³	pʰau²	pʰau⁶	mau²	mau⁶	tau¹	tʰau¹	tʰau⁵ᴮ
蔡岭镇华山村	ui⁶	pau³	pʰau²ᴬ	pʰau⁶	mau²ᴮ	mau⁶	tau¹	lau³	lau⁵ᴮ
土塘镇信和村	ui⁶	pau³	bau²	bau⁶	mau²	mau⁶	tau¹	dau³	dau⁶
阳峰乡黄梅村	ui⁶	pau³	bau²ᴬ	bau⁶	mau²ᴮ	mau⁶	tau¹	lau³	lau⁶
和合乡田坂村	ui⁶	pau³	bau²ᴬ	bau⁶	mau²ᴮ	mau⁶	tau¹	lau³	lau⁶
周溪镇输湖村	ui⁶	pau³	bau²ᴬ	bau⁶	mau²ᴮ	mau⁶	tau¹	lau³	lau⁵
大港镇繁荣村	ui⁶	pau³	bau²	bau⁶	mau²	mau⁶	tau¹	dau³	dau⁶
中馆镇银宝村	ui⁶	pau³	bau²	bau⁶	mau²	mau⁶	tau¹	dau³	dau⁵
狮山乡老屋村	ui⁶	pau³	bau²	bau⁶	mau²	mau⁶	tau¹	dau³	dau⁵
万户镇长岭村	ui⁵	pau³	bau²	bau⁶	mau²	mau⁶	tau¹	dau³	dau⁵
南峰镇石桥村	uei⁵	pau³	bau²	bau⁶	mau²	mau⁶	tau¹	dau³	dau⁵

续表

代表点	208 桃 效开一平豪定	209 道 效开一上皓定	210 牢 效开一平豪来	211 老 效开一上皓来	212 早 效开一上皓精	213 草 效开一上皓清	214 曹 效开一平豪从	215 造 效开一上皓从	216 嫂 效开一上皓心
苏山乡彭埠村	lau^{2A}	lau^1	lau^{2B}	lau^3	tsau^3	dzau^3	dzau^{2A}	dzau^6	sau^3
徐埠镇山峰村	lau^2	lau^1	lau^2	lau^3	tsau^3	dzau^3	dzau^2	dzau^1	sau^3
多宝乡宝桥村	lau^{2A}	lau^1	lau^{2B}	lau^3	tsau^3	tsʰau^3	tsʰau^{2A}	tsʰau^6	sau^3
左里镇周茂村	lau^{2A}	lau^1	lau^{2B}	lau^3	tsau^3	dzau^3	dzau^{2A}	dzau^1	sau^3
都昌镇金街岭	lau^{2A}	lau^1	lau^{2B}	lau^3	tsau^3	dzau^3	dzau^{2A}	dzau^1	sau^3
大树乡大埠村	lau^6	lau^1	lau^2	lau^3	tsau^3	dzau^3	dzau^6	dzau^6	sau^3
春桥乡凤山村	tʰau^2	tʰau^6	lau^2	lau^3	tsau^3	tsʰau^3	tsʰau^2	tsʰau^{5B}	sau^3
蔡岭镇华山村	lau^{2A}	lau^6	lau^{2B}	lau^3	tsau^3	tsʰau^3	tsʰau^{2A}	tsʰau^6	sau^3
土塘镇信和村	dau^2	dau^6	lau^2	lau^3	tsau^3	dzau^3	dzau^2	dzau^6	sau^3
阳峰乡黄梅村	lau^{2A}	lau^6	lau^{2B}	lau^3	tsau^3	dzau^3	dzau^{2A}	dzau^6	sau^3
和合乡田坂村	lau^{2A}	lau^6	lau^{2B}	lau^3	tsau^3	dzau^3	dzau^{2A}	dzau^6	sau^3
周溪镇输湖村	lau^{214}	lau^6	lau^{2B}	lau^3	tsau^3	dzau^3	dzau^{2A}	dzau^5	sau^3
大港镇繁荣村	dau^2	dau^6	lau^2	lau^3	tsau^3	dzau^3	dzau^2	dzau^6	sau^3
中馆镇银宝村	dau^2	dau^6	lau^2	lau^3	tsau^3	dzau^3	dzau^2	dzau^6	sau^3
狮山乡老屋村	dau^2	dau^6	lau^2	lau^3	tsau^3	dzau^3	dzau^2	dzau^6	sau^3
万户镇长岭村	dau^2	dau^6	lau^2	lau^3	tsau^3	dzau^3	dzau^2	dzau^6	sau^3
南峰镇石桥村	dau^2	dau^6	lau^2	lau^3	tsau^3	dzau^3	dzau^2	dzau^6	sau^3

代表点	217 考 效开一 上皓溪	218 靠 效开一 去号溪	219 熬 效开一 平豪疑	220 号 效开一 去号匣	221 猫 效开二 平肴明	222 交 效开二 平肴见	223 敲 效开二 平肴溪	224 巧 效开二 上巧溪
苏山乡彭埠村	gau³	gau⁶	ŋau²ᴮ	xau¹	mau¹	tɕiau¹	gau¹	dʑiau³
徐埠镇山峰村	gau³	gau⁶	ŋau²	xau¹	mau¹	kau¹/tɕiau¹	gau¹	iau³
多宝乡宝桥村	kʱau³	kʱau⁶	ŋau²ᴮ	xau¹	mau¹	tɕiau¹	kʱau¹	iau³
左里镇周茂村	gau³	gau⁶	ŋau²ᴮ	xau¹	mau¹	kau¹/tɕiau¹	gau¹	iau³
都昌镇金街岭	gau³	gau⁶	ŋau²ᴮ	xau¹	mau¹	kau¹/tɕiɛu¹	gau¹	iɛu³
大树乡大埠村	gau³	gau⁶	ŋau²	xau¹	mau¹	tɕiau¹	gau¹	iɛu³
春桥乡凤山村	kʱau³	kʱau⁵ᴮ	ŋau²	xau⁶	mau¹	tɕiau¹	kʱau¹	tɕʱiau³
蔡岭镇华山村	kʱau³	kʱau⁵ᴮ	ŋau²ᴮ	xau⁶	mau¹	tɕiau¹	kʱau¹	kʱiau³
土塘镇信和村	gau³	gau⁶	ŋau²	xau⁶	mau¹	kau¹	gau¹	dʑiɛu³
阳峰乡黄梅村	gau³	gau⁶	ŋau²ᴮ	xau⁶	mau¹	kau¹	gau¹	iau³
和合乡田坂村	gau³	gau⁶	ŋau²ᴮ	xau⁶	mau¹	kau¹	gau¹	iau³
周溪镇输湖村	gau³	gau⁵	ŋau²ᴮ	xau¹	mau¹	kau¹	gau¹	iau³
大港镇繁荣村	gau³	gau⁶	ŋau²	xau⁶	mau²	kau¹	gau¹	dʑiɛu³
中馆镇银宝村	gau³	gau⁵	ŋau²	xau⁶	mau²	tɕiau¹	gau¹	dʑiau³
狮山乡老屋村	gau³	gau⁵	ŋau²	xau⁶	mau¹	kau¹	gau¹	dʑiɛu³
万户镇长岭村	gau³	gau⁵	ŋau²	xau⁶	mau²	tɕiɛu¹	gau¹	dʑiɛu³
南峰镇石桥村	gau³	gau⁵	ŋau²	xau⁶	mau¹	kau¹	gau¹	dʑiau³

续表

代表点	225 孝 效开二 去效晓	226 效 效开二 去效匣	227 锹 效开三 平宵清	228 朝今~ 效开三 平宵知	229 赵 效开三 上小澄	230 少多~ 效开三 上小书	231 轿 效开三 去笑群
苏山乡 彭埠村	ɕiau^5	ɕiau^6	dziau^1	tʂau^1	dʐau^1	ʂau^3	iau^1
徐埠镇 山峰村	xau^6/ ɕiau^5	ɕiau^6	dziau^1	tʂau^1	dʐau^1	ʂau^3	iau^1
多宝乡 宝桥村	ɕiau^5	ɕiau^6	tɕ^{ɦ}iau^1	tʂau^1	tʂ^{ɦ}au^1	ʂau^3	iau^1
左里镇 周茂村	xau^6/ ɕiau^5	ɕiau^6	dziau^1	tʂau^1	dʐau^1	ʂau^3	iau^1
都昌镇 金街岭	xau^6/ ɕiɛu^5	ɕiɛu^6	dziɛu^1	tʂau^1	dʐau^1	ʂau^3	iɛu^1
大树乡 大埠村	ɕiau^5	ɕiau^6	dziɛu^1	tʂɛu^1	dʐɛu^1	ʂɛu^3	iɛu^6
春桥乡 凤山村	ɕiau^5	ɕiau^6	ts^{ɦ}iau^1	tʂau^1	tʂ^{ɦ}au^6	ʂau^3	tɕ^{ɦ}iau^6
蔡岭镇 华山村	ɕiau^{5A}	ɕiau^6	tɕ^{ɦ}iau^1	tʂau^1	tʂ^{ɦ}au^6	ʂau^3	iau^6
土塘镇 信和村	ɕiɛu^5	ɕiɛu^6	dziɛu^1	tʂɛu^1	dʐɛu^6	ʂɛu^3	iɛu^6
阳峰乡 黄梅村	xau^6/ ɕiau^5	ɕiau^6	dziɛu^1	tʂɛu^1	dʐɛu^6	ʂɛu^3	iɛu^6
和合乡 田坂村	xau^6/ ɕiau^5	ɕiau^6	dziɛu^1	tʂɛu^1	dʐɛu^6	ʂɛu^3	iɛu^6
周溪镇 输湖村	ɕiau^{2A}	ɕiau^6	dziɛu^1	tʂɛu^1	dʐɛu^{2A}	ʂɛu^3	iɛu^6
大港镇 繁荣村	ɕiɛu^5	ɕiɛu^6	dziɛu^1	tʂɛu^1	dʐɛu^6	ʂɛu^3	dziɛu^6
中馆镇 银宝村	xau^6/ ɕiau^5	ɕiau^6	dziau^1	tʂau^1	dʐau^1	ʂau^3	dziau^6
狮山乡 老屋村	xau^5/ ɕiɛu^5	ɕiɛu^6	dziɛu^1	tʂɛu^1	dʐɛu^6	ʂɛu^3	dziɛu^6
万户镇 长岭村	xau^5/ ɕiɛu^5	ɕiɛu^6	dziɛu^1	tʂɛu^1	dʐɛu^6	ʂɛu^3	dziɛu^6
南峰镇 石桥村	ɕiau^5	ɕiau^5	dziau^1	tʂau^1	dʐau^6	ʂau^3	dziau^6

续表

代表点	232 腰 效开三平宵影	233 鸟 效开四上篠端	234 跳 效开四去啸透	235 尿 效开四去啸泥	236 窍 效开四去啸溪	237 晓 效开四上篠晓	238 亩 流开一上厚明	239 姆 流开一上候明	240 偷 流开一平侯透
苏山乡彭埠村	iau¹	tiau³	liau⁶	ȵiau⁶	dʑiau⁶	ɕiau³	mɛu³	m̩³	lɛu¹
徐埠镇山峰村	iau¹	tiau³	liau⁶	ȵiau⁶	iau⁶	ɕiau³	mɛu³	m̩³	lɛu¹
多宝乡宝桥村	iau¹	tiau³	tʰiau⁶	ȵiau⁶	iau⁶	ɕiau³	mɛu³	m̩³	lɛu¹
左里镇周茂村	iau¹	tiau³	liau⁶	ȵiau⁶	iau⁶	ɕiau³	mɛu³	m̩³	lɛu¹
都昌镇金街岭	iɛu¹	tiɛu³	liɛu⁶	ȵiɛu⁶	iɛu⁶	ɕiɛu³	mɛu³	m̩³	lau¹
大树乡大埠村	iɛu¹	tiɛu³	liɛu⁶	ȵiɛu⁶	iɛu⁶	ɕiɛu³	mɛu³	m̩³	lɛu¹
春桥乡凤山村	iau¹	tiau³	tʰiau⁵ᴮ	ȵiau⁶	tɕʰiau⁵ᴮ	ɕiau³	mɛu³	m̩¹	tʰɛu¹
蔡岭镇华山村	iau¹	tiau³	tʰau⁵ᴮ	ȵiau⁶	iau⁵ᴮ	ɕiau³	mɛu³	m̩³	lɛu¹
土塘镇信和村	iɛu¹	tiɛu³	liɛu⁶	ȵiɛu⁵	dʑiɛu⁶	ɕiɛu³	mɛu³	m̩³	dɛu¹
阳峰乡黄梅村	iɛu¹	tiɛu³	liɛu⁶	ȵiɛu⁶	iɛu⁶	ɕiɛu³	mɛu³	m̩¹	lɛu¹
和合乡田坂村	iɛu¹	tiɛu³	liɛu⁶	ȵiɛu⁶	iɛu⁶	ɕiɛu³	mɛu³	m̩¹	lɛu¹
周溪镇输湖村	iɛu¹	tiɛu³	liɛu⁶	ȵiɛu⁶	iɛu⁵	ɕiɛu³	mɛu³	m̩¹	lɛu¹
大港镇繁荣村	iɛu¹	tiɛu³	liɛu⁶	ȵiɛu⁶	dʑiɛu⁶	ɕiɛu³	mɛu³	m̩¹	dɛu¹
中馆镇银宝村	iau¹	tiau³	liau⁵	ȵiau⁶	dʑiau⁶	ɕiau³	mɛu³	m̩³	dɛu¹
狮山乡老屋村	iɛu¹	tiɛu³	liɛu⁵	ȵiɛu⁶	dʑiɛu⁵	ɕiɛu³	mɛu³	m̩¹	dɛu¹
万户镇长岭村	iɛu¹	tiɛu³	liɛu⁵	ȵiɛu⁵	dʑiɛu⁶	ɕiɛu³	mɛu³	m̩³	dɛu¹
南峰镇石桥村	iau¹	tiau³	liau⁵	ȵiau⁶	dʑiau⁵	ɕiau³	mɛu³	m̩³	dɛu¹

| 代表点 | 241 | 242 | 243 | 244 | 245 | 246 | 247 | 248 | 249 |
| | 头 | 豆 | 楼 | 走 | 沟 | 狗 | 口 | 扣 | 藕 |
	流开一平侯定	流开一去候定	流开一平侯来	流开一上厚精	流开一平侯见	流开一上厚见	流开一上厚溪	流开一去候溪	流开一上厚疑
苏山乡彭埠村	lɛu²ᴬ	lɛu¹	lɛu²ᴮ	tsɛu³	kɛu¹	kɛu³	gɛu³	gɛu⁶	ŋɛu³
徐埠镇山峰村	lɛu²	lɛu⁶	lɛu²	tsɛu³	kɛu¹	kɛu³	gɛu³	gɛu⁶	ŋɛu³
多宝乡宝桥村	lɛu²ᴬ	lɛu¹	lɛu²ᴮ	tsɛu³	kɛu¹	kɛu³	kɦɛu³	kɦɛu⁶	ŋɛu³
左里镇周茂村	lɛu²ᴬ	lɛu⁶	lɛu²ᴮ	tsɛu³	kɛu¹	kɛu³	gɛu³	gɛu⁶	ŋɛu³
都昌镇金街岭	lau²ᴬ	lau¹	lau²ᴮ	tsau³	kau¹	kau³	gau³	gau⁶	ŋau³
大树乡大埠村	lɛu⁶	lɛu¹	lɛu²	tsɛu³	kɛu¹	kɛu³	gɛu³	gɛu⁶	ŋɛu³
春桥乡凤山村	tɦɛu²	tɦɛu⁶	lɛu²	tsɛu³	kɛu¹	kɛu³	kɦɛu³	kɦɛu⁵ᴮ	ŋɛu³
蔡岭镇华山村	lɛu²ᴬ	lɛu⁶	lɛu²ᴮ	tsɛu³	kɛu¹	kɛu³	kɦɛu³	kɦɛu⁵ᴮ	ŋɛu³
土塘镇信和村	dɛu²	dɛu⁶	lɛu²	tsɛu³	kɛu¹	kɛu³	gɛu³	gɛu⁶	ŋɛu³
阳峰乡黄梅村	lɛu²ᴬ	lɛu⁶	lɛu²ᴮ	tsɛu³	kɛu¹	kɛu³	gɛu³	gɛu⁶	ŋɛu³
和合乡田坂村	lɛu²ᴬ	lɛu⁶	lɛu²ᴮ	tsɛu³	kɛu¹	kɛu³	gɛu³	gɛu⁶	ŋɛu³
周溪镇输湖村	lɛu²ᴬ	lɛu⁶	lɛu²ᴮ	tsɛu³	kɛu¹	kɛu³	gɛu³	gɛu⁵	ŋɛu³
大港镇繁荣村	dɛu²	dɛu⁶	lɛu²	tsɛu³	kɛu¹	kɛu³	gɛu³	gɛu⁶	ŋɛu³
中馆镇银宝村	dɛu²	dɛu⁶	lɛu²	tsɛu³	kɛu¹	kɛu³	gɛu³	gɛu⁵	ŋɛu³
狮山乡老屋村	dɛu²	dɛu⁶	lɛu²	tsɛu³	kɛu¹	kɛu³	gɛu³	gɛu⁵	ŋɛu³
万户镇长岭村	dɛu²	dɛu⁶	lɛu²	tsɛu³	kɛu¹	kɛu³	gɛu³	gɛu⁵	ŋɛu³
南峰镇石桥村	dɛu²	dɛu⁶	lɛu²	tsɛu³	kɛu¹	kɛu³	gɛu³	gɛu⁵	ŋɛu³

代表点	250 厚 流开一 上厚匣	251 后 流开一 上厚匣	252 妇 流开三 上有奉	253 刘 流开三 平尤来	254 酒 流开三 上有精	255 秋 流开三 平尤清	256 袖 流开三 去宥邪	257 丑 流开三 上有彻	258 皱 流开三 去宥庄
苏山乡 彭埠村	xɛu¹	xɛu¹	ɸu⁶	liu²ᴮ	tsiu³	dziu¹	dziu¹	dzọu³	tsɛu⁵
徐埠镇 山峰村	xɛu¹	xɛu¹	ɸu⁶	liu²	tsiu³	dziu¹	dziu¹	dzọu³	tsɛu⁵
多宝乡 宝桥村	xɛu¹	xɛu¹	ɸu⁶	tɦiu²ᴮ	tsiu³	tsɦiu¹	tsɦiu¹	tʂɦou³	tsɛu⁵
左里镇 周茂村	xɛu¹	xɛu¹	ɸu⁶	liu²ᴮ	tsiu³	dziu¹	dziu¹	dzọu³	tsɛu⁵
都昌镇 金街岭	xau¹	xau¹	ɸu⁶	liu²ᴮ	tsiu³	dziu¹	dziu¹	dzọu³	tsau⁵
大树乡 大埠村	xɛu¹	xɛu¹	ɸu⁶	liu²	tsiu³	tsɦiu¹	dziu¹	dzọu³	tsɛu⁵
春桥乡 凤山村	xɛu⁶	xɛu⁶	ɸu⁶	tɦiu²	tsiu³	tsɦiu¹	tsɦiu⁶	tʂɦou³	tsɛu⁵ᴬ
蔡岭镇 华山村	xɛu⁶	xɛu⁶	ɸu⁶	tɦiu²ᴬ	tsiu³	tsɦiu¹	tsɦiu⁶	tʂɦou³	tsɛu⁵ᴬ
土塘镇 信和村	xɛu⁶	xɛu⁶	ɸu⁶	liu²	tsiu³	dziu¹	dziu⁶	dzọu³	tsɛu⁵
阳峰乡 黄梅村	xɛu⁶	xɛu⁶	ɸu⁶	liu²ᴮ	tsiu³	dziu¹	dziu¹	dzọu³	tsɛu⁵
和合乡 田坂村	xɛu⁶	xɛu⁶	ɸu⁶	liu²ᴮ	tsiu³	dziu¹	dziu⁶	dzọu³	tsɛu⁵
周溪镇 输湖村	xɛu⁶	xɛu⁶	ɸu⁶	liu²ᴮ	tsiu³	dziu¹	dziu⁶	dzọu³	tsɛu²ᴬ
大港镇 繁荣村	xɛu⁶	xɛu⁶	ɸɛu⁶	liu²	tsiu³	dziu¹	dziu⁶	dzọu³	tsɛu⁵
中馆镇 银宝村	xɛu⁶	xɛu⁶	ɸu⁶	liu²	tsiu³	dziu¹	dziu⁶	dzọu³	tsɛu⁵
狮山乡 老屋村	xɛu⁶	xɛu⁶	ɸu⁶	liu²	tsiu³	dziu¹	dziu⁶	dzọu³	tsɛu⁵
万户镇 长岭村	xɛu⁶	xɛu⁶	ɸu⁶	liu²	tsiu³	dziu¹	dziu¹	dzọu³	tsɛu⁵
南峰镇 石桥村	xɛu⁶	xɛu⁶	ɸu⁶	liu²ᴮ	tsiu³	dziu¹	dziu⁶	dzọu³	tsɛu⁵

续表

代表点	259 瘦 流开三去宥生	260 愁 流开三平尤崇	261 周 流开三平尤章	262 臭 流开三去宥昌	263 手 流开三上有书	264 仇 流开三平尤禅	265 抽 流开三平尤彻	266 寿 流开三去宥禅	267 九 流开三上有见
苏山乡彭埠村	sɛu⁵	dzɛu²ᴬ	tʂou¹	dzou⁶	ʂou³	dzou²ᴬ	dzou¹	ʂou⁶	tɕiu³
徐埠镇山峰村	sɛu⁵	dzɛu²	tʂou¹	dzou⁶	ʂou³	dzou²	dzou¹	ʂou⁶	tɕiu³
多宝乡宝桥村	sɛu⁵	tsʱɛu²ᴬ	tʂou¹	tʂʱou⁶	ʂou³	tʂʱou²ᴬ	tʂʱou¹	ʂou⁶	tɕiu³
左里镇周茂村	sɛu⁵	dzɛu²ᴬ	tʂou¹	dzou⁶	ʂou³	dzou²ᴬ	dzou¹	ʂou⁶	tɕiu³
都昌镇金街岭	sau⁵	dzau²ᴬ	tʂou¹	dzou⁶	ʂou³	dzou²ᴬ	dzou¹	ʂou⁶	tɕiu³
大树乡大埠村	sɛu⁵	dzou⁶	tʂou¹	dzou⁶	ʂou³	tsʱou⁶	dziu¹	ʂou⁶	tɕiu³
春桥乡凤山村	sɛu⁵ᴬ	tsʱɛu²	tʂou¹	tsʱou⁵ᴮ	ʂou³	tsʱou²	tsʱou³	ʂou⁶	tɕiu³
蔡岭镇华山村	sɛuᴬ	tsʱɛu²ᴬ	tʂou¹	tsʱou⁵ᴮ	ʂou³	tsʱou²ᴬ	tʂʱou¹	ʂou⁶	tɕiu³
土塘镇信和村	sɛu⁵	dzɛu²	tʂou¹	dzou⁶	ʂou³	dzou²	dzou¹	ʂou⁶	tɕiu³
阳峰乡黄梅村	sɛu⁵	dzɛu²ᴬ	tʂou¹	dzou⁶	ʂou³	dzou²ᴬ	dzou¹	ʂou⁶	tɕiu³
和合乡田坂村	sɛu⁵	dzɛu²ᴬ	tʂou¹	dzou⁶	ʂou³	dzou²ᴬ	dzou¹	ʂou⁶	tɕiu³
周溪镇输湖村	sɛu²ᴬ	dzɛu²ᴬ	tʂou¹	dzou⁵	ʂou³	dzou²ᴬ	dzou¹	ʂou⁶	tɕiu³
大港镇繁荣村	sɛu⁵	dzɛu²	tʂou¹	dzou⁵	ʂou³	dzou²	dzou¹	ʂou⁶	tɕiu³
中馆镇银宝村	sɛu⁵	dzɛu²	tʂu¹	dzu⁵	ʂu³	dzu²	dzu¹	ʂu⁶	tɕiu³
狮山乡老屋村	sɛu⁵	dzɛu²	tʂou¹	dzou⁵	ʂou³	dzou²	dzou¹	ʂou⁶	tɕiu³
万户镇长岭村	sɛu⁵	dzɛu²	tʂou¹	dzou⁵	ʂou³	dziu²	dzou¹	ʂou⁶	tɕiu³
南峰镇石桥村	sɛu⁵	dzɛu²	tʂou¹	dzou⁵	ʂou³	dzou²ᴬ	dzou¹	ʂou⁶	tɕiu³

代表点	268	269	270	271	272	273	274	275
	球	丘	舅	旧	牛	油	搭	贪
	流开三平尤群	流开三平尤溪	流开三上有群	流开三去宥群	流开三平尤疑	流开三平尤以	咸开一入合端	咸开一平覃透
苏山乡彭埠村	$dʑiu^{2A}$	$dʑiu^{1}$	$dʑiu^{1}$	iu^{1}	$ȵiu^{2B}$	iu^{2B}	tal^{7A}	$lɔn^{1}$
徐埠镇山峰村	iu^{2}	iu^{1}	iu^{1}	iu^{1}	$ȵiu^{2}$	iu^{2}	tat^{7A}	$lɔn^{1}$
多宝乡宝桥村	iu^{2A}	iu^{1}	iu^{1}	iu^{1}	$ȵiu^{2B}$	iu^{2B}	tal^{7A}	$lɔn^{1}$
左里镇周茂村	iu^{2A}	iu^{1}	iu^{1}	iu^{1}	$ȵiu^{2B}$	iu^{2B}	tal^{7A}	$lɔn^{1}$
都昌镇金街岭	iu^{2A}	iu^{1}	iu^{1}	iu^{1}	$ȵiu^{2B}$	iu^{2B}	tal^{7A}	$lɔn^{1}$
大树乡大埠村	iu^{6}	iu^{1}	iu^{1}	iu^{1}	$ȵiu^{2}$	iu^{2}	tal^{7A}	$lɔn^{1}$
春桥乡凤山村	$tɕʱiu^{2}$	$tɕʱiu^{1}$	$tɕʱiu^{6}$	$tɕʱiu^{6}$	$ȵiu^{2}$	iu^{2}	tal^{7A}	$tʱɔn^{1}$
蔡岭镇华山村	iu^{2A}	iu^{1}	iu^{6}	iu^{6}	$ȵiu^{2B}$	iu^{2B}	tal^{7A}	$lɔn^{1}$
土塘镇信和村	iu^{2}	$dʑiu^{1}$	$dʑiu^{6}$	$dʑiu^{6}$	$ȵiu^{2}$	iu^{2}	tal^{7A}	$dɔn^{1}$
阳峰乡黄梅村	iu^{2A}	iu^{1}	iu^{6}	iu^{6}	$ȵiu^{2B}$	iu^{2B}	tat^{7A}	$lɔn^{1}$
和合乡田坂村	iu^{2A}	iu^{1}	iu^{6}	iu^{6}	$ȵiu^{2B}$	iu^{2B}	tat^{7A}	$lɔn^{1}$
周溪镇输湖村	iu^{2A}	iu^{1}	iu^{5}	iu^{5}	$ȵiu^{2B}$	iu^{2B}	tal^{7A}	$lɔn^{1}$
大港镇繁荣村	$dʑiu^{2}$	$dʑiu^{1}$	$dʑiu^{6}$	$dʑiu^{6}$	$ȵiu^{2}$	iu^{2}	ta^{5}	$dɔn^{1}$
中馆镇银宝村	$dʑiu^{2}$	$dʑiu^{1}$	$dʑiu^{6}$	$dʑiu^{6}$	$ȵiu^{2}$	iu^{2}	$taʔ^{7A}$	$dɔn^{1}$
狮山乡老屋村	$dʑiu^{2}$	$dʑiu^{1}$	$dʑiu^{6}$	$dʑiu^{6}$	$ȵiu^{2}$	iu^{2}	tal^{7A}	$dɔn^{1}$
万户镇长岭村	$dʑiu^{2}$	$dʑiu^{1}$	$dʑiu^{6}$	$dʑiu^{6}$	$ȵiu^{2}$	iu^{2}	tal^{7A}	$dɔn^{1}$
南峰镇石桥村	$dʑiu^{2}$	$dʑiu^{1}$	$dʑiu^{6}$	$dʑiu^{6}$	$ȵiu^{2}$	iu^{2}	$taʔ^{7A}$	$dɔn^{1}$

续表

代表点	276 谭 咸开一平覃定	277 杂 咸开一入合从	278 感 咸开一上感见	279 坎 咸开一上感溪	280 暗 咸开一去勘影	281 合 咸开一入合匣	282 胆 咸开一上敢端	283 毯 咸开一上敢透	284 塔 咸开一入盍透
苏山乡彭埠村	lan²ᴬ	tsal⁷ᴬ	kɔn³	gon³	ŋɔn⁵	xɔl⁸	tan³	lan³	lal⁷ᴮ
徐埠镇山峰村	lan²	dzɔt⁸ᴬ	kɔn³	gon³	ŋɔn⁵	xɔt⁸ᴬ	tan³	lan³	lat⁷ᴮ
多宝乡宝桥村	lan²ᴬ	tsal⁷ᴬ	kɔn³	kᶠɔn³	ŋɔn⁵	xɔl⁸	tan³	lan³	lal⁷ᴮ
左里镇周茂村	lan²ᴬ	tsal⁷ᴬ	kɔn³	gon³	ŋɔn⁵	xɔl⁸ᴬ	tan³	lan³	lal⁷ᴮ
都昌镇金街岭	lan²ᴬ	tsal⁷ᴬ	kɔn³	gon³	ŋɔn⁵	xɔl⁸ᴬ	tan³	lan³	lal⁷ᴮ
大树乡大埠村	lan⁶	tsal⁷ᴬ	kɔn³	gon³	ŋɔn⁵	xɔl⁸	tan³	lan³	lal⁷ᴮ
春桥乡凤山村	tᶠan²	tsal⁷ᴬ	kɔn³	kᶠɔn³	ŋɔn⁵ᴬ	xɔl⁸	tan³	tᶠan³	tᶠal⁷ᴮ
蔡岭镇华山村	lan²ᴬ	tsal⁷ᴬ	kɔn³	kᶠɔn⁵ᴮ	ŋɔn⁵ᴬ	xɔn⁶	tan³	lan³	lal⁷ᴮ
土塘镇信和村	dan²	tsɔl⁸	kɔn³	gon³	ŋɔn⁵	xɔl⁸	tan³	lan³	dal⁷ᴮ
阳峰乡黄梅村	lan²ᴬ	tsat⁷ᴬ	kɔn³	gon³	ŋɔn⁵	xɔt⁸	tan³	lan³	lat⁷ᴮ
和合乡田坂村	lan²ᴬ	tsat⁷ᴬ	kɔn³	gon³	ŋɔn⁵	xɔt⁸ᴬ	tan³	lan³	lat⁷ᴮ
周溪镇输湖村	lan²ᴬ	tsal⁷ᴬ	kɔn³	gon³	ŋɔn²ᴬ	xɔl⁸	tan³	lan³	lal⁷ᴮ
大港镇繁荣村	dan²	tsa⁵	kɔn³	gon⁶	ŋɔn⁵	xɔ⁶	tan³	dan³	daʔ⁷
中馆镇银宝村	dan²	tsaʔ⁷ᴬ	kɔn³	gon⁶	ŋɔn⁵	xɔ⁶	tan³	dan³	daʔ⁷ᴮ
狮山乡老屋村	dan²	tsal⁷ᴬ	kɔn³	gon⁵	ŋɔn⁵	xɔl⁸ᴬ	tan³	dan³	dal⁷ᴮ
万户镇长岭村	dan²	tsal⁷ᴬ	kɔn³	gan³	ŋɔn⁵	xɔl⁸ᴬ	tan³	dan³	dal⁷ᴮ
南峰镇石桥村	tan²	tsaʔ⁷ᴬ	kɔn³	gon⁵	ŋɔn⁵	xɔ⁶	tan³	dan³	da⁷ᴮ

代表点	285 篮 咸开一 平谈来	286 腊~月 咸开一 入盍来	287 敢 咸开一 上敢见	288 站 咸开二 去陷知	289 插 咸开二 入洽初	290 杉 咸开二 平咸生	291 咸 咸开二 平咸匣	292 狭 咸开二 入洽匣	293 鸭 咸开二 入狎影
苏山乡彭埠村	lan²ᴮ	lan⁶	kɔn³	tsan⁵	dzal⁷ᴮ	sa¹	xan²ᴬ	xal⁸	ŋal⁷ᴬ
徐埠镇山峰村	lan²	lat⁷ᴬ	kɔn³	tsan⁵	dzat⁷ᴮ	sa¹	xan²	ɕiat⁷ᴬ	ŋat⁷ᴬ
多宝乡宝桥村	lan²ᴮ	lal⁷ᴬ	kɔn³	tsan⁵	tsʰal⁷ᴮ	sa¹	xan²ᴬ	xal⁸	ŋal⁷ᴬ
左里镇周茂村	lan²ᴮ	lan⁶	kɔn³	tsan⁵	dzal⁷ᴮ	sa¹	xan²ᴬ	ɕial⁷ᴬ	ŋal⁷ᴬ
都昌镇金街岭	lan²ᴮ	lan⁶	kɔn³	tsan⁵	dzal⁷ᴮ	sa¹	xan²ᴬ	xal⁸ᴬ	ŋal⁷ᴬ
大树乡大埠村	lan²	lal⁷ᴬ	kɔn³	tsan⁵	dzal⁷ᴮ	sa¹	xan⁶	xal⁸	ŋal⁷ᴬ
春桥乡凤山村	lan²	lal⁷ᴬ	kɔn³	tsan⁵ᴬ	tsʰal⁷ᴮ	sa¹	xan²	xal⁸	ŋal⁷ᴬ
蔡岭镇华山村	lan²ᴮ	lan⁶	kɔn³	tsan⁵ᴬ	tsʰal⁷ᴮ	sa¹	xan²ᴬ	xal⁸	ŋal⁷ᴬ
土塘镇信和村	lan²	lal⁸	kɔn³	tsan⁵	dzal⁷ᴮ	sa¹	xan²	xal⁸	ŋal⁷ᴬ
阳峰乡黄梅村	lan²ᴮ	lat⁸ᴮ	kɔn³	tsan⁵	dzat⁷ᴮ	sa¹	xan²ᴬ	xat⁷ᴮ	ŋat⁷ᴬ
和合乡田坂村	lan²ᴮ	lat⁸ᴮ	kɔn³	tsan⁵	dzat⁷ᴮ	sa¹	xan²ᴬ	xat⁸ᴬ	ŋat⁷ᴬ
周溪镇输湖村	lan²ᴮ	lal⁸	kɔn³	tsan²ᴬ	dzal⁷ᴮ	sa¹	xan²ᴬ	xa⁶	ŋal⁷ᴬ
大港镇繁荣村	lan²	la⁶	kɔn³	tsan⁵	dzaʔ⁷	sa¹	xan²	ɕia⁵	ŋa⁵
中馆镇银宝村	lan²	la⁶	kɔn³	tsan⁵	dzaʔ⁷ᴮ	sa¹	xan²	xa⁶	ŋaʔ⁷ᴬ
狮山乡老屋村	lan²	lan⁵	kɔn³	tsan⁵	dzal⁷ᴮ	sa¹	xan²	xal⁸ᴬ	ŋal⁷ᴬ
万户镇长岭村	lan²	lal⁸ᴮ	kɔn³	tsan⁵	dzal⁷ᴮ	sa¹	xan²	xal⁸ᴬ	ŋal⁷ᴬ
南峰镇石桥村	lan²	la⁶	kɔn³	tsan⁵	dza⁷ᴮ	sa¹	xan²	xa⁶	ŋaʔ⁷ᴬ

代表点	294 镰 咸开三 平盐来	295 尖 咸开三 平盐精	296 接 咸开三 入叶精	297 染 咸开二 上琰日	298 钳 咸开三 平盐群	299 盐 咸开三 平盐以	300 叶 咸开三 入叶以	301 欠 咸开三 去酽溪	302 业 咸开三 入业疑
苏山乡 彭埠村	lien²ᴮ	tsien¹	tsiel⁷ᴬ	ȵien³	dʑien²ᴬ	ien²ᴮ	iel⁷ᴬ	dʑien⁶	ȵiel⁷ᴬ
徐埠镇 山峰村	lien²˙	tsien¹	tsiet⁷ᴬ	ȵien³	ien²	ien²	iet⁷ᴬ	ien⁶	ȵiet⁷ᴬ
多宝乡 宝桥村	tʰien²ᴮ	tsien¹	tsiel⁷ᴬ	ȵien³	ien²ᴬ	ien²ᴮ	iel⁷ᴬ	ien⁶	ȵiel⁷ᴬ
左里镇 周茂村	lien²ᴮ	tsien¹	tsiel⁷ᴬ	nen³	ien²ᴬ	ien²ᴮ	iel⁸ᴮ	ien⁶	ȵiel⁷ᴬ
都昌镇 金街岭	lien²ᴬ	tsien¹	tsiel⁷ᴬ	ȵien³	ien²ᴬ	ien²ᴮ	iel⁷ᴬ	ien⁶	ȵiel⁷ᴬ
大树乡 大埠村	lien²	tsien¹	tsiel⁷ᴬ	ȵien³	ien⁶	ien²	iel⁷ᴬ	ien⁶	ȵiel⁷ᴬ
春桥乡 凤山村	tʰien²	tsien¹	tsiel⁷ᴬ	ȵien³	tɕʰien²	ien²	iel⁷ᴬ	tɕʰien⁵ᴮ	ȵiel⁷ᴬ
蔡岭镇 华山村	lien²ᴬ	tsien¹	tsiel⁷ᴬ	ȵien³	ien²ᴬ	ien²ᴮ	iel⁷ᴬ	ien⁵ᴮ	ȵiel⁷ᴬ
土塘镇 信和村	lien²	tsien¹	tsiel⁷ᴬ	ȵien³	dʑien²	ien²	iel⁷ᴬ	dʑien⁶	ȵiel⁷ᴬ
阳峰乡 黄梅村	lien²ᴮ	tsien¹	tsiet⁷ᴬ	ȵien³	ien²ᴬ	ien²ᴮ	iet⁷ᴬ	ien⁶	ȵiet⁷ᴬ
和合乡 田坂村	lien²ᴮ	tsien¹	tsiet⁷ᴬ	ȵien³	ien²ᴬ	ien²ᴮ	iet⁸ᴮ	ien⁶	ȵiet⁷ᴬ
周溪镇 输湖村	lien²ᴮ	tsien¹	tsiel⁷ᴬ	ȵien³	ien²ᴬ	ien²ᴮ	iel⁸	ien⁵	ȵiel⁷ᴬ
大港镇 繁荣村	lien²	tsien¹	tsie⁵	ȵien³	dʑien²	ien²	ie⁶	dʑien⁶	ȵie⁵
中馆镇 银宝村	lien²	tsien¹	tsieʔ⁷ᴬ	len³	dʑien²	ien²	ie⁶	dʑien⁵	ȵieʔ⁷ᴬ
狮山乡 老屋村	lien²	tsien¹	tsiel⁷ᴬ	ȵien³	dʑien²	ien²	iel⁷ᴬ	dʑien⁶	ȵiel⁷ᴬ
万户镇 长岭村	lien²	tsien¹	tsiel⁷ᴬ	ȵien³	dʑien²	ien²	iel⁸ᴮ	dʑien⁵	ȵiel⁷ᴬ
南峰镇 石桥村	lien²	tsien¹	tsieʔ⁷ᴬ	ȵien³	dʑien²	ien²	ie⁶	dʑien⁵	ȵieʔ⁷ᴬ

代表点	303	304	305	306	307	308	309	310	311
	店	添	碟	甜	挟	谦	范	法	林
	咸开四去桥端	咸开四平添透	咸开四入帖定	咸开四平添定	咸开四入帖见	咸开四平添溪	咸合三上范奉	咸合三入乏非	深开三平侵来
苏山乡彭埠村	tiɛn⁵	liɛn¹	liɛl⁸	liɛn²ᴬ	kal⁷ᴬ	dʑiɛn¹	ɸuan⁶	ɸual⁷ᴬ	lin²ᴮ
徐埠镇山峰村	tiɛn⁵	liɛn¹	liɛt⁸ᴬ	liɛn²	kat⁷ᴬ	iɛn¹	ɸuan⁶	ɸuat⁷ᴬ	lin²
多宝乡宝桥村	tiɛn⁵	tʰiɛn¹	tʰiɛl⁸	tʰiɛn²ᴬ	kal⁷ᴬ	iɛn¹	ɸuan⁶	ɸual⁷ᴬ	lin²ᴮ
左里镇周茂村	tiɛn⁵	liɛn¹	liɛl⁸ᴬ	liɛn²ᴬ	kal⁷ᴬ	iɛn¹	ɸuan⁶	ɸual⁷ᴬ	lin²ᴮ
都昌镇金街岭	tiɛn⁵	liɛn¹	liɛl⁸ᴬ	liɛn²ᴬ	kal⁷ᴬ	iɛn¹	ɸuan⁶	ɸual⁷ᴬ	lin²ᴬ
大树乡大埠村	tiɛn⁵	liɛn¹	liɛl⁸	liɛn⁶	kal⁷ᴬ	iɛn¹	ɸuan⁶	ɸual⁷ᴬ	lin²
春桥乡凤山村	tiɛn⁵ᴬ	tʰiɛn¹	tʰiɛl⁸	tʰiɛn²	kal⁷ᴬ	tɕʰiɛn¹	ɸuan⁶	ɸual⁷ᴬ	tʰin²
蔡岭镇华山村	tiɛn⁵ᴬ	liɛn¹	tʰiɛl⁸ᴬ¹	tʰiɛn²ᴬ	kal⁷ᴬ	iɛn¹	ɸuan⁶	ɸual⁷ᴬ	tʰin²ᴬ
土塘镇信和村	tiɛn⁵	liɛn¹	liɛl⁸	liɛn²	kal⁷ᴬ	iɛn¹	ɸuan⁶	ɸual⁷ᴬ	lin²
阳峰乡黄梅村	tiɛn⁵	liɛn¹	liɛt⁷ᴮ	liɛn²ᴬ	kat⁷ᴬ	iɛn¹	ɸuan⁶	ɸuat⁷ᴬ	lin²ᴮ
和合乡田坂村	tiɛn⁵	liɛn¹	liɛt⁷ᴮ	liɛn²ᴬ	kat⁷ᴬ	iɛn¹	ɸuan⁶	ɸuat⁷ᴬ	lin²ᴮ
周溪镇输湖村	tiɛn²ᴬ	liɛn¹	liɛ⁶	liɛn²ᴬ	kal⁷ᴬ	iɛn¹	ɸuan⁶	ɸual⁷ᴬ	lin²ᴮ
大港镇繁荣村	tiɛn⁵	diɛn¹	liɛ⁶	liɛn²	ka⁵	dʑiɛn¹	ɸuan⁶	ɸua⁵	lin²
中馆镇银宝村	tiɛn⁵	liɛn¹	liɛ⁶	liɛn²	kaʔ⁷ᴬ	dʑiɛn¹	ɸuan⁶	ɸuaʔ⁷ᴬ	lin²
狮山乡老屋村	tiɛn⁵	liɛn¹	liɛl⁸ᴮ	liɛn²	kal⁷ᴬ	dʑiɛn¹	ɸuan⁶	ɸual⁷ᴬ	lin²
万户镇长岭村	tiɛn⁵	liɛn¹	liɛn⁶	liɛn²	kal⁷ᴬ	dʑiɛn¹	ɸuan⁶	ɸual⁷ᴬ	lin²
南峰镇石桥村	tiɛn⁵	liɛn¹	liɛ⁷ᴮ	liɛn²	kaʔ⁷ᴬ	dʑiɛn¹	ɸuan⁶	ɸuaʔ⁷ᴬ	lin²

续表

代表点	312 粒 深开三 入缉来	313 集 深开三 入缉从	314 寻 深开三 平侵邪	315 森 深开三 平侵生	316 针 深开三 平侵章	317 枕 深开三 上寝章	318 深 深开三 平侵书	319 十 深开三 入缉禅	320 急 深开三 入缉见
苏山乡彭埠村	lil^{7A}	$dzil^{8}$	$dzin^{2A}$	$sən^{1}$	$tʂən^{1}$	$tʂən^{3}$	$ʂən^{1}$	$ʂʅ^{8}$	$tɕil^{7A}$
徐埠镇山峰村	lit^{8B}	$dzit^{8A}$	$dzin^{2}$	$sɛn^{1}$	$tʂən^{1}$	$tʂən^{3}$	$ʂən^{1}$	$ʂʅ^{8A}$	$tɕit^{7A}$
多宝乡宝桥村	$t^{6}il^{7A}$	$ts^{6}il^{8}$	$ts^{6}in^{2A}$	$sən^{1}$	$tʂən^{1}$	$tʂən^{3}$	$ʂən^{1}$	$ʂʅ^{8}$	$tɕil^{7A}$
左里镇周茂村	lil^{8B}	$dzil^{8A}$	$dzin^{2A}$	$sɛn^{1}$	$tʂən^{1}$	$tʂən^{3}$	$ʂən^{1}$	$ʂʅ^{8A}$	$tɕil^{7A}$
都昌镇金街岭	lil^{8B}	$dzil^{8A}$	$dzin^{2A}$	$sɛn^{1}$	$tʂən^{1}$	$tʂən^{3}$	$ʂən^{1}$	$ʂʅ^{8A}$	$tɕil^{7A}$
大树乡大埠村	lil^{8}	$dzil^{8}$	$dzin^{6}$	$sɛn^{1}$	$tʂən^{1}$	$tʂən^{3}$	$ʂən^{1}$	$ʂʅ^{8}$	$tɕil^{7A}$
春桥乡凤山村	$t^{6}il^{8}$	$ts^{6}il^{8}$	$ts^{6}in^{2}$	$sən^{1}$	$tʂən^{1}$	$tʂən^{3}$	$ʂən^{1}$	$ʂɛl^{8}$	$tɕil^{7A}$
蔡岭镇华山村	$t^{6}il^{8A1}$	$t^{6}il^{8A1}$	$ts^{6}in^{2A}$	$sɛn^{1}$	$tʂən^{1}$	$tʂən^{3}$	$ʂən^{1}$	$ʂʅ^{8A2}$	$tɕil^{7A}$
土塘镇信和村	lil^{7B}	$dzil^{8}$	$dzin^{2}$	$sɛn^{1}$	$tʂən^{1}$	$tʂən^{3}$	$ʂən^{1}$	$ʂʅ^{8}$	$tɕil^{7A}$
阳峰乡黄梅村	lit^{7B}	$dzit^{7B}$	$dzin^{2A}$	$sɛn^{1}$	$tʂən^{1}$	$tʂən^{3}$	$ʂən^{1}$	$ʂʅ^{8}$	$tɕit^{7A}$
和合乡田坂村	lit^{7B}	$dzit^{7B}$	$dzin^{2A}$	$sɛn^{1}$	$tʂən^{1}$	$tʂən^{3}$	$ʂən^{1}$	$ʂɛt^{8A}$	$tɕit^{7A}$
周溪镇输湖村	lil^{7B}	$dzil^{7B}$	$dzin^{2A}$	$sɛn^{1}$	$tʂən^{1}$	$tʂən^{3}$	$ʂən^{1}$	$ʂʅ^{8}$	$tɕit^{7A}$
大港镇繁荣村	li^{6}	dzi^{6}	$dzin^{2}$	$sɛn^{1}$	$tsən^{1}$	$tsən^{3}$	$sən^{1}$	$ʂʅ^{6}$	$tɕi^{5}$
中馆镇银宝村	li^{6}	dzi^{6}	$dzin^{2}$	$sɛn^{1}$	$tʂən^{1}$	$tʂən^{3}$	$ʂən^{1}$	$ʂʅ^{6}$	$tɕiʔ^{7A}$
狮山乡老屋村	lil^{7A}	$dzil^{8A}$	$dzin^{2}$	$sɛn^{1}$	$tʂən^{1}$	$tʂən^{3}$	$ʂən^{1}$	$ʂʅ^{8A}$	$tɕil^{7A}$
万户镇长岭村	lil^{8B}	$dzil^{8A}$	$dzin^{2}$	$sɛn^{1}$	$tʂən^{1}$	$tʂən^{3}$	$ʂən^{1}$	$ʂʅ^{8A}$	$tɕil^{7A}$
南峰镇石桥村	li^{6}	dzi^{6}	$dzin^{2}$	$sɛn^{1}$	$tʂən^{1}$	$tʂən^{3}$	$sən^{1}$	$ʂe^{6}$	$tɕiʔ^{7A}$

代表点	321	322	323	324	325	326	327	328	329
	琴	吸	阴	摊	炭	弹	肝	蛋	达
	深开三平侵群	深开三入缉晓	深开三平侵影	山开一平寒透	山开一去翰透	山开一平寒定	山开一平寒见	山开一去翰定	山开一入曷定
苏山乡彭埠村	dʑin²ᴬ	çil⁷ᴬ	in¹	lan¹	lan⁶	lan²ᴬ	kɔn¹	lan¹	lal⁸
徐埠镇山峰村	in²	çit⁷ᴬ	in¹	lan¹	lan⁶	lan²	kɔn¹	lan¹	lat⁸ᴬ
多宝乡宝桥村	in²ᴬ	çil⁷ᴬ	in¹	lan¹	lan⁶	lan²ᴬ	kɔn¹	lan¹	lal⁸
左里镇周茂村	in²ᴬ	çil⁷ᴬ	in¹	lan¹	lan⁶	lan²ᴬ	kɔn¹	lan¹	lal⁸ᴬ
都昌镇金街岭	in²ᴬ	çil⁷ᴬ	in¹	lan¹	lan⁶	lan²ᴬ	kɔn¹	lan¹	lal⁸ᴬ
大树乡大埠村	in⁶	çil⁷ᴬ	in¹	lan¹	lan⁶	lan⁶	kɔn¹	lan¹	lal⁸
春桥乡凤山村	tɕʰin²	çil⁷ᴬ	in¹	tʰan¹	tʰan⁵ᴮ	tʰan²	kɔn¹	tʰan⁶	tʰal⁸
蔡岭镇华山村	in²ᴬ	çil⁷ᴬ	in¹	lan¹	lan⁵ᴮ	lan²ᴬ	kɔn¹	lan⁶	lal⁸ᴬ¹
土塘镇信和村	dʑin²	çil⁷ᴬ	in¹	lan¹	dan⁶	dan²	kɔn¹	dan⁶	dal⁸
阳峰乡黄梅村	in²ᴬ	çit⁷ᴬ	in¹	lan¹	lan⁶	lan²ᴬ	kɔn¹	lan⁶	lat⁷ᴮ
和合乡田坂村	in²ᴬ	çit⁷ᴬ	in¹	lan¹	lan⁶	lan²ᴬ	kɔn¹	lan⁶	lat⁸ᴬ
周溪镇输湖村	in²ᴬ	çil⁷ᴬ	in¹	lan¹	lan⁵	lan²ᴬ	kɔn¹	lan⁶	la⁶
大港镇繁荣村	dʑin²	çi⁵	in¹	dan¹	dan⁶	dan²	kɔn¹	dan⁶	da⁶
中馆镇银宝村	dʑin²	çiʔ⁷ᴬ	in¹	dan¹	dan⁵	dan²	kɔn¹	dan⁶	da⁶
狮山乡老屋村	dʑin²	çil⁷ᴬ	in¹	dan¹	dan⁵	dan²	kɔn¹	dan⁶	dal⁸ᴬ
万户镇长岭村	dʑin²	çil⁷ᴬ	in¹	lan¹	dan⁵	dan²	kɔn¹	dan⁶	dal⁸ᴬ
南峰镇石桥村	dʑin²	çiʔ⁷ᴬ	in¹	dan¹	dan⁵	dan²	kɔn¹	dan⁶	da⁶

代表点	330	331	332	333	334	335	336	337	338
	难~易	兰	辣	伞	割	看~见	汉	汗	安
	山开一平寒泥	山开一平寒来	山开一入曷来	山开一上旱心	山开一入曷见	山开一去翰溪	山开一去翰晓	山开一去翰匣	山开一平寒影
苏山乡彭埠村	nan²ᴮ	lan²ᴮ	lal⁷ᴬ	san³	kɔl⁷ᴬ	gɔn⁶	xɔn⁶	xɔn¹	ŋɔn¹
徐埠镇山峰村	nan²	lan²	lat⁷ᴬ	san³	kɔt⁷ᴬ	gɔn⁶	xɔn⁶	xɔn¹	ŋɔn¹
多宝乡宝桥村	nan²ᴮ	lan²ᴮ	lal⁷ᴬ	san³	kɔl⁷ᴬ	kᶠɔn⁶	xɔn⁶	xɔn¹	ŋɔn¹
左里镇周茂村	nan²ᴮ	lan²ᴮ	lal⁷ᴬ	san³	kɔl⁷ᴬ	gɔn⁶	xɔn⁶	xɔn¹	ŋɔn¹
都昌镇金街岭	nan²ᴮ	lan²ᴮ	lal⁷ᴬ	san³	kɔl⁷ᴬ	gɔn⁶	xɔn⁶	xɔn¹	ŋɔn¹
大树乡大埠村	nan²	lan²	lal⁷ᴬ	san³	kɔl⁷ᴬ	gɔn⁶	xɔn⁶	xɔn¹	ŋɔn¹
春桥乡凤山村	nan²	lan²	lal⁷ᴬ	san³	kɔl⁷ᴬ	kᶠɔn⁵ᴮ	xɔn⁵ᴮ	xɔn⁶	ŋɔn¹
蔡岭镇华山村	nan²ᴮ	lan²ᴮ	lal⁷ᴬ	san³	kɔl⁷ᴬ	kᶠɔn⁵ᴮ	xɔn⁶	xɔn⁶	ŋɔn¹
土塘镇信和村	nan²	lan²	lal⁸	san³	kɔl⁷ᴬ	gɔn⁶	xɔn⁵	xɔn⁶	ŋɔn¹
阳峰乡黄梅村	nan²ᴮ	lan²ᴮ	lat⁸	san³	kɔt⁷ᴬ	gɔn⁶	xɔn⁶	xɔn⁶	ŋɔn¹
和合乡田坂村	nan²ᴮ	lan²ᴮ	lat⁸ᴮ	san³	kɔt⁷ᴬ	gɔn⁶	xɔn⁶	xɔn⁶	ŋɔn¹
周溪镇输湖村	nan²ᴮ	lan²ᴮ	lal⁸	san³	kɔl⁷ᴬ	gɔn⁵	xɔn⁵	xɔn⁶	ŋɔn¹
大港镇繁荣村	nan²	lan²	la⁵	san³	kɔ⁵	gɔn⁶	xɔn⁶	xɔn⁶	ŋɔn¹
中馆镇银宝村	nan²	lan²	laʔ⁷ᴬ	san³	kɔʔ⁷ᴬ	gɔn⁵	xɔn⁶	xɔn⁶	ŋɔn¹
狮山乡老屋村	nan²	lan²	lal⁷ᴬ	san³	kɔl⁷ᴬ	gɔn⁵	xɔn⁵	xɔn⁶	ŋɔn¹
万户镇长岭村	nan²	lan²	lal⁷ᴬ	san³	kɔl⁷ᴬ	gɔn⁵	xɔn⁵	xɔn⁶	ŋɔn¹
南峰镇石桥村	nan²	lan²	laʔ⁷ᴬ	san³	kɔʔ⁷ᴬ	gɔn⁵	xɔn⁵	xɔn⁶	ŋɔn¹

续表

代表点	339	340	341	342	343	344	345	346	347
	八	铲	山	间	眼	苋	板	慢	雁
	山开二 入黠帮	山开二 上产初	山开二 平山生	山开二 平山见	山开二 上产疑	山开二 去裥匣	山开二 上潸帮	山开二 去谏明	山开二 去谏疑
苏山乡 彭埠村	paⁱ⁷ᴬ	dzan³	san¹	kan¹	ŋan³	xan¹	pan³	man⁶	ŋan⁶
徐埠镇 山峰村	pat⁷ᴬ	dzan³	san¹	kan¹	ŋan³	xan¹	pan³	man⁶	ŋan⁶
多宝乡 宝桥村	paⁱ⁷ᴬ	tsʰan³	san¹	kan¹	ŋan³	xan¹	pan³	man⁶	ŋan⁶
左里镇 周茂村	paⁱ⁷ᴬ	dzan³	san¹	kan¹	ŋan³	xan¹	pan³	man⁶	ŋan⁶
都昌镇 金街岭	paⁱ⁷ᴬ	dzan³	san¹	kan¹	ŋan³	xan¹	pan³	man⁶	ŋan⁶
大树乡 大埠村	paⁱ⁷ᴬ	dzan³	san¹	kan¹	ŋan³	xan¹	pan³	man⁶	ŋan⁶
春桥乡 凤山村	paⁱ⁷ᴬ	tsʰan³	san¹	kan¹	ŋan³	xan⁶	pan³	man⁶	ŋan⁶
蔡岭镇 华山村	paⁱ⁷ᴬ	tsʰan³	san¹	kan¹	ŋan³	xan⁶	pan³	man⁶	ŋan⁶
土塘镇 信和村	paⁱ⁷ᴬ	dzan³	san¹	kan¹	ŋan³	xan⁶	pan³	man⁶	ŋan⁶
阳峰乡 黄梅村	pat⁷ᴬ	dzan³	san¹	kan¹	ŋan³	xan⁶	pan³	man⁶	ŋan⁶
和合乡 田坂村	pat⁷ᴬ	dzan³	san¹	kan¹	ŋan³	xan⁶	pan³	man⁶	ŋan⁶
周溪镇 输湖村	paⁱ⁷ᴬ	dzan³	san¹	kan¹	ŋan³	xan⁶	pan³	man⁶	ŋan⁶
大港镇 繁荣村	pa⁵	dzan³	san¹	kan¹	ŋan³	xan⁶	pan³	man⁶	ŋan⁶
中馆镇 银宝村	paʔ⁷ᴬ	dzan³	san¹	kan¹	ŋan³	xɛn⁶	pan³	man⁶	ŋan⁶
狮山乡 老屋村	paⁱ⁷ᴬ	dzan³	san¹	kan¹	ŋan³	xan⁶	pan³	man⁶	ŋan⁶
万户镇 长岭村	paⁱ⁷ᴬ	dzan³	san¹	kan¹	ŋan³	xan⁶	pan³	man⁶	ŋan⁶
南峰镇 石桥村	paʔ⁷ᴬ	dzan³	san¹	kan¹	ŋan³	xan⁶	pan³	man⁶	ŋan⁶

续表

代表点	348 瞎 山开二入鎋晓	349 变 山开三去线帮	350 便方~ 山开三去线并	351 面当~ 山开三去线明	352 连 山开三平仙来	353 煎 山开三平仙精	354 浅 山开三上狝清	355 薛 山开三入薛心	356 展 山开三上狝知
苏山乡彭埠村	xal^{7B}	$pi\varepsilon n^{5}$	$bi\varepsilon n^{1}$	$mi\varepsilon n^{6}$	$li\varepsilon n^{2B}$	$tsi\varepsilon n^{1}$	$dzi\varepsilon n^{3}$	$si\mathfrak{o}l^{7A}$	$t\math:s\varepsilon n^{3}$
徐埠镇山峰村	xat^{7B}	$pi\varepsilon n^{5}$	$bi\varepsilon n^{6}$	$mi\varepsilon n^{6}$	$li\varepsilon n^{2}$	$tsi\varepsilon n^{1}$	$dzi\varepsilon n^{3}$	$si\mathfrak{o}t^{7A}$	$t\math:s\varepsilon n^{3}$
多宝乡宝桥村	xal^{7B}	$pi\varepsilon n^{5}$	$p^{h}i\varepsilon n^{1}$	$mi\varepsilon n^{6}$	$li\varepsilon n^{2B}$	$tsi\varepsilon n^{1}$	$ts^{h}i\varepsilon n^{3}$	$si\mathfrak{o}l^{7A}$	$t\math:s\varepsilon n^{3}$
左里镇周茂村	xal^{7B}	$pi\varepsilon n^{5}$	$bi\varepsilon n^{6}$	$mi\varepsilon n^{6}$	$li\varepsilon n^{2A}$	$tsi\varepsilon n^{1}$	$dzi\varepsilon n^{3}$	$si\mathfrak{o}l^{7A}$	$t\math:s\varepsilon n^{3}$
都昌镇金街岭	xal^{7B}	$pi\varepsilon n^{5}$	$bi\varepsilon n^{6}$	$mi\varepsilon n^{6}$	$li\varepsilon n^{2A}$	$tsi\varepsilon n^{1}$	$dzi\varepsilon n^{3}$	$si\mathfrak{o}l^{7A}$	$t\math:s\varepsilon n^{3}$
大树乡大埠村	xal^{7B}	$pi\varepsilon n^{5}$	$bi\varepsilon n^{1}$	$mi\varepsilon n^{6}$	$li\varepsilon n^{2}$	$tsi\varepsilon n^{1}$	$dzi\varepsilon n^{3}$	$si\mathfrak{o}l^{7A}$	$t\math:s\varepsilon n^{3}$
春桥乡凤山村	xal^{7B}	$pi\varepsilon n^{5A}$	$p^{h}i\varepsilon n^{6}$	$mi\varepsilon n^{6}$	$t^{h}i\varepsilon n^{2}$	$tsi\varepsilon n^{1}$	$ts^{h}i\varepsilon n^{3}$	$si\mathfrak{o}l^{7A}$	$t\math:s\varepsilon n^{3}$
蔡岭镇华山村	xal^{7B}	$pi\varepsilon n^{5A}$	$p^{h}i\varepsilon n^{6}$	$mi\varepsilon n^{6}$	$t^{h}i\varepsilon n^{2A}$	$tsi\varepsilon n^{1}$	$ts^{h}i\varepsilon n^{3}$	$si\mathfrak{o}l^{7A}$	$t\math:s\varepsilon n^{3}$
土塘镇信和村	xal^{7B}	$pi\varepsilon n^{5}$	$bi\varepsilon n^{6}$	$mi\varepsilon n^{6}$	$li\varepsilon n^{2}$	$tsi\varepsilon n^{1}$	$dzi\varepsilon n^{3}$	$si\mathfrak{o}l^{7A}$	$t\math:s\varepsilon n^{3}$
阳峰乡黄梅村	xat^{7B}	$pi\varepsilon n^{5}$	$bi\varepsilon n^{6}$	$mi\varepsilon n^{6}$	$li\varepsilon n^{2B}$	$tsi\varepsilon n^{1}$	$dzi\varepsilon n^{3}$	$si\mathfrak{o}t^{7A}$	$t\math:s\varepsilon n^{3}$
和合乡田坂村	xat^{7B}	$pi\varepsilon n^{5}$	$bi\varepsilon n^{6}$	$mi\varepsilon n^{6}$	$li\varepsilon n^{2B}$	$tsi\varepsilon n^{1}$	$dzi\varepsilon n^{3}$	$si\mathfrak{o}t^{7A}$	$t\math:s\varepsilon n^{3}$
周溪镇输湖村	xal^{7B}	$pi\varepsilon n^{2A}$	$bi\varepsilon n^{6}$	$mi\varepsilon n^{6}$	$li\varepsilon n^{2B}$	$tsi\varepsilon n^{1}$	$dzi\varepsilon n^{3}$	$si\varepsilon l^{7A}$	$t\math:s\varepsilon n^{3}$
大港镇繁荣村	xa^{6}	$pi\varepsilon n^{5}$	$bi\varepsilon n^{6}$	$mi\varepsilon n^{6}$	$li\varepsilon n^{2}$	$tsi\varepsilon n^{1}$	$dzi\varepsilon n^{3}$	$si\varepsilon^{5}$	$t\math:s\varepsilon n^{3}$
中馆镇银宝村	$xa\text{ʔ}^{7B}$	$pi\varepsilon n^{5}$	$bi\varepsilon n^{6}$	$mi\varepsilon n^{6}$	$li\varepsilon n^{2}$	$tsi\varepsilon n^{1}$	$dzi\varepsilon n^{3}$	$si\varepsilon\text{ʔ}^{7A}$	$t\math:san^{3}$
狮山乡老屋村	xal^{7B}	$pi\varepsilon n^{5}$	$bi\varepsilon n^{6}$	$mi\varepsilon n^{6}$	$li\varepsilon n^{2}$	$tsi\varepsilon n^{1}$	$dzi\varepsilon n^{3}$	$si\varepsilon l^{7A}$	$t\math:s\varepsilon n^{3}$
万户镇长岭村	xal^{7B}	$pi\varepsilon n^{5}$	$bi\varepsilon n^{6}$	$mi\varepsilon n^{6}$	$li\varepsilon n^{2}$	$tsi\varepsilon n^{1}$	$dzi\varepsilon n^{3}$	$si\varepsilon l^{7A}$	$t\math:s\varepsilon n^{3}$
南峰镇石桥村	xa^{7B}	$pi\varepsilon n^{5}$	$bi\varepsilon n^{6}$	$mi\varepsilen^{6}$	$li\varepsilon n^{2}$	$tsi\varepsilen^{1}$	$dzi\varepsilen^{3}$	$si\varepsilon\text{ʔ}^{7A}$	$t\math:s\varepsilen^{3}$

代表点	357 缠 山开三平仙澄	358 舌 山开三入薛船	359 善 山开三上狝禅	360 折 山开三入薛章	361 热 山开三入薛日	362 件 山开三上狝群	363 杰 山开三入薛群	364 孽 山开三入薛疑	365 健 山开三去愿群
苏山乡彭埠村	dzen²ᴬ	ʂel⁸	ʂen⁶	tʂel⁷ᴬ	ȵiel⁸	dʑien¹	dʑiel⁸	ȵiel⁷ᴬ	dʑien¹
徐埠镇山峰村	dzɛn²	ʂet⁸ᴬ	ʂen⁶	tʂet⁷ᴬ	ȵiet⁸ᴮ	ien¹	iet⁸ᴬ	ȵiet⁷ᴬ	ien¹
多宝乡宝桥村	tʂʱɛn²ᴬ	ʂel⁸	ʂen⁶	tʂel⁷ᴬ	ȵiel⁸	ien¹	iel⁸	ȵiel⁷ᴬ	ien¹
左里镇周茂村	dzen²ᴬ	ʂel⁸ᴬ	ʂen⁶	tʂel⁷ᴬ	ȵiel⁸ᴮ	ien¹	iel⁸ᴬ	ȵiel⁷ᴬ	ien¹
都昌镇金街岭	dzɛn²ᴬ	ʂel⁸ᴬ	ʂen⁶	tʂel⁷ᴬ	ȵiel⁸ᴮ	ien¹	iel⁸ᴬ	ȵiel⁷ᴬ	ien¹
大树乡大埠村	dzɛn⁶	ʂel⁸	ʂen⁶	tʂel⁷ᴬ	ȵiel⁸	ien¹	iel⁸	ȵiel⁷ᴬ	ien¹
春桥乡凤山村	tʂʱɛn²	ʂe⁶	ʂen⁶	tʂel⁷ᴬ	ȵie⁶	tɕʱien⁶	tɕʱie⁶	ȵiel⁷ᴬ	tɕʱien⁶
蔡岭镇华山村	tʂʱɛn²ᴬ	ʂel⁸ᴬ¹	ʂen⁶	tʂel⁷ᴬ	lel⁷ᴬ	ien⁶	iel⁸ᴬ¹	ȵiel⁷ᴬ	ien⁶
土塘镇信和村	dzɛn²	ʂel⁸	ʂen⁶	tʂel⁷ᴬ	ȵiel⁸	ien⁶	iel⁸	ȵiel⁷ᴬ	ien⁶
阳峰乡黄梅村	dzɛn²ᴬ	ʂet⁸	ʂen⁶	tʂet⁷ᴬ	ȵiet⁸	ien⁶	iet⁷ᴮ	ȵiet⁷ᴬ	ien⁶
和合乡田坂村	dzɛn²ᴬ	ʂet⁸ᴬ	ʂen⁶	tʂet⁷ᴬ	ȵiet⁸ᴮ	ien⁶	iet⁸ᴬ	ȵiet⁷ᴬ	ien⁶
周溪镇输湖村	dzɛn²ᴬ	ʂel⁸	ʂen⁶	tʂel⁷ᴬ	ȵiel⁸	ien⁶	iel⁸	ȵiel⁷ᴬ	ien⁶
大港镇繁荣村	dzɛn²	ʂe⁶	ʂen⁶	tʂe⁵	ȵie⁶	dʑien⁶	dʑie⁶	ȵie⁵	dʑien⁶
中馆镇银宝村	dzɛn²	ʂen⁶	ʂen⁶	tʂeʔ⁷ᴬ	ȵieʔ⁷ᴬ	dʑien⁶	dʑie⁶	ȵie⁵	dʑien⁶
狮山乡老屋村	dzɛn²	ʂel⁸ᴬ	ʂen⁶	tʂel⁷ᴬ	ȵiel⁸ᴮ	dʑien⁶	dʑiel⁸ᴬ	ȵiel⁷ᴬ	dʑien⁶
万户镇长岭村	dzɛn²	ʂel⁸ᴬ	ʂen⁶	tʂel⁷ᴬ	ȵiel⁸ᴮ	dʑien⁶	dʑiel⁸ᴬ	ȵiel⁷ᴬ	dʑien⁶
南峰镇石桥村	dzɛn²	ʂe⁶	ʂen⁶	tʂeʔ⁷ᴬ	ȵie⁶	dʑien⁶	dʑie⁶	ȵieʔ⁷ᴬ	dʑien⁶

续表

代表点	366 献 山开三 去愿晓	367 边 山开四 平先帮	368 辫 山开四 上铣並	369 篾 山开四 入屑明	370 天 山开四 平先透	371 铁 山开四 入屑透	372 田 山开四 平先定	373 电 山开四 去霰定	374 年 山开四 平先泥
苏山乡彭埠村	ɕien⁵	pien¹	bien¹	miel⁸	lien¹	liel⁷ᴮ	lien²ᴬ	lien⁶	ȵien²ᴮ
徐埠镇山峰村	ɕien⁵	pien¹	bien¹	miet⁸ᴮ	lien¹	liet⁷ᴮ	lien²	lien⁶	ȵien²
多宝乡宝桥村	ɕien⁵	pien¹	pʰien¹	miel⁸	lien¹	tʰiel⁷ᴮ	tʰien²ᴬ	tʰien⁶	ȵien²ᴮ
左里镇周茂村	ɕien⁵	pien¹	bien¹	miel⁸ᴮ	lien¹	liel⁷ᴮ	lien²ᴬ	lien⁶	ȵien²ᴮ
都昌镇金街岭	ɕien⁵	pien¹	bien¹	miel⁸ᴮ	lien¹	liel⁷ᴮ	lien²ᴬ	lien⁶	ȵien²ᴮ
大树乡大埠村	ɕien⁵	pien¹	bien¹	miel⁸	lien¹	liel⁷ᴮ	lien⁶	lien⁶	ȵien²
春桥乡凤山村	ɕien⁵ᴬ	pien¹	pʰien⁶	miel⁸	tʰien¹	tʰiel⁷ᴮ	tʰien²	tʰien⁶	ȵien²
蔡岭镇华山村	ɕien⁵ᴬ	pien¹	pʰien⁶	miel⁸ᴬ²	tʰien¹	tʰiel⁷ᴮ	tʰien²ᴬ	lien⁶	ȵien²ᴮ
土塘镇信和村	ɕien⁵	pien¹	bien⁶	miel⁸	lien¹	liel⁷ᴮ	lien²	lien⁶	ȵien²
阳峰乡黄梅村	ɕien⁵	pien¹	bien⁶	miet⁸	lien¹	liet⁷ᴮ	lien²ᴬ	lien⁶	ȵien²ᴮ
和合乡田坂村	ɕien⁵	pien¹	bien⁶	miet⁸ᴮ	lien¹	liet⁷ᴮ	lien²ᴬ	lien⁶	ȵien²ᴮ
周溪镇输湖村	ɕien²ᴬ	pien¹	bien⁶	miel⁸	lien¹	lie⁵	lien²ᴬ	lien⁶	ȵien²ᴮ
大港镇繁荣村	ɕien⁵	pien¹	bien⁶	mie⁶	lien¹	lieʔ⁷	lien²	lien⁶	ȵien²
中馆镇银宝村	ɕien⁵	pien¹	bien⁶	mie⁶	lien¹	lieʔ⁷ᴮ	lien²	lien⁶	ȵien²
狮山乡老屋村	ɕien⁵	pien¹	bien⁶	miel⁸ᴮ	lien¹	liel⁷ᴮ	lien²	lien⁶	ȵien²
万户镇长岭村	ɕien⁵	pien¹	bien⁶	miel⁸ᴮ	lien¹	liel⁷ᴮ	lien²	lien⁶	ȵien²
南峰镇石桥村	ɕien⁵	pien¹	bien⁶	mie⁶	lien¹	lie⁷ᴮ	lien²	lien⁶	ȵien²

续表

代表点	375 莲 山开四平先来	376 节 山开四入屑精	377 切 山开四入屑清	378 前 山开四平先从	379 肩 山开四平先见	380 结 山开四入屑见	381 牵 山开四平先溪	382 现 山开四去霰匣	383 半 山合一去换帮
苏山乡彭埠村	$lien^{2B}$	$tsiel^{7A}$	$dziel^{7B}$	$dzien^{2A}$	ken^{1}	$tçiel^{7A}$	$dzien^{1}$	$çien^{6}$	$pɔn^{5}$
徐埠镇山峰村	$lien^{2}$	$tsiet^{7A}$	$dziet^{7B}$	$dzien^{2}$	$tçien^{1}$	$tçiet^{7A}$	ien^{1}	$çien^{6}$	$pɔn^{5}$
多宝乡宝桥村	$t^{6}ien^{2B}$	$tsiel^{7A}$	$ts^{6}iel^{7B}$	$ts^{6}ien^{2A}$	ken^{1}	$tçiel^{7A}$	ien^{1}	$çien^{6}$	$pɔn^{5}$
左里镇周茂村	$lien^{2B}$	$tsiel^{7A}$	$dziel^{7B}$	$dzien^{2A}$	$tçien^{1}$	$tçiel^{7A}$	ien^{1}	$çien^{6}$	$pɔn^{5}$
都昌镇金街岭	$lien^{2A}$	$tsiel^{7A}$	$dziel^{7B}$	$dzien^{2A}$	$tçien^{1}$	$tçiel^{7A}$	ien^{1}	$çien^{6}$	$pɔn^{5}$
大树乡大埠村	$lien^{2}$	$tsiel^{7A}$	$dziel^{7B}$	$dzien^{6}$	ken^{1}	$tçiel^{7A}$	ien^{1}	$çien^{6}$	$pɔn^{5}$
春桥乡凤山村	$t^{6}ien^{2}$	$tsiel^{7A}$	$ts^{6}iel^{7B}$	$ts^{6}ien^{2}$	$tçien^{1}$	$tçiel^{7A}$	$tç^{6}ien^{1}$	$çien^{6}$	$pɔn^{5A}$
蔡岭镇华山村	$t^{6}ien^{2A}$	$tsiel^{7A}$	$ts^{6}iel^{7B}$	$ts^{6}ien^{2A}$	ken^{1}	$tçiel^{7A}$	ien^{1}	$çien^{6}$	$pɔn^{5A}$
土塘镇信和村	$lien^{2}$	$tsiel^{7A}$	$dziel^{7B}$	$dzien^{2}$	$tçien^{1}$	$tçiel^{7A}$	ien^{1}	$çien^{6}$	$pɔn^{5}$
阳峰乡黄梅村	$lien^{2B}$	$tsiet^{7A}$	$dziet^{7B}$	$dzien^{2A}$	$tçien^{1}$	$tçiet^{7A}$	ien^{1}	$çien^{6}$	$pɔn^{5}$
和合乡田坂村	$lien^{2B}$	$tsiet^{7A}$	$dziet^{7B}$	$dzien^{2A}$	$tçien^{1}$	$tçiet^{7A}$	ien^{1}	$çien^{6}$	$pɔn^{5}$
周溪镇输湖村	$lien^{2B}$	$tsiel^{7A}$	$dzie^{5}$	$dzien^{2A}$	$tçien^{1}$	$tçiel^{7A}$	ien^{1}	$çien^{6}$	$pɔn^{5A}$
大港镇繁荣村	$lien^{2}$	$tsie^{5}$	$dzieʔ^{7}$	$dzien^{2}$	$tçien^{1}$	$tçie^{5}$	$dzien^{1}$	$çien^{6}$	$pɔn^{5}$
中馆镇银宝村	$lien^{2}$	$tsieʔ^{7A}$	$dzieʔ^{7B}$	$dzien^{2}$	$tçien^{1}$	$tçieʔ^{7A}$	$dzien^{1}$	$çien^{6}$	$pɔn^{5}$
狮山乡老屋村	$lien^{2}$	$tsiel^{7A}$	$dziel^{7B}$	$dzien^{2}$	$tçien^{1}$	$tçiel^{7A}$	$dzien^{1}$	$çien^{6}$	$pɔn^{5}$
万户镇长岭村	$lien^{2}$	$tsiel^{7A}$	$dziel^{7B}$	$dzien^{2}$	$tçien^{1}$	$tçiel^{7A}$	$dzien^{1}$	$çien^{6}$	$pɔn^{5}$
南峰镇石桥村	$lien^{2}$	$tsieʔ^{7A}$	$dzie^{7B}$	$dzien^{2}$	$tçien^{1}$	$tçieʔ^{7A}$	$dzien^{1}$	$çien^{5}$	$pɔn^{5}$

续表

代表点	384 钵 山合一入末帮	385 潘 山合一平桓滂	386 判 山合一去换滂	387 盘 山合一平桓并	388 拌 山合一上缓並	389 叛 山合一去换並	390 满 山合一上缓明	391 抹 山合一入末明	392 短 山合一上缓端
苏山乡彭埠村	pɔl⁷ᴬ	bɔn¹	bɔn⁶	bɔn²ᴬ	bɔn¹	bɔn⁶	mɔn³	mɔl⁷ᴬ	tɔn³
徐埠镇山峰村	pɔt⁷ᴬ	bɔn¹	bɔn⁶	bɔn²	bɔn¹	bɔn⁶	mɔn³	mɔt⁷ᴬ	tɔn³
多宝乡宝桥村	pɔl⁷ᴬ	pɦɔn¹	pɦɔn⁶	pɦɔn²ᴬ	pɦɔn¹	pɦɔn⁶	mɔn³	mɔl⁷ᴬ	tɔn³
左里镇周茂村	pɔl⁷ᴬ	bɔn¹	bɔn⁶	bɔn²ᴬ	bɔn¹	bɔn⁶	mɔn³	mɔl⁷ᴬ	tɔn³
都昌镇金街岭	pɔl⁷ᴬ	bɔn¹	bɔn⁶	bɔn²ᴬ	bɔn¹	bɔn⁶	mɔn³	mɔl⁷ᴬ	tɔn³
大树乡大埠村	pɔl⁷ᴬ	bɔn¹	bɔn⁶	bɔn⁶	bɔn¹	bɔn⁶	mɔn³	mɔl⁷ᴬ	tɔn³
春桥乡凤山村	pɔl⁷ᴬ	pɦən¹	pɦən⁵ᴮ	pɦən²	pɦən⁶	pɦən⁵ᴮ	mən³	məl⁷ᴬ	tən³
蔡岭镇华山村	pɔl⁷ᴬ	pɦən¹	pɦən⁵ᴮ	pɦən²ᴬ	pɦən⁶	pɦən⁵ᴮ	mən³	mɔl⁷ᴬ	tən³
土塘镇信和村	pɔl⁷ᴬ	bɔn¹	bɔn⁶	bɔn²	bɔn⁶	bɔn⁶	mɔn³	mɔl⁷ᴬ	tɔn³
阳峰乡黄梅村	pɔt⁷ᴬ	bɔn¹	bɔn⁶	bɔn²ᴬ	bɔn⁶	bɔn⁶	mən³	mɔt⁷ᴬ	tɔn³
和合乡田坂村	pɔt⁷ᴬ	bɔn¹	bɔn⁶	bɔn²ᴬ	bɔn⁶	bɔn⁶	mɔn³	mɔt⁷ᴬ	tɔn³
周溪镇输湖村	pɔl⁷ᴬ	bɔn¹	bɔn⁶	bɔn²ᴬ	bɔn⁶	bɔn⁵	mɔn³	mɔl⁷ᴬ	tɔn³
大港镇繁荣村	pɛ⁵	bɔn¹	bɔn⁶	bɛn²	bɔn⁶	bɔn⁶	mɔn³	mɛ⁵	tɔn³
中馆镇银宝村	pɔʔ⁷ᴬ	bɔn¹	bɔn⁶	bɔn²	bɔn⁶	bɔn⁵	mɔn³	mɔʔ⁷ᴬ	tɔn³
狮山乡老屋村	pɔl⁷ᴬ	bɔn¹	bɔn⁶	bɔn²	bɔn⁶	bɔn⁶	mɔn³	mɔl⁷ᴬ	tɔn³
万户镇长岭村	pɔn⁵	bɔn¹	bɔn⁵	bɔn²	bɔn⁶	bɔn⁶	mɔn³	mɔl⁷ᴬ	tɔn³
南峰镇石桥村	pɔʔ⁷ᴬ	bɔn¹	bɔn⁵	bɔn²	bɔn⁶	bɔn⁵	mɔn³	mɔʔ⁷ᴬ	tɔn³

代表点	393 脱 山合一入末透	394 团 山合一平桓定	395 断~绝 山合一上缓定	396 段 山合一去换定	397 夺 山合一入末定	398 乱 山合一去换来	399 捋 山合一入末来	400 酸 山合一平桓心	401 官 山合一平桓见
苏山乡彭埠村	lɔl^{7B}	lɔn^{2A}	lɔn^{1}	lɔn^{1}	lɔl^{8}	lɔn^{6}	lɔl^{8}	sɔn^{1}	kuɔn^{1}
徐埠镇山峰村	lɔt^{7B}	lɔn^{2}	lɔn^{1}	lɔn^{1}	lɔt^{8A}	lɔn^{6}	lɔt^{8A}	sɔn^{1}	kuɔn^{1}
多宝乡宝桥村	lɔl^{7B}	lɔn^{2A}	lɔn^{1}	lɔn^{1}	lɔl^{8}	lɔn^{6}	lɔl^{8}	sɔn^{1}	kuɔn^{1}
左里镇周茂村	lɔl^{7B}	lɔn^{2A}	lɔn^{1}	lɔn^{1}	lɔl^{8A}	lɔn^{6}	nɔl^{8B}	sɔn^{1}	kuɔn^{1}
都昌镇金街岭	lɔl^{7B}	lɔn^{2A}	lɔn^{1}	lɔn^{1}	lɔl^{8A}	lɔn^{6}	lɔl^{8B}	sɔn^{1}	kuɔn^{1}
大树乡大埠村	lɔl^{7B}	lɔn^{6}	lɔn^{1}	lɔn^{1}	lɔl^{8}	lɔn^{6}	lɔl^{8}	sɔn^{1}	kuɔn^{1}
春桥乡凤山村	tˢɔl^{7B}	tˢɔn^{2}	tˢɔn^{6}	tˢɔn^{6}	tˢɔl^{7B}	lɔn^{6}	lɔl^{8}	sɔn^{1}	kuan^{1}
蔡岭镇华山村	lɔl^{7B}	lɔn^{2A}	lɔn^{6}	lɔn^{6}	lɔl^{8A1}	lɔn^{6}	lɔl^{8A2}	sɔn^{1}	kuɛn^{1}
土塘镇信和村	dɔl^{7B}	lɔn^{2}	lɔn^{6}	dɔn^{6}	dɔl^{8}	lɔn^{6}	lɔl^{8}	sɔn^{1}	kuɔn^{1}
阳峰乡黄梅村	lɔt^{7B}	lɔn^{2A}	lɔn^{6}	lɔn^{6}	lɔt^{7B}	lɔn^{6}	lɔt^{8}	sɔn^{1}	kuɔn^{1}
和合乡田坂村	lɔt^{7B}	lɔn^{2A}	lɔn^{6}	lɔn^{6}	lɔt^{7B}	lɔn^{6}	lɔt^{8B}	sɔn^{1}	kuɔn^{1}
周溪镇输湖村	lɔl^{7B}	lɔn^{2A}	lɔn^{6}	lɔn^{6}	lɔl^{7B}	lɔn^{5}	lɔl^{8}	sɔn^{1}	kuɔn^{1}
大港镇繁荣村	dɔʔ^{7}	dɔn^{2}	dɔn^{6}	dɔn^{6}	dɔ^{6}	lɔn^{6}	lɔ^{6}	sɔn^{1}	kuɛn^{1}
中馆镇银宝村	dɔʔ^{7B}	dɔn^{2}	dɔn^{6}	dɔn^{6}	dɔ^{6}	lɔn^{6}	dɔ^{6}	sɔn^{1}	kuɔn^{1}
狮山乡老屋村	dɔl^{7B}	dɔn^{2}	dɔn^{6}	dɔn^{6}	dɔl^{8A}	lɔn^{6}	lɔl^{8B}	sɔn^{1}	kuɔn^{1}
万户镇长岭村	dɔl^{7B}	lɔn^{2}	lɔn^{6}	dɔn^{6}	dɔl^{8A}	lɔn^{6}	dɔl^{7B}	sɔn^{1}	kuɔn^{1}
南峰镇石桥村	dɔ^{7B}	dɔn^{2}	dɔn^{6}	dɔn^{6}	dɔ^{6}	lɔn^{6}	lɔ^{6}	sɔn^{1}	kuɔn^{1}

续表

代表点	402 宽 山合一平桓溪	403 阔 山合一入末溪	404 丸 山合一平桓匣	405 换 山合一去换匣	406 活 山合一入末匣	407 滑 山合二入黠匣	408 关 山合二平删见	409 还 山合二平删匣
苏山乡彭埠村	guɔn¹	guɔl⁷ᴮ	iɔn²ᴮ	uɔn⁶	ɸuɔl⁸	ual⁸	kuan¹	uan²ᴮ
徐埠镇山峰村	uɔn¹	uɔl⁷ᴮ	iɔn²	uɔn⁶	uɔl⁸ᴬ	uat⁸ᴬ	kuan¹	uan²
多宝乡宝桥村	uɔn¹	uɔl⁷ᴮ	iɔn²ᴮ	uɔn⁶	uɔl⁸	ual⁸	kuan¹	uan²ᴮ
左里镇周茂村	uɔn¹	uɔl⁷ᴮ	iɔn²ᴮ	uɔn⁶	uɔl⁸ᴬ	ual⁸ᴬ	kuan¹	ɸuan²ᴮ
都昌镇金街岭	uɔn¹	uɔl⁷ᴮ	iɔn²ᴮ	uɔn⁶	uɔl⁸ᴬ	ual⁸ᴬ	kuan¹	ɸuan²ᴮ
大树乡大埠村	uɔn¹	uɔl⁷ᴮ	iɔn²	uɔn⁶	uɔl⁸	ual⁸	kuan¹	uan²ᴮ
春桥乡凤山村	kɦuan¹	kɦual⁷ᴮ	kɦuan²	uan⁶	ɸual⁷ᴬ	ɸual⁷ᴬ	kuan¹	uan²
蔡岭镇华山村	uɛn¹	uɛl⁸ᴬ¹	iɔn²ᴮ	uɛn⁶	uɛl⁸ᴬ¹	ual⁸ᴬ¹	kuan¹	uan²ᴮ
土塘镇信和村	guɔn¹	guɔl⁷ᴮ	iɔn²	uɔn⁶	uɔl⁸	ual⁸	kuan¹	ɸuan²
阳峰乡黄梅村	uɔn¹	uɔt⁷ᴮ	iɔn²ᴮ	uɔn⁶	uɔt⁸	uat⁸	kuan¹	ɸuan²ᴮ
和合乡田坂村	uɔn¹	uɔt⁷ᴮ	iɔn²ᴮ	uɔn⁶	uɔt⁸ᴬ	uat⁸ᴬ	kuan¹	ɸuan²ᴮ
周溪镇输湖村	uɔn¹	guɔl⁷ᴮ/uɔl⁷ᴮ	iɛn²ᴮ	uɔn⁶	uɔl⁸	ual⁸	kuan¹	ɸuan²ᴮ
大港镇繁荣村	guɛn¹	guɛ⁷	iɛn²	uɛn⁶	uɛ⁶	ua⁶	kuan¹	uan²
中馆镇银宝村	guɔn¹	guɛʔ⁷ᴮ	uan²	ɸuɔn⁶	uɛ⁶	ua⁶	kuan¹	uan²
狮山乡老屋村	guɔn¹	guɛl⁷ᴮ	uɛn²	uɔn⁶	guɛl⁸ᴬ	ual⁸ᴬ	kuan¹	uan²
万户镇长岭村	guɔn¹	guɛl⁷ᴮ	uɛn²	uɔn⁶	uɛl⁸ᴬ	ual⁸ᴬ	kuan¹	uan²
南峰镇石桥村	guɔn¹	guɛ⁷ᴮ	uɛn²	uɔn⁶	uɛ⁶	ua⁶	kuan¹	uan²

续表

代表点	410 弯 山合二平删影	411 绝 山合三入薛从	412 雪 山合三入薛心	413 旋现做 山合三去线邪	414 砖 山合三平仙章	415 穿 山合三平仙昌	416 船 山合三平仙船	417 软 山合三上狝日	418 圈圆~ 山合三平仙溪
苏山乡彭埠村	uan^1	$dzi\mathrm{ɔ}l^8$	$si\mathrm{ɔ}l^{7A}$	$dzi\mathrm{ɔ}n^1$	$t\mathrm{ʂɔ}n^1$	$dz\mathrm{ɔ}n^1$	$\mathrm{ʂɔ}n^{2B}$	$\mathrm{ȵ}i\mathrm{ɔ}n^3$	$i\mathrm{ɔ}n^1$
徐埠镇山峰村	uan^1	$dzi\mathrm{ɔ}t^{8A}$	$si\mathrm{ɔ}t^{7A}$	$dzi\mathrm{ɔ}n^6$	$t\mathrm{ʂɔ}n^1$	$dz\mathrm{ɔ}n^1$	$\mathrm{ʂɔ}n^2$	$\mathrm{ȵ}i\mathrm{ɔ}n^3$	$i\mathrm{ɔ}n^1$
多宝乡宝桥村	uan^1	$ts^{ɦ}i\mathrm{ɔ}l^8$	$si\mathrm{ɔ}l^{7A}$	$ts^{ɦ}i\mathrm{ɔ}n^1$	$t\mathrm{ʂɔ}n^1$	$ts^{ɦ}\mathrm{ɔ}n^1$	$\mathrm{ʂɔ}n^{2B}$	$\mathrm{ȵ}i\mathrm{ɔ}n^3$	$i\mathrm{ɔ}n^1$
左里镇周茂村	uan^1	$dzi\mathrm{ɔ}l^{8A}$	$si\mathrm{ɔ}l^{7A}$	$dzi\mathrm{ɔ}n^6$	$t\mathrm{ʂɔ}n^1$	$dz\mathrm{ɔ}n^1$	$\mathrm{ʂɔ}n^{2B}$	$\mathrm{ȵ}i\mathrm{ɔ}n^3$	$i\mathrm{ɔ}n^1$
都昌镇金街岭	uan^1	$dzi\mathrm{ɔ}l^{8A}$	$si\mathrm{ɔ}l^{7A}$	$dzi\mathrm{ɔ}n^6$	$t\mathrm{ʂɔ}n^1$	$dz\mathrm{ɔ}n^1$	$\mathrm{ʂɔ}n^{2B}$	$\mathrm{ȵ}i\mathrm{ɔ}n^3$	$i\mathrm{ɔ}n^1$
大树乡大埠村	uan^1	$dzi\mathrm{ɔ}l^8$	$si\mathrm{ɔ}l^{7A}$	$dzi\mathrm{ɔ}n^1$	$t\mathrm{ʂɔ}n^1$	$dz\mathrm{ɔ}n^1$	$\mathrm{ʂɔ}n^2$	$\mathrm{ȵ}i\mathrm{ɔ}n^3$	$i\mathrm{ɔ}n^1$
春桥乡凤山村	uan^1	$ts^{ɦ}i\mathrm{ɔ}l^8$	$si\mathrm{ɔ}l^{7A}$	$ts^{ɦ}i\mathrm{ɔ}n^6$	$t\mathrm{ʂɔ}n^1$	$ts^{ɦ}\mathrm{ɔ}n^1$	$\mathrm{ʂɔ}n^2$	$\mathrm{ȵ}i\mathrm{ɔ}n^3$	$t\mathrm{ɕ}^{ɦ}i\mathrm{ɔ}n^1$
蔡岭镇华山村	uan^1	$t\mathrm{ɕ}^{ɦ}i\mathrm{ɔ}l^{8A1}$	$si\mathrm{ɔ}l^{7A}$	$ts^{ɦ}i\mathrm{ɔ}n^6$	$t\mathrm{ʂɔ}n^1$	$ts^{ɦ}\mathrm{ɔ}n^1$	$\mathrm{ʂɔ}n^{2B}$	$\mathrm{ȵ}i\mathrm{ɔ}n^3$	$i\mathrm{ɔ}n^1$
土塘镇信和村	uan^1	$dzi\mathrm{ɛ}l^8$	$si\mathrm{ɔ}l^{7A}$	$dzi\mathrm{ɛ}n^6$	$t\mathrm{ʂɔ}n^1$	$dz\mathrm{ɔ}n^1$	$\mathrm{ʂɔ}n^2$	$\mathrm{ȵ}i\mathrm{ɔ}n^3$	$dzi\mathrm{ɔ}n^1$
阳峰乡黄梅村	uan^1	$dzi\mathrm{ɔ}t^{7B}$	$si\mathrm{ɔ}t^{7A}$	$dzi\mathrm{ɔ}n^6$	$t\mathrm{ʂɔ}n^1$	$dz\mathrm{ɔ}n^1$	$\mathrm{ʂɔ}n^{2B}$	$\mathrm{ȵ}i\mathrm{ɔ}n^3$	$i\mathrm{ɔ}n^1$
和合乡田坂村	uan^1	$dzi\mathrm{ɔ}t^{8A}$	$si\mathrm{ɔ}t^{7A}$	$dzi\mathrm{ɔ}n^6$	$t\mathrm{ʂɔ}n^1$	$dz\mathrm{ɔ}n^1$	$\mathrm{ʂɔ}n^{2B}$	$\mathrm{ȵ}i\mathrm{ɔ}n^3$	$i\mathrm{ɔ}n^1$
周溪镇输湖村	uan^1	$dzie^6$	$siel^{7A}$	$dzi\mathrm{ɛ}n^6$	$t\mathrm{ʂɔ}n^1$	$dz\mathrm{ɔ}n^1$	$\mathrm{ʂɔ}n^{2B}$	$\mathrm{ȵ}i\mathrm{ɛ}n^3$	$i\mathrm{ɛ}n^1$
大港镇繁荣村	uan^1	$dzie^6$	sie^5	$dzi\mathrm{ɛ}n^6$	$t\mathrm{ʂɛ}n^1$	$dz\mathrm{ɛ}n^1$	$\mathrm{ʂɛ}n^2$	$\mathrm{ȵ}i\mathrm{ɛ}n^3$	$dz\mathrm{ɛ}n^1$
中馆镇银宝村	uan^1	$dzie^6$	$sie\mathrm{ʔ}^{7A}$	$si\mathrm{ɛ}n^6$	$t\mathrm{ɕ}yen^1$	$d\mathrm{ʑ}yen^1$	$\mathrm{ɕ}yen^2$	nen^3	$d\mathrm{ʑ}yen^1$
狮山乡老屋村	uan^1	$dziel^{8A}$	$siel^{7A}$	$dzien^6$	$t\mathrm{ʂ}uen^1$	$dz\mathrm{ɛ}n^1$	$\mathrm{ʂɛ}n^2$	$\mathrm{ȵ}i\mathrm{ɛ}n^3$	$dzuen^1$
万户镇长岭村	uan^1	$dziel^{8A}$	$siel^{7A}$	$dzien^6$	$t\mathrm{ɕ}yen^1$	$d\mathrm{ʑ}yen^{44}$	$d\mathrm{ʑ}yen^1$	nen^3	$d\mathrm{ʑ}yen^1$
南峰镇石桥村	uan^1	$dzie^6$	$sie\mathrm{ʔ}^{7A}$	$si\mathrm{ɛ}n^6$	$t\mathrm{ʂʮ}en^1$	$d\mathrm{ʑʮ}en^1$	$\mathrm{ʂʮ}en^2$	nen^3	$dz\mathrm{ʮ}en^1$

代表点	419	420	421	422	423	424	425	426	427
	拳	圆	铅	饭	万	袜	劝	元	月
	山合三平仙群	山合三平仙云	山合三平仙以	山合三去愿奉	山合三去愿微	山合三入月微	山合三去愿溪	山合三平元疑	山合三入月疑
苏山乡彭埠村	$dʑiɛn^{2A}$	$iɔn^{2B}$	$ȵiɔn^{2B}$	$ɸuan^{6}$	uan^{6}	ual^{7A}	$iɔn^{6}$	$ȵiɔn^{2B}$	$ȵiɔl^{7A}$
徐埠镇山峰村	$iɔn^{2}$	$iɔn^{2}$	$ȵiɔn^{2}$	$ɸuan^{6}$	uan^{6}	uat^{7A}	$iɔn^{6}$	$ȵiɔn^{2}$	$ȵiɔt^{7A}$
多宝乡宝桥村	$iɔn^{2A}$	$iɔn^{2B}$	$ȵiɔn^{2B}$	$ɸuan^{6}$	uan^{6}	ual^{7A}	$iɔn^{6}$	$ȵiɔn^{2B}$	$ȵiɔl^{7A}$
左里镇周茂村	$iɔn^{2A}$	$iɔn^{2B}$	$ȵiɔn^{2B}$	$ɸuan^{6}$	uan^{6}	ual^{7A}	$iɔn^{6}$	$ȵiɔn^{2B}$	$ȵiɔl^{7A/8B}$
都昌镇金街岭	$iɔn^{2A}$	$iɔn^{2B}$	$ȵiɔn^{2B}$	$ɸuan^{6}$	uan^{6}	ual^{7A}	$iɔn^{6}$	$ȵiɔn^{2B}$	$ȵiɔl^{7A/8B}$
大树乡大埠村	$iɔn^{6}$	$iɔn^{2}$	$ȵiɔn^{2}$	$ɸuan^{6}$	uan^{6}	ual^{7A}	$iɔn^{6}$	$ȵiɔn^{2}$	$ȵiɔl^{7A}$
春桥乡凤山村	$tɕʰiɔn^{2A}$	$iɔn^{2}$	$iɛn^{2}$	$ɸuan^{6}$	uan^{6}	ual^{7A}	$tɕʰiɔn^{5B}$	$ȵiɔn^{2}$	$ȵiɔl^{7A}$
蔡岭镇华山村	$iɔn^{2A}$	$iɔn^{2B}$	$ȵiɔn^{2B}$	$ɸuan^{6}$	uan^{6}	ual^{7A}	$iɔn^{5B}$	$ȵiɔn^{2B}$	$ȵiɔl^{7A}$
土塘镇信和村	$dʑiɔn^{2}$	$iɔn^{2}$	$ȵiɛn^{2}$	$ɸuan^{6}$	uan^{6}	ual^{7A}	$iɛn^{6}$	$ȵiɔn^{2}$	$ȵiɔl^{7A}$
阳峰乡黄梅村	$iɔn^{2A}$	$iɔn^{2B}$	$ȵiɔn^{2B}$	$ɸuan^{6}$	uan^{6}	uat^{7A}	$iɔn^{6}$	$ȵiɔn^{2B}$	$ȵiɔt^{8B}$
和合乡田坂村	$iɔn^{2A}$	$iɔn^{2B}$	$ȵiɔn^{2B}$	$ɸuan^{6}$	uan^{6}	uat^{7A}	$iɔn^{6}$	$ȵiɔn^{2B}$	$ȵiɔt^{8B}$
周溪镇输湖村	$iɛn^{2A}$	$iɛn^{2B}$	$ȵiɛn^{2B}$	$ɸuan^{6}$	uan^{6}	ual^{7A}	$iɛn^{5}$	$ȵiɛn^{2B}$	$ȵiel^{8}$
大港镇繁荣村	$dʑɛn^{2}$	$iɛn^{2}$	$ȵiɛn^{2}$	$ɸuan^{6}$	uan^{6}	$ɸua^{5}$	$dʑɛn^{6}$	$ȵiɛn^{2}$	$ȵie^{6}$
中馆镇银宝村	$dʑyɛn^{2}$	$uɛn^{2}$	$ȵiɛn^{2}$	$ɸuan^{6}$	uan^{6}	$uaʔ^{7A}$	$dʑyɛn^{6}$	$nɛn^{2}$	$nɛʔ^{7A}$
狮山乡老屋村	$dʑɛn^{2}$	$iɛn^{2}$	$ȵiɛn^{2}$	$ɸuan^{6}$	uan^{6}	ual^{7A}	$dʑyɛn^{5}$	$ȵiɛn^{2}$	$ȵiel^{7B}$
万户镇长岭村	$dʑyɛn^{2}$	$uɛn^{2}$	$nɛn^{2}$	$ɸuan^{6}$	uan^{6}	ual^{7A}	$dʑyɛn^{5}$	$nɛn^{2}$	$nɛl^{7A}$
南峰镇石桥村	$dʐuɛn^{2}$	$uɛn^{2}$	$nɛn^{2}$	$ɸuan^{6}$	uan^{6}	$uaʔ^{7A}$	$dʐuɛn^{5}$	$nɛn^{2}$	$nɛ^{6}$

代表点	428	429	430	431	432	433	434	435	436
	冤	袁	远	缺	血	县	穴	根	很
	山合三平元影	山合三平元云	山合三上阮云	山合四入屑溪	山合四入屑晓	山合四去霰匣	山合四入屑匣	臻开一平痕见	臻开一上很匣
苏山乡彭埠村	iɔn¹	iɔn²ᴮ	iɔn³	dʑiɔl⁷ᴮ	ɕiɔl⁷ᴬ	ɕiɛn⁶	ɕiɛl⁸	kɛn¹	xɛn³
徐埠镇山峰村	iɔn¹	iɔn²	iɔn³	tɕiɔt⁷ᴮ	ɕiɔt⁷ᴬ	ɕiɛn⁶	ɕiɛt⁸ᴬ	kɛn¹	xɛn³
多宝乡宝桥村	iɔn¹	iɔn²ᴮ	iɔn³	iɔl⁷ᴮ	ɕiɔl⁷ᴬ	ɕiɛn⁶	ɕiɔl⁸	kɛn¹	xɛn³
左里镇周茂村	iɔn¹	iɔn²ᴮ	iɔn³	iɔl⁷ᴮ	ɕiɔl⁷ᴬ	ɕiɛn⁶	ɕiɔl⁸ᴬ	kɛn¹	xɛn³
都昌镇金街岭	iɔn¹	iɔn²ᴮ	iɔn³	iɔl⁷ᴮ	ɕiɔl⁷ᴬ	ɕiɛn⁶	ɕiɔl⁸ᴬ	kɛn¹	xɛn³
大树乡大埠村	iɔn¹	iɔn²	iɔn³	iɔl⁷ᴮ	ɕiɔl⁷ᴬ	ɕiɛn⁶	ɕiɔl⁸	kɛn¹	xɛn³
春桥乡凤山村	iɔn¹	iɔn²	iɔn³	tɕʰiɔl⁷ᴮ	ɕiɔl⁷ᴬ	ɕiɛn⁶	ɕiɔl⁸	kɛn¹	xɛn³
蔡岭镇华山村	iɔn¹	iɔn²ᴮ	iɔn³	iɔl⁸ᴬ¹	ɕiɔl⁷ᴬ	ɕiɛn⁶	ɕiɔl⁸ᴬ¹	kɛn¹	xɛn³
土塘镇信和村	iɔn¹	iɔn²	iɔn³	dʑiɔl⁷ᴮ	siɔl⁷ᴬ	ɕiɛn⁶	siɛl⁸	kɛn¹	xɛn³
阳峰乡黄梅村	iɔn¹	iɔn²ᴮ	iɔn³	iɔt⁷ᴮ	ɕiɔt⁷ᴬ	ɕiɛn⁶	ɕiɛt⁸	kɛn¹	xɛn³
和合乡田坂村	iɔn¹	iɔn²ᴮ	iɔn³	iɔt⁷ᴮ	ɕiɔt⁷ᴬ	ɕiɛn⁶	ɕiɔt⁸ᴬ	kɛn¹	xɛn³
周溪镇输湖村	iɛn¹	iɛn²ᴮ	iɛn³	iɛl⁷ᴮ	ɕiɛl⁷ᴬ	ɕiɛn⁶	ɕiɛl⁸	kɛn¹	xɛn³
大港镇繁荣村	iɛn¹	iɛn²	iɛn³	dzʅ⁷	ʂɛ⁵	ɕiɛn⁶	ʂɛ⁶	kɛn¹	xɛn³
中馆镇银宝村	uɛn¹	uɛn²	uɛn³	dzɣɛʔ⁷ᴮ	ɕyɛʔ⁷ᴬ	ɕiɛn⁶	ɕyɛ⁶	kɛn¹	xɛn³
狮山乡老屋村	iɛn¹	iɛn²	iɛn³	dzuɛl⁷ᴮ	ɕiɛl⁷ᴬ	ɕiɛn⁶	ɕiɛl⁸ᴬ	kɛn¹	xɛn³
万户镇长岭村	uɛn¹	uɛn²	uɛn³	dzyɛl⁷ᴮ	ɕyɛl⁷ᴬ	ɕiɛn⁶	ɕyɛl⁷ᴮ	kɛn¹	xɛn³
南峰镇石桥村	uɛn¹	uɛn²	uɛn³	dzɐɛʔ⁷ᴮ	ɕɐɛʔ⁷ᴬ	ɕiɛn⁶	ɕɐɛ⁶	kɛn¹	xɛn³

续表

代表点	437 恩 臻开一 平痕影	438 笔 臻开三 入质帮	439 民 臻开三 平真明	440 邻 臻开三 平真来	441 鳞 臻开三 平真来	442 栗 臻开三 入质来	443 进 臻开三 去震精	444 亲 臻开三 平真清	445 七 臻开三 入质清
苏山乡 彭埠村	$ŋen^1$	pil^{7A}	min^{2B}	lin^{2B}	lin^{2B}	$liak^8$	$tsin^5$	$dzin^1$	$ts^ɦil^{7B}$
徐埠镇 山峰村	$ŋen^1$	pit^{7A}	min^2	lin^2	lin^2	lia^1	$tsin^5$	$dzin^1$	$dzit^{7B}$
多宝乡 宝桥村	$ŋen^1$	pil^{7A}	min^{2B}	lin^{2B}	lin^{2B}	$liak^8$	$tsin^5$	$ts^ɦin^1$	$ts^ɦil^{7B}$
左里镇 周茂村	$ŋen^1$	pil^{7A}	min^{2B}	lin^{2B}	lin^{2B}	$liak^{8B}$	$tsin^5$	$dzin^1$	$dzil^{7B}$
都昌镇 金街岭	$ŋen^1$	pil^{7A}	min^{2B}	lin^{2A}	lin^{2A}	$liak^{8B}$	$tsin^5$	$dzin^1$	$dzil^{7B}$
大树乡 大埠村	$ŋen^1$	pil^{7A}	min^2	lin^2	lin^2	$liak^8$	$tsin^5$	$dzin^1$	$dzil^{7B}$
春桥乡 凤山村	$ŋen^1$	pil^{7A}	min^2	$t^ɦin^2$	$t^ɦin^2$	$t^ɦiak^8$	$tsin^{5A}$	$ts^ɦin^1$	$ts^ɦil^{7B}$
蔡岭镇 华山村	$ŋen^1$	pil^{7A}	min^{2B}	$t^ɦin^{2A}$	lin^{2A}	$t^ɦial^{8A1}$	$tsin^{5A}$	$ts^ɦin^1$	$ts^ɦil^{7B}$
土塘镇 信和村	$ŋen^1$	pil^{7A}	min^2	lin^2	lin^2	$liak^8$	$tsin^5$	$dzin^1$	$dzil^{7B}$
阳峰乡 黄梅村	$ŋen^1$	pit^{7A}	min^{2B}	lin^{2B}	lin^{2B}	lit^8	$tsin^5$	$dzin^1$	$dzit^{7B}$
和合乡 田坂村	$ŋen^1$	pit^{7A}	min^{2B}	lin^{2B}	lin^{2B}	$liak^8$	$tsin^5$	$dzin^1$	$dzit^{7B}$
周溪镇 输湖村	$ŋen^1$	pil^{7A}	min^{2B}	lin^{2B}	lin^{2B}	$liak^8$	$tsin^{2A}$	$dzin^1$	$dzit^{7B}$
大港镇 繁荣村	$ŋen^1$	pi^5	min^2	lin^2	lin^2	lia^6	$tsin^5$	$dzin^1$	$dziʔ^7$
中馆镇 银宝村	$ŋen^1$	$piʔ^{7A}$	min^2	lin^2	lin^2	li^6	$tsin^5$	$dzin^1$	$dziʔ^{7B}$
狮山乡 老屋村	$ŋen^1$	pil^{7A}	min^2	lin^2	lin^2	$lial^{8B}$	$tsin^5$	$dzin^1$	$dzil^{7B}$
万户镇 长岭村	$ŋen^1$	pil^{7A}	min^2	lin^2	lin^2	$lial^{8B}$	$tsin^5$	$dzin^1$	$dzil^{7B}$
南峰镇 石桥村	$ŋen^1$	$piʔ^{7A}$	min^2	lin^2	lin^2	lia^6	$tsin^5$	$dzin^1$	dzi^{7B}

代表点	446 尽 臻开三 上轸从	447 新 臻开三 平真心	448 镇 臻开三 去震知	449 陈 臻开三 平真澄	450 侄 臻开三 入质澄	451 虱 臻开三 入栉生	452 真 臻开三 平真章	453 质 臻开三 入质章	454 神 臻开三 平真船
苏山乡 彭埠村	$ts^{ɦ}in^1$	sin^1	$tʂən^5$	$dʐən^{2A}$	$dʐʅ^8$	$sɛl^{7A}$	$tʂən^1$	$tʂʅ^{7A}$	$ʂən^2$
徐埠镇 山峰村	$dzin^1$	sin^1	$tʂən^5$	$dzən^2$	$dʐʅt^{8A}$	$sɛt^{7A}$	$tʂən^1$	$tʂʅt^{7A}$	$ʂən^2$
多宝乡 宝桥村	$ts^{ɦ}in^1$	sin^1	$tʂən^5$	$tʂ^{ɦ}ən^{2A}$	$tʂ^{ɦ}ʅk^8$	$sɛk^{7A}$	$tʂən^1$	$tʂʅ^{7A}$	$ʂən^{2A}$
左里镇 周茂村	$dzin^1$	sin^1	$tʂən^5$	$dzən^{2A}$	$dʐʅ^{8A}$	$sɛk^{7A}$	$tʂən^1$	$tʂʅ^{7A}$	$ʂən^2$
都昌镇 金街岭	$dzin^1$	sin^1	$tʂən^5$	$dzən^{2A}$	$dʐʅ^{8A}$	$sɛk^{7A}$	$tʂən^1$	$tʂʅ^{7A}$	$ʂən^2$
大树乡 大埠村	$dzin^1$	sin^1	$tʂən^5$	$dzən^6$	$dʐʅ^8$	$sɛl^{7A}$	$tʂən^1$	$tʂʅ^{7A}$	$ʂən^2$
春桥乡 凤山村	$ts^{ɦ}in^6$	sin^1	$tʂən^{5A}$	$tʂ^{ɦ}ən^2$	$tʂ^{ɦ}ʅk^8$	$sɛl^{7A}$	$tʂən^1$	$tʂʅ^{7A}$	$ʂən^2$
蔡岭镇 华山村	$ts^{ɦ}in^6$	sin^1	$tʂən^5$	$tʂ^{ɦ}ən^{2A}$	$tʂ^{ɦ}ʅ^{8A1}$	$sɛl^{7A}$	$tʂən^1$	$tʂʅ^{7A}$	$ʂən^{2B}$
土塘镇 信和村	$dzin^6$	sin^1	$tʂən^5$	$dzən^2$	$dʐʅ^8$	$sɛl^{7A}$	$tʂən^1$	$tʂʅ^{7A}$	$ʂən^2$
阳峰乡 黄梅村	$dzin^6$	sin^1	$tʂən^5$	$dzən^{2A}$	$dzʅt^{7B}$	$sɛt^{7A}$	$tʂən^1$	$tʂʅt^{7A}$	$ʂən^{2B}$
和合乡 田坂村	$dzin^6$	sin^1	$tʂən^5$	$dzən^{2A}$	$dʐʅt^{8A}$	sit^{7A}	$tʂən^1$	$tʂʅt^{7A}$	$ʂən^{2B}$
周溪镇 输湖村	$dzin^6$	sin^1	$tʂən^{2A}$	$dzən^{2A}$	$dʐʅ^8$	$sɛl^{7A}$	$tʂən^1$	$tʂʅ^{7A}$	$ʂən^{2B}$
大港镇 繁荣村	$dzin^6$	sin^1	$tʂən^5$	$dzən^2$	$dʐʅ^6$	$sɛ^5$	$tʂən^1$	$tʂʅ^5$	$ʂən^2$
中馆镇 银宝村	$dzin^6$	sin^1	$tʂən^5$	$dzən^2$	$dʐʅ^6$	$sɛʔ^{7A}$	$tʂən^1$	$tʂʅʔ^{7A}$	$ʂən^2$
狮山乡 老屋村	$dzin^6$	sin^1	$tʂən^5$	$dzən^2$	$dʐʅ^{8A}$	$sɛl^{7A}$	$tʂən^1$	$tʂʅ^{7A}$	$ʂən^2$
万户镇 长岭村	$dzin^6$	sin^1	$tʂən^5$	$dzən^2$	$dʐʅ^{8A}$	$sɛl^{7A}$	$tʂən^1$	$tʂʅ^{7A}$	$ʂən^2$
南峰镇 石桥村	$dzin^6$	sin^1	$tʂən^5$	$dzən^2$	$dʐʅ^6$	$sɛʔ^{7A}$	$tʂən^1$	$tʂʅʔ^{7A}$	$ʂən^2$

续表

代表点	455 实 臻开三 入质船	456 身 臻开三 平真书	457 肾 臻开三 上轸禅	458 人 臻开三 平真日	459 忍 臻开三 上轸日	460 日 臻开三 入质日	461 紧 臻开三 上轸见	462 引 臻开三 上轸以	463 斤 臻开三 平殷见
苏山乡 彭埠村	ʂʮ⁸	ʂən¹	ʂən⁶	ȵin²ᴮ	nən³	ȵil⁸	tɕin³	in³	tɕin¹
徐埠镇 山峰村	ʂʮ⁸ᴬ	ʂən¹	ʂən⁶	ȵin²	lən³	let⁷ᴬ	tɕin³	in³	tɕin¹
多宝乡 宝桥村	ʂʮ⁸	ʂən¹	ʂən⁶	ȵin²ᴮ	lən³	ȵil⁸	tɕin³	in³	tɕin¹
左里镇 周茂村	ʂʮ⁸ᴬ	ʂən¹	ʂən⁶	ȵin²ᴮ	nən³	ȵil⁸ᴮ	tɕin³	in³	tɕin¹
都昌镇 金街岭	ʂʮ⁸ᴬ	ʂən¹	ʂən⁶	ȵin²ᴮ	nən³	ȵil⁸ᴮ	tɕin³	in³	tɕin¹
大树乡 大埠村	ʂʮ⁸	ʂən¹	ʂən⁶	ȵin²	lən³	ȵil⁸	tɕin³	in³	tɕin¹
春桥乡 凤山村	ʂʮ⁸	ʂən¹	ʂən⁶	ȵin²	nin³	ȵil⁸	tɕin³	in³	tɕin¹
蔡岭镇 华山村	ʂʮ⁸ᴬ²	ʂən¹	ʂən⁶	ȵin²ᴮ	nən³	ȵil⁸ᴬ²	tɕin³	in³	tɕin¹
土塘镇 信和村	ʂʮ⁸	ʂən¹	ʂən⁶	ȵin²	nən³	lɛl⁷ᴬ	tɕin³	in³	tɕin¹
阳峰乡 黄梅村	ʂʮ⁸	ʂən¹	ʂən⁶	ȵin²ᴮ	nən³	ȵit⁸	tɕin³	in³	tɕin¹
和合乡 田坂村	ʂʮ⁸ᴬ	ʂən¹	ʂən⁶	ȵin²ᴮ	nin³	ȵit⁸ᴮ	tɕin³	in³	tɕin¹
周溪镇 输湖村	ʂʮ⁸	ʂən¹	ʂən⁶	ȵin²ᴮ	nin³	ȵil⁸	tɕin³	in³	tɕin¹
大港镇 繁荣村	ʂʮ⁵	ʂən¹	ʂən⁶	ȵin²	nin³	ȵi⁶	tɕin³	in³	tɕin¹
中馆镇 银宝村	ʂʮ⁶	ʂən¹	ʂən⁶	ȵin²	nin³	ȵiʔ⁷ᴬ	tɕin³	in³	tɕin¹
狮山乡 老屋村	ʂʮ⁸ᴬ	ʂən¹	ʂən⁶	ȵin²	nin³/ lən³	ȵil⁸ᴮ	tɕin³	in³	tɕin¹
万户镇 长岭村	ʂʮ⁸ᴬ	ʂən¹	ʂən⁶	ȵin²	nin³/ lən³	ȵil⁸ᴮ	tɕin³	in³	tɕin¹
南峰镇 石桥村	ʂʮ⁶	ʂən¹	ʂən⁵	ȵin²	nin³	ȵiʔ⁷ᴬ	tɕin³	in³	tɕin¹

续表

代表点	464 勤 臻开三 平殷群	465 芹 臻开三 平殷群	466 近 臻开三 上隐群	467 本 臻合一 上混帮	468 门 臻合一 平魂明	469 村 臻合一 平魂清	470 存 臻合一 平魂从	471 孙 臻合一 平魂心
苏山乡 彭埠村	dʑin²A	dʑin²A	dʑin¹	pən³	mən²B	dzən¹	dzən²A	sən¹
徐埠镇 山峰村	in²	in²	in¹	pən³	mən²	dzən¹	dzən²	sən¹
多宝乡 宝桥村	in²A	in²A	in¹	pən³	mən²B	tsʰən¹	sən²A	sən¹
左里镇 周茂村	in²A	in²A	in¹	pən³	mən²B	dzən¹	dzən²A	sən¹
都昌镇 金街岭	in²A	in²A	in¹	pən³	mən²B	dzən¹	dzən²A	sən¹
大树乡 大埠村	in⁶	in⁶	in¹	pən³	mən²	dzən¹	dzən⁶	sən¹
春桥乡 凤山村	tɕʰin²	tɕʰin²	tɕʰin⁶	pən³	mən²	tɕʰən¹	tɕʰən²	sən¹
蔡岭镇 华山村	in²A	in²A	in⁶	pən³	mən²B	tsʰən¹	tsʰən²A	sən¹
土塘镇 信和村	dʑin²	dʑin²	dʑin⁶	pən³	mən²	dzən¹	dzən²	sən¹
阳峰乡 黄梅村	in²A	in²A	in⁶	pən³	mən²B	dzən¹	dzən²A	sən¹
和合乡 田坂村	in²A	in²A	in⁶	pən³	mən²B	dzən¹	dzən²A	sən¹
周溪镇 输湖村	in²A	in²A	in⁶	pən³	mən²B	dzən¹	dzən²A	sən¹
大港镇 繁荣村	dʑin²	dʑin²	dʑin⁶	pən³	mən²	dzən¹	dzən²	sən¹
中馆镇 银宝村	dʑin²	dʑin²	dʑin⁶	pən³	mən²	dzən¹	dzən²	sən¹
狮山乡 老屋村	dʑin²	dʑin²	dʑin⁶	pən³	mən²	dzən¹	dzən²	sən¹
万户镇 长岭村	dʑin²	dʑin²	dʑin⁶	pən³	mən²	dzən¹	dzən²	sən¹
南峰镇 石桥村	dʑin²	dʑin²	dʑin⁶	pən³	mən²	dzən¹	dzən²	sən¹

续表

代表点	472 骨 臻合一 入没见	473 机 臻合一 入没疑	474 困 臻合一 去恩溪	475 魂 臻合一 平魂匣	476 温 臻合一 平魂影	477 律 臻合三 入术来	478 春 臻合三 平谆昌	479 出 臻合三 入术昌	480 顺 臻合三 去稕船
苏山乡 彭埠村	$kuəl^{7A}$	$uəl^{7A}$	gun^6	un^{2B}	un^1	dil^{7A}	$dzən^1$	$dzʅ^{7B}$	$ʂən^6$
徐埠镇 山峰村	$kuet^{7A}$	$uɛt^{7A}$	un^6	un^2	un^1	lit^{7A}	$dzən^1$	$dzʅt^{7B}$	$ʂən^6$
多宝乡 宝桥村	$kuəl^{7A}$	$uəl^{7A}$	un^6	un^{2B}	un^1	$t^ɦil^{7A}$	$tʂ^ɦən^1$	$tʂ^ɦʅ^{7B}$	$ʂən^6$
左里镇 周茂村	$kuel^{7A}$	$uɛl^{7A}$	un^6	un^{2B}	un^1	lil^{7A}	$dzən^1$	$dzʅ^{7B}$	$ʂən^6$
都昌镇 金街岭	$kuel^{7A}$	$uɛl^{7A}$	un^6	un^{2B}	un^1	lil^{7A}	$dzən^1$	$dzʅ^{7B}$	$ʂən^6$
大树乡 大埠村	$kuel^{7A}$	$uɛl^{7A}$	un^6	un^2	un^1	lil^{7A}	$dzən^1$	$dzʅ^{7B}$	$ʂən^6$
春桥乡 凤山村	$kuəl^{7A}$	$uəl^{7A}$	$k^ɦuən^{5B}$	$ɸuən^2$	$uən^1$	lil^{7A}	$tɕ^ɦən^1$	$tʂ^ɦuəl^{7B}$	$ʂən^6$
蔡岭镇 华山村	$kuəl^{7A}$	$uəl^{7A}$	un^{5B}	$ɸun^{2A}$	un^1	lil^{7A}	$tʂ^ɦən^1$	$tʂ^ɦʅ^{7B}$	$ʂən^6$
土塘镇 信和村	$kuel^{7A}$	ul^{7A}	gun^6	un^2	un^1	lil^{7A}	$dzən^1$	$dzɛl^{7B}$	$ʂən^6$
阳峰乡 黄梅村	$kuət^{7A}$	$uət^{7A}$	$uən^6$	$uən^{2B}$	$uən^1$	lit^{7A}	$dzən^1$	$dzʅt^{7B}$	$ʂən^6$
和合乡 田坂村	$kuet^{7A}$	$uɛt^{7A}$	un^6	un^{2B}	un^1	lit^{7A}	$dzən^1$	$dzʅt^{7B}$	$ʂən^6$
周溪镇 输湖村	$kuəl^{7A}$	$uəl^{7A}$	$uən^5$	$uən^{2B}$	$uən^1$	lil^{7A}	$dzən^1$	$dzʅ^{7B}$	$ʂən^6$
大港镇 繁荣村	kue^5	$uɛ^5$	$guən^6$	$ɸuən^2$	un^1	li^5	$dzən^1$	$dzʅʔ^7$	$ʂən^6$
中馆镇 银宝村	$kuiʔ^{7A}$	$uiʔ^{7A}$	gun^6	$ɸun^2$	un^1	$liʔ^{7A}$	$dʑyn^1$	$dʑyʔ^{7A}$	$ɕyn^5$
狮山乡 老屋村	kul^{7A}	ul^{7A}	gun^6	$ɸun^2$	un^1	lil^{7A}	$dzun^1$	$dzʅ^{7B}$	$ʂən^6$
万户镇 长岭村	kul^{7A}	ul^{7A}	gun^6	$ɸun^2$	un^1	lil^{7A}	$dʑyn^1$	$dʑyl^{7B}$	$ɕyn^5$
南峰镇 石桥村	$kuiʔ^{7A}$	$uiʔ^{7A}$	gun^5	$ɸun^2$	un^1	li^6	$dzən^1$	$dzʅ^{7B}$	$ʂən^6$

续表

代表点	481 橘 臻合三 入术见	482 粪 臻合三 去问非	483 蚊 臻合三 平文微	484 问 臻合三 去问微	485 物 臻合三 入物微	486 军 臻合三 平文见	487 群 臻合三 平文群	488 晕 臻合三 去问云	489 帮 宕开一 平唐帮
苏山乡 彭埠村	$tɕil^{7A}$	$ɸun^5$	$mən^{2B}$	$mən^6$	$uəl^{7A}$	$tɕin^1$	$dʑin^{2A}$	in^{2B}	$poŋ^1$
徐埠镇 山峰村	$tɕit^{7A}$	$ɸun^5$	$mən^2$	$mən^6$	$uɛt^{7A}$	$tɕin^1$	in^2	in^6	$poŋ^1$
多宝乡 宝桥村	$tɕil^{7A}$	$ɸun^5$	$mən^{2B}$	$mən^6$	$uəl^{7A}$	$tɕin^1$	in^{2A}	in^6	$poŋ^1$
左里镇 周茂村	$tɕil^{7A}$	$ɸun^5$	$mən^{2B}$	$mən^6$	$uɛl^{7A}$	$tɕin^1$	in^{2A}	in^6	$poŋ^1$
都昌镇 金街岭	$tɕil^{7A}$	$ɸun^5$	$mən^{2B}$	$mən^6$	$uɛl^{7A}$	$tɕin^1$	in^{2A}	in^6	$poŋ^1$
大树乡 大埠村	$tɕil^{7A}$	$ɸun^5$	$mən^2$	$mən^6$	$uɛl^{7A}$	$tɕin^1$	in^6	in^6	$poŋ^1$
春桥乡 凤山村	$tɕil^{7A}$	$ɸuən^{5A}$	$mən^2$	$mən^6$	$uəl^{7A}$	$tɕin^1$	$tɕ^{6}in^2$	in^6	$poŋ^1$
蔡岭镇 华山村	$tɕil^{7A}$	$ɸun^{5A}$	un^{2B}	$mən^6$	$uəl^{7A}$	$tɕin^1$	in^{2A}	in^{2A}	$poŋ^1$
土塘镇 信和村	$tɕil^{7A}$	$ɸun^5$	un^2	un^6	$uɛl^{7A}$	$tɕin^1$	$dʑin^2$	in^6	$poŋ^1$
阳峰乡 黄梅村	$tɕil^{7A}$	$ɸuən^5$	$mən^{2B}$	$mən^6$	$uət^{7A}$	$tɕin^1$	in^{2A}	in^6	$poŋ^1$
和合乡 田坂村	$tɕit^{7A}$	$ɸun^5$	$mən^{2B}$	$mən^6$	$uɛt^{7A}$	$tɕin^1$	in^6	in^6	$poŋ^1$
周溪镇 输湖村	$tɕil^{7A}$	$ɸuən^{2A}$	$mən^{2B}$	$mən^6$	$uəl^{7A}$	$tɕin^1$	in^{2A}	in^6	$poŋ^1$
大港镇 繁荣村	$tɕi^5$	$ɸun^5$	$mən^5$	$mən^6$	ue^5	$tʂən^1$	$dʐʅn^2$	in^6	$poŋ^1$
中馆镇 银宝村	$tɕyʔ^{7A}$	$ɸun^5$	$mən^2$	$mən^6$	$ueʔ^{7A}$	$tɕyn^1$	$dʑyn^2$	un^6	$poŋ^1$
狮山乡 老屋村	$tɕil^{7A}$	$ɸun^5$	$mən^2$	$mən^6$	$uɛl^{7A}$	$tɕin^1$	$dʑin^2$	in^6	$poŋ^1$
万户镇 长岭村	$tɕyl^{7A}$	$ɸun^5$	$mən^2$	$mən^6$	$uɛl^{7A}$	$tɕyn^1$	$dʑyn^2$	$uɛn^1$	$poŋ^1$
南峰镇 石桥村	$tɕɐʔ^{7A}$	$ɸun^5$	$mən^2$	un^6	$uiʔ^{7A}$	$tɕɐn^1$	$dʐʉn^2$	un^6	$poŋ^1$

代表点	490 薄 宕开一入铎並	491 膜 宕开一入铎明	492 汤 宕开一平唐透	493 堂 宕开一平唐定	494 糖 宕开一平唐定	495 郎 宕开一平唐来	496 落 宕开一入铎来	497 桑 宕开一平唐心	498 钢 宕开一平唐见
苏山乡彭埠村	bɔk⁸	mɔk⁷ᴬ	lɔŋ¹	lɔŋ²ᴬ	lɔŋ²ᴬ	lɔŋ²ᴮ	lɔk⁷ᴬ	sɔŋ¹	kɔŋ¹
徐埠镇山峰村	bɔk⁸ᴬ	mɔk⁷ᴬ	lɔŋ¹	lɔŋ²	lɔŋ²	lɔŋ²	lɔk⁸ᴮ	sɔŋ¹	kɔŋ¹
多宝乡宝桥村	pʰɔk⁸	mɔk⁷ᴬ	lɔŋ¹	lɔŋ²ᴬ	lɔŋ²ᴬ	lɔŋ²ᴮ	lɔk⁷ᴬ	sɔŋ¹	kɔŋ⁸
左里镇周茂村	bɔk⁸ᴬ	mɔk⁷ᴬ	lɔŋ¹	lɔŋ²ᴬ	lɔŋ²ᴬ	lɔŋ²ᴮ	lɔk⁷ᴬ	sɔŋ¹	kɔŋ¹
都昌镇金街岭	bɔk⁸ᴬ	mɔk⁷ᴬ	lɔŋ¹	lɔŋ²ᴬ	lɔŋ²ᴬ	lɔŋ²ᴮ	lɔk⁸ᴮ	sɔŋ¹	kɔŋ¹
大树乡大埠村	bɔk⁸	mɔk⁷ᴬ	lɔŋ¹	lɔŋ⁶	lɔŋ⁶	lɔŋ²	lɔk⁸	sɔŋ¹	kɔŋ¹
春桥乡凤山村	pʰɔk⁸	mɔk⁷ᴬ	tʰɔŋ¹	tʰɔŋ²	tʰɔŋ²	lɔŋ²	lɔk⁷ᴬ	sɔŋ¹	kɔŋ¹
蔡岭镇华山村	pʰɔk⁸ᴬ¹	mɔk⁷ᴬ	lɔŋ¹	lɔŋ²ᴬ	lɔŋ²ᴬ	lɔŋ²ᴮ	lɔk⁸ᴬ²	sɔŋ¹	kɔŋ¹
土塘镇信和村	bɔk⁸	mɔk⁷ᴬ	dɔŋ¹	lɔŋ²	lɔŋ²	lɔŋ²	lɔk⁷ᴬ	sɔŋ¹	kɔŋ¹
阳峰乡黄梅村	bɔk⁸ᴬ	mɔk⁷ᴬ	lɔŋ¹	lɔŋ²ᴬ	lɔŋ²ᴬ	lɔŋ²ᴮ	lɔk⁸	sɔŋ¹	kɔŋ¹
和合乡田坂村	bɔk⁸ᴬ	mɔk⁷ᴬ	lɔŋ¹	lɔŋ²ᴬ	lɔŋ²ᴬ	lɔŋ²ᴮ	lɔk⁸ᴮ	sɔŋ¹	kɔŋ¹
周溪镇输湖村	bɔ⁶	mɔk⁷ᴬ	lɔŋ¹	lɔŋ²ᴬ	lɔŋ²ᴬ	lɔŋ²ᴮ	lɔk⁸	sɔŋ¹	kɔŋ⁶
大港镇繁荣村	bɔ⁶	mɔ⁵	dɔŋ¹	dɔŋ²	dɔŋ²	lɔŋ²	lɔ⁵	sɔŋ¹	kɔŋ¹
中馆镇银宝村	bɔ⁶	mɔʔ⁷ᴬ	dɔŋ¹	dɔŋ²	dɔŋ²	lɔŋ²	lɔʔ⁷ᴬ	sɔŋ¹	kɔŋ¹
狮山乡老屋村	bɔk⁸ᴬ	mɔk⁷ᴬ	dɔŋ¹	dɔŋ²	dɔŋ²	lɔŋ²	lɔk⁸ᴮ	sɔŋ¹	kɔŋ¹
万户镇长岭村	bɔk⁸ᴬ	mɔk⁷ᴬ	dɔŋ¹	lɔŋ²	lɔŋ²	lɔŋ²	lɔk⁸ᴮ	sɔŋ¹	kɔŋ¹
南峰镇石桥村	bɔ⁶	mɔ⁷ᴮ	dɔŋ¹	dɔŋ²	dɔŋ²	lɔŋ²	lɔ⁶	sɔŋ¹	kɔŋ¹

代表点	499 各 宕开一入铎见	500 糠 宕开一平唐溪	501 园 宕开一去宕溪	502 恶 宕开一入铎影	503 粮 宕开三平阳来	504 亮 宕开三去漾来	505 蒋 宕开三上养精	506 酱 宕开三去漾精	507 枪 宕开三平阳清
苏山乡彭埠村	$kɔk^{7A}$	$gɔŋ^{1}$	$gɔŋ^{6}$	$ŋɔk^{7A}$	$diɔŋ^{2B}$	$liɔŋ^{6}$	$tsiɔŋ^{3}$	$tsiɔŋ^{5}$	$dziɔŋ^{1}$
徐埠镇山峰村	$kɔk^{7A}$	$gɔŋ^{1}$	$gɔŋ^{6}$	$ŋɔk^{7A}$	$liɔŋ^{2}$	$liɔŋ^{6}$	$tsiɔŋ^{3}$	$tsiɔŋ^{5}$	$dziɔŋ^{1}$
多宝乡宝桥村	$kɔk^{7A}$	$k^{ɦ}ɔŋ^{1}$	$k^{ɦ}ɔŋ^{6}$	$ŋɔk^{7A}$	$t^{ɦ}iɔŋ^{2B}$	$t^{ɦ}iɔŋ^{6}$	$tsiɔŋ^{3}$	$tsiɔŋ^{5}$	$ts^{ɦ}iɔŋ^{1}$
左里镇周茂村	$kɔk^{7A}$	$gɔŋ^{1}$	$gɔŋ^{6}$	$ŋɔk^{7A}$	$liɔŋ^{2B}$	$liɔŋ^{6}$	$tsiɔŋ^{3}$	$tsiɔŋ^{5}$	$dziɔŋ^{1}$
都昌镇金街岭	$kɔk^{7A}$	$gɔŋ^{1}$	$gɔŋ^{6}$	$ŋɔk^{7A}$	$liɔŋ^{2B}$	$liɔŋ^{6}$	$tsiɔŋ^{3}$	$tsiɔŋ^{5}$	$dziɔŋ^{1}$
大树乡大埠村	$kɔk^{7A}$	$gɔŋ^{1}$	$gɔŋ^{6}$	$ŋɔk^{7A}$	$liɔŋ^{2}$	$liɔŋ^{6}$	$tsiɔŋ^{3}$	$tsiɔŋ^{5}$	$dziɔŋ^{1}$
春桥乡凤山村	$kɔk^{7A}$	$k^{ɦ}ɔŋ^{1}$	○	$ŋɔk^{7A}$	$t^{ɦ}iɔŋ^{2}$	$t^{ɦ}iɔŋ^{6}$	$tsiɔŋ^{3}$	$tsiɔŋ^{5A}$	$ts^{ɦ}iɔŋ^{1}$
蔡岭镇华山村	$kɔk^{7A}$	$k^{ɦ}ɔŋ^{1}$	$k^{ɦ}ɔŋ^{5B}$	$ŋɔk^{7A}$	$t^{ɦ}iɔŋ^{2A}$	$t^{ɦ}iɔŋ^{6}$	$tsiɔŋ^{3}$	$tsiɔŋ^{5}$	$ts^{ɦ}iɔŋ^{1}$
土塘镇信和村	$kɔk^{7A}$	$gɔŋ^{1}$	$gɔŋ^{6}$	$ŋɔk^{7A}$	$liɔŋ^{2}$	$liɔŋ^{6}$	$tsiɔŋ^{3}$	$tsiɔŋ^{5}$	$dziɔŋ^{1}$
阳峰乡黄梅村	$kɔk^{7A}$	$gɔŋ^{1}$	$gɔŋ^{6}$	$ŋɔk^{7A}$	$liɔŋ^{2B}$	$liɔŋ^{6}$	$tsiɔŋ^{3}$	$tsiɔŋ^{5}$	$dziɔŋ^{1}$
和合乡田坂村	$kɔk^{7A}$	$gɔŋ^{1}$	$gɔŋ^{6}$	$ŋɔk^{7A}$	$liɔŋ^{2B}$	$liɔŋ^{6}$	$tsiɔŋ^{3}$	$tsiɔŋ^{5}$	$dziɔŋ^{1}$
周溪镇输湖村	$kɔk^{7A}$	$gɔŋ^{1}$	$gɔŋ^{5}$	$ŋɔk^{7A}$	$liɔŋ^{2B}$	$liɔŋ^{6}$	$tsiɔŋ^{3}$	$tsiɔŋ^{2A}$	$dziɔŋ^{1}$
大港镇繁荣村	$kɔ^{5}$	$gɔŋ^{1}$	$gɔŋ^{6}$	$ŋɔ^{5}$	$liɔŋ^{2}$	$liɔŋ^{6}$	$tsiɔŋ^{3}$	$tsiɔŋ^{5}$	$dziɔŋ^{1}$
中馆镇银宝村	$kɔʔ^{7A}$	$gɔŋ^{1}$	$gɔŋ^{6}$	$ŋɔʔ^{7A}$	$liɔŋ^{2}$	$liɔŋ^{6}$	$tsiɔŋ^{3}$	$tsiɔŋ^{5}$	$dziɔŋ^{1}$
狮山乡老屋村	$kɔk^{7A}$	$gɔŋ^{1}$	$gɔŋ^{5}$	$ŋɔk^{7A}$	$liɔŋ^{2}$	$liɔŋ^{6}$	$tsiɔŋ^{3}$	$tsiɔŋ^{5}$	$dziɔŋ^{1}$
万户镇长岭村	$kɔk^{7A}$	$gɔŋ^{1}$	$gɔŋ^{5}$	$ŋɔk^{7A}$	$liɔŋ^{2}$	$liɔŋ^{6}$	$tsiɔŋ^{3}$	$tsiɔŋ^{5}$	$dziɔŋ^{1}$
南峰镇石桥村	$kɔʔ^{7A}$	$gɔŋ^{1}$	$gɔŋ^{5}$	$ŋɔʔ^{7A}$	$liɔŋ^{2}$	$liɔŋ^{6}$	$tsiɔŋ^{3}$	$tsiɔŋ^{5}$	$dziɔŋ^{1}$

续表

代表点	508 抢 宕开三 上养清	509 削 宕开三 入药心	510 张 宕开三 平阳知	511 着~衣裳 宕开三 入药知	512 肠 宕开三 平阳澄	513 厂 宕开三 上养昌	514 装 宕开三 平阳庄	515 疮 宕开三 平阳初	516 樟 宕开三 平阳章
苏山乡 彭埠村	dziɔŋ^{3}	siɔk^{7A}	tʂɔŋ^{1}	tʂɔk^{7A}	dzɔŋ^{2A}	dzɔŋ^{3}	tsɔŋ^{1}	dzɔŋ^{1}	tʂɔŋ^{1}
徐埠镇 山峰村	dziɔŋ^{3}	siɔk^{7A}	tʂɔŋ^{1}	tʂɔk^{7A}	dzɔŋ^{2}	dzɔŋ^{3}	tsɔŋ^{1}	dzɔŋ^{1}	tʂɔŋ^{1}
多宝乡 宝桥村	tsʰiɔŋ^{3}	siɔk^{7A}	tʂɔŋ^{1}	tʂɔk^{7A}	tʂʰɔŋ^{2A}	tʂʰɔŋ^{3}	tsɔŋ^{1}	tsʰɔŋ^{1}	tʂɔŋ^{1}
左里镇 周茂村	dziɔŋ^{3}	siɔk^{7A}	tʂɔŋ^{1}	tʂɔk^{7A}	dzɔŋ^{2A}	dzɔŋ^{3}	tsɔŋ^{1}	dzɔŋ^{1}	tʂɔŋ^{1}
都昌镇 金街岭	dziɔŋ^{3}	siɔk^{7A}	tʂɔŋ^{1}	tʂɔk^{7A}	dzɔŋ^{2A}	dzɔŋ^{3}	tsɔŋ^{1}	dzɔŋ^{1}	tʂɔŋ^{1}
大树乡 大埠村	dziɔŋ^{3}	siɔk^{7A}	tʂɔŋ^{1}	tʂɔk^{7A}	dzɔŋ^{6}	dzɔŋ^{3}	tsɔŋ^{1}	dzɔŋ^{1}	tʂɔŋ^{1}
春桥乡 凤山村	tsʰiɔŋ^{3}	siɔk^{7A}	tʂɔŋ^{1}	tʂɔk^{7A}	tʂʰɔŋ^{2}	tʂʰɔŋ^{3}	tsɔŋ^{1}	tsʰɔŋ^{1}	tʂɔŋ^{1}
蔡岭镇 华山村	tsʰiɔŋ^{5}	siɔk^{7A}	tʂɔŋ^{1}	tʂɔk^{7A}	tʂʰɔŋ^{2A}	tʂʰɔŋ^{3}	tsɔŋ^{1}	tsʰɔŋ^{1}	tʂɔŋ^{1}
土塘镇 信和村	dziɔŋ^{3}	siɔk^{7A}	tʂɔŋ^{1}	tʂɔk^{7A}	dzɔŋ^{2}	dzɔŋ^{3}	tsɔŋ^{1}	dzɔŋ^{1}	tʂɔŋ^{1}
阳峰乡 黄梅村	dziɔŋ^{3}	siɔk^{7A}	tʂɔŋ^{1}	tʂɔk^{7A}	dzɔŋ^{2A}	dzɔŋ^{3}	tsɔŋ^{1}	dzɔŋ^{1}	tʂɔŋ^{1}
和合乡 田坂村	dziɔŋ^{3}	siɔk^{7A}	tʂɔŋ^{1}	tʂɔk^{7A}	dzɔŋ^{2A}	dzɔŋ^{3}	tsɔŋ^{1}	dzɔŋ^{1}	tʂɔŋ^{1}
周溪镇 输湖村	dziɔŋ^{3}	siɔk^{7A}	tʂɔŋ^{1}	tʂɔk^{7A}	dzɔŋ^{2A}	dzɔŋ^{3}	tsɔŋ^{1}	dzɔŋ^{1}	tʂɔŋ^{1}
大港镇 繁荣村	dziɔŋ^{3}	siɔ^{5}	tʂɔŋ^{1}	tʂɔ^{5}	dzɔŋ^{2}	dzɔŋ^{3}	tsɔŋ^{1}	dzɔŋ^{1}	tʂɔŋ^{1}
中馆镇 银宝村	dziɔŋ^{3}	siɔʔ^{7A}	tʂɔŋ^{1}	tʂɔʔ^{7A}	dzɔŋ^{2}	dzɔŋ^{3}	tsɔŋ^{1}	dzɔŋ^{1}	tʂɔŋ^{1}
狮山乡 老屋村	dziɔŋ^{3}	siɔk^{7A}	tʂɔŋ^{1}	tʂɔk^{7A}	dzɔŋ^{2}	dzɔŋ^{3}	tsɔŋ^{1}	dzɔŋ^{1}	tʂɔŋ^{1}
万户镇 长岭村	dziɔŋ^{3}	siɔk^{7A}	tʂɔŋ^{1}	tʂɔk^{7A}	dzɔŋ^{2}	dzɔŋ^{3}	tsɔŋ^{1}	dzɔŋ^{1}	tʂɔŋ^{1}
南峰镇 石桥村	dziɔŋ^{3}	siɔʔ^{7A}	tʂɔŋ^{1}	tʂɔʔ^{7A}	dzɔŋ^{2}	dzɔŋ^{3}	tsɔŋ^{1}	dzɔŋ^{1}	tʂɔŋ^{1}

续表

代表点	517	518	519	520	521	522	523	524	525
	昌	伤	尝	上~山	勺	让	脚	强	香
	宕开三平阳昌	宕开三平阳书	宕开三平阳禅	宕开三去漾禅	宕开三入药禅	宕开三去漾日	宕开三入药见	宕开三平阳群	宕开三平阳晓
苏山乡彭埠村	dzɔŋ¹	ʂɔŋ¹	ʂɔŋ²ᴮ	ʂɔŋ⁶	ʂɔk⁸	ȵiɔŋ⁶	tɕiɔk⁷ᴬ	dziɔŋ²ᴬ	ɕiɔŋ¹
徐埠镇山峰村	dzɔŋ¹	ʂɔŋ¹	ʂɔŋ²	ʂɔŋ⁶	ʂɔk⁸ᴬ	ȵiɔŋ⁶	tɕiɔk⁷ᴬ	iɔŋ²	ɕiɔŋ¹
多宝乡宝桥村	tʂʰɔŋ¹	ʂɔŋ¹	ʂɔŋ²ᴮ	ʂɔŋ⁶	ʂɔk⁸	lɔŋ⁶	tɕiɔk⁷ᴬ	iɔŋ²ᴬ	ɕiɔŋ¹
左里镇周茂村	dzɔŋ¹	ʂɔŋ¹	ʂɔŋ²ᴮ	ʂɔŋ⁶	ʂɔk⁸ᴬ	ȵiɔŋ⁶	tɕiɔk⁷ᴬ	iɔŋ²ᴬ	ɕiɔŋ¹
都昌镇金街岭	dzɔŋ¹	ʂɔŋ¹	ʂɔŋ²ᴮ	ʂɔŋ⁶	ʂɔk⁸ᴬ	ȵiɔŋ⁶/lɔŋ⁶	tɕiɔk⁷ᴬ	iɔŋ²ᴬ	ɕiɔŋ¹
大树乡大埠村	dzɔŋ¹	ʂɔŋ¹	ʂɔŋ²	ʂɔŋ⁶	ʂɔk⁸	lɔŋ⁶	tɕiɔk⁷ᴬ	iɔŋ⁶	ɕiɔŋ¹
春桥乡凤山村	tʂʰɔŋ¹	ʂɔŋ¹	ʂɔŋ²	ʂɔŋ⁶	ʂɔk⁸	ȵiɔŋ⁶	tɕiɔk⁷ᴬ	tɕʰiɔŋ²	ɕiɔŋ¹
蔡岭镇华山村	tʂʰɔŋ¹	ʂɔŋ¹	ʂɔŋ²ᴬ	ʂɔŋ⁶	ʂɔk⁸ᴬ²	ȵiɔŋ⁶	tɕiɔk⁷ᴬ	iɔŋ²ᴬ	ɕiɔŋ¹
土塘镇信和村	dzɔŋ¹	ʂɔŋ¹	ʂɔŋ²	ʂɔŋ⁶	ʂɔk⁸	ȵiɔŋ⁶	tɕiɔk⁷ᴬ	dziɔŋ²	ɕiɔŋ¹
阳峰乡黄梅村	dzɔŋ¹	ʂɔŋ¹	ʂɔŋ²ᴬ	ʂɔŋ⁶	ʂɔk⁸	ȵiɔŋ⁶	tɕiɔk⁷ᴬ	iɔŋ²ᴬ	ɕiɔŋ¹
和合乡田坂村	dzɔŋ¹	ʂɔŋ¹	ʂɔŋ²ᴬ	ʂɔŋ⁶	ʂɔk⁸ᴬ	ȵiɔŋ⁶	tɕiɔk⁷ᴬ	iɔŋ²ᴬ	ɕiɔŋ¹
周溪镇输湖村	dzɔŋ¹	ʂɔŋ¹	ʂɔŋ²ᴮ	ʂɔŋ⁶	ʂɔk⁸	lɔŋ⁶	tɕiɔk⁷ᴬ	iɔŋ²ᴬ	ɕiɔŋ¹
大港镇繁荣村	dzɔŋ¹	ʂɔŋ¹	ʂɔŋ²	ʂɔŋ⁶	ʂɔ⁶	ȵiɔŋ⁶	tɕiɔ⁵	dziɔŋ²	ɕiɔŋ¹
中馆镇银宝村	dzɔŋ¹	ʂɔŋ¹	ʂɔŋ²	ʂɔŋ⁶	ʂɔ⁶	ȵiɔŋ⁶	tɕiɔʔ⁷ᴬ	dziɔŋ²	ɕiɔŋ¹
狮山乡老屋村	dzɔŋ¹	ʂɔŋ¹	ʂɔŋ²	ʂɔŋ⁶	ʂɔk⁸ᴬ	ȵiɔŋ⁶	tɕiɔk⁷ᴬ	dziɔŋ²	ɕiɔŋ¹
万户镇长岭村	dzɔŋ¹	ʂɔŋ¹	ʂɔŋ²	ʂɔŋ⁶	ʂɔk⁸ᴬ	ȵiɔŋ⁶	tɕiɔk⁷ᴬ	dziɔŋ²	ɕiɔŋ¹
南峰镇石桥村	dzɔŋ¹	ʂɔŋ¹	ʂɔŋ²	ʂɔŋ⁶	ʂɔ⁶	ȵiɔŋ⁶	tɕiɔʔ⁷ᴬ	dziɔŋ²	ɕiɔŋ¹

续表

代表点	526	527	528	529	530	531	532	533	534
	养	药	光	郭	黄	房	望	筐	狂
	宕开三 上养以	宕开三 入药以	宕合一 平唐见	宕合一 入铎见	宕合一 平唐匣	宕合三 平阳奉	宕开三 去漾微	宕合三 平阳溪	宕合三 平阳群
苏山乡彭埠村	$ioŋ^3$	iok^{7A}	$kuoŋ^1$	$kuok^{7A}$	$ɸuoŋ^{2B}$	$ɸuoŋ^{2B}$	$moŋ^6$	$dʑioŋ^1$	$guoŋ^{2A}$
徐埠镇山峰村	$ioŋ^3$	iok^{7A}	$kuoŋ^1$	$kuok^{7A}$	$ɸuoŋ^2$	$ɸuoŋ^2$	$moŋ^6$	$ioŋ^1$	$uoŋ^2$
多宝乡宝桥村	$ioŋ^3$	iok^{7A}	$kuoŋ^1$	$kuok^{7A}$	$ɸuoŋ^{2B}$	$ɸuoŋ^{2B}$	$moŋ^6$	$ioŋ^1$	$uoŋ^{2A}$
左里镇周茂村	$ioŋ^3$	iok^{7A}	$kuoŋ^1$	$kuok^{7A}$	$ɸuoŋ^{2B}$	$ɸuoŋ^{2B}$	$moŋ^6$	$ioŋ^1$	$uoŋ^2$
都昌镇金街岭	$ioŋ^3$	iok^{7A}	$kuoŋ^1$	$kuok^{7A}$	$ɸuoŋ^{2B}$	$ɸuoŋ^{2B}$	$moŋ^6$	$ioŋ^1$	$guoŋ^{2A}$
大树乡大埠村	$ioŋ^3$	iok^{7A}	$kuoŋ^1$	$kuok^{7A}$	$ɸuoŋ^2$	$ɸuoŋ^2$	$moŋ^6$	$ioŋ^1$	$uoŋ^6$
春桥乡凤山村	$ioŋ^3$	iok^{7A}	$kuoŋ^1$	$kuok^{7A}$	$ɸuoŋ^2$	$ɸuoŋ^2$	$moŋ^6$	$kʰuoŋ^1$	$kʰuoŋ^2$
蔡岭镇华山村	$ioŋ^3$	iok^{7A}	$kuoŋ^1$	$kuok^{7A}$	$ɸuoŋ^{2A}$	$ɸuoŋ^{2A}$	$uoŋ^6$	$ioŋ^1$	$uoŋ^{5A}$
土塘镇信和村	$ioŋ^3$	iok^{7A}	$kuoŋ^1$	$kuok^{7A}$	$ɸuoŋ^2$	$ɸuoŋ^2$	$moŋ^6$	$dzioŋ^1$	$guoŋ^2$
阳峰乡黄梅村	$ioŋ^3$	iok^{7A}	$kuoŋ^1$	$kuok^{7A}$	$ɸuoŋ^{2B}$	$ɸuoŋ^{2B}$	$moŋ^6$	$ioŋ^1$	$uoŋ^{2A}$
和合乡田坂村	$ioŋ^3$	iok^{7A}	$kuoŋ^1$	$kuok^{7A}$	$ɸuoŋ^{2B}$	$ɸuoŋ^{2B}$	$moŋ^6$	$uoŋ^1$	$uoŋ^{2A}$
周溪镇输湖村	$ioŋ^3$	iok^{7A}	$kuoŋ^1$	$kuok^{7A}$	$uoŋ^{2B}$	$ɸuoŋ^{2B}$	$moŋ^6$	$ioŋ^1$	$uoŋ^{2A}$
大港镇繁荣村	$ioŋ^3$	io^5	$kuoŋ^1$	ko^5	$ɸuoŋ^2$	$ɸuoŋ^2$	$moŋ^6$	$uoŋ^1$	$uoŋ^1$
中馆镇银宝村	$ioŋ^3$	$ioʔ^{7A}$	$kuoŋ^1$	$kuoʔ^{7A}$	$ɸuoŋ^7$	$ɸuoŋ^7$	$moŋ^7$	$guoŋ^1$	$guoŋ^2$
狮山乡老屋村	$ioŋ^3$	iok^{7A}	$kuoŋ^1$	$kuok^{7A}$	$ɸuoŋ^2$	$ɸuoŋ^2$	$moŋ^6$	$dzioŋ^1$	$guoŋ^2$
万户镇长岭村	$ioŋ^3$	iok^{7A}	$kuoŋ^1$	$kuok^{7A}$	$ɸuoŋ^2$	$ɸuoŋ^2$	$moŋ^6$	$dzioŋ^1$	$guoŋ^2$
南峰镇石桥村	$ioŋ^3$	$ioʔ^{7A}$	$kuoŋ^1$	$kuoʔ^{7A}$	$ɸuoŋ^2$	$ɸuoŋ^2$	$moŋ^6$	$dzioŋ^1$	$guoŋ^2$

代表点	535 王 宕合三 平阳云	536 邦 江开二 平江帮	537 绑 江开二 上讲帮	538 剥 江开二 入觉帮	539 蚌 江开二 上讲并	540 桌 江开二 入觉知	541 撞 江开二 去绛澄	542 捉 江开二 入觉庄	543 窗 江开二 平江初
苏山乡彭埠村	uɔŋ²ᴮ	pɔŋ¹	pɔŋ³	pɔk⁷ᴬ	bɔŋ¹	tsɔk⁷ᴬ	dzɔŋ¹	tsɔk⁷ᴬ	dzɔŋ¹
徐埠镇山峰村	uɔŋ²	pɔŋ¹	pɔŋ³	pɔk⁷ᴬ	bɔŋ¹	tsɔk⁷ᴬ	dzɔŋ¹	tsɔk⁷ᴬ	dzɔŋ¹
多宝乡宝桥村	uɔŋ²ᴮ	pɔŋ¹	pɔŋ³	pɔk⁷ᴬ	pɦɔŋ¹	tsɔk⁷ᴬ	tsɦɔŋ¹	tsɔk⁷ᴬ	tsɦɔŋ¹
左里镇周茂村	uɔŋ²ᴮ	pɔŋ¹	pɔŋ³	pɔk⁷ᴬ	bɔŋ¹	tsɔk⁷ᴬ	dzɔŋ¹	tsɔk⁷ᴬ	dzɔŋ¹
都昌镇金街岭	uɔŋ²ᴮ	pɔŋ¹	pɔŋ³	pɔk⁷ᴬ	bɔŋ¹	tsɔk⁷ᴬ	dzɔŋ¹	tsɔk⁷ᴬ	dzɔŋ¹
大树乡大埠村	uɔŋ²	pɔŋ¹	pɔŋ³	pɔk⁷ᴬ	bɔŋ¹	tsɔk⁷ᴬ	dzɔŋ¹	tsɔk⁷ᴬ	dzɔŋ¹
春桥乡凤山村	uɔŋ²	pɔŋ¹	pɔŋ³	pɔk⁷ᴬ	pɦɔŋ⁶	tsɔk⁷ᴬ	tsɦɔŋ⁶	tsɔk⁷ᴬ	tsɦɔŋ¹
蔡岭镇华山村	uɔŋ²ᴮ	pɔŋ¹	pɔŋ³	pɔk⁷ᴬ	pɦɔŋ⁶	tsɔk⁷ᴬ	tsɦɔŋ⁶	tsɔk⁷ᴬ	tsɦɔŋ¹
土塘镇信和村	uɔŋ²	pɔŋ¹	pɔŋ³	pɔk⁷ᴬ	bɔŋ⁶	tsɔk⁷ᴬ	dzɔŋ⁶	tsɔk⁷ᴬ	dzɔŋ¹
阳峰乡黄梅村	uɔŋ²ᴮ	pɔŋ¹	pɔŋ³	pɔk⁷ᴬ	bɔŋ⁶	tsɔk⁷ᴬ	dzɔŋ⁶	tsɔk⁷ᴬ	dzɔŋ¹
和合乡田坂村	uɔŋ²ᴮ	pɔŋ¹	pɔŋ³	pɔk⁷ᴬ	bɔŋ⁶	tsɔk⁷ᴬ	dzɔŋ⁶	tsɔk⁷ᴬ	dzɔŋ¹
周溪镇输湖村	uɔŋ²ᴮ	pɔŋ¹	pɔŋ³	pɔk⁷ᴬ	bɔŋ⁶	tsɔk⁷ᴬ	dzɔŋ⁶	tsɔk⁷ᴬ	dzɔŋ¹
大港镇繁荣村	uɔŋ²	pɔŋ¹	pɔŋ³	pɔ⁵	bɔŋ⁶	tsɔ⁵	dzɔŋ⁶	tsɔ⁵	dzɔŋ¹
中馆镇银宝村	uɔŋ²	pɔŋ¹	pɔŋ³	pɔʔ⁷ᴬ	bɔŋ⁶	tsɔʔ⁷ᴬ	dzɔŋ⁶	tsɔʔ⁷ᴬ	dzɔŋ¹
狮山乡老屋村	uɔŋ²	pɔŋ¹	pɔŋ³	pɔk⁷ᴬ	bɔŋ⁶	tsɔk⁷ᴬ	dzɔŋ⁶	tsɔk⁷ᴬ	dzɔŋ¹
万户镇长岭村	uɔŋ²	pɔŋ¹	pɔŋ³	pɔk⁷ᴬ	bɔŋ⁶	tsɔk⁷ᴬ	dzɔŋ⁶	tsɔk⁷ᴬ	dzɔŋ¹
南峰镇石桥村	uɔŋ²	pɔŋ¹	pɔŋ³	pɔʔ⁷ᴬ	bɔŋ⁶	tsɔʔ⁷ᴬ	dzɔŋ⁶	tsɔʔ⁷ᴬ	dzɔŋ¹

续表

代表点	544 镯 江开二 入觉崇	545 江 江开二 平江见	546 讲 江开二 上讲见	547 扛 江开二 平江见	548 降 江开二 去绛见	549 角 江开二 入觉见	550 腔 江开二 平江溪	551 壳 江开二 入觉溪	552 项 江开二 上讲匣
苏山乡 彭埠村	$dzɔk^8$	$kɔŋ^1$	$kɔŋ^3$	$kɔŋ^1$	$kɔŋ^5$	$kɔk^{7A}$	$dʑiɔŋ^1$	$gɔk^{7B}$	$xɔŋ^6$
徐埠镇 山峰村	$dzɔk^{8A}$	$kɔŋ^1$	$kɔŋ^3$	$kɔŋ^1$	$kɔŋ^5$	$kɔk^{7A}$	$iɔŋ^1$	$gɔk^{7B}$	$xɔŋ^6$
多宝乡 宝桥村	$ts^ɦɔk^8$	$kɔŋ^1$	$kɔŋ^3$	$kɔŋ^1$	$kɔŋ^5$	$kɔk^{7A}$	$iɔŋ^1$	$k^ɦɔk^{7B}$	$xɔŋ^6$
左里镇 周茂村	$dzɔk^{8A}$	$kɔŋ^1$	$kɔŋ^3$	$kɔŋ^1$	$kɔŋ^5$	$kɔk^{7A}$	$iɔŋ^1$	$gɔk^{7B}$	$xɔŋ^6$
都昌镇 金街岭	$dzɔk^{8A}$	$kɔŋ^1$	$kɔŋ^3$	$kɔŋ^1$	$kɔŋ^5$	$kɔk^{7A}$	$iɔŋ^1$	$gɔk^{7B}$	$xɔŋ^1$
大树乡 大埠村	$dzɔk^8$	$kɔŋ^1$	$kɔŋ^3$	$kɔŋ^1$	$kɔŋ^5$	$kɔk^{7A}$	$iɔŋ^1$	$gɔk^{7B}$	$xɔŋ^6$
春桥乡 凤山村	$ts^ɦɔk^8$	$kɔŋ^1$	$kɔŋ^3$	$kɔŋ^1$	$kɔŋ^{5A}$	$kɔk^{7A}$	$iɔŋ^1$	$k^ɦɔk^{7B}$	$xɔŋ^6$
蔡岭镇 华山村	$ts^ɦɔk^{8A1}$	$kɔŋ^1$	$kɔŋ^3$	$kɔŋ^1$	$kɔŋ^5$	$kɔk^{7A}$	$iɔŋ^1$	$k^ɦɔk^{7B}$	$xɔŋ^6$
土塘镇 信和村	$dzɔk^8$	$kɔŋ^1$	$kɔŋ^3$	$kɔŋ^1$	$kɔŋ^5$	$kɔk^{7A}$	$dʑiɔŋ^1$	$gɔk^{7B}$	$xɔŋ^6$
阳峰乡 黄梅村	$dzɔk^8$	$kɔŋ^1$	$kɔŋ^3$	$kɔŋ^1$	$kɔŋ^5$	$kɔk^{7A}$	$iɔŋ^1$	$gɔk^{7B}$	$xɔŋ^6$
和合乡 田坂村	$dzɔk^{8A}$	$kɔŋ^1$	$kɔŋ^3$	$kɔŋ^1$	$kɔŋ^5$	$kɔk^{7A}$	$iɔŋ^1$	$gɔk^{7B}$	$xɔŋ^6$
周溪镇 输湖村	$dzɔk^8$	$kɔŋ^1$	$kɔŋ^3$	$kɔŋ^1$	$kɔŋ^{2A}$	$kɔk^{7A}$	$iɔŋ^1$	$gɔk^{7B}$	$xɔŋ^6$
大港镇 繁荣村	$dzɔ^6$	$kɔŋ^1$	$kɔŋ^3$	$kɔŋ^1$	$kɔŋ^5$	$kɔ^5$	$dʑiɔŋ^1$	$gɔ^7$	$xɔŋ^6$
中馆镇 银宝村	$dzɔ^6$	$kɔŋ^1$	$kɔŋ^3$	$kɔŋ^1$	$kɔŋ^5$	$kɔʔ^{7A}$	$dʑiɔŋ^1$	$gɔʔ^{7B}$	$xɔŋ^6$
狮山乡 老屋村	$dzɔk^{8A}$	$kɔŋ^1$	$kɔŋ^3$	$kɔŋ^1$	$kɔŋ^5$	$kɔk^{7A}$	$dʑiɔŋ^1$	$gɔk^{7B}$	$xɔŋ^6$
万户镇 长岭村	$dzɔk^{8A}$	$kɔŋ^1$	$kɔŋ^3$	$kɔŋ^1$	$kɔŋ^5$	$kɔk^{7A}$	$dʑiɔŋ^1$	$gɔk^{7B}$	$xɔŋ^6$
南峰镇 石桥村	$dzɔ^6$	$kɔŋ^1$	$kɔŋ^3$	$kɔŋ^1$	$kɔŋ^5$	$kɔʔ^{7A}$	$dʑiɔŋ^1$	$gɔ^{7B}$	$xɔŋ^6$

代表点	553 巷 江开二 去绛匣	554 学 江开二 入觉匣	555 朋 曾开一 平登並	556 北 曾开一 入德帮	557 墨 曾开一 入德明	558 登 曾开一 平登端	559 灯 曾开一 平登端	560 等 曾开一 上等端	561 凳 曾开一 去嶝端
苏山乡 彭埠村	$xɔŋ^1$	$xɔk^8$	$buŋ^{2A}$	$pɛk^{7A}$	$mɛk^{7A}$	$tɛŋ^1$	$tɛŋ^1$	$tɛŋ^3$	$tɛŋ^5$
徐埠镇 山峰村	$xɔŋ^1$	$xɔk^{8A}$	$bɛŋ^2$	$pɛk^{7A}$	$mɛk^{7A}$	$tɛŋ^1$	$tɛŋ^1$	$tɛŋ^3$	$tɛŋ^5$
多宝乡 宝桥村	$xɔŋ^1$	$xɔk^8$	$p^ɦɛŋ^{2A}$	$pɛk^{7A}$	$mɛk^{7A}$	$tɛŋ^1$	$tɛŋ^1$	$tɛŋ^3$	$tɛŋ^5$
左里镇 周茂村	$xɔŋ^1$	$xɔk^{8A}$	$bɛŋ^{2A}$	$pɛk^{7A}$	$mɛk^{7A}$	$tɛŋ^1$	$tɛŋ^1$	$tɛŋ^3$	$tɛŋ^5$
都昌镇 金街岭	$xɔŋ^1$	$xɔk^{8A}$	$bɛŋ^{2A}$	$pɛk^{7A}$	$mɛk^{7A}$	$tɛŋ^1$	$tɛŋ^1$	$tɛŋ^3$	$tɛŋ^5$
大树乡 大埠村	$xɔŋ^1$	$xɔk^8$	$buŋ^6$	$pɛk^{7A}$	$mɛk^{7A}$	$tɛŋ^1$	$tɛŋ^1$	$tɛŋ^3$	$tɛŋ^5$
春桥乡 凤山村	$xɔŋ^6$	$xɔk^8$	$p^ɦəŋ^2$	$pɛk^{7A}$	$mɛk^{7A}$	$tɛŋ^1$	$tɛŋ^1$	$tɛŋ^3$	$tɛŋ^{5A}$
蔡岭镇 华山村	$xɔŋ^6$	$xɔk^{8A1}$	$p^ɦuŋ^{2A}$	$pɛk^{7A}$	$mɛk^{7A}$	$tɛŋ^1$	$tɛŋ^1$	$tɛŋ^3$	$tɛn^{5A}$
土塘镇 信和村	$xɔŋ^6$	$xɔk^8$	$bɛŋ^2$	$pɛk^{7A}$	$mɛk^{7A}$	$tɛŋ^1$	$tɛŋ^1$	$tɛŋ^3$	$tɛŋ^5$
阳峰乡 黄梅村	$xɔŋ^6$	$xɔk^{7B}$	$bɛŋ^{2A}$	$pɛk^{7A}$	$mɛk^{7A}$	$tɛŋ^1$	$tɛŋ^1$	$tɛŋ^3$	$tɛŋ^5$
和合乡 田坂村	$xɔŋ^6$	$xɔk^{8A}$	$buŋ^{2A}$	$pɛk^{7A}$	$mɛk^{7A}$	$tɛŋ^1$	$tɛŋ^1$	$tɛŋ^3$	$tɛŋ^5$
周溪镇 输湖村	$xɔŋ^6$	$xɔk^8$	$bɛŋ^{2A}$	$pɛk^{7A}$	$mɛk^{7A}$	$tɛŋ^1$	$tɛŋ^1$	$tɛŋ^3$	$tɛŋ^{2A}$
大港镇 繁荣村	$xɔŋ^6$	$xɔ^6$	$bɛŋ^2$	$pɛ^5$	$mɛ^5$	$tɛŋ^1$	$tɛŋ^1$	$tɛŋ^3$	$tɛŋ^5$
中馆镇 银宝村	$xɔŋ^6$	$xɔ^6$	$bən^2$	$pɛʔ^{7A}$	$mɛʔ^{7A}$	$tɛn^1$	$tɛn^1$	$tɛn^3$	$tɛn^5$
狮山乡 老屋村	$xɔŋ^6$	$xɔk^{8A}$	$buŋ^2$	$pɛk^{7A}$	$mɛk^{7A}$	$tɛŋ^1$	$tɛŋ^1$	$tɛŋ^3$	$tɛŋ^5$
万户镇 长岭村	$xɔŋ^6$	$xɔk^{8A}$	$bɛŋ^2$	$pɛk^{7A}$	$mɛk^{7A}$	$tɛŋ^1$	$tɛŋ^1$	$tɛŋ^3$	$tɛŋ^5$
南峰镇 石桥村	$xɔŋ^5$	$xɔ^6$	$buŋ^2$	$pɛʔ^{7A}$	$mɛʔ^{7A}$	$tɛn^1$	$tɛn^1$	$tɛn^3$	$tɛn^5$

续表

代表点	562 得 曾开一 入德端	563 藤 曾开一 平登定	564 特 曾开一 入德定	565 能 曾开一 平登泥	566 增 曾开一 平登精	567 层 曾开一 平登从	568 贼 曾开一 入德从	569 僧 曾开一 平登心	570 塞 曾开一 入德心
苏山乡 彭埠村	tɛk⁷ᴬ	lɛŋ²ᴬ	lɛk⁸	nɛŋ²ᴮ	tsɛŋ¹	dzɛŋ²ᴬ	dzɛk⁸	sɛŋ¹	sɛk⁸
徐埠镇 山峰村	tɛk⁷ᴬ	lɛŋ²	lɛk⁸ᴬ	nɛŋ²	tsɛŋ¹	dzɛŋ²	dzɛk⁸ᴬ	sɛŋ¹	sɛk⁸ᴬ
多宝乡 宝桥村	tɛk⁷ᴬ	lɛŋ²ᴬ	lɛk⁸	nɛŋ²ᴮ	tsɛŋ¹	tsʰɛŋ²ᴬ	tsʰɛk⁸	sɛŋ¹	sɛk⁷ᴬ
左里镇 周茂村	tɛk⁷ᴬ	lɛŋ²ᴬ	lɛk⁸ᴬ	nɛŋ²ᴮ	tsɛŋ¹	dzɛŋ²ᴬ	dzɛk⁸ᴬ	sɛŋ¹	sɛk⁸ᴬ
都昌镇 金街岭	tɛk⁷ᴬ	lɛŋ²ᴬ	lɛk⁸ᴬ	nɛŋ²ᴮ	tsɛŋ¹	dzɛŋ²ᴬ	dzɛk⁸ᴬ	sɛŋ¹	sɛk⁸ᴬ
大树乡 大埠村	tɛk⁷ᴬ	lɛŋ⁶	lɛk⁸	nɛŋ²	tsɛŋ¹	dzɛŋ⁶	dzɛk⁸	sɛŋ¹	sɛk⁷ᴬ
春桥乡 凤山村	tɛk⁷ᴬ	tʰɛŋ²ᴬ	tʰɛk⁷ᴮ	nɛŋ²	tsɛŋ¹	tsʰɛŋ²	tsʰɛk⁸	sɛŋ¹	sɛk⁷ᴬ
蔡岭镇 华山村	tɛk⁷ᴬ	lɛŋ²ᴬ	lɛk⁷ᴮ	nɛŋ²ᴮ	tsɛŋ¹	tsʰɛŋ²ᴬ	tsʰɛk⁸ᴬ¹	tsɛŋ¹	sɛk⁸ᴬ²
土塘镇 信和村	tɛk⁷ᴬ	lɛŋ²	lɛk⁸	nɛŋ²	tsɛŋ¹	dzɛŋ²	dzɛk⁸	tsɛŋ¹	sɛk⁷ᴬ
阳峰乡 黄梅村	tɛk⁷ᴬ	lɛŋ²ᴬ	lɛk⁷ᴮ	nɛŋ²ᴮ	tsɛŋ¹	dzɛŋ²ᴬ	dzɛk⁷ᴮ	sɛŋ¹	sɛk⁸
和合乡 田坂村	tɛk⁷ᴬ	lɛŋ²ᴬ	lɛk⁸ᴬ	nɛŋ²ᴮ	tsɛŋ¹	dzɛŋ²ᴬ	dzɛk⁸ᴬ	sɛŋ¹	sɛk⁸ᴬ
周溪镇 输湖村	tɛk⁷ᴬ	lɛŋ²ᴬ	lɛk⁷ᴮ	nɛŋ²ᴮ	tsɛŋ¹	dzɛŋ²ᴬ	dzɛk⁷ᴮ	sɛŋ¹	sɛk⁸
大港镇 繁荣村	tɛ⁵	dɛŋ²	dɛ⁶	nɛŋ²	tsɛŋ¹	dzɛŋ²	dzɛ⁶	tsɛŋ¹	sɛ⁵
中馆镇 银宝村	tɛʔ⁷ᴬ	dɛŋ²	dɛ⁶	nɛŋ²	tsɛŋ¹	dzɛŋ²	dzɛ⁶	sɛŋ¹	sɛ⁶
狮山乡 老屋村	tɛk⁷ᴬ	dɛŋ²	dɛk⁸ᴬ	nɛŋ²	tsɛŋ¹	dzɛŋ²	dzɛk⁸ᴬ	tsɛŋ¹	sɛk⁷ᴬ
万户镇 长岭村	tɛk⁷ᴬ	dɛŋ²	dɛk⁸ᴬ	nɛŋ²	tsɛŋ¹	dzɛŋ²	dzɛk⁸ᴬ	sɛŋ¹	sɛk⁸ᴬ
南峰镇 石桥村	tɛʔ⁷ᴬ	dɛŋ²	dɛ⁶	nɛŋ²	tsɛŋ¹	dzɛŋ²	dzɛ⁶	tsɛŋ¹	sɛ⁵

代表点	571	572	573	574	575	576	577	578	579
	肯	刻	黑	冰	凌	菱	力	熄	惩
	曾开一上等溪	曾开一入德溪	曾开一入德晓	曾开三平蒸帮	曾开三平蒸来	曾开三平蒸来	曾开三入职来	曾开三入职心	曾开三平蒸澄
苏山乡彭埠村	gen^3	$g\varepsilon k^{7B}$	$x\varepsilon k^{7B}$	pin^1	lin^6	lin^{2B}	lik^{7A}	sil^{7A}	$dz\partial\eta^3$
徐埠镇山峰村	gen^3	$g\varepsilon k^{7B}$	$x\varepsilon k^{7B}$	pin^1	lin^6	lin^2	lik^{7A}	sik^{7A}	$dz\partial\eta^3$
多宝乡宝桥村	$k^{fi}en^3$	$k^{fi}\varepsilon k^{7B}$	$x\varepsilon k^{7B}$	pin^1	$t^{fi}i\eta^{2B}$	$t^{fi}i\eta^{2B}$	$t^{fi}ik^{7A}$	sik^{7A}	$t\d{s}^{fi}\partial\eta^3$
左里镇周茂村	gen^3	$g\varepsilon k^{7B}$	$x\varepsilon k^{7B}$	pin^1	lin^6	lin^{2B}	lik^{7A}	sik^{7A}	$dz\partial\eta^3$
都昌镇金街岭	gen^3	$g\varepsilon k^{7B}$	$x\varepsilon k^{7B}$	pin^1	lin^{2A}	lin^{2B}	lik^{7B}	sik^{7A}	$dz\partial\eta^3$
大树乡大埠村	gen^3	$g\varepsilon k^{7B}$	$x\varepsilon k^{7A}$	pin^1	lin^6	lin^2	lik^{7A}	sik^{7A}	$dz\partial\eta^3$
春桥乡凤山村	$k^{fi}en^3$	$k^{fi}\varepsilon k^{7B}$	$x\varepsilon k^{7B}$	pin^1	$t^{fi}i\eta^6$	$t^{fi}i\eta^2$	$t^{fi}ik^{7A}$	sik^{7A}	$t\d{s}^{fi}\partial\eta^3$
蔡岭镇华山村	$k^{fi}en^3$	$k^{fi}\varepsilon k^{7B}$	$x\varepsilon k^{7B}$	pin^1	$t^{fi}i\eta^{2A}$	lin^{2B}	lik^{7A}	sik^{7A}	$t\d{s}^{fi}\partial\eta^3$
土塘镇信和村	gen^3	$g\varepsilon k^{7B}$	$x\varepsilon k^{7B}$	pin^1	lin^2	lin^2	lik^{7A}	sik^{7A}	$dz\partial\eta^3$
阳峰乡黄梅村	gen^3	$g\varepsilon k^{7B}$	$x\varepsilon k^{7B}$	pin^1	lin^6	lin^{2B}	lik^{7A}	sik^{7A}	$dz\partial\eta^3$
和合乡田坂村	gen^3	$g\varepsilon k^{7B}$	$x\varepsilon k^{7B}$	pin^1	lin^6	lin^{2B}	lik^{7A}	sik^{7A}	$dz\partial\eta^3$
周溪镇输湖村	gen^3	$g\varepsilon k^{7B}$	$x\varepsilon k^{7B}$	pin^1	lin^6	lin^{2B}	lik^{7A}	sik^{7A}	$dz\partial\eta^3$
大港镇繁荣村	gen^3	ge^6	xe^6	pin^1	lin^2	lin^2	li^5	si^5	$dz\partial\eta^2$
中馆镇银宝村	gen^3	$g\varepsilon\Omega^{7B}$	$x\varepsilon\Omega^{7B}$	$p\partial n^1$	lin^2	lin^2	$li\Omega^{7B}$	$si\Omega^{7A}$	$dz\partial\eta^2$
狮山乡老屋村	gen^3	$g\varepsilon k^{7B}$	$x\varepsilon k^{7B}$	pin^1	lin^2	lin^2	lik^{7A}	sik^{7A}	$dz\partial\eta^3$
万户镇长岭村	gen^3	$g\varepsilon k^{7B}$	$x\varepsilon k^{8A}$	pin^1	lin^2	lin^2	lik^{8B}	sik^{7A}	$dz\varepsilon\eta^3$
南峰镇石桥村	gen^3	$g\varepsilon^{7B}$	$x\varepsilon^{7B}$	pin^1	lin^2	lin^2	li^{7B}	$si\Omega^{7A}$	$dz\partial\eta^3$

续表

代表点	580 征~地 曾开三 平清知	581 橙 曾开三 平蒸澄	582 蒸 曾开三 平蒸章	583 色 曾开三 入职生	584 直 曾开三 入职澄	585 植 曾开三 入职禅	586 织 曾开三 入职章	587 称~—~ 曾开三 平蒸昌	588 秤 曾开三 去证昌
苏山乡彭埠村	tʂən^1	dʐaŋ^{2A}	tʂən^1	sɛk^{7A}	dʐ̩k^8	dʐ̩k^8	tʂ̩k^{7A}	dʐən^1	dʐəŋ^6
徐埠镇山峰村	tʂən^1	dʐaŋ^2	tʂən^1	sɛk^{7A}	dʐ̩k^{8A}	dʐ̩k^{8A}	tʂ̩k^{7A}	dʐən^1	dʐəŋ^6
多宝乡宝桥村	tʂən^1	tʂʰaŋ^{2A}	tʂən^1	sɛk^{7A}	tʂʰ̩k^8	tʂʰ̩k^8	tʂ̩k^{7A}	tʂʰən^1	tʂʰən^6
左里镇周茂村	tʂən^1	dʐaŋ^{2A}	tʂən^1	sɛk^{7A}	dʐ̩k^{8A}	dʐ̩k^{8A}	tʂ̩k^{7A}	dʐən^1	dʐəŋ^6
都昌镇金街岭	tʂən^1	dʐaŋ^{2A}	tʂən^1	sɛk^{7A}	dʐ̩k^{8A}	dʐ̩k^{8A}	tʂ̩k^{7A}	dʐən^1	dʐəŋ^6
大树乡大埠村	tʂən^1	dʐaŋ^6	tʂən^1	sɛk^{7A}	dʐ̩k^8	dʐ̩k^8	tʂ̩k^{7A}	dʐən^1	dʐəŋ^6
春桥乡凤山村	tʂən^1	tʂʰən^2	tʂən^1	sɛk^{7A}	tʂʰ̩k^8	tʂʰ̩k^8	tʂ̩k^{7A}	tʂʰən^1	tʂʰən^{5B}
蔡岭镇华山村	tʂən^1	tʂʰaŋ^{2A}	tʂən^1	sɛk^{7A}	tʂʰ̩k^{8A1}	tʂʰ̩k^{8A1}	tʂ̩k^{7A}	tʂʰən^1	tʂʰən^{5B}
土塘镇信和村	tʂən^1	dʐaŋ^2	tʂən^1	sɛk^{7A}	dʐ̩k^{7B}	dʐ̩k^8	tʂ̩k^{7A}	dʐən^1	dʐəŋ^6
阳峰乡黄梅村	tʂən^1	tʂən^1	tʂən^1	sɛk^{7A}	dʐ̩k^{7B}	dʐ̩k^{7B}	tʂ̩k^{7A}	dʐən^1	dʐəŋ^6
和合乡田坂村	tʂən^1	dʐaŋ^{2A}	tʂən^1	sɛk^{7A}	dʐ̩k^{8A}	dʐ̩k^{8A}	tʂ̩k^{7A}	dʐən^1	dʐəŋ^6
周溪镇输湖村	tʂən^1	dʐaŋ^{2A}	tʂən^1	sɛk^{7A}	dʐ̩k^{7B}	dʐ̩^{6}	tʂ̩k^{7A}	dʐən^1	dʐəŋ^{5B}
大港镇繁荣村	tʂən^1	dʐaŋ^2	tʂən^1	sɛ^5	dʐ̩^{6}	dʐ̩^{6}	tʂ̩^{5}	dʐən^1	dʐən^6
中馆镇银宝村	tʂən^1	dʐaŋ^2	tʂən^1	sɛʔ^{7A}	dʐ̩^{6}	dʐ̩^{6}	tʂ̩ʔ^{7A}	dʐən^1	dʐən^6
狮山乡老屋村	tʂən^1	dʐəŋ^2	tʂən^1	sɛk^{7A}	dʐ̩k^{8A}	dʐ̩k^{8A}	tʂ̩k^{7A}	dʐən^1	dʐəŋ^6
万户镇长岭村	tʂɛŋ^1	dʐaŋ^2	tʂɛŋ^1	sɛk^{7A}	dʐɛk^{8A}	dʐ̩k^{8A}	tʂɛk^{7A}	dʐɛŋ^1	dʐɛŋ^6
南峰镇石桥村	tʂən^1	dʐaŋ^2	tʂən^1	sɛʔ^{7A}	dʐ̩^{6}	dʐ̩^{6}	tʂ̩ʔ^{7A}	dʐən^1	dʐən^5

代表点	589	590	591	592	593	594	595	596	597
	乘	剩	食	升	胜	承	极	兴~旺	兴高~
	曾开三平蒸船	曾开三去证船	曾开三入职船	曾开三平蒸书	曾开三去证书	曾开三平蒸禅	曾开三入职群	曾开三平蒸晓	曾开三去证晓
苏山乡彭埠村	$ʂən^{2B}$	$iaŋ^6$	$ʂʅk^8$	$ʂən^1$	$ʂən^5$	$dʐən^{2A}$	$dʑik^8$	$ɕiŋ^1$	$ɕiŋ^5$
徐埠镇山峰村	$ʂəŋ^2$	$iaŋ^6$	$ʂʅk^{8A}$	$ʂəŋ^1$	$ʂəŋ^5$	$dʐəŋ^2$	$dʐik^{8A}$	$ɕiŋ^1$	$ɕiŋ^5$
多宝乡宝桥村	$ʂəŋ^{2B}$	$iaŋ^6$	$ʂʅk^8$	$ʂəŋ^1$	$ʂəŋ^5$	$tʂʰən^{2A}$	ik^8	$ɕiŋ^1$	$ɕiŋ^5$
左里镇周茂村	$ʂəŋ^{2B}$	$iaŋ^6$	$ʂʅk^{8A}$	$ʂəŋ^1$	$ʂəŋ^5$	$dʐəŋ^{2A}$	ik^{8A}	$ɕiŋ^1$	$ɕiŋ^5$
都昌镇金街岭	$ʂəŋ^{2B}$	$iaŋ^6$	$ʂʅk^{8A}$	$ʂəŋ^1$	$ʂəŋ^5$	$dʐəŋ^{2A}$	ik^{8A}	$ɕiŋ^1$	$ɕiŋ^5$
大树乡大埠村	$ʂəŋ^2$	$iaŋ^6$	$ʂʅk^8$	$ʂəŋ^1$	$ʂəŋ^5$	$dʐəŋ^6$	ik^8	$ɕiŋ^1$	$ɕiŋ^5$
春桥乡凤山村	$ʂəŋ^2$	$ʂəŋ^6$	$ʂʅk^8$	$ʂəŋ^1$	$ʂəŋ^{5A}$	$tʂʰən^2$	$tɕʰik^8$	$ɕiŋ^1$	$ɕiŋ^{5A}$
蔡岭镇华山村	$ʂəŋ^{2B}$	$ʂəŋ^6$	$ʂʅk^{8A2}$	$ʂəŋ^1$	$ʂəŋ^{5A}$	$ʂəŋ^{2B}$	ik^{8A1}	$ɕiŋ^1$	$ɕiŋ^{5A}$
土塘镇信和村	$ʂəŋ^2$	$iaŋ^6$	$ʂʅk^8$	$ʂəŋ^1$	$ʂəŋ^6$	$dʐəŋ^2$	ik^8	$ɕiŋ^1$	$ɕiŋ^5$
阳峰乡黄梅村	$ʂəŋ^{2B}$	$iaŋ^6$	$ʂʅk^8$	$ʂəŋ^1$	$ʂəŋ^5$	$ʂəŋ^{2A}$	ik^{7B}	$ɕiŋ^1$	$ɕiŋ^5$
和合乡田坂村	$ʂəŋ^{2B}$	$iaŋ^6$	$ʂʅk^{8A}$	$ʂəŋ^1$	$ʂəŋ^6$	$dʐəŋ^{2A}$	ik^{8A}	$ɕiŋ^1$	$ɕiŋ^5$
周溪镇输湖村	$ʂəŋ^{2B}$	$iaŋ^6$	$ʂʅk^8$	$ʂəŋ^1$	$ʂəŋ^{2A}$	$dʐəŋ^{2A}$	$dʐik^{7B}$	$ɕiŋ^1$	$ɕiŋ^{2A}$
大港镇繁荣村	$ʂən^2$	$iaŋ^6$	$ʂʅ^6$	$ʂən^1$	$ʂən^5$	$ʂən^2$	$dʑi^5$	$ɕin^1$	$ɕin^5$
中馆镇银宝村	$ʂən^2$	$iaŋ^6$	$ʂʅ^6$	$ʂən^1$	$ʂən^5$	$dʐən^2$	$dʑi^6$	$ɕin^1$	$ɕin^5$
狮山乡老屋村	$ʂəŋ^2$	$iaŋ^6$	$ʂʅk^{8A}$	$ʂəŋ^1$	$ʂəŋ^5$	$dʐəŋ^2$	$dʑik^{8A}$	$ɕiŋ^1$	$ɕiŋ^5$
万户镇长岭村	$ʂɛŋ^2$	$iaŋ^6$	$ʂʅk^{8A}$	$ʂɛŋ^1$	$ʂɛŋ^5$	$dʐɛŋ^2$	$dʑik^{8A}$	$ɕiŋ^1$	$ɕiŋ^5$
南峰镇石桥村	$ʂən^2$	$ʂən^1$	$ʂe^6$	$ʂən^1$	$ʂən^5$	$ʂən^2$	$dʑi^6$	$ɕin^1$	$ɕin^5$

续表

代表点	598 应~当 曾开三平蒸影	599 应答~ 曾开三去证影	600 鹰 曾开三平蒸影	601 蝇 曾开三平蒸以	602 国 曾合一入德见	603 弘 曾合一平登匣	604 百 梗开二入陌帮	605 拍 梗开二入陌滂	606 彭 梗开二平庚并
苏山乡彭埠村	$iŋ^1$	$iŋ^5$	$iŋ^1$	$iŋ^{2B}$	$kuək^{7A}$	$ɸuŋ^{2B}$	pak^{7A}	bak^{7B}	$baŋ^{2A}$
徐埠镇山峰村	$iŋ^1$	$iŋ^5$	$iŋ^1$	$iŋ^2$	$kuɛk^{7A}$	$ɸuŋ^2$	pak^{7A}	bak^{7B}	$baŋ^2$
多宝乡宝桥村	$iŋ^1$	$iŋ^5$	$iŋ^1$	$iŋ^{2B}$	$kuɛk^{7A}$	$ɸuŋ^{2B}$	pak^{7A}	$p^ɦak^{7B}$	$p^ɦaŋ^{2A}$
左里镇周茂村	$iŋ^1$	$iŋ^5$	$iŋ^1$	$iŋ^{2B}$	$kuɛk^{7A}$	$ɸuŋ^{2B}$	pak^{7A}	bak^{7B}	$baŋ^{2A}$
都昌镇金街岭	$iŋ^1$	$iŋ^5$	$iŋ^1$	$iŋ^{2B}$	$kuɛk^{7A}$	$ɸuɔŋ^{2B}$	pak^{7A}	bak^{7B}	$baŋ^{2A}$
大树乡大埠村	$iŋ^1$	$iŋ^5$	$iŋ^1$	$iŋ^2$	$kuɛk^{7A}$	$ɸuŋ^2$	pak^{7A}	bak^{7B}	$baŋ^6$
春桥乡凤山村	$iŋ^1$	$iŋ^{5A}$	$iŋ^1$	$iŋ^2$	$kuɛk^{7A}$	$ɸuŋ^2$	pak^{7A}	$p^ɦak^{7B}$	$p^ɦaŋ^2$
蔡岭镇华山村	$iŋ^1$	$iŋ^{5A}$	$iŋ^1$	$iŋ^{2B}$	$kuɛk^{7A}$	$ɸuŋ^{2B}$	pak^{7A}	$p^ɦak^{7B}$	$p^ɦaŋ^{2A}$
土塘镇信和村	$iŋ^1$	$iŋ^5$	$iŋ^1$	$iŋ^2$	$kuɛk^{7A}$	$xɛn^2$	pak^{7A}	bak^{7B}	$baŋ^2$
阳峰乡黄梅村	$iŋ^1$	$iŋ^5$	$iŋ^1$	$iŋ^{2B}$	$kuɛk^{7A}$	$ɸuŋ^{2B}$	pak^{7A}	bak^{7B}	$baŋ^{2A}$
和合乡田坂村	$iŋ^1$	$iŋ^5$	$iŋ^1$	$iŋ^{2B}$	$kuɛk^{7A}$	$ɸuŋ^{2B}$	pak^{7A}	bak^{7B}	$baŋ^{2A}$
周溪镇输湖村	$iŋ^1$	$iŋ^{2A}$	$iŋ^1$	$iŋ^{2B}$	$kuɛk^{7A}$	$ɸuŋ^{2B}$	pak^{7A}	bak^{7B}	$baŋ^{2A}$
大港镇繁荣村	in^1	in^5	in^1	in^2	$kuɛ^5$	$ŋ̊ŋ^2$	$pɛ^5$	ba^7	$baŋ^2$
中馆镇银宝村	in^1	in^5	in^1	in^2	$kuɛʔ^{7A}$	$ŋ̊ŋ^2$	$pɛʔ^{7A}$	$baʔ^{7B}$	$baŋ^2$
狮山乡老屋村	$iŋ^1$	$iŋ^5$	$iŋ^1$	$iŋ^2$	$kuɛk^{7A}$	$ɸuŋ^2$	pak^{7A}	bak^{7B}	$baŋ^2$
万户镇长岭村	$iŋ^1$	$iŋ^5$	$iŋ^1$	$iŋ^2$	$kuɛk^{7A}$	$ɸuɛn^{214}$	pak^{7A}	bak^{7B}	$baŋ^2$
南峰镇石桥村	in^1	in^5	in^1	in^2	$kuɛʔ^{7A}$	$ɸuŋ^2$	$paʔ^{7A}$	ba^{7B}	$baŋ^2$

代表点	607	608	609	610	611	612	613	614	615
	白	猛	打	冷	撑	拆	澄~一~	生	甥
	梗开二 入陌並	梗开二 上梗明	梗开二 上梗端	梗开二 上梗来	梗开二 平庚彻	梗开二 入陌彻	梗开二 平庚澄	梗开二 平庚生	梗开二 平庚生
苏山乡 彭埠村	bak^8	mɛŋ^3	ta^3	laŋ^3	dzaŋ^1	dzak^{7B}	dzəŋ^1	saŋ^1/ sɛŋ^1	saŋ^1
徐埠镇 山峰村	bak^{8A}	mɛŋ^3	ta^3	laŋ^3	dzaŋ^1	dzak^{7B}	dzəŋ^6	saŋ^1/ sɛŋ^1	saŋ^1
多宝乡 宝桥村	pʰak^8	mɛŋ^3	ta^3	laŋ^3	tʂʰaŋ^1	tʂʰak^{7B}	tʂʰəŋ^6	saŋ^1/ sɛŋ^1	saŋ^1
左里镇 周茂村	bak^{8A}	mɛŋ^3	ta^3	laŋ^3	dzaŋ^1	dzak^{7B}	dzəŋ^6	saŋ^1/ sɛŋ^1	saŋ^1
都昌镇 金街岭	bak^{8A}	mɛŋ^3	ta^3	laŋ^3	dzaŋ^1	dzak^{7B}	dzəŋ^6	saŋ^1/ sɛŋ^1	saŋ^1
大树乡 大埠村	bak^8	mɛŋ^3	ta^3	laŋ^3	dzaŋ^1	dzạk^{7B}	dzəŋ^1	saŋ^1/ sɛŋ^1	saŋ^1
春桥乡 凤山村	pʰak^{7B}	məŋ^3	ta^3	laŋ^3	tsʰaŋ^1	tsʰak^{7B}	tsʰəŋ^6	saŋ^1/ sɛŋ^1	saŋ^1
蔡岭镇 华山村	pʰak^{8A1}	mɛŋ^3	ta^3	laŋ^3	tsʰaŋ^1	tsʰak^{7B}	tsʰəŋ^6	saŋ^1	saŋ^1
土塘镇 信和村	bak^8	mɛŋ^3	ta^3	laŋ^3	dzaŋ^1	dzak^{7B}	dzəŋ^2	saŋ^1/ sɛŋ^1	sɛŋ^1
阳峰乡 黄梅村	bak^{7B}	muŋ^3	ta^3	laŋ^3	dzaŋ^1	dzak^{7B}	dzəŋ^6	saŋ^1/ sɛŋ^1	sɛŋ^i
和合乡 田坂村	bak^{7B}	muŋ^3	ta^3	laŋ^3	dzaŋ^1	dzak^{7B}	dzəŋ^6	saŋ^1/ sɛŋ^1	sɛŋ^1
周溪镇 输湖村	bak^{7B}	mɛŋ^3	ta^3	laŋ^3	dzaŋ^1	dzak^{7B}	dzəŋ^6	saŋ^1/ sɛŋ^1	sɛŋ^1
大港镇 繁荣村	bɛ^6	mɛŋ^3	ta^3	laŋ^3	dzaŋ^1	dzaʔ^7	dzəŋ^6	sɛŋ^1	sɛŋ^1
中馆镇 银宝村	bɛ^6	mɛŋ^3	ta^3	laŋ^3	dzaŋ^1	dzaʔ^{7B}	dzəŋ^6	sɛŋ^1	sɛŋ^1
狮山乡 老屋村	bak^{8A}	mɛŋ^3	ta^3	laŋ^3	dzaŋ^1	dzak^{7B}	dzəŋ^6	saŋ^1/ sɛŋ^1	saŋ^1
万户镇 长岭村	bak^{8A}	mɛŋ^3	ta^3	laŋ^3	dzaŋ^1	dzak^{7B}	dzəŋ^6	saŋ^1/ sɛŋ^1	saŋ^1
南峰镇 石桥村	ba^6	mɛŋ^3	ta^3	laŋ^3	dzaŋ^1	dzɛ^{7B}	dzəŋ^6	saŋ^1	saŋ^1

续表

代表点	616 省 梗开二 上梗生	617 庚 梗开二 平庚见	618 羹 梗开二 平庚见	619 梗 梗开二 上梗见	620 格 梗开二 入陌见	621 坑 梗开二 平庚溪	622 客 梗开二 入陌溪	623 硬 梗开二 去映疑	624 吓 梗开二 入陌晓
苏山乡彭埠村	$seŋ^3$	$keŋ^1$	$kaŋ^1$	$kuaŋ^3$	kak^{7A}	$gaŋ^1$	$gɛk^{7B}$	$ŋaŋ^6$	xak^{7B}
徐埠镇山峰村	$seŋ^3$	$keŋ^1$	$kaŋ^1$	$kuaŋ^3$	$kɛk^{7A}$	$gaŋ^1$	$gɛk^{7B}$	$ŋaŋ^6$	xak^{7B}
多宝乡宝桥村	$seŋ^3$	$keŋ^1$	$kɛŋ^1$	$kuaŋ^3$	kak^{7A}	$k^ɦaŋ^1$	$k^ɦɛk^{7B}$	$ŋaŋ^6$	xak^{7B}
左里镇周茂村	$seŋ^3$	$keŋ^1$	$kaŋ^1$	$kuaŋ^3$	kak^{7A}/$kɛk^{7A}$	$gaŋ^1$	$gɛk^{7B}$	$ŋaŋ^6$	xak^{7B}
都昌镇金街岭	$seŋ^3$	$keŋ^1$	$kaŋ^1$	$kuaŋ^3$	kak^{7A}	$gaŋ^1$	$gɛk^{7B}$	$ŋaŋ^6$	xak^{7B}
大树乡大埠村	$seŋ^3$	$keŋ^1$	$kaŋ^1$	$kuaŋ^3$	kak^{7A}	$gaŋ^1$	$gɛk^{7B}$	$ŋaŋ^6$	xak^{7A}
春桥乡凤山村	$seŋ^3$	$keŋ^1$	$kɛŋ^1$	$kuaŋ^3$	$kɛk^{7A}$	$k^ɦaŋ^1$	$k^ɦɛk^{7B}$	$ŋaŋ^6$	xak^{7B}
蔡岭镇华山村	$seŋ^3$	$keŋ^1$	$kaŋ^1$	$kuaŋ^3$	$kɛk^{7A}$	$k^ɦaŋ^1$	$k^ɦɛk^{7B}$	$ŋaŋ^6$	xak^{7B}
土塘镇信和村	$seŋ^3$	$keŋ^1$	$kaŋ^1$	$kuaŋ^3$	$kɛk^{7A}$	$gaŋ^1$	$gɛk^{7B}$	$ŋaŋ^6$	xak^{7B}
阳峰乡黄梅村	$seŋ^3$	$keŋ^1$	$kaŋ^1$	$kuaŋ^3$	kak^{7A}	$gaŋ^1$	$gɛk^{7B}$	$ŋaŋ^6$	xak^{7B}
和合乡田坂村	$seŋ^3$	$keŋ^1$	$kaŋ^1$	$kuaŋ^3$	kak^{7A}	$gaŋ^1$	$gɛk^{7B}$	$ŋaŋ^6$	xak^{7B}
周溪镇输湖村	$seŋ^3$	$keŋ^1$	$kaŋ^1$	$kuaŋ^3$	$kɛk^{7A}$	$gaŋ^1$	$gɛk^{7B}$	$ŋaŋ^6$	xak^{7B}
大港镇繁荣村	$seŋ^3$	$keŋ^1$	$kɛŋ^1$	$kuaŋ^3$	$kɛ^5$	$gaŋ^1$	$gɛʔ^7$	$ŋaŋ^6$	xa^6
中馆镇银宝村	$seŋ^3$	$keŋ^1$	$kɛŋ^1$	$kuaŋ^3$	$kɛʔ^{7A}$	$gaŋ^1$	$gɛʔ^{7B}$	$ŋaŋ^6$	xa^6
狮山乡老屋村	$seŋ^3$	$keŋ^1$	$kaŋ^1$	$kuaŋ^3$	$kɛk^{7A}$	$gaŋ^1$	$gɛk^{7B}$	$ŋaŋ^6$	xak^{7B}
万户镇长岭村	$seŋ^3$	$keŋ^1$	$kaŋ^1$	$kuaŋ^3$	kak^{7A}	$gaŋ^1$	$gɛk^{7B}$	$ŋaŋ^6$	xak^{8A}
南峰镇石桥村	$seŋ^3$	$keŋ^1$	$kaŋ^1$	$kɛn^3$	$kɛʔ^{7A}$	$gaŋ^1$	$gɛk^{7B}$	$ŋaŋ^6$	xa^{7B}

续表

代表点	625	626	627	628	629	630	631	632	633
	行品~	杏	棚	麦	脉	摘	争	耕	隔
	梗开二平庚匣	梗开二上梗匣	梗开二平耕並	梗开二入麦明	梗开二入麦明	梗开二入麦知	梗开二平耕庄	梗开二平耕见	梗开二入麦见
苏山乡彭埠村	çiŋ²ᴮ	çiŋ⁶	buŋ²ᴬ	mak⁸	mɛk⁷ᴬ	tsak⁷ᴬ	tsɛŋ¹	kɛŋ¹	kak⁷ᴬ
徐埠镇山峰村	çiŋ²	çiŋ⁶	buŋ²	mak⁸ᴮ	mɛk⁷ᴬ	tsak⁷ᴬ	tsɛŋ¹	kɛŋ¹	kak⁷ᴬ
多宝乡宝桥村	çiŋ²ᴮ	çiŋ⁶	pʰuŋ²ᴬ	mak⁸	mɛk⁷ᴬ	tsak⁷ᴬ	tsɛŋ¹	kaŋ¹	kak⁷ᴬ
左里镇周茂村	çiŋ²ᴮ	çiŋ⁶	buŋ²ᴬ	mak⁸ᴮ	mɛk⁷ᴬ	tsak⁷ᴬ	tsɛŋ¹	kɛŋ¹	kak⁷ᴬ
都昌镇金街岭	çiŋ²ᴮ	çiŋ⁶	buŋ²ᴬ	mak⁸ᴮ	mɛk⁷ᴬ	tsak⁷ᴬ	tsɛŋ¹	kɛŋ¹	kak⁷ᴬ
大树乡大埠村	çiŋ²	çiŋ⁶	baŋ⁶	mak⁸	mɛk⁷ᴬ	tsak⁷ᴬ	tsɛŋ¹	kɛŋ¹	kak⁷ᴬ
春桥乡凤山村	çiŋ²	çiŋ⁶	pʰuŋ²	mak⁸	mɛk⁷ᴬ	tsak⁷ᴬ	tsaŋ¹	kaŋ¹	kak⁷ᴬ
蔡岭镇华山村	çiŋ²ᴮ	çiŋ⁶	pʰuŋ²ᴬ	mak⁸ᴬ²	mɛk⁷ᴬ	tsak⁷ᴬ	tsɛŋ¹	kɛŋ¹	kak⁷ᴬ
土塘镇信和村	çiŋ²	çiŋ⁶	buŋ²	mak⁸	mɛk⁷ᴬ	tsak⁷ᴬ	tsɛŋ¹	kɛŋ¹	kɛk⁷ᴬ
阳峰乡黄梅村	çiŋ²ᴮ	çiŋ⁶	baŋ²ᴬ	mak⁸	mɛk⁷ᴬ	tsak⁷ᴬ	tsɛŋ¹	kɛŋ¹	kak⁷ᴬ
和合乡田坂村	çiŋ²ᴮ	çiŋ⁶	buŋ²ᴬ	mak⁸ᴮ	mɛk⁷ᴬ	tsak⁷ᴬ	tsɛŋ¹	kɛŋ¹	kak⁷ᴬ
周溪镇输湖村	çiŋ²ᴮ	çiŋ⁶	baŋ²ᴬ	mak⁸	mɛk⁷ᴬ	tsak⁷ᴬ	tsɛŋ¹	kaŋ¹	kak⁷ᴬ
大港镇繁荣村	çin²	çin⁶	buŋ²	ma⁶	mɛ⁵	tsa⁵	tsen¹	kɛn¹	kɛ⁵
中馆镇银宝村	çin²	çin⁶	bɛŋ²	ma⁶	mɛʔ⁷ᴬ	tsaʔ⁷ᴬ	tsen¹	kɛn¹	kɛʔ⁷ᴬ
狮山乡老屋村	çiŋ²	çiŋ⁶	buŋ²	mak⁸ᴮ	mɛk⁷ᴬ	tsak⁷ᴬ	tsaŋ¹	kɛŋ¹	kak⁷ᴬ
万户镇长岭村	çiŋ²	çiŋ⁶	buŋ²	mak⁸ᴮ	mɛk⁷ᴬ	tsak⁷ᴬ	tsaŋ¹	kɛŋ¹	kɛk⁷ᴬ
南峰镇石桥村	çin²	çiŋ⁶	buŋ²	ma⁶	mɛʔ⁷ᴬ	tsaʔ⁷ᴬ	tsaŋ¹	ken¹	kɛʔ⁷ᴬ

代表点	634 幸 梗开二 上耿匣	635 莺 梗开二 平耕影	636 兵 梗开三 平庚帮	637 柄 梗开三 去映帮	638 平 梗开三 平庚並	639 病 梗开三 去映並	640 明 梗开三 平庚明	641 命 梗开三 去映明
苏山乡 彭埠村	çiŋ⁶	iŋ¹	piŋ¹	piaŋ⁵	biaŋ²ᴬ	biaŋ¹	miaŋ²ᴮ/ miŋ²ᴮ	miaŋ⁶
徐埠镇 山峰村	çiŋ⁶	iŋ¹	piŋ¹	piaŋ⁵	biaŋ²	biaŋ¹	miaŋ²/ miŋ²	miaŋ⁶
多宝乡 宝桥村	çiŋ⁶	iŋ¹	piŋ¹	piaŋ⁵	pʰiaŋ²ᴬ	pʰiaŋ¹	miaŋ²ᴮ/ miŋ²ᴮ	miaŋ⁶
左里镇 周茂村	çiŋ⁶	iŋ¹	piŋ¹	piaŋ⁵	biaŋ²ᴬ	biaŋ¹	miaŋ²ᴮ/ miŋ²ᴮ	miaŋ⁶
都昌镇 金街岭	çiŋ⁶	iŋ¹	piŋ¹	piaŋ⁵	biaŋ²ᴬ	biaŋ¹	miaŋ²ᴮ/ miŋ²ᴮ	miaŋ⁶
大树乡 大埠村	çiŋ⁶	iŋ¹	piŋ¹	piaŋ⁵	biaŋ⁶	biaŋ¹	miaŋ²/ miŋ²	miaŋ⁶
春桥乡 凤山村	çiŋ⁶	iŋ¹	piŋ¹	piaŋ⁵ᴬ	pʰiaŋ²	pʰiaŋ⁶	miaŋ²/ miŋ²	miaŋ⁶
蔡岭镇 华山村	çiŋ⁶	iŋ¹	piŋ¹	piaŋ⁵ᴬ	pʰiaŋ²ᴬ	pʰiaŋ⁶	miaŋ²ᴮ	miaŋ⁶
土塘镇 信和村	çiŋ⁶	iŋ¹	piŋ¹	piaŋ⁵	biaŋ²	biaŋ⁶	miaŋ²/ miŋ²	miaŋ⁶
阳峰乡 黄梅村	çiŋ⁶	iŋ¹	piŋ¹	piaŋ⁵	biaŋ²ᴬ	biaŋ⁶	miaŋ²ᴮ/ miŋ²ᴮ	miaŋ⁶
和合乡 田坂村	çiŋ⁶	iŋ¹	piŋ¹	piaŋ⁵	biaŋ²ᴬ	biaŋ⁶	miaŋ²ᴮ/ miŋ²ᴮ	miaŋ⁶
周溪镇 输湖村	çiŋ⁶	iŋ¹	piŋ¹	piaŋ²ᴬ	biaŋ²ᴬ	biaŋ⁵	miaŋ²ᴮ/ miŋ²ᴮ	miaŋ⁵
大港镇 繁荣村	çin⁶	in¹	pin¹	piaŋ⁵	bin²	biaŋ⁶	min²	miaŋ⁶
中馆镇 银宝村	çin⁵	in¹	pin¹	piaŋ⁵	bin²	biaŋ⁶	min²	miaŋ⁶
狮山乡 老屋村	çiŋ⁶	iŋ¹	piŋ¹	piaŋ⁵	biaŋ²	biaŋ⁶	miaŋ²/ miŋ²	miaŋ⁶
万户镇 长岭村	çiŋ⁶	iŋ¹	piŋ¹	piaŋ⁵	biaŋ²	biaŋ⁶	miaŋ²/ miŋ²	miaŋ⁶
南峰镇 石桥村	çin⁶	in¹	pin¹	piaŋ⁵	biaŋ²	biaŋ⁶	miaŋ²/ miŋ²	miaŋ⁶

续表

代表点	642 京 梗开三平庚见	643 惊 梗开三平庚见	644 景 梗开三上梗见	645 镜 梗开三去映见	646 庆 梗开三去映溪	647 竞 梗开三去映群	648 迎 梗开三平庚疑	649 逆 梗开三入陌疑	650 英 梗开三平庚影
苏山乡彭埠村	tɕiŋ¹	tɕiŋ¹	tɕiŋ³	tɕiaŋ⁵	dʑiŋ⁶	dʑiŋ⁶	iŋ²ᴮ	ȵik⁷ᴬ	iŋ¹
徐埠镇山峰村	tɕiŋ¹	tɕiŋ¹	tɕiŋ³	tɕiaŋ⁵	iŋ⁶	iŋ⁶	ȵin²	ȵik⁷ᴬ	iŋ¹
多宝乡宝桥村	tɕiŋ¹	tɕiŋ¹	tɕiŋ³	tɕiaŋ⁵	iŋ⁶	iŋ⁶	iŋ²ᴮ	ȵik⁷ᴬ	iŋ¹
左里镇周茂村	tɕiŋ¹	tɕiŋ¹	tɕiŋ³	tɕiaŋ⁵	iŋ⁶	iŋ⁶	iŋ²ᴮ	ȵik⁷ᴬ	iŋ¹
都昌镇金街岭	tɕiŋ¹	tɕiŋ¹	tɕiŋ³	tɕiaŋ⁵	iŋ⁶	iŋ⁶	iŋ²ᴮ	ȵik⁷ᴬ	iŋ¹
大树乡大埠村	tɕiŋ¹	tɕiŋ¹	tɕiŋ³	tɕiaŋ⁵	iŋ⁶	iŋ⁶	iŋ²	ȵik⁷ᴬ	iŋ¹
春桥乡凤山村	tɕiŋ¹	tɕiŋ¹	tɕiŋ³	tɕiaŋ⁵ᴬ	tɕ⁶iaŋ⁵ᴮ	tɕiŋ⁵ᴬ	ȵin²	ȵik⁷ᴬ	iŋ¹
蔡岭镇华山村	tɕiŋ¹	tɕiŋ¹	tɕiŋ³	tɕiaŋ⁵ᴬ	iŋ⁵ᴮ	tɕiŋ⁵ᴬ	ȵin²ᴮ	ȵik⁷ᴬ	iŋ¹
土塘镇信和村	tɕiŋ¹	tɕiŋ¹	tɕiŋ³	tɕiaŋ⁵	dʑiŋ⁶	tɕiŋ⁵	ȵin²	ȵik⁷ᴬ	iŋ¹
阳峰乡黄梅村	tɕiŋ¹	tɕiŋ¹	tɕiŋ³	tɕiaŋ⁵	iŋ⁶	iŋ⁶	iŋ²ᴮ	ȵik⁷ᴬ	iŋ¹
和合乡田坂村	tɕiŋ¹	tɕiŋ¹	tɕiŋ³	tɕiaŋ⁵	iŋ⁶	iŋ⁶	ȵin²ᴮ	ȵik⁷ᴬ	iŋ¹
周溪镇输湖村	tɕiŋ¹	tɕiŋ¹	tɕiŋ³	tɕiaŋ²ᴬ	iŋ⁵	dʑiŋ⁵	ȵin²ᴮ	ȵik⁷ᴬ	iŋ¹
大港镇繁荣村	tɕin¹	tɕin¹	tɕin³	tɕin⁵	dʑin⁶	dʑin⁶	ȵin²	ȵi⁵	iŋ¹
中馆镇银宝村	tɕin¹	tɕin¹	tɕin³	tɕian⁵	dʑin⁵	tɕin⁶	in²	iʔ⁷ᴬ	iŋ¹
狮山乡老屋村	tɕin¹	tɕiŋ¹	tɕin³	tɕian⁵	dʑin⁵	dʑin⁶	iŋ²	ȵik⁷ᴬ	iŋ¹
万户镇长岭村	tɕin¹	tɕin¹	tɕin³	tɕian⁵	dʑin⁵	dʑin⁶	iŋ²	ȵik⁷ᴬ	iŋ¹
南峰镇石桥村	tɕin¹	tɕin¹	tɕin³	tɕian⁵	dʑin⁵	tɕin⁵	ȵin²	ȵiʔ⁷ᴬ	iŋ¹

续表

代表点	651 影 梗开三 上梗影	652 饼 梗开三 上静帮	653 并合~ 梗开三 去劲帮	654 名 梗开三 平清明	655 岭 梗开三 上静来	656 领 梗开三 上静来	657 令 梗开三 去劲来	658 精 梗开三 平清精
苏山乡 彭埠村	$iaŋ^3/iŋ^3$	$piaŋ^3$	pin^5	$miaŋ^{2B}/miŋ^{2B}$	$liaŋ^3$	$liaŋ^3$	$liŋ^6$	$tsiŋ^1$
徐埠镇 山峰村	$iaŋ^3/iŋ^3$	$piaŋ^3$	pin^5	$miaŋ^2/miŋ^2$	$liaŋ^3$	$liŋ^3$	$liŋ^6$	$tsiŋ^1$
多宝乡 宝桥村	$iaŋ^3/iŋ^3$	$piaŋ^3$	pin^5	$miaŋ^{2B}/miŋ^{2B}$	$t^ɦiaŋ^3$	$t^ɦiaŋ^3$	$t^ɦiŋ^6$	$tsiŋ^1$
左里镇 周茂村	$iaŋ^3/iŋ^3$	$piaŋ^3$	pin^5	$miaŋ^{2B}/miŋ^{2B}$	$liaŋ^3$	$liŋ^3$	$liŋ^6$	$tsiŋ^1$
都昌镇 金街岭	$iaŋ^3/iŋ^3$	$piaŋ^3$	pin^5	$miaŋ^{2B}/miŋ^{2B}$	$liaŋ^3$	$liŋ^3$	$liŋ^6$	$tsiŋ^1$
大树乡 大埠村	$iaŋ^3/iŋ^3$	$piaŋ^3$	pin^5	$miaŋ^2/miŋ^2$	$liaŋ^3$	$liaŋ^3$	$liŋ^6$	$tsiŋ^1$
春桥乡 凤山村	$iaŋ^3/iŋ^3$	$piaŋ^3$	pin^{5A}	$miaŋ^2/miŋ^2$	$liaŋ^3$	$liŋ^3$	$liŋ^6$	$tsiŋ^1$
蔡岭镇 华山村	$iaŋ^3$	$piaŋ^3$	pin^5	$miaŋ^{2B}$	$liaŋ^3$	$liaŋ^3$	$liŋ^6$	$tsiŋ^1$
土塘镇 信和村	$iaŋ^3/iŋ^3$	$piaŋ^3$	pin^5	$miaŋ^2/miŋ^2$	$liaŋ^3$	$liaŋ^3$	$liŋ^6$	$tsiŋ^1$
阳峰乡 黄梅村	$iaŋ^3$	$piaŋ^3$	pin^5	$miaŋ^{2B}/miŋ^{2B}$	$liaŋ^3$	$liaŋ^3$	$liŋ^6$	$tsiŋ^1$
和合乡 田坂村	$iaŋ^3$	$piaŋ^3$	pin^5	$miaŋ^{2B}/miŋ^{2B}$	$liaŋ^3$	$liaŋ^3$	$liŋ^6$	$tsiŋ^1$
周溪镇 输湖村	$iaŋ^3$	$piaŋ^3$	pin^{2A}	$miaŋ^{2B}/miŋ^{2B}$	$liaŋ^3$	$liaŋ^3$	$liŋ^6$	$tsiŋ^1$
大港镇 繁荣村	$iaŋ^3/iŋ^3$	$piaŋ^3$	pin^5	$miaŋ^2/min^2$	$liaŋ^3$	$liaŋ^3$	lin^6	$tsin^1$
中馆镇 银宝村	in^3	$piaŋ^3$	pin^5	$miaŋ^2$	$liaŋ^3$	$liaŋ^3$	lin^6	$tsin^1$
狮山乡 老屋村	$iaŋ^3/iŋ^3$	$piaŋ^3$	pin^5	$miaŋ^2/miŋ^2$	$liaŋ^3$	$liaŋ^3$	$liŋ^6$	$tsiŋ^1$
万户镇 长岭村	$iaŋ^3/iŋ^3$	$piaŋ^3$	pin^5	$miaŋ^2/miŋ^2$	$liaŋ^3$	$liaŋ^3$	$liŋ^6$	$tsiŋ^1$
南峰镇 石桥村	$iaŋ^3/iŋ^3$	$piaŋ^3$	pin^5	$miaŋ^2/miŋ^2$	$liaŋ^3$	$liaŋ^3$	lin^6	$tsin^1$

续表

代表点	659	660	661	662	663	664	665	666
	井	脊	清	请	静	净	姓	席
	梗开三上静精	梗开三入昔精	梗开三平·清清	梗开三上静清	梗开三上静从	梗开三去劲从	梗开三去劲心	梗开三入昔邪
苏山乡彭埠村	tsiaŋ³	tsiak⁷ᴬ	dziaŋ¹	dziaŋ³	dziŋ⁶	dziŋ¹	siaŋ⁵	dzik⁸
徐埠镇山峰村	tsiaŋ³	tsiak⁷ᴬ	dziaŋ¹	dziaŋ³	dziŋ⁶	dziŋ¹	siaŋ⁵	dzik⁸ᴬ
多宝乡宝桥村	tsiaŋ³	tsiak⁷ᴬ	tsʰiaŋ¹	tsʰiaŋ³	tsʰiŋ⁶	tsʰiŋ¹	siaŋ⁵	tsʰik⁸
左里镇周茂村	tsiaŋ³	tsiak⁷ᴬ	dziaŋ¹	dziaŋ³	dziŋ⁶	dziŋ¹	siaŋ⁵	dzik⁸ᴬ
都昌镇金街岭	tsiaŋ³	tsiak⁷ᴬ	dziaŋ¹	dziaŋ³	dziŋ⁶	dziŋ¹	siaŋ⁵	dzik⁸ᴬ
大树乡大埠村	tsiaŋ³	tsiak⁷ᴬ	dziaŋ¹	dziaŋ³	dziŋ⁶	dziŋ¹	siaŋ⁵	dzik⁸
春桥乡凤山村	tsiaŋ³	tsiak⁷ᴬ	tsʰiaŋ¹	tsʰiaŋ³	tsʰiŋ⁶	tsʰiŋ⁶	siaŋ⁵ᴬ	tsʰik⁸
蔡岭镇华山村	tsiaŋ³	tsiak⁷ᴬ	tsʰiaŋ¹	tsʰiaŋ³	tsʰiŋ⁶	tsʰiŋ⁶	siaŋ⁵ᴬ	tsʰik⁸ᴬ¹
土塘镇信和村	tsiaŋ³	tsik⁷ᴬ	dziŋ¹	dziaŋ³	dziŋ⁶	dziŋ⁶	siaŋ⁵	dzik⁸
阳峰乡黄梅村	tsiaŋ³	tsiak⁷ᴬ	dziŋ¹	dziaŋ³	dziŋ⁶	dziŋ⁶	siaŋ⁵	dzik⁸
和合乡田坂村	tsiaŋ³	tsiak⁷ᴬ	dziŋ¹	dziaŋ³	dziŋ⁶	dziŋ¹	siaŋ⁵	dzik⁸ᴬ
周溪镇输湖村	tsiaŋ³	tsiak⁷ᴬ	dziaŋ¹	dziaŋ³	dziŋ⁶	dziŋ⁶	siaŋ²ᴬ	dzik⁷ᴮ
大港镇繁荣村	tsiaŋ³	tsi⁵	dzin¹	dziaŋ³	dziŋ⁶	dziŋ⁶	siaŋ⁵	dzi⁶
中馆镇银宝村	tsiaŋ³	tsiʔ⁷ᴬ	dziaŋ¹/dzin¹	dziaŋ³	dziŋ⁶	dziŋ⁶	siaŋ⁵/sin⁵	dzi⁶
狮山乡老屋村	tsiaŋ³	tsiak⁷ᴬ	dziŋ¹	dziaŋ³	dziŋ⁶	dziŋ⁶	siaŋ⁵	dzik⁸ᴬ
万户镇长岭村	tsiaŋ³	tsik⁷ᴬ	dziŋ¹	dziaŋ³	dziŋ⁶	dziŋ⁶	siaŋ⁵	dzik⁸ᴬ
南峰镇石桥村	tsiaŋ³	tsiʔ⁷ᴬ	dzin¹	dziaŋ³	dzin⁶	dzin⁶	siaŋ⁵	dzi⁶

续表

代表点	667 贞 梗开三平清知	668 程 梗开三平清澄	669 郑 梗开三去劲澄	670 正~月 梗开三平清章	671 征长~ 梗开三平清章	672 整 梗开三上静章	673 政 梗开三去劲章	674 隻 梗开三入昔章	675 尺 梗开三入昔昌
苏山乡彭埠村	tʂən^1	dzaŋ^{2A}	dzaŋ^1	tʂaŋ^1	tʂəŋ^1	tʂəŋ^3	tʂəŋ^5	tʂak^{7A}	dzak^{7B}
徐埠镇山峰村	tʂən^1	dzaŋ^2	dzaŋ^1	tʂaŋ^1	tʂəŋ^1	tʂəŋ^3	tʂəŋ^5	tʂak^{7A}	dzak^{7B}
多宝乡宝桥村	tʂən^1	tʂ^{6}aŋ^{2A}	tʂ^{6}aŋ^1	tʂaŋ^1	tʂəŋ^1	tʂəŋ^3	tʂəŋ^5	tʂak^{7A}	tʂ^{6}ak^{7B}
左里镇周茂村	tʂən^1	dzaŋ^{2A}	dzaŋ^1	tʂaŋ^1	tʂəŋ^1	tʂəŋ^3	tʂəŋ^5	tʂak^{7A}	dzak^{7B}
都昌镇金街岭	tʂən^1	dzaŋ^{2A}	dzaŋ^1	tʂaŋ^1	tʂəŋ^1	tʂəŋ^3	tʂəŋ^5	tʂak^{7A}	dzak^{7B}
大树乡大埠村	tʂən^1	dzaŋ^6	dzaŋ^1	tʂaŋ^1	tʂəŋ^1	tʂəŋ^3	tʂəŋ^5	tʂak^{7A}	dzak^{7B}
春桥乡凤山村	tʂən^1	tʂ^{6}aŋ^2	tʂ^{6}aŋ^6	tʂaŋ^1	tʂəŋ^1	tʂəŋ^3	tʂəŋ^{5A}	tʂak^{7A}	tʂ^{6}ak^{7B}
蔡岭镇华山村	tʂən^1	tʂ^{6}aŋ^{2A}	tʂ^{6}aŋ^6	tʂaŋ^1	tʂəŋ^1	tʂəŋ^3	tʂəŋ^5	tʂak^{7A}	tʂ^{6}ak^{7B}
土塘镇信和村	tʂən^1	dzaŋ^2	dzaŋ^6	tʂaŋ^1	tʂəŋ^1	tʂəŋ^3	tʂəŋ^5	tʂak^{7A}	dzak^{7B}
阳峰乡黄梅村	tʂən^1	dzaŋ^{2A}	dzaŋ^6	tʂaŋ^1	tʂəŋ^1	tʂəŋ^3	tʂəŋ^5	tʂak^{7A}	dzak^{7B}
和合乡田坂村	tʂən^1	dzaŋ^{2A}	dzaŋ^6	tʂaŋ^1	tʂəŋ^1	tʂəŋ^3	tʂəŋ^5	tʂak^{7A}	dzak^{7B}
周溪镇输湖村	tʂən^1	dzaŋ^{2A}	dzaŋ^6	tʂaŋ^1	tʂəŋ^1	tʂəŋ^3	tʂəŋ^{2A}	tʂak^{7A}	dzak^{7B}
大港镇繁荣村	tʂən^1	dzaŋ^2	dzaŋ^6	tʂaŋ^1	tʂəŋ^1	tʂəŋ^3	tʂəŋ^5	tʂa^5	dzaʔ^7
中馆镇银宝村	tʂən^1	dzaŋ^2	dzaŋ^6	tʂaŋ^1	tʂəŋ^1	tʂəŋ^3	tʂəŋ^5	tʂaʔ^{7A}	dzaʔ^{7B}
狮山乡老屋村	tʂən^1	dzaŋ^2	dzaŋ^6	tʂaŋ^1	tʂəŋ^1	tʂəŋ^3	tʂəŋ^5	tʂak^{7A}	dzak^{7B}
万户镇长岭村	tʂən^1	dzaŋ^2	dzaŋ^6	tʂaŋ^1	tʂɛŋ^1	tʂɛŋ^3	tʂɛŋ^5	tʂak^{7A}	dzak^{7B}
南峰镇石桥村	tʂən^1	dzaŋ^2	dzaŋ^6	tʂaŋ^1	tʂəŋ^1	tʂəŋ^3	tʂəŋ^5	tʂaʔ^{7A}	dza^{7B}

续表

代表点	676 声 梗开三 平清书	677 成 梗开三 平清禅	678 城 梗开三 平清禅	679 石 梗开三 入昔禅	680 颈 梗开三 上静见	681 劲 梗开三 去劲见	682 轻 梗开三 平清溪	683 赢 梗开三 平清以	684 壁 梗开四 入锡帮
苏山乡彭埠村	ʂaŋ¹	dzəŋ²ᴬ	dzəŋ²ᴬ	ʂak⁸	tɕiaŋ³	tɕin⁵	dziaŋ¹	iaŋ²ᴮ	piak⁷ᴬ
徐埠镇山峰村	ʂaŋ¹	dzəŋ²	dzəŋ²	ʂak⁸ᴬ	tɕiaŋ³	tɕin⁵	iaŋ¹	iaŋ²	piak⁷ᴬ
多宝乡宝桥村	ʂaŋ¹	tʂˤəŋ²ᴬ	tʂˤəŋ²ᴬ	ʂak⁸	tɕiaŋ³	tɕin⁵	iaŋ¹	iaŋ²ᴮ	piak⁷ᴬ
左里镇周茂村	ʂaŋ¹	dzəŋ²ᴬ	dzəŋ²ᴬ	ʂak⁸ᴬ	tɕiaŋ³	tɕin⁵	iaŋ¹	iaŋ²ᴮ	piak⁷ᴬ
都昌镇金街岭	ʂaŋ¹	dzəŋ²ᴬ	dzəŋ²ᴬ	ʂak⁸ᴬ	tɕiaŋ³	tɕin⁵	iaŋ¹	iaŋ²ᴮ	piak⁷ᴬ
大树乡大埠村	ʂaŋ¹	dzəŋ⁶	dzəŋ⁶	ʂak⁸	tɕiaŋ³	tɕin⁵	iaŋ¹	iaŋ²	piak⁷ᴬ
春桥乡凤山村	ʂaŋ¹	tʂˤəŋ²	tʂˤəŋ²	ʂak⁸	tɕiaŋ³	tɕiŋ⁵ᴬ	tɕˤiaŋ¹	iaŋ²	piak⁷ᴬ
蔡岭镇华山村	ʂaŋ¹	tʂˤəŋ²ᴬ	tʂˤəŋ²ᴬ	ʂak⁸ᴬ²	tɕiaŋ³	tɕiŋ⁵ᴬ	iaŋ¹	iaŋ²ᴮ	piak⁷ᴬ
土塘镇信和村	ʂaŋ¹	dzəŋ²	dzəŋ²	ʂak⁸	tɕiaŋ³	tɕiŋ⁵	dziaŋ¹	iaŋ²	piak⁷ᴬ
阳峰乡黄梅村	ʂaŋ¹	dzəŋ²ᴬ	dzəŋ²ᴬ	ʂak⁸	tɕiaŋ³	tɕin⁵	iaŋ¹	iaŋ²ᴮ	piak⁷ᴬ
和合乡田坂村	ʂaŋ¹	dzəŋ²ᴬ	dzəŋ²ᴬ	ʂak⁸ᴬ	tɕiaŋ³	tɕiŋ⁵	iaŋ¹	iaŋ²ᴮ	piak⁷ᴬ
周溪镇输湖村	ʂaŋ¹	dzəŋ²ᴬ	dzəŋ²ᴬ	ʂak⁸	tɕiaŋ³	tɕin²ᴬ	iaŋ¹	iaŋ²ᴮ	piak⁷ᴬ
大港镇繁荣村	ʂaŋ¹	dzəŋ²	dzəŋ²	ʂa⁶	tɕiaŋ³	tɕin⁵	dziaŋ¹	iaŋ²	pia⁵
中馆镇银宝村	ʂaŋ¹	dzəŋ²	dzəŋ²	ʂa⁶	tɕiaŋ³	tɕin⁵	dziaŋ¹	iaŋ²	piaʔ⁷ᴬ
狮山乡老屋村	ʂaŋ¹	ʂaŋ²	dzəŋ²	ʂak⁸ᴬ	tɕiaŋ³	tɕiŋ⁵	dziaŋ¹	iaŋ²	piak⁷ᴬ
万户镇长岭村	ʂaŋ¹	ʂaŋ²	dzəŋ²	ʂak⁸ᴬ	tɕiaŋ³	tɕin⁵	dziaŋ¹	iaŋ²	piak⁷ᴬ
南峰镇石桥村	ʂaŋ¹/ ʂən¹	ʂaŋ²	dzəŋ²	ʂa⁶	tɕiaŋ³	tɕin⁵	dziaŋ¹	iaŋ²	piaʔ⁷ᴬ

续表

代表点	685	686	687	688	689	690	691	692	693
	拼	劈	瓶	丁	钉名词	钉动词	顶	滴	听(~话)
	梗开四平青滂	梗开四入锡滂	梗开四平青並	梗开四平青端	梗开四平青端	梗开四去径端	梗开四上迥端	梗开四入锡端	梗开四去径透
苏山乡彭埠村	biŋ¹	biak⁷ᴮ	biŋ²ᴬ	tiŋ¹	tiaŋ¹	tiaŋ⁵	tiŋ³	tik⁷ᴬ	liaŋ⁶
徐埠镇山峰村	biŋ¹	biak⁷ᴮ	biŋ²	tiŋ¹	tiaŋ¹	tiaŋ⁵	tiŋ³	tik⁷ᴬ	liaŋ⁶
多宝乡宝桥村	pʱiŋ¹	pʱiak⁷ᴮ	pʱiŋ²ᴬ	tiŋ¹	tiaŋ¹	tiaŋ⁵	tiŋ³	tik⁷ᴬ	tʱiaŋ⁶
左里镇周茂村	biŋ¹	biak⁷ᴮ	biŋ²ᴬ	tiŋ¹	tiaŋ¹	tiaŋ⁵	tiŋ³	tik⁷ᴬ	liaŋ⁶
都昌镇金街岭	biŋ¹	biak⁷ᴮ	biŋ²ᴬ	tiŋ¹	tiaŋ¹	tiaŋ⁵	tiŋ³	tik⁷ᴬ	liaŋ⁶
大树乡大埠村	biŋ¹	biak⁷ᴮ	biŋ⁶	tiŋ¹	tiaŋ¹	tiaŋ⁵	tiŋ³	tik⁷ᴬ	liaŋ⁶
春桥乡凤山村	pʱiŋ¹	pʱiak⁷ᴮ	pʱiŋ²	tiŋ¹	tiaŋ¹	tiaŋ⁵ᴬ	tiŋ³	tiak⁷ᴬ/tik⁷ᴬ	tʱiaŋ⁵ᴮ
蔡岭镇华山村	pʱin¹	pʱiak⁷ᴮ	pʱin²ᴬ	tin¹	tiaŋ¹	tiaŋ⁵ᴬ	tin³	tik⁷ᴬ	tʱiaŋ⁵ᴮ
土塘镇信和村	biŋ¹	biak⁷ᴮ	biŋ²	tiaŋ¹	tiaŋ¹	tiaŋ⁵	tiŋ³	tik⁷ᴬ	liaŋ⁶
阳峰乡黄梅村	biŋ¹	biak⁷ᴮ	biŋ²ᴬ	tiaŋ¹	tiaŋ¹	tiaŋ⁵	tiŋ³	tik⁷ᴬ	liaŋ⁶
和合乡田坂村	biŋ¹	biak⁷ᴮ	biŋ²ᴬ	tiaŋ¹	tiaŋ¹	tiaŋ⁵	tiŋ³	tik⁷ᴬ	liaŋ⁶
周溪镇输湖村	biŋ¹	biak⁷ᴮ	biŋ²ᴬ	tiaŋ¹	tiaŋ¹	tiaŋ²ᴬ	tiŋ³	tik⁷ᴬ	liaŋ⁵
大港镇繁荣村	bin¹	biaʔ⁷	bin²	tiaŋ¹	tiaŋ¹	tiaŋ⁵	tin³	ti⁵	liaŋ⁶
中馆镇银宝村	bin¹	biaʔ⁷ᴮ	bin²	tiaŋ¹	tiaŋ¹	tiaŋ⁵	tin³	tiʔ⁷ᴬ	liaŋ⁶
狮山乡老屋村	biŋ¹	biak⁷ᴮ	biŋ²	tiŋ¹	tiaŋ¹	tiaŋ⁵	tiŋ³	tik⁷ᴬ	liaŋ⁶
万户镇长岭村	biŋ¹	biak⁷ᴮ	biŋ²	tiŋ¹	tiaŋ¹	tiaŋ⁵	tiŋ³	tik⁷ᴬ	liaŋ⁶
南峰镇石桥村	bin¹	bia⁷ᴮ	bin²	tin¹	tiaŋ¹	tiaŋ⁵	tin³	tiʔ⁷ᴬ	liaŋ⁵

续表

代表点	694 停 梗开四平青定	695 亭 梗开四平青定	696 定 梗开四去径定	697 笛 梗开四入锡定	698 灵 梗开四平青来	699 零 梗开四平青来	700 铃 梗开四平青来	701 青 梗开四平青清	702 星 梗开四平青心
苏山乡彭埠村	$liŋ^{2B}$	$liŋ^{2A}$	$liŋ^1$	$liak^8$	$liŋ^{2B}$	$liŋ^{2B}$	$liŋ^{2B}$	$dziaŋ$	$siŋ^1$
徐埠镇山峰村	$liŋ^2$	$liŋ^2$	$liŋ^6$	$liak^{8A}$	$liŋ^2$	$liŋ^2$	$liŋ^2$	$dziaŋ$	$siŋ^1$
多宝乡宝桥村	$liŋ^{2B}$	$liŋ^{2B}$	$tʰiŋ^1$	$tʰiak^8$	$tʰiŋ^{2B}$	$tʰiŋ^{2B}$	$tʰiŋ^{2B}$	$tsʰiŋ^1$	$siŋ^1$
左里镇周茂村	$liŋ^{2B}$	$liŋ^{2A}$	$liŋ^6$	$liak^{8A}$	$liŋ^{2B}$	$liŋ^{2B}$	$liŋ^{2B}$	$dziaŋ$	$siŋ^1$
都昌镇金街岭	$liŋ^{2A}$	$liŋ^{2A}$	$liŋ^6$	$liak^{8A}$	$liŋ^{2B}$	$liŋ^{2B}$	$liŋ^{2B}$	$dziaŋ$	$siŋ^1$
大树乡大埠村	$liŋ^2$	$liŋ^2$	$liŋ^1$	$liak^8$	$liŋ^2$	$liŋ^2$	$liŋ^2$	$dziaŋ$	$siŋ^1$
春桥乡凤山村	$tʰiŋ^2$	$tʰiŋ^2$	$tʰiŋ^6$	$tʰiak^8$	$tʰiŋ^2$	$tʰiŋ^2$	$liŋ^2$	$tsʰiŋ^1$	$siŋ^1$
蔡岭镇华山村	$tʰiŋ^{2A}$	$tʰiŋ^{2A}$	$liŋ^6$	$tʰiak^{8A1}$	$tʰiŋ^{2A}$	$liŋ^{2A}$	$tʰiŋ^{2A}$	$tsʰiaŋ^1$	$siŋ^1$
土塘镇信和村	$liŋ^2$	$liŋ^2$	$liŋ^6$	$liak^8$	$liŋ^2$	$liŋ^2$	$liŋ^2$	$dziŋ$	$siŋ^1$
阳峰乡黄梅村	$liŋ^{2B}$	$liŋ^{2A}$	$liŋ^6$	$liak^8$	$liŋ^{2B}$	$liŋ^{2B}$	$liŋ^{2B}$	$dziaŋ$	$siŋ^1$
和合乡田坂村	$liŋ^{2A}$	$liŋ^{2A}$	$liŋ^6$	$liak^{8A}$	$liŋ^{2B}$	$liŋ^{2B}$	$liŋ^{2B}$	$dziaŋ$	$siŋ^1$
周溪镇输湖村	$liŋ^{2B}$	$liŋ^{2A}$	$liŋ^6$	$liak^8$	$liŋ^{2B}$	$liŋ^{2B}$	$liŋ^{2B}$	$dziaŋ$	$siŋ^1$
大港镇繁荣村	lin^2	lin^2	lin^6	lia^6	lin^2	lin^2	lin^2	$dzin^1$	sin^1
中馆镇银宝村	lin^2	lin^2	lin^6	lia^6	lin^2	lin^2	lin^2	$dzin^1$	$siaŋ$
狮山乡老屋村	$liŋ^2$	$liŋ^2$	$liŋ^6$	$liak^{8A}$	$liŋ^2$	$liŋ^2$	$liŋ^2$	$dziaŋ^1$	$siaŋ^1$
万户镇长岭村	$liŋ^2$	$liŋ^2$	$liŋ^6$	$liak^{8A}$	$liŋ^2$	$liŋ^2$	$liŋ^2$	$dziaŋ^1$	$siaŋ^1$
南峰镇石桥村	lin^2	lin^2	lin^6	li^6	lin^2	$lian^2$	lin^2	$dziaŋ^1$	$siaŋ^1$

代表点	703 醒 梗开四 上迥心	704 锡 梗开四 入锡心	705 经 梗开四 平青见	706 吃 梗开四 入锡溪	707 形 梗开四 平青匣	708 矿 梗合二 上梗见	709 横蛮~ 梗合二 平庚匣	710 轰 梗合二 平耕晓
苏山乡彭埠村	siaŋ³	siak⁷ᴬ	tɕiŋ¹	dʑiak⁷ᴮ	ɕiŋ²ᴮ	guɔŋ⁶	uaŋ²ᴮ	ɸuŋ¹
徐埠镇山峰村	siaŋ³	siak⁷ᴬ	tɕiŋ¹	iak⁷ᴮ	ɕiŋ²	uɔŋ⁶	uaŋ²/uɛŋ²	ɸuŋ¹
多宝乡宝桥村	siaŋ³	siak⁷ᴬ	tɕiŋ¹	iak⁷ᴮ	ɕiŋ²ᴮ	uɔŋ⁶	uaŋ²ᴮ	ɸuŋ¹
左里镇周茂村	siaŋ³	siak⁷ᴬ	tɕiŋ¹	iak⁷ᴮ	ɕiŋ²ᴮ	uɔŋ⁶	uaŋ²ᴮ/uɛŋ²ᴮ	ɸuŋ¹
都昌镇金街岭	siaŋ³	siak⁷ᴬ	tɕiŋ¹	iak⁷ᴮ	ɕiŋ²ᴮ	guɔŋ⁵	uaŋ²ᴮ	ɸuŋ¹
大树乡大埠村	siaŋ³	siak⁷ᴬ	tɕiŋ¹	iak⁷ᴮ	ɕiŋ²	uɔŋ⁶	uaŋ²	ɸuŋ¹
春桥乡凤山村	siaŋ³	siak⁷ᴬ	tɕiŋ¹	tɕʰiak⁷ᴮ	ɕiŋ²	kʰuɔŋ⁵ᴮ	uaŋ²	ɸuŋ¹
蔡岭镇华山村	siaŋ³	siak⁷ᴬ	tɕiŋ¹	iak⁷ᴮ	ɕiŋ²ᴮ	uɔŋ⁵ᴮ	uaŋ²ᴮ	ɸuŋ¹
土塘镇信和村	siaŋ³	siak⁷ᴬ	tɕiŋ¹	iak⁷ᴮ	ɕiŋ²	guɔŋ⁶	uaŋ²	ɸuŋ¹
阳峰乡黄梅村	siaŋ³	siak⁷ᴬ	tɕiŋ¹	iak⁷ᴮ	ɕiŋ²ᴮ	ɸuɔŋ⁶	uaŋ²ᴮ	ɸuɛŋ¹
和合乡田坂村	siaŋ³	siak⁷ᴬ	tɕiŋ¹	iak⁷ᴮ	ɕiŋ²ᴮ	uɔŋ⁶	uaŋ²ᴮ	ɸuŋ¹
周溪镇输湖村	siaŋ³	siak⁷ᴬ	tɕiŋ¹	iak⁷ᴮ	ɕiŋ²ᴮ	uɔŋ⁵	uaŋ²ᴮ	ɸuŋ¹
大港镇繁荣村	siaŋ³	sia⁵	tɕiŋ¹	dʑia⁶	ɕin²	guɔŋ⁶	uaŋ²	xuŋ¹
中馆镇银宝村	siaŋ³	siaʔ⁷ᴬ	tɕiŋ¹	dʑiaʔ⁷ᴮ	ɕiŋ²	kuɔŋ³	uaŋ²	ŋ̊ŋ¹
狮山乡老屋村	siaŋ³	siak⁷ᴬ	tɕiŋ¹	dʑiak⁷ᴮ	ɕiŋ²	guɔŋ⁶	uaŋ²	ɸuŋ¹
万户镇长岭村	siaŋ³	siak⁷ᴬ	tɕiŋ¹	dʑiak⁷ᴮ	ɕiŋ²	guɔŋ⁵	uaŋ²	ɸuŋ¹
南峰镇石桥村	siaŋ³	siaʔ⁷ᴬ	tɕiŋ¹	dʑia⁷ᴮ	ɕiŋ²	guɔŋ³	uaŋ²	ɸuŋ¹

代表点	711 兄 梗合三 平庚晓	712 荣 梗合三 平庚云	713 营 梗合三 平清以	714 疫 梗合三 入昔以	715 篷 通合一 平东并	716 木 通合一 入屋明	717 东 通合一 平东端	718 董 通合一 上董端
苏山乡彭埠村	çiaŋ¹/çiuŋ¹	iuŋ²ᴮ	iŋ²ᴮ	ik⁷ᴬ	buŋ²ᴬ	muk⁸	tuŋ¹	tuŋ³
徐埠镇山峰村	çiaŋ¹/çiuŋ¹	iuŋ²	iŋ²	ik⁷ᴬ	buŋ²	muk⁷ᴬ	tuŋ¹	tuŋ³
多宝乡宝桥村	çiaŋ¹/çiuŋ¹	iuŋ²ᴮ	iŋ²ᴮ	ik⁷ᴬ	pʰuŋ²ᴬ	muk⁸	tuŋ¹	tuŋ³
左里镇周茂村	çiaŋ¹/çiuŋ¹	iuŋ²ᴮ	iŋ²ᴮ	ik⁷ᴬ	buŋ²ᴬ	muk⁸ᴮ	tuŋ¹	tuŋ³
都昌镇金街岭	çiaŋ¹/çiuŋ¹	iuŋ²ᴮ	iŋ²ᴮ	ik⁷ᴬ	buŋ²ᴬ	muk⁸ᴮ	tuŋ¹	tuŋ³
大树乡大埠村	çiaŋ¹/çiuŋ¹	iuŋ²	iŋ²	ik⁷ᴬ	buŋ⁶	muk⁸	tuŋ¹	tuŋ³
春桥乡凤山村	çiaŋ¹/çiuŋ¹	iuŋ²	iŋ²	ik⁷ᴬ	pʰuŋ²	muk⁷ᴬ	tuŋ¹	tuŋ³
蔡岭镇华山村	çiuŋ¹	iuŋ²ᴮ	iŋ²ᴮ	ik⁷ᴬ	pʰuŋ²ᴬ	muk⁷ᴬ	tuŋ¹	tuŋ³
土塘镇信和村	çiaŋ¹/çiuŋ¹	iuŋ²	iŋ²	ik⁷ᴬ	buŋ²	muk⁷ᴬ	tuŋ¹	tuŋ³
阳峰乡黄梅村	çiaŋ¹/çiuŋ¹	iuŋ²ᴮ	iuŋ²ᴮ	ik⁷ᴬ	buŋ²ᴬ	muk⁸	tuŋ¹	tuŋ³
和合乡田坂村	çiaŋ¹/çiuŋ¹	iuŋ²ᴮ	iŋ²ᴮ	ik⁷ᴬ	buŋ²ᴬ	muk⁸ᴮ	tuŋ¹	tuŋ³
周溪镇输湖村	çiaŋ¹/çiuŋ¹	iuŋ²ᴮ	iŋ²ᴮ	ik⁷ᴬ	buŋ²ᴬ	muk⁸	tuŋ¹	tuŋ³
大港镇繁荣村	çiaŋ¹/çiuŋ¹	iuŋ²	in²	i⁵	buŋ²	mu⁶	tuŋ¹	tuŋ³
中馆镇银宝村	çiaŋ¹/çiuŋ¹	iuŋ²	in²	iʔ⁷ᴬ	bəŋ²	muʔ⁷ᴬ	təŋ¹	təŋ³
狮山乡老屋村	çiaŋ¹/çiuŋ¹	iuŋ²	iŋ²	ik⁷ᴬ	buŋ²	muk⁷ᴬ	tuŋ¹	tuŋ³
万户镇长岭村	çiaŋ¹/çiuŋ¹	iuŋ²	iŋ²	ik⁷ᴬ	buŋ²	muk⁷ᴬ	tuŋ¹	tuŋ³
南峰镇石桥村	çiaŋ¹/çiuŋ¹	iuŋ²	in²	iʔ⁷ᴬ	buŋ²	muʔ⁷ᴬ	tuŋ¹	təŋ³

代表点	719 冻 通合一 去送端	720 通 通合一 平东透	721 桶 通合一 上董透	722 痛 通合一 去送透	723 同 通合一 平东定	724 铜 通合一 平东定	725 动 通合一 上董定	726 洞 通合一 去送定	727 独 通合一 入屋定
苏山乡 彭埠村	tuŋ⁵	luŋ¹	luŋ³	luŋ⁶	luŋ²ᴬ	luŋ²ᴬ	luŋ¹	luŋ¹	luk⁸
徐埠镇 山峰村	tuŋ⁵	luŋ¹	luŋ³	luŋ⁶	luŋ²	luŋ²	luŋ¹	luŋ¹	luk⁸ᴬ
多宝乡 宝桥村	tuŋ⁵	luŋ¹	luŋ³	luŋ⁶	luŋ²ᴬ	luŋ²ᴬ	luŋ¹	luŋ¹	luk⁸
左里镇 周茂村	tuŋ⁵	luŋ¹	luŋ³	luŋ⁶	luŋ²ᴬ	luŋ²ᴬ	luŋ¹	luŋ¹	luk⁸ᴬ
都昌镇 金街岭	tuŋ⁵	luŋ¹	luŋ³	luŋ⁶	luŋ²ᴬ	luŋ²ᴬ	luŋ¹	luŋ¹	luk⁸ᴬ
大树乡 大埠村	tuŋ⁵	luŋ¹	luŋ³	luŋ⁶	luŋ⁶	luŋ⁶	luŋ¹	luŋ¹	luk⁸
春桥乡 凤山村	tuŋ⁵ᴬ	tʰuŋ¹	tʰuŋ³	tʰuŋ⁵ᴮ	tʰuŋ²	tʰuŋ²	tʰuŋ⁶	luŋ⁶	tʰuk⁸
蔡岭镇 华山村	tuŋ⁵ᴬ	luŋ¹	luŋ³	luŋ⁵ᴮ	luŋ²ᴬ	luŋ²ᴬ	luŋ⁶	luŋ⁵ᴮ	luk⁸ᴬ¹
土塘镇 信和村	tuŋ⁵	duŋ¹	luŋ³	duŋ⁵	duŋ²	duŋ²	duŋ⁶	duŋ⁶	duk⁸
阳峰乡 黄梅村	tuŋ⁵	luŋ¹	luŋ³	luŋ⁶	luŋ²ᴬ	luŋ²ᴬ	luŋ⁶	luŋ⁶	luk⁷ᴮ
和合乡 田坂村	tuŋ⁵	luŋ¹	luŋ³	luŋ⁶	luŋ²ᴬ	luŋ²ᴬ	luŋ⁶	luŋ⁶	luk⁸ᴬ
周溪镇 输湖村	tuŋ²ᴬ	luŋ¹	luŋ³	luŋ⁶	luŋ²ᴬ	luŋ²ᴬ	luŋ⁵	luŋ⁵	luk⁷ᴮ
大港镇 繁荣村	tuŋ⁵	duŋ¹	luŋ³	luŋ⁶	luŋ²	luŋ²	duŋ⁶	luŋ⁶	du⁶
中馆镇 银宝村	təŋ⁵	dəŋ¹	dəŋ³	dəŋ⁵	dəŋ²	dəŋ²	dəŋ⁶	dəŋ⁶	du⁶
狮山乡 老屋村	tuŋ⁵	duŋ¹	duŋ³	duŋ⁵	duŋ²	duŋ²	duŋ⁶	luŋ⁶	duk⁸ᴬ
万户镇 长岭村	tuŋ⁵	duŋ¹	duŋ³	duŋ⁵	luŋ²	luŋ²	luŋ⁶	luŋ⁶	luk⁸ᴬ
南峰镇 石桥村	tuŋ⁵	duŋ¹	duŋ³	duŋ⁵	duŋ²	duŋ²	duŋ⁶	luŋ⁶	du⁶

续表

代表点	728 读 通合一入屋定	729 笼 通合一平东来	730 聋 通合一平东来	731 鹿 通合一入屋来	732 棕 通合一平东精	733 总 通合一上董精	734 粽 通合一去送精	735 葱 通合一平东清	736 送 通合一去送心
苏山乡彭埠村	luk⁸	luŋ²ᴮ	luŋ²ᴮ	luk⁷ᴮ	tsuŋ¹	tsuŋ³	tsuŋ⁵	dzuŋ¹	suŋ⁵
徐埠镇山峰村	luk⁸ᴬ	luŋ²	luŋ²	luk⁷ᴬ	tsuŋ¹	tsuŋ³	tsuŋ⁵	dzuŋ¹	suŋ⁵
多宝乡宝桥村	luk⁸	luŋ²ᴮ	luŋ²ᴮ	luk⁷ᴬ	tsuŋ¹	tsuŋ³	tsuŋ⁵	tsʰuŋ¹	suŋ⁵
左里镇周茂村	luk⁸ᴬ	luŋ²ᴮ	luŋ²ᴮ	luk⁷ᴬ	tsuŋ¹	tsuŋ³	tsuŋ⁵	dzuŋ¹	suŋ⁵
都昌镇金街岭	luk⁸ᴬ	luŋ²ᴬ	luŋ²ᴮ	luk⁸ᴮ	tsuŋ¹	tsuŋ³	tsuŋ⁵	dzuŋ¹	suŋ⁵
大树乡大埠村	luk⁸	luŋ²	luŋ²	luk⁷ᴬ	tsuŋ¹	tsuŋ³	tsuŋ⁵	dzuŋ¹	suŋ⁵
春桥乡凤山村	tʰuk⁸	luŋ²	luŋ²	luk⁷ᴬ	tsuŋ¹	tsuŋ³	tsuŋ⁵ᴬ	tsʰuŋ¹	suŋ⁵ᴬ
蔡岭镇华山村	luk⁸ᴬ¹	luŋ²ᴮ	luŋ²ᴮ	luk⁷ᴬ	tsuŋ¹	tsuŋ³	tsuŋ⁵ᴬ	tsʰuŋ¹	suŋ⁵ᴬ
土塘镇信和村	duk⁸	luŋ²	luŋ²	luk⁷ᴬ	tsuŋ¹	tsuŋ³	tsuŋ⁵	dzuŋ¹	suŋ⁵
阳峰乡黄梅村	luk⁷ᴮ	luŋ²ᴮ	luŋ²ᴮ	luk⁷ᴬ	tsuŋ¹	tsuŋ³	tsuŋ⁵	dzuŋ¹	suŋ⁵
和合乡田坂村	luk⁸ᴬ	luŋ²ᴮ	luŋ²ᴮ	luk⁸ᴮ	tsuŋ¹	tsuŋ³	tsuŋ⁵	dzuŋ¹	suŋ⁵
周溪镇输湖村	luk⁷ᴮ	luŋ²ᴮ	luŋ²ᴮ	luk⁸	tsuŋ¹	tsuŋ³	tsuŋ²ᴬ	dzuŋ¹	suŋ²ᴬ
大港镇繁荣村	du⁶	luŋ²	luŋ²	lu⁵	tsuŋ¹	tsuŋ³	tsuŋ⁵	dzuŋ¹	suŋ⁵
中馆镇银宝村	du⁶	ləŋ²	ləŋ²	luʔ⁷ᴬ	tsəŋ¹	tsəŋ³	tsəŋ⁵	dzəŋ¹	səŋ⁵
狮山乡老屋村	duk⁸ᴬ	luŋ²	luŋ²	luk⁷ᴬ	tsuŋ¹	tsuŋ³	tsuŋ⁵	dzuŋ¹	suŋ⁵
万户镇长岭村	luk⁸ᴬ	luŋ²	luŋ²	luk⁷ᴬ	tsuŋ¹	tsuŋ³	tsuŋ⁵	dzuŋ¹	suŋ⁵
南峰镇石桥村	du⁶	luŋ²	luŋ²	luʔ⁷ᴬ	tsuŋ¹	tsuŋ³	tsuŋ⁵	dzuŋ¹	suŋ⁵

续表

代表点	737 族 通合一入屋从	738 公 通合一平东见	739 縠 通合一入屋见	740 空~虚 通合一平东溪	741 空~缺 通合一去送溪	742 孔 通合一上董溪	743 哭 通合一入屋溪	744 烘 通合一平东晓	745 红 通合一平东匣
苏山乡彭埠村	dzuk⁸	kuŋ¹	kuk⁷ᴬ	guŋ¹	guŋ⁶	guŋ³	guk⁷ᴮ	ɸuŋ¹	ɸuŋ²ᴮ
徐埠镇山峰村	dzuk⁸ᴬ	kuŋ¹	kuk⁷ᴬ	uŋ¹	uŋ⁶	uŋ³	uk⁷ᴮ	ɸuŋ¹	ɸuŋ²
多宝乡宝桥村	tsʰuk⁸	kuŋ¹	kuk⁷ᴬ	kʰuŋ¹	kʰuŋ⁶	kʰuŋ³	uk⁷ᴮ	ɸuŋ¹	ŋ̊ŋ²ᴮ
左里镇周茂村	dzuk⁸ᴬ	kuŋ¹	kuk⁷ᴬ	uŋ¹	uŋ⁶	uŋ³	uk⁷ᴮ	ɸuŋ¹	ɸuŋ²ᴮ
都昌镇金街岭	dzuk⁸ᴬ	kuŋ¹	kuk⁷ᴬ	guŋ¹	guŋ⁶	guŋ³	guk⁷ᴮ	ɸuŋ¹	ɸuŋ²ᴮ
大树乡大埠村	dzuk⁸	kuŋ¹	kuk⁷ᴬ	guŋ¹	guŋ⁶	guŋ³	uk⁷ᴮ	ɸuŋ¹	ɸuŋ²
春桥乡凤山村	tsʰuk⁸	kuŋ¹	kuk⁷ᴬ	kʰuŋ¹	kʰuŋ⁵ᴮ	kʰuŋ³	kʰuk⁷ᴮ	ɸuŋ¹	xuŋ²
蔡岭镇华山村	tsʰuk⁸ᴬ¹	kuŋ¹	kuk⁷ᴬ	uŋ¹	uŋ⁵ᴮ	kʰuŋ³	uk⁷ᴮ	ɸuŋ¹	ɸuŋ²ᴬ
土塘镇信和村	dzuk⁸	kuŋ¹	kuk⁷ᴬ	guŋ¹	guŋ⁵	guŋ³	guk⁷ᴮ	ɸuŋ¹	ɸuŋ²
阳峰乡黄梅村	dzuk⁷ᴮ	kuŋ¹	kuk⁷ᴬ	uŋ¹	uŋ⁶	uŋ³	uk⁷ᴮ	ɸuŋ¹	ɸuŋ²ᴮ
和合乡田坂村	dzuk⁸ᴬ	kuŋ¹	kuk⁷ᴬ	uŋ¹	uŋ⁶	uŋ³	uk⁷ᴮ	ɸuŋ¹	ɸuŋ²ᴮ
周溪镇输湖村	dzuk⁷ᴮ	kuŋ¹	kuk⁷ᴬ	uŋ¹	uŋ⁵	uŋ³	guk⁷ᴮ	ɸuŋ¹	ɸuŋ²ᴮ
大港镇繁荣村	dzu⁶	kuŋ¹	ku⁵	guŋ¹	guŋ¹	guŋ³	guʔ⁷	ŋ̊ŋ¹	ŋ̊ŋ²
中馆镇银宝村	dzu⁶	kəŋ¹	kuʔ⁷ᴬ	gəŋ¹	gəŋ⁶	gəŋ³	guʔ⁷ᴮ	ŋ̊ŋ¹	ŋ̊ŋ²
狮山乡老屋村	dzuk⁸ᴬ	kuŋ¹	kuk⁷ᴬ	guŋ¹	guŋ¹	guŋ³	guk⁷ᴮ	ɸuŋ¹	ɸuŋ²
万户镇长岭村	dzuk⁸ᴬ	kuŋ¹	kuk⁷ᴬ	guŋ¹	guŋ⁵	guŋ³	guk⁷ᴮ	ɸuŋ¹	ɸuŋ²
南峰镇石桥村	dzu⁶	kuŋ¹	kuʔ⁷ᴬ	guŋ¹	guŋ⁵	guŋ³	gu⁷ᴮ	ɸuŋ¹	ɸuŋ²

代表点	746 洪 通合一 平东匣	747 屋 通合一 入屋影	748 冬 通合一 平冬端	759 毒 通合一 入沃定	750 宗 通合一 平冬精	751 风 通合三 平东非	752 福 通合三 入屋非	753 冯 通合三 平东奉	754 凤 通合三 去送奉
苏山乡 彭埠村	ɸuŋ²ᴮ	uk⁷ᴬ	tuŋ¹	luk⁸	tsuŋ¹	ɸuŋ¹	ɸuk⁷ᴬ	ɸuŋ²ᴮ	ɸuŋ⁶
徐埠镇 山峰村	ɸuŋ²	uk⁷ᴬ	tuŋ¹	luk⁸ᴬ	tsuŋ¹	ɸuŋ¹	ɸuk⁷ᴬ	ɸuŋ²	ɸuŋ⁶
多宝乡 宝桥村	ɸuŋ²ᴮ	uk⁷ᴬ	tuŋ¹	luk⁸	tsuŋ¹	ɸuŋ¹	ɸuk⁷ᴬ	ɸuŋ²ᴮ	ɸuŋ⁶
左里镇 周茂村	ɸuŋ²ᴮ	uk⁷ᴬ	tuŋ¹	luk⁸ᴬ	tsuŋ¹	ɸuŋ¹	ɸuk⁷ᴬ	ɸuŋ²ᴮ	ɸuŋ⁶
都昌镇 金街岭	ɸuŋ²ᴮ	uk⁷ᴬ	tuŋ¹	luk⁸ᴬ	tsuŋ¹	ɸuŋ¹	ɸuk⁷ᴬ	ɸuŋ²ᴮ	ɸuŋ⁶
大树乡 大埠村	ɸuŋ²	uk⁷ᴬ	tuŋ¹	luk⁸	tsuŋ¹	ɸuŋ¹	ɸuk⁷ᴬ	ɸuŋ²	ɸuŋ⁶
春桥乡 凤山村	xuŋ²	uk⁷ᴬ	tuŋ¹	tˤuk⁸	tsuŋ¹	ɸuŋ¹	ɸuk⁷ᴬ	ɸuŋ²	ɸuŋ⁶
蔡岭镇 华山村	ɸuŋ²ᴬ	uk⁷ᴬ	tuŋ¹	luk⁸ᴬ¹	tsuŋ¹	ɸuŋ¹	ɸuk⁷ᴬ	ɸuŋ²ᴬ	ɸuŋ¹
土塘镇 信和村	ɸuŋ²	uk⁷ᴬ	tuŋ¹	duk⁸	tsuŋ¹	ɸuŋ¹	ɸuk⁷ᴬ	ɸuŋ²	ɸuŋ⁶
阳峰乡 黄梅村	ɸuŋ²ᴮ	uk⁷ᴬ	tuŋ¹	luk⁷ᴮ	tsuŋ¹	ɸuŋ¹	ɸuk⁷ᴬ	ɸuŋ²ᴮ	ɸuŋ⁶
和合乡 田坂村	ɸuŋ²ᴮ	uk⁷ᴬ	tuŋ¹	luk⁸ᴬ	tsuŋ¹	ɸuŋ¹	ɸuk⁷ᴬ	ɸuŋ²ᴮ	ɸuŋ⁶
周溪镇 输湖村	ɸuŋ²ᴮ	uk⁷ᴬ	tuŋ¹	luk⁷ᴮ	tsuŋ¹	ɸuŋ¹	ɸuk⁷ᴬ	ɸuŋ²ᴮ	ɸuŋ⁵
大港镇 繁荣村	ŋ̊uŋ²	u⁵	tuŋ¹	lu⁶	tsuŋ¹	ŋ̊uŋ¹	ɸu⁵	ŋ̊uŋ²	ŋ̊uŋ⁶
中馆镇 银宝村	ŋ̊ŋ²	uʔ⁷ᴬ	təŋ¹	du⁶	tsəŋ¹	ŋ̊ŋ¹	ɸuʔ⁷ᴬ	ŋ̊ŋ²	ŋ̊ŋ⁶
狮山乡 老屋村	ɸuŋ²	uk⁷ᴬ	tuŋ¹	duk⁸ᴬ	tsuŋ¹	ɸuŋ¹	ɸuk⁷ᴬ	ɸuŋ²	ɸuŋ⁶
万户镇 长岭村	ɸuŋ²	uk⁷ᴬ	tuŋ¹	duk⁸ᴬ	tsuŋ¹	ɸuŋ¹	ɸuk⁷ᴬ	ɸuŋ²	ɸuŋ⁶
南峰镇 石桥村	ɸuŋ²	uʔ⁷ᴬ	tuŋ¹	du⁶	tsuŋ¹	ɸuŋ¹	ɸuʔ⁷ᴬ	ɸuŋ²	ɸuŋ⁶

续表

代表点	755 服 通合三入屋奉	756 梦 通合三去送明	757 目 通合三入屋明	758 六 通合三入屋来	759 陆 通合三入屋来	760 中当~ 通合三平东知	761 竹 通合三入屋知	762 畜~牲 通合三入屋彻	763 虫 通合三平东澄
苏山乡彭埠村	ϕuk^8	$mu\eta^6$	muk^{7A}	$liuk^8$	$liuk^{7A}$	$t\text{ʂ}u\eta^1$	$t\text{ʂ}uk^{7A}$	$d\text{ʑ}iuk^{7B}$	$d\text{ʐ}u\eta^{2A}$
徐埠镇山峰村	ϕuk^{8A}	$mu\eta^6$	muk^{7A}	$liuk^{8B}$	$liuk^{8B}$	$t\text{ʂ}u\eta^1$	$t\text{ʂ}uk^{7A}$	$d\text{ʐ}uk^{7B}$	$d\text{ʐ}u\eta^2$
多宝乡宝桥村	ϕuk^8	$mu\eta^6$	muk^{7A}	$t^{ɦ}iuk^8$	$t^{ɦ}iuk^{7A}$	$t\text{ʂ}u\eta^1$	$t\text{ʂ}uk^{7A}$	iuk^{7B}	$t\text{ʂ}^{ɦ}u\eta^{2A}$
左里镇周茂村	ϕuk^{8A}	$mu\eta^6$	muk^{7A}	$liuk^{8B}$	$liuk^{8B}$	$t\text{ʂ}u\eta^1$	$t\text{ʂ}uk^{7A}$	$d\text{ʐ}uk^{7B}$	$d\text{ʐ}u\eta^{2A}$
都昌镇金街岭	ϕuk^{8A}	$mu\eta^6$	muk^{7A}	$liuk^{8B}$	$liuk^{8B}$	$t\text{ʂ}u\eta^1$	$t\text{ʂ}uk^{7A}$	$d\text{ʐ}uk^{7B}$	$d\text{ʐ}u\eta^{2A}$
大树乡大埠村	ϕuk^8	$mu\eta^6$	muk^{7A}	$liuk^8$	$liuk^{7A}$	$t\text{ʂ}u\eta^1$	$t\text{ʂ}uk^{7A}$	$d\text{ʐ}uk^{7B}$	$d\text{ʐ}u\eta^6$
春桥乡凤山村	ϕuk^8	$mu\eta^6$	muk^{7A}	$t^{ɦ}iuk^8$	$t^{ɦ}iuk^{7A}$	$t\text{ʂ}u\eta^1$	$t\text{ʂ}uk^{7A}$	$t\text{ɕ}^{ɦ}iuk^{7B}$	$t\text{ʂ}^{ɦ}u\eta^2$
蔡岭镇华山村	ϕuk^{8A1}	$mu\eta^6$	muk^{7A}	$t^{ɦ}iuk^{8A1}$	$liuk^{7A}$	$t\text{ʂ}u\eta^1$	$t\text{ʂ}uk^{7A}$	$t\text{ʂ}^{ɦ}uk^{7B}$	$t\text{ʂ}^{ɦ}u\eta^{2A}$
土塘镇信和村	ϕuk^8	$mu\eta^6$	muk^{7A}	$liuk^8$	$liuk^8$	$t\text{ʂ}u\eta^1$	$t\text{ʂ}uk^{7A}$	$d\text{ʐ}uk^{7B}$	$d\text{ʐ}u\eta^2$
阳峰乡黄梅村	ϕuk^8	$mu\eta^6$	muk^{7A}	$liuk^8$	$liuk^8$	$t\text{ʂ}u\eta^1$	$t\text{ʂ}uk^{7A}$	$d\text{ʐ}uk^{7B}$	$d\text{ʐ}u\eta^{2A}$
和合乡田坂村	ϕuk^{7A}	$mu\eta^6$	muk^{7A}	$liuk^{8B}$	$liuk^{8B}$	$t\text{ʂ}u\eta^1$	$t\text{ʂ}uk^{7A}$	$d\text{ʐ}uk^{8A}$	$d\text{ʐ}u\eta^{2A}$
周溪镇输湖村	ϕuk^8	$mu\eta^6$	muk^{7A}	$liuk^8$	$liuk^{7A}$	$t\text{ʂ}u\eta^1$	$t\text{ʂ}uk^{7A}$	$d\text{ʐ}uk^{7B}$	$d\text{ʐ}u\eta^{2A}$
大港镇繁荣村	ϕu^6	$m\text{ɛ}\eta^6$	mu^5	liu^6	liu^5	$t\text{ʂ}u\eta^1$	$t\text{ʂ}u^5$	$d\text{ʐ}u\text{ʔ}^7$	$d\text{ʐ}u\eta^2$
中馆镇银宝村	ϕu^6	$m\text{ə}\eta^6$	$mu\text{ʔ}^{7A}$	liu^6	liu^6	$t\text{ʂ}\text{ə}\eta^1$	$t\text{ʂ}u\text{ʔ}^{7A}$	$d\text{ʐ}u\text{ʔ}^{7B}$	$d\text{ʐ}\text{ə}\eta^2$
狮山乡老屋村	ϕuk^{8A}	$mu\eta^6$	muk^{7A}	$liuk^{8B}$	luk^{7A}	$t\text{ʂ}u\eta^1$	$t\text{ʂ}uk^{7A}$	$d\text{ʐ}uk^{7B}$	$d\text{ʐ}u\eta^2$
万户镇长岭村	ϕuk^{8A}	$mu\eta^6$	muk^{7A}	$liuk^{8B}$	$liuk^{8B}$	$t\text{ʂ}u\eta^1$	$t\text{ʂ}uk^{7A}$	$d\text{ʐ}uk^{7B}$	$d\text{ʐ}u\eta^2$
南峰镇石桥村	ϕu^6	$mu\eta^6$	$mu\text{ʔ}^{7A}$	liu^6	liu^{7B}	$t\text{ʂ}u\eta^1$	$t\text{ʂ}u\text{ʔ}^{7A}$	$d\text{ʐ}u^{7B}$	$d\text{ʐ}u\eta^2$

代表点	764 粥 通合三 入屋章	765 叔 通合三 入屋书	766 熟 通合三 入屋禅	767 肉 通合三 入屋日	768 宫 通合三 平东见	769 菊 通合三 入屋见	770 麴酒~ 通合三 入屋溪	771 穷 通合三 平东群	772 蓄储~ 通合三 入屋晓
苏山乡 彭埠村	tʂuk⁷ᴬ	ʂuk⁷ᴬ	ʂuk⁸	n̠iuk⁸	kuŋ¹	tɕiuk⁷ᴬ	dʑiuk⁷ᴮ	dʑiuŋ²ᴬ	ɕiuk⁷ᴬ
徐埠镇 山峰村	tʂuk⁷ᴬ	ʂuk⁷ᴬ	ʂuk⁸ᴬ	n̠iuk⁸ᴮ	kuŋ¹	tɕiuk⁷ᴬ	dʑiuk⁷ᴮ	iuŋ²	ɕiuk⁷ᴬ
多宝乡 宝桥村	tʂuk⁷ᴬ	ʂu⁵	ʂuk⁸	n̠iuk⁸	kuŋ¹	tɕiuk⁷ᴬ	iuk⁷ᴮ	iuŋ²ᴬ	ɕiuk⁷ᴬ
左里镇 周茂村	tʂuk⁷ᴬ	ʂuk⁷ᴬ	ʂuk⁸ᴬ	n̠iuk⁸ᴮ	kuŋ¹	tɕiuk⁷ᴬ	dʑiuk⁷ᴮ	iuŋ²ᴬ	ɕiuk⁷ᴬ
都昌镇 金街岭	tʂuk⁷ᴬ	ʂuk⁷ᴬ	ʂuk⁸ᴬ	n̠iuk⁸ᴮ	kuŋ¹	tɕiuk⁷ᴬ	dʑiuk⁷ᴮ	iuŋ²ᴬ	ɕiuk⁷ᴬ
大树乡 大埠村	tʂuk⁷ᴬ	ʂu⁵	ʂuk⁸	n̠iuk⁸	kuŋ¹	tɕiuk⁷ᴬ	iuk⁷ᴮ	iuŋ⁶	ɕiuk⁷ᴬ
春桥乡 凤山村	tʂuk⁷ᴬ	ʂuk⁷ᴬ	ʂuk⁸	n̠iuk⁸	kuŋ¹	tɕiuk⁷ᴬ	tɕʰiuk⁷ᴮ	tɕʰiuŋ²	ɕiuk⁷ᴬ
蔡岭镇 华山村	tʂuk⁷ᴬ	ʂuk⁷ᴬ	ʂuk⁸ᴬ²	n̠iuk⁸ᴬ²	kuŋ¹	tɕiuk⁷ᴬ	iuk⁷ᴮ	iuŋ²ᴬ	ɕiuk⁷ᴬ
土塘镇 信和村	tʂuk⁷ᴬ	ʂuk⁷ᴬ	ʂuk⁸	n̠iuk⁸	kuŋ¹	tɕiuk⁷ᴬ	dʑiuk⁷ᴮ	dʑiuŋ²	ɕiuk⁷ᴬ
阳峰乡 黄梅村	tʂuk⁷ᴬ	ʂuk⁷ᴬ	ʂuk⁸	n̠iuk⁸	kuŋ¹	tɕiuk⁷ᴬ	iuk⁷ᴮ	iuŋ²ᴬ	ɕiuk⁷ᴬ
和合乡 田坂村	tʂuk⁷ᴬ	ʂu⁵	ʂuk⁸ᴬ	n̠iuk⁸ᴮ	kuŋ¹	tɕiuk⁷ᴬ	iuk⁷ᴮ	iuŋ²ᴬ	ɕiuk⁷ᴬ
周溪镇 输湖村	tʂuk⁷ᴬ	ʂuk⁷ᴬ	ʂuk⁸	n̠iuk⁸	kuŋ¹	tɕiuk⁷ᴬ	dʑiuk⁷ᴮ	iuŋ²ᴬ	ɕiuk⁷ᴬ
大港镇 繁荣村	tʂu⁵	ʂu⁵	ʂu⁶	n̠iu⁶	kuŋ¹	tɕiu⁵	dʑiuʔ⁷	dʑiuŋ²	ɕiu⁵
中馆镇 银宝村	tʂu⁷ᴬ	ʂuʔ⁷ᴬ	ʂu⁶	n̠iuʔ⁷ᴬ	kəŋ¹	tɕiuʔ⁷ᴬ	dʑiuʔ⁷ᴮ	dʑiŋ²	ɕiuʔ⁷ᴬ
狮山乡 老屋村	tʂuk⁷ᴬ	ʂuk⁷ᴬ	ʂuk⁸ᴬ	n̠iuk⁸ᴮ	kuŋ¹	tɕiuk⁷ᴬ	dʑiuk⁷ᴮ	dʑiuŋ²	ɕiuk⁷ᴬ
万户镇 长岭村	tʂuk⁷ᴬ	ʂuk⁷ᴬ	ʂuk⁸ᴬ	n̠iuk⁷ᴬ	kuŋ¹	tɕiuk⁷ᴬ	dʑiuk⁷ᴮ	dʑiuŋ²	ɕiuk⁷ᴬ
南峰镇 石桥村	tʂuʔ⁷ᴬ	ʂuʔ⁷ᴬ	ʂu⁶	n̠iuʔ⁷ᴬ	kuŋ¹	tɕiuʔ⁷ᴬ	dʑiu⁷ᴮ	dʑiuŋ²	ɕiuʔ⁷ᴬ

代表点	773 熊 通合三平东云	774 融 通合三平东以	775 封 通合三平钟非	776 峰 通合三平钟敷	777 捧 通合三上肿敷	778 蜂 通合三平钟敷	779 逢 通合三平钟奉	780 缝~补 通合三平钟奉	781 缝~隙 通合三去用奉
苏山乡彭埠村	ɕiuŋ^{2B}	iuŋ^{2B}	ɸuŋ^{1}	ɸuŋ^{1}	buŋ^{3}	ɸuŋ^{1}	ɸuŋ^{2B}	ɸuŋ^{2B}	ɸuŋ^{6}
徐埠镇山峰村	ɕiŋ^{2}	iuŋ^{2}	ɸuŋ^{1}	ɸuŋ^{1}	buŋ^{3}	ɸuŋ^{1}	ɸuŋ^{2}	ɸuŋ^{2}	ɸuŋ^{6}
多宝乡宝桥村	ɕiuŋ^{2B}	iuŋ^{2B}	ɸuŋ^{1}	ɸuŋ^{1}	pʰuŋ^{3}	ɸuŋ^{1}	ɸuŋ^{2B}	ɸuŋ^{2B}	ɸuŋ^{6}
左里镇周茂村	ɕiuŋ^{2B}	iuŋ^{2B}	ɸuŋ^{1}	ɸuŋ^{1}	buŋ^{3}	ɸuŋ^{1}	ɸuŋ^{2B}	ɸuŋ^{2B}	ɸuŋ^{6}
都昌镇金街岭	ɕiuŋ^{2B}	iuŋ^{2B}	ɸuŋ^{1}	ɸuŋ^{1}	buŋ^{3}	ɸuŋ^{1}	ɸuŋ^{2B}	ɸuŋ^{2B}	ɸuŋ^{6}
大树乡大埠村	ɕiuŋ^{2}	iuŋ^{2}	ɸuŋ^{1}	ɸuŋ^{1}	buŋ^{3}	ɸuŋ^{1}	ɸuŋ^{2}	ɸuŋ^{2}	ɸuŋ^{6}
春桥乡凤山村	ɕiuŋ^{2}	iuŋ^{2}	ɸuŋ^{1}	ɸuŋ^{1}	pʰuŋ^{3}	ɸuŋ^{1}	ɸuŋ^{2}	ɸuŋ^{2}	ɸuŋ^{6}
蔡岭镇华山村	ɕiuŋ^{2A}	iuŋ^{2A}	ɸuŋ^{1}	ɸuŋ^{1}	pʰuŋ^{3}	ɸuŋ^{1}	ɸuŋ^{2A}	ɸuŋ^{2A}	ɸuŋ^{6}
土塘镇信和村	ɕiuŋ^{2}	iuŋ^{2}	ɸuŋ^{1}	ɸuŋ^{1}	buŋ^{3}	ɸuŋ^{1}	ɸuŋ^{2}	ɸuŋ^{2}	ɸuŋ^{6}
阳峰乡黄梅村	ɕiuŋ^{2B}	iuŋ^{2B}	ɸuŋ^{1}	ɸuŋ^{1}	buŋ^{3}	ɸuŋ^{1}	ɸuŋ^{2B}	ɸuŋ^{2B}	ɸuŋ^{6}
和合乡田坂村	ɕiuŋ^{2B}	iuŋ^{2B}	ɸuŋ^{1}	ɸuŋ^{1}	buŋ^{3}	ɸuŋ^{1}	ɸuŋ^{2B}	ɸuŋ^{2B}	ɸuŋ^{6}
周溪镇输湖村	ɕiuŋ^{2B}	iuŋ^{2B}	ɸuŋ^{1}	ɸuŋ^{1}	buŋ^{3}	ɸuŋ^{1}	ɸuŋ^{2B}	ɸuŋ^{2B}	ɸuŋ^{6}
大港镇繁荣村	ɕiuŋ^{2}	iuŋ^{2}	ŋ̊uŋ^{1}	ŋ̊uŋ^{1}	buŋ^{3}	ŋ̊uŋ^{1}	ŋ̊uŋ^{2}	ŋ̊uŋ^{2}	ŋ̊uŋ^{6}
中馆镇银宝村	ɕiŋ^{2}	iŋ^{2}	ŋ̊ŋ^{1}	ŋ̊ŋ^{1}	bəŋ^{3}	ŋ̊ŋ^{1}	ŋ̊ŋ^{1}	ŋ̊ŋ^{1}	ŋ̊ŋ^{6}
狮山乡老屋村	ɕiuŋ^{2}	iuŋ^{2}	ɸuŋ^{1}	ɸuŋ^{1}	buŋ^{3}	ɸuŋ^{1}	ɸuŋ^{2}	ɸuŋ^{2}	ɸuŋ^{6}
万户镇长岭村	ɕiuŋ^{2}	iuŋ^{2}	ɸuŋ^{1}	ɸuŋ^{1}	buŋ^{3}	ɸuŋ^{1}	ɸuŋ^{2}	ɸuŋ^{2}	ɸuŋ^{6}
南峰镇石桥村	ɕiuŋ^{2}	iuŋ^{2}	ɸuŋ^{1}	ɸuŋ^{1}	buŋ^{3}	ɸuŋ^{1}	ɸuŋ^{2B}	ɸuŋ^{2}	ɸuŋ^{5}

代表点	782 龙 通合三平钟来	783 绿 通合三入烛来	784 足 通合三入烛精	785 粟 通合三入烛心	786 松~树 通合三平钟邪	787 俗 通合三入烛邪	788 重~复 通合三平钟澄	789 重轻~ 通合三上肿澄	790 钟 通合三平钟章
苏山乡彭埠村	diuŋ²ᴮ	liuk⁷ᴬ	tsiuk⁷ᴬ	siuk⁷ᴬ	dziuŋ²ᴬ	siuk⁸	dzuŋ²ᴬ	dzuŋ¹	tʂuŋ¹
徐埠镇山峰村	liuŋ²	liuk⁷ᴬ	tsiuk⁷ᴬ	siuk⁷ᴬ	dziuŋ²	siuk⁸ᴬ	dzuŋ²	dzuŋ¹	tʂuŋ¹
多宝乡宝桥村	tˤiuŋ²ᴮ	tˤiuk⁷ᴬ	tsiuk⁷ᴬ	siuk⁷ᴬ	tsˤiuŋ²ᴬ	siuk⁸	tʂˤuŋ²ᴬ	tʂˤuŋ¹	tʂuŋ¹
左里镇周茂村	liuŋ²ᴮ	liuk⁷ᴬ	tsiuk⁷ᴬ	siuk⁷ᴬ	dziuŋ²ᴬ	siuk⁸ᴬ	dzuŋ²ᴬ	dzuŋ¹	tʂuŋ¹
都昌镇金街岭	liuŋ²ᴬ	liuk⁷ᴬ	tsuk⁷ᴬ	siuk⁷ᴬ	dziuŋ²ᴬ	siuk⁸ᴬ	dzuŋ²ᴬ	dzuŋ¹	tʂuŋ¹
大树乡大埠村	liuŋ²	liuk⁷ᴬ	tsiuk⁷ᴬ	siuk⁷ᴬ	dziuŋ⁶	siuk⁷ᴬ	dzuŋ⁶	dzuŋ¹	tʂuŋ¹
春桥乡凤山村	tˤiuŋ²	tˤiuk⁷ᴬ	tsuk⁷ᴬ	siuk⁷ᴬ	tsˤiuŋ²	siuk⁸	tʂˤiuŋ²	tʂˤiuŋ⁶	tʂuŋ¹
蔡岭镇华山村	liuŋ²ᴬ	liuk⁷ᴬ	tsiuk⁷ᴬ	siuk⁷ᴬ	tsˤiuŋ²ᴬ	siuk⁸ᴬ²	tsˤuŋ²ᴬ	tsˤuŋ⁶	tʂuŋ¹
土塘镇信和村	liuŋ²	liuk⁷ᴬ	tsiuk⁷ᴬ	siuk⁷ᴬ	dziuŋ²	siuk⁸	dzuŋ²	dzuŋ⁶	tʂuŋ¹
阳峰乡黄梅村	liuŋ²ᴮ	liuk⁷ᴬ	tsiuk⁷ᴬ	siuk⁷ᴬ	dziuŋ²ᴮ	siuk⁷ᴬ	dzuŋ²ᴬ	dzuŋ⁶	tʂuŋ¹
和合乡田坂村	liuŋ²ᴮ	liuk⁷ᴬ	tsiuk⁷ᴬ	siuk⁷ᴬ	dziuŋ²ᴮ	siuk⁸ᴬ	dzuŋ²ᴬ	dzuŋ⁶	tʂuŋ¹
周溪镇输湖村	liuŋ²ᴮ	liuk⁷ᴬ	tsiuk⁷ᴬ	siuk⁷ᴬ	dziuŋ²ᴬ	siuk⁸	dzuŋ²ᴬ	dzuŋ¹	tʂuŋ¹
大港镇繁荣村	liuŋ²	liu⁵	tsiu⁵	siu⁵	dziuŋ²	siu⁶	dzuŋ²	dzuŋ⁶	tʂuŋ¹
中馆镇银宝村	liŋ²	liuʔ⁷ᴮ	tsuʔ⁷ᴬ	siuʔ⁷ᴬ	dziŋ²	siuʔ⁷ᴬ	dzəŋ²	dzəŋ⁶	tʂəŋ¹
狮山乡老屋村	liuŋ²	liuk⁸ᴮ	tsuk⁷ᴬ	siuk⁷ᴬ	dziuŋ²	siuk⁸ᴬ	dzuŋ²	dzuŋ⁶	tʂuŋ¹
万户镇长岭村	liuŋ²	liuk⁷ᴮ	tsiuk⁷ᴬ	siuk⁷ᴬ	dziuŋ²	siuk⁸ᴬ	dzuŋ²	dzuŋ⁶	tʂuŋ¹
南峰镇石桥村	liuŋ²	liu⁷ᴮ	tsuʔ⁷ᴬ	siuʔ⁷ᴬ	dziuŋ²	siu⁶	dzuŋ²	dzuŋ⁶	tʂuŋ¹

续表

代表点	791 烛 通合三入烛章	792 触 通合三入烛昌	793 供~给 通合三平钟见	794 供上~ 通合三去用见	795 曲歌~ 通合三入烛溪	796 局 通合三入烛群	797 玉 通合三入烛疑	798 胸 通合三平钟晓	799 勇 通合三去用以	800 用 通合三去用以
苏山乡彭埠村	$tʂuk^{7A}$	$dʐuk^{7B}$	$tɕiuŋ^1$	$tɕiuŋ^5$	$dʑiuk^{7B}$	$dʑiuk^8$	$ȵiuk^{7A}$	$ɕiuŋ^1$	$iuŋ^3$	$ȵiuŋ^6$
徐埠镇山峰村	$tʂuk^{7A}$	$dʐuk^{7B}$	$tɕiuŋ^1$	$tɕiuŋ^5$	$dʑiuk^{7B}$	$dʑiuk^{8A}$	$ȵiuk^{7A}$	$ɕiuŋ^1$	$iuŋ^3$	$ȵiuŋ^6$
多宝乡宝桥村	$tʂuk^{7A}$	$tʂ^{ɦ}uk^{7B}$	$tɕiuŋ^1$	$tɕiuŋ^5$	iuk^{7B}	iuk^8	$ȵiuk^{7A}$	$ɕiuŋ^1$	$iuŋ^3$	$ȵiuŋ^6$
左里镇周茂村	$tʂuk^{7A}$	$dʐuk^{7B}$	$tɕiuŋ^1$	$tɕiuŋ^5$	iuk^{7B}	iuk^{8A}	$ȵiuk^{7A}$	$ɕiuŋ^1$	$iuŋ^3$	$ȵiuŋ^6$
都昌镇金街岭	$tʂuk^{7A}$	$dʐuk^{7B}$	$tɕiuŋ^1$	$tɕiuŋ^5$	iuk^{7B}	$dʐuk^{8A}$	$ȵiuk^{7A}$	$ɕiuŋ^1$	$iuŋ^3$	$ȵiuŋ^6$
大树乡大埠村	$tʂuk^{7A}$	$dʐuk^{7B}$	$tɕiuŋ^1$	$tɕiuŋ^5$	iuk^{7B}	iuk^8	$ȵiuk^{7A}$	$ɕiuŋ^1$	$iuŋ^3$	$ȵiuŋ^6$
春桥乡凤山村	$tʂuk^{7A}$	$tʂ^{ɦ}uk^{7B}$	$kuŋ^1$	$kuŋ^{5A}$	$tɕ^{ɦ}iuk^{7B}$	$tɕ^{ɦ}iuk^8$	$ȵiuk^{7A}$	$ɕiuŋ^1$	$iuŋ^3$	$iuŋ^6$
蔡岭镇华山村	$tʂuk^{7A}$	$tʂ^{ɦ}uk^{7B}$	$tɕiuŋ^1$	$kuŋ^5$	iuk^{7B}	iuk^{8A1}	$ȵiuk^{7A}$	$ɕiuŋ^1$	$iuŋ^3$	$iuŋ^6$
土塘镇信和村	$tʂuk^{7A}$	$dʐuk^{7B}$	$tɕiuŋ^1$	$tɕiuŋ^5$	$dʑiuk^{7B}$	$dʑiuk^8$	$ȵiuk^{7A}$	$ɕiuŋ^1$	$iuŋ^3$	$iuŋ^6$
阳峰乡黄梅村	$tʂuk^{7A}$	$dʐuk^{7B}$	$tɕiuŋ^1$	$tɕiuŋ^5$	iuk^{7B}	iuk^{7B}	$ȵiuk^{7A}$	$ɕiuŋ^1$	$iuŋ^3$	$ȵiuŋ^6$
和合乡田坂村	$tʂuk^{7A}$	$dʐuk^{7B}$	$tɕiuŋ^1$	$tɕiuŋ^5$	iuk^{8A}	iuk^{8A}	$ȵiuk^{7A}$	$ɕiuŋ^1$	$iuŋ^3$	$ȵiuŋ^6$
周溪镇输湖村	$tʂuk^{7A}$	$dʐuk^{7B}$	$kuŋ^1$	$tɕiuŋ^{2A}$	iuk^{7B}	iu^6	$ȵiuk^{7A}$	$ɕiuŋ^1$	$iuŋ^3$	$ȵiuŋ^6$
大港镇繁荣村	$tɕy^5$	$dʐuʔ^7$	$tɕiuŋ^1$	$tɕiuŋ^5$	$dʑiuʔ^7$	$dʑiu^6$	$ȵiu^5$	$ɕiuŋ^1$	$iuŋ^3$	$iuŋ^6$
中馆镇银宝村	$tʂuʔ^{7A}$	$dʐuʔ^{7B}$	$tɕiŋ^1$	$tɕiŋ^5$	$dʑiuʔ^{7B}$	$dʑiu^6$	$ȵiuʔ^{7A}$	$ɕiuŋ^1$	$iŋ^3$	$iuŋ^{22}$
狮山乡老屋村	$tʂuk^{7A}$	$dʐuk^{7B}$	$kuŋ^1$	$kuŋ^5$	$dʑiuk^{7B}$	$dʑiuk^{8A}$	$ȵiuk^{7A}$	$ɕiuŋ^1$	$iuŋ^3$	$iuŋ^6$
万户镇长岭村	$tʂuk^{7A}$	$dʐuk^{7B}$	$kuŋ^1$	$kuŋ^5$	$dʐyk^{7B}$	$dʐyk^{8A}$	$ȵiuk^{7A}$	$ɕiuŋ^1$	$iuŋ^3$	$iuŋ^6$
南峰镇石桥村	$tʂuʔ^{7A}$	$dʐuʔ^{7B}$	$kuŋ^1$	$kuŋ^5$	$dʑiu^{7B}$	$dʑiu^6$	$ȵiuʔ^{7A}$	$ɕiuŋ^1$	$iuŋ^3$	$iuŋ^6$

第三节　都昌方言语音特点及内部差异

一　都昌县乡镇方言语音的共性

（一）声母今读特点

①中古全浊、次清塞音、塞擦音声母合流，今读不送气浊音声母或其变体清音浊流声母［b/pʱ、d/tʱ、dz/tsʱ、g/kʱ、dʑ/tɕʱ］。古船母字清化后读声母［ʂ］；古邪母开口三等字声母今读［dz/tsʱ］，合口三等及山摄开口三等字清化后读声母［s］；古禅母除流摄开口三等、臻摄开口三等、曾摄开口三等、梗摄开口三等平声个别字声母读［dz/tsʱ］外，大多数字今读声母［ʂ］。

②非敷奉母和晓组合口字读双唇清擦音声母［ɸ］，敷母、微母有一些字白读音读重唇音声母［m］［b/pʱ］，比较一致的例字有尾、蚊、网、问、芒、忘、望、捧。

③古次浊声母今读次浊声母或零声母。明母今读声母［m］；微母除臻摄合口三等、宕摄合口三等少数字白读重唇音声母［m］外，多读零声母；泥、来母不混，泥母拼洪音声母今读［n］，拼细音声母今读［ȵ］，来母不论洪细均读声母［l］；疑母一二等字声母今读［ŋ］，三四等字声母今读［ȵ］，个别读零声母；日母大多数字声母今读［l］，咸摄开口三等、山摄开口三等、臻摄开口三等、宕摄开口三等、遇摄合口三等少数字声母今读［ȵ］，臻摄开口三等、曾摄开口三等个别字声母今读［n］，止摄开口三等今读零声母；喻母山摄合口三等、通摄合口三等个别字声母读［ȵ］；以母蟹摄合口三等"锐"字声母读［l］，其他都读零声母。

④精组今读声母［ts、dz/tsʱ、s］，老年层基本保留了尖团音现象。庄组、知二组声母今读与精组合流为［ts、dz/tsʱ、s］，知组三等与章组字声母今读［tʂ、dʐ/tʂʱ、ʂ］。例外字现象："栀"声母读［tɕ］。

⑤见组今读声母一二等与三四等有别。见母一二等字声母今读［k］，溪母一二等读［g/kʱ/ø］，见母三四等读［tɕ］，溪群母三四等读［dʑ/tɕʱ/ø］；蟹摄合口三四等、止摄合口三等、宕摄合口三等的见母

字声母今读［k］，溪母、群母字声母今读［g/kʰ/ø］；效摄开口二等见溪母、通摄合口三等见溪群母部分字声母今读有腭化现象，读［tɕ/dʑ/tɕʰ］。例外字现象：梗摄开口三等"剧"、臻摄合口三等"窘菌"声母读［tɕ］，止摄合口三等"葵"读［dz］。

⑥晓母、匣母开口一二等字声母今读［x］，晓匣母合口一二等字、晓母止摄合口三等字声母今读［ɸ］；晓母三四等字、晓母效摄开口二等字声母今读［ɕ］；匣母四等、效摄开口二等、梗摄开口二等字声母今读［ɕ］；晓母合口三等字、匣母合口一二等一些字声母今读零声母。

⑦影母字声母今读［ŋ］或零声母，假摄开口二等、蟹摄开口一二等、效摄开口一二等、流摄开口一等、咸摄开口一二等、山摄开口一二等、臻摄开口一等、宕摄开口一等字声母今读［ŋ］，其他韵摄字声母今读零声母。

（二）韵母今读特点

①果摄、假摄今读韵母主要元音为［ɔ］［a］分立。果摄开合三等字韵母主元音同假摄，茄、瘸韵母今读［ia］/［ua］。

②遇摄模鱼虞韵合流，少数疑母字（吴五）读声化韵［ŋ̍］［n̩］，鱼韵见组个别字（锯鱼去）读［ɛ］［ɛi］类韵母是《切韵》时代鱼虞分韵的痕迹。

③蟹摄开口一二等韵母呈现合流趋势，今读复元音韵母，部分方言开口一等部分字韵母与二等字韵母有别，说明蟹摄开口一二等韵母今读合流发展仍处于词汇扩散阶段。蟹摄合口一等见系个别字（外块）及合口二等字（乖快）韵母今读合流；蟹摄开口二等个别字（稗洒）与合口二等见系个别字（画话）读入麻韵［a］。

④止遇蟹摄韵母多合流，止摄开口（精知庄章组除外）、遇摄合口三等精泥组、蟹摄开口三四等（知章组除外）、蟹摄合口一等、蟹摄合口三四等（非精组）字韵母合流，今读［i］；止摄开口精知庄章组、蟹摄开口三等知章组、蟹摄合口三四等知章组字韵母合流，今读［ɿ］或［ʅ］；止摄合口、遇摄合口三等见系、蟹摄合口三四等见系字韵母合流，今读［ui］。例外现象：止摄合口三等群母"葵"读［dzi］。

⑤效流摄韵母多为带［u］韵尾复元音韵母，大部分方言发生重组与合流。韵母分立形式是效摄韵母读［au］［iau］，流摄韵母读［εu］［i（ε）u］。常见重组模式是效摄三四等知章组字韵母丢失介音［i］后同流摄一等侯韵韵母合流；流摄三等字韵母因声母差异多有不同。

⑥咸摄与山摄合流，韵母今读［(u)ɔn、(u)ɔt/l］或［(u)an、(u)at/l］，一二等见系部分字有别，一等主元音读［ɔ］，二等主元音读［a］；咸山摄开口三四等（知章组除外）字韵母今读［iɛn、iɛt/l］；咸摄合口三等、山摄合口二等见系、山摄合口三等（非组）字韵母合流，今读［uan、uat/l］；山摄合口三等（泥组、精组、见系）与四等字韵母合流，今读［nɔi、iɔt/l］或［iɛn、iɛt/l］；咸山摄开口三等知章组、深摄知章组、臻摄开口一等见系字韵母合流，今读［ɛn、ɛt/l］；山摄合口三等知章组字韵母今读多为［ɔn、ɔt/l］。

⑦深摄同臻摄合流。深摄、臻摄三等帮组、端组、见系字韵母读［in］，深摄知章组、日母字韵母与臻摄开口一等端组字韵母读［ən］；深摄庄组、臻摄开口一等见系字、咸山摄开口三等知章组字韵母合流，今读［ɛn、ɛt/l］。

⑧江宕摄韵母合流，今读［ɔŋ、ɔk/ʔ］，开口三等（知庄章组除外）字韵母带介音［i］，宕摄合口一三等非组及见系字韵母带介音［u］。

⑨曾摄开口一等及梗摄开口二等字（晓组影母除外）文读韵母合流，今读［ɛŋ、ɛk/ʔ］或［ɛn、ɛk/ʔ］；曾摄开口三等知章组与梗摄开口三等知章组字文读韵母合流，今读［əŋ、ɜk/ʔ］或［nə、ɜk/ʔ］；曾摄开口三等（知章组除外）、梗摄开口二等晓组影母、梗摄开口三等（知章组除外）、梗摄开口四等字韵母合流，今读［iŋ、ik/ʔ］或［in、ik/ʔ］。梗摄部分字存在白读音，韵母为［aŋ、ak/ʔ］［iaŋ、iak/ʔ］［uaŋ、uak/ʔ］。曾摄个别字韵母读同梗摄白读音，如橙［₅dzaŋ］。

⑩通摄合口一三等字韵母合流，今读［uŋ/əŋ］［u/ə/k/ʔ］［u/ə/k/ʔ］，合口三等晓组、影母、喻母、精组个别字以及见组个别字韵母带介音［i］。

（三）声调今读特点

①都昌方言的声调按古声母清浊分调，同时也按古声母送气与否分

调。清声母多读阴调，浊声母多读阳调。古次浊平与全浊平、古次清去与全清去、古全清入与次清入今读常常分调。

②全县方言清上、次浊上今读上声调，全浊上归去是主要发展趋势，春桥乡、徐埠镇、左里镇、都昌镇等西部方言全浊上、全浊去有部分归阴平现象。

③阴入调值高，阳入调值低。除大港镇、中馆镇方言外，全县古入声字都完整保留，并且按清浊及送气与否分调。古次清入与全浊入个别字合流，古次浊入字今读尤其是文读音往往随清流，读阴入调。

④中古入声字舒声化主要归向趋势是浊入归阳去，清入舒声化主要归向趋势是清去。

二　都昌方言语音的内部差异

（一）声母今读差异

1. 声母数量

都昌县各乡镇方言声母（含零声母）数量为21~25个，具体见表3-53。

表 3-53　乡镇方言声母数量

数量（个）	代表方言点
21	左里镇周茂村、大树乡大埠村、阳峰乡黄梅村
22	徐埠镇山峰村、多宝乡宝桥村、周溪镇输湖村、都昌镇金街岭
23	苏山乡彭埠村、春桥乡凤山村、蔡岭镇华山村、大港镇繁荣村、狮山乡老屋村、南峰镇石桥村
24	和合乡田坂村
25	土塘镇信和村、中馆镇银宝村、万户镇长岭村

23个声母是都昌方言的基本类型，具体情况是唇音［p、b、m、ɸ］，舌尖前［t、d、n、l］［ts、dz、s］，舌尖后［tʂ、dʐ、ʂ］，舌面音［tɕ、dʑ、ɕ、ȵ］，舌根音［k、g、x、ŋ］，零声母［ø］。21个声母的方言语音系统中少了［d］［dz］声母；22个声母的方言语音系统中少了［d］声母；24个声母的方言语音系统中多了［z］［ʐ］声母，少了［d］声母；25个声母的方言语音系统中多了［z］［ʐ］声母。

2. 透定母今读

汉语方言中古透定母今读多为 [t] 组声母，都昌方言透定母今读合流，具体音值存在地理差异。北部同湖口县相邻的春桥乡部分村方言透定母今读 [d]；东部大港镇、中馆镇、鸣山乡、万户镇、南峰镇、狮山乡方言，中部土塘镇部分村方言，北部徐埠镇部分村方言透定母一等字声母读 [d]，四等字声母读 [l]；中部土塘镇部分村方言，中西部阳峰乡、和合乡、周溪镇、左里镇、汪墩乡、大树乡、都昌镇方言，北部春桥乡、苏山乡、徐埠镇大部分村方言透定母都读 [l]。全县方言透定母的读音呈现由东到西逐渐相混的态势，东部方言透定母一等字读 [d]、四等字读 [l]（类型 1）→中部方言透定母个别韵摄部分字 [d] / [l] 混杂→西部方言透定母读 [l]（类型 2）。中部土塘镇方言是演变过渡地带。本书对土塘镇 23 个村方言进行调查后发现，中部方言透定母今读类型 1 到类型 2 的分界线位于土塘境内，辉煌村—小港村—土塘居委会—殿下村—潘垄村连线以西为类型 1，以东为类型 2。

3. 来母细音今读

《都昌（土塘）方言的两个特点》（陈昌仪，1983）记载土塘方言中来母拼细音读 [d]，拼洪音读 [l]。《客赣方言调查报告》（李如龙、张双庆主编，1992）记载都昌城关方言中 [l] 在齐齿呼前可自由变读 [d]。《客赣方言比较研究》（刘纶鑫主编，1999）记载都昌县城方言来母读 [l]。笔者调查结果表明都昌方言来母拼细音今读主要有两种类型：一是今读塞音声母 [d/tʰ]（类型 1），二是今读边音声母 [l]（类型 2）。在重点考察的 37 个方言点的方言音系中，东部大港镇，北部春桥乡、徐埠镇，西部多宝乡，中部土塘镇部分村方言存在塞音现象，都昌县大部分方言为类型 2。

4. 知章组今读

都昌县大部分方言知组二等字声母今读 [ts、dz/tsʰ、s]，章组、知组三等字声母今读 [tʂ、dʐ/ tʂʰ、ʂ]；东部大港镇方言除遇摄合口三等、止摄合口三等知组及章组个别字声母读 [tɕ、dʑ/tɕʰ、ɕ]，其他韵摄字声母同中西部方言情况一致；东部中馆镇、万户镇、狮山乡方言遇摄合口三等知章组字、止摄合口三等知章组字、山摄合口三等知章组字、臻摄合口三等知章组字声母读 [tɕ、dʑ/tɕʰ、ɕ]，其余三等字声母读 [tʂ、 dz/ tʂʰ、ʂ]。

5. 溪群母今读

都昌县西部方言溪母开口一二等字声母读［g］，溪母（开口一二等除外）、群母今读零声母（类型1）。东部中馆镇、万户镇、南峰镇、芗溪乡，北部与湖口县邻近的蔡岭镇、春桥乡部分村，东北部苏山乡部分村，中部土塘镇大部分村，这些方言溪群母拼洪音今读［g/kʰ］，拼细音今读［dʑ/tɕʰ］（类型2）。东部大港镇、鸣山乡、狮山乡方言主要情况是溪群母拼洪音今读［g/kʰ］，拼细音今读［dʑ/tɕʰ］，但同类型2又不完全相同，这些方言的遇摄、山摄、臻摄合口三等溪群母存在今读［dz/tʂʰ］现象（类型3）。

6.清流鼻音声母现象

声母带强送气的清鼻音［ŋ̊］，韵母为舌根鼻音［ŋ］，为了同读自成音节的浊鼻音［ŋ］相区别，前辈学者的成果（刘纶鑫主编，1999；陈昌仪，2005）多记为［hŋ］［ŋh］，本书记作［ŋ̊ŋ］。赣语中清流鼻音的常见例字有弘（曾合一匣）、轰（梗合二晓）、宏（梗合二匣）、空孔控（通合一溪）、翁（通合一影）、烘哄（通合一晓）、红洪鸿虹汞（通合一匣）、风枫疯封（通合三非）、丰峰蜂（通合三敷）、冯凤逢缝（通合三奉）、恐（通合三溪）、共（通合三群）。都昌县东部部分方言曾梗摄见系匣母个别字，通摄非组、见系个别字存在清流鼻音声母现象。都昌方言清鼻音的例字范围是"弘轰宏翁薙哄烘红洪虹鸿汞风疯枫丰凤冯封蜂峰逢奉缝"。在重点考察的37个方言点中，大港镇繁荣村、大港镇高塘村、大港镇邻波村、鸣山乡九山村、中馆镇银宝村、南峰镇石桥村、南峰镇暖湖村及西部多宝乡宝桥村、中部土塘镇化民村存在清流鼻音声母现象。

（二）韵母今读差异

1.韵母数量

都昌县各乡镇方言韵母数量为59~73个。本书重点考察17个方言点方言音系中的韵母数量：大港镇繁荣村（59个）、中馆镇银宝村（64个）、南峰镇石桥村（64个）、土塘镇信和村（66个）、春桥乡凤山村（66个）、蔡岭镇华山村（68个）、左里镇周茂村（69个）、周溪镇输湖村（69个）、徐埠镇山峰村（70个）、多宝乡宝桥村（71个）、都昌镇金街岭（71个）、和合乡田坂村（71个）、万户镇长岭村（72个）、狮山乡老屋村（72个）、苏山乡彭埠村（72个）、大树乡大埠村（73个）、阳峰乡黄梅村（73个）。

59~64个韵母数量的方言音系中古入声韵母有不同程度的舒声化现象。66~73个韵母数量的方言音系中古入声韵母保存较完好，入声韵母丰富，故数量有所增加。

2. 果摄韵母今读

果摄韵母主要元音为 [ɔ]。北部春桥乡（如凤山村、老山村）、蔡岭镇（如蔡岭居委会、牌垄村、华山村），东部大港镇（如高塘村、繁荣村、邻波村）、鸣山乡（如九山村冯家山村）、中馆镇（如银宝村）、南峰镇（如石桥村、暖湖村）、芗溪乡（如芗溪村）果摄字"果过火祸"韵母今读 [u]。

3. 遇摄韵母今读

遇摄鱼虞韵知章组、泥组、精组、见系合流格局东西部方言有区别，西部格局是知章组韵母读 [u]，泥组、精组、见系合流，韵母读 [i]。东部方言与西部方言不同，中馆镇银宝村方言知章组、泥组、精组、见系韵母读 [y]；狮山乡老屋村方言知章组韵母全读 [y]，泥组、精组、见系韵母读 [y] / [i]；南峰镇余晃村、南峰镇暖湖村、万户镇长岭村方言精组韵母读 [i]，知章组、泥组、见系韵母全读 [y]；南峰镇石桥村泥组、精组韵母读 [i] / [ʉ]，知章组韵母读 [ʅ]，见系韵母读 [ʉ]。

4. 蟹摄韵母今读

蟹摄一二等今读可分为两类。一类是一二等无别，韵母音值上均读 [ai]（类型1），都昌县大部分方言可归到此类。另一类是一二等有别，乡镇方言音值存在不同，可以再分为两小类：①一等读 [ɛi]，二等读 [ai]（类型2），主要分布在大沙镇、阳峰乡、周溪镇方言；②一等读 [ɔi]，二等读 [ai]（类型3），主要分布在南峰镇方言。周溪镇方言开口一等读 [ɛi] 韵母例字最多，蟹摄合口三等章组字也读 [ɛi] 韵母，如"税 [ʂɛi²¹⁴]"。周溪镇是都昌县古城（鄡阳）遗址所在地，古城被洪水淹没之后，此地便成了穷乡僻壤，受外界影响较小，方音保留较为古朴，蟹摄一二等字韵母读 [ɛi] 是周溪镇方言的一个标记。

5. 止摄韵母今读

都昌县东西部方言止摄合口字韵母今读有别。东部方言知章组、见组个别字存在撮口韵母，这些方言中，鼠 = 水 [˳ɕy]、枢 = 吹 [˳ʣy]，止摄合口三等与遇摄合口三等字韵母均读 [y]，这是音韵学史上所说的"支微入鱼"现象。

6. 效流摄韵母今读

都昌方言效流摄韵母发生合流与重组，具体有三种类型：一是效流摄韵母今读完全不相同（类型 1）；二是效摄三等（知章组），流摄一等、三等庄组韵母今读合流（类型 2）；三是效摄一二等、三等（知章组），流摄一等、三等庄组韵母今读合流（类型 3）。

类型 1 效摄韵母读 [au][iau]，流摄韵母读 [ɛu][iu][ou]，主要分布在东部中馆镇、南峰镇、狮山乡、芗溪乡方言及北部蔡岭镇、春桥乡、苏山乡、徐埠镇方言，西部左里镇、多宝乡方言；类型 2 效摄（三等知章组除外）韵母读 [au][iɛu]，效摄三等（知章组）及流摄一等、三等庄组韵母读 [uɜ]，流摄三等知章组、日母今读 [ou] 或 [u]，流摄三等来母、精组、见系今读 [iu]，主要分布在东北部大港镇、鸣山乡方言及南部万户镇、汪墩乡、大树乡、和合乡、大沙镇、阳峰乡、周溪镇、土塘镇方言；类型 3 效摄一二等、三等（知章组），流摄一等、三等庄组韵母合流读 [au]，效摄三四等韵母读 [iɛu]，流摄三等知章组、日母今读 [ou]，流摄三等来母、精组、见系今读 [iu]，主要分布在都昌县城及周边方言。

7. 山摄韵母今读

山摄合口一等舒声字韵母今读存在差异。类型 1 是都昌方言的基本类型，即帮组韵母今读 [nɔ]，见系韵母今读 [uɔn]，主要分布于东部的中馆镇、万户镇、南峰镇、狮山乡、芗溪乡方言，西部苏山乡、左里镇、多宝乡、都昌镇、北山乡方言，中部徐埠镇、土塘镇、汪墩乡、大树乡、和合乡、大沙镇、阳峰乡、周溪镇方言；类型 2 帮组韵母今读 [ɔn]，见系韵母今读 [uɛn]，主要分布于鸣山乡及邻近的蔡岭镇部分村方言；类型 3 帮组韵母今读 [ɔn]，见系韵母今读 [uɛn]，主要分布于大港镇、蔡岭镇方言；类型 4 帮组韵母今读 [an/ən]，见系韵母今读 [uɔn]，主要分布于春桥乡部分村方言；类型 5 帮组韵母今读 [an/ən]，

见系韵母今读 [uan]，主要分布于春桥乡部分村近湖口县方言。

山摄合口三等舒声字韵母今读情况比较丰富，存在地理差异。类型 1 是都昌方言的主体类型，即来母、精组、见系韵母读 [iɔn]，知章组、日母韵母读 [ɔn]，主要分布于北部的蔡岭镇、春桥乡、苏山乡、徐埠镇方言，西部左里镇、多宝乡、都昌镇及北山乡方言，南部汪墩乡、大树乡、和合乡、大沙镇、阳峰乡方言；类型 2 来母、精组、见系韵母读 [iɔn/iɐn]，知章组、日母韵母读 [ɔn]，主要分布于中南部土塘镇及周溪镇方言；类型 3 来母、精组韵母读 [iɐn]，知章组、日母韵母读 [ɐn]，见系韵母读 [iɐn] [ɐn]，主要分布在东部大港镇部分村方言；类型 4 来母、精组、影喻韵母读 [iɐn]，知章组、日母、见系韵母读 [uɐn] [ɐn] [yɐn]，主要分布在狮山乡方言；类型 5 来母、精组韵母读 [iɐn]，知章组、日母读 [ɻʐɐn/yɐn] [ɐn]，见组韵母读 [ɥɐn/yɐn] [ɐn]，影喻韵母读 [yɐn/uɐn]，主要分布在东部大港镇大部分村方言以及鸣山乡、中馆镇、万户镇、南峰镇、芗溪乡方言。

8. 通摄韵母今读

通韵合口一等韵母今读存在地理差异。从音值来看，都昌方言主体类型是通韵合口一等韵母今读 [uŋ]（类型 1）；通韵合口一等韵母今读 [əŋ]（类型 2），主要分布于东部中馆镇方言；通韵合口一等韵母今读 [uŋ] [əŋ]（类型 3），主要分布于与中馆镇相连的南峰镇中北部乡村方言。

9. 中古阳声韵韵尾今读

都昌县东西部方言中古阳声韵韵尾今读差异较大。都昌方言的主体情况是咸深山臻摄韵母韵尾为 [n]，宕江曾梗通摄韵母韵尾为 [ŋ]（类型 1）；大港镇部分乡村（如繁荣村）方言咸深山臻摄及梗摄文读音韵母韵尾为 [n]，宕江通摄及梗摄白读音韵母韵尾为 [ŋ]，曾摄开口一等帮组、端组、泥组韵母韵尾为 [n]，其他声组韵母韵尾为 [ŋ]（类型 2）；东部大港镇大部分村方言以及鸣山乡、中馆镇、南峰镇方言咸深山曾摄及梗摄文读音韵母韵尾为 [n]，宕江通摄及梗摄白读音韵母韵尾为 [ŋ]（类型 3）。

10. 入声字韵母韵尾今读

中古入声字韵母有没有塞尾同入声调类保存情况关系密切，从西至东，都昌方言中古入声字今读入声调类渐失，故入声字韵母带塞尾现象在西部及中部腹地方言保存较好，而东部方言入声塞尾存在不同程度的弱化或消失。蔡岭镇部分村、徐埠镇、汪墩乡、和合乡部分村、阳峰乡、北山乡方言咸深山臻摄入声字韵母韵尾为〔t〕，宕江曾梗通摄入声字韵母韵尾为〔k〕（类型1）。都昌大部分方言咸深山臻摄入声字韵母韵尾为〔l〕，宕江曾梗通摄入声字韵母韵尾为〔k〕（类型2）。从发展演变来看，类型2应当由类型1演变而来，〔l〕是〔t〕弱化的结果，这种弱化现象不仅有地理分布上的差异，而且体现在不同年龄层。

东部大港镇部分村、中馆镇、南峰镇方言中古入声字韵母今读韵尾合并为塞尾〔ʔ〕（类型3）。东部大港镇部分村、鸣山乡及邻近的蔡岭镇部分村、芗溪乡方言只有一个入声调，无入声塞尾（类型4）。东部大港镇部分村则无独立的入声调类，韵母没有塞尾现象（类型5）。

（三）声调今读差异

1. 古平声今读

古清平声母今读阴平，古浊平声母今读阳平。有些方言阳平有两个调类，按古浊平声母来源不同又有分化现象。蔡岭镇、春桥乡部分村、苏山乡、徐埠镇部分村、左里镇、多宝乡、汪墩乡、大树乡、和合乡、大沙镇、阳峰乡、周溪镇、都昌镇、北山乡方言来源于全浊平与来源于次浊平的字分化为两个不同阳平调类。从地理特点来看，主要分布在以县城为起点往北的西部区域方言，往东的南部方言。

2. 古上声今读

古清上与古次浊上归上声，全浊上变作阳去是都昌方言声调演变主要趋向。全浊上字今读调类存在地理差异，以县城为起点往北的西部春桥乡部分村、苏山乡、徐埠镇、左里镇、多宝乡方言，县城周边的汪墩乡方言存在全浊上归阴平现象，其他方言没有归阴平现象。

3. 古去声今读

去声清浊分调是都昌各乡镇方言共同趋势。地理差异主要体现在次清去与全清去是否分调，全浊去是否归阴平现象。

（1）次清去与全清去分调现象

东部大港镇、鸣山乡、中馆镇、万户镇、南峰镇、狮山乡、芗溪乡方言次清去与全清去不分调，其他方言次清去与全清去分调。

（2）全浊去归阴平现象

全浊去归阴平与全浊上归阴平是并行的演变现象。以县城为起点往北的西部春桥乡部分村、苏山乡、徐埠镇、左里镇、多宝乡方言及县城周边的汪墩乡方言除了存在全浊上归阴平现象外，还存在全浊去归阴平现象。

4. 古入声今读

古入声清浊分调是都昌县各乡镇方言共同的演变发展，此外全县境内方言均存在入声内部的送气分调现象。重点考察的 37 个方言点都存在全清入与次清入分调，万户镇、南峰镇部分村、狮山乡、蔡岭镇部分村、春桥乡部分村、徐埠镇部分村、左里镇、和合乡、阳峰乡部分村、周溪镇、都昌镇、北山乡方言存在次浊入与全浊入分调现象。

5. 不同古调类今读归并

①今读阳平调来源存在差异。只有一个阳平调的情况是次浊平与全浊平不分调。有两个阳平调类的方言，阳平$_1$来源于古全浊平，阳平$_2$来源于古次浊平；周溪镇输湖村方言阳平$_1$来源于全浊平、全清去，如爬 = 爸、才 = 再、牌 = 拜、赔 = 背。

②次清去与全清去分调后，次清去字今读调类合流与归向存在差异。结合笔者的调查结果，次清去独立为阴去乙调（类型 1），主要分布在中部的蔡岭镇、土塘镇部分村、周溪镇部分村方言；次清去与全清去合流（类型 2），主要分布在东部中馆镇、南峰镇、狮山乡、万户镇、芗溪乡方言；次清去与全浊上、全浊去合流（类型 3），这种类型是都昌方言的主要类型，主要分布在蔡岭镇部分村、春桥乡、苏山乡、徐埠镇、左里镇、多宝乡、汪墩乡、和合乡、大沙乡、阳峰乡、周溪镇部分村、都昌镇、北山乡、土塘镇大部分村方言；次清去与全浊上、浊去、浊入合流（类型 4），主要分布于大港镇繁荣村方言；次清去与全清去、次清入合流（类型 5），主要分布在鸣山乡九山村、大港镇邻波村方言；次清去与次清入合流（类型 6），主要分布在大港镇高塘村方言；次清去与全浊平、全浊上、浊去合流（类型 7），主要分布大树乡大埠村方言。

③中古入声字今读舒声化后归向存在差异。根据入声字舒声化后涉及的调类及归并情况来看，存在 6 种类型。结合笔者调查，方言音系中只有浊入归向浊去（类型 1），主要分布在中馆镇银宝村、蔡岭镇华山

村、蔡岭镇牌垄村（刘虎山村）、春桥乡凤山村、周溪镇输湖村方言；方言音系中次清入归向清去，浊入归向浊去（类型2），主要分布在大港镇邻波村、鸣山乡九山村方言；方言音系中全清入、浊入归向全清去（类型3），主要分布在大港镇繁荣村方言；方言音系中全清入、次浊入归向全清去，次清入归向次清去，浊入归向浊去（类型4），主要分布在大港镇高塘村、蔡岭居委会方言；方言音系中次清入归向浊平，浊入归向浊去（类型5），主要分布在芗溪乡芗溪村方言；其他方言保存入声调类，无入声舒声化现象（类型6）。

（四）语音结构差异

1. 韵母四呼

都昌县中西部方言韵母只有开齐合三呼，无撮口呼韵母，东部方言四呼齐全。据笔者的调查，大港镇繁荣村、大港镇高塘村、大港镇邻波村、鸣山乡九山村、中馆镇银宝村、万户镇长岭村、南峰镇石桥村、南峰镇暖湖村、狮山乡老屋村、芗溪乡芗溪村方言存在撮口呼韵母。东部方言撮口呼韵母出现在遇摄合口三等鱼虞韵知章组、见系，如猪［ₑtɕy］/［ₑtʂʅ］、锯［tɕyˀ］/［tɕuˀ］；蟹摄合口三等祭韵章组，如税［ɕyˀ］；止摄合口三等支脂韵知章组，如吹［ₑdʑy］/［ₑdʐʅ］；山摄合口三四等知章组、见系，如穿［ₑdʑyɛn］/［ₑdʐuɛn］；臻摄合口三等章组、见系，如春［ₑdʑyn］、军［ₑtɕyn］/［ₑtɕun］。

2. 辅音自成音节

都昌方言存在自成音节［m̩］［n̩］［ŋ̍］。"姆～妈"读自成音节的浊鼻音［m̩］，"你那～边"读自成音节的浊鼻音［n̩］，"吴蜈五伍"等字白读音多读自成音节的浊鼻音［ŋ̍］，除"吴蜈五伍"例字外，多宝乡宝桥村方言还有"翁蕹"，鸣山乡九山村方言还有"蕹"。

三　都昌方言内部划分

已刊成果有一些对都昌方言内部差异的讨论。例如，1993年版《都昌县志》卷三十六方言部分由杨自翔完成，其中"区划总说"载：都昌县各乡镇方言存在一些或大或小的差异，其中东西差异较大，南北差异较小。东部由大港、盐田（今属大港镇）至中馆、南峰、万户一带，韵母有撮口呼，［in］［iŋ］不分（都念［in］），没有辅音入声韵尾，古入声字今读全部或部分并入舒声调类；西部和中部没有撮口呼（周溪有少数读 [ɥ] 韵母的字，为例外），[in][iŋ] 分明，有 [k]、[1]（或 [t]）入声韵尾，古入声字今读入声，等等。如果按相近程度再加以细分，东部可分三小片：大港、盐田和鸣山一小片，中馆、狮山一小片，南峰、芗溪和万户一小片；西部和中部可分五小片：都昌镇、北山、汪墩和七角（今境内属汪墩乡）一小片，多宝、左里和苏山一小片，北炎（今境内属蔡岭镇）、春桥（部分）、徐埠和张岭一小片，土塘、化民和杭桥（今境内均属土塘镇）一小片，周溪、西源、三汊港、阳峰、和合、大沙和大树一小片。"区划总说"没有对分片依据做具体论述分析。笔者基于对都昌县各乡镇方言的深入调查，对都昌方言的内部差异进行详细划分。

关于汉语方言区分标准的讨论较多，结合已刊成果来看，关于方言区分标准学界主要有两种观念，一是采取语音标准，二是采取综合标准（语音、词汇、语法）。詹伯慧（2002：347）认为，划分方言及确认方言归属较常用的方法是通过比较提炼出声韵调的区别性特征，采用区别性特征条目作为划分依据。王福堂（1999：46）认为，区分方言的主要标准是语音标准。丁邦新（1998：168）曾提出用早期历史性条件划分大方言，用晚期历史性条件划分次方言，用平面性条件划分小方言。本书着力于方言语音研究，故内部划分采纳语音标准。都昌县境内各乡镇方言应属小方言范畴，故本书采取共时平面语音差异作为方言内部划分的依据。根据语音的共同性特征和区别性特征，再划分都昌方言的内部差异。

根据已刊研究成果，以共时平面语音特点及差异为依据，笔者在密集调查基础上对都昌方言分片做调整完善，结合当地人语感，将全县24 个乡镇方言分为 7 种口音：多宝口音、都昌镇口音、春桥口音、蔡岭口音、周溪口音、大港口音、南芗万口音。具体情况请看表 3-54。

表 3-54　都昌县方言各口音语音特征

区别性特征		多宝口音	都昌镇口音	春桥口音	蔡岭口音	周溪口音	大港口音	南芗万口音
透定母今读	全部读塞音	○	○	+	○	○	○	○
	一等读塞音，四等读边音	+	○	○	○/+	○	+	+

续表

区别性特征		多宝口音	都昌镇口音	春桥口音	蔡岭口音	周溪口音	大港口音	南芗万口音
知三章组字今读舌面［tɕ］组声母		○	○	○	○	○	+	+
溪群母今读零声母现象		+	+	○	○/+	+	○	○
有撮口呼韵母		○	○	○	○	○	+	+
遇摄合口三等知庄章组字韵母今读［u］		+	+	+	○	+	○	○
蟹摄开口一二等韵母	［ɛi］［ai］分立	○	○	○	○	+	○	○
	［ɔi］［ai］分立	○	○	○	○	○	○	+
效摄、流摄一等、三等庄组字今读［au］		○	+	○	○	○	○	○
山摄合口一等舒声字韵母今读	［an］［uan］	○	○	+	○	○	○	○
	［ən］［uɛn］	○	○	○	+	○	+	○
全浊上、全浊去今读归阴平		+	+	+	○	○	○	○
中古入声字今读舒声调		○	○	○	○	○	+	○
次清去今读独立阴去乙调		○	○	○	+	○	○	○
来母拼细音字读全阳平调（全浊平来源）		○/+	○/+	○	+	○	○	○

注：○表示无此语音特征，＋表示有此语音特征，○/+表示少量字有此特征。

结合表3-54来看，同一县内各乡镇方言往往同多异少，从语言学参数及本地人语感来看，各种口音差异往往表现为不同数量的显著语音特点的聚合，有些口音也会存在排外性的区别特点。下文具体介绍都昌境内不同口音所辖区域及显著语音特点。

1. 都昌镇口音

所辖区域：都昌镇、北山乡、大树乡、汪墩乡（中南部乡村）。显著语音特点有：①溪群母今读零声母现象；②遇摄合口三等知庄章组字韵母今读［u］；③效摄、流摄一等、三等庄组字今读［au］；④全浊上、全浊去今读归阴平；⑤部分来母拼细音字读全浊平来源的全阳平调。第③条属于区别性特征。

2. 多宝口音

所辖区域：左里镇、多宝乡、汪墩乡（西北与左里镇交界附近的乡村）、苏山乡（与左里镇交界附近的乡村）、徐埠镇（中南部乡村）。显著语音特点有：①透定母一等读塞音，四等读边音；②溪群母今读零声母现象；③遇摄合口三等知庄章组字韵母今读［u］；④全浊上、全浊去今读归阴平；⑤部分来母拼细音字读全浊平来源的全阳平调。第①条属于区别性特征。

3. 春桥口音

所辖区域：春桥乡、苏山乡（中部及北部）、徐埠镇（北部近春桥的乡村）、蔡岭镇（北部近湖口县的乡村，如牌垄村刘虎山村、王家舍村等地）。显著语音特点有：①透定母今读塞音；②遇摄合口三等知庄章组字韵母今读［u］；③山摄合口一等舒声字韵母今读［an］［uan］；④全浊上、全浊去今读归阴平。第①③条属于区别性特征。

4. 蔡岭口音

所辖区域：蔡岭镇（中南部）、土塘镇（北部乡村）。该类型方言的许多语音特点呈过渡状态。例如，①部分方言透定母一等读边音，四等读塞音；②溪群母今读零声母现象。显著语音特点有：③山摄合口一等舒声字韵母今读［ən］［uɛn］；④次清去今读独立阴去乙调；⑤来母拼细音字读全浊平来源的全阳平调。第④条为区别性特征。

5. 周溪口音

所辖区域：周溪镇、和合乡、大沙镇、三汊港镇、阳峰乡、土塘镇（东南部接近阳峰乡的村子，如南源村、铺里村等）。显著语音特点有：①溪群母今读零声母现象；②遇摄合口三等知庄章组字韵母今读［u］；③蟹摄开口一等分立，韵母今读［ɛi］［ai］。第③条为区别性特征。

6. 大港口音

所辖区域：大港镇、鸣山乡、蔡岭镇（近鸣山乡的乡村，如蔡岭村陈家畈等乡村）。显著语音特点有：①透定母一等读塞音，四等读边音；②知三章组字今读舌面［tɕ］组声母；③有撮口呼韵母；④山摄合口一等舒声字韵母今读［ən］［uɛn］；⑤中古入声字今读舒声调。第⑤条为区别性特征。

7. 南芗万口音

所辖区域：狮山乡、中馆镇、南峰镇、芗溪乡、万户镇。显著语音特点有：①透定母一等读塞音，四等读边音；②知三章组字今读舌面［tɕ］组声母；③有撮口呼韵母；④蟹摄开口一二等分立，韵母今读［ɔi］［ai］。第④条为区别性特征。

第四章　都昌方言语音音变

本章分声母、韵母、声调专题探讨都昌方言中的特殊音变现象。

第一节　声母专题

一　都昌方音的浊音声母

浊音声母现象是赣北昌都片赣语重要语音现象，在赣语中还分布在大通片赣语。汉语方言全浊声母今读保留浊音典型代表是吴语与湘语，音系中全清、次清、全浊三分。地理上赣语浊声现象分布于吴湘之间，据已刊成果（赵元任等，1948；李如龙、张双庆主编，1992；陈昌仪，1991；刘纶鑫主编，1999；方平权，1999），可知浊音声母现象主要分布于湖北省赣语蒲圻、崇阳、通城方言，湖南省赣语平江、岳阳市北区、临湘市东北赣方言，江西境内赣北赣语都昌、庐山、湖口、永修、修水、武宁方言。从地理空间来看，有浊音现象的赣语点就像一条走廊将湘语区和吴语区联系在一起（陈立中，2004：83）。都昌方言正处于这条"浊音走廊"的东端。《都昌（土塘）方言的两个特点》（陈昌仪，1983）第一次向学术界详细介绍了都昌土塘方言声母带音现象，由此都昌方言浊声现象引起方言学界的关注，赣北赣语"次清化浊"音变讨论也日趋热烈。卢继芳（2007：11）通过实验语音学方法研究指出，都昌阳峰方言浊音声母为不送气带音声母。在已有研究的基础上，下文结合都昌方言内部差异对都昌方言古全浊声母与次清声母今读类型、都昌方言浊音声母的特点再做探讨。

（一）浊音声母的音值

　　关于都昌方言中古次清与全浊塞音、塞擦声母今读情况，既往成果有一些讨论。例如《客赣方言调查报告》（李如龙、张双庆主编，1992：14）记载都昌城关方言的音系古次清与全浊合流读不送气浊音声母；《客赣方言比较研究》（刘纶鑫主编，1999：22~23）指出南昌片赣语的声母特点是（南昌市南昌县、新建、安义县方言除外）音系中存在浊音声母，都昌县、湖口县、庐山市、修水县方言古次清和全浊声母合流今读不送气的浊音声母，德安县、永修县部分赣方言古次清和全浊声母合流读送气的浊声母或清音浊流声母，武宁县及瑞昌市西南的南义镇方言古全浊声母今读不送气全浊声母，今读不与次清声母合流。

　　结合笔者调查来看，都昌方言中古次清与全浊塞音、塞擦音声母今读声母并不都是浊声母，存在不同的演变类型。我们对都昌 10 位不同年龄的发音人进行调查，1945~1957 年出生的为老年层，1981~1990 年出生的为青年层，发音人信息见表 4-1。

表 4-1　发音人信息

居住地	编号	姓名	性别	出生年份	文化程度	职业
阳峰乡卢家村	1	卢某河	男	1947	中师	退休教师
阳峰乡卢家村	2	卢某林	男	1948	初中	务农
阳峰乡卢家村	3	卢某华	男	1955	初中	退休干部
阳峰乡卢家村	4	卢某英	女	1957	高中	退休干部
阳峰乡卢家村	5	卢某光	男	1981	初中	务农
阳峰乡卢家村	6	卢某英	男	1983	大学	务农
都昌镇吴家街	7	吴某宝	男	1945	高中	退休干部
都昌镇金街岭	8	吴某玉	男	1956	高中	退休干部
都昌镇金街岭	9	陈某平	男	1990	大学	机关干部
都昌镇邵家街	10	邵某	男	1984	高中	公司职员

　　都昌方言老年层中古次清与全浊声母今读情况是滂並母今读〔b〕、敷奉母今读〔ɸ〕、透定母今读〔l〕、清从母今读〔dz〕、邪母今读〔dz/s〕、彻澄母今读〔dz/dʐ〕、初崇母今读〔dz/s〕、昌母今读〔dʐ〕、船母今读〔ʂ〕、禅母今读〔dz/ʂ〕、溪母今读〔g/ø〕、群母今读〔ø〕、匣母今读〔ɸ/h/ø/g/ɕ〕，浊音类型有浊塞音〔b〕〔g〕，浊塞擦音〔dz〕〔dʐ〕，边音〔l〕，从发音特点及音值来看，不同年龄的发音人呈现不同的情况。

　　带音是浊音声母的声学特征，即声母嗓音起始时间为负值（VOT值＜0），语图中有浊横杠。老年层中古次清与全浊塞音、塞擦音声母今读浊音声母现象较稳定。

　　1. 老年层浊音特点

　　老年层浊音声母带音特点明显，发音较稳定。图 4-1 至图 4-6 展示了老年层"粗〔dzu³³〕""开〔gɛi³³〕""潘〔bɔn³³〕"的 Praat 软件宽带语图。

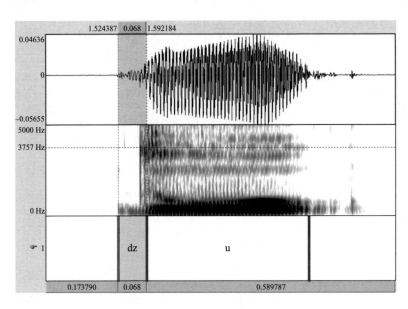

图 4-1　发音人 2 "粗〔dzu³³〕"

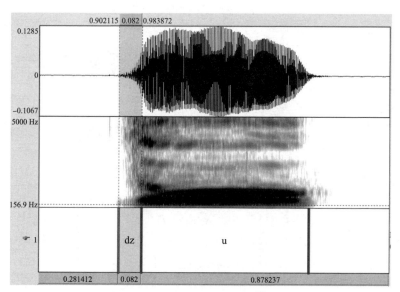

图 4-2　发音人 3 "粗［dzu^{33}］"

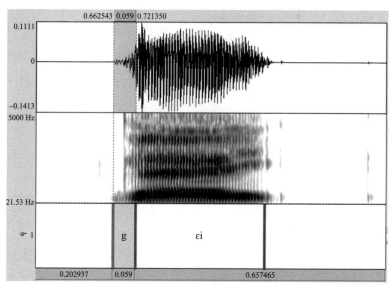

图 4-3　发音人 2 "开［gɛi^{33}］"

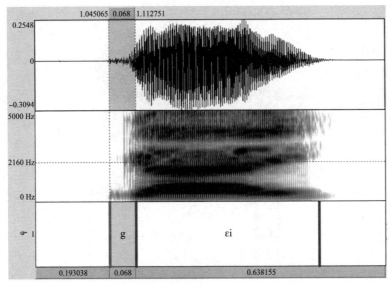

图 4-4　发音人 3 "开 [gɛi³³]"

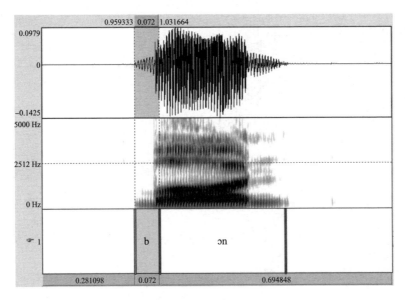

图 4-5　发音人 2 "潘 [bɔn³³]"

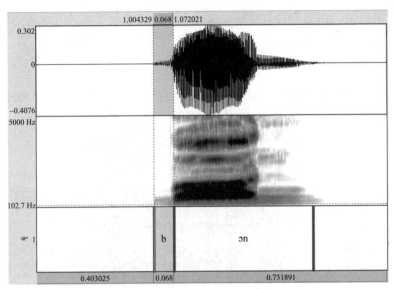

图 4-6　发音人 3"潘［bɔn³³］"

图 4-7、图 4-8 展示了老年层"锄［dzu²¹⁴］""爬［ba²¹⁴］"的 Praat 软件宽带语图。

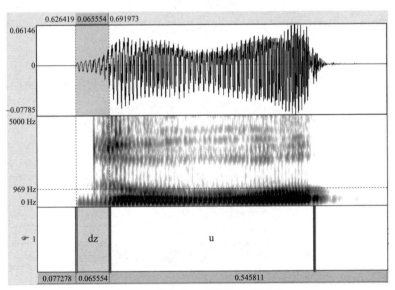

图 4-7　发音人 2"锄［dzu²¹⁴］"

2.青年层浊音特点

中古次清与全浊塞音、塞擦音声母今读浊音声母现象存在带音与清音浊流现象。都昌方言青年层今读浊音声母存在带音、清音浊流变体现象。清音浊流是听感上有浊感，语图上没有可见的浊横杠，VOT 值＞0，这说明声母不是语音学上所说的真浊音。

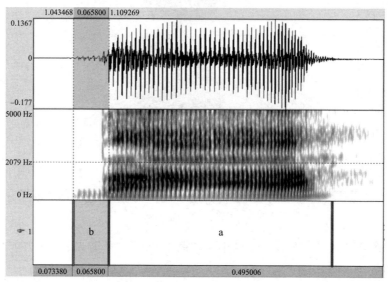

图 4-8　发音人 3 "爬［ba²¹⁴］"

图 4-9、图 4-10 展示了阳峰乡发音人 6 "粗""开"的 Praat 软件宽带语图。

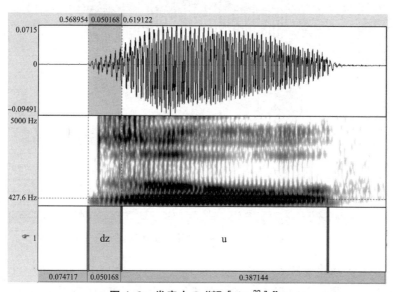

图 4-9　发音人 6 "粗［dzu³³］"

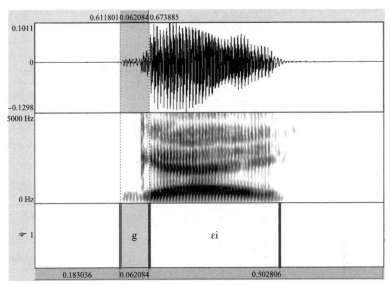

图 4-10 发音人 6 "开 [gɛi³³]"

发音人 6 的"粗""开"语图中有可见的浊横杠。与发音人 6 同村的发音人 5 "粗"字语图上没有浊横杠,但有浊音听感,声母为清音浊流特点(见图 4-11);"开"字发音时,语图上有明显的浊横杠,即为真浊音(图 4-12)。

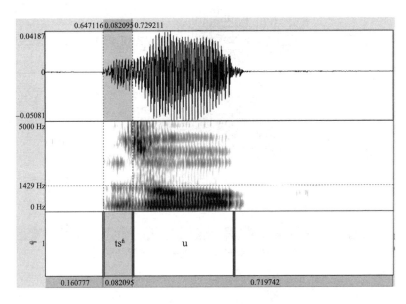

图 4-11 发音人 5 "粗 [tsɦu³³]"

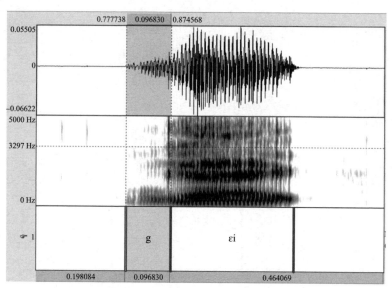

图 4-12　发音人 5 "开 [gɛi³³]"

　　发音人 10 古次清来源字"开""枪"发音时，有浊音听感，但不见浊横杠，"开""枪"声母也具有清音浊流特点（见图 4-13、图 4-14）。

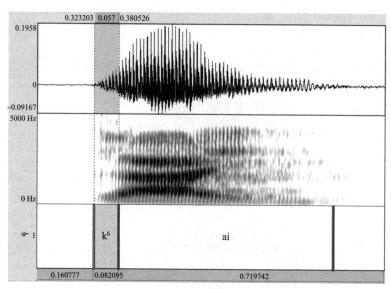

图 4-13　发音人 10 "开 [kʰai³²]"

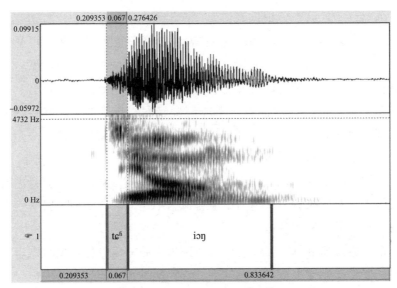

图 4-14 发音人 10 "枪 [tɕʰiɔŋ³²]"

对于赣北方言浊音音值，学界有较多讨论。李如龙、张双庆（1992：13）指出：修水方言"送气声母在有些口语常用字中送气不明显，有少数字读送气清音，无音位对立，标音时概作送气浊音"；刘纶鑫（1999：4~45）指出："星子、湖口、都昌方言古塞音、塞擦音次清与全浊声母合流为不送气浊声母；永修江益乡方言合流为送气浊声母；德安县方言合流为清音浊流声母，年轻人多失去浊流变为送气清音。"卢继芳（2007）研究指出，都昌阳峰方言浊音声母为不送气带音声母。在此基础上，本书认为都昌方言浊音声母主要有两种不同的音值，即常态浊音、清音浊流。

浊声母、清声母后接元音的发声态是不同的，清声母后的元音一般是常态元音，都昌方言浊声母或带有清音浊流的声母后接的元音往往呈现弛声特点，这是老年层发声态的普遍特点。

李如龙、张双庆（1992：198）指出，古全浊声母的清化可以视为汉语声母发展的主流表现。就客赣方言说，大多数方言点全浊声母清化后与同部位次清声母混同，这是带有客赣方言特色的主流表现。湖南境内的赣语平江方言和赣北都昌、修水方言古次清与全浊声母合流，今读浊音声母，对于大多数客赣方言来说，这是支流，也是一种回流。

陈昌仪（1991）曾根据老年人与青年人的语音差异，送气清音、全浊、清音浊流互为变体现象，拟定了赣语声母的演变链条：古全浊塞音、塞擦音声母与古次清塞音、塞擦音声母合流→送气的全浊塞音、塞擦音声母→送气的清音浊流塞音、塞擦音声母→送气的清音塞音、塞擦音声母。关于赣北赣语浊音声母的演变趋向，夏俐萍（2020：49）指出，湘鄂赣交界方言合流型浊音的发展方向应该有两种可能，一是送气浊音声母变成不送气浊音，二是回到送气清音。

我们认同都昌方言的浊音声母是后起的音变。从都昌方言老派与新派发音人的对比来看，次清与全浊合流为不送气浊音之后未必一定走向清化，还有另一种演变方式。

都昌方言溪群母字今读发生了浊声丢失后零声母化现象。笔者调查发现，老年层发音人读零声母的字，青年层发音人却带上了浊声母。以都昌镇方言为例：

	课溪	枯溪	块溪	渠第三人称群	骑群	桥群
老年层	uɔ²	₌u	uai²	₂ɛ	₂i	₂iɛu
青年层	gɔ²	₌gu	guai²	₂gɛ	₂dʑi	₂dʑiɛu

刘纶鑫（1999：270）利用西北方言古全浊声母读送气音研究成果，说明客赣方言古全浊声母今读送气清音可能与不同时期的北方移民来源有关，同时指出赣北次清化浊现象："司豫流人"南迁江西，仅至江西九江地区，并设立过弘农、新蔡等六个侨郡（县），而九江地区的大部分方言古全浊声母至今读浊音，多读不送气浊音，不仅全浊声母未清化，连次清声母也浊化了。这个问题值得我们认真思考。

卢继芳（2018：240）对昌都片赣语中古浊音演变类型进行过专题调查，着重分析了昌都片赣语送气成分特点，发现某些方言存在"气声"特点。本书进一步认为赣北昌都片赣语古次清与全浊合流后的音值不同于赣中与赣南，是因为这个区域方言声母送气成分发音机制有特殊性，即带有气声或弛声的特色。这可能是赣语南北发生不同演变的重要原因。这个问题在本书的第五章第二节都昌方言与周边方言历时演变比较中做详细论证。

（二）浊音声母在音系中的地位

赣语昌都片与大通片方言中浊音声母属合流型浊音，对于浊音声母在音系中是否具有独立音位地位，学界做过一些讨论。例如，陈昌仪（1991）根据昌都片方言老年人与中青年人的语音差异，指出送气清音与全浊、清音浊流互为变体现象。

赣语合流型浊音是后起的音变。都昌方言中古全浊与次清声母字今读浊音声母都不是保存了古音，而是后起的变化。都昌阳峰老派发音人方言音系中全清与次清的区别由原来的不送气与送气的区别变成了清浊区别，具有辨义作用，清浊具有独立的音位地位。如班［pan⁴⁴］≠攀［ban⁴⁴］、狗［kəu³⁵²］≠口［gəu³⁵²］、挤［tsi³⁵²］≠取［dzi³⁵²］、知［tʂʅ⁴⁴］≠痴［dzʅ⁴⁴］，当地人对这些例字的声调音值不敏感，依据清浊声母区别意义。

大多数汉语方言是清浊分调，全清与次清同调，与全浊声母来源字不同调。在赣语昌都片方言，都昌、修水、武宁、湖口等方言有些古调类的次清来源字与全浊来源字的声母合流为浊音声母，声调也发生了合流。对于这些方言，全清与次清来源字的声母清浊对立，今读声调也不同。都昌方言中的部分方言全清去与次清去来源字的区别性特征是声母清浊、调值高低，如都昌阳峰方言中告［kau³²⁴］≠靠［gau³¹］、爆［pau³²⁴］≠抱［bau³¹］、灶［tsau³²⁴］≠□推义［dzau³¹］。

陶寰（2017）结合吴语单音节、语流情况，讨论吴语浊音声母的音系学地位；太湖片、台州片和瓯江片吴语依靠声母的清浊区别意义；清浊擦音声母构成对立，如吴语宣州片铜泾小片方言；声母的清浊只是听感浊音，清浊已经没有音位价值，如吴语婺州片、处衢片方言；江山型浊音声母可自由变读为清音浊流、送气清音。夏俐萍（2020：69）结合已刊成果及实地调查指出，湘语全浊声母在音系中的地位情况复杂，如祁东方言单念时清浊声母与阴阳调类互为羡余特征，连读变调中依声母清浊区别意义，东坪方言同一调类上清浊对立。

赣语中浊音声母是古次清与全浊声母合流演变的后起音变，故在音系地位上不同于吴湘语三分存古的音系特点，赣语各地浊音声母在音系

中的地位是一个值得深入调查研究的课题。都昌方言古平声、上声的全
清字与次清字今读同调，清浊辨义，浊音声母在音系中具有音位地位。

二　都昌方音浊音声母弱化现象

结合各地汉语方言来看，清化与弱化是浊音声母常见的演变趋势。
都昌方言音系中浊声母有 [b] [d] [g] [dz] [dʐ]，不同的古音类今读
有不同的弱化情况，本节着重讨论浊塞擦音声母擦音化、透定母字声母
今读边音、溪群母字今读零声母现象。

（一）浊塞擦音声母擦音化现象

浊塞擦音今读浊擦音是浊音弱化的一种常见音变现象。Lyle
Campbell（2013：41）基于印欧语言研究成果指出："弱化是一个相当
松散的概念，适用于各种各样的变化，其中变化后产生的声音被认为在
某种程度上比原来的声音更弱。因此，弱化包括塞音或塞擦音变为擦
音，两辅音变为一辅音，全辅音变为滑音（j 或 w），有时清辅音在不
同环境下带声，等等。弱化可能还包括声音的完全丧失。"

都昌方言中今读浊塞音、塞擦音声母来源于古清母、从母、邪母、
船母、禅母，清母、从母字今读 [dz] 声母，邪母字今读 [dz] [s] 声
母，船母字今读 [dʐ] [ʂ] 声母，禅母字今读 [dʐ] [ʂ] 声母。既往研
究成果的材料说明，这些古浊音声母按韵类条件部分字今读浊塞擦音声
母 [dz] [dʐ]，部分字今读清化为清擦音声母 [s] [ʂ]。

卢继芳（2007：31）曾指出都昌阳峰方言青年层止摄开口三等支
脂之韵中"清从邪初崇彻澄昌"声母字今读声母为浊擦音，这个音变现
象在都昌镇方言中同样存在，与阳峰乡不同之处是都昌镇青年层浊塞擦
音与浊擦音互为变体。具体出现的韵摄及语音构造条件是止摄精知庄章
组字声母与舌尖元音相拼合。下面为都昌镇方言老年层与青年层例字：

	此	自	耻	迟	柿	齿
老年层	dzɿ³⁴²	dzɿ³²	dʐʅ³⁴²	dʐʅ³²³	dzɿ³²	dʐʅ³⁴²
青年层	dz/zɿ³⁴²	dz/zɿ³²	dʐ/ʐʅ³⁴²	dʐ/ʐʅ³²³	dz/zɿ³²	dʐ/ʐʅ³⁴²

浊塞擦音今读浊擦音现象还出现在昌都片其他赣语中，如湖口、庐山、修水等方言。结合其他汉语方言来看，吴语、湘语浊塞擦音声母也存在弱化为浊擦音现象。例如，苏州方言古澄母、崇母、船母、从母等浊塞擦音声母存在弱化为浊擦音声母的现象，如茶［zo］、虫［zoŋ］、柴［zɑ］、船［zø］、蚕［zø］、全［zi］、柱［zʯ］、罪［zɛ］、树［zʯ］、直［zə̃］（语料引自夏俐萍，2020：75）。

从演化音理来看，都昌方言浊塞擦音声母擦音化同吴语、湘语是一样的，不同的是都昌方言还涉及古次清字。止摄精庄知章组字今读舌尖元音现象应是晚近官话影响的结果，都昌方言青年层浊塞擦音声母擦音化应当也是较晚近的音变现象。

（二）透定母字声母今读边音［l］现象

据已刊成果（李如龙、张双庆主编，1992；刘纶鑫主编，1999；万波，2009；孙宜志，2007；卢继芳，2007；等等），都昌方言存在中古透定母字声母今读边音［l］现象。结合田野调查，笔者发现这些音变现象在都昌全境方言中不具有周遍性，地域差异体现历时变化。本书结合既往研究成果对此问题做进一步深入探讨，并尝试分析其历史演变规律。

1. 都昌方言透定母字今读［l］声母的地理分布

透定母字今读边音声母现象在都昌全境方言中不具有周遍性。都昌县共有24个乡镇，全境方言古透定母今读基本上合流，但具体音值有些差异。东部大港镇、鸣山乡、中馆镇、狮山乡、南峰镇、芗溪乡、万户镇及中部土塘镇方言透定母字声母今读［d］/［l］。中西部蔡岭镇、阳峰乡、三汊港镇、周溪镇、大沙乡、汪墩乡、春桥乡、徐埠镇、苏山乡、左里镇、多宝乡、北山乡、大树乡、都昌镇方言透定母字声母今读［l］。都昌方言透定母字今读边音声母现象存在音变条件，同样呈现地理分布差异。

东部大港口音及南芗万口音透定母一等字声母读塞音［d］，四等字声母读边音［l］，个别字不合规律。东部大港镇方言咸摄开口一等谈盍韵个别透母字声母读［d］，个别定母字声母读［l］；通摄合口一等个别定母字声母读［l］，如毯［dan³⁵³］、塔［daʔ⁴⁵］、塌［daʔ⁴⁵］、谈［lan²⁴⁴］、痰［lan²⁴⁴］、淡［lan²¹²］、洞［luŋ²¹²］、毒［luŋ²¹²］。万户镇、南峰镇、狮山乡方言通摄合口一等透母字声母读［d］，定母字声母读［l］，如万户镇方言，通［duŋ³³］、桶［luŋ³⁴⁵］、痛［duŋ³¹］、洞［luŋ²²］、独［luk³³］、读［luk³³］。万户镇、南峰镇、狮山乡、土塘镇化民村方言宕摄开口一等透母字声母读［d］，定母字声母读［l］；山摄开口一等透母字声母读［l］，山摄合口一等定母字声母读［l］，如万户镇方言，烫［dɔŋ³¹］、托［dɔl²¹］、堂［lɔŋ³⁴⁴］、荡［lɔŋ²²］、摊［lan³³］、坦［lan³⁴⁵］、团［lɔl³⁴⁴］、断［lɔl²²］。

中部土塘镇化民村方言是东西部方言音变的过渡地带。化民村方言蟹摄开口一等、效摄开口四等部分字声母有［d］/［l］两读，如胎［d/lai⁴⁴］、抬［d/lai³⁴⁴］、贷［d/lai²¹］、代［d/lai²¹］、袋［d/lai²¹］、太［d/lai²¹］、泰［d/lai²¹］、挑［d/liɛu⁴⁴］。

2. 透定母字今读边音［l］声母现象在其他方言中的分布情况

昌都片赣语不少方言存在透定母字今读边音声母［l］现象。除了都昌方言外，德安县丰林镇方言透定母字今读边音声母［l］也很典型，丰林镇黄桶村、畈上王村、桥头村方言透定母字声母基本上读边音［l］。赣语宜浏片新余市渝水区方言（刘纶鑫主编，1999）古端母四等字声母今读边音［l］，这与昌都片赣语情况不同。

湖南方言也有相似情况。李冬香（2005：53）指出平江赣语中"簟亭停庭蜓"读来母边音。罗昕如（2011：48）指出，1995年版《新宁县志》载新宁方言老派古来母字与定母字在细音前听感上可记［d］，也可记［l］。另据陈晖（2006：63）研究，可知新宁方言新派古定母字与来母字在细音前今读音相同，都读［l］，没有塞音成分。陈蒲清（1981：209~214）指出，湖南益阳方言边音声母较多，分别来源于来母、泥母、日母、古全浊声母定从邪澄崇船禅。其中，定母例字有103个："驼驮舵大惰徒屠途涂图杜肚度渡镀台臺抬待怠殆代袋题提蹄啼弟第递兑地桃逃淘陶萄涛道稻盗条调头投豆痘潭谭痰谈淡甜簟檀坛弹～琴但弹子～蛋田填电殿佃垫团断段缎囤沌钝盾矛～遁堂棠螳唐塘糖荡腾藤眷疼邓澄把水～一下亭停廷庭蜓同铜筒桐童瞳洞动毒动词，～死人"。彭建国（2010：94~95）提到，湘西乡话定澄二母字无论平仄都有一些读为边音，涟源市六亩塘等方言定母字无论在洪音前还是在细音前绝大多数读边音。湘赣方言中的定母字声母今读边音［1］现象在音韵条件上具有相似性，如果出现不平衡分布，读边音声母的字多来源于蟹合一等、蟹开四等、效开四等、咸开四等、山开四等、梗开四等字，即定母字声母拼细音韵母今读边音［1］。

福建闽北建阳、崇安方言（陈章太、李如龙，1991）部分定母字声母今读边音［1］，建阳方言例字如潭深~［ₗaŋ］、铜［ₑloŋ］、队［luiˀ］、读［lo₂］，崇安方言例字如铜［ₑləŋ］、队［luiˀ］、读［lu₂］。

综上所述，湖南方言、福建闽音边音［1］现象不涉及古透母字，都昌方言及昌都片赣语边音声母［1］来源不仅有定母字，还有古透母字。都昌方言透定母字今读边音［1］声母是汉语方言中较有特色的音变现象。

3. 都昌方言透定母字今读边音［1］声母的音变机制

汉语史上，透定母属于古音端组声母，学界各家中古拟音较一致，端母读［t］，透母读［tʰ］，定母读［d］，宋代以后定母按平声送气、仄声不送声的原则并入端透。故从中古至今汉语透定母音值都是［t］组，这也可得到现代汉语各大方言的印证。

都昌方言透定母字声母今读边音［1］现象是都昌方言特色音变，从上文语音音变地理分布及音韵条件来看，细音前先变，如东部大港镇小埠村、万户镇长岭村方言个别定母字读［1］声母说明透定母拼洪音变［1］可能是从定母字开始的，音变按词汇扩散方式逐步完成。

联系其他汉语方言（李冬香，2005；万波编著，2009；罗昕如，2011；彭建国，2010）来看，湖南赣语、湘语、闽语也有相似音变，学界对此现象的音变机制也有较多认识，普遍性的认识是透定母字声母今读边音［1］为浊音弱化的结果。彭建国（2010：95）指出湘语定母的［1］化是发音强度减弱、音长缩短的结果；万波（2009：132）认为都昌方言中的透定母字声母读边音［1］也是［d］弱化的结果，本书认同万波的观点。

都昌全县方言"透、定"二母的读音呈现由东到西逐渐相混的态势，东部"透、定"母一等字声母读［d］，四等字声母读［1］→中部"透、定"母字声母在个别方言点的个别韵摄中读［d］或［1］→西部"透、定"母字声母均读［1］，地理差异体现了［d］＞［1］的音变过程。从韵摄条件看，四等韵字先变，其次是一等韵字变，从东部不合规律例字数量来看，同是一等，定母字比透母字要多，这也可看出都昌透定母字声母今读［d］>［l］演变不是一次性完成的。中部地区土塘镇化民村方言可作为浊音弱化过渡态势，信和村柏树张家方言发音人读蟹开四等齐韵字（体透、梯透、题定、弟定）、效开四等萧韵字（挑透、跳透）、咸开四等添韵字（添透、甜定）、山开四等先韵字（天透）时，边音仍带有很浓重的浊音，发音人读蟹开一等字"胎抬贷代袋太泰"时还存在浊音、边音变读现象，这正是透定母浊音弱化为边音的过渡状态。

　　［d］>［l］音变过程是符合方言事实的。透定母字声母今读［l］音变首先发生在细音前，这可从发音机制上解释，舌尖前音［d/tʰ］与前高元音［i］相拼，［i］前高舌位特征导致舌面前端抬高，舌面前端贴近上腭，气流从两边流出，自然就会发出边音［l］，两字组后字容易读边音［l］，从语用情况来看，［d］>［l］音变符合发音省力原则。透定母字声母今读边音现象有了实验语音学研究的论证。朱晓农、寸熙（2006：3~13）研究指出，赣北常态浊音因为过度发音往往会产生内爆音变体，由于听感上相似，内爆音到同部位的边音易发生转化，听感实验结果显示内爆音［ɗ］与边音［l］的混淆率为34.5%，据此可知透定母字声母今读边音现象同赣北浊音发音特点及听感均有关联。

　　都昌方言中透定母字声母合流为［l］是什么时期发生的？从邻近方言透定母字声母今读及都昌全境方言透定母字声母今读的地理分布可以看出，透定母字声母合流为［l］是发生在透定母字声母合流为［d］之后的语音变化。关于赣语形成时期，大多数学者认为唐代是重要时期，游汝杰（2000：140）认为，唐初大量北方移民进入赣北鄱阳湖平原，他们带来的北方话和当地原有的方言接触形成原始北片赣语。刘纶鑫（1999：20）认为，"唐代，赣方言的主要特点已经和现在相差无几了"。万波（2009：113）通过大量史料说明中晚唐西北方言存在全浊塞音、塞擦音不论平仄都与相应次清声母合流为送气清音现象，安史之乱时，具有这个特点的北方移民进入江西，影响整个客赣方言，从而形成赣语次清全清送气特点。从这些观点出发，我们推测都昌方言透定母字声母合流为［d］应发生在晚唐以后。都昌方言中古次浊来母字声母今读也是边音［l］，在都昌县西部方言中，来源于同一韵的平声、入声的定母字和来母字，今同读 [l] 声母但调值不同，如莲 [liɛn²³] ≠ 甜 [liɛn³²³]、篮 [lan²³] ≠ 痰 [lan³²³]，故可知透定母字声母合流为边音 [l] 发生在次浊入与全浊入字分调之后。

都昌方言古次清声母同全浊声母今读合流为浊音声母，学界对此的认识是"次清化浊"。声母虽同为浊声母，但次清平字与全浊平字（如初 [dʐu³²] ≠ 锄 [dʐu³²³]）不同调，次清上字与全浊上字（如楚 [dʐu³⁴²] ≠ 醋 [dʐu²¹³]）不同调，次清入字同全浊入字（如畜 [dʐu¹¹³] ≠ 轴 [dʐu²²]）不同调，推测都昌方言中送气分调应发生在次清与全浊声母合流为浊音之前。基于方言事实，我们推测都昌方言透定母字声母今读的历史层次从早期到晚期排列为：送气分调→透定母合流读 [d]→透定母四等字读 [l] 声母→透定母一等字读 [l] 声母→透定母字全部读 [l] 声母。

（三）溪群母字今读零声母现象

1. 例字情况

为了考察溪群母字今读零声母现象分布条件，我们从《方言调查字表》选取溪群母例字对都昌方言进行了调查。下列溪群母字读零声母分布方言及例字情况（溪群母后数字为零声母例字数量）。

（1）蔡岭镇方言

溪母 55/ 群母 51：科颗棵课侉夸跨苦巧块宽阔款坤困捆旷空腔孔墟控去驱区溪契启器欺弃起亏杞欠丘谦钦歉遣圈牵劝犬匡券筐卿眶庆吃轻倾恐曲 / 瘸茄拒巨距渠第三人称其棋具期旗乔桥侨荞轿求旧球舅钳臼枢俭琴禽虔乾擒健键腱件拳权倦仅颧芹勤近裙群郡强狂琼竞穷局共。

（2）阳峰乡方言

溪母 71/ 群母 68：科棵课颗夸跨侉苦库枯裤区去驱契启快块企弃器欺杞起汽气窥亏巧窍恰丘欠怯歉谦钦牵遣宽阔款圈劝犬券缺捆坤困羌窟欲扩旷匡眶筐腔庆卿轻倾吃孔空控哭酷恐曲 / 瘸茄渠第三人称巨距拒具惧骑奇歧徛妓技其棋旗期祁祈忌遽葵乔柜桥荞侨轿球求舅旧枢臼钳琴俭擒禽妗乾及虔杰件键腱健拳颧权倦仅勤芹近裙群郡狂强极琼竞穷局共。

（3）和合乡方言

溪母 70/ 群母 69：科棵颗课夸侉跨苦枯库裤去区驱启块盔魁快企器弃欺起杞气汽亏窥巧窍丘恰欠怯谦歉遣牵宽款阔圈劝券犬缺坤捆困窟羌欲旷扩匡筐眶腔卿庆轻吃倾空孔控哭酷曲 / 茄瘸渠第三人称巨拒距具惧奇骑歧徛技妓其棋期旗祁忌祈跪逵葵柜乔桥侨荞轿求球舅旧臼枢钳俭琴禽擒妗及乾虔件杰键健腱拳权颧倦仅勤芹近群裙郡强狂极竞琼穷共局。

（4）徐埠镇方言

溪母 70/ 群母 68：科棵颗课夸跨侉苦枯裤去库区启驱契快块企弃器欺杞起汽气亏巧规窍欠丘怯歉谦钦牵遣宽阔款圈券劝犬缺捆坤困羌窟欲扩旷匡眶筐腔卿庆吃轻倾孔空控酷哭曲恐 / 瘸茄距巨拒渠第三人称具骑惧奇歧妓徛技其棋期旗祁忌祈跪逵葵桥柜乔轿侨荞求球舅旧臼钳俭枢禽琴擒虔乾件妗杰键健腱颧拳权倦芹勤仅裙近群郡强狂极竞琼穷局共。

（5）左里镇方言

溪母 65/ 群母 66：科棵颗课跨侉苦库去裤区驱契启块快器企弃起欺杞汽气亏规巧丘窍欠怯歉谦钦牵遣款宽阔劝圈券缺犬捆屈困羌欲扩旷匡眶筐腔卿极庆吃轻倾酷曲哭恐 / 茄巨拒距瘸具奇骑惧歧技徛妓棋其期旗忌祁祈乔柜桥侨轿荞求舅球旧枢臼钳俭禽琴擒及妗乾虔杰件键腱健拳颧权倦勤仅芹群近裙掘强郡狂竞琼穷极共局。

（6）都昌镇方言

溪母 65/ 群母 66：科棵课颗侉跨库苦裤去驱区启契快块企器弃起欺杞汽气亏规巧窍欠丘怯歉谦钦牵遣宽款阔劝圈券犬捆困缺屈羌旷欲扩匡眶筐腔卿极庆轻倾吃哭曲酷恐 / 茄瘸拒巨距惧具奇歧徛骑妓技其期棋旗祁祈忌柜乔侨桥荞求轿球舅臼旧枢俭钳琴擒禽妗及乾件虔杰健键腱拳颧权倦勤仅芹近裙群郡强掘狂竞极琼共穷局。

（7）周溪镇方言

溪母 71/ 群母 69：科棵课颗夸跨侉苦库枯裤区去驱契启块企快器欺弃起气杞汽亏巧规窍恰丘欠谦怯歉遣钦牵款宽阔劝圈券缺犬坤捆窟困羌旷欲扩筐匡眶腔庆卿轻倾吃空孔哭控酷恐曲 / 瘸茄渠第三人称巨距拒具惧骑奇歧技徛妓棋其期祁忌旗祈逵跪葵柜桥乔侨轿荞求球旧舅臼钳俭枢琴禽妗擒及乾件虔杰键腱健拳权颧倦颧仅芹勤群近裙强郡狂极琼

竞穷共局。

（8）土塘镇方言

溪母 12/ 群母 20：跨块企器弃谦歉遣牵欲吃倾 / 瘸奇骑歧倚技妓祁鳍轿求球仇件杰键健腱极琼。

（9）春桥乡方言

溪母 16/ 群母 12：侉去区驱启欺起杞气汽巧欠谦坤捆欲 / 茄腐其棋期旗忌俭群裙郡狂。

综上所述，都昌方言溪母今读零声母例字有：科棵颗课夸侉跨苦枯库裤去区驱启契块快企器弃欺起杞气汽亏窥巧窍丘恰欠怯谦歉钦遣牵宽款阔圈劝券犬缺坤捆困窟羌欲旷扩匡筐眶腔卿庆轻吃倾空孔控哭酷曲恐；群母今读零声母例字有：茄瘸渠第三人称巨拒距具惧奇骑歧倚技妓其棋期旗祁忌祈逵葵柜乔桥侨荞轿求球舅旧臼枢钳俭琴禽擒妗及乾虔件杰键健腱拳权颧倦仅勤芹近群裙郡强狂极竞琼穷共局。从韵摄条件来看，都昌方言溪母今读零声母的字部分来自溪母合口一二等，部分来自三四等，几乎所有群母字今读零声母。

2. 地理分布及成因

从地理分布来看，都昌县西部及南部环湖地区的溪群母读零声母例字多，中部、北部例字少，东部少见此现象。中部土塘镇方言是都昌县方言溪群母今读不同类型的过渡地带。笔者对土塘镇方言进行密集调查，发现土塘镇佛子村—化民村—珠光村一线为界，这条线以东的方言无溪群母字今读零声母现象，以西、以南存在溪群母字今读零声母现象。

从例字来看，昌都片赣语有些方言今读零声母的群母字多于溪母字，有些方言今读零声母的溪母字多于群母字，在没有发生零声母音变的方言中溪群母合流读 [ɡ /kʰ/kʻ][dʐ/tɕʰ/tɕʻ]，本书认为溪群母字读零声母现象应是溪母化浊之前或者溪群母合流过程中产生的弱化音变现象，发生机制是都昌县及周边方言的声母发声态或送气特点。

汉语语音史研究成果一般将中古溪母读音拟音为 [kʻ]，群母读音拟音为 [ɡ]。较早关注都昌方言零声母现象的是赵元任，其《中国方言当中爆发音的种类》（2009：127）指出，赣北赣语送气清音可以同浊音互换，如南昌方言，在高元音前舌根的爆发音变成一个通音，如都昌方言"快"读作 [uaɪ]，因为"从舌根与软腭相接的地方到声门那里一共没有多大的空间可以像口腔较宽绰的［b］或［d］音那么弄出些特别的把戏”，这说明［kʰ］［ɡ］发音特点是容易发生弱化现象。

赣语大通片方言也有类似现象，大通片赣语古次清与全浊塞音、塞擦音声母也合流为带音浊声母。《湖北方言调查报告》（赵元任等，1948：127）指出，蒲圻方言音系特点是［ɡ］送气很弱，在合口韵前有时失去声母。不少语音现象得到实验语音学研究的论证。例如，朱晓农（2003：6）采用实验语音学方法验证了浊塞音不易维持，浊软腭塞音尤其难维持。本书认为赣北方言中溪群母字今读零声母现象也应是浊软腭塞音失落的结果。

赣北方言中的部分方言存在“次清化浊”现象，昌都片赣语东部环鄱阳湖地带方言（都昌方言、湖口方言、庐山市方言等）出现溪群母今读零声母现象，西部山区方言（修水方言等）存在溪母字今读清擦音声母［x］现象，东西部过渡地带及南部方言则有溪群母字今读零声母与清擦音声母［x］共现情况。昌都片赣语有些方言有溪母字今读［x］声母现象，如安义县新民乡方言中例字“苦看宽圈”。从例字来看，修水方言开口一二等溪母字今读声母［x］（例字如“可搭开凯慨揩楷考烤靠犒抠口叩扣寇堪龛坎勘磕恰掐嵌看刊渴康糠慷抗炕园确壳客坑肯刻克”），不涉及三四等字，少有群母字参与。都昌方言溪群母零声母现象涉及全部群母字、溪母合口一二等及部分三四等字。从昌都片区域的赣语方言来看，溪群母字今读零声母现象与［h］声母现象有互补关系。本书认为溪群母字今读零声母与［h］声母现象有密切关系，应是在一个音变链条上的两个不同阶段，［x］应是更早的层次，零声母应是［x］进一步发展的结果。

第二节　韵母专题

一　［ɛ］韵母现象

［ɛ］韵母现象指都昌方言中有一些不同来源的字韵母今读［ɛ］。

（一）［ɛ］韵母分布

［ɛ］韵母例字来源有遇摄、蟹摄、止摄，例字数量少。

遇摄 渠第三人称 ˍgɛ　锯 kɛ²　虚萝卜中空 ˍxɛ / 居 ˍtɕi　鱼 ˍn̩i　语 ˋn̩i　许 ˋɕi

蟹摄 袋 lɛ²　盖 kɛ²　害 xɛ²　　　　　　　/ 载 ˍtai　胎 ˍlɛi　贷 lai²　代 lɛi²

止摄 撕白读 ˍtsɛ　舐 ʂɛ²　二 lɛ²　耳 ˋɛ / 紫 ˋtsz̩　斯 ˍsz̩　纸 ˋtʂz̩　是 ʂz̩²　儿 ˍ◌

这些例字韵母今读〔ɛ〕，不同于同韵摄其他字，显得很特殊。从分布地域来看，这些例字韵母今读〔ɛ〕现象主要分布在都昌镇、大沙镇、和合乡、阳峰乡、周溪镇、三汊港镇方言中，在阳峰乡、周溪镇、三汊港镇方言中最为典型，其他乡镇方言的例字更少些，或者没有。如东部万户镇方言例字有：

渠第三人称 ˍiɛ　　　锯 tɕy²　　　虚萝卜中空 ˍɕy

袋 dai²　　　　　盖 kai²　　　　害 xai²

撕白读 ˍtsɛ　　　舐 ʂɛ²

（二）〔ɛ〕韵母的层次

1.遇摄〔ɛ〕韵母

遇摄鱼韵字今读〔ɛ〕韵母属于《切韵》时代鱼虞有别，同一层次的韵母还有〔iɛ〕。如都昌阳峰方言：

锯 ɛ²　去 iɛ²　渠第三人称 ˍiɛ　虚萝卜中空 ˍxɛ

这个层次在赣语中普遍存在，当地人认为上文例字〔ɛ/e、iɛ/ie〕韵母是较土的说法，所以韵母〔ɛ/e〕〔iɛ/ie〕属白读音层次。赣语研究成果（如刘纶鑫主编，1999；谢留文，2020）一般认为鱼韵字〔ɛ/e〕〔iɛ/ie〕韵母是《切韵》时代鱼虞分韵现象的保存。孙宜志（2001：113）指出，赣语鱼虞分韵现象从北至南逐渐增多，庐山市方言有5个字（渠鱼渔锯去）、临川方言有10个字（女猪徐絮蛆渠鱼渔锯去）、崇仁方言有16个字（女猪蛆苎梳诸煮薯车余渠鱼渔锯去）。都昌方言例字不出赣语鱼虞分立的例字范围。

2. 蟹摄［ɛ］韵母

蟹摄开口一等字个别字读［ɛ］韵母，具体如表 4-2 所示。

表 4-2　都昌方言［ɛ］韵母例字

周溪镇中塘村	胎台 ˌlɛ｜袋 lɛ²｜改 ˚kɛ｜害 xɛ²｜爱 ŋɛ²
阳峰乡卢家村	袋 lɛ²｜盖 kɛ°｜害 xɛ²
土塘镇珠光村	袋 dɛ²
土塘镇辉煌村	袋 lɛ²
土塘镇潭湖村	袋 lɛ²
土塘镇外楼村	袋 lɛ²
土塘镇曹店村	袋 lɛ²
狮山乡老屋村	袋 dɛ²

结合汉语史来看，韵母［ai］是蟹摄开口二等字的韵母，［ɛi］应当是当地更早的层次。阳峰乡方言蟹摄开口一等字韵母有［ɛi］［ai］，仅从阳峰乡方言音系来看，［ɛ］可以解释为来源于［ɛi］韵母韵尾的丢失；周溪镇中塘村方言中有两读现象，如改土 ~ 〔˚kɛ〕、改 ~ 革〔˚kɛi〕。但联系全县例字及分布情况，［ɛi］→［ɛ］的解释并不全面。我们在鄱阳湖畔其他方言中也发现了类似现象，具体如表 4-3 所示。

表 4-3　赣语［ɛ］韵母例字

地点	蟹开一	蟹开二	例字
永修县吴城镇	ei	ai	鳃 ˌse
安义县万埠镇	ai		鳃 ˌsɛ
南昌市新建区昌邑乡	ei	ai	鳃 ˌse
余干县余干镇	oi	ai	袋 t'ɛ²/t'ai² 在 ts'ɛ²

注：余干县 1941 年设玉亭镇，1950 年改城关镇，1960 年改余干镇，2003 年 4 月原华林岗乡与原余干镇合并为玉亭镇。

表 4-3 所列方言中个别字读［ε］/［e］韵母同都昌方言是一致的。昌都片赣语蟹摄开口一等字韵母今读［ε］韵母现象主要分布于昌都片赣语武宁县泉口镇方言、鲁溪镇方言，上述方言与武宁方言相距甚远，以语言接触很难确定都昌方言与武宁方言有关。

本书认为蟹摄开口一等个别字读［ε］韵母是赣北方言某个时期共有层次的遗存。赣北方言蟹摄开口一等个别字读韵母［ε］/［e］现象主要分布在鄱阳湖滨方言，都昌方言中"袋盖害"读［ε］韵母是南部鄱阳湖沿岸周溪镇、和合乡、西源乡方言共有的特色现象。周溪镇是汉代鄡阳县遗址所在地，20 世纪 90 年代以前仍较落后，方音古朴；余干县余干镇与周溪镇隔湖相望，据 1992 年版《都昌县志》，从汉献帝建安十五年（210）至晋惠帝太安二年（303）、唐代宗大历元年（766）至宋开宝八年（975），今都昌县、余干县同属饶州鄱阳郡；永修县吴城镇是鄱阳湖的重要交通枢纽；安义县万埠镇地处鄱阳湖水系南潦河岸。鄱阳湖畔不少百姓以渔业为生，"鳏"是常用口语词，本书认为上述方言中"鳏"读［e/ε］韵母分布特点与鄱阳湖文化有关。

3. 止摄［ε］韵母

止摄也有少量字读［ε］韵母，且不同方言例字数量不一样。请看下文例字。

北山乡　　　撕白读 ₌tsε　　舐 ʂε²　　二 lε²　　耳 ˀlε

阳峰乡　　　撕白读 ₌tsε　　舐 ʂε²

昌都片赣语止摄韵母读［ε/ə］现象主要分布在安义方言与修水方言，这些方言的音类分合关系如表 4-4 所示。

表 4-4　昌都片赣语止摄［ε/ə］韵母例字

地点	精组	庄组	知组	章组	例字
安义县城		ə			池迟 ₌t₍ʂ₎ə　痔 t'ə²　纸 ˀtə　二 ə²　耳 ˀə
安义县万埠镇	u		ε、ɿ		池迟 ₌t₍ʂ₎ε　痔 t'ε²　纸 ˀtɿ　二 ə²　耳 ə²

地点	精组	庄组	知组	章组	例字
修水县白岭镇	ɿ		ɛ		池迟 ₂dɛ 痔 dɛ² 纸 ⁰tɛ 舐 ⁰sɛ 二 ɛ² 耳 ³ɛ
都昌县北山乡	ɿ		ʅ		撕白读 ₂tsɿ 舐 ʂʅ² 二 lɛ² 耳 ³lɛ

安义方言［ɛ］［ə］［ɤ］［ɯ］互为变体现象在既往成果中也有说明。例如，李如龙、张双庆（1992：13）指出，安义方言［ɤ］韵母音值因人而异，或发为［ɯ］［ə］［ɛ］；高福生（1988：124）指出，安义县城话韵母［ə］读阴去55调时接近［ɯ］。修水方言中止摄知章组字读［ɛ］韵母较稳定，安义方言、修水方言可能都经历了［*ɯ］阶段，［ɯ］是不正则元音，发音不稳定，具有展唇与高元音的特征，唇音后易发生［ɯ］>［u］音变，舌尖音后易发生［ɯ］>［ɿ］/［i］、［ɯ］>［ə］/［ɛ］的音变。联系安义方言、修水方言来看，止摄精组、知组、庄组、章组字韵母［ɛ］［u］［ɿ］关系密切，［ɿ］应是最晚读法。都昌方言中止摄知章组字读舌尖后音应是最晚近官话的覆盖。撕白读、舐、二、耳读［ɛ］韵母应当是本地早期白读层次的遗存。

综上所述，都昌方言音系的［ɛ］韵母是共时平面中叠置了不同的历时层次、不同来源的今读合流现象。

二　中古阳声韵韵尾今读演变

昌都片赣语中古阳声韵韵尾今读类型共有四类，具体情况请看表4-5。

表4-5　昌都片赣语中古阳声韵韵尾今读类型

类型	咸深摄	山臻摄	宕摄	江摄	曾摄		梗摄		通摄
					白读	文读	白读	文读	
类型一	n		ŋ		ŋ	n	ŋ	n	ŋ
类型二	n		ŋ						
类型三	m	n	ŋ						ŋ
类型四	n	n、ŋ			n				ŋ

从地理分布来看，类型一主要分布在武宁县大部分方言、修水县大部分方言、都昌县东部方言、湖口县西部及南部方言、德安县大部分方言、永修方言、南昌市新建区（上新建）方言、南昌县方言、南昌市方言；类型二主要分布在修水县部分乡镇方言、都昌县中西部方言、湖口县南部方言、庐山市方言、南昌新建区（下新建）方言、南昌县泾口乡方言；类型三主要分布在安义方言；目前调查结果只发现永修县立新乡桥头村方言属于类型四。

类型一是昌都片赣语主体类型，各县方言均有分布。卢继芳（2018：375）对125个方言点进行调查，其中83个点的方言属于类型一，占调查总数的66%，类型一分布区域基本上属明清旧南昌府的辖区；类型二主要分布于都昌小片方言，地理上呈沿鄱阳湖滨分布的特点；类型三安义方言咸深摄收［m］鼻尾现象同赣语宜浏片高安方言相连。

联系汉语史与现代官话方言来看，都昌方言所属的类型二是同官话保持一致的类型，新建长埭型、安义龙津型、永修立新型方言既有同官话一致的方面，又有赣语自身发展的特点。下文在昌都片赣语大背景下对都昌方言的阳声韵韵尾今读分布、发展特点再做研究。

（一）分布情况

都昌方言咸深山臻四摄字今读韵母收［n］尾，宕江通三摄字的韵尾为［ŋ］，这个格局是都昌方言主体类型。中古曾梗两摄阳声韵韵尾今读［n］／［ŋ］分布则存在地理差异。蔡岭镇、阳峰乡、土塘镇、和合乡、周溪镇、春桥乡、徐埠镇、左里镇、都昌镇方言曾梗摄韵母韵尾为后鼻音［ŋ］，大港镇、中馆镇、南峰镇、狮山乡方言曾摄、梗摄部分字文读音韵母韵尾为前鼻音［n］，白读音韵母收［ŋ］尾。请看例字：

	灯	层	冰	蒸	生	羹	耕	病	清
都昌镇	₌teŋ	₂dzeŋ	₌piŋ	₌tʂeŋ	₌seŋ	₌keŋ/ kaŋ	₌keŋ	₌biŋ/ biaŋ	₌dziŋ/ dziaŋ
阳峰乡	₌teŋ	₂dzeŋ	₌piŋ	₌tʂeŋ	₌seŋ	₌keŋ/ kaŋ	₌keŋ	biŋ/ biaŋ²	₌dziŋ/ dziaŋ

徐埠镇	ˌteŋ	ˌdzeŋ	ˌpiŋ	ˌtʂəŋ	ˌseŋ	ˌkaŋ	ˌkeŋ	ˌbiŋ/ biaŋ	ˌdziŋ/ dziaŋ
大港镇	ˌteŋ	ˌdzeŋ	ˌpin	ˌtʂən	ˌsən	ˌken	ˌkən	bin/ biaŋ²	ˌdzin/ dziaŋ
中馆镇	ˌten	ˌdzen	ˌpən	ˌtʂən	ˌsen	ˌken	ˌkən	bin/ biaŋ²	ˌdzin/ dziaŋ

（二）成因分析

汉语语音发展史说明在中古《切韵》时代［m］［n］［ŋ］分立，在中古以后合并为［n］［ŋ］两类，这在后代韵书中都有体现。元代《中原音韵》东钟韵、江阳韵、庚青韵收［ŋ］尾；真文韵、寒山韵、桓欢韵、先天韵收［n］尾；侵寻韵、监咸韵、廉纤韵收［m］尾。从收字来看，中古咸深摄［m］尾字与山臻摄［n］尾字合流，宕江曾梗通摄字韵母韵尾发生分合与重组。王力（1985：406）根据《等韵图经》《字母切韵要法》归纳明清15韵部，中东韵、江阳韵收［ŋ］尾，言前韵、人辰韵收［n］尾，元代的侵寻韵、监咸韵、廉纤韵［m］尾消失，并与真文韵、寒山韵、先天韵部字合流为收［n］尾，桓欢韵并入寒山韵，东钟韵、庚青韵合并为中东韵部收［ŋ］尾。都昌方言音系中阳声韵韵尾的分布格局同汉语官话方言及大部分赣语是一致的。曾梗两摄字今读韵母收［ŋ］尾，这也是同官话方言一致的发展，曾梗摄字区分文读、白读，文读收［n］尾，白读收［ŋ］尾，体现了赣语中叠置着不同的历史层次。

王福堂（1999：29）指出汉语方言中一个字的异读中往往有异源，这类异读具有不同的风格，并有语音上的对应性，一般称为文白异读。王洪君（2007：59）在讨论闻喜方言文白异读的基础上指出一种土语方言可能发生不止一次的文白交替，从而形成多层叠置。

都昌方言中东部方言曾梗摄韵母韵尾情况与西部方言有别，却同相邻的鄱阳方言、彭泽方言一致。请看例字（语料来源于陈昌仪主编，2005）：

	灯	层	冰	蒸	生	羹	耕	病	清
彭泽	₅tən	₅ts'ən	₅pin	₅tsən	₅sən	₅kən	₅kən	p'in²	₅tɕ'in
鄱阳	₅tən	₅ts'ən	₅pin	₅tsən	₅sən	₅ken	₅ken	₅p'in	₅tɕ'in
九江	₅tən	₅ts'ən	₅pin	₅tʃən	₅sən	₅kən	₅kən	pin°	₅tɕ'in

九江方言属江淮官话黄孝片，鄱阳方言、彭泽方言都是深受江淮官话影响的赣方言。本书认为都昌方言曾梗摄字白读音韵母收 [ŋ] 尾是唐宋以来北方移民带来的官话影响下形成的层次，即早期的文读层，曾梗摄字韵母收 [n] 尾是江淮官话的影响下形成的文读层，即晚期的文读层。

三　入声字塞尾边音化

昌都片是赣语入声韵尾演变发展较为复杂的区域，古入声字如果保存入声调，其韵尾存多样性，有 [t] [l] [k] [ʔ] 等韵尾。卢继芳（2018：381~384）曾对昌都片 125 个方言点进行调查，发现 5 个点的方言不保存入声调，7 个点的方言保存入声调但无辅音韵尾，23 个点的方言入声韵尾为 [ʔ]，90 个点的方言入声韵尾为 [t] / [l] / [k] / [ʔ]。中古《切韵》时代，[p] [t] [k] 入声韵尾与 [m] [n] [ŋ] 鼻尾相配，中古以后随鼻音韵尾合流发展，赣语入声韵尾存在不同程度、不同形式的合流弱化发展，[l] 是 [t] 的弱化形式，[ʔ] 是 [k] 的弱化形式。昌都片赣语入声韵尾分布类型主要有三类，具体见表 4-6。

表 4-6　昌都片赣语中古入声韵韵尾今读类型

类型	咸深摄	山臻摄	宕摄	江摄	曾摄		梗摄		通摄
					白读	文读	白读	文读	
类型一	[t] / [l]		[k] / [ʔ]	[k]/[ʔ]	[k]/[ʔ]	[t]/[l]	[k]/[ʔ]	[t]/[l]	[k]/[ʔ]
类型二	[t] / [l]		[k] / [ʔ]						
类型三	[ʔ]								

类型一主要分布于南昌市 [包括新建区（上新建）]、南昌县、永

修县、修水县、武宁县方言，其中南昌市（包括新建区上新建）、南昌县、武宁县方言［t］［k］韵尾保存较好，永修县、修水县方言［t］［k］韵尾存在不同程度的弱化，永修方言多读［t］［ʔ］，修水方言多读［l］［ʔ］。类型二主要分布在南昌市新建区（下新建）、安义县、修水县城及周边方言，都昌县、湖口县南部与都昌县毗邻地区的方言，其中安义方言及下新建方言［t］［k］韵尾保存较好，修水县城及周边方言、都昌方言及邻近湖口方言多读［t］［k］且多弱化为［l］［ʔ］。类型三主要分布在德安县、庐山市、都昌县东部、共青城方言。

下文着重讨论都昌方言入声韵尾问题。

（一）分布情况

都昌县东部方言入声字有明显的舒声化发展。大港镇部分村方言仅古次清入字保存无塞音韵尾的入声调，大港镇部分村方言古次清入今读带喉塞尾［ʔ］。中馆镇方言古全清入字今读带喉塞尾［ʔ］，古次清入字保存入声调但无塞音韵尾，浊入字归入舒声调。都昌县其他乡镇方言保存入声调且带辅音韵尾，咸深山臻四摄入声字韵尾为一类，宕江曾梗通五摄入声字韵尾为一类，具体音值存在差异。蔡岭镇、阳峰乡、和合乡、周溪镇、春桥乡、徐埠镇方言［t］［k］韵尾保存较好，咸深山臻四摄入声字韵尾为［t］，宕江曾梗通五摄入声字韵尾为［k］；万户镇、南峰乡、狮山乡、土塘镇、左里镇、都昌镇方言咸深山臻四摄入声字韵尾多弱化为边音［l］，宕江曾梗通五摄入声字韵尾为［k］［ʔ］，高调值易拼合［k］韵尾。

（二）演变特点与规律

第一，入声韵尾与韵母主元音、声调相配时，存在一定的内在规律。

宕江曾梗通五摄字韵母主元音为［u］［ɔ］［ɑ］，这些元音具有靠后的发音特点，与［k］［ʔ］韵尾更易拼合，都昌方言音系中阴入调值高，阳入调值低，高调易配［k］韵尾，拼低调时韵尾易弱化为［ʔ］尾。咸深山臻四摄字韵母主元音为［i］［ɿ］［e］［ɛ］［ə］［a］，这些元音是前元音或央元音，具有靠前的发音特点，同舌尖部位的［t］/［l］更易拼合。都昌方言中曾梗两摄字如果存在文白异读，文读音韵母主元音往往是［i］［ɿ］［e］［ɛ］［ə］，所以入声字韵母多带［t］/［l］韵尾，白读音韵母主元音实际音值是靠后的［ɑ］，所以入声字韵母多带［k］［ʔ］韵尾。

第二，都昌方言及周边赣语入声韵尾边音［l］化具有语言类型学意义。

汉语大部分方言入声韵尾发展的普遍规律是入声塞尾先弱化为［ʔ］尾，然后完全消失。修水县城及周边方言、都昌方言、湖口方言韵尾多弱化为［l］［ʔ］，这样的音变在赣语中也较有特色。栗华益（2013：356）指出，宜浏片赣语的高安市、奉新县方言，吉茶片赣语的峡江县方言，抚广片赣语的南城县、南丰县、广昌县方言，湖北境内大通片赣语的通城县方言，安徽境内江淮官话庐江、枞阳、桐城、青阳方言，江苏涟水、灌南、宝应方言都存在入声韵尾边音化现象。由此可见，入声韵尾边音化发展是南方汉语方言入声演变的类型之一。

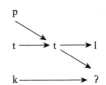

图 4-15　都昌方言入声韵尾边音化具体的音变过程

昌都片方言中修水方言同都昌方言在类型上是一致的，［t］＞［l］应是协同发音时弱化音变结果，这在音理上同都昌方言透定母字今读边音声母［l］的演化是一样的。［t］的发音方法是舌尖上顶上齿背硬腭而后迅速离开，［l］发音方法是舌体稍往后靠，舌尖松弛，舌叶贴近上齿背硬腭，发音时气流从两边流出，发音结束时舌尖并不急于离开硬腭，听感上［l］尾没有［t］尾短促、干脆。修水方言与都昌方言中［t］尾与［l］尾有时互为变体，咸山深臻及曾文读梗文读主元音为前元音［i］、央元音［ə］类时［l］尾最为明显，都昌方言阴入调值是高短调（45），配高促调时［t］尾短促、干脆感更明显。有些成果材料将［t］或［l］作为音位变体处理，陈昌仪（1991：56）的都昌（土塘）方言音系记录说明"带［l］韵尾的字出现在低入和阳入"，高促调会导致舌尖紧张，易发［t］韵尾，在音理上也是有说服力的，本书认为都昌方言中的入声字韵母收边音［l］韵尾是［t］尾弱化音变结果。

四　声化韵现象

声化韵是南方汉语方言普遍存在的音变现象，例字较少。具体分为两类。

（一）浊鼻音自成音节

都昌方言及其他赣语声化韵现象请看例字（语料来源于陈昌仪主编，2005；肖萍，2008）：

都昌：　　吴 m̩　五 ŋ̍　那 n̩　尔第二人称 n̩　嗯语气词 n̩　姆~妈 m̩
庐山市：　那 n̩　尔第二人称 n̩
永修吴城：姆~妈 m̩　尔第二人称 n̩　嗯语气词 ŋ̍　吴 m̩　五 ŋ̍　蕹 ŋ̍
武宁：　　那 n̩　五 ŋ̍
南昌市：　五 ŋ̍　尔第二人称 n̩
鄱阳：　　五 ŋ̍　鱼 ŋ̍
余江：　　吴 m̩　五 m̩　尔第二人称 n̩
进贤：　　吴 ŋ̍　五 ŋ̍
黎川：　　吴 m̩　五 ŋ̍
吉安：　　五 ŋ̍
永新：　　五 ŋ̍　鱼 ŋ̍
高安：　　五 ŋ̍　尔第二人称 n̩
宜春：　　五 ŋ̍

各地例字数量不同可能同调查深度有关系。从例字可知，声化韵主要来源于遇韵一等模韵。除赣语外，南方汉语方言这类浊鼻音声化韵现象较普遍，如湘语湘乡方言姆~妈 [m̩]、尔你嗯语气词 [n̩]、黄白读 [ŋ̍]、我白读 [ŋ̍]（罗昕如，2011），吴语金华方言中有呒姆 [m̩]、五午儿耳 [n̩]（钱乃荣，1992）。

都昌方言及其他汉语方言中浊鼻音声化韵现象可能缘于语音构造，例字见表4-7。

表4-7 昌都片赣语模韵字声化韵例字

例字	南昌市	新建 长堎	安义 县城	永修 吴城	德安 蒲亭	修水 义宁	武宁 县城	都昌 阳峰	庐山 华林	湖口 文桥
吴	u	u	u	ŋ̍/u	u	ŋ̍/vu	u	ŋ̍/u	u	u
蜈	u	—	u	u	ŋ̍	ŋ̍	u	ŋ̍	u	ŋ̍
五	ŋ̍	ŋ̍	ŋ̍	ŋ̍/u	ŋ̍/n̩	ŋ̍	ŋ̍	ŋ̍	ŋ̍	ŋ̍

注：湖口县文桥乡于2014年撤销，设立均桥镇。

都昌方言、永修方言、修水方言［ŋ̍］与［u/vu］属文白异读。德安方言［n̩］［ŋ̍］互为变体，两个音并不区别意义。王力构拟隋至晚唐五代模韵字韵母为［u］，中古疑母字韵母一般构拟为［ŋ］，据此吴、五、蜈中古音应读［ŋu］。许多学者（如刘泽民，2014；魏钢强，2017；瞿建慧，2017）讨论过南方汉语方言中自成音节［ŋ̍］的形成，普遍的认识是［ŋ̍］由［ŋu］变来，高元音［u］在鼻音［m/n/ŋ］声母后与之融合，整个音节演变为声化韵。魏钢强（2017：132）讨论客赣方言遇摄白读音的层次和分布时指出，［ŋu］→［ŋ̍］变化原因是软腭动作不积极。吴、蜈、五［ŋ̍、n̩］属中古以后的白读层。

（二）清鼻音后接浊鼻音

清鼻音这个术语常见于民族语言研究，少见于汉语方言研究成果，龙国贻（2015：509）运用实验语音学方法证明了湖南攸县赣方言有清鼻音。朱晓农（2007）指出鼻音可以有不同的发声态，如常态浊鼻音、清鼻音、带气鼻音、嘎裂化鼻音、前喉塞鼻音。都昌方言中的清鼻音的听感与浊鼻音不同，声带不振动，气流从鼻腔摩擦而出。赣语既往的材料常记音为［hn］［hŋ］，如奉新县方言"空哄烘虹红梦凤逢蜂缝"、余干县方言"红虹哄凤梦逢蜂缝"记音为［hŋ］，本书清鼻音记音为［n̥ŋ̍］，即理解为清鼻音声母后接浊鼻音的声化韵（陈昌仪主编，2005）。

这类声化韵现象主要分布在都昌县东部方言，如都昌县大港镇方言例字有"弘宏哄烘翁红洪虹鸿汞枫风疯冯丰封凤峰逢蜂缝奉"，中馆镇方言例字有"弘轰宏翁哄烘红洪虹鸿汞风疯枫丰凤冯封蜂峰逢奉缝",南峰乡方言例字有"轰宏红洪哄鸿冯虹"。图 4-16 为大港镇发音人"凤［n̥ŋ²¹²］"的宽带语图。

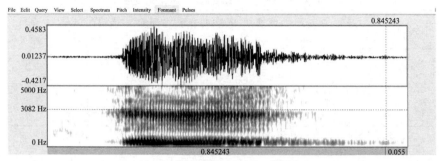

图 4-16　大港镇方言"凤［n̥ŋ²¹²］"语图

图 4-16 中声母的前面都是清音送气乱纹,没有浊声杠,清鼻音后接浊鼻音,同时伴随气化现象。都昌方言"清鼻音后接浊鼻音"现象的例字韵摄来源于曾梗摄合口见系及通摄非组字。请看下面的例字:

曾合一	梗合二	通合一			通合三	
弘匣	轰晓　宏匣	翁影	哄烘晓	红洪虹鸿	风疯枫封非	丰蜂峰逢敷
		汞匣			凤冯奉缝奉	

可以从语音构造条件来探讨都昌方言"清鼻音后接浊鼻音"声化韵演变原因。都昌方言中曾摄合口一等、梗摄合口二等见系及通摄合口一等、通摄合口三等非组字韵母读［uŋ］［iuŋ］,声母今读［ɸ］/［f］。都昌方言通摄非组字声母老年层读［ɸ］,［ɸuŋ］音节发音时,双唇清擦的声母［ɸ］与后高圆唇元音［u］组合时,［ɸ］摩擦气流因圆唇元音［u］而强化形成强气流,加上后鼻尾发音协同,形成［n̥ŋ］。发音人发音时存在［ɸuŋ］［n̥ŋ］变读现象。本书认为都昌方言及昌都片其他赣语的"清鼻音后接浊鼻音"现象是后起的变化,结合曾梗摄合口与通摄合口字今读合流现象,这种现象应是曾梗摄二等字读入通摄后产生的语音现象。

第三节　声调专题

一　语流音变

（一）两字组连读变调规律

都昌镇方言单字声调共有 10 个，阴平（32）、阳平$_1$（23）、阳平$_2$（323）、上声（342）、阴去（435）、阳去（213）、阴入$_1$（45）、阴入$_2$（113）、阳入$_1$（33）、阳入$_2$（22）。都昌镇方言两字组连读时，前字调尾受后字影响，常常不能保存完整调形，后字也易受前字调值与调形的影响发生变调现象。具体演变规律如下。

①阴平（32）字处前字时，调值变为 33，阴平（32）字处后字时，调值变为 31/33。

②阳平$_1$（23）字处前字时，不变调，阳平$_1$（23）字处后字时，调值变为 22。

③阳平$_2$（323）字处前字时，调值变为 223，阳平$_2$（323）字处后字时，调值变为 322/22。

④上声（342）字处前字时，调值易变为 343/34，上声（342）字处后字时，调值变为 232/42。

⑤阴去（435）字处前字时，调值变为 224，阴去（435）字处后字时，调值变为 324。

⑥阳去（213）字处前字时，调值变为 212/21，阳去（213）字处后字时，调值变为 312/31。

⑦阴入$_1$（45）字处前字时，多数情况下不变调，少数情况下受后字影响调值变为 55/44，阴入$_1$（45）字处后字时易变调为 45。

⑧阴入$_2$（113）字处前字时，调值变为 213/21，阴入$_2$（113）字处后字时，易受前字影响调值变为 312/31。

⑨阳入$_1$（33）字处前字时，调值易变为 23/45，阳入$_1$（33）字处后字时，调值变为 45/33/22。

⑩阳入$_2$（22）字处前字时，调值有时变为 33，阳入$_2$（22）字处后字时，调值变为 31/45/22。

　　都昌镇方言单字调系统中阴入₁、阳入调字都带塞音韵尾，故听感上仍有短促感，两字组连读时，阴入₁、阳入₁、阳入₂调字处前字时多能保存短促感，而处后字时音节时长拉长，没有短促感。单字调系统中阴入₂调字保留入声调，没有短促感；两字组连读时，阴入₂调字处前字时，有时带有短促感，处后字时没有短促感。以上各调类字在两字组连读时也存在不变调的情况。

　　（二）两字组连读变调具体情况示例

　　1. 阴平字处前
　　①阴平 + 阴平
　　甲类：32＋32＞33＋31，如花生、天光、初中、旱灾、豆渣、豆浆、兄弟、山洞、开车、通风。
　　乙类：32＋32＞33＋33，如坐轿。
　　②阴平 + 阳平₁：32＋23＞33＋22，如猪毛、后门、豆芽、旧年、开门、坐船。
　　③阴平 + 阳平₂
　　甲类：32＋323＞33＋322，如猪婆、冰糖、穿鞋、挑柴、铺床。
　　乙类：32＋323＞33＋22，如象棋、地图、院墙。
　　④阴平 + 上声：32＋342＞33＋232，如腰鼓、高考、淡水、道理、大雨、收礼、动手、开火。
　　⑤阴平 + 阴去：32＋435＞33＋324，如被絮、大坝、甘蔗、天价、相信、开店。
　　⑥阴平 + 阳去
　　甲类：32＋213＞33＋31，如后路、酸菜、菠菜、栽菜、断绝。
　　乙类：32＋213＞33＋312，如师范、公路、座位、大树、开会、通气、当面。
　　⑦阴平 + 阴入₁：32＋4̲5̲＞33＋45，如钢笔、猪血、资格、道德、大雪、敷药、开业、清洁。
　　⑧阴平 + 阴入₂
　　甲类：32＋113＞33＋31，如字帖。
　　乙类：32＋113＞33＋312，如稀客、生铁、开阔、亲切。

⑨阴平 + 阳入₁

甲类：32+<u>33</u>>33+45，如冬月、侵略。

乙类：32+<u>33</u>>32+22，如猪肉、后日。

⑩阴平 + 阳入₂

甲类：32+<u>22</u>>33+31，如中学。

乙类：32+<u>22</u>>33+22，如大学、蛋白、猪食。

2. 阳平₁字处前

①阳平₁+ 阴平：23+32>23+31，如煤灰、南风、年轻、原地、流汗、磨刀。

②阳平₁+ 阳平₁：23+23>23+22，如农忙。

③阳平₁+ 阳平₂：23+323>23+322，如人情、蚊虫、鱼鳞。

④阳平₁+ 上声

甲类：23+342>23+232，如洋碱、门口、牙齿、人口、扶手动词。

乙类：23+342>23+42，如胡子。

⑤阳平₁+ 阴去：23+435>23+324，如棉絮、迷信、还债。

⑥阳平₁+ 阳去

甲类：23+213>23+312，如模范、棉裤。

乙类：23+213>23+31，如和气、门面、荣誉。

⑦阳平₁+ 阴入₁：23+<u>45</u>>23+45，如油脚、流血。

⑧阳平₁+ 阴入₂：23+113>23+312，如油漆。

⑨阳平₁+ 阳入₁：23+<u>33</u>>23+33，如牛肉。

⑩阳平₁+ 阳入₂：23+<u>22</u>>23+31，如民族。

3. 阳平₂处前

①阳平₂+ 阴平：323+32>223+31，如荷花、徒弟。

②阳平₂+ 阳平₁：323+23>223+22，如豺狼、才能、财神。

③阳平₂+ 阳平₂：323+323>223+322，如赔钱、锄头、红糖。

④阳平₂+ 上声：323+342>223+232，如糖水、头脑、寻死、锄草、淘米、骑马。

⑤阳平₂+ 阴去：323+435>223+324，如鞋带。

⑥阳平₂+ 阳去

甲类：323+213>223+31，如脾气。

乙类：323＋213＞223＋312，如芹菜、搽面、长命、场面。

⑦阳平₂＋阴入₁：323＋4̲5̲＞223＋45，如存折、头发。

⑧阳平₂＋阴入₂：323＋113＞223＋31，如球拍、陪客。

⑨阳平₂＋阳入₁：323＋3̲3̲＞223＋33，如前日。

⑩阳平₂＋阳入₂：323＋2̲2̲＞223＋22，如同学。

4.上声字处前

①上声 ＋ 阴平：342＋32＞343＋31，如狗窝、普通、米缸、祖宗、打开、挤干。

②上声 ＋ 阳平₁：342＋23＞343＋22，如锁门、草鱼、好人、死人名、可怜、旅游。

③上声 ＋ 阳平₂：342＋323＞343＋322，如枕头、火钳、打雷、纺绸、打牌、洗头、暖鞋。

④上声 ＋ 上声

甲类：342＋342＞343＋232，如洗手、井水、祖谱、早米、老表。

乙类：342＋342＞343＋42，如草纸、口齿、可以、冷水、晚米。

⑤上声 ＋ 阴去：342＋435＞343＋324，如假货、雨布、土布、考试、打架、打算。

⑥上声 ＋ 阳去

甲类：342＋213＞343＋312，如水库、旅社、买菜、有效、煮饭、洗面。

乙类：342＋213＞343＋31，如土地、草帽、本事、小路、姊妹、炒菜、写字、走路、打露。

⑦上声 ＋ 阴入₁：342＋4̲5̲＞343＋45，如煮粥、走失、土杂、冷粥、冷色。

⑧上声 ＋ 阴入₂

甲类：342＋113＞343＋312，如打铁、宝塔、请客。

乙类：342＋113＞343＋31，如请帖。

⑨上声 ＋ 阳入₁

甲类：342＋3̲3̲＞34＋45，如满月。

乙类：342＋3̲3̲＞343＋33，如狗肉、小麦。

⑩上声 + 阳入₂

甲类：342＋<u>22</u>＞343＋31，如解毒、有毒。

乙类：342＋<u>22</u>＞343＋22，如小学、漂白、老实、点穴、手续。

5. 阴去字处前

①阴去 + 阴平：435＋32＞224＋31，如做粑、报销、嫁妆、细心。

②阴去 + 阳平₁：435＋23＞224＋22，如过年、做媒、拜年、鳜鱼。

③阴去 + 阳平₂：435＋323＞224＋322，如借钱、蔗糖、价钱。

④阴去 + 上声：435＋342＞224＋232，如放假、倒水、报纸、盖瓦、细雨。

⑤阴去 + 阴去：435＋435＞224＋324，如进货、寄信、细线。

⑥阴去 + 阳去

甲类：435＋213＞224＋312，如报社、种树、见面。

乙类：435＋213＞224＋31，如芥菜、笑话、计划、半夜。

⑦阴去 + 阴入₁：435＋<u>45</u>＞224＋45，如做屋、炸药、间壁、过节、背脊。

⑧阴去 + 阴入₂：435＋113＞224＋312，如做客。

⑨阴去 + 阳入₁：435＋<u>33</u>＞224＋33，如剁肉。

⑩阴去 + 阳入₂：435＋<u>22</u>＞224＋31，如做贼、放学。

6. 阳去字处前

①阳去 + 阴平

甲类：213＋32＞21＋31，如卖花、态度、看书、汽车、味道、是非、电灯、卖瓜。

乙类：213＋32＞212＋31，如面汤、空地、静坐、靠近、看病、用尽。

②阳去 + 阳平₁：213＋23＞212＋22，如上楼、骂人、菜园、菜油。

③阳去 + 阳平₂：213＋323＞212＋322，如泡茶、套鞋、吐痰、芋头。

④阳去 + 上声：213＋342＞21＋232，如汽水、路口、糯米、受苦、跳远、顺手、用水。

⑤阳去 + 阴去：213＋435＞21＋324，如磨碎、认账。

⑥阳去 + 阳去

甲类：$213+213>212+312$，如上课、卖菜、卖票、问路。

乙类：$213+213>21+31$，如剩饭、夜饭、受气。

⑦阳去 + 阴入$_1$：$213+\underline{45}>21+\underline{45}$，如犯法、自杀、外国、卖药、用力。

⑧阳去 + 阴入$_2$

甲类：$213+113>212+312$，如唱曲、炼铁。

乙类：$213+113>212+31$，如预习。

⑨阳去 + 阳入$_1$：$213+\underline{33}>21+33$，如树叶。

⑩阳去 + 阳入$_2$：$213+\underline{22}>212+22$，如退学。

7. 阴入$_1$字处前

①阴入$_1$+ 阴平：$\underline{45}+32>\underline{45}+31$，如叔胞、搭车、骨科、摘瓜、接近、一堆。

②阴入$_1$+ 阳平$_1$：$\underline{45}+23>\underline{45}+22$，如谷笋、腌鱼、挖薯。

③阴入$_1$+ 阳平$_2$：$\underline{45}+323>\underline{45}+322$，如割禾、发财、骨头、杂粮。

④阴入$_1$+ 上声

甲类：$\underline{45}+342>\underline{45}+232$，如握手、屋顶、作品、粟米、入股。

乙类：$\underline{45}+342>44+232$，如炙火。

⑤阴入$_1$+ 阴去

甲类：$\underline{45}+435>55+324$，如织布、宿舍。

乙类：$\underline{45}+435>\underline{45}+324$，如设计、一句。

⑥阴入$_1$+ 阳去

甲类：$\underline{45}+213>\underline{45}+312$，如博士、发誓、国外。

乙类：$\underline{45}+213>\underline{45}+31$，如发胖、脚气、得罪、革命、塑料。

⑦阴入$_1$+ 阴入$_1$：$\underline{45}+\underline{45}>\underline{45}+45$，如隔壁、墨汁、蜡烛。

⑧阴入$_1$+ 阴入$_2$：$\underline{45}+113>\underline{45}+312$，如一尺、谷壳。

⑨阴入$_1$+ 阳入$_1$：$\underline{45}+\underline{33}>\underline{45}+33$，如腌肉、节目。

⑩阴入$_1$+ 阳入$_2$

甲类：$\underline{45}+\underline{22}>\underline{45}+31$，如捉贼。

乙类：$\underline{45}+\underline{22}>\underline{45}+22$，如阅读、一勺、玉石。

8. 阴入$_2$字处前

①阴入$_2$＋阴平

甲类：113＋32＞213＋31，如客车。

乙类：113＋32＞<u>21</u>＋31，如出汗、插销、铁匠。

②阴入$_2$＋阳平$_1$：113＋23＞213＋22，如出门、黑人。

③阴入$_2$＋阳平$_2$：113＋323＞213＋322，如七条。

④阴入$_2$＋上声：113＋342＞<u>21</u>＋232，如出口、尺码、铁锁、喝酒。

⑤阴入$_2$＋阴去：113＋435＞<u>21</u>＋324，如切碎、七句、七对。

⑥阴入$_2$＋阳去

甲类：113＋213＞213＋312，如切菜、铁路、出路。

乙类：113＋213＞<u>21</u>＋312，如黑市。

丙类：113＋213＞213＋31，如客气。

⑦阴入$_2$＋阴入$_1$：113＋<u>45</u>＞<u>21</u>＋45，如赤脚、出血、吃力。

⑧阴入$_2$＋阴入$_2$：113＋113＞<u>21</u>＋312，如七尺。

⑨阴入$_2$＋阳入$_1$：113＋<u>33</u>＞<u>21</u>＋33，如吃肉。

⑩阴入$_2$＋阳入$_2$：113＋<u>22</u>＞<u>21</u>＋45，如缺乏。

9. 阳入$_1$字处前

①阳入$_1$＋阴平

甲类：<u>33</u>＋32＞<u>33</u>＋31，如肉丝、月光、篾匠、木匠、热天。

乙类：<u>33</u>＋32＞<u>45</u>＋31，如辣椒、落后、绿豆。

②阳入$_1$＋阳平$_1$

甲类：<u>33</u>＋23＞<u>45</u>＋22，如业余。

乙类：<u>33</u>＋23＞<u>33</u>＋22，如热人。

③阳入$_1$＋阳平$_2$：<u>33</u>＋323＞23＋322，如日头、木头、木材、钥匙。

④阳入$_1$＋上声

甲类：<u>33</u>＋342＞23＋232，如月底、木板、落雨。

乙类：<u>33</u>＋342＞23＋42，如日子。

丙类：<u>33</u>＋342＞<u>45</u>＋232，如月嫂、月饼。

⑤阳入$_1$＋阴去：<u>33</u>＋435＞<u>45</u>＋324，如立正。

⑥阳入$_1$＋阳去

甲类：$\underline{33}+213>\underline{45}+312$，如落户。

乙类：$\underline{33}+213>\underline{23}+31$，如麦片、六袋、木料。

丙类：$\underline{33}+213>\underline{45}+31$，如绿裤、约会。

⑦阳入$_1$+ 阴入$_1$：$\underline{33}+45>\underline{23}+45$，如落雪、绿色。

⑧阳入$_1$+ 阴入$_2$：$\underline{33}+113>\underline{23}+312$，如六尺。

⑨阳入$_1$+ 阳入$_1$：$\underline{33}+33>\underline{23}+33$，如六月、腊月、日日。

⑩阳入$_1$+ 阳入$_2$：$\underline{33}+22>\underline{23}+22$，如肉食、六盒。

10. 阳入$_2$字处前

①阳入$_2$+ 阴平

甲类：$\underline{22}+32>\underline{22}+31$，如读书、合同、石匠。

乙类：$\underline{22}+32>\underline{33}+31$，如石膏、实心。

②阳入$_2$+ 阳平$_1$：$\underline{22}+23>\underline{33}+22$，如熟人。

③阳入$_2$+ 阳平$_2$：$\underline{22}+323>\underline{33}+322$，如食堂、舌头、石头。

④阳入$_2$+ 上声：$\underline{22}+342>\underline{33}+232$，如白纸、贼眼、学里、石板、罚款。

⑤阳入$_2$+ 阴去：$\underline{22}+435>\underline{22}+324$，如嚼碎、学费、读报。

⑥阳入$_2$+ 阳去

甲类：$\underline{22}+213>\underline{33}+31$，如实在。

乙类：$\underline{22}+213>\underline{33}+312$，如毒气、实话、实现。

⑦阳入$_2$+ 阴入$_1$：$\underline{22}+45>\underline{22}+45$，如及格、十只、毒药。

⑧阳入$_2$+ 阴入$_2$：$\underline{22}+113>\underline{33}+312$，如十尺、十克。

⑨阳入$_2$+ 阳入$_1$：$\underline{22}+33>\underline{33}+33$，如昨日。

⑩阳入$_2$+ 阳入$_2$：$\underline{22}+22>\underline{22}+22$，如学熟、集合。

两字组连读变调（吴宗济，2002；关英伟、吴晶，2011）有两种类型：一种是语音变调，另一种是音系变调。语音变调实质上是"协同发音"现象，两字组连读时，同化相邻音节产生变化或者后字影响前字。例如，阴平字单字音调值为32，在两字组时调值变为33，上声调为升降调，连读时为保存调形上的特点，后字受前字影响调值变为232。

音系变调是指变调后引起了音系中调类的合并与创新。从上面的变调情况来看，都昌镇方言中存在协同发音过程中语音变调，这类变调并没有涉及调类合并与创新。都昌镇方言中也存在音系变调情况，阳入₁字（33）变调后调值为45，同阴入₁调值（45）相同，这导致一批次浊入字（如纳蜡聂页业立列抹蜜逆鄂药袜力略）单字调今读阴入₁调，这类变调应是学界所称的"调位变调"，属于音系变调范畴。

二　送气分调现象

送气分调在有些成果材料中称"气流分调"，指由声母气流强弱不同引起的调类分化。

吴语研究中较早介绍送气分调现象。例如，赵元任（2011）研究指出，江苏省吴江区黎里镇、盛泽镇，江苏省溧阳市，浙江省嘉兴市存在送气分调。湘语也存在送气分调现象。例如，罗昕如（2011：64~65）指出，湘语研究中，鲍厚星、刘丽华、杨翙强、储泽祥、陈晖等学者早就发现湘语存在送气分调现象。赣语既往研究中有不少成果表明（如颜森，1986；刘纶鑫主编，1999；陈昌仪，2005；谢留文，2006；孙宜志，2007；卢继芳，2018），声母送气与否及清浊都影响调类分化是昌都片赣语都昌小片方言的重要特点，下文着重讨论都昌方言中送气分调如何影响调类分化及都昌方言送气分调演变特点。

（一）都昌方言按古声母送气与否发生调类分化

昌都片赣语普遍存在送气分调现象。具体情况请看表4-8。

表4-8　昌都片赣语按古声母送气分调的调类分化

地点	平				上				去				入			
	全清	次清	次浊	全浊	全清	次清	次浊	全浊	全清	次清	次浊	全浊	全清	次清	次浊	全浊
修水县黄坳乡	13		214		51			11	35		11		5	43	22	
															5	
修水县布甲乡	12		21		41			11	35	214	11		4	423	4	
																423
武宁县鲁溪镇	33		31		53			232	35	225	212		42		22	
								212								

续表

地点	平				上				去				入			
	全清	次清	次浊	全浊	全清	次清	次浊	全浊	全清	次清	次浊	全浊	全清	次清	次浊	全浊
德安县塘山乡	31		33		253			213	324	213			<u>44</u>			
															22	
德安县蒲亭镇	44	33	42		354			12	35	24	12		5	45	232	
永修县三角乡	45	35	33	242	213			13	55	34	13		5	<u>35</u>	13	
															5	
永修县滩溪镇	34	51	33					213	44	325	213		4			
															2	
															<u>42</u>	
湖口县双钟镇	51		323		34			224	45	214	224		45	214	224	
															45	
湖口县流芳乡	33		312		352			214	45	414	214		<u>45</u>	323	113	
															<u>45</u>	
庐山市南康镇	33		324		352			21	45	214	21		23	214	21	
										45					23	
庐山市横塘镇	33		324		354			21	35	214	21		<u>45</u>	434	324	
													<u>45</u>			
																21
共青城苏家垱	33		324		342			21	35	214	21		<u>45</u>	423	324	
													<u>45</u>			
																21
共青城江益镇	35	24	33	21				212	55	445	212		4	45		3
															4	
															45	

续表

地点	平				上				去				入			
	全清	次清	次浊	全浊	全清	次清	次浊	全浊	全清	次清	次浊	全浊	全清	次清	次浊	全浊
安义县龙津镇	34		42		324			22	45	315	22		咸山臻深 45 11 宕江曾梗通 53			
安义县石鼻镇	53		21		324			23	34	324	23		<u>42</u>		<u>22</u>	
新建区长堎镇（今长堎街道）	42		55	24	45	212	45	11	334	212	11		5		2	
新建区生米镇（今红谷滩区生米街道）	51		34	435	45	324	45	21	23	214	21		<u>45</u> 11 21			
新建区石埠镇	52		31		45	324	45	22	34	214	22		<u>45</u> 11			
新建区昌邑乡	32		41	324	214			22	35	214	22		<u>45</u> 11	21	45	
南昌县向塘镇	45		44	213				21	44	213	21		5 2			
南昌县泾口乡	23		35	213	243			11	51	31	11		<u>44</u>	21	44 22	
南昌县塔城乡	44		35 23	324	214			51	23	214	51		<u>45</u> 33			

表 4-8 中，修水、武宁、德安、永修、湖口、共青城方言声母存在"次清化浊"现象，调类分化条件同都昌方言是一致的，即按古声母送气与否来分调。各方言涉及古调类数量不一，修水县黄坳乡方言只涉及入声调，武宁县鲁溪镇、德安县塘山乡、永修县滩溪镇方言只涉及去声调，修水县布甲乡、湖口县双钟镇、湖口县流芳乡、庐山市南康镇、庐山市横塘镇、共青城苏家垱涉及去声、入声两个调类，德安县蒲亭

镇、永修县三角乡、共青城江益镇方言有些点涉及平声、去声、入声三个调类。

安义县、南昌市新建区、南昌县等地方言古全浊塞音、塞擦音声母今读送气清音声母，这些方言音系中次清与全浊声母字分调属于今调类按古声母送气与否来分化，而次浊平与全浊平字今读分调是今调类按今声母送气与否来分化的。

安义县方言送气分调现象主要涉及去声。南昌市新建区方言古今声母送气分调涉及古浊平、上声、去声、入声。从笔者的调查结果来看，全清上与次清上因古今声母送气产生分调现象主要出现在上新建，如新建区长堎镇（今长堎街道）、生米镇（今红谷滩区生米街道）、石埠镇方言，而新建区昌邑乡（属下新建）方言主要涉及古去声、入声调类。南昌县向塘镇、南昌县塔城乡方言送气分调现象涉及浊平、去声，南昌县泾口乡方言送气分调现象涉及浊平、去声、入声。

为了更清楚地分析都昌方言送气分调现象，表 4-9 归纳了都昌县各乡镇方言语音音系中的调类情况。

表 4-9　都昌代表点方言调类

地点	平			上			去				入			
	清	次浊	全浊	清	次浊	全浊	全清	次清	次浊	全浊	全清	次清	次浊	全浊
蔡岭镇东风村	33	344	213	354		312	325	312			<u>45</u>	<u>31</u>	<u>33</u> 45	<u>11</u>
蔡岭镇华山村	32	23	213	352		312	325	31	312		<u>45</u>	21	45 312 223 33	
土塘镇化民村	44	24		354		312	325	31	312		<u>45</u>	21	33 45	
阳峰乡黄梅村	44	344	214	352		31	324	31			45	21	33 21 45	

地点	平			上			去				入			
	清	次浊	全浊	清	次浊	全浊	全清	次清	次浊	全浊	全清	次清	次浊	全浊
和合乡田坂村	33	355	213	342		31	325	31			45	21	33 45	11
周溪镇输湖村	32	114	214	352		323	214	312	323		45	21	33 45 323	
春桥乡凤山村	42	323		453		224	45	213	224		34	312	34 23 224	
徐埠镇山峰村	33	355		352		213 33	324	213		33	45	31	33 45	11
左里镇周茂村	44	455	214	354		314 33	325	314		33	45	21	33 45	11
都昌镇金街岭	32	23	323	342		213 32	435	213		32	45	113	33 45	22
大港镇繁荣村	33	244		353		212	355		212		355	45	355 212	
鸣山乡九山村	33	23		354		21	212		21		45	212	45	21
中馆镇银宝村	33	344		354		22	41		22		45	21	45 22	
万户镇长岭村	33	344		354		22	31		22		45	21	33 45	11
南峰镇石桥村	44	324		352		22	52		22		45	212	45 22	

都昌方言存在古次清声母与全浊声母合流读不送气的浊音，次浊平与全浊平来源的字按古声母分调，次清与全清按古声母送气与否来

分调。

　　都昌方言按古声母送气与否分调现象在赣语里具有典型性。从全清、次清分调来看，都昌方言调类演变存在两种类型。

　　第一，古入声来源字按全清与次清分调，这种类型主要集中在都昌县东部方言，大港镇繁荣村、鸣山乡九山村、中馆镇银宝村、万户镇长岭村、南峰镇石桥村方言属此类型。

　　第二，古去声、入声来源字按全清与次清分调，都昌县大部分方言属此类型，如都昌县中部蔡岭镇东风村、蔡岭镇华山村、土塘镇化民村、阳峰乡黄梅村、和合乡田坂村、周溪镇输湖村方言，北部春桥乡凤山村、徐埠镇山峰村方言，西部左里镇周茂村、都昌镇金街岭方言均属这种类型。

　　古声母全清与次清字今读分调的现象还见于湘语、吴语、闽语、粤语。福建省建阳县（今建阳区）的黄坑话按古声母的全清、次清发生调类分化，平声、上声字全清声母和次清声母读不同调（叶祥苓，1983）。湘语按古声母送气与否分调现象多涉及去声调类（罗昕如，2011）。吴语有些方言平、上、去、入四个调类都有次清与全清分调现象（如吴江同里、松陵、芦墟、平望方言），有些方言涉及上、去、入三个调类次清与全清分调（如吴江黎里方言），有些方言涉及平、去、入三个调类次清与全清分调（如吴江震泽方言），有些方言涉及上、去两个调类次清与全清分调（如吴江盛泽方言）（叶祥苓，1983）。从这些汉语方言调类情况来看，赣语送气分调现象与吴语、湘语相似。吴语次清与全清分调现象涉及的调类较多，赣语虽涉及平、上、去、入四个调类，去、入次清与全清分调现象较普遍，湘语多涉及去声调类。赣语送气分调现象主要分布在赣北昌都片方言，赣北自古处"吴头楚尾"，所以从地理空间来看，都昌、庐山、湖口、永修、德安、武宁、修水等方言送气分调现象将吴湘语联系起来，在赣北形成了一条吴湘语之间的"送气分调分布带"，都昌方言处于这条分布带的最东端。

　　（二）都昌方言古次清、全清字今读分调同声母气流特点有关

　　都昌方言声调分类受到声母清浊、送气与否多种条件的制约。先看

都昌县阳峰乡方言古调类今读分化特征（见表 4-10）。

表 4-10　都昌县阳峰乡方言古调类分化与今声母清浊拼合关系

古调类	今调类	调值	古全清今读	古次清今读	古次浊今读	古全浊今读
古平声	阴平	44	清	浊		
	阳平₁	344			浊	
	阳平₂	214				浊
古上声	上声	352	清	浊	浊	
古去声	阳去	31				浊
				浊	浊	浊
	阴去	324	清			
古入声	阴入₁	45	清			
	阴入₂	21		浊		
	阳入	33			浊	浊

　　都昌县阳峰乡方言音系中调类区别性特征选择上具有多样性特点。音系调位的确立标准主要在于辨义。都昌方言古平声调类今读分化，同时运用了调值分化及声母清浊特征。首先根据古平声按声母的清浊分成阴平与阳平两类，都昌方言中存在古次清声母今读浊音现象，古全清字与古次清字今读调值听感上有细微的区别，当地人辨义主要靠今读声母的清浊来区别，对调值细微区别并不敏感，如遮［tʂa⁴⁴］≠车［dʐa⁴⁴］、租［tsu⁴⁴］≠粗［dzu⁴⁴］，所以调值上的细微区别可以忽略，成为一种羡余。

　　声母清浊必然导致调值的差别，都昌方言全清平与次清平字调值听感上有细微的区别，这种区别现象普遍存在于都昌小片的赣方言。可以通过实验语音学方法来验证。图 4-17 至图 4-19 展示了都昌县阳峰乡、庐山市横塘镇、湖口县武山镇方言中古全清平来源字（多租巴都该鸡刀边沟真姜帮东干丹军）与次清平来源字（拖粗蛆抄开偷天汤枪村通清摊潘亲）音高基频均值曲线。

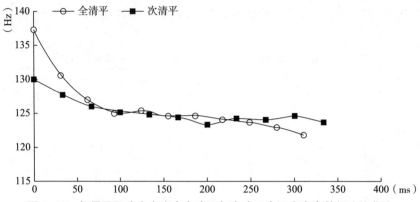

图 4-17　都昌县阳峰乡方言古全清平与次清平来源字音高基频均值曲线

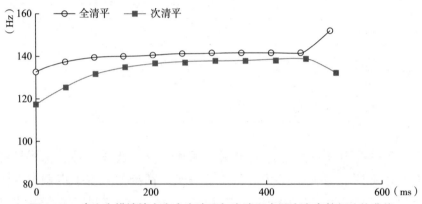

图 4-18　庐山市横塘镇方言古全清平与次清平来源字音高基频均值曲线

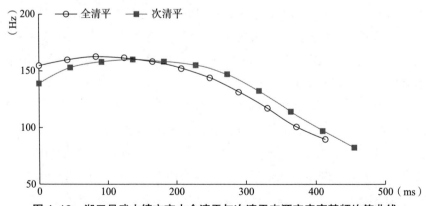

图 4-19　湖口县武山镇方言古全清平与次清平来源字音高基频均值曲线

可以看出，古全清平来源字与次清平来源字今读音高基频均值曲线并没有完全重合，都昌、湖口方言次清平来源字前 20% 时段基频值低于全清平，而庐山方言在整个时段次清平来源字基频值均低于全清平来源字。

都昌方言中古去声全清与次清因今声母的清浊发生分调，并且因为次清化浊，次清来源字与全浊来源字今读声母相同，调值趋同，发生了调类合流现象，同时也产生古次清来源字与古全浊来源字的同音现象，如铺［buˀ］= 步［buˀ］、兔［luˀ］= 度［luˀ］、贷［laiˀ］= 代［laiˀ］、派［baiˀ］= 败［baiˀ］、配［biˀ］= 背背诵［biˀ］、次［dzˌˀ］= 自［dzˌˀ］、套［lauˀ］= 盗［lauˀ］、透［ləuˀ］= 豆［ləuˀ］、炭［lanˀ］= 蛋［lanˀ］。就古全清去字与次清去字今读而言，今声母的清浊与调值高低共同作用，起到辨义效果。

董为光（1989：33）指出，造成次清声母"倒向"全浊声母的语音条件除了其共同具有的送气性质，很难再找到别的解释。本书认同声母送气性质是次清化浊的重要机制，声母送气性质也会导致今读调类分合，如都昌方言今读喉擦音声母的古全清去字今读调类同次清、全浊字一样归属阳去调。图 4-20 展示了都昌县阳峰乡老年男发音人晓母字汉［xɔn］、孝［xau］、耗［xau］的基频均值。

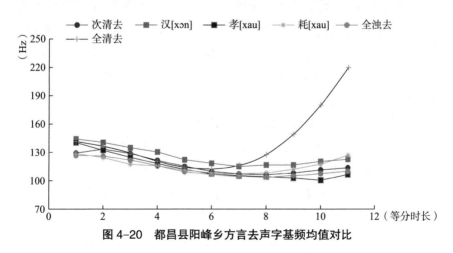

图 4-20　都昌县阳峰乡方言去声字基频均值对比

都昌县阳峰乡方言中汉［xɔn］、孝［xau］、耗［xau］因为声母的送气特点，与全清去字调值发生明显分化，喉部擦音声母发音机制同浊声母相近，其调值归向次清与全浊字合流形成的阳去调。

古入声字中全清入字与次清入字依声母今读清浊区别，同时调值也有明显区别，区别度远远超过平声字中全清与次清，当地人辨义时，声母清浊与调值共同发挥作用。次清入与浊入字今读都是浊声母，辨义在于调值与调形的辨认。图 4-21 展示了都昌县阳峰乡老年男发音人全清入字、次清入字、全清入今读喉擦音［x］声母字、浊入字基频均值曲线。

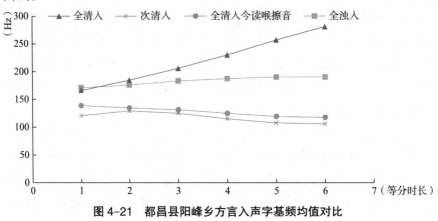

图 4-21　都昌县阳峰乡方言入声字基频均值对比

从图 4-21 中可以看到同古去声演变相同的情况，即全清入与次清入分调，同去声调类不同的是次清入字声母虽同全浊字声母相同，但调类并没有发生合流，主要靠调值保持对立，调值差别并不能"忽略"。都昌县阳峰乡方言中全清入字今读喉擦音的字因为喉擦音声母［x］送气特点并不随清入调，而是归入次清入字调类，原因在于［x］声母发音特点同次清入字的浊声母相近，调类发生合流。

都昌方言中浊音声母音值具有多样性，存在带音浊声母、清音浊流（弛声发声态），甚至存在气声现象。吴湘语全清、次清、浊三分，属存古现象，而赣语的浊音是合流型，为后起的音变，这已成定论。都昌方言送气分调的送气理解不应完全建立在北京音送气特点上，而应同发声态联系。

不少学者认为赣北赣语浊音声母有送气与不送气之别，基于都昌、庐山及周边方言古全浊声母的今读类型，陈昌仪（1991）构拟了南昌片赣语古全浊声母的演变链条：古全浊塞音、塞擦音声母与古次清塞音、塞擦音声母合流→送气的全浊塞音、塞擦音声母→送气的清音浊流

塞音、塞擦音声母→送气的清音塞音、塞擦音声母。随着实验语音学
的发展，朱晓农（2010a：87）基于对北部赣语 32 个点的实验语音学
研究来说明没有浊送气，存在常态浊音、内爆音、弛声。笔者也多次调
查昌都片赣语，11 个县市的浊音声母调查中未发现赣语有送气的浊音
声母现象，本书不认为赣北赣语古全浊声母都经历了陈昌仪构拟的发展
过程。同时本书认为董为光的说法具有合理性，即送气性质是"次清
化浊"的重要原因；但在送气性质理解上与董为光不同，本书认为赣北
方言中听感上的"送气"不同于普通话或北京音中的送气，而是特殊
的发声态，古次清与全浊声母在发声态上的相似（弛声、气声的听感）
是"次清化浊"的重要机制，也是次清字与全清字调类分化、次清字
与全浊字调类合流的原因。这个问题将在本书第五章第二节进一步深入
论述。

三　全浊上、全浊去归阴平现象

（一）全浊上、全浊去归阴平在赣语中的分布情况

学术界曾指出全浊上归阴平现象是客家方言的重要特点（黄雪贞，
1988、1989）。随着调查的深入，学者发现赣语中也有不少方言存在全
浊上归阴平现象。例如，刘纶鑫（1999：297）指出"临川、南城、南
丰、崇仁、乐安、广昌、宜黄、东乡、进贤、金溪、资溪、横峰、弋
阳、铅山、余江、鄱阳、贵溪、鹰潭、永新、宁冈、万安、新干、吉
水、永丰"方言存在全浊上归阴平现象。昌都片赣语也有不少方言存在
全浊上归阴平现象，据已刊材料（李如龙、张双庆主编，1992；谢留
文，1998；辛世彪，2004；孙宜志，2007；肖萍，2008）可知，都昌
方言、永修吴城方言有此现象。卢继芳（2018：406）调查发现昌都片
赣语德安县丰林镇个别村方言也存在此现象，同客家方言不同，昌都片
赣语中还存在全浊去归阴平现象。昌都片赣语全浊上、全浊去归阴平现
象的分布具有地理区域性特点，即环鄱阳湖流域分布。

（二）都昌方言全浊上、全浊去归阴平现象

都昌方言全浊上与全浊去归阴平现象不仅只涉及全浊上、全浊去的
部分字，而且在都昌县境内不具有周遍性，只分布于都昌县城至徐埠镇

方言的西部沿湖带状方言区域，都昌县中部、东部乡镇方言全浊上及全浊去都归阳去调。本书从《方言调查字表》选取例字进行了专题调查，下文具体罗列。

古全浊上 146 个字：舵惰坐祸下_{底 ~}夏厦部簿杜肚户序叙绪苎巨拒距父釜腐辅聚柱竖待怠在亥骇罢解_姓蟹陛弟荠倍罪汇被_{~ 子}婢舐技妓雉似祀巳痔士仕柿市恃跪抱道稻皂造浩鲍鳔赵兆绍掉调音_{~ 调 ~ 动}后厚妇负阜纣受臼咎舅撼淡舰渐俭簟范犯甚葚诞旱限辩辨践善件键辫拌伴断_{~ 绝}缓皖撰篆圈猪_~很尽肾近笨囤盾矛_~混窘菌愤忿荡放_~象橡像丈仗杖上_~山强俦_~晃_~眼棒蚌项杏幸静靖并艇挺锭迥动汞奉重轻_{~ ~}。

古全浊去 203 个字：大驮贺薄座和_{~ 面}耙下_{~ 降}夏夏春_~褛谢射麝华_姓箸助署薯步捕埠度渡镀互瓠附续住树具惧代袋载满_~害械稗败寨敝弊币毙滞誓逝璧第递剂系关_{~ 系连 ~}佩背_~诵队溃兑会开_{~ 会 ~}不_~绘坏画话吠慧惠避敝备鼻篦地自稚示视嗜字牸寺嗣饲治事侍忌睡瑞遂隧穗坠柜翡暴菢盗导涝号效校学_{~ 校 上 ~}轿豆逗候复_{~ 兴}就袖宙骤寿授售旧枢憾暂赚馅陷妗但弹子_~蛋汗焊翰瓣办绽苋栈便方_~贱饯羡膳单姓禅_~让健腱电殿奠佃垫现叛段缎椴换幻患宦旋传_~记倦饭县眩恨阵慎仅钝殉顺份郡藏西_~匠状尚上_{~ 面}撞巷邓澄赠瞪剩铿行品_~病竞净郑盛兴_~定横查_~洞凤仲俸缝一条_~诵讼颂共。

下文罗列都昌各乡镇方言全浊上、全浊去归阴平具体例字。

都昌镇方言全浊上例字：舵坐下夏厦部簿杜肚苎巨拒距腐聚柱待怠在亥骇弟罪被技痔士柿抱道稻皂造赵后厚舅淡渐俭簟旱限辩辨践件键辫拌伴断篆尽近笨象橡像丈杖项棒蚌动重（共 66 个）；全浊去例字：大贺薄座耙褛谢步捕埠度渡镀住具代袋害稗败璧第避敝备字牸寺治菢盗涝号豆候就袖骤旧暂赚馅陷妗蛋汗焊栈苋便贱健段传阵钝郡匠状撞巷邓澄病净郑定洞共（共 69 个）。

左里镇方言全浊上例字：舵坐下夏厦部簿杜肚巨拒距聚柱待怠在亥骇弟罪被技痔士柿抱道稻皂赵后厚舅淡渐俭簟旱限辩辨件键辫拌伴断尽近笨象橡像丈杖项棒蚌动重巳浩囤荡（共 65 个）；全浊去例字：大贺薄座耙褛谢跨步捕埠度渡镀住具代袋害稗败璧避敝备字牸治菢盗号豆候溜就袖骤旧暂赚馅陷妗蛋汗焊苋便贱健段传阵钝郡状撞巷邓澄病郑定洞共助自稚地柜暴轿办绽倦仅仲（共 78 个）。

徐埠镇方言全浊上例字：舵坐下夏厦部簿杜肚苧巨拒距聚柱待怠在亥骇弟罪被技痔士柿抱道稻皂赵后厚舅淡渐俭簟旱限辩辨践件键辫拌伴断尽近笨象橡像丈杖项棒蚌动重已浩囤荡倍造鲍纣（共 71 个）；全浊去例字：大座耙褓谢步捕埠度渡镀住具代袋贷害稗败甓避备字狩寺治菹盗涝号豆候就袖骤旧暂赚馅陷蛋汗焊苋栈贱健段阵郡状撞巷澄病郑净洞共助自稚地柜暴轿办绽倦仅仲佩宙（73 个）。

春桥乡方言全浊上例字：舵坐下夏厦部簿杜肚巨拒距聚柱待怠在亥骇弟罪被技痔士柿抱道稻赵后厚舅淡渐俭旱限辩辨践件键辫拌伴断篆尽近笨象橡像丈杖项棒蚌动重浩倍造鲍静靖（共 67 个）；全浊去例字：大贺座耙褓谢步捕埠度渡镀住具代袋害稗败甓第避豉备字狩寺治菹盗涝号豆候就袖骤旧暂赚馅陷蛋汗焊苋便健段传阵钝郡匠状邓澄病净郑定洞共助自稚地柜暴轿办倦仅仲佩电奠殿（共 78 个）。

古全浊上归阴平的字占调查总字数比重为：都昌镇 45%，左里镇 45%，徐埠镇 49%，春桥乡 46%；古全浊去归阴平的字占调查总字数比重为：都昌镇 34%，左里镇 38%，徐埠镇 36%，春桥乡 38%。乡镇方言古全浊上归阴平较一致的例字有：舵坐下夏厦部簿杜肚巨拒距聚柱待怠在亥骇弟罪被技痔士柿抱道稻造赵后厚舅淡渐俭旱限辩辨件键辫拌伴断篆尽近笨象橡像丈杖项棒蚌动重（61 个）；乡镇方言古全浊去归阴平较一致的例字有：大贺座耙褓谢步捕埠度渡镀住具代袋害稗败甓第避豉备字狩寺治菹盗号豆候就袖骤旧暂赚馅陷蛋汗焊苋便贱健段传阵钝郡匠状邓澄病净郑定洞共（63 个）。

关于全浊上归阴平现象讨论较多，如刘纶鑫（1999：299）认为："客赣方言中浊上归阴平现象应是比中古汉语全浊上归去（晚唐时期）更早的语音现象，赣语今读阴平的全浊上字比客方言多些，这说明浊上归阴平是赣方言自身的特点，如果存在阳去与阴平的文白异读的话，全浊上归阳去是北方官话影响的结果。"本书认同赣语中的全浊上归阴平现象是比中古汉语全浊上归去更早的语音层次，全浊上归阴平与全浊上归阳去共现在都昌方言中形成了语音层次的叠置现象。王洪君（2007：45）指出叠置音系变化有两个方面的分析：一是从来源看，存在本地与外来的竞争；二是文白形式同居一个共时音系，存在共同变化的关系。都昌方言中全浊上归阴平与归阳去例字数量不一，中部方言归阳去的规律强势，西部方言归阴平的规律强势，体现了一种竞争关系。

都昌方言中部分全浊上、全浊去今读阴平调现象是历时演变的结果。从都昌方言两字组连读变调情况来看，都昌镇方言全浊上、全浊去归阴平现象应当是从词汇开始，采取词汇扩散方式逐步推进。请看下列都昌镇方言两字组连读变调情况：

清平 + 清平	32 + 32 > 33 + 31	蓑衣	初中
清平 + 全浊上	32 + 213 > 33 + 31	兄弟	轻重
清平 + 全浊上	32 + 213 > 33 + 312	开市	师范
清平 + 全浊去	32 + 213 > 33 + 31	山洞	鸡蛋
清平 + 全浊去	32 + 213 > 33 + 312	当面	大树

"清平 + 全浊上""清平 + 全浊去"模式两字组存在两类变调情况，一类是同今读"阴平 + 阴平"（33 + 31）模式，另一类是同今读"阴平 + 阳去"（33 + 312）模式，都昌镇方言单字音系统中"弟重洞蛋"今读阴平，"市范面树"今读阳去。方言中"全浊上、全浊去归阴平"与官话"全浊上归去"两种演变趋向直接在都昌镇方言两字组连读变调中呈现。不同来源的两字组连读有相同的变调模式反映方言晚近音变。吴继章（1990：62）指出连读变调有两种：一种是由共时原因引起的变调，另一种是由历时原因引起的变调。"共时变调"与历史音类无关，"历时变调"是该方言历史上某种语音现象在连读中的保留。笔者认为不同调类来源的两字组连读变调模式相同应是不同古调类来源字今读合流的前奏，联系都昌方言声调来看，从上文例子中可窥见都昌镇方言历史上曾发生的两股音变潮流：部分全浊上、全浊去字今读归阴平，部分全浊上、全浊去字今读归阳去。

都昌镇方言音系中，变调调值 31 与阴平调值 32 同属降调，听感上相当接近。笔者推测在都昌镇方言语音发展史上，全浊上、全浊去字今读阴平现象的发生机制有可能源于两字组连读的后字调值变调为 31，词汇变调引起了音系变调。这个变化最初只出现在部分常用词语中，音变进程因另一"强大势力"出现而中断，此"强大势力"就是汉语史上"全浊上归去"的语音演变。从都昌方言全浊上、全浊去归阴平现象的分布来看，"全浊上归去"强大势力的影响力辐射整个西部方言（都昌镇、左里镇、徐埠镇、春桥乡等）。

四　入声字今读演变

（一）清入与去声今读合流

卢继芳（2018：433）指出，赣语昌都片方言中普遍存在古清入字与去声字今读合流现象，昌都片赣语中清去字、清入字又存在送气分调现象，这导致各县方言清入与去声合流有不同的发展趋向。庐山市方言及湖口县方言全清入字同全清去字合流，次清入字同次清去字合流；都昌镇方言次清去字今读阳去调，次清入字一旦失去入声塞尾，其发展趋势是同阳去合流。

图 4-22 展示了都昌镇方言老年层的音高基频曲线，其中阴入$_2$例字"哭拍塔切刻壳七铁缺客出曲"，阴去例字"冻怪半四簸坝布计盖报够变镇酱柄担进"，阳去例字"面让命梦慢耙度害饭树电顺病段"），图中阴入$_2$调值、调形同阳去调相近，但未合并。

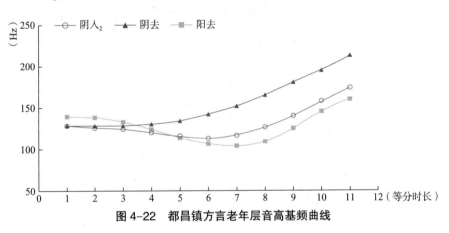

图 4-22　都昌镇方言老年层音高基频曲线

结合两字组连读变调情况，阴入$_2$、阳去调字处后字时，有相同的变调模式，示例如下：

阴平 + 阳去	32 + 213 > 33 + 312	通气　大树
阴平 + 阴入$_2$	32 + 113 > 33 + 312	开阔　亲切
阳平$_1$+ 阳去	23 + 213 > 23 + 312	模范　棉裤
阳平$_1$+ 阴入$_2$	23 + 113 > 23 + 312	油漆
上声 + 阳去	342 + 213 > 343 + 312	洗面　买菜
上声 + 阴入$_2$	342 + 113 > 343 + 312	打铁　请客

阴去 + 阳去	435 + 213 > 224 + 312	报社	见面
阳去 + 阳去	213 + 213 > 212 + 312	上课	卖菜
阴入₂ + 阳去	113 + 213 > 213 + 312	切菜	铁路
阴入₂ + 阴入₂	113 + 113 > 21 + 312	七尺	
阳入₂ + 阳去	22 + 213 > 33 + 312	实话	实现
阳入₂ + 阴入₂	22 + 113 > 33 + 312	十尺	十克

结合上文两字组连读变调情况来看，笔者推测次清入字调今读与阳去调相近或合流很可能从词内变调开始，如上文例子中次清入与今读阳去调的字处后字时，变调后调值为 312，然后以词汇扩散的方式推进。

（二）次浊入字随清流

李如龙、张双庆（1992：193）指出，客赣方言中"次浊声母入声字有两个走向，或与清声母字同调，或与全浊声母字同调，相对而言客方言多数跟全浊走，赣方言多数跟清声母走"。孙宜志（2007：243）指出，赣语普遍存在次浊入部分随清流，从次浊入字随全浊入字的字数来看，都昌占比为 17%，丰城占比为 22%，吉安占比为 24%，临川占比为 30%，呈现出从北至南逐渐增多的趋势。

卢继芳（2018：429~430）曾以武宁县石门楼镇石门村方言为例深入分析，指出昌都片赣语次浊入字随清流的演变是以词汇扩散方式展开的。都昌镇方言中同样存在次浊入来源字今读阴入₁调，从两字组连读变调情况中也可看到古次浊入字调类的演变轨迹。

阳入₁ + 阴平	33 + 32 > 23 + 31	月光	
上声 + 阳入₁	342 + 33 > 34 + 45	满月	
阴平 + 阳入₁	32 + 33 > 33 + 45	冬月	
阳入₁ + 上声	33 + 342 > 45 + 232	月嫂	月饼

上例中"月"单字调有明显塞尾，听感上是短促的，从两字组连读变调来看，"月光"一词中"月"的声调同单字调相近，"满月""冬月"中"月"的调值为 45，调值同阴入₁调相同，听感上不是短促调，"月嫂""月饼"中"月"读高短促调阴入₁调。这说明次浊入字今读阴入₁调的音变仍处于词汇扩散的过程。

（三）浊入字今读分合

都昌镇方言单字调系统中，今阳入$_2$调来源于古全浊入，今阳入$_1$调来源于古次浊入；阳入$_2$与阳入$_1$都是短促平调，从调值来看，阳入$_2$调比阳入$_1$调要低一些；从都昌镇方言青年层发音来看，阳入$_2$与阳入$_1$调趋于合并，老年层尚能区分，个别字全浊入字听感较明显，如"食实十白毒"等。笔者调查发现，都昌镇方言老年层两字组连读变调已呈现阳入$_2$与阳入$_1$调合流趋向，请看下文例字。

阳入$_1$ + 阴平	33 + 32 > 33 + 31	木匠
阳入$_2$ + 阴平	22 + 32 > 33 + 31	实心
阴平 + 阳入$_1$	32 + 33 > 32 + 22	后日
阴平 + 阳入$_2$	32 + 22 > 33 + 22	猪食
阴入$_1$ + 阳入$_2$	45 + 22 > 45 + 22	一勺

从都昌镇方言青年层发音来看，阳入$_2$调与阳入$_1$调趋于合并，老年层区别单字调，但上面的两字组连读中可见合流趋势，一些阳入$_2$字变调后读阳入$_1$调。上例中，"木日"属次浊入字，"实食勺"属全浊入字，在连读字组中，处前字与处后字呈现出相同的变调情况。笔者认为词汇连读可能是古全浊入与古次浊入字今读调类合并的重要音变环境。

第五章　都昌方言与周边方言的关系

都昌县处于鄱阳湖北滨，鄱阳湖入长江口带状航道的东岸南端，县境西侧与南侧临湖。都昌县东面与古称番邑的鄱阳县山水相连，都昌县东部鸣山乡、东北部大港镇与鄱阳县响水滩乡接壤，中馆镇位于都昌县最东端，与鄱阳县响水滩乡、油墩街镇、银宝湖乡接壤。中馆镇古为井田驿，清朝称"中馆市"，历来是鄱阳县、湖口、九江、景德镇通衢。

都昌县南濒鄱阳湖，沿湖岸线从东至西分布南峰镇、芗溪乡、万户镇、西源乡、周溪镇、大沙镇、和合乡、都昌镇，南峰镇与鄱阳县银宝湖乡接壤；都昌县南部沿湖地带的乡镇与鄱阳县、余干县、南昌市新建区隔湖相望。

都昌县西北部左里镇因位于彭蠡湖（鄱阳湖古称）左而得名；都昌县最西端是多宝乡，与庐山市星子镇、永修县吴城镇隔湖相望，境内有著名的老爷庙，传说元末朱元璋与陈友谅曾在此激战。这里在中华人民共和国成立前也是水路交通便利之处，当时老爷庙设有码头，到九江、庐山市星子镇均有班轮、渡船往返。

都昌县北部北界为屏峰河、芦塘涧、武山鹅公凸、卸衣岭、双尖山，与湖口县、彭泽县毗连；都昌县春桥乡与湖口县流芳乡、城山镇接壤；都昌县苏山乡同湖口县流芳乡接壤；都昌县蔡岭镇与湖口县武山镇接壤；都昌县大港镇同彭泽县天红镇、杨梓镇接壤。

从地理空间来看，都昌县、鄱阳县、余干县、南昌市新建区、永修县、庐山市、湖口县共饮一湖水，自古依水路交通，来往便利，在民俗文化上有许多共通之处。从方言学归属来看，都昌县、南昌市新建区、永修县、庐山市、湖口县方言属昌都片赣语，鄱阳县、余干县方言属鹰弋片赣语。

本章从方音今读特点及演变规律来看都昌方言内部差异及与周边方

言的关系，并结合人文历史来探讨关系的成因。

第一节 都昌方言与周边方言语音的共时比较

都昌方言内部地理差异大，同时因地缘，全县四境方言同周边方言呈现不同的亲疏关系。为讨论都昌方言与周边方言的亲疏关系，下文先结合既往研究成果（李如龙、张双庆主编，1992；刘纶鑫主编，1999；陈昌仪主编，2005；孙宜志，2006；肖萍，2008；陈凌，2019）对都昌方言与邻县方言语音系统进行共时比较。字或音下画单线表示白读音，画双线表示文读音。

一 声母系统的比较

下列鄱阳湖周边都昌县（城关）、庐山市（蛟塘镇）、湖口县（流芳乡）、永修县（三角乡）、永修县（吴城镇）、南昌市新建区、彭泽县（县城）、鄱阳县（鄱阳镇）、余干县（县城）方言的声母系统。

表 5-1 都昌县（城关）方言声母（22 个）

p 布北	b 潘步	m 毛麦	ɸ 翻花	
t 刀店		n 难内		l 偷驼
ts 祖争	dz 才秋		s 散线	
tʂ 招主	dʐ 除昌		ʂ 收食	
tɕ 见脚	dʑ 丘权	ȵ 娘义	ɕ 希现	
k 讲关	g 抗开	ŋ 岸硬	h 海学	
Ø 衣武				

资料来源：李如龙、张双庆主编，1992：14。

表 5-2 庐山市（蛟塘镇）方言声母（24 个）

p 布波摆巴	b 破婆怕盘	m 门毛苗母	ɸ 飞灰符税	β 危远元位
t 到斗刀对	d 道太同里	n 难怒恼闹	l 兰路辣乱	
ts 糟祖节精	dz 仓从齐枪		s 散线修生	
tʃ 招蒸主制	dʒ 昌虫处除		ʃ 诗书扇声	
tɕ 寄经结几	dʑ 秋杰桥去	ȵ 语言严年	ɕ 休孝休验	

| k 贵举改桂 | g 开区权跪 | ŋ 岸奥矮哀 | h 好浩海后 | |
| 0 妖友炎衣 | | | | |

资料来源：陈昌仪主编，2005：69。

表5-3　湖口县（流芳乡）方言声母（23个）

p 巴摆扮剥	bʻ 批胖袍薄	m 麻买蚊麦	ɸ 飞灰风滑	
t 多带东搭	dʻ 梯天李凉	n 奴脑难纳		l 罗狼头唐
ts 挤早罩捉	dzʻ 草仓齐徐		s 小叙霜雪	
tʂ 昼砖章烛	dʐʻ 丑传肠直		ʂ 蛇书善说	
tɕ 鸡叫经菊	dʑʻ 亲牵旗裙	ȵ 鲶艺让肉	ɕ 细晓嫌向	
k 嫁高缸角	gʻ 窠开共壳	ŋ 鹅矮硬额	h 虾好闲喝	
0 衣痒吴碗雨圆				

资料来源：陈凌，2019：152。

表5-4　永修县（三角乡）方言声母（22个）

p 布补拜边	bʰ 怕别步婆	m 门埋骂木	ɸ 符胡飞灰虚	
t 到招主	dʰ 太同夺昌潮吕			l 难兰路怒而脑绕
ts 糟增蒸	dzʰ 粗锄曹		s 丝师书声	
tʃ 知枝	dʒʰ 池齿		ʃ 诗试	
tɕ 精经	dʑʰ 秋丘旗齐	ȵ 日认软年严	ɕ 修休	
k 贵举	gʰ 跪葵权	ŋ 岸硬袄	h 开河共	
0 远闻延				

资料来源：孙宜志，2006：5。

表5-5　永修县（吴城镇）方言声母（19个）

p 帮	pʰ 滂并	m 明问	f 非敷奉灰护	
t 端	tʰ 透定			l 来任闹
ts 张庄灶掌	tsʰ 唱初助丞莱坐寺畅痔		s 生赛试似事示社	

续表

tɕ 最叫真昼	tɕʰ 砌丑窍臭静袖锤近仇	n̠ 酿忍义	ɕ 细兽戏叙顺受幸	
k 嫁	kʰ 靠圈	ŋ 暗雁	h 蒿汗可	
Ø 味云以意耳危完				

资料来源：肖萍，2008：13。

表 5-6　南昌市新建区（县城）方言声母（19 个）

p 本冰百壁	pʰ 婆平病白	m 妹望蚊木	ɸ 飞欢水婚	
t 端猪中竹	tʰ 天豆虫敌	n 男南脑你		l 来老鲁连
ts 资针张证	tsʰ 昌村秤尺		s 孙双色尖	
tɕ 周景浆节	tɕʰ 请枪集切		ɕ 写香熊席	
k 歌干贵家公	kʰ 可看跪空	ŋ 咬眼鹅硬	h 鞋红风黑	
Ø 儿二医玉文云匀圆				

资料来源：陈昌仪主编，2005：74~75。

表 5-7　彭泽县（县城）方言声母（20 个）

p 杯扮保布	pʰ 步别怕被	m 麻末谋门	f 飞冯符饭	
t 到情兑答斗	tʰ 土道代中夺			l 怒来路里
ts 招增针掌	tsʰ 初菜自造		s 筛世私时	z̠ 冉
tɕ 精节主举	tɕʰ 除旗锹强	n̠ 言认女遇	ɕ 修税书线	
k 贵家桂教	kʰ 开枯快空	ŋ 哀外咬呕	h 红胡化浩	
Ø 要柔危而				

资料来源：陈昌仪主编，2005：76。

表 5-8　鄱阳县（鄱阳镇）方言声母（20 个）

p 波逼	p' 铺别	m 麻明	f 俘飞	
t 多队	t' 拖驮	n 南怒		l 罗瓤
ts 知照	ts' 初昌		s 桑上	
tɕ 济中	tɕ' 徐奇	n̠ 日尼	ɕ 书吸	
k 械各	k' 科苛	ŋ 蛾安	h 化学	

续表

Ø 远				

资料来源：刘纶鑫主编，1999：56。

表 5-9　余干县（县城）方言声母（23 个）

p 帮兵北壁变	pʰ 颇备暴白篇	m 梅网蚊木麦	ɸ 花欢房发县	
t 堆当多点掇	tʰ 头定夺敌天			l 南兰六列落
ts 精箭宗节则	tsʰ 存贼七切清		s 仙修俗屑西	
tʃ 周金颈急祝	tʃʰ 陈出局吃赵	ȵ 人日银媸	ʃ 时休香叔舌	
tɕ 经京见骄肩	tɕʰ 桥吹件直轻	n̠ 元逆鱼牛认	ɕ 水献血晓希	
k 江公交甲压	kʰ 群敲客楷块	ŋ 硬暗恶矮咬	h 红风鹤鞋合	
Ø 雨鸟影约位				

资料来源：陈昌仪，1991：74。

　　从声母系统的共时格局来看，都昌方言与周边赣语声调格局的共同点是都有双唇音、舌尖音、舌面音、舌根音、塞音、塞擦音、擦音、鼻音、边音。声母格局的不同之处可从 3 个角度来说明。

　　1. 声母数量

　　都昌县（城关）、庐山市（蛟塘镇）、湖口县（流芳乡）、永修县（三角乡）、余干县（县城）方言声母数为 22~24 个。永修县（吴城镇）、南昌市新建区（县城）、彭泽县（县城）、鄱阳县（鄱阳镇）方言声母数为 19~20 个。有 22~24 个声母的方言除了舌尖、舌面塞擦音声母外，还多一套舌尖后塞擦音声母，如都昌县（城关）方言［tʂ、dʐ、ʂ］，庐山市（蛟塘镇）方言［tʃ、dʒ、ʃ］，湖口县（流芳乡）方言［tʂ、dʐʻ、ʂ］，永修县（三角乡）方言［tʃ、dʒʰ、ʃ］，余干县（县城）方言［tʃ、tʃʰ、ʃ］。

　　2. 浊音声母

　　都昌县（城关）、庐山市（蛟塘镇）、湖口县（流芳乡）、永修县（三角乡）方言存在浊音声母，都昌县（城关）方言［b、dz、dʐ、dʑ、g］，庐山市（蛟塘镇）方言［b、d、dz、dʒ、dʑ、g］，湖口县（流芳乡）方言［bʻ、dʻ、dzʻ、dʐʻ、dʑʻ、gʻ］，永修县（三角乡）方言［bʰ、 dʰ、dzʰ、dʒʰ、dʑʰ、gʰ〕，而其他方言均为同部位的清音声母。

3. 送气声母

湖口县（流芳乡）、永修县（三角乡）、永修县（吴城镇）、南昌市新建区（县城）、彭泽县（县城）、余干县（县城）方言存在送气声母，其他方言声母格局中没有送气声母。从类型来看，送气声母有两类：一类是浊送气声母，湖口县（流芳乡）方言〔bʻ、dʻ、dzʻ、dzʻ、dzʻ、gʻ〕，永修县（三角乡）方言〔bʰ、dʰ、dzʰ、dʒʰ、dzʰ、gʰ〕；另一类是清送气声母，永修县（吴城镇）、南昌市新建区（县城）、彭泽县（县城）方言〔pʰ、tʰ、tsʰ、tɕʰ、kʰ〕，余干县（县城）方言〔pʰ、tʰ、tsʰ、tʃʰ、tɕʰ、kʰ〕。

以上9处方言，都昌县（城关）、庐山市（蛟塘镇）、湖口县（流芳乡）、永修县（三角乡）、永修县（吴城镇）、南昌市新建区属赣语昌都片方言，彭泽县（县城）、鄱阳县（鄱阳镇）、余干县（县城）属赣语鹰弋片方言，从共时平面声母格局来看，都昌方言同庐山市（蛟塘镇）、湖口县（流芳乡）、永修县（三角乡）方言基本一致，与永修县（吴城镇）、南昌市新建区（县城），彭泽县（县城）、鄱阳县（鄱阳镇）、余干县（县城）有区别。声调格局相同，具体音值不同，比如都昌方言同隔湖相望的余干方言声母格局是一致的，但从古全浊声母、次清声母合流后今读声母的音值来看则明显不同。

二　韵母系统的比较

下列鄱阳湖周边都昌县（城关）、庐山市（蛟塘镇）、湖口县（流芳乡）、永修县（三角乡）、永修县（吴城镇）、南昌市新建区（县城）、彭泽县（县城）、鄱阳县（鄱阳镇）、余干县（县城）方言的韵母系统。

表5-10　都昌县（城关）方言韵母（66个）

ɿ 紫师 ʅ 知时	i 雨皮	u 布土
a 车怕	ia 写姐	ua 花话
ɛ 锯		
ə 耳儿		
ɔ 左波		uɔ 过火

ai 台改		uai 怪坏
		ui 亏桂
au 高宝		
əu 走斗	iɛu 小骄	uəu 浮否
	iu 修有	
an 班山		uan 万反
ɛn 占根	iɛn 扁烟	
ən 针孙	in 林裙	un 滚分
ɔn 甘端	iɔn 软圆	uɔn 官碗
aŋ 彭省	iaŋ 饼井	uaŋ 横梗
ɛŋ 灯耕		uɛŋ 横
əŋ 证升	iŋ 灵英	
ɔŋ 讲上	iɔŋ 良样	uɔŋ 王光
	iuŋ 龙用	uŋ 风东
m̩ □	n̩ 你	ŋ̍ 五吴
al 八甲		ual 刮袜
ɛl 折热	iɛl 叶歇	
əl 入出	il 集笔	uəl 骨物
ɔl 刷鸽	iɔl 月缺	uɔl 括捋
ak 百石	iak 壁锡	uak 划
ɛk 北德		uɛk 国或
ək 职直	ik 逼积	
ɔk 桌剥	iɔk 脚削	uɔk 扩郭
	iuk 足六	uk 木竹

资料来源：李如龙、张双庆主编，1992：14。

表 5-11　庐山市（蛟塘镇）方言韵母（58 个）

ɿ 资做刺字 ʅ 知池势时	i 取第雨离	u 故父主如
a 蛇架爬遮	ia 也借写靴	ua 瓜夸垮娃
		uia 茄
ɛ 儿尔耳而舌	iɛ 去鱼	uiɛ 缺
o 多左饿锁		uo 颗过果锅阔
ai 哀害介败		uai 块怪乖快
		ui 规跪归鬼
au 保毛好闹		
ɛu 少照狗走	iɛu 巧表妙小	
ɵu 收抽手仇	iu 休酒有纠	
an 胆间三斩		uan 关惯还湾
ɛn 占闪蟾船	iɛn 甜店检贬	uiɛn 权犬捐
ɵn 针深沉任	in 音林邻心	un 滚困棍昆
		uin 均君裙群
on 感短酸含		uon 官碗宽换
aŋ 坑硬声生	iaŋ 病平命领	uaŋ 横
ɛŋ 恩邓层肯		
əŋ 征蒸升朋	iŋ 琼胸品寝	
ɔŋ 帮忙党行	iɔŋ 亮娘箱枪	uɔŋ 忘筐光况
ŋ̩ 你那		
ɿʔ 卒 ʅʔ 织识失质	iʔ 郁击急逆	uʔ 木鹿谷叔
aʔ 答纳杂鸽	iaʔ 甲锡	uaʔ 刮挖袜
ɛʔ 热折入不	iɛʔ 跌节歇灭	uɛʔ 物骨国
		uiɛʔ 掘决物月
oʔ 喝恶各作	ioʔ 药脚削	uoʔ 郭掘
	iuʔ 曲足绿玉	
		uiʔ 桔

资料来源：陈昌仪主编，2005：69。

表 5-12　湖口县（流芳乡）方言韵母（57个）

ɿ 紫慈师史　ʅ 制池视始	i 梅梨雨最	u 补楚猪住
a 巴遮哑瓦	ia 靴贾姐夜	ua 瓜夸挂话
ɛ 碑悲杯内	iɛ 爹姐泻爷	uɛ 蹼旮喂喊
o 哥破坐模	io 哟	uo 锅窠禾和
ai 台介外帅		uai 块刽怪歪
au 抱刀高烧	iau 巧苗笑晓	
əu 偷钩谋手	iəu 流秀救幼	ui 亏桂魏昧
an 胆减难颜		uan 官碗弯万
ɛn 沾闪缠善	iɛn 尖嫌健面	
œn 南汉短闩	iuœn 全践贱园	
ən 沉村登城	in 人冰军秦	un 滚困温文
aŋ 争硬程声	iaŋ 平影颈青	uaŋ 框眶梗横
ɔŋ 帮张窗讲	iɔŋ 两枪让洋	uɔŋ 光黄况矿
	iuŋ 荣兄松供	uŋ 东梦中棚
m̩ 姆呣	n̩ 尔那嗯	ŋ̍ 五蜈唔
l̩ 儿二耳乳		
	il 立笔律疫	
al 塔插辣瞎		ual 刮刷挖袜
ɛl 折十撤没	iɛl 接碟热箧	ɛul 阔骨国物
œl 答喝割脱	iuœl 雪月决倔	
uiʔ 北直客责	iuʔ 宿畜绿玉	uʔ 木毒福烛
aʔ 白麦轹尺	iaʔ 壁迹锡吃	
ɔʔ 薄绰学缚	iɔʔ 略鹊脚药	uɔʔ 郭扩豁握

资料来源：陈凌，2019：152。

表 5-13　永修县（三角乡）方言韵母（62个）

ɿ 丝苏粗书　ʅ 持知纸	i 地第虚吕税去	u 徒古主除
		ui 雨余围举桂贵
a 爬蛇花	ia 姐靴写	ua 瓜寡

续表

e 锯佢耳二撕	ie 爹鱼去	ue □折
o 多坐火歌母		uo 过课
ai 开盖介帅		uai 怪
au 保饱桃		
eu 招烧斗	ieu 焦条小	
əu 丑收	iu 救休修有	
an 胆三间减		uan 关弯
en 闪根僧增争	ien 延软全连年	uen 权圆远
ən 孙真春蒸浑	in 林紧兴灵俊	uin 运群
		un 温稳魂
on 短竿含船	uon 官宽	
aŋ 耕硬争	iaŋ 颈星	uaŋ 横梗
ɔŋ 党桑讲床	iɔŋ 良香	uɔŋ 光匡
oŋ 东中风	ioŋ 穷用	
m̩ 姆~妈	n̩ 尔你	ŋ̍ 五
ʈ 直湿出	it 笔急日力屈	ut 骨不读局
		uit 橘屈
at 辣夹瞎		uat 刮滑
et 舌折	iet 接铁月绝	uet 缺决
ot 割合脱		uot 阔活
aʔ 百摘石客划	iaʔ 壁劈脊吃	
		uʔ 鹿木
eʔ 色北责黑获客		ueʔ 国或
oʔ 各落确学	ioʔ 药削嚼	uoʔ 握郭扩
	iuʔ 绿足欲	

资料来源：孙宜志，2006：5~6。

表 5-14　永修县（吴城镇）方言韵母（63 个）

ɿ 资制	i 礼理吕	u 古富	yi 雨贵桂
a 茶阿	ia 夜提靴	ua 瓜卦	ya 茄
o 婆儿如	io 哟	uo 课	
e 许~里鳃	ie 去	ue □~子	ye □~断
ai 买		uai 乖	
ei 改	iu 酒		
au 高	iau 猫又读		
eu 走烧	ieu 叫沟		
an 班减		uan 关	
en 等恩善闪森生	ien 田尖根埂		
ən 本任胜声	in 林新冰平	uən 滚	yin 云水
on 敢肝		uon 换	
aŋ 冷	iaŋ 轻	uaŋ 横~直	
ɔŋ 忙讲	iɔŋ 想	uɔŋ 光	
	iuŋ 穷荣	uŋ 公朋萌	
m̩ 姆~妈	n̩ 你	ŋ̩ 吴薤~菜	
at 曙鸭		uat 滑	
et 德舌客涉涩虱	iet 铁接革	uet 国	yet 缺
ət 突直入	it 笔力急折	uət 物	yit 屈
ot 割鸽		uot 阔	
aʔ 百	iaʔ 壁		
ɔʔ 捉获	iɔʔ 脚	uɔʔ 郭醒	
		uʔ 读	yuʔ 肉

资料来源：肖萍，2008：14~15。

表 5-15　南昌市新建区（县城）方言韵母（57 个）

ɿ 私诗租初	i 杯推碓医	u 古土肚抚
a 遮社家牙	ia 爷野谢借	ua 花瓜垮话

续表

		uia 茄
o 多哥坐贺		uo 火过果锅
ɛ 二耳崽在	iɛ 鱼去渠锯	uɛ □啊哟~
ə 儿你		
ai 台赛该街		uai 怪淮坏歪
au 保草交校		
əu 头走后瘦	iəu 狗口小桥	uəu 浮否
	iu 周秋手优	ui 句雨水鬼
an 三减兰胆		uan 关弯惯反
	iɛn 天先连根	uiɛn 元拳件全
ən 甘汗灯春	in 间英金京	un 分顺温困
		uin 云裙匀群
on 盘搬短团		uon 酸官欢碗
aŋ 彭生硬	iaŋ 井请命影	uaŋ 梗横
ɔŋ 帮双江郎	iɔŋ 枪香粮失	uɔŋ 光广黄矿
	iuŋ 穷熊用荣	uŋ 东中公空
ŋ̩ 五红风梦翁		
at 八答鸭瞎		uat 刮发滑袜
ət 合鸽热舌	it 笔一十七	uət 物骨出活
		uit 桔
	iɛt 血雪铁节	uiɛt 缺厥
aʔ 白只客石	iaʔ 锡壁	
oʔ 学托	ioʔ 脚削药	
ɛʔ 百黑塞	iɛʔ 革	uɛʔ 国获
	iuʔ 菊曲肉	uʔ 哭屋竹叔

资料来源：陈昌仪主编，2005：74~75。

表 5-16　彭泽县（县城）方言韵母（41 个）

ɿ 资知直世	i 第以急戏废	u 故过绿乌	y 虚出雨猪
a 爬辣哑车	ia 姐野惹邪	ua 瓜蛙话括	ya 茄靴抓刷
o 河母各郭	io 药约若脚		
æ 北百舌麦	iæ 热	uæ 骨国活合忽	yæ 月缺说血
	iɛ 别结切铁		
ə 耳而儿尔二			
ai 介爱皆改		uai 怪快歪块	yai 揣甩摔
ɛi 内来杯盖开		uɛi 灰桂轨伟	yɛi 缀水吹追
au 保包闹奥	iau 交孝焦身		
ɛu 后走浮受	iɛu 口狗有休育		
an 担站街坎	ian 验欠点炎	uan 南含感看官	yan 愿圆转玄
ən 吞恩真本更硬	in 近经平铃	uən 滚文魂坤	yn 训云窘纯
ɔŋ 帮长方狂王	iɔŋ 强江让香		
oŋ 充风冬蒙	ioŋ 穷荣熊戎		
m̩ 姆	n̩ 你	ŋ̍ 那	

资料来源：陈昌仪主编，2005：76。

表 5-17　鄱阳县（鄱阳镇）方言韵母（46 个）

ɿ 支志	i 基寄	u 徒故	ʉ 女育
a 打			
e 吕猎	ie 姐切		ʉe 悦掘
ɜ 得实	iɜ 人日	uɜ 阔国	ʉɜ 述穴
ɚ 汝二			
o 左刷		uo 过沃	
ɔ 车达	iɔ 茄弱	uɔ 瓜佳	ʉɔ 靴抓
ai 介灾		uai 乖快	
ɛi 杯悲		uɛi 盔归	ʉɛi 水吹

续表

au 毛刀	iau 焦表		
ou 偷手	iəu 流纠		
ãn 坦江		uãn 光还	ʮan 双
	iẽn 仁赁		ʮẽn 春训
ẽn 变边	iẽn 仙阳		ʮẽn 劝软
ən 本争	in 引兴	uən 昆问	ʮn 群永
õn 暖暗		uõn 观管	ʮõn 转闪
əŋ 通宗			
		uõŋ 公蚣	ʮõŋ 冲兄

资料来源：刘纶鑫主编，1999：56。

表 5-18 余干县（县城）方言韵母（67个）

ʅ 资祠字祖做	i 比培最催余	u 夫刘九抽无
a 把马蔗家夏	ia 爷夜也	
ɛ 台栽谢舐锯	iɛ 渠去惹鱼野	uɛ □~子：骗子
o 知齿屎坐哥		uo 果过科课禾
ai 排菜街界鞋		uai 怀坏块怪歪
oi 杯妹碓开爱		uoi 灰煨会我
		ui 居举柜句惠
au 保早讨交咬	iau 扰饶桡~仂：小桨	
ɛu 招赵头狗口	iɛu 标庙焦尿妖	uiɛu 浮否阜
	iu 酒秋牛油右	
an 办担颜闲限	ian 然软	uan 翻关惯弯晚
ɛn 森砖川占恩	iɛn 边天尖权员	uiɛn 轩悬捐拳劝
ən 民敦心陈春	in 因云引运	un 婚粉均群文
on 盘端酸肝寒		uon 宫贯宽款碗
aŋ 彭冷撑坑硬	iaŋ 影索赢映	uaŋ 横一~一竖

续表

oŋ 江忙两蒋双	ioŋ 娘央羊样	uoŋ 方放光广王
εŋ 饼命听星	iŋ 英评铭灵庭	uεŋ 宏弘
	iuŋ 浓痛荣用	uŋ 冬龙松同穷
m̩ □~妈	ŋ̍ □~：语气词，表应答	ŋ̍ 五红风梦翁
at-n 答甲恰杀辣	iat-n 热	uat-n 发法伐乏刮
εt-n 塞浙彻舌设	iεt-n 火铁劣节切	uiεt-n 决缺阅越粤
ət-n 立七桔出失	it-n 壹揖乙	ut-n 忽佛机物域
ot-n 钵沫掇杂鸽		uot-n 括阔活
ak-ŋ 百择石吃只		uak-ŋ □~门：反复地开门关门
εk-ŋ 北得特则色	ik-ŋ 违僻即式夕	uεk-ŋ 或国获
ok-ŋ 剥托卓削脚	iok-ŋ 约若跃	uok-ŋ 霍郭
	iuk-ŋ 肉玉欲育	uk-ŋ 俗竹鹿伏速

资料来源：陈昌仪，1991：74~76。

从韵母系统的共时格局来看，都昌方言与周边赣语声调格局共同元音为［ɿ、i、ε、ə、ɔ/o、u］。韵母不同之处可分为 5 个角度来说明。

1. 韵母数量

以上 9 处方言的韵母数量不同，详情如下。

方言	韵母数	舒声	入声
都昌县（城关）	66	44	22
庐山市（蛟塘镇）	58	42	16
湖口县（流芳乡）	57	37	20
永修县（三角乡）	62	42	20
永修县（吴城镇）	63	44	19
南昌市新建区（县城）	57	40	17

彭泽县（县城）	41	41	0
鄱阳县（鄱阳镇）	46	46	0
余干县（县城）	67	46	21

都昌县（城关）、永修县（三角乡）、永修县（吴城镇）、余干县（县城）方言韵母数量较多，有62~67个，彭泽县（县城）、鄱阳县（鄱阳镇）方言韵母数量较少，韵母数量同入声韵的有无及数量有关。

2. 四呼

赣语很多方言有四呼不全的现象，罗昕如（2011：32）认为韵母四呼不全是赣方言的一种重要类型，也是与湘语韵母的不同之处。都昌县（城关）、庐山市（蛟塘镇）、湖口县（流芳乡）、永修县（三角乡）、南昌市新建区（县城）、余干县（县城）方言没有撮口呼韵母，永修县（吴城镇）、彭泽县（县城）、鄱阳县（鄱阳镇）方言有撮口呼韵母。

3. 声化韵

都昌县（城关）、永修县（三角乡）、永修县（吴城镇）、彭泽县（县城）、余干县（县城）方言［m̩、n̩、ŋ̍］，庐山市（蛟塘镇）方言［n̩］，湖口县（流芳乡）方言［m̩、n̩、ŋ̍、l］，南昌市新建区（县城）方言［ŋ̍］。

4. 圆唇元音

都昌县（城关）、永修县（三角乡）、南昌市新建区（县城）、余干县（县城）方言语音系统中圆唇元音为［ɔ/o、u］，庐山市（蛟塘镇）方言圆唇元音为［ɵ、o、u］，湖口县（流芳乡）方言圆唇元音为［œ、ɔ/o、u］，永修县（吴城镇）方言圆唇元音为［y、ɔ/o、u］，彭泽县（县城）方言圆唇元音为［y、ɵ、ɔ、o、u］，鄱阳县（鄱阳镇）方言圆唇元音为［ʉ、ɔ/o、u］。

5. 入声韵

都昌县同周边庐山市（蛟塘镇）、湖口县（流芳乡）、永修县（三角乡）、永修县（吴城镇）、南昌市新建区（县城）、余干县（县城）方言语音系统存在入声韵母，彭泽县（县城）、鄱阳县（鄱阳镇）方言语音系统没有入声韵母。详情如下。

方言点	入声韵母数量	入声韵尾
都昌县（城关）	22	l、k
庐山市（蛟塘镇）	16	ʔ
湖口县（流芳乡）	16	l、ʔ
永修县（三角乡）	20	t、ʔ
永修县（吴城镇）	19	t、ʔ
南昌市新建区（县城）	17	t、ʔ
彭泽县（县城）	0	无
鄱阳县（鄱阳镇）	0	无
余干县（县城）	21	t-n、k-ŋ

三　声调系统格局的比较

下列鄱阳湖周边都昌县（城关）、庐山市（蛟塘镇）、湖口县（流芳乡）、永修县（三角乡）、永修县（吴城镇）、南昌市新建区（县城）、彭泽县（县城）、鄱阳县（鄱阳镇）、余干县（县城）方言的声调系统。

表5-19　都昌县（城关）方言声调（10个）

阴平 332 东洞	阳平甲 334 龙蛇 阳平乙 113 铜陈
上声 352 董桶	
阴去 325 冻世	阳去 213 兔路
阴入甲（7A）45 百屋 阴入乙（7B）24 拍七	阳入甲（8A）3 麦熟 阳入乙（8B）21 白毒

资料来源：李如龙、张双庆主编，1992：14。

表5-20　庐山市（蛟塘镇）方言声调（7个）

阴平 33 高猪开伤抽	阳平 24 穷寒娘才六麦白
上声 42 古口好五手	
阴去₁ 45 盖账世送对 阴去₂ 25 抗菜缺出七	阳去 21 近厚共害局合
入声 5 急黑歇割月	

资料来源：陈昌仪主编，2005：70。

表 5-21 湖口县（流芳乡）方言声调（9 个）

阴平 31 波风光粗抽抄穿牵欢	阳平 11 婆神拿来牛荣羊王麻
上声 13 补堵手普取炒丑马藕	
全清去 35 簸妒细罩战见印志盖 次清去 214 破兔次抗况菜退替怕	阳去 24 抱砚运杜践利浪样雾
全清入 45 谷督足竹格割北眍杀 次清入 213 拍插擦瞎塔吃曲绿略	阳入 23 学划达闸六服合浊肉

资料来源：陈凌，2019：152。

表 5-22 永修县（三角乡）方言声调（12 个）

全阴平 45 高猪婚伤三飞 次阴平 35 开抽初粗天偏	全阳平 242 陈床才唐平寒杭 次阳平 33 鹅娘人云神扶
上声 213 古口草好五老	
全阴去 55 盖醉对世送放爱 次阴去 34 唱汉	阳去 13 是树病饭岸
全阴入 5 急笔锡说刷药木六月热 次阴入 35 曲七拍出黑瞎	全阳入 13 麦腊白读合 次阳入 3 叶食舌十服俗

资料来源：孙宜志，2006：6。

表 5-23 永修县（吴城镇）方言声调（7 个）

阴平 21 高开婚近厚害岸	阳平甲 24 穷狂床唐平河田 阳平乙 44 烦时鹅娘麻龙文
上声 213 古准走五唱菜怕	
去声 35 盖醉对变送放暗	
阴入 5 急竹笔一割日截	阳入 2 贼穴麦舌叶碟罚

资料来源：肖萍，2008：15。

表 5-24 南昌市新建区（县城）方言声调（9 个）

阴平 42 开初婚三诗	阳平$_1$ 55 娘人鹅神寒 阳平$_2$ 24 穷陈才平唐
上声 45 古早补海好水女老有	
阴去$_1$ 35 盖正对变世送放 阴去$_2$ 212 菜替唱痛靠彩体厂	阳去 11 树谢饭近厚社

阴入 5　急黑客只日袜肉木	阳入 2　白石学读六月

资料来源：陈昌仪主编，2005：74。

表 5-25　彭泽县（县城）方言声调（5 个）

阴平 33 高开婚伤	阳平 45 穷寒娘丈
上声 31 古丑好五	
阴去 214 盖放唱急局	阳去 22 近似害合

资料来源：陈昌仪主编，2005：76。

表 5-26　鄱阳县（鄱阳镇）方言声调（5 个）

阴平 11 高开共岸近厚	阳平 24 穷寒平人玫唐
上声 42 古口咬五冷暖	
去声 35 盖变抗怕局合	
入声 44 急一曲月入六	

资料来源：刘纶鑫主编，1999：56。

表 5-27　余干县（县城）方言声调（7 个）

阴平 33 租标	阳平 14 同瓢
上声 213 许酒	
阴去 45 计钓	阳去 12 事苋
阴入 1…4 发刮	阳入 1…1 活服

资料来源：陈昌仪，1991：76。

综上所述，都昌县及周边方言语音系统声调的共同点是平声分阴阳，一个上声调，去声分阴阳 [永修县（吴城镇）方言除外]，保存入声调 [彭泽县（县城）方言除外]。上述 9 处方言声调不同之处的具体情况如下。

1. 声调数量

都昌县（城关）、永修县（三角乡）方言声调较多，有 10~12 个声调；湖口县（流芳乡）、南昌市新建区（县城）方言有 9 个声调；庐山市（蛟塘镇）、永修县（吴城镇）、余干县（县城）方言有 7 个声调；

彭泽县（县城）、鄱阳县（鄱阳镇）方言有 5 个声调。

2. 调值、调形

①阴平调有降调（42、332、31、21）、中平调（33）、低平调（11）、升调（45、35）4 种类型。都昌县（城关）、湖口县（流芳乡）、永修县（吴城镇）、南昌市新建区（县城）方言阴平调为降调。庐山市（蛟塘镇）、彭泽县（县城）、余干县（县城）方言阴平调为中平调，鄱阳县（鄱阳镇）方言阴平调为低平调，永修县（三角乡）方言阴平调为升调。

②阳平调有升调（334、113、24、45、14）、平调（11、33、44、55）、升降调（242）三种类型。庐山市（蛟塘镇）、湖口县（流芳乡）、彭泽县（县城）、鄱阳县（鄱阳镇）、余干县（县城）方言阳平调只有一个调，有升调（113、24、45、14）、平调（11）两类。如果阳平调有两个调类，全浊来源的阳平调包括升调、降升调两类，都昌县（城关）方言调值为 113，永修县（吴城镇）、南昌市新建区（县城）方言调值为 24，永修县（三角乡）方言调值为 242；次浊来源的阳平调包括升调、平调两类，都昌县（城关）方言调值为 334，永修县（三角乡）、永修县（吴城镇）、南昌市新建区（县城）方言调值分别为 33、44、55。

③上声调有升降调（352）、降调（42、31）、降升调（213）、升调（13、45）4 种类型。都昌县（城关）方言上声为升降调（352），庐山市（蛟塘镇）、彭泽县（县城）、鄱阳县（鄱阳镇）方言上声为降调，永修县（三角乡）、永修县（吴城镇）、余干县（县城）方言上声为降调，湖口县（流芳乡）、南昌市新建区（县城）方言上声为升调。

④阴去调如果按全清与次清分调的话，全清去字今读高升调或高平调。高升调如庐山市（蛟塘镇）方言（45），湖口县（流芳乡）、南昌市新建区（县城）方言（35）；高平调如永修县（三角乡）方言（55）。次清去字今读起点较低的升调或降升调，升调如庐山市（蛟塘镇）方言（25）、永修县（三角乡）方言（34A），降升调如湖口县（流芳乡）方言（214）、南昌市新建区（县城）方言（212）。阴去调只有一个调，一般为升调或降升调，升调如永修县（吴城镇）、鄱阳县（鄱阳镇）方言（35），降升调如都昌县（城关）方言（325）、彭泽县（县城）方言（214）。

⑤阳去调一般读为低调，降升调如都昌县（城关）方言（213），

低升调如湖口县（流芳乡）方言（24）、永修县（三角乡）方言（13）、余干县（县城）方言（12），低降调如庐山市（蛟塘镇）方言（21），低平调如南昌市新建区（县城）方言（11）、彭泽县（县城）方言（22）。

⑥彭泽县（县城）方言没有入声调，其他8处方言均有独立入声调。鄱阳县（鄱阳镇）方言只有一个入声调，调值为44，无塞尾，听感舒缓；庐山市（蛟塘镇）方言只有一个入声调，为高短促调，调值为5。入声分阴阳的方言，阴入声多为短促的高调值（5、45、35、44、1⋯4、24），阳入声读低调值（2、3、21、1⋯1），听感上短促感不强。永修县（吴城镇）、南昌市新建区（县城）、余干县（县城）方言阴入声读高调，阳入声读低调。都昌县（城关）、湖口县（流芳乡）、永修县（三角乡）方言阴阳入内部按全清（浊）、次清（浊）再分类，全清入声字今读调值高于次清入声字今读调值，如都昌县（城关）方言阴入甲调值为45、阴入乙调值为24，湖口县（流芳乡）方言全清入调值为45、次清入调值为213，永修县（三角乡）方言全阴入调值为5、次阴入调值为35；次浊入声字今读调值听感高于全浊入声字今读调值，如都昌县（城关）方言阳入甲（8A）调值为3、阳入乙（8B）调值为21，永修县（三角乡）方言全阳入调值为13、次阳入调值为3。

3. 送气分调

送气分调是昌都片赣语区别于其他赣语的典型特征。都昌方言与周边庐山市（蛟塘镇）、湖口县（流芳乡）、永修县（三角乡）、永修县（吴城镇）、南昌市新建区（县城）方言存在送气分调现象，根据古今声母、调类情况具体分三类。

①因古声母送气与否产生调类分化，庐山市（蛟塘镇）、湖口县（流芳乡）方言古清去、古清入按全清、次清声母产生调类分化。

②因今声母送气与否产生调类分化，永修县（吴城镇）方言古浊平按全浊、次浊分两类。

③因古今声母送气与否产生调类分化，都昌县（城关）方言全浊平、次浊平，全清入、次清入，全浊入、次浊入字今读分调；南昌市新建区方言全浊平、次浊平，全清上、次清上，全清去、次清去字今读分调；永修县（三角乡）方言全清平、次清平，全浊平、次浊平，全清

去、次清去，全清入、次清入，全浊入、次浊入字今读分调。

而都昌县周边归属于鹰弋片的余干县（县城）、彭泽县（县城）、鄱阳县（鄱阳镇）方言则不存在送气分调现象。

第二节　都昌方言与周边方言语音的历时比较

赣北居民沿鄱阳湖定居，水路交往便利，交通无阻，共同的鄱阳湖文化渊源使都昌方言与鄱阳湖滨赣方言沉积着许多相同的历史层次，同时又因不同的历史发展契机，原本相同的共有成分也会发生丰富多样的音变现象，呈现出区域性的创新发展。为了更加清楚地了解都昌方言与周边方言的关系，本节着重讨论方言历时演变的共同点与不同点。

一　声母

（一）中古次清与全浊声母今读

赣语的中古次清与全浊声母今读是合流的。都昌方言及周边方言中古次清与全浊声母今读音值类型有浊音型、送气清音型。

1.浊音型

都昌县、庐山市、湖口县、永修县（部分方言）、南昌市新建区（下新建）方言属此类。同一语音系统中送气浊音、浊音与清音浊流往往互为变体。

2.送气清音型

彭泽县、鄱阳县、余干县、南昌市、永修县（部分，如吴城镇）方言属于此类。

不少已刊成果将都昌县周边的南昌市、南昌市新建区、永修县吴城镇方言记音为送气清音，但言语实际音值带有清音浊流或弛声的特点，这一点学界也早已关注到。例如，赵元任（2009：123~128）指出，送气清音第四类南昌"怕［ɓʰɑ］"属弱送气，同第三类北京稳定强送气不同，听起来没有多大分别，但跟别的音组合时"变法"不同，第四类在两字组的第二字里会浊化变成不送气浊音，且跟［b］随便互用为一种互换音位，或者第一、第二两个声母都变成不送气的纯浊音，如"偏僻"读成［ɓʰiɛnbi］或［biɛnbi］。

　　熊正辉（1979：276~277）提到南昌方言送气声母也可以写成 [ph、th、tsh、tɕh、kh]。决定调类分化的实际是送气成分 [h]。南昌方言的 [h] 不是一般的清擦音，而是口部无阻碍的送气音。陈昌仪（1991：21）记载都昌县、庐山市、永修县以及湖口县下片、南昌市新建区下新建方言普遍有全浊声母或清音浊流声母。肖萍（2008：13）指出，永修县吴城镇方言语音系统声母记送气清音，补充说明"平时在自然状态下吐字发音时，送气清声母常伴有浊音成分"。

　　颜森（1986：21）在论述昌靖片赣语时指出，德安方言古全浊声母，同一个字可能有时读送气的清音浊流，有时读不带浊流的送气清音；庐山市方言古次清声母今读浊音的，也有读送气的清音浊流或不带浊流的送气清音。卢继芳（2018：244~251）结合声学分析提出昌都片赣语都昌小片中古全浊与次清今读的普遍现象是"浊音"具有不稳定性特点；永修、湖口、庐山方言古全浊与次清声母今读听感上普遍带"浊音"感，语图上声母没有浊横杠（VOT 值 ＞0），但音节共同特点是元音部分听上去很低沉。朱晓农（2010a：83）认为这种浊感是音节属性，即弛声现象，其声学特点表现在韵母的前半部分，声带振动时，声门状态是软骨声门打开，韧带声门微开，语图上表现为爆音后无明显送气段，噪声表现在后接元音上，这种现象即学界所称的"清音浊流"现象。朱晓农（2010b：13）把中古全浊重建为弛声（清弛声为主，浊弛声为少量变体），今天吴语、赣语、湘语、桂北土话、老湖广话（还有部分闽语、粤语、客家话）中普遍存在弛声，可以简单地看成直接继承古浊音。

　　语音学上浊声初起时（VOT 值）可以定义常见发声态。浊爆音是浊声发出在除阻之前，VOT 值是负值；清爆音是浊声发在除阻之后，VOT 值是正值，VOT 正值接近零或者小值时，这个清爆音是不送气的，VOT 值是正值且很大则为送气清爆音。相同的音在各种语言、方言中的 VOT 值是不同的。英语不送气清音 [p] 的 VOT 值小于 0~10 毫秒，上海话与之相似，北京话有 13 毫秒；送气 [ph] 的 VOT 值，英语有 60 毫秒左右，北京话有 103 毫秒、上海话有 93 毫秒，太原话有 86 毫秒，吴语吴江县（今吴江区）松陵镇话"披"VOT 值长 159.226 毫秒（朱晓农，2010a：78~79）。朱晓农（2010b：16）指出，30 毫秒是不送气的上限，60~70 毫秒是送气的下限，处于二者之间的则为弱送气。基于实验语音学研究成果与方法，可知昌都片赣语送气清音与赣中方言送气清音存在不同。

请看南昌县泾口乡、南昌县三江镇、新建区石岗镇、新干县潭丘乡方言"破""婆"Praat 软件的宽带语图（见图 5-1 至图 5-8）。

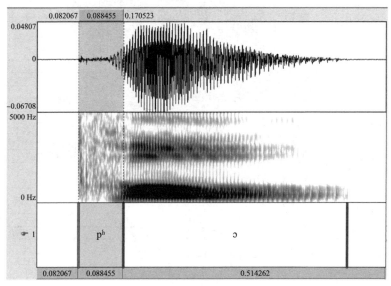

图 5-1　南昌县泾口乡"破 [pʰɔ³¹]"

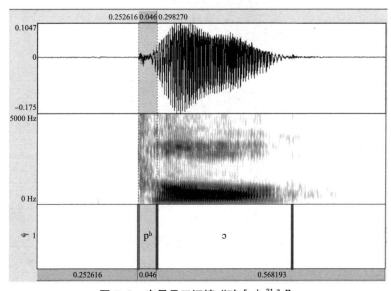

图 5-2　南昌县三江镇"破 [pʰɔ³¹]"

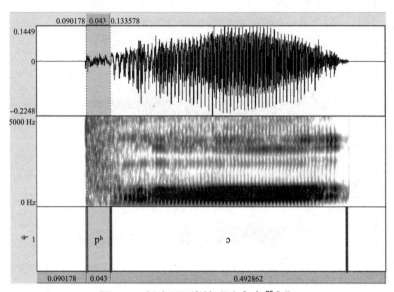

图 5-3　新建区石岗镇"破［ pʰɔ²⁵ ］"

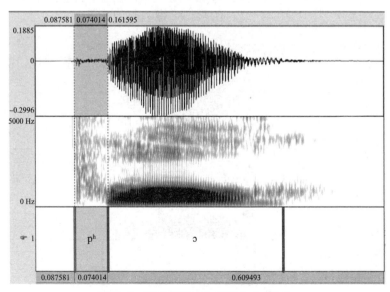

图 5-4　新干县潭丘乡"破［ pʰɔ¹³ ］"

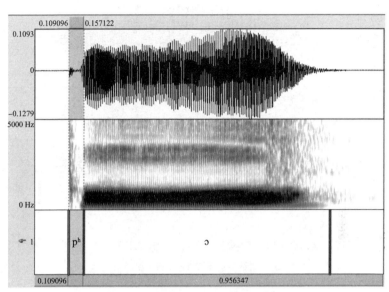

图5-5　南昌县泾口乡"婆［pʰɔ²¹³］"

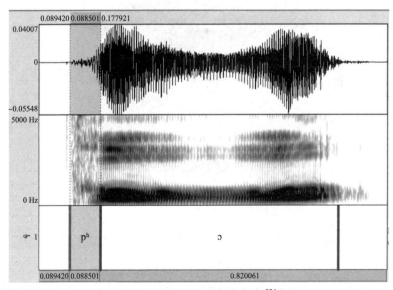

图5-6　南昌县三江镇"婆［pʰɔ³²⁴］"

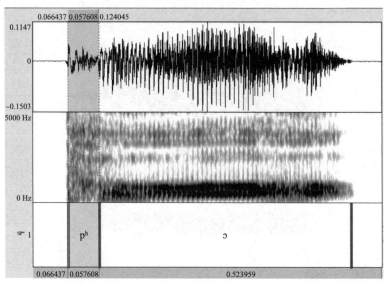

图 5-7　新建区石岗镇"婆 [pʰɔ²¹]"

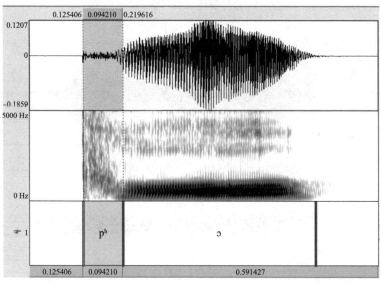

图 5-8　新干县潭丘乡"婆 [pʰɔ¹³]"

　　南昌县泾口乡、南昌县三江镇、新建区石岗镇、新干县潭丘乡方言"破""婆"声母听感上是送气清音声母 [pʰ]。孔江平(2015：118)指出，VOT 值选取方法一般是用光标从波形上选定爆破脉冲到后接元音声带振动的时段，或者前浊段到爆破脉冲的时段。上面语图中 VOT 值基本是正值，均为送气清音，但听感及语图 VOT 值都不同。南昌县泾口乡方言（"破" 46 毫秒、"婆" 48 毫秒）、新建区石岗镇方言（"破" 43 毫秒、"婆" 58 毫秒）VOT 正值小，南昌县三江镇方言（"破" 88 毫秒、"婆" 89 毫秒）、新干县潭丘乡方言（"破" 74 毫秒、"婆" 94 毫秒）VOT 正值更大。

南昌县泾口乡方言、新建区石岗镇方言有弛声听感，而南昌县三江镇方言、新干县潭丘乡方言相近，没有弛声听感。弛声属于发声态，属于整个音节的性质。弛声特点的音节语图可视明显不同（朱晓农，2012：147~151）。①张声硬爆音后的紧硬元音声波振幅大，宽带语图共振峰带更黑；②弛声宽带语图中周期脉冲之间一片模糊，带有摩擦成分，张声元音脉冲一黑一白，清清楚楚。如图 5-9 至图 5-12 展示的都昌县和合乡大前村、大港镇高塘村方言"盖""开"宽带语图。

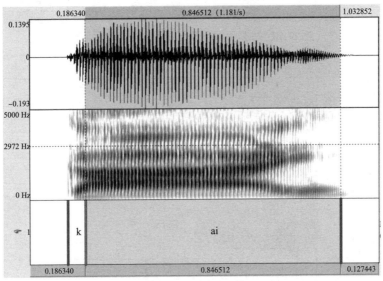

图 5-9 都昌县和合乡大前村"盖［kai³²⁵］"

南昌县泾口乡方言、新建区石岗镇方言"破""婆"语图中清爆音后送气段极短，韵母元音弱气化。都昌县和合乡大前村方言、大港镇高塘村方言说明弛声特点的音节语图（"开"语图）中周期脉冲之间一片模糊，带有摩擦成分。据国外语音学家的观点，频谱斜率是界定弛声的主要声学参数，第一谐波（基频）的能量大于第二谐波（H1＞H2），H1-H2 之间的差值关系是弛化 ＞ 常态 ＞ 嘎裂。

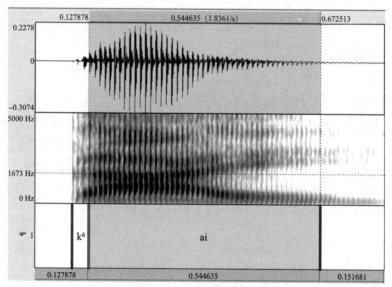

图 5-10　都昌县和合乡大前村"开［kʰai⁴⁴］"

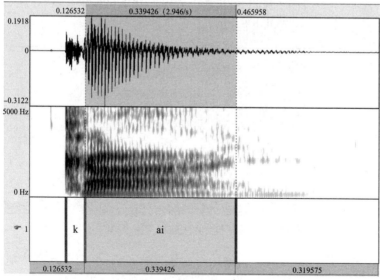

图 5-11　都昌县大港镇高塘村"盖［kai³²⁵］"

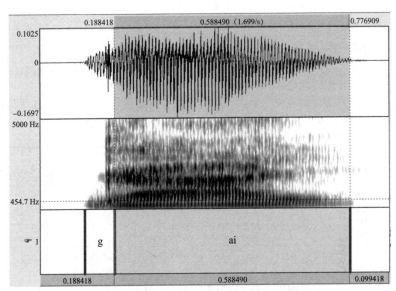

图 5-12　都昌县大港镇高塘村"开［gai⁴⁴］"

　　我们对录音样本进行标注后提取都昌方言及周边方言全清、次清、全浊例字的 VOT 值及前 30~50 毫秒的谐波能量差（H1-H2）。具体情况见表 5-28。

表 5-28　都昌方言及周边方言频谱斜率（H1-H2）值

地点	数值	古	苦	盖	开	破	婆	怕	耙	透	豆
都昌县和合乡	VOT	26	0	58	−38	−49	−31	−86	−48	−91	−75
	H1-H2	−11.6	−48.6	−5.6	4.5	3.6	−1.1	8.2	13.7	1.3	2.2
都昌县大港镇	VOT	49	−153	44	−75	−116	−45	−93	−91	−89	−81
	H1-H2	−55.5	17.8	20.4	8.8	10.1	3.3	11.5	7.5	4	10.2
湖口县流芳乡	VOT	46	−54	35	−104	19	38	17	−40	−50	−51
	H1-H2	−50	4.9	−40.8	2.1	−1.7	−1.1	9.4	8	0.1	−53.5
庐山市华林镇	VOT	47	22	31	32	17	30	30	16	26	28
	H1-H2	−46.9	0.9	−52.5	0.5	2.2	0.4	2.6	1.7	−1.1	−2.3

续表

地点	数值	古	苦	盖	开	破	婆	怕	耙	透	豆
新建区石岗镇	VOT	38	71	38	121	43	58	53	74	70	46
	H1-H2	-19.8	-41.9	-2.8	0.7	-3.2	-6.8	1.4	2.2	5.2	6
新建区联圩镇	VOT	28	78	16	44	17	37	32	14	61	30
	H1-H2	-38.3	1.2	-9.1	-1.3	1.7	1.4	1.4	-0.6	-2.1	-1.3
南昌县泾口乡	VOT	40	54	35	90	46	48	32	27	32	33
	H1-H2	3.6	-53.5	-40.2	-37	-53.4	2.7	-37	-38.7	39.3	8.4
南昌县三江镇	VOT	49	96	33	90	88	89	66	77	94	86
	H1-H2	-5.6	-44.9	-35.7	-38.9	-42.9	-11.8	0.7	1.2	-43	-43.1
余干县三塘乡	VOT	21	143	20	133	75	122	91	104	108	86
	H1-H2	-46.5	3	-46	-0.5	3.1	-33.6	-39.1	4	1.3	-39.4
彭泽县龙城镇	VOT	25	65	19	61	67	64	131	92	96	47
	H1-H2	-35.5	-14.1	-1.4	-49.5	-27.1	-10.2	-41	-2.6	-27.3	-7.6
新干县潭丘乡	VOT	58	96	43	77	74	94	70	42	64	77
	H1-H2	-39.1	-52.2	-2.3	-42.6	-46.5	-48	1.7	-48.1	-46.9	-43

注：VOT 值单位为毫秒，H_1-H_2 值单位是分贝（dB）。

从表 5-28 可知，都昌县和合乡、大港镇方言次清与全浊来源例字声母听感是浊音，VOT 值为负值，这是真浊音，且音节元音有气化特点（H1-H2＞0）。湖口县流芳乡方言"苦开耙透豆"声母 VOT 值为负值，属真浊音；"破婆怕"声母 VOT 值为正值，带浊音听感，属清音浊流现象。庐山市华林镇方言次清与全浊来源例字声母 VOT 值是正值，音节元音有气化特点（H1-H2＞0），听感是浊音，属清音浊流现象。这三处方言音系中真浊音与清音浊流多互为音位变体。

李方桂（1980）就指出北群或称赣语群特别是鄱阳湖周围地区，在连续的话语中，所有的送气清音都有浊化的趋向。表 5-28 中，新建区石岗镇、新建区联圩镇、南昌县泾口乡、南昌县三江镇、彭泽县龙城镇、余干县三塘乡、新干县潭丘乡方言次清、全浊来源例字声母听感是送气清音。这些方言次清与全浊来源例字声母听感及 VOT 值有不同特点，其中昌都片南端与宜浏片接壤处的南昌县三江镇方言，赣东北鹰弋片赣语的彭泽县龙城镇、余干县三塘乡方言及赣中新干县潭丘镇方言 VOT 值正值大，清音声母送气特点明显；鄱阳湖区的新建区联圩镇、新建区石岗镇、南昌县泾口乡方言例字声母听感是送气清音，但不少例字读音中元音有气化特点。

　　因此我们初步认为赣北鄱阳湖环湖地带（尤其是昌都片区域）方言的中古全浊声母今读（包括浊音、清音浊流、送气清音）都有明显的地域性特点，在发音机制、发音特点上与江西东北（如彭泽县龙城镇方言、余干县三塘乡方言）、中部赣语（如新干县潭丘乡方言）存在显著不同。

　　（二）非敷奉母、晓匣母今读

　　都昌、庐山蛟塘、湖口流芳、永修吴城及南昌市新建区联圩方言中古合口三等非敷奉母，晓母、匣母合口一二等字，以及晓母止摄合口三等字声母读双唇清擦音声母 [ɸ]，尤其是老年层双唇清擦音声母 [ɸ] 保存较完好，青年层多读唇齿音 [f]。下文简要举例。

	符奉	飞非	粪非	灰晓	辉晓	坏匣	魂匣
都昌阳峰	$_2$ɸu	ɸui	ɸuən³	ɸui	ɸui	ɸuai²	$_2$uən
庐山蛟塘	$_2$fu	ɸui	ɸuən³	ɸui	ɸui	ɸuai²	$_5$ɸuən
湖口流芳	ɸu	ɸui	ɸuən³¹	ɸui	ɸui	ɸuai²	$_5$uən
永修吴城	$_2$fu	fi	fən³	fi	fi	fai²	$_2$fən
新建联圩	$_2$ɸu	ɸui	ɸuən³	ɸui	ɸui	ɸuai²	$_2$ɸuən
彭泽县城	$_5$fu	$_5$fi	fən³	$_5$huɛi	$_5$huɛi	huai²	$_5$huən
鄱阳鄱阳镇	$_5$fu	$_5$fi	fən³	$_5$huɛi	$_5$huɛi	$_5$huai	○
余干县城	$_5$ɸu	ɸui	ɸun³	$_5$ɸuoi	ɸui	ɸuai²	$_5$ɸun

古非组，晓母、匣母合口一二等及晓母止摄合口三等字声母今读合流是赣语大多数方言的特点，从音值来看今读双唇清擦音声母［ɸ］是昌都片的都昌小片大部分方言的主要特点。永修县吴城镇方言从非组与晓组分合类型上来看同都昌方言是相同的，在音值上同南昌方言相同；鹰弋片彭泽县、鄱阳县方言与都昌方言类型不同，非组与晓组今读有别，这同官话方言发展是一致的，而鹰弋片余干方言同昌都片都昌小片方言情况相同。

（三）端透定母今读

端母字今读［t］声母，透定母字声母今读存在差异。都昌方言透定母字今读［d］/［tʰ］/［l］声母，湖口县双钟、庐山市蛟塘、永修县吴城、南昌新建区联圩方言透定母字今读［d］/［tʰ］/［t‘］声母，少有边音化音变。彭泽县城、鄱阳鄱阳镇、余干县城方言透定母字今读［t‘］声母，没有边音化音变。下面简要举例。

	土透	弟定	胎透	淡定	铁透	笛定
都昌大港	ᶜdu	di²	₌dai	dan²	diɛ₃	dia²
都昌阳峰	ᶜlu	li²	₌lɛi	lan²	liɛt₂	liak₂
庐山蛟塘	ᶜdu	di²	₌dai	dan²	diɛ⁻²	dia⁻²
湖口双钟	ᶜdu	di²	○/₌dai（太）	dan²	diɛ²	di²
永修吴城	ᶜt‘u	li⁰	₌t‘ei	₌t‘an	t‘iɛt₃	lia₃
新建联圩	ᶜt‘u	t‘i²	₌t‘ei	t‘an²	t‘iɛt₃	liak₂
彭泽县城	ᶜt‘u	t‘i²	₌t‘ai	t‘an²	t‘iɛ²	t‘i²
鄱阳鄱阳镇	ᶜt‘u	₌t‘i	○/t‘ai²（太）	₌t‘ãn	t‘e²	t‘i²
余干县城	ᶜt‘u	t‘i²	₌t‘ai	t‘an²	t‘iɛt‑n	t‘ɛk‑ŋ₂

湖口县双钟镇月亮村、舜德乡南湾村沈素上村、马影镇走马刘三房村、文桥乡（今均桥镇）饶塘村陈凤姓村、武山镇武山村细沈祐、流芳乡青年村曹府台、庐山市东部乡镇也存在透定母个别字声母读边音［l］的现象。肖萍

（2008：71）指出，永修县吴城镇方言"笛弟梯地殿调～子潭芦～蹋"少数字也存在个别字声母读边音［l］的现象。从例字数量来看，都昌县西部方言音变发展彻底。

（四）泥来母今读

都昌方言泥来母字声母今读不混，湖口双钟、庐山市蛟塘、鄱阳鄱阳镇方言与之类型相同。永修吴城、南昌新建区联圩、彭泽县城、余干县城方言泥来洪混细分。下文简要举例。

	糯泥	脑泥	女泥	路来	犁来	刘来	领来
都昌阳峰	nɔ²	ᶜnau	ᶜȵi	lu²	₂li	₂liu	ᶜliaŋ
庐山蛟塘	no²	ᶜnau	ᶜȵi	lu²	₌di	₌diu	ᶜdiaŋ
湖口双钟	no²	ᶜnau	ᶜȵy	lu²	₌di	₌dieu	ᶜdiaŋ
永修吴城	₌lo	ᶜlau	₌ȵi	₌lu	₂li	₌liu	ᶜliaŋ
新建联圩	nɔ²	ᶜlau	ᶜȵi	lu²	₂ȵi	₂liu	ᶜliaŋ
新建昌邑	lɔ²	ᶜlau	ᶜȵi	lu²	₌li	₂liu	ᶜlin
彭泽县城	lo²	ᶜlau	ᶜȵy	lu²	₌li	₌lieu	ᶜlin
鄱阳鄱阳镇	₌no	ᶜnau	ᶜȵɥ	₌lu	₌ti	₌tiəu	ᶜtin
余干县城	lo²	ᶜlau	ᶜȵi	lu²	₌li	₌liu	ᶜlɛŋ

从例字来看，都昌小片方言泥来母字声母今读不混，但来母拼细音时的声母音值有差异，都昌方言来母拼洪细音基本上读声母［l］，部分近湖口地区的方言来母拼细音时个别字存在读［d］声母现象，湖口双钟、庐山蛟塘来母拼细音时基本上读［d］声母，鄱阳鄱阳镇方言来母拼细音时读［t］声母。永修吴城、南昌新建区（下新建）、彭泽县城、余干县城方言泥来母拼洪音时声母相混均读［l］，拼细音时，泥母读［ȵ］，来母读［l］。南昌新建区（下新建）鄱阳湖畔部分方言（如联圩镇）泥来母声母今读格局处于分混的过渡阶段，泥来母拼洪细音部分例字相混，部分例字不混。

（五）精庄知章组今读

从四组今读分立格局来看，都昌阳峰、湖口双钟、庐山蛟塘、余干县城方言类型相同，精组、庄组、知二组字声母今读合流，知三组等与章组字声母今读合流。永修吴城、南昌新建区（下新建）、鄱阳鄱阳镇、彭泽县城方言精庄知章四组字今读声母合流。下文简要举例。

	左精	姐精	锄崇	赚澄	知知	抽彻	遮章	周章
都昌阳峰	ᶜtso	ᶜtsia	₌dzu₁₅	dzan²	₌tʂʅ	₌dzou	₌tʂa	₌tʂou
庐山蛟塘	ᶜtso	ᶜtsia	₌dzu₅	dzan²	₌tʃʅ	₌dʒəu	₌tʃa	₌tʃəu
湖口双钟	ᶜtso	ᶜtɕia	₌dzu₁₅	dzan²	₌tʂʅ	₌dʑəu	₌tʂa	₌tʂəu
永修吴城	ᶜtso	ᶜtɕia	₌tsʻu₁₅	tsʻan²	₌tɕi/ₜʐʅ	₌tɕʻiu	₌tsa	₌tɕiu
新建联圩	ᶜtso	ᶜtɕia	₌tsʻu₁₅	tsʻan²	₌tʂʅ	₌tɕʻiu	₌tsa	₌tɕiu
新建昌邑	ᶜtso	ᶜtɕia	₌tsʻu	tsʻan²	₌tʂʅ	₌tɕʻiu	₌tsa	₌tɕiu
彭泽县城	ᶜtso	ᶜtɕia	₌tsʻu	tsʻuan²	₌tʂʅ	₌tsʻəu	₌tsa	₌tsəu
鄱阳鄱阳镇	ᶜtso	ᶜtɕiɔ	₌tsʻu	₌tsʻõn	₌tʂʅ	₌tsʻou	₌tsɔ	₌tsou
余干县城	ᶜtso	ᶜtsɛ	₌tsʻʅ	tsʻon²	₌tʃo	₌tʃʻu	₌tʃa	₌tʃəu

都昌、湖口、庐山、余干方言精组拼细音韵母时，老年层基本保存尖音现象，即今读［ts］组声母，青年层在假摄开口三等、蟹摄合口一三等、止摄合口三等、效摄开口三等、流摄开口三等、咸摄开口三等、深摄开口三等、山摄开口三四等、山摄合口三等、臻摄开口三等、宕摄开口三等、梗摄开口三四等部分字声母读腭化后的［tɕ］组声母。赣语音系有塞擦音［tʂ］／［tʃ］组声母的方言不多，主要分布在鄱阳湖畔都昌方言及周边方言。都昌、湖口、庐山、余干方言知组三等与章组字今读合流读［tʂ］／［tʃ］组声母，都昌东部、湖口县双钟、庐山市部分乡镇方言遇摄合口三等、蟹摄合口三等、止摄合口三等、山摄合口三等、臻摄合口三等、通摄合口三等部分字声母拼细音韵母时今读［tɕ］组声母。

永修吴城、南昌新建区（下新建）、鄱阳鄱阳镇、彭泽县城方言与都昌方言类型不同，精庄知章四组拼洪音韵母读［ts］组声母，拼细音韵母读［tɕ］声母。从精组声母腭化音韵摄条件来看，［tɕ］声母的字主要来源于假摄开口三等、遇摄合口三等、蟹摄开口四等、蟹摄合口一三等、止摄合口三等、效摄开口三四等、流摄开口三等、咸摄开口三等、深摄开口三等、山摄开口三四等、山摄合口三等、臻摄开合口三等、宕摄开口三等、梗摄开口三四等。这些方言知三组、章组读［tɕ］声母的字来源情况有些差别，永修吴城、新建联圩方言较一致，知三组、章组读［tɕ］声母的字来源于流摄开口三等、蟹摄开合口三等、止摄开合口三等、深摄开口三等、臻摄开合口三等、曾摄开口三等、梗摄开口三等；鄱阳鄱阳镇、彭泽县城方言与永修吴城、南昌市新建区（下新建）方言不同，知三组、章组读［tɕ］声母的字来源于遇摄合口三等、止摄合口三等、咸摄开口三等、山摄合口三等、臻摄合口三等、通摄合口三等。

　　都昌县东部乡镇、湖口县中北部、庐山市部分乡镇知三组、章组读［tɕ］声母的字来源同鄱阳鄱阳镇、彭泽县城方言较接近。余干县城方言精庄知章组从今读格局类型来看属于都昌类型，但知三组、章组读［tɕ］声母的字来源（止摄合口三等、曾摄开口三等、梗摄开口三等）同永修吴城、新建联圩方言接近。

　　（六）见溪群母今读

　　都昌县西部方言见母一二等字声母今读［k］，三四等字今读［tɕ］；溪母开口一二等字今读［g/kʱ］，溪母合口一二三等字及溪群母三四等字今读［∅］；都昌县东部、湖口双钟、鄱阳鄱阳镇、余干县城、彭泽县城、庐山蛟塘、永修吴城、南昌市新建区（下新建）方言见组一二等字今读［k］组声母，三四等字基本腭化读［tɕ］组声母。湖口双钟、永修吴城方言特殊音变有溪母字逢开口呼读［x］声母。都昌方言及周边方言蟹止宕摄合口三等见组字及通摄合口三等见组部分字声母未发生腭化。下文简要举例。

	家见	去溪	开溪	桂见	贵见	宽溪	钳群	筐溪	共群
都昌中馆	ˏka	dʑieˀ	ˏgai	kuiˀ	kuiˀ	ˏkuoŋ	ˏdʑieŋ	ˏkuoŋ	guŋˀ

都昌阳峰	₅ka	ie˒	₅gei	kui˒	kui˒	₅uɔn	₅ₗiɐi	₅ncu	uŋ˒
庐山蛟塘	₅ka	dʑie˗˒	₅gai	kui˒	kui˒	₅guon	₅naiʒ	₅guan	gɐŋ˒
湖口双钟	₅ka	dʑi˒	₅hai	kuei	kuei˒	₅guan	₅dʑiɐi	₅guɔn	goŋ˒
永修吴城	₅ka	˒tɕʼie	₅hei	kyi˒	kyi˒	kʼuon	₅ₗtɕʼiɐi	kʼuɔn/	kʼuŋ/
								kʼui˒	tɕʼi˒
新建联圩	₅ka	˒tɕʼiɐ	₅kʼei	kui˒	kui˒	₅kʼuɔn	₅ₗiɐi	kʼuɔn	kʼuŋ˒
彭泽县城	₅ka	tɕʼi˒	₅kʼai	kuɐi	kuɐi˒	₅kʼuan	₅tɕʼian	₅kʼɔ	kʼoŋ˒
鄱阳鄱阳镇	₅cɔ	tɕʼie˒	₅kʼiɐ	kuɐi˒	kuɐi˒	₅kʼuõn	₅tɕʼiẽn	₅kʼuãn	tɕʼɥɔŋ˒
余干县城	₅ka	tɕʼiʒ˒	₅kʼoi	kui˒	kui˒	₅kʼuon	₅tʃʼiɐn	₅tʃʼɔŋ	tʃʼuŋ˒

（七）明微疑日影喻母今读

都昌方言与周边方言中古明微疑日影喻母字今读基本上是次浊声母或零声母。下文简要举例。

	磨_刀明	尾微	万微	儿日	任日	软日	饿疑	鱼疑	矮影	衣影	雨云
都昌阳峰	₅cmɔ	˥mi	uan˒	₅cᴇ˞	lɐn˒	ȵciɐi	cɔ˒	₅cȵi	˥ŋai	i	˥i
庐山蛟塘	₅mo	βui	βuan˒	₅ᴇ	lɐn˒	ȵiɐi	ŋo˒	ȵie	˥ŋai	i	˥βui
湖口双钟	₅mo	˥uei	uan˒	₅ᴇ˞	ȵin˒	ȵyɐn	ŋo˒	ȵy	˥ŋai	i	˥y
永修吴城	₅cmo	˥mi	uan˒	₅co	lɐn˒	ȵien	oɔ˒	₅cȵie	˥ŋai	i	˥yi
新建联圩	₅cmo	˥mi	uan˒	₅cɔ	lɐn˒	ȵiɐi	cɔ˒	₅cȵie	˥ŋai	i	˥ui
彭泽县城	₅mo	˥uei	uan˒	₅θ	ne˒	ȵyan	oɔ˒	ȵy	˥ŋai	i	˥y
鄱阳鄱阳镇	₅mo	˥uei	uãn˒	₅ɚ	iɐ̃n˒	ȵɥɐ̃n	oɔ˒	ȵɥ	˥ŋai	i	˥y
余干县城	₅mo	˥mi	man˒	₅o	in˒	iɐi	ŋo˒	ȵie	˥ŋai	i	˥i

从例字来看，明母字声母今读［m］，微母字多读零声母，个别字读［m］；日母字今读［l］［ȵ］［n］声母或零声母；疑母一二等字声母今读［ŋ］，三四等字声母读［ȵ］，个别字读零声母；影母字今读［ŋ］声母或零声母；喻母字多读零声母。与都昌方言不同，庐山蛟塘方言微母与喻母个别字读双唇浊擦音声母［β］。

二 韵母

（一）中古两呼四等今读

《广韵》系统语音结构是两呼四等，现代普通话是开齐合撮四呼，江西境内赣方言四呼情况没有明显地域特点，吉安片各方言点四呼齐全，其他方言四呼没有统一的类型（孙宜志，2007：163）。都昌方言及周边方言四呼不全时缺失撮口呼韵母。都昌县中西部及庐山蛟塘、湖口流芳、永修三角、南昌新建区县城、余干县城方言没有撮口呼韵母；都昌县东部方言与湖口双钟、永修吴城、彭泽县城、鄱阳鄱阳镇方言有撮口呼韵母。都昌县东部方言（大港镇、鸣山乡、中馆镇、南峰镇、万户镇等）撮口呼韵母来源与永修吴城、鄱阳鄱阳镇方言较一致，主要来源于遇摄合口三等、蟹摄合口一三等、止摄合口三等、山摄合口三四等、臻摄合口三等、通摄合口三等；湖口双钟、彭泽县城方言撮口呼韵母来源较一致，除了遇摄合口三等、蟹摄合口一三等、止摄合口三等、山摄合口三四等、臻摄合口三等、通摄合口三等外，还包括深摄开口三等、山摄开口三等、臻摄开口三等、曾摄开合口三等、梗摄开合口三等。

（二）果摄、假摄

都昌方言及周边方言果假摄今读韵母主元音为 [ɔ/o] 与 [a] 分立。鄱阳鄱阳镇方言音值不同，果假摄今读韵母主元音为 [o] 与 [ɔ] 分立。余干县城方言假摄开口三等精组、知组韵母今读 [ɛ]。此外，湖口双钟方言瘸 [˰dzye]、靴 [˰ɕye]、泻 [ɕieʔ]、爷 [˰ie]，永修吴城方言爹 [˰tiɛ]、鄱阳鄱阳镇方言爹 [˰tiɛ]，彭泽县城方言泻 [ɕieʔ]、爹 [˰tiɛ] 读音同本方言主流读法不同，应是接近官话的文读音。

都昌方言及周边方言果摄个别字韵母主元音读如假摄字，主元音为 [a]。各地方言例字数量不同，都昌方言有"大哪茄瘸靴"，庐山蛟塘方言有"大茄靴"，湖口双钟方言有"大茄"，新建联圩方言有"大哪那茄"，永修吴城方言有"大哪那茄靴"，彭泽县城方言有"大那茄靴"，鄱阳鄱阳镇方言有"大"，余干县城方言有"大挪那我茄靴"。《广韵》"大"有两个反切，泰韵徒盖切和箇韵唐佐切，都昌方言及周边方言中"大"字韵母为 [ai]，与"徒盖切"读音合。

（三）遇摄

1.鱼虞有别

已刊成果（例如，李如龙、张双庆主编，1992；刘纶鑫主编，1999；陈昌仪主编，2005；孙宜志，2007；谢留文，2020）说明赣语遇摄普遍存在《切韵》时代"鱼虞有别"层次，韵母音值是［e/ie、ɛ/iɛ］。鱼韵区别虞韵的例字，随着地域推移，从北至南数量逐渐增多（孙宜志，2007：37）。都昌方言及周边方言"鱼虞有别"层次的例字数量不同，都昌方言例字为"渠他去锯虚虚空义"，湖口流芳方言例字为"渠他锯"，庐山市方言例字为"渠他鱼渔锯去"（孙宜志，2007：37），永修吴城方言例字为"锯去虚中间空的许指示代词淤~青个鱼渔"，南昌市新建区（下新建）方言例字为"渠他锯去鱼"，鄱阳鄱阳镇方言例字为"渠他去鱼"，余干县城方言例字为"渠他锯去鱼"。彭泽县城方言没有"鱼虞有别"［e/ie、ɛ/iɛ］韵母层次。

2.模鱼虞合流

汉语史上模鱼虞三韵发展趋向是合流，都昌方言及周边方言模鱼虞合流的格局主要有三种类型。①都昌、永修吴城、新建联圩、庐山蛟塘、余干县城方言模韵与鱼虞韵非组、知庄章组、日母字韵母合流读［u］，鱼虞韵泥组、精组、见组（个别鱼虞有别字除外）、晓影组字韵母合流读［i］/［ui］。②湖口双钟、鄱阳鄱阳镇方言模韵与鱼虞韵非组、庄组字韵母读［u］，鱼虞韵（非组、庄组及个别见组鱼虞有别字除外）精组字韵母读［y］，泥组、知组、章组、日母、见系字韵母读［y］/［ʉ］。③彭泽县城方言模韵字韵母读［u］，鱼虞韵泥组、精组字韵母读［i］，知庄章组及日母、见系（个别见组鱼虞有别字除外）字韵母读［y］/［ʉ］。

3.声化韵现象

遇摄有个别字读声化韵现象，音值有［ŋ̍、l̩］，都昌方言例字为"吴［₂ŋ̍］、蜈［₂ŋ̍］、五［˳ŋ̍］"，湖口江桥方言例字为"蜈［˳ŋ̍］、五［˳ŋ̍］、儒［₂l̩］、乳豆腐~［˳l̩］"，新建联圩方言例字为"吴［₂ŋ̍］、蜈［₂ŋ̍］、五［˳ŋ̍］"，永修吴城方言例字为"吴［₂ŋ̍］、五［˳ŋ̍］"，彭泽方言例字为"五老~［˳ŋ̍］"（汪高文，2019），鄱阳鄱阳镇方言例字为"鱼

［ₐŋ］"，余干县城方言例字为"吴［ₐŋ］、五［ʻŋ］"。

（四）蟹摄

1. 蟹摄一二等分合

（1）蟹摄开口一二等

都昌方言与周边方言蟹摄开口一二等韵母有合流与分立两种类型，一等部分字读二等韵母，蟹摄开口一二等字韵母今读呈现合流发展趋势，且这一演变仍处于词汇扩散阶段。都昌县部分乡镇、新建联圩、永修吴城、彭泽县城、鄱阳鄱阳镇、余干县城方言属分立型，都昌县部分乡镇、庐山蛟塘、湖口双钟方言属合流型。分立型一等字韵母为［εi］［ei］［ɔi］［oi］，二等字韵母为［ai］；合流型一二等字均读［ai］。

（2）蟹摄合口一二等

蟹摄合口一二等字韵母都不同。合口一等字（见系除外）今读有单元音韵母［i］和复元音韵母［εi］/［oi］两种类型，都昌、新建联圩、庐山蛟塘、湖口双钟、永修吴城方言今读单元音韵母［i］，彭泽县城、鄱阳鄱阳镇方言今读复元音韵母［εi］，余干县城方言明、定、精声母字今读单元音韵母［i］，其他声母字韵母读［oi］。［i］韵母是蟹摄合口一等（见系除外）、开口三等（知章组除外）、开口四等，合口三等精组、知章组合流后的韵母。彭泽县城方言复元音韵母［εi］是蟹摄开口一等、合口一等（见系除外）、合口三等非组合流后的韵母。余干县城方言复元音韵母［oi］是蟹摄开口一等、合口一等（见系除外）合流后的韵母。鄱阳鄱阳镇方言复元音韵母［εi］是蟹摄开口一等、合口一等（见系除外）、合口三等精组合流后的韵母。

都昌、新建联圩、湖口双钟、鄱阳鄱阳镇、永修吴城方言蟹摄合口一二等见系字韵母合流读［uai］；彭泽县城、湖口双钟方言合口一等见系字韵母今读［uεi］，与合口三等见系、合口四等非组合流；余干县城方言合口一等见系字韵母今读［uoi］，不与其他韵部组系合流。

2. 蟹摄［ε］/［e］韵母现象

都昌方言蟹摄开口一等有个别字读法特殊，今读韵母［ε］/［e］，这种现象在鄱阳湖滨赣语中具有普遍性。请看下文例字。

	台	鰓	袋	崽	栽	在	改	盖	碍	害
都昌阳峰	₁₂lɛi	₋sai	lɛ²	ꞌtsei	₋tsai	dzɛi²	ꞌkei	kɛ²	ŋai²	xɛ²
都昌周溪	₁₂lɛi	₋sai	lɛ²	ꞌtsei	₋tsai	dzɛi²	ꞌkɛ	kɛ²	ŋɛ²	xɛ²
庐山蓼南	₋dei	₋sei	dei²	ꞌtsei	₋tsei	dzei²	ꞌkei	kei²⁻¹	ŋai²	xai²
永修吴城	₁₂tʻei	₋se	₋tʻei	ꞌtsei	₋tsei	₋tsʻei	ꞌkei	kei²	₋ŋei	₋xei
新建昌邑	₁₂tʻei	₋se	tʻei²	ꞌtsci	₋tsei	tsʻei²	ꞌkei	kei²	ŋai²	xei²
彭泽县城	₁₂tʻai	₋sɛi	tʻɛi²	○	₋tsai	tsʻai²	ꞌkai	kɛi²	ŋai²	xɛi²
余干县城	₋tɛ	₋sai	tʻɛ²	ꞌtsɛ	₋tsɛ	tsʻɛ²	ꞌkoi	koi²	ŋoi²	xoi²

　　笔者调查发现，都昌县周溪镇（中塘村）方言最典型，例字最多，如"胎台袋改盖碍害"。其他南部乡镇方言也有个别例字。昌都片赣语蟹摄开口一等字读［ɛ］韵母现象主要分布于武宁县泉口镇丰田村下江村、鲁溪镇大桥村方言，上文所举方言点与武宁县方言点相距甚远，无法从语言接触角度来解释。永修吴城、新建昌邑、余干县城方言中［ɛ］/［e］韵母也是本方言的特殊读音。肖萍（2008：221）提出吴城方言中"鰓鱼~"字读作［₋se］，此字的考证似乎又为探求今韵母的本字提供了一条线索。结合各地共同现象，蟹摄开口一等字韵母读［ɛ］/［e］现象可能并不是本字问题，极有可能是某个时期的语音层次问题。蟹摄开口一等个别字读韵母［ɛ］/［e］现象主要分布在鄱阳湖滨地区，都昌方言中分布在鄱阳湖沿岸周溪镇一带方言。周溪镇是都昌古城（汉代鄡阳县）遗址所在地，因被洪水淹沉人口迁移之后，此地便成了穷乡僻壤，受外界影响较小，方音保留较为古朴，蟹摄开口一二等字读韵母［ɛi］是周溪镇方言典型标志。隔湖相望的余干县余干镇方言也有相似现象，胡松柏（2009：79）记赣语鹰弋片余干县余干镇方言点蟹摄开口一等字韵母今读［oi］，但个别字如"袋在"读［ɛ］韵母，"袋"字标有［tʰɛ］/［tʰai］两读。从行政历史看，余干县曾隶属饶州鄱阳郡。据1992年版《都昌县志》，汉献帝建安十五年（210）至晋惠帝太安二年（303）、唐代宗大历元年（766）至宋开宝八年（975），都昌县与余干县共属饶州鄱阳郡。

本书认为都昌县周溪镇方言、余干县余干镇方言蟹摄开口一等个别字读韵母［ɛ］/［e］现象极有可能同共属历史尤其是唐宋时期饶州历史文化有关联。"鳃"读［e］韵母分布还要广一些，新建区方言主要分布于下新建鄱阳湖滨乡镇方言。鄱阳湖畔永修县吴城镇、安义县万埠镇、永修县马口镇山丰村方言中也有"鳃"读［e］韵母现象，永修县吴城镇是鄱阳湖主航道上重要交通枢纽，安义县万埠镇、永修县马口镇山丰村也位于鄱阳湖水系南潦河岸，"鳃"字是一个渔业文化词，以上方言点"鳃"读［e］韵母分布也同鄱阳湖滨及水路交通有关系。

韵母［ɛ］/［e］在音理上可解释为［ɛi］/［ei］类韵母丢失韵尾［i］所形成，后者也可以解释为由［ɛ］/［e］增生［i］尾形成。本地人认为"鳃袋盖"读韵母［ɛ］/［e］是"极土"的白读音，我们认为上述方言点蟹摄开口一等个别字韵母今读［ɛ］/［e］应是都昌方言南部湖滨方言中存在的赣北方言早期层次，且与鄱阳湖沿岸早期文化有关。

3. 蟹摄［a］韵母现象

都昌方言及周边方言蟹摄二等有个别字今读韵母没有元音韵尾，读同假摄字韵母。请看下文例字。

	稗	洒	晒	佳	涯	蛙	画	话
都昌阳峰	ba²	ˊsa	sai⁼	ˍka	ˍ₂ŋa	ˍua	ɸua²	ua²
庐山蛟塘	ba²	ˊsa	sai⁼	ˍka	ˍŋa	ˍua	hua²	ua²
湖口江桥	bai²	ˊsa	sai⁼¹	ˍka	ˍŋa	ˍua	hua²	ua²
永修吴城	ˍpʰa	ˊsa	sai⁼	ˍka	ˍ₂ŋai	ˍua	ˍfa	ˍfa
新建昌邑	pʰa²	ˊsa	sai⁼	ˍka	ˍ₂ŋai	ˍua	ɸua²	ɸua²
彭泽县城	pʰa²	ˊsa	sai⁼	ˍtɕia	ˍia	ˍua	fa²	ua²
鄱阳鄱阳镇	ˍpʻɔ	○	sai⁼	ˍkɔ	ˍŋɔ	○	ˍfa	ˍuɔ
余干县城	pʰai²	○	sa⁼	ˍka	ˍŋai	ˍua	ɸua²	ua²

　　鄱阳鄱阳镇方言假摄今读韵母主元音为［ɔ］，其他方言均读［a］，所以都昌方言及周边方言二等字"稗洒晒佳涯蛙画话"今读［a］［ia］［ua］［ɔ］韵母都是蟹摄开口二等佳韵读入假摄麻韵现象。在北方方言中，佳韵字读入麻韵现象出现在晚唐五代时期，罗常培（2012：35）中汉藏对音材料，《千字文》《大乘中宗见解》《金刚经》记"解"字读同麻韵字，标韵［a］。邵荣芬（1963：193~217）指出敦煌变文材料中佳韵"佳涯画挂罢"及夬韵"话"押麻韵，即晚唐五代北方方音有佳韵读入麻韵现象；"涯"字宋代《集韵》中增"牛加切"也说明宋代佳韵字继续读入麻韵；元代郑德辉的《倩女离魂》第二折中"洒罢画"均押麻韵。据上文所述研究成果可知，佳韵字读入麻韵［a］是晚唐五代以后的演变发展。

　　蟹摄二等佳韵字读入假摄麻韵在吴语、湘语中也是常见现象，周赛红（2005：98）曾提到韶山、湘乡、娄底、宁乡、涟源、溆浦、达县（2013年撤销，设立达州市达川区）、双峰、武冈二等韵尾丢失读如麻韵［a］，湘地诗歌中唐代"涯"入麻韵，宋代"佳罢画"入麻韵。南北吴语中"罢稗洒晒"在不同程度上与麻韵二等字同韵，但吴语研究学者认为吴语蟹摄二等佳韵字读入假摄麻韵现象同晚唐五代以后官话影响无关，而是吴语自身发展的结果。潘悟云（2000：54~56）参考日译吴音、古汉越语及闽语白话音材料，结合吴地方言材料，指出佳韵读［a］现象不应来自北方官话，而是《切韵》之后方言中的语音演变。郑伟（2013：205）也认为吴语中佳韵演变不同于北方官话，佳韵读［a］现象应是南朝以来吴语固有的音韵层次，和《切韵》有渊源关系。

　　杜爱英（1998：8）曾对《全宋诗》中江西诗人诗歌押韵情况进行研究，归纳北宋江西诗人的用韵系统为18部，其中"家麻部"包括《广韵》的麻韵、佳韵系的"佳涯画挂罢"和夬韵的"话"，如建昌（今永修）李彭七古《赋张邈所画山水图》叶"暇画洒"，南宋吉州吉水（今吉安）人近体诗家麻部借佳韵17次，出佳韵字9次，"佳涯挂画"字都与麻韵押韵，可见赣北都昌及周边方言中蟹摄二等佳韵字读入假摄麻韵现象最早可追溯到北宋时期。结合晚唐五代的北方方音材料及吴湘语研究成果，本书认为都昌方言及周边方言中蟹摄开口二等佳韵字读入假摄麻韵现象不应早于唐五代时期。

（五）止摄

都昌方言及周边方言的共同特点是止摄开口帮组、定母、见系与止摄合口来母、精组、日母字韵母合流读 [i]，湖口、彭泽方言个别字产生了 [i] → [ɛi] / [ei] 裂化音变，如悲、美；合口非组与见系字韵母合流读 [ui] / [uɛi] / [uei] / [yi]，庄组字"揣衰帅"读同蟹摄二等字韵母。差异体现在开口精庄知章组及合口知章组字的分合。开口精庄知章组分合有两类，都昌、庐山蛟塘、湖口双钟、鄱阳鄱阳镇方言精庄组韵母读 [ɿ]，知章组韵母读 [ʅ]；新建联圩、永修吴城、余干县城、彭泽县城方言精庄知章组韵母合流读 [ɿ]。按合口知章组字韵母来看，新建联圩、永修吴城、余干县城方言合口知章组与开口帮组合流读 [i] 韵母，湖口双钟、鄱阳鄱阳镇方言部分字韵母读同开口帮组字，读 [i]，部分字读撮口呼韵母 [y] [y (ʉ) ɛi]；都昌阳峰、庐山蛟塘方言合口知章组部分字韵母读同见系字，读 [ui]，部分字韵母读同遇摄 [u]；彭泽县城方言合口知章组部分字韵母读 [yɛi]，与其他组系字都不同。下文简要举例。

	碑	被	刺	事	池	纸	寄	嘴	水	贵
都昌阳峰	꜀pi	bi²	dzɿ²	sɿ²	꜁dzɿ	꜂tʂʅ	tɕi²	꜂tsi	꜂ʂu	kui²
都昌万户	꜀pi	bi²	dzɿ²	sɿ²	꜁dzɿ	꜂tʂʅ	tɕi²	꜂tsi	꜂ɕy	kui²
庐山蛟塘	꜀pi	bi²	dzɿ⁻²	sɿ²	꜁dʒɿ	꜂tʃʅ	tɕi⁻¹	꜂tsi	꜂ʃu	kui⁻¹
湖口江桥	꜀pei	bi²	dzʻɿ⁻²	sɿ²	꜁dzʻɿ	꜂tʂʅ	tɕi²	꜂tsy	꜂ɕy	kui²
永修吴城	꜀pi	꜂pʻi	꜂tsʻɿ	꜁ɿ¹⁵	꜁tsʻɿ / tɕʻi	꜂tsʅ / tɕi	tɕi²	꜂tɕi	꜂fi	kui²
新建昌邑	꜀pi	pʻi²	꜂tsʻɿ	sɿ²	꜁tsʻɿ	꜂tsʅ	tɕi²	꜂tɕi	꜂fi	kui²
彭泽县城	꜀pei	pʻi²	tsʻɿ²	sɿ²	꜁tsʻɿ	꜂tsʅ	tɕi²	꜂tɕi	꜂ɕyɛi	kuɛi²
鄱阳鄱阳镇	꜀pei	꜂pʻi	tsʻɿ²	sɿ²	꜁tsʻɿ	꜂tsʅ	tɕi²	꜂tsɛi	꜂ɕyɛi	kuɛi²
余干县城	꜀pi	pʻi²	tsʻɿ²	sɿ²	꜁tʃʻo	tʃo	tɕi²	꜂tsi	꜂ɕi	kui²

　　都昌万户镇与湖口双钟镇方言止摄合口三等知章组字韵母读［y］，在本方言中与遇摄合口三等［y］韵母合流，这是汉语语音发展史上的"支微入鱼"现象。王军虎（2004：20）结合晋陕甘方言和唐五代西北方音历史材料，指出"支微入鱼"现象至迟在唐五代西北方音中已经出现。现代赣语的地理格局应是在唐宋时期奠定的，刘纶鑫（1999：20）曾指出（唐代）赣方言已经和现在相差无几。万波引用大量移民材料和唐西北方音材料，结合现代晋陕西北方言，指出晚唐五代关中移民南迁对赣语产生了重要影响。故昌都片"支微入鱼"现象应同中古以后的北方官话影响有关。

　　现代汉语方言中，"支微入鱼"现象普遍存在于江淮官话、吴语、老湘语、客家话、徽语。卢继芳（2018：325）分析指出，昌都片赣语有"支微入鱼"现象的方言点主要分布于武宁、湖口、德安的西北部及都昌东部方言，中古遇摄合口三等鱼虞韵与止摄合口三等韵母合流今读韵母［y］/［ʮ］，地理分布上同江淮官话关系密切。德安县塘山乡新塘村同瑞昌市接壤，湖口县双钟镇月亮村同九江市相邻，都昌县万户镇长岭村与鄱阳县接壤；赣北九江市、九江县（今九江市柴桑区）、瑞昌市、彭泽县沿长江南岸，湖口县城沿江一带方言属江淮官话黄孝片，而鄱阳方言是深受江淮官话影响的方言。

　　（六）效摄、流摄

　　效流摄韵母多为带［u］韵尾的复元音韵母，大部分方言发生重组与合流，共性特点是效摄一二等合流，三四等合流，流摄一等与三等多合流，流摄三等泥组、精组、见系合流，知章组合流。下文简要举例。

	毛	交	小	烧	叫	头	刘	抽	愁	周
都昌中馆	₋mau	₋kau	ˈsiau	₋ʂau	tɕiauˑ	₋dɛu	₋liu	₋dzou	₋dzɛu	₋tʂou
都昌阳峰	₋₂mau	₋kau	ˈsiɛu	₋ʂɛu	tɕiɛuˑ	₋₁lɛu	₋liu	₋dzou	₋dzɛu	₋tʂou
都昌都昌镇	₋₂mau	₋kau	ˈsiɛu	₋ʂau	tɕiɛuˑ	₋₁lau	₋liu	₋dzou	₋dzau	₋tʂou
庐山蛟塘	₋mau	₋tɕiɛu	ˈsiɛu	ʃɛu	tɕiɛuˑ	₋nɛu	₋diu	₋dʒɛu	sɛuˑ（瘦）	₋tʃu

湖口双钟	꜁mau	꜀kau	꜂ɕiau	꜀sau	tɕiau꜄	꜁dεu	꜁diεu	꜀dʐεu	꜁dzεu	꜀tʂεu
永修吴城	꜁2mau	꜀kau	꜂ɕieu	꜀seu	tɕieu꜄	꜁1t‘eu	꜁2liu	꜀tɕ‘iu	꜁1ts‘eu	꜀tɕiu
新建联圩	꜁2mau	꜀kau	꜂ɕiεu	꜀sεu	tɕiεu꜄	꜁1t‘εu	꜁2liu	꜀tɕ‘iu	꜁1tɕ‘iu	꜀tɕiu
彭泽县城	꜁mau	꜀tɕiau	꜂ɕiau	꜀sau	tɕiau꜄	꜁t‘εu	꜁liεu	꜀ts‘εu	sεu꜄(瘦)	꜀tsεu
鄱阳鄱阳镇	꜁mau	꜀kau	꜂ɕiau	꜀sau	tɕiau꜄	꜁t‘ou	꜁tiəu	꜀ts‘ou	꜁ts‘ou	꜀ts‘ou
余干县城	꜁mau	꜀kau	꜂siεu	꜀ʃεu	tɕiεu꜄	꜁t‘εu	꜁liu	꜀tʃ‘u	sεu꜄(瘦)	꜀tʃu

从上面例字可知，都昌方言及周边方言效流摄韵母合流情况具体有三类：第一类是效流摄韵母今读不相同，如都昌中馆、湖口双钟、鄱阳鄱阳镇、彭泽县城方言；第二类是效摄三等（知章组），流摄一等、三等庄组韵母今读合流，都昌中西部大部分乡镇、永修吴城、庐山蛟塘、余干县城方言，新建联圩方言效摄三等知章组、流摄一等合流应属于此类；第三类是效摄一二等、三等（知章组），流摄一等、三等庄组韵母今读合流，如都昌县城及周边乡镇方言。

（七）咸摄、山摄

都昌方言及周边方言共同点是咸山摄开口一二等韵母有别，见系字尤显，一等韵母是［ɔn、on］/［uɔn、uon］，二等主元音是［an］/［uan］，各地方言一等读同二等的例字数量不同，如含［xɔn］、胆［tan］、减［kan］；彭泽方言同都昌方言区别大，咸山摄开口一二等韵母完全合流读［an］/［uan］，如含［huan］、胆［tan］、减［kan］。

咸山摄开口三四等字韵母合流为齐齿呼韵母［iεn］［ien］［ian］。例如，“尖”，都昌、庐山蛟塘、余干县城、永修吴城方言读［꜀tsiεn］/［꜀tsien］，湖口双钟、新建联圩方言读［꜀tɕiεn］，鄱阳鄱阳镇方言读［꜀tɕien］，彭泽县城方言读［꜀tɕian］。合口三等非组韵母读［uan］［an］。例如，“凡”，都昌、庐山蛟塘、新建联圩、余干县城方言读［꜁ɸuan］，湖口双钟、永修吴城、彭泽县城、鄱阳鄱阳镇方言读［꜁fan］。三等知章组由于语音构造原因，韵母今读不同于其他组系字韵母。例如，“占”，都昌、湖口双钟方言读［tʂεn꜄］，庐山蛟塘、余干县城方言读［tʃεn꜄］，永修吴城、新建联圩方言读［tsen꜄］，鄱阳鄱阳镇方言读［tɕɦon⁻］，彭泽县城方言读［tsan⁻］；"扇"，都昌方言读［ʂɛn⁻］，湖口双钟方言读［ʂən⁻］，庐山蛟塘、余干县城方言读［ʃɛn⁻］，永修吴城、新建联圩方言读［sen⁻］，鄱阳鄱阳镇方言读［ɕɦon⁻］，彭泽县城方言读［san⁻］；"船"，都昌方言读［₌ʂon］，永修吴城、新建联圩方言读［son⁻］，湖口双钟方言读［₌dʑyɛn］，庐山蛟塘、余干县城方言读［₌ʃɛn］，鄱阳鄱阳镇方言读［₌ɕɦon］，彭泽县城方言读［₌tɕʻyan］。咸山摄入声韵尾各地有差异，都昌方言为［t/l/ʔ］，庐山蛟塘方言为［ʔ］，永修吴城、新建联圩方言为［t］，余干县城方言为［t-n］。湖口双钟、彭泽县城、鄱阳鄱阳镇方言无入声塞尾韵母。

（八）深摄、臻摄

都昌方言与周边方言的共同点是深摄、臻摄合流。都昌方言深臻摄开口三等帮组、端组、见系字及臻摄合口三等见系字韵母今读［in］，深摄知章组、日母字韵母与臻摄开口一等端组、臻摄合口一等（见系除外）、臻摄合口三等字（非组、见系除外）韵母今读［ən］，深＝身，沉＝陈；深摄庄组、臻摄开口一等见系字合流今读［ɛn］。臻摄合口一等见系及臻摄合口三等非组字韵母合流今读［uən］。深臻两摄入声韵尾同咸山摄合流。

都昌方言与一些周边方言深臻摄今读音类分合基本上相同，差异体现在深摄庄组、臻摄合口三等非组、臻摄合口三等见系字韵母今读。庐山蛟塘、湖口双钟、彭泽县城、鄱阳鄱阳镇方言［ən］韵母还包括深摄庄组来源字；都昌、庐山蛟塘方言臻摄合口三等非组字韵母读［uən］，湖口双钟、彭泽县城、鄱阳鄱阳镇方言臻摄合口三等非组字韵母读［ən］，如都昌方言"粉"［ɸuən］、湖口双钟方言"粉"［fən］，ɸuən > fən 是语音构造引起的演变现象。都昌方言臻摄合口三等见系字韵母为齐齿呼韵母，湖口双钟、彭泽县城、鄱阳鄱阳镇方言为撮口呼韵母，如"军"，都昌方言读［₌tɕin］，庐山蛟塘方言读［₌kuin］，彭泽县城方言读［₌tɕyn］，鄱阳鄱阳镇方言读［₌tɕɦun］，方言共时地理差异体现出历史演变，kuin > tɕin/ tɕyn/ tɕɦun。

永修吴城、新建联圩类型相同，［in］韵母来源字比都昌方言广泛，深臻摄开口三等（除庄组外）及臻摄合口三等见系字韵母均读［in］，如沉［₅₁tɕ'in］、针［₋tɕin］、"神"［₋₂ɕin］、"春"［₋tɕ'in］。永修吴城方言深臻摄知章组字有文白异读现象，如"沉"［₅₁tɕ'in］/［₅₁ts'ən］两读、"珍"［₋tɕin］/［₋tsən］两读，韵母读［in］［it］比读作［ən］［ət］更老旧（肖萍，2008：119~124）。新建联圩方言存在个别字两读现象，如"陈"［₅₁tɕ'in］/［₅₁ts'ən］两读，但更多例字只有［in］［it］一种韵母读法，与永修吴城方言形成地理扩散式分布。都昌方言臻摄个别字也存在类似两读现象，如"人"［₅₂ȵin］/［₅₂lən］、"轮"［₅₂lin］/［₅₂lən］、"纯"［₅₂sin］/［₅₂sən］，可见都昌方言与永修吴城、新建联圩方言存在相同层次。

余干县城方言同都昌方言及周边方言类型不同，深臻摄少细音韵母，深臻摄开口三等（庄组除外）、臻摄合口三等字（非组、见系除外）韵母均读［ən］。都昌方言及周边方言深摄庄组、臻摄开口一等见系字韵母合流今读［ɛn、en］，且与咸山摄开口三等知章组字韵母今读合流。彭泽县城、鄱阳鄱阳镇、余干县城方言深臻摄韵母与咸山摄韵母没有合流现象。

（九）宕摄、江摄

都昌方言及周边方言共性特点是江宕摄韵母合流。都昌方言江宕摄韵母合流，宕摄一等、宕摄三等知庄章组字及江摄字（见系部分字除外）韵母今读［ɔŋ、ok/ʔ］，宕摄开口三等（知庄章组除外）及江摄（见系部分字）读齐齿呼韵母［iɔŋ、iok/ʔ］，宕摄合口一等、三等非组及见系字读合口呼韵母［uɔŋ、uok/ʔ］。庐山蛟塘、湖口双钟、永修吴城、新建联圩方言同都昌方言类型相同。下文简要举例：

	帮	作	枪	削	张	疮	秧	光	窗	江
都昌阳峰	₋pɔŋ	tsɔk₋₁	₋dziɔŋ	siok₋₁	₋tʂɔŋ	₋dzɔ̃	₋iɔi	₋kuɔŋ	₋dzɔŋ	₋kɔŋ
庐山蛟塘	₋pɔŋ	tsoʔ₋	₋dziɔŋ	sioʔ₋	₋tʃɔŋ	₋dzɔ̃	₋iɔi	₋kuɔŋ	₋dzɔŋ	₋kɔŋ
湖口双钟	₋pɔŋ	tsoˀ	₋dziɔŋ	ɕioˀ	₋tʂɔŋ	₋dzɔ̃	₋iɔi	₋kuɔŋ	₋dzɔŋ	₋kɔŋ
永修吴城	₋pɔŋ	tsɔʔ₋	₋tɕ'iɔŋ	ɕiɔˀ	₋tʂɔŋ	₋ts'ɔ̃	₋iɔi	₋kuɔŋ	₋ts'ɔŋ	₋kɔŋ
新建联圩	₋pɔŋ	tsɔk₋	₋tɕ'iɔŋ	ɕiok₋	₋tʂɔŋ	₋ts'ɔ̃	₋iɔi	₋kuɔŋ	₋ts'ɔŋ	₋kɔŋ

| 彭泽_{县城} | ₚoŋ | tso⁻ | ₜɕʻioŋ | ɕio⁻ | ₜsoŋ | ₜsʻoŋ | ᵢoŋ | ₖoŋ | ₜsʻoŋ | ₜɕioŋ |

| 鄱阳_{鄱阳镇} | ₚãn | tso˨ | ₜɕʻiẽn | ɕio˨ | ₜsãn | ₜsʻãn | iẽn | kuãn | ₜsʻãn | ₖãn |

| 余干_{县城} | ₚoŋ | tsok-ŋ | ₜsʻoŋ | sok-ŋ | ₜʃoŋ | ₜsʻoŋ | ᵢoŋ | kuoŋ | ₜsʻoŋ | ₖoŋ |

　　从上文例字可知鄱阳_{鄱阳镇}方言宕江摄舒声字韵母分合格局与都昌方言相同，韵母音值有较大区别，宕江摄韵母为前鼻尾韵母［ãn］［ien］［uãn］（这些韵母与本方言咸山摄韵母合流），有一个入声调但无入声韵尾，古入声字今韵母为［o］［io］［uo］；彭泽县城方言宕摄合口一等、三等非组、见系舒声字韵母与宕摄一等字合流为开口呼韵母［ɔŋ］，无入声调，古入声字今韵母为［o］［io］；余干县城方言宕江摄韵母基本上合流为韵母［oŋ］，宕摄开口三等泥母、影喻母字韵母读［ioŋ］，宕摄合口一等、三等非组及见系字韵母读［uoŋ］，余干方言江宕摄入声字韵尾较有特色，塞音之后短时间歇后带同部位的鼻音韵尾，记音为［k-ŋ］。

　　（十）曾摄、梗摄

　　都昌方言及周边方言共性特点是曾梗摄合流，曾摄三等字与梗摄文读音发生合流现象。梗摄普遍存在文白异读，有些字有两读，有些字只有一读。白读韵母为［aŋ、iaŋ、uaŋ］［ak/ʔ、iak/ʔ、uak/ʔ、ak-ŋ］，文读韵母为［iŋ、in、ən、en、uɛŋ、iuŋ］［ɛk/ʔ、ɛk-ŋ、ik/ʔ、et、iet、it］。曾梗摄入声字文读音韵母塞尾由中古［k］变为［t］或［ʔ］。湖口_{双钟}、彭泽_{县城}、鄱阳_{鄱阳镇}方言无入声塞尾。

　　都昌县东部方言、湖口_{双钟}、永修_{吴城}、彭泽_{县城}、鄱阳_{鄱阳镇}方言曾摄舒声字及梗摄舒声字文读音韵母今读前鼻音韵尾，由此与深臻摄发生合流现象。下文简要举例：

	针深	蒸曾	陈臻	程梗	心深	新臻	星梗
都昌中馆	ₜʂən	ₜʂəŋ	ᵈz̩ən¹⁵	ᵈzəŋ	ₛsin	ₛsin	ₛsiaŋ/ ₛsin
庐山蛟塘	ₜʃən	ₜʃəŋ	ᵈʒən	ᵈʒəŋ	ₛsin	ₛsin	ₛsiaŋ/ ₛsin

湖口_{双钟}	₅tʂən	₅tʂən	₅dzən	₅dzaŋ/ ₅dzən	₅ɕin	₅ɕin	₅ɕiŋ
永修_{吴城}	₅tɕin/ ₅tsən	₅tɕin	₅tɕʰin/ ₅tsʰən	₅tsʰaŋ/ ₅tsʰən	₅ɕin	₅ɕin	₅ɕiaŋ/ ₅ɕin
新建_{联圩}	₅tɕin	₅tsən	₅tɕʰin/ tsʰən	₅tsʰən	₅ɕin	₅ɕin	₅ɕiaŋ/ ₅ɕiŋ
彭泽_{县城}	₅tsən	₅tsən	₅tsʰən	₅tsʰən	₅ɕin	₅ɕin	₅ɕin
鄱阳_{鄱阳镇}	₅tsən	₅tsən	₅tsʰən	₅tsʰən	₅ɕin	₅ɕin	₅ɕin
余干_{县城}	₅tʃən	₅tɕiŋ	₅tʃʰən	₅tɕʰiŋ	₅sən	₅sən	₅sɛn

（十一）通摄

　　都昌方言及周边方言共性特点是通摄合口一三等字韵母合流，合口三等晓组、影母、喻母、精组个别字及见组个别字韵母为细音韵母。都昌县东部、庐山蛟塘、鄱阳鄱阳镇方言韵母音值为 [əŋ、iəŋ、ɦoŋ]，都昌县大部分乡镇、永修吴城、新建联圩、余干县城方言韵母音值为 [uŋ、iuŋ]，湖口双钟、彭泽县城方言韵母音值为 [oŋ、ioŋ]。湖口双钟、鄱阳鄱阳镇、彭泽县城方言中古入声字今读无塞尾，都昌、庐山蛟塘、永修吴城、新建联圩方言入声字韵母为 [uk/ʔ、iuk/ʔ、yuʔ、uk-ŋ、iuk-ŋ]。下文简要举例：

	东	谷	虫	穷	龙	足	钟	用
都昌_{中馆}	₅təŋ	kuʔ₅₁	₅dzəŋ	₅dziʔ	₅lieŋ	tsuʔ₅₁	₅tʂəŋ	iuŋ⁼
都昌_{阳峰}	₅tuŋ	kuk₅₁	₅dzuŋ	₅dziuŋ	₅liuŋ/luŋ	tsiuk₅₁	₅tʂuŋ	ȵiuŋ⁼
庐山_{蛟塘}	₅təŋ	kuʔ₅	₅dzəŋ	₅dziʔ	₅ləŋ	tsiuʔ₅	₅tʃəŋ	iəŋ⁼
湖口_{双钟}	₅toŋ	kuʔ⁼¹	₅dzoŋ	₅dzioŋ	₅loŋ	tsuʔ⁼¹	₅tʂoŋ	ioŋ⁼
永修_{吴城}	₅tuŋ	kuʔ₅	₅tsʰuŋ	₅tɕʰiuŋ	₅₂luŋ	tɕyuʔ₅	₅tsuŋ	iuŋ⁼
新建_{联圩}	₅tuŋ	kuk₅	₅tsʰuŋ	₅tɕʰiuŋ	₅₂liuŋ/luŋ	tɕiuk₅	₅tsuŋ	iuŋ⁼

彭泽县城	ₗtoŋ	ku²	ₗtsʼoŋ	ₗtɕʼioŋ	ₗloŋ	tsu²	ₗtsoŋ	ioŋ²
鄱阳鄱阳镇	ₗtɵŋ	ku₂	ₗtɕʼɥoŋ	ₗtɕʼɥoŋ	ₗlɵŋ	tsu₂	ₗtɕɥoŋ	ɥoŋ²
余干县城	ₗtuŋ	kuk-ŋ₂	ₗtʃʼuŋ	ₗtʃʼuŋ	ₗluŋ	tsuk-ŋ₂	ₗtʃuŋ	iuŋ²

都昌方言及周边方言有个别曾梗摄字韵母读同通摄字。下文简要举例：

	弘	猛	棚	轰	宏	兄	荣
都昌阳峰	₂φuŋ	ᶜmaŋ	ₗ₁baŋ / ₗ₁buŋ	ᶜφuŋ	₂φuŋ	ᶜɕiaŋ / ᶜɕiuŋ	₂iuŋ
庐山蛟塘	ₗhəŋ	ᶜməŋ	ₗbəŋ	ₗhəŋ	ₗhəŋ	ᶜɕiŋ	ₗiŋ
湖口江桥	ₗhuŋ	ᶜmuŋ	ₗbʼuŋ	ₗhuŋ	ₗhuŋ	ᶜɕiuŋ	ₗiuŋ
永修吴城	○	ᶜmaŋ / ᶜmen	ₗ₁pʼaŋ / ₗ₁pʼuŋ	ₗfuŋ / fen	₂fuŋ / ₂fen	ₗfiaŋ / ɕiaŋ / ᶜɕiuŋ	₂iuŋ
新建联圩	₂φuŋ	ᶜmuŋ	ₗ₁pʼuŋ	ᶜφuŋ	₂φuŋ	ᶜɕiaŋ / ᶜɕiuŋ	₂iuŋ
彭泽县城	ₗhoŋ	ᶜmoŋ	ₗpʼoŋ	ₗhoŋ	ₗhoŋ	ᶜɕioŋ	ₗioŋ
鄱阳县城	ₗhuɵŋ	ᶜmɵŋ	ₗpʼoŋ	ₗhuɵŋ	ₗhuɵŋ	ᶜɕiyɵŋ	ₗyɵŋ
余干县城	ₗφuɛŋ	ᶜmɛŋ	ₗpʼaŋ	ₗkuɛŋ	ₗφuɛŋ	ᶜʃaŋ	ₗiuŋ

上文例字"棚"，都昌方言中指称有顶棚子时读［ₗ₁buŋ］，指称豆角、黄瓜等植物生长牵藤的架子时读［ₗ₁baŋ］；永修吴城方言中棚牛～读［ₗ₁pʼuŋ］，棚搭～读［ₗ₁pʼaŋ］（肖萍，2008：55~59）。梗摄字"棚"读［ₗ₁baŋ］为白读音，读同通摄字的［ₗ₁buŋ］［ₗ₁pʼuŋ］为文读音。汉语共同语发展史上中古之后发生了曾梗通摄合流现象。周祖谟（1993：372）指出，宋代汴洛方音中曾梗摄合流，元代《中原音韵》中东韵同收"轰弘恐供共"。上文曾梗摄例字在各地方言中同通摄字是中古以后在都昌方言及周边方言中形成的共有层次。

三 声调

从古今声调演变来看，都昌方言与周边方言发生了不同的变化。从共时平面来看，声调数量不同，都昌县、永修县、湖口县、庐山市、南昌市新建区（下新建）方言声调演变复杂一些，调类数量为7~12个；彭泽县、鄱阳县、余干县方言相对而言演变简单，只有5~7个调类。从调类分化的成因来看，都昌方言及周边昌都片方言除了古声母清浊分调外，普遍存在古今声母送气分调现象，鹰弋片的余干、彭泽、鄱阳方言调类分化主要受古声母清浊的影响。都昌方言与周边方言也存在一些共同之处：平分阴阳，一个上声调，去分阴阳，入声分阴阳或者按清浊有不同的走向。下面择要点从三个方面来进行比较。

（一）送气分调

都昌县及周边同属于昌都片赣语的湖口县、庐山市、永修县、南昌市新建区（下新建）方言普遍存在送气分调现象。都昌方言送气分调发生在平、去、入声调类，湖口、庐山方言发生在去、入声调类，永修吴城、新建区（下新建）方言发生在平、去声调类。从送气分调之后调类分合现象来看可以分为分立型、混合型。

湖口流芳与新建联圩、新建昌邑方言为分立型。湖口流芳方言清去、清入按古声母送气与否分为两类，且各自独立为一个调类，故语音系统声调有阴去$_1$、阴去$_2$、阴入$_1$、阴入$_2$。新建联圩、新建昌邑方言次浊平与全浊平分调，全清去与次清去分调，故语音系统声调有阳平$_1$、阳平$_2$、阴去$_1$、阴去$_2$，新建昌邑清入也按古声母送气与否分为阴入$_1$、阴入$_2$。

都昌、庐山蛟塘、永修吴城方言为混合型，有些古调类的次清字与全清字分调后仍能保持各自独立的今读调类，另一些古调类的次清字与全清字分调后不能保持独立调类，分调后同其他古调类字今读合流。都昌方言次浊平与全浊平分化为阳平$_1$、阳平$_2$，次清去与全清去分化后同浊去归并为阳去调，全清入与次清入分化为阴入$_1$、阴入$_2$；庐山蛟塘方言全清去与次清去分调为阴去$_1$、阴去$_2$，全清入与次清入分调，古全清入字今读入声调，次清入字今读阴去$_2$，次浊入字今读同全清入字入声调，全浊入字今读归阳去，部分字归阳平；永修吴城方言次浊平与全浊平分调为阳平$_1$、阳平$_2$，全清去与次清去分调，次清去字今读同上声字。

（二）古全浊上与全浊去归阴平现象

都昌方言存在古全浊上及全浊去部分字归阴平现象，相似音变出现在周边永修吴城方言、鄱阳县城方言。永修吴城与鄱阳县城方言类型相同，全浊上、次浊去、全浊去全部归阴平。都昌方言归阴平只涉及古全浊上部分字，古全浊去部分字，不涉及次浊去字。

与都昌县北部、西部相邻的湖口县、庐山市方言无全浊上、全浊去归阴平现象，都昌县东部同鄱阳县接壤，鄱阳县方言中古全浊上和古全浊去今读阴平调，但都昌县东部同鄱阳县相接的中馆镇、南峰镇、万户镇方言全浊上和全浊去归阳去调，所以从陆地空间来看"全浊上、全浊去归阴平"现象地理分布存在空白断裂。从水域空间来看，鄱阳湖北岸的都昌县西部都昌镇、左里镇、徐埠镇方言，鄱阳湖西侧的永修县吴城镇方言、鄱阳湖东岸及东南岸的鄱阳县方言，正好沿鄱阳湖画了个圈，结合水运交通来看，全浊上、全浊去归阴平现象正是围湖分布的。

（三）入声今读

都昌县乡镇方言基本保存入声调类，清浊分调。从重点考察的 37 个方言点来看，入声舒化演变主要分布在东部大港镇、鸣山乡、中馆镇方言及蔡岭镇近大港镇、鸣山乡的乡村方言，主要涉及全清入、次清入、全浊入；北部近湖口县的春桥乡凤山村方言，南部沿湖的周溪镇输湖村、芗溪乡芗溪村方言，主要涉及全浊入。从入声字今读调类归向来看，全浊入字读阳去调是都昌方言基本类型；清入归向阴去调，清去送气分调的方言中，全清入归向全清去来源的阴去$_1$调，次清入归向次清去来源的阴去$_2$调。

湖口方言入声舒化进程存在内部差异，中北部方言（如双钟镇、流泗镇）古入声字不读入声调，依声母的清浊及送气与否归向不同的调类，全清入归向阴去$_1$调，次清入归向阴去$_2$调，浊入归向阳去，南部近都昌县的乡镇方言（如流芳乡、武山镇）古入声字基本保存入声调类。

庐山市中南部华林镇、温泉镇、蓼花镇（今星子镇）、蛟塘镇、蓼南乡全清入字今读入声调，次清入字今读同次清去来源的阴去$_2$调，全浊入字部分归阳去，次浊入部分字随清入字读入声调，浊入还有部分字归阳平；北部南康镇迎春桥、白鹿镇玉京村方言浊入字没有归阳平现象，其他舒化归向情况如同中南部方言。

永修吴城方言、余干县城方言及南昌新建区（下新建）大部分乡镇方言古入声字今读入声调，且清浊分调，个别全浊入字有归阳去现象。南昌新建区（下新建）近湖区的个别方言（金桥乡、昌邑乡）入声字清浊分调，且清入按古声母送气与否产生分化。

都昌县大部分乡镇方言与湖口县南部、南昌市新建区（下新建）近湖区的个别方言（金桥乡、昌邑乡）有较多共同点，古入声调今读入声调，清浊分调之后未发生送气分调。都昌方言与周边方言入声字舒化今读共同点是浊入归阳去。都昌县东部方言舒化进程快，大部分方言入声字今读调类的归向与周边湖口县中北部方言、庐山市大部分方言、彭泽县方言一致，清入归阴去，浊入归阳去；都昌县东北部鸣山乡九山村冯家山、大港镇邻波村方言同鄱阳县县城方言演变相同，清入字及部分次浊入字今读入声调且无入声塞尾，全浊入字今读去声；大港镇高塘村方言同彭泽方言相同，无入声调，清入字今读同阴去调，浊入字今读同阳去调。

第三节　都昌方言与周边方言亲疏关系及人文地理分析

都昌方言内部存在差异，这在前文已详细论述。在既往研究的基础上，结合笔者调查结果，下文对都昌县境不同区域方言同周边方言亲疏关系再做论述，并对其历史人文成因进行分析。

一　都昌方言与周边方言的亲疏关系

（一）都昌县与鄱阳湖畔湖口县、庐山市、永修县、南昌市新建区方言具有较多的共性特点

颜森（1986：21）提出昌靖片赣语的两个特点：第一，入声分阴阳，阴入调值高、阳入调值低；第二，声母送气与否影响调类分化，一是南昌市、南昌县、新建区、安义县、永修县、修水县、德安县、星子县（今庐山市）今声母送气与否影响调类分化，二是都昌、湖口两县古

声母送气影响今调类分化。谢留文（2006：267~268）指出昌都片赣语的语音特点是：第一，声母送气影响调类分化，南昌市、南昌县（塔城）、新建区、安义县、永修县（江益镇，今归共青城）、德安县今声母送气与否影响调类分化，湖口县、星子县（今庐山市）、都昌县、修水县古声母送气与否影响调类分化；第二，除南昌市、南昌县、新建区、安义县外，都有浊音声母。

陈昌仪（1991：25；2005：40~41）、刘纶鑫（1999：23）将都昌县、湖口县、庐山市、永修县及南昌市新建区（下新建）方言归入都昌小片或湖口小片，对都昌及周边县市方言也有较具体的说明。结合已刊材料及笔者的研究，下文介绍都昌方言与周边方言的语音共性特点。

1. 声母方面

①都昌县、湖口县、庐山市、永修县及南昌市新建区（下新建）方言古全浊声母、次清声母今读全浊或清音浊流声母。

②老年层普遍有［ɸ］声母，来源于非敷奉和晓匣合口一二等字及部分三等字。

③透定二母今多读［d/tʰ/tʰ］。

④来母细音今读［d/tʰ/tʰ］。

⑤知二组、庄组与精组洪音今读［ts、dz/tsʰ/tsʰ、s］，都昌县、湖口县、庐山市、永修县精组细音分尖团，南昌市新建区精组细音读［tɕ、dʑ/tɕʰ/tɕʰ、ɕ］。

⑥知三组、章组读舌尖后塞擦音声母［tʂ、dʐ/tʂʰ/tʂʰ、ʂ］或［tʃ、dʒ/tʃʰ/tʃʰ、ʃ］，永修县、南昌市新建区方言个别字白读塞音声母。

2. 韵母方面

①南昌市新建区、永修县、都昌县、庐山市无撮口韵，湖口县方言四呼俱全。

②果摄洪音读［o］，见系个别字读［uo］。

③蟹摄开口一二等不分立。

④咸摄开口一等非组见系字覃谈分韵，咸摄、山摄开口一二等见系字分韵。

⑤江摄、宕摄主元音今读［ɔ］。

⑥梗摄有文白异读。

⑦各县大多有两个入声韵尾，都昌县城为［l、k］，新建区大塘坪乡（属下新建）为［t、k］，其他有入声的方言为［t、ʔ］。

3. 声调方面

①声调的古今演变受古声母的清浊及今声母的送气与否两个因素影响。

②入声分阴阳，阴入调值高，阳入调值低。

③古入声字发生舒化演变时，多数方言是浊入字比清入字进展快，浊入字今读阳去调；古清入字今读多归向阴去，如都昌县东部方言、庐山方言（陈昌仪主编，2005）、湖口县双钟镇方言（刘纶鑫主编，1999）、湖口县江桥方言（陈凌，2019）。

基于方言事实，都昌方言同周边湖口县、庐山市、永修县、南昌市新建区方言同属昌都片赣语。

（二）都昌县西部方言同湖口县、庐山市方言今读有较多的一致性

本部分湖口县双钟镇语料来源于《客赣方言比较研究》（刘纶鑫主编，1999），庐山市蛟塘镇语料来源于《江西省方言志》（陈昌仪主编，2005）

第一，中古泥来母今读不混。

昌都片赣语泥来母今读有两类，即不混型、半混型（卢继芳，2018：254）。都昌县、湖口县、庐山市为不混型，泥母今读［n］/［ȵ］，来母今读［l］/［d］。下文简要举例：

	罗来	驴来	来来	脑泥	尿泥	年泥
都昌阳峰	₌lo¹⁵	₌li¹⁵	₌lɛi¹⁵	˪nau	ȵieu²	₌ȵiɛn¹⁵
湖口双钟	₌lo	₌li	₌lai	˪nau	○	₌ȵiɛn
庐山蛟塘	₌lo	₌di	₌lai	˪nau	ȵieu²	₌ȵiɛn

第二，古精组字、知组二等字、庄组字合流，声母今读［ts、dz、s］。下文简要举例：

	灾精	粗清	茶澄	桌知	渣庄	锄崇
都昌阳峰	₍tsai	₍dzu	₍₂dza	tsɔk₋₁	₍tsa	₍₂dzu
湖口双钟	₍tsai	₍dzu	₍dza	tso⁻¹	₍tsa	₍dzu
庐山蛟塘	₍tsai	₍dzu	₍dza	tsoʔ₋	₍tsa	₍dzu

第三，都昌县、湖口县、庐山市老年发音人能分尖团音，而青年发音人分不出尖团音。下文例字中湖口方言老年层、青年层语料由笔者调查所得。下文简要举例：

	酒精	九见	全从	拳群	千清	牵溪
都昌县城老年	ˈtsiu	ˈtɕiu	₍₂dziɔn	₍₂iɔn	₍dziɛn	₍iɛn
都昌县城青年	ˈtɕiu	ˈtɕiu	₍₂dziɔn	₍₂dziɔn	₍dziɛn	₍dziɛn
湖口双钟老年	ˈtsiɛu	ˈtɕiɛu	₍dziɛn	₍dʑyɛn	₍dziɛn	₍iɛn
湖口双钟青年	ˈtɕiɛu	ˈtɕiɛu	₍dziɛn	₍dʑyɛn	₍dziɛn	₍dziɛn

第四，知组三等字、章组字今读合流，声母今读塞擦音。

昌都片赣语知组三等字、章组字今读音值类型有塞音型、塞擦音型、塞擦音与塞音混合型，塞擦音分布于北部的都昌小片方言。都昌县、湖口县、庐山市基本属塞擦音型，音值为［tʂ、dʐ、ʂ］/［tʃ、dʒ、ʃ］、［tɕ、dʑ、ɕ］。下文简要举例：

	猪知	镇知	车昌	纸章	烧书	针章
都昌阳峰	₍tʂu	tʂən⁻	₍dʐa	ˈtʂʅ	₍ʂɛu	₍tʂən
湖口双钟	₍tɕy	tʂən⁻¹	₍dʐa	ˈtʂʅ	₍ʂau	₍tʂən
庐山蛟塘	₍tʃu	○	₍dʒa	ˈtʃʅ	₍ʃɛu	₍tʃən

第五，中古阳声韵字今读韵尾类型相同。

从中古阳声韵字今读韵尾来看，咸深山臻四摄舒声字今读韵母韵

尾为 [n]，宕江曾梗通五摄舒声字今读韵母韵尾为 [ŋ]，都昌县方言、湖口县南部方言、庐山市中东部方言都属于这种类型。下文简要举例：

	胆咸	林深	慢山	亲臻	汤宕	项江	灯曾	冷梗	东通
都昌阳峰	ᶜtan	₍lin	man²	₍dzin	₍cl	xɔ²	ʳtɛŋ	ʳlaŋ	₍tɘŋ
湖口流芳	ᶜtan	₍lin	man²	₍dzin	₍cl	xɔ²	ʳtɛŋ	ʳlaŋ	₍tuŋ
庐山华林	ᶜtan	₍din	man²	₍dzin	₍noŋ	xɔ²	ʳtɛŋ	ʳlaŋ	₍tɛŋ

（三）都昌县中北部、西北部方言语音同湖口方言有较多的相同特点

都昌县中北部蔡岭镇、西北部春桥乡分别同湖口县南部流芳乡、武山镇交界，笔者对都昌县北部邻近湖口县的方言进行选点（春桥乡凤山村、老山村、春桥村、云山村，蔡岭镇牌垄村刘虎山村、东风村曹炎村）调查，了解到都昌县北部边界方言一些特点同都昌县东部、中部、南部方言不同，而同湖口方言相同，在地理上呈连续分布。下文所列语料中湖口县均桥镇代表湖口县中部方言，语料引自《江西省湖口方言研究（上）》同音字汇（陈凌，2019），流芳乡、武山镇代表湖口县南部方言，语料为笔者调查所得。

1. 透定母今读

都昌方言透定母的读音呈现由东到西逐渐相混的态势，东部方言透定母一等读 [d]，四等读 [l]→中部方言透定母个别韵摄部分字读 [d]／[l]→西部方言透定母读 [l]。而都昌县北部与湖口县接壤的方言，透定母今读 [d]／[l] 读音呈现向湖口方言 [d] 组声母过渡。春桥乡凤山村杨培祥村西南与湖口县流芳乡的王叔霞村接壤，北面与湖口县城山镇的邹渊村和游佰江村接壤。蔡岭镇牌垄村刘虎山村同湖口县武山镇西桥村接壤，田里相连，交往无阻，透定母塞音读法更加常见，例字也更多。下文简要举例：

	兔透	图定	推透	套透	桃定	天透	田定	笛定
都昌春桥乡凤山村	tʰu⁻²	₍tʰu	₍tʰi	tʰau⁻²	₍tʰau	₍tʰiɛn	₍tʰiɛn	tʰiaʔ₍

都昌春桥乡老山村	lu²	₅lu	₅tʰi	lau²	₅lau	₅liɛn	₅liɛn	tʰiaʔ₅
都昌春桥乡春桥村	lu²	₅lu	₅li	lau²	₅lau	₅liɛn	₅liɛn	liak₅
都昌春桥乡云山村	lu²	₅₁lu	₅li	lau²	₅₁lau	₅liɛn	₅₁liɛn	liak₂₂
都昌蔡岭镇东风村	lu²	₅₁lu	₅li	lau²	₅₁lau	₅liɛn	₅₁liɛn	liak₂₂
都昌蔡岭镇牌垄村	lu⁻²	₅₁lu	₅tʰi	lau⁻²	₅₁lau	₅tʰiɛn	₅₁tʰiɛn	tʰiaʔ₅
都昌都昌镇	lu²	₅₁lu	₅li	lau²	₅₁lau	₅liɛn	₅₁liɛn	liak₂₁
湖口武山镇	du⁻²	₅du	₅ly	dau⁻²	₅dau	₅liɛn	₅liɛn	lia²
湖口流芳镇	lu⁻²	₅lu	₅li	dau⁻²	₅dau	₅liɛn	₅liɛn	liaʔ²
湖口均桥镇江桥村	dʻu⁻²	₅dʻu	○	dʻau⁻²	₅dʻau	₅dʻiɛn	₅dʻiɛn	dʻi²

2. 来母拼细音今读

已刊材料（陈昌仪，1983；李如龙、张双庆主编，1992；刘纶鑫主编，1999）指出，都昌县土塘镇、县城方言来母拼细音有读塞音现象，笔者在重点考察的 37 个方言点的方言音系中发现大港镇、徐埠镇、多宝乡、土塘镇部分村方言存在塞音现象，但例字较少，而北部春桥乡方言来母拼细音今读塞音现象同湖口方言连成一片，尤其是交界处（春桥乡凤山村杨培祥村、蔡岭镇牌垄村刘虎山村）方言来母拼细音基本上读塞音声母。下文简要举例：

	梨	李	镰	林	连	邻	灵	零
都昌春桥乡凤山村	₅tʰi	ᵋtʰi	₅tʰiɛn	₅tʰin	₅tʰiɛn	₅tʰin	₅tʰiŋ	₅tʰiŋ
都昌春桥乡老山村	₅tʰi	ᵋli	₅tʰiɛn	₅lin	₅tʰiɛn	₅tʰin	₅tʰiŋ	₅tʰiŋ

都昌蔡岭镇牌垄村刘虎山村	₋₁tʰi	ꜛtʰi	₋₁tʰiɛn	₋₁tʰin	₋₁tʰiɛn	₋₁tʰin	₋₁tʰiŋ	₋₁tʰiŋ
都昌春桥乡春桥村	₋li	ꜛli	₋liɛn	₋lin	₋liɛn	₋lin	₋liŋ	₋liŋ
都昌多宝乡宝桥村	₋₂li	ꜛtʰi	₋₂tʰiɛn	₋₂lin	₋₂liɛn	₋₂l/tʰin	₋₂l/tʰiŋ	₋₂tʰiŋ
都昌徐埠镇杨岭村	₋₂li	ꜛli	₋₂liɛn	₋₂lin	₋₂diɛn	₋₂lin	₋₂liŋ	₋₂liŋ
都昌大港镇高塘村	₋li	ꜛli	₋diɛn	₋lin	₋diɛn	₋lin	₋diŋ	₋liaŋ
湖口武山镇	₋di	ꜛdi	₋diɛn	₋din	₋diɛn	₋din	₋diŋ	₋liŋ
湖口流芳镇	₋di	ꜛdi	₋diɛn	₋din	₋liɛn	₋din	₋diŋ	₋liŋ
湖口均桥镇江桥村	₋dʻi	ꜛdʻi	₋dʻiɛn	₋dʻin	₋dʻiɛn	₋dʻin	₋dʻin	₋dʻin

3. 溪群母今读

都昌县西部方言中溪母（开口一二等除外）、群母今读存在零声母现象。此现象以中部土塘镇佛子村—化民村—珠光村一线为界，以东的中部土塘镇大部分乡村、大港镇、中馆镇、鸣山镇、狮山乡、万户镇、南峰镇、芗溪乡无零声母现象，此线以北的蔡岭镇、春桥乡部分乡村、苏山乡部分乡村溪群母少见零声母现象，北部边界的一些乡村（如春桥乡凤山村杨培祥村、蔡岭镇牌垄村刘虎山村）基本上无零声母现象，这同湖口方言连成一片。下文简要举例：

	苦溪	去溪	巧溪	轻溪	吃溪	茄群	骑群	桥群	穷群
都昌春桥乡凤山村	ꜛkʰu	tɕʰi⁻²	tɕʰiau	₋tɕʰiaŋ	tɕʰiak₋	₋tɕʰia	₋tɕʰi	₋tɕʰiau	₋tɕʰiuŋ
都昌春桥乡老山村	ꜛu	i³	iau	₋iaŋ	iak₋	₋ia	₋i	₋iau	₋iuŋ

都昌春桥乡春桥村	ᵏʰu	i²	˞iau	₌tɕʰiaŋ	tɕʰiak₌₂	₌ia	₌tɕʰi	₌tɕʰiau	₌tɕʰiuŋ
都昌春桥乡云山村	˞u	i²	˞iau	₌iaŋ	iak₌₂	₌₁ia	₌₂i	₌₁iau	₌₁iuŋ
都昌蔡岭镇东风村	˞u	i²	˞iau	₌iaŋ	iak₌₂	₌₁ia	₌tɕʰi	₌₁iau	₌₁iuŋ
都昌蔡岭镇牌垄村	ᵏʰu	tɕʰi⁻²	˞tɕʰiau	₌iaŋ	tɕʰiak₌₂	₌₁ᵗᵉtɕʰia	₌tɕʰi	₌₁ᵗᵉtɕʰiau	₌tɕʰiuŋ
都昌都昌镇	˞u	i²	˞iau	₌iaŋ	iak₌₂	₌₁ia	₁i	₌₁iau	₌₁iuŋ
湖口武山镇	˞gu	dʑi⁻²	˞dʑiau	₌dʑiaŋ	dʑia⁻²	₌dʑia	₌dʑi	₌dʑiau	₌dʑiuŋ
湖口流芳镇	˞gu	dʑi⁻²	˞dʑiau	₌dʑiaŋ	dʑiaʔ₌₂	₌dʑia	₌dʑi	₌dʑiau	₌dʑiuŋ
湖口均桥镇江桥村	˞gʻu	dʑʻi⁻²	˞dʑʻiau	₌dʑʻiaŋ	dʑʻia⁻²	₌dʑʻia	₌dʑʻi	₌dʑʻiau	₌dʑʻiuŋ

4.都昌县北部春桥乡、蔡岭镇部分口语常用字今读韵母同湖口方言一致

果摄主要元音为［ɔ］，春桥乡及蔡岭镇北部方言常用词"火"读［ᶜfu］；深摄韵母因语音构造不同而今读不同，都昌方言一般情况是深摄知章组、日母字韵母与臻摄开口一等端组字、臻摄合口一等字韵母主元音为［ə］，深摄庄组、臻摄开口一等见系字、咸山摄开口三等知章组字韵母主元音为［ɛ］（森≠孙），而春桥乡及蔡岭镇北部方言庄组常用字同深摄知章组、日母字一样，韵母主元音为［ə］（森＝孙）；山摄合口一等见系字今读韵母，都昌县中部、南部方言韵母主元音读［ɔ］或［ɛ］，春桥乡及蔡岭镇北部方言韵母读［uan］［an］［uat/l］，主元音为［a］。都昌本地人认为以上这些现象是都昌县北部方言带"湖口口音"主要依据。下文简要举例：

	火	森	参人~	官	换	活
都昌春桥乡凤山村	ᶜɸu	₌sən	₌sən	₌kuan	uan²	fan²

都昌春桥乡老山村	ꜛɸu	ꜜsən	ꜜsən	ꜜkuan	uan²	ɸuat₂
都昌春桥乡春桥村	ꜛɸu	ꜜsən	ꜜsən	ꜜkuan	ɸuan²	uat₂₁
都昌春桥乡云山村	ꜛɸuɔ	ꜜsən	ꜜsən	ꜜkuɔn	uɔn²	uɔl₂₂
都昌蔡岭镇东风村	ꜛɸu	ꜜsɛn	ꜜsɛn	ꜜkuɛn	uɛn²	uɛt₂₂
都昌蔡岭镇牌垄村	ꜛɸu	ꜜsən	ꜜsən	ꜜkuɛn	uɛn²	uɛl₂
都昌都昌镇	ꜛɸuɔ	ꜜsɑn	ꜜsɑn	ꜜkuɔn	uɔn²	uɔl₂
都昌阳峰乡	ꜛɸuɔ	ꜜsɛn	ꜜsɛn	ꜜkuɔn	uɔn²	uɔt₂
湖口武山镇	ꜛɸu	ꜜsən	ꜜsən	ꜜkuan	ɸuan²	ua₂
湖口流芳镇	ꜛɸu	ꜜsən	ꜜsən	ꜜkuan	ɸuan²	ual₂
湖口均桥镇江桥村	ꜛɸu	ꜜsən	ꜜsən	ꜜkuan	uan²	uɛ²

5. 交界地带方言梗摄个别字无主元音为韵母［a］白读音现象同湖口方言有密切关系

湖口方言中梗摄字白读音存在不同层次。梗摄开口二等字，帮系、庄组、知组文读［ən］、白读［aŋ］，见系文读［in］、白读［ən］，帮组入声字文读［ε］、白读［a］或［ɯ］（陈凌，2019：118）。赣语中梗摄不是每个字都有文白两读。都昌方言梗摄开口二等"百、冷"文读主元音为［ə/ε］，白读主元音为［a］，而春桥乡及蔡岭镇北部方言个别字无主元音为韵母［a］白读音现象。湖口县均桥镇江桥村方言同音字汇中"冷"有［ꜛlən /ˈlaŋ］两读，"冷［ˈlaŋ］""近都昌口音"，这说明从当地人语感来讲，湖口县方言个别字梗摄白读［aŋ］韵母为都昌方言来源（陈凌，2019：52）。下文简要举例：

	彭	生	百	冷
都昌春桥乡凤山村	ꜛpʰaŋ/ꜛpʰɛŋ	ꜜsaŋ/ꜜsɛŋ	○ /pək₃₁	○ /ˈlɛŋ
都昌春桥乡老山村	ꜛpʰaŋ/ꜛpʰɛŋ	ꜜsaŋ/ꜜsɛŋ	pak₃₁/pək₃₁	ˈlaŋ/ˈlɛŋ
都昌春桥乡春桥村	ꜛpʰaŋ/ꜛpʰɛŋ	ꜜsaŋ/ꜜsɛŋ	○ /pɛk₃₁	ˈlaŋ/ˈlɛŋ

都昌春桥乡云山村	₅pʰaŋ/₅pʰɜŋ	₅saŋ/₅sɛŋ	○/pɛk₃₁	ˡlaŋ/ˡlɛŋ
都昌蔡岭镇东风村	₅₁pʰaŋ/₅₁pʰɜŋ	₅saŋ/₅sɛŋ	pak₃₁/pɛk₃₁	ˡlaŋ/ˡlɛŋ
都昌蔡岭镇牌垄村刘虎山村	₅₁pʰaŋ/₅₁pʰɜŋ	₅saŋ/₅sɛŋ	pak₃₁/pɛk₃₁	ˡlaŋ/ˡlɛŋ
都昌都昌镇	₅baŋ/₅bɜŋ	₅saŋ/₅sɛŋ	pak₃₁/pɛk₃₁	ˡlaŋ/ˡlɛŋ
都昌阳峰乡	₅baŋ/₅bɜŋ	₅saŋ/₅sɛŋ	pak₃₁/pɛk₃₁	ˡlaŋ/ˡlɛŋ
湖口武山镇	₅baŋ/₅bən	○/sən	○/pɛ₃₁	○/ˡlən
湖口流芳乡	₅baŋ/₅bɜŋ	₅saŋ/₅sɛŋ	○/pɛk₃₁	○/ˡlɛŋ
湖口均桥镇江桥村	₅bʰaŋ/○	₅saŋ/₅sən	puˀ₁/pɛ₃₁	ˡlən/ˡlaŋ

（四）都昌县东部方言与邻近彭泽县、鄱阳县等方言发展趋势相同

都昌县东北部与彭泽县、鄱阳县交界，大港镇高塘村村委会下辖9个自然村，坐落在9个山沟里，其中高塘自然村与彭泽县杨梓镇邻都村接壤，大港镇石同山、黄同山与鄱阳县肖家岭村接壤；都昌县中馆镇银宝村与鄱阳县银宝湖乡团结村接壤。都昌县本地人俗称都昌县东部方言为"东边口音"，西部方言为"西边口音"。东部方言大港镇、中馆镇、南峰乡一带的方言同彭泽方言、鄱阳方言有许多相同点。

1. 知组三等、章组字声母今读

都昌县西部、中部方言知组三等、章组字声母今读 [tʂ、dʐ、ʂ]，东部方言遇摄合口三等、止摄合口三等、山摄合口三等、臻摄合口三等知组、章组字声母今读舌面塞擦音 [tɕ、dʑ、ɕ]。邻近鄱阳、彭泽方言遇摄合口三等、止摄合口三等、山摄合口三等、臻摄合口三等知组、章组字声母今读 [tɕ、tɕʻ、ɕ]，都昌县东部方言同彭泽、鄱阳方言一致。下文简要举例（鄱阳县鄱阳镇方言语料来源于刘纶鑫主编，1999；陈昌仪主编，2005）：

	猪遇	薯遇	吹止	水止	砖山	穿山	船山	准臻	春臻
都昌大港镇	₅tɕy	₅ɕy	₅dʑy	ˡɕy	₅tɕyen	₅dʑyen	₅ɕyen	ˡtɕyn	₅dʑyn

都昌中馆镇	꜀tɕy	꜀ɕy	꜀dʑy	꜀ɕy	꜀tɕyɛn	꜀dʑyɛn	꜀ɕyɛn	꜀tɕyn	꜀dʑyn
彭泽县城	꜀tɕy	○	꜀tɕ'yei	꜀ɕyei	꜀tɕyan	꜀tɕ'yan	꜀tɕ'yan	꜀tɕyn	꜀tɕ'yn
鄱阳鄱阳镇	꜀tɕʮ	꜀ɕʮ	꜀tɕ'ʮei	꜀ɕʮei	○	꜀tɕ'ʮõn	꜀ɕʮõn	꜀tɕʮɛn	꜀tɕ'ʮɛn

2. 中古合口三等见组字声母今读

都昌县大港镇方言遇合三、山合三、臻合三见系一些见母字今读〔tʂ〕，溪群母字今读〔dʑ〕，与知章组今读声母合流。赣北赣语见组字一般读〔k〕组或腭化后的〔tɕ〕组声母，只有九江方言读〔tʃ〕组声母，瑞昌方言读〔tʂ〕组声母，余干方言流深臻宕四摄的开口三等字和通摄合口三等见晓两组字读舌叶音〔tʃ〕组声母（陈昌仪主编，2005）。下文简要举例（九江市、瑞昌市、余干县方言语料来源于陈昌仪主编，2005）：

	句遇	卷山	圈山	拳山	缺山	劝山	军臻	群臻	训晓
都昌大港镇繁荣村	tɕi²	꜀tʂen	꜀dʐen	꜀dʐen	dʐẽ²	dʐen²	꜀tʂən	꜀dʐən	ʂən²
都昌大港镇高塘村	tʂʯ²	꜀tʂen	꜀dʐen	꜀dʐʮen	dʐʮɛ²	dʐʮɛn²	꜀tɕyn	꜀dʐʮɛn	ʂʮɛn²
九江	tʃu²	○	○	꜀tʃ'õ	tʃ'uæ꜄	○	꜀tʃun	꜀tʃ'un	ʃun²
瑞昌	tʂʯ²	○	○	꜀tʂ'ʮẽ	tʂ'ʮɛ꜄	○	꜀tʂ'ʮɛn꜄	tʂ'ʮɛn꜄	ʂʮɛn²
余干县城	kui²	꜀kuien	꜀k'uien	k'uien	k'uiet-n꜄	k'uien²	꜀kun	꜀k'un	ɸun²

从上面材料可知余干方言与都昌方言类型不同，我们认为大港镇方言中见组字声母不同于都昌其他乡镇方言读舌面音声母而读舌尖后或舌叶音塞擦音声母与官话方言影响有关。钱曾怡（2010：263）指出，西南官话精见两组的分混形式中"第十六种"元江方言深臻摄舒声三等精见组字读〔tʂə̃、tʂə̃、ʂə̃〕，与知庄章组字的读音相同。何大安（1985）认为精见两组先变成〔tɕ〕组，再由〔tɕ〕变成〔ts〕或〔tʃ〕，甚至进一步发展为元江类的〔tʂ〕。钱曾怡（2010：295~296）提到知

系合口字与见系三四合口字在江淮官话黄孝片相混，且韵母常常带有[ɻ]介音，多数学者认为这是黄孝片方言的重要语音特点，这个语音特点在黄孝片周边的西南官话、赣语和湘语等方言中也有较大范围的分布。距都昌不远的九江、瑞昌方言正是归黄孝片。

《赣语声母的历史层次研究》（万波编著，2009：154）记赣语见组字声母的今读类型第三类是部分见组字读塞擦音，与知彻澄三等字混同，主要分布在萍乡、浏阳、宜春方言。孙宜志（2007：126）提到萍乡3型见溪群古并合口一二等字今读[k]组声母，古开口三四等字今读[tɕ]组声母，古合口三四等部分或全部字今读[tʂ]组声母。万波（2009：162）认为见组字读[tʂ]组声母是后起现象，舌面音卷舌化或舌叶化都是在介音"前"特性作用下演变的结果。

昌都片赣语中见溪群古合口三四等部分或全部字今读[tʂ]组声母还见于德安县车桥镇、磨溪乡方言（卢继芳，2018：297），这些方言点在地理位置上也与江淮官话瑞昌方言邻近，其中德安县车桥镇同瑞昌市接壤。下文简要举例[萍乡方言语料来源于《萍乡方言词典》（魏钢强，1998）]：

	具遇	句遇	拳山	缺山	军臻	群臻
都昌大港镇繁荣村	dʑi²	tɕi²	₅dzən	dzʂ⁵	₅tsən	₅dzən
都昌大港镇高塘村	dzʮ²	tʂʮ²	₅dzʮen	dzʮə⁵	₅tɕyn	₅dzʮen
德安车桥镇	tʂʻʮ²	tʂʮ²¹	₅tʂʻʮen	tʂʻʮəʔ⁵	₅tʂʻʮen	₅tʂʻʮen
萍乡	tʂʻʮ²	tʂʮ²	₅tʂʻʮẽ	₅tʂʻʮẽ	₅tʂʻʮŋ	₅tʂʻʮŋ
九江	tʃu²	tʃu²	₅tʃʻõ	tʃʻuæ⁵	₅tʃun	tʃʻun
瑞昌	tʂʮ²	tʂʮ²	₅tʂʻʮẽ	tʂʻʮe⁵	₅tʂʮən	₅tʂʻʮen

从方言材料来看，都昌县大港镇方言与德安方言、萍乡方言等见溪群古合口三四等今读[tʂ]组声母，从类型上看是相同的，都昌、德安、瑞昌、九江距离不远，且自明清以来都归属于同一行政区域，故笔者认为都昌方言中见溪群古合口三四等今读[tʂ]组声母与江淮官话的影响有关。

3. 撮口呼韵母

都昌县东部方言音系存在撮口呼韵母，中西部方言没有撮口呼韵母，例字来源是遇摄合口三等、止摄合口三等、山摄合口三四等、臻摄合口三等，同邻近彭泽方言、鄱阳方言相同。下文简要举例：

	猪遇	鱼遇	许遇	朱遇	吹止	水止	娟山	君臻
都昌大港镇	₌tɕy	₌ȵy	˓ɕy	₌tʂu	₌dʐy	˓ɕy	₌tʂɛn	₌tɕin
都昌中馆镇	₌tɕy	₌ȵy	˓ɕy	₌tɕy	₌dʐy	˓ɕy	tɕyɛn²	₌tɕyn
彭泽县城	₌tɕy	₌ȵy	˓ɕy	₌tɕy	₌tɕʻyei	˓ɕyɛi	○	₌tɕyn
鄱阳鄱阳镇	₌tɕy	₌ŋ̩	˓ɕy	₌tɕy	₌tɕʻyei	˓ɕyei	○	₌tɕyn

4. 曾梗摄韵母韵尾

都昌县中西部方言咸深山臻四摄韵母韵尾是前鼻音 [n]，宕江曾梗通五摄韵母韵尾为后鼻音 [ŋ]。都昌县东部方言曾梗两摄字韵母韵尾为 [n]。彭泽方言、鄱阳方言曾梗摄字今读韵母多收前鼻尾。从中古阳声韵尾今读来看，都昌县东部方言特点与彭泽方言、鄱阳方言相同。下文简要举例：

	灯	层	冰	蒸	庚	耕	京	星
都昌大港镇	₌tɛŋ	₌dzɛn	₌pin	₌tʂən	₌kɛn	₌kɛn	₌tɕin	₌sin
都昌中馆镇	₌tɛn	₌dzən	₌pən	₌tʂən	₌kɛn	₌kɛn	₌tɕin	₌siaŋ / ₌sin
彭泽县城	₌nɛn	₌tsʻən	₌pin	₌nɛn	₌kɛn	₌kɛn	₌tɕin	₌ɕin
鄱阳鄱阳镇	₌tɛn	₌tsʻən	₌pin	₌tsən	₌kɛn	₌kɛn	₌tɕin	₌ɕin

5. 通摄舒声字韵母

都昌县中西部方言通摄舒声字韵母均读 [uŋ]，东北与鄱阳县交界的大港镇邻波村、东端中馆镇方言通摄部分字韵母读 [əŋ]，音值同邻近的鄱阳方言一致。下文简要举例：

	东	粽	公	冬	虫	宫	钟	冲
都昌大港镇邻波村	ˌtəŋ	tsəŋˀ	ˌkəɤ	ˌtəŋ	ˌdzəɤ	ˌkəŋ	ˌdzəɤ	ˌdzəɤ
都昌中馆镇	ˌtəŋ	tsəŋˀ	ˌkəɤ	ˌtəŋ	ˌdzəɤ	ˌkəŋ	ˌdzəɤ	ˌdzəɤ
鄱阳鄱阳镇	ˌtəŋ	tsəŋˀ	ˌkuəŋ	ˌtəŋ	ˌtɕʻyəŋ	ˌkuəŋ	ˌtɕyəŋ	ˌtɕʻyəŋ

6. 入声字今读调类

从入声舒化的方向来看，浊入字今读归向阳去是都昌方言主体演变趋势。都昌县东部方言入声舒化进程快，归向有差异，如大港镇繁荣村方言全清入声字今读与全清去字同调类；大港镇邻波村、鸣山乡九山村方言次清入声字今读与古清去字同调类，浊入归向阳去；大港镇高塘村与蔡岭镇部分村方言全清入、次浊入声字今读与全清去字同调类，次清入声字今读与次清去字同调类，浊入归向阳去。都昌县周边彭泽方言无入声调，鄱阳方言浊入声字基本上舒化，所以都昌县东部方言入声字舒化进展速度同周边邻县方言是一致的；彭泽县马当镇（刘纶鑫主编，1999）、彭泽县县城（陈昌仪，2005；汪高文，2019）方言清入及部分浊入字今读归向阴去，部分浊入字归阳去，都昌县东部大港镇方言清入字今读调类归向阴去调趋向也与彭泽方言相同。与鄱阳县接壤的都昌县大港镇邻波村、中馆镇、鸣山乡九山村入声字今读调类归向同鄱阳县方言基本一致。下文简要举例（彭泽县县城方言语料来源于陈昌仪主编，2005）：

	答	湿	八	铁	客	叶	盒	舌
彭泽县城	taˀ	sʅˀ	paˀ	tʻiɛˀ	kʻɛˀ	iɛˀ	huæˀ	sɤˀ
都昌大港镇高塘村	tɔˀ¹	sʅˀ¹	paˀ¹	liɛˀ²	gɤˀ²	iɛˀ	xɔˀ	sɤˀ
都昌蔡岭镇蔡岭村	tɔˀ¹	sʅˀ¹	paˀ¹	liɛˀ²	gɤˀ²	iɛʔˌ	xɔˀ	sɤˀ
都昌大港镇繁荣村	tɔˀ	sʅˀ	paˀ	liɛʔˌ	gɤʔˌ	iɛˀ	xɔˀ	sɤˀ
都昌大港镇邻波村	tɔˌ	sʅˌ	paˌ	liɛˌ	gɛˌ	iɛˌ	xɔˌ	sɤˌ
鄱阳鄱阳镇	tɔˌ	səˌ	pɔˌ	tʻiɛˌ	kʻəˌ	iɛˀ	hoˀ	səˀ

都昌中馆镇	tɔʔ˥₁	ʂʅʔ˥₁	paʔ˥₁	liɛʔ˥₂	gɛʔ˥₂	iɛ˥	ɕɔ˥	ʂɛn˥
都昌鸣山乡九山村	tɔʔ˧	ʂʅʔ˧	paʔ˧	liɛ˧	gɛ˧	iɛʔ˧	ɕɔ˥	ʂɛ˧

（五）都昌县南部方言同隔湖相望的沿湖地带方言有共性特点

都昌县南部乡镇方言的一些语音特点同都昌方言语音主体特点不同，而同隔湖相望的庐山市蓼南乡、南昌市新建区、永修县、余干县方言沿湖地带方言相同。

1. 蟹摄开口一二等韵母今读

都昌县大部分方言蟹摄开口一二等韵母今读无区别，均读 [ai]，一二等有别的方言大多分布在南部沿湖地带，如大沙镇、阳峰乡、周溪镇、南峰镇方言。从音值来看，一二等有别分两类：一类是一等读 [ɛi]，二等读 [ai]；一类是一等读 [ɔi]，二等读 [ai]，类型同鄱阳湖畔庐山市蓼南乡、永修县吴城镇、新建区昌邑乡、余干县县城方言有趋同性。下文简要举例（永修县吴城镇方言语料来源于肖萍，2008；余干县县城方言语料来源于陈昌仪主编，2005）：

	胎	菜	开	害	排	买	债	鞋
都昌都昌镇	₌lai	dzai˨	₌gai	xai˨	₌₁bai	ˈmai	tsai˨	₌₁xai
都昌大沙镇	₌lei	dzei˨	₌gei	xei˨	₌₁bai	ˈmai	tsai˨	₌₁xai
都昌阳峰乡	₌lɜi	dzɛi˨	₌gɛi	xɛi˨	₌₁bai	ˈmai	tsai˨	₌₁xai
都昌周溪镇	₌lɜi	dzɛi˨	₌gɛi	xɛi˨	₌₁bai	ˈmai	₌tsai	₌₁xai
都昌南峰镇	₌lɔi	dzai˨	₌gɔi	xɔi˨	₌bai	ˈmai	tsai˨	₌xai
庐山蓼南乡	₌dei	dzei˨²	₌gei	xai˨	₌₁bai	ˈmai	tsai˨¹	₌₁xai
永修吴城镇	₌tʻei	ˈtsʻei	₌xei	xei˨	₌₁bai	ˈmai	tsai˨	₌₁xai
新建昌邑镇	₌tʻei	ˈtsʻei	₌xei	xei˨	₌bai	ˈmai	tsai˨	₌₁xai
余干县城	○	tsʻai˨	₌kʻoi	xoi˨	₌pʻai	ˈmai	○	₌xai

2. 送气分调之后的调类归并情况

都昌县大部分乡镇方言存在送气分调现象，古全清与次清去字今读分调，古全浊平与次浊平字今读分调，全清入与次清入字今读分调，主体类型是全浊平字今读阳平 1，次浊平字今读阳平 2；全清去字今读阴去调，次清去与浊去字合流今读阳去调；全清入字今读阴入 1，次清入字今读阴入 2。分调后又产生了新的合流演变。昌都片赣语不少方言同一系统中浊平字与清去字今读调形同为降升调，调值相近，大多数方言中这两类还是分立的，而都昌县南部近湖地带的一些方言发生合流，如和合乡大前村方言的古全清去与全浊平字调形相同、调值接近，周溪镇输湖村方言全清去与全浊平字今读合流，大树乡大埠村方言全浊平、全浊上、次清去、浊去字今读合流，具体见表 5-29。

表 5-29　都昌县南部沿湖方言今读调类分化

地点	平			上			去				入			
	清平	次浊	全浊	清上	次浊	全浊	全清	次清	次浊	全浊	全清	次清	次浊	全浊
都昌周溪镇输湖村	32	114	214	352		323	214	312	323		<u>45</u>	<u>21</u>	<u>33</u>	
													<u>45</u>	
													323	
都昌和合乡大前村	33	344	212	354		31	323	31			<u>45</u>	<u>21</u>	<u>22</u>	
													<u>45</u>	
都昌大树乡大埠村	32	55	312	352		312	324	312			<u>45</u>	113	<u>44</u>	
													<u>45</u>	

昌都片赣语其他方言中有个别方言也存在古浊平字与清去字今读调类合流现象。南昌市方言（陈昌仪主编，2005）古全清去与次浊平字今读合流；南昌县向塘镇新村方言（万云文，2011）古全清去与次浊平字今读合流，全浊平、清上、次浊上、次清去字今读合流；新建厚田乡（今红谷滩区厚田镇）西门村方言古全清去、次浊平字今读合流，次清去、全浊平字今读合流，具体见表 5-30。

表 5-30　昌都片赣语代表点方言今读调类分化

地点	平			上			去			入			
	清	次浊	全浊	清	次浊	全浊	全清	次清	浊	全清	次清	次浊	全浊
南昌市	42	44	24	213		21	44	213	21	5			
南昌县向塘新村	45	44	213			21	44	213	21	5			
													2
新建厚田西门	31…15	24	214	352		11	24	214	11	<u>45</u>			
													11

从表 5-29 与表 5-30 来看，都昌县南部沿湖地带方言与隔湖相望的南昌县、新建区方言类型相同，即全浊平与次浊平分调、全清去与次清去分调，然后浊平与清去今读发生合流。但也有区别，都昌县南部方言是全浊平来源字与全清去来源字合流，南昌县一带则是次浊平来源字与全清去来源字合流，全浊平与次清去字今读合流，南昌县向塘镇新村方言全浊平与次清去字合流，还进一步与上声字发生合流现象。

都昌县大多数乡镇方言古入声字仍读入声调，全清入与次清入分调。东部方言入声字有舒化现象，清声母来源的入声字往往归入阴去调。笔者调查发现东南部的芗溪乡芗溪村方言次清入字今读阳平调。庐山市沿湖地带的蛟塘镇方言有类似现象，古浊入声字舒化后归阳平，具体见表 5-31。入声字今读阳平调是西南官话的重要特点，赣语中少见。

表 5-31　庐山、都昌方言今读调类分化

地点	平		上			去				入			
	清平	浊平	清上	次浊	全浊	全清	次清	次浊	全浊	全清	次清	次浊	全浊
庐山蛟塘	33	24	42		21	45	25		21	5	25	5	21
													24
都昌芗溪	33	212	352		22	51			22	<u>45</u>	212	22	
													45

二　历史人文地理分析

赣北鄱阳湖畔都昌、湖口、庐山市、彭泽、鄱阳、永修方言的多样性及其亲疏关系映射赣北鄱阳湖文化不同时期的发展态势与特点，其成因同这个区域的历史人文地理有直接联系。

（一）历史行政地理奠定了都昌方言语音主体特征及其与邻近方言的亲疏关系

共同的历史行政地理是都昌方言及周边方言共性特点形成的基础。中国的地方行政制度的设置从汉代开始，同属的行政地理对各地方言格局的形成有着重要作用。如果不同县市归属相同的二级行政单位，那么这些县市在文化上尤其是民俗文化上会朝着趋同的方向发展。

地方行政格局也是现代汉语方言形成的重要背景。唐宋是中国南方经济文化发展的鼎盛时期，也是方言格局的形成时期，刘纶鑫（1999：20）认为，"（唐代）赣方言的主要特点已经和现在相差无几了"；游汝杰（2016：138）也曾指出："中国南方的吴、湘、粤、闽、平、赣、客七大方言地理分布的格局是在南宋初年奠定的"。江西在宋代是发达地区，宋元明清时期江西的行政地理相对稳定，这为江西方言格局的形成提供了良好的条件。南宋绍兴年间，江西行政区包括：洪州（8县）辖南昌、新建、奉新、丰城、分宁、武宁、靖安、进贤，筠州（3县）辖高安、上高、新昌，袁州（4县）辖宜春、分宜、萍乡、万载，吉州（8县）辖庐陵、吉水、安福、泰和、龙泉、永新、永丰、万安，抚州（5县）辖临川、崇仁、宜黄、金溪、乐安，信州（6县）辖上饶、玉山、弋阳、贵溪、铅山、广丰，饶州（6县）辖鄱阳、余干、乐平、浮梁、德兴、安仁，江州（5县）辖德化（今九江）、德安、瑞昌、湖口、彭泽，虔州（10县）辖赣县、虔化、兴国、信丰、雩都、会昌、瑞金、石城、安远、龙南，建昌军（4县）辖南城、南丰、广昌、新城，南康军（3县）辖星子、都昌、建昌（今永修），南安军（3县）辖大庾、南康、上犹，临江军（3县）辖清江、新淦、新喻（许怀林，1993：247~248）。

结合江西现在的方言格局来看，除今长江沿岸九江、湖口、瑞昌一带（古江州）受江淮官话影响较深，因接触程度不一，方言归属多样化外，隶属同一区的其他县的方言特点与发展基本相同，也就是说现代赣语的分片同宋元明清时期的行政地理基本上是吻合的，江西境内的赣方言分为五片区：南昌、新建、修水、武宁（以上古属洪州），都昌、庐山（原星子）、永修（以上古属南康军）归赣语昌都片；上高、高安、宜丰（以上古属筠州），分宜、宜春、萍乡、万载（以上古属袁州），以及樟树、新干、新余（以上古属临江军）归赣语宜浏片；吉水、吉安、安福、龙泉、泰和、永新、永丰、万安（以上古属吉州）归赣语吉陵片；南丰、南城、广昌、黎川（以上古属建昌军），崇仁、宜黄、临川、金溪、乐安（以上古属抚州），以及靠近抚州的古洪州部分地区（如进贤）归赣语抚广片；弋阳、铅山、贵溪（以上古属信州），余干、鄱阳、乐平（以上古属饶州）归赣语鹰弋片。

都昌在公元前 201 年立县，在汉代属于豫章郡，这是汉高祖设立的十八县之一。都昌在立县时名为"鄡阳县"，最初治所在今周溪镇的四望山，鄡阳县县境比现在要大，包括今都昌与湖口部分地区。古都昌的行政隶属多次变更。210 年，即东汉建安十五年，都昌隶属鄱阳郡，治所在今鄱阳县城；304 年，即西晋永安元年，都昌隶属寻阳郡。南朝时彭蠡湖（鄱阳湖古称）盆地沉降，古都昌县大部分区域被淹没，鄡阳撤县，境入彭泽县，行政隶属江州，之后又多次更名，483 年属寻阳郡，502 年属太原郡，557 年属豫章郡，560 年属寻阳郡。都昌县县名于 622 年确立，即唐高祖武德五年，当年安抚使李大亮划鄱阳县雁子桥之南境置"都昌县"，当时县城在王市，即今蔡岭镇洞门口，行政上隶属江南道都督府浩州，625 年（武德八年）隶江南道都督府江州，733 年（开元二十一年）隶江南西道江州，766 年（大历元年）改隶江南道饶州，766~779 年，都昌县城迁到了现在县城都昌镇所在地。

从都昌的行政隶属来看，都昌县、湖口县、彭泽县有 200 多年的共属历史。都昌县、庐山市、永修县从 982 年（宋太平兴国七年）至清代的 900 多年间有着共同的行政隶属（南康军、南康路、南康府），这为三县方言共性奠定了重要基础。都昌县和鄱阳县关系也很密切，210~304 年（汉至晋）、766~975 年（唐至北宋），都昌县与鄱阳县共同隶属鄱阳郡、饶州达 300 余年。封建小农社会，在"有父兄在，不远游，游必有方"的儒家思想影响下，除非因战祸或天灾无法生存，老百姓很少离开故土，200 多年的共属历史使都昌、湖口、彭泽、鄱阳四县方言必然形成共同特点与发展规律。这样的历史渊源说明都昌与周边方言语音演变（如古全浊上、全浊去归阴平现象）共有特点并非平行创新，更多地应从同源发展角度思考。

（二）自然地理促成都昌县与邻县交界地带方言的趋同发展

方言的演变还受到自然地理条件的影响。两地交通便利，人口交往多，那么方言容易趋同，交通隔阂则使方言发生分化。

都昌县三面环鄱阳湖，东北靠山，地貌以丘陵和滨湖平原为主，地势北高南低，东北部大港镇地势最高，都昌县、湖口县、彭泽县交界处有东北—西南走向的武山山脉（属怀玉山余脉）。都昌县东部与鄱阳县交界的中馆镇是全县的东大门，《都昌县地名志》（都昌县地名志编纂委员会编，1986：150）载，此地古为井田驿，清代称中馆市，历为"饶、九（江）、景（德镇）通衢"。地理条件决定了都昌县东部与鄱阳县自古交往无阻，语言上相互影响，如方言音系中遇摄合口三等、止摄合口三等、山摄合口三四等、臻摄合口三等字今读撮口呼韵母，曾梗两摄字韵母韵尾为 [n]，通摄部分字韵母读 [əŋ]，入声字舒化后今读调类归向一致。这些语言特点是本地人从语感上认同"中馆人说话带鄱阳口音"的重要依据，同两县的地缘有密切关系。

都昌县西部为滨湖河谷堆积平原，西北部苏山乡、春桥乡同湖口县西南部流芳乡等地交界。都昌的居民通过流芳乡的屏峰港入湖口再到达九江。春桥乡居民与湖口流芳乡居民移民活动多，据《都昌县地名志》（都昌县地名志编纂委员会编，1986：25），春桥乡共有 187 个自然村，15 个从外地直接迁入，其中 10 个是从湖口迁入的。交往频繁，方言相同性多。例如，都昌县北部与湖口县接壤地区的方言透定母今读 [d]，来母拼细音今读塞音，溪群母少见零声母现象，常用词"火"读 [ᶜfu]，庄组字韵母同深摄知章组、日母字（森 = 孙），山摄合口一等见系字韵母今读 [uan] [an] [uat/l]，梗摄二等个别字无主元音为 [a] 的白读音。两县交界地带民间流传的"春桥人说的是湖口话""流芳乡人说的是都昌话"正是两县交界地带方言相近的印证。

都昌县西部左里镇因位于鄱阳湖左而得名，其西面的多宝乡位于都

昌县的正西端，左里镇、多宝乡隔西长河与庐山市星子镇相望，多宝乡
老爷庙有码头，有渡船通往九江、庐山市。来母拼细音韵母时，都昌
多宝乡宝桥村方言多读边音声母少读塞音声母，庐山市东部沿湖蓼南等
乡镇方言多读塞音少读边音声母，这些特点应当是沿水路交通扩散分
布的。

　　都昌县南部湖岸线上的周溪镇原为鄱阳湖沿岸主要货物集散地之
一，清雍正年间还设有巡检司，是通赣江之要道。自然地理为都昌同
彭泽、湖口、鄱阳、庐山市、永修等地人口迁移、人口交往、方言趋
同提供了条件。鄱阳湖畔周边庐山蓼南乡、永修吴城镇、新建昌邑乡、
余干县城方言蟹开一二等字韵母今读分立；都昌县南部与隔湖相望的南
昌县、新建区方言古全浊平与次浊平分调、古全清去与次清去分调，分
调后古浊平与清去字今读发生合流现象；沿湖地带的都昌县芗溪乡芗溪
村、庐山市蛟塘镇方言入声字归向阳平调。这些语音现象都有沿湖分布
的地理特点。

　　都昌方言全境透定母字声母今读差异也同都昌历史人文地理有密切
关系。据《都昌县志》（2009）与《江西史稿》（许怀林，1993），公元
前 201 年，都昌有独立县治，称鄡阳县，治所在都昌境内中南部鄱阳
湖北畔的四望山（位于今周溪镇），210 年以后属鄱阳郡，鄱阳郡的郡
治当时在今鄱阳县，所以今周溪镇以东的地区同今鄱阳县在古代隶属同
一行政区域。622 年，安抚使李大亮割鄱阳县雁子桥之南境置都昌县，
临时治所位于王市（今蔡岭镇洞门口），766~779 年治所西迁到今天都
昌县城所在地。从唐代宗时期至今，都昌镇为都昌县政治经济中心，而
以都昌镇为中心的西部地区是全县政治经济优势地区，此区域的方言即
都昌当地人所称"西边口音"，自古以来就是优势方言。从语言使用来
看，优势方言对劣势地区有辐射作用，都昌方言透定母今读合流，从东
边的 [d] 到西部的 [l] 由少到多的推进方式，正是西部优势方言向
东部劣势方言扩散的结果。透定母合流读 [l] 最彻底的西部方言区域
应是音变的发源地，这股音变力量非常强大，并逐步扩散到中部到东
部，形成今天的局面。

　　以中部阳储山山脉为分界。笔者曾做密集调查，都昌境内透定母差
异随交通地理条件呈现出渐变的发展过程。从自然地理来看，都昌方言

的许多语音差异（包括全浊上、次浊上字归阴平调现象）以中部阳储山脉为分界，此山跨徐埠镇、汪墩乡、阳峰乡、土塘镇、大树乡，高山给陆路交通带来不便，也阻隔两边的方音，使之呈现出不同的特点。阳储山以西的方言透定母今读边音，而阳储山以东的方言透定母一等读浊音 [d]，四等读边音 [1]，分界线正好在中部土塘镇；阳储山位于土塘镇的西界，土塘镇隔山同汪墩乡相邻，阳储山东边的土塘镇人要翻过高山才能到达汪墩，交通不便。阳储山石牛岭开凿后，两边的交通便利，多有通婚现象，土塘镇化民村靠近石牛岭的铺里村、官洞山村方言古透定母今读不同于土塘镇其他乡村方言，而是同阳储山西面的汪墩方言读边音 [1]。

都昌方言古透定母今读为什么会发生 [d] > [1] 弱化音变？我们无法从历史材料得到直接的答案。王福堂（2004：137）指出，闽语部分定母字读 [1] 现象是从吴语新借入的浊音在融入闽语系统时发生的弱化现象，闽语建阳、崇安方言部分定母字今读 [1] 是受邻近吴语影响的结果，闽语第一次浊音声母清化之后，从吴语中新借入的浊音为闽语的声母系统所不容，所以会发生新一轮的浊音清化，这种观点得到大多数学者的认同。外来语言的影响往往是由移民带来的，联系都昌县东西部透定母今读差异及赣北鄱阳湖地带接纳移民的历史，笔者推测这种音变可能是受到外来语言的冲击而产生的结果。《都昌县志》（2009）载，都昌各姓村落中，由外地迁入而形成的共 287 个，其中唐代以前 8 个，唐代 9 个，宋代 55 个，元代 35 个，明代 118 个，清代 59 个、民国 3 个，洪武二十四年（1391）全县只有 38919 人，清道光元年（1821）全县人口已逾 50 万人。所以在唐末及明清时期，都昌曾接纳过大量外来移民，尤其是明代移民大潮对都昌方言影响可能较大，都昌古透定母今读 [d] > [1] 弱化音变正是移民语言与土著语言融合而产生的。

庐山市东部乡镇方言存在读边音现象。肖萍（2008：9）指出，吴城方言差异按赣江以东、以西来划分，赣江以东以松门山话为代表，松门山话的特点接近都昌话，保留全浊声母，透定母无论洪细大部分字读 [1] 声母，吴城镇方言中个别字（笛潭调地弟梯地殿蹋）声母读边音 [1] 声母。昌都片赣语透定母字今读边音现象中心源有两处，一处是都昌西部方言,另一处是德安县中部方言(卢继芳,2018:274)。都昌县西部乡镇方言透定母完全读边音,音变正在向四周扩散,跨越县境中部的阳储山山脉向东部方言推进,向西越过鄱阳湖向庐山市方言推进,北部向湖口方言推进;德安县中部的丰林镇方言透定母合流今读边音的演变接近完成,这一演变正在向东部推进,与庐山市方言相连。透定母读边音现象分布显示出鄱阳湖滨庐山市、都昌、湖口、永修吴城方言密切的历史文化联系。

综上所述,从都昌方言古透定母今读地理差异及演变可以看出,语言发展不单纯来自语言系统内部原因,推动其发展的动因还有历史上的人口迁徙,同历史行政地理、自然地理也有着密切关系。

(三)人口迁徙使都昌方言形成不同层次的叠置

人口迁徙是文化交流与变迁的重要动因,促进了语言(方言)接触与融合。方言是文化的载体,不同地方的移民带着外来文化不断冲击影响本地文化,这是江西赣北方言复杂性形成的重要原因。都昌县同邻县方言的共性与差异正是在不同历史时期外来文化冲击下产生的。昌都片局部区域方言共性同内部居民互迁有着密切关系。例如,《都昌县地名志》(都昌县地名志编纂委员会编,1986)载,春桥乡堰上村共有17个自然村,其中9个村自湖口迁入;明清以后左里镇移民来源地有鄱阳县、湖口县、南昌市、南昌市新建区、庐山市。笔者在田野调查时也收集到一些家族谱牒材料,这些材料所载家族迁徙历史也说明都昌县同湖口县、鄱阳县、彭泽县之间人口交往密切,人口迁徙现象较多。另说明,家谱中不可避免存在字词等错误,本书照录原文,必要时做修改。

都昌县蔡岭镇牌垄村刘虎山、万家舍里、排垄口(又名刘思吾里)、春桥乡口头村、公积刘家、徐埠镇堰边刘家、韩田桥头村、山塘涧等地刘氏同出一源。2008年重修家谱《蓝塘庭彦刘氏宗谱》谱序记载:

吾始祖彬国公,散骑堂常侍光禄大夫,世居江东之鄱阳,今之黄金乡,留志挢北,号排门,是清塘刘氏昆季也,宋末改星子为南康军,割鄱阳为都昌县,后为南康都昌世家焉。十世祖惟亮,子讳清，排门，赘塘西温氏，温居麒麟山之阳，大塘之西，温祀殄而刘氏兴焉。沽〔清?〕生四子克、治、光、业，崇师重道，列第宅绵亘半里外立阀而丹护之，至今称为红门里。宋末，李煜煽边燧而成邱墟矣。由是子孙各居别墅，日下庄，长彦明居焉，湛其孙也。（第78页）

都昌杨姓分布于鸣山乡九山村、阳峰乡屏峰村、土塘镇冯梓桥村、春桥乡凤山村，春桥凤山有杨家山村、杨越垅村、杨培祥村、杨庙下村、杨家舍村等，他们同出一源——杨氏都昌始祖为元代的杨维鹏（城四公）。杨培祥村已有 600 余年历史，西南与湖口县流芳乡的王叔霞村接壤，北面与湖口县城山镇的邹渊村和游佰江村毗邻。据 2014 年重修《杨氏宗谱》记载：

> 杨氏鹏公后裔的延续，可谓源远流长。上溯远祖伯桥公，春秋时期，伯桥公受封于杨，后人尊他为世系第一代。世居华阴，至东汉震公，遂成陕西华阴望族。北宋杨文广，是其后裔。裕公为文广十三世孙，"宋亚中大夫"，官游浔阳湖口吉祥。裕公后代竹坡公由都昌九山来吉祥寺任教，生四子：维鹩、维鸾、维凤、维鹏。尔后，维鹏由吉祥迁至都昌春桥横山柘塘（即杨老屋村）建村定居，随时代变迁，鹏公后代又分迁到横山附近，即现在的杨庙下村、杨山下村、六房湾钺垅村、杨培祥村以及杨家舍村。（第6页）

又《嘉庆甲子年谱序》载：

> 自我杨氏由肇起以迄，递传贤哲显特代有纪载，何用夸张于谱牒也，其中播迁宦游，历历可稽者，我辈欲近而详之，必先远而溯之，是以谨遵庚子之特。式祖绍先公为第一焉，三传曰雨川公，乃迁都昌九山之一世祖也。至裕公宦寓浔阳，殁葬湖口上乡张智垅朝阳山。至恩十公，从冯厚斋讲学于吉祥，遂家其阳。维鹏公由吉祥迁大塘湾，至子城四公仍之殁葬大塘，东边妹妹塘墈上艮山坤向祖

姒王氏曹氏葬同处，龙肋脊东边叫名七嫂园合墓，向东夫妇俱有碑记。至子会三八公同弟会三六公由大塘埼〔湾〕迁都昌二十八都凤凰山之南柘塘之东居焉。嗣后舜四之子长德一居老屋湾，德四迁山下湾，三德六迁六房湾与铖舍湾，德四支下又有徙湖北河家铺者是也。舜三之子长德二公孙铖公由枫树湾迁常家垅名杨铖湾，次德五居枫树湾，又分庙下湾，南舍湾皂湖南边杨舍湾，幼德九迁鸦鹊垅，复徙皂湖北等处是也。

上文中九山位于都昌县鸣山乡马涧，横山柘塘地处都昌县春桥乡，该地已建成水库；大塘湾位于湖口县城山镇，皂湖位于湖口县鄱阳湖畔，鸦鹊垅地处鄱阳县。据上文记载，可知杨氏入迁都昌的路径是：都昌九山→湖口吉祥→湖口大塘湾→都昌二十八都凤凰山之南柘塘→枫树湾→常家垅（又称杨铖湾，今杨培祥村）。由此可知，春桥乡方音近湖口方言不仅有地理毗邻的原因，还与春桥乡居民祖上的湖口居住史有关。

南峰镇石桥村是都昌冯氏发源地。2008年《灵芝冯氏宗谱》统修新序：

本宗冯氏发祥于冯城，以西汉车骑都尉唐公为一世祖，虽然封相于楚，然而终归于世居之地，后历经数代播迁，但都在中原、华北、西北繁衍生息，直至隋代二十八世祖慈明公官至尚书兵曹郎，殉节鄱陵，兄弟子侄始迁居江南。唐朝末期，天下大乱，大统之国，五易君主，全境裂为十国，史称"五代十国"，四十五世祖延鲁公时任南唐户部尚书，其弟延巳公时任宰相，国都初定金陵，后迁往豫章洪都，兄弟同朝为官，子侄多在京城附近高就要职，自此在江右奠定深厚的社会基础。至宋代，四十〔八？〕世祖公甫官居饶州郡守，道经东汇长宁，见该省域山水秀丽，地产灵芝，遂贸产拓土开基筑室定居于兹，并将其地命为灵芝山（今江西省都昌县南峰镇石桥村），自此本宗发祥地为灵芝山，固本宗谱名之曰《灵芝冯氏宗谱》。

又载：

> 四十八世祖公甫宋至和二年（1055）居灵芝山左（今都昌石桥畈）……公甫公五世孙云公后裔续石桥畈，六世孙致中公于宋隆兴年间即公元 1163~1164 年迁居南峰，八世孙奎公就学深居翁裔寄居泓潭（今名冯家坊），十一世孙均三公于成化年间自泓潭迁居塘下畈，十三世祖孙公迁居进贤，七世孙云非公后裔居本县或进贤蓝溪村，七世孙云辨公后裔迁居苦竹庄、盐田畈、彭泽井塘垅，七世孙去疾公后裔迁居仲海山、文忠嘴，七世孙去弱公后裔迁居九都横塘庵前平池湖尾、佛王山庙前山九都楼下，七世孙去愚公后裔居彭泽回里，七世孙去鲁公后裔迁尾五柳坊，七世孙去偏公后裔迁居本县六都塘口，七世孙文焕公后裔居本县读书畈、盐塘下畈，鄱阳大塘畈九都长岭畈。（第 203~204 页）

四十八世祖公甫墓碑文载：

> 公北宋天禧辛酉进士，官居饶州郡守。世居江东休宁。北宋至和年间途经灵芝山，目睹灵芝发秀，一派瑞兆，遂挂冠隐居于此。为官爱民，被尊称为长者。精通周易，深谙堪舆，择福地以燕翼。（第 190 页）

从宗谱记载可知，都昌冯氏自四十八世祖公甫于宋至和二年（1055）由世居的江东休宁（今安徽黄山）迁入灵芝山左始，而后向都昌县（南峰、芗溪、鸣山、中馆、大港、蔡岭、周溪、西源、汪墩）及鄱阳县银宝湖、彭泽县天虹繁衍分支。

都昌中部土塘镇李氏 2007 年重修《陇西李氏宗谱》载：

> 以（唐）宪宗朝，江州刺史渤公，断为一世祖焉。……因黄巢近〔进〕陷洪、虔、吉、饶、信，遂家隐于任所。……四世祉公生子四……秀基公行居二，任淮安桃源县尹。子重，生衍，字世昌，始卜处湖口牛桥……传宋开禧间，十二世祖隆公辈，遭金乱散

处不一矣。……隆三十八迁长岭，通三寿乡其嗣也。隆三十九迁土塘。……隆十七、十八迁彭泽太平坂，华二、华三其派也。隆十五居湖邑荆墩，福七、福八、本一、本二其派也，并隆一、隆三之徙居鄱阳。此则与我祖迁（湖口）城山之隆二同为麟公之后。（第11~12页）

宗谱记载同样反映了家族在都昌、湖口、鄱阳、彭泽之间的繁衍迁徙。

"如果外地来的移民在人数上超过土著并且又占有较优势的政治、经济、文化地位，同时迁徙时间集中，那么移民所带来的方言就有可能取代土著的方言"（游汝杰，1998：15）。接触语言学研究因语言（或方言）接触而产生的各种历时性和共时性语言变异及变体。学界基本认同鄱阳县、南昌县、南昌市新建区等赣语的古全浊声母与次清合流今读送气清音规律同唐"安史之乱"引发的北民南迁有直接关系。结合江西历史来看，"安史之乱"后北人南迁人数众多。据《江西史稿》（许怀林，1993：122），《新唐书》卷四十一《地理志》及《元和郡县志》卷二十八记载，洪州户数由天宝年间的55530户增长到元和年间91129户，增长64%；从玄宗开元年间到宪宗元和年间，江西8州的乡数由379乡增至510乡，多了131个乡。其中饶州由20乡增至69乡，洪州由94乡增至110乡，表现尤为突出。《中国移民史》（第3卷）（葛剑雄主编，吴松弟著，1997：291）根据唐宋文集中的墓志铭和神道碑统计"安史之乱"时迁入南方的北方移民共有133人，其中25人分布于江西，占全部人数的19%，仅次于江南地区（35%），这25位移民主要分布在赣北和赣东北地区。这充分说明当时江西是重要迁入区，而且主要接纳地是赣北。《赣语声母历史层次研究》（万波编著，2009：112）引用大量的古今文献及方言材料说明中晚唐山西晋南方言就有古全浊塞音、塞擦音声母不论平仄一律读送气清音现象。这些地区正是"安史之乱"后江西迁入移民的主要输出地。这些北方移民南迁时把送气清音语音现象带到赣地，首先到达赣北平原，然后随着移民线路深入赣中、赣南直至闽粤，迁移路线与今天汉语南方方言全浊声母读送气清音分布格局相吻合。

都昌、湖口、庐山市、共青城、永修方言次清声母不读送气清音，而是同全浊合流读带声的浊音或清音浊流声母。关于"次清化浊"现象的原因，学界有不同观点。王福堂、何大安认为赣北浊音是一种后起现象，是全浊音与次清合流为送气清音后再浊化的结果；陈昌仪、刘纶鑫、万波则主张浊音是早期赣语特点。万波认为这些地区地处鄱阳湖中心地带，开发较早，在唐代移民大潮来临之前居民密度大，"安史之乱"时北来的移民南迁时，越过这些人口相对稠密的湖区，继续南行，故都昌及周边湖口、庐山市、永修等地成了受移民语言影响较小的地带。笔者曾认同都昌方言"浊音"是存古的现象，但随着调查、思考的深入，观念有所改变，认同都昌及周边方言次清声母今读"浊音"现象是后起的音变现象，但"次清化浊"现象的产生机制可能是自古就存在的发声态。

官话的影响随着元明清时期北方移民的迁入源源不断。都昌县、湖口县、庐山市赣语知三章组今读塞擦音声母，少有塞音现象，这可能同晚近期官话区移民文化有关。都昌县、湖口县、庐山市处鄱阳湖滨，是历朝历代北方移民途经之地及首选的入迁地，受官话影响程度深于南部。据许怀林《江西史稿》（1993：447~449），元朝末年，朱元璋和陈友谅为争夺鄱阳湖水域而进行决战，朱陈决战后的湖区各县尤其是星子、都昌、湖口三县遭受严重破坏，人口锐减。曹树基（1997）指出，江西北部的鄱阳湖周边地区直至永乐时期仍有相当一部分地区处于地旷人稀的状态，从瑞昌、德安的地名档案随机抽取 1272 个自然村，有400 个村庄建于明初，320 个村庄建于洪武或永乐年间，这说明了昌都片东北部赣语知三章组字少有塞音现象可能同元末明初赣北居民来源有关。

结合方言事实来看，对江西赣北方言影响最深的官话是江淮官话。江淮官话的影响最早可追溯到晋朝为中原士族设置的 6 个侨郡（位于赣北浔阳郡境内）（许怀林，1993：60~122）；西晋末永嘉战乱导致北方人口大规模迁移，大批中原士族和百姓来到江南，为了稳定统治，政府在移民集中的长江沿江一带设置了侨州、侨郡、侨县，以维护南迁士族的利益。罗香林（1975：4）根据侨郡的历史记载和客家家谱指出北人的迁徙足迹："并、司、豫诸州的流人，则多南集于今日安徽及河南、湖北、江西、江苏一部分地方，其后又沿鄱阳湖流域及赣江而至今日赣南及闽边诸地。"江西九江（古称"浔阳郡"）境内设置侨郡新蔡郡、西阳郡、松滋郡、安丰郡、弘农郡、太原郡。太原郡在今彭泽县，松滋郡、弘农郡包括今九江、湖口范围。中原的官话方言和长江中下游沿岸的楚语、吴语在移民活动中发生接触与融合。鲁国尧（1994：71）提出，到了南北朝后期，中国已形成了两个通语，黄河流域以洛阳话为标准，而江淮地区则以金陵话为标准。现代江淮方言前身直接导源于南朝通语，赣北彭泽的红光、泉山、棉船部分居民讲江淮官话，湖口沿江一带的船民也多说江淮官话。

　　湖口县、彭泽县、都昌县东部赣方言深受江淮官话的影响。都昌县东北部大港镇与彭泽县方言中遇合三、山合三、臻合三见母字声母今读〔tʂ〕，溪群母字声母今读〔dʐ〕/〔tʂʱ〕/〔tʂʰ〕现象，就是江淮官话在赣语中留下的烙印。钱曾怡（2010：296）曾指出江淮官话黄孝片的重要语音特点是知系合口字与见系合口字声母相混，故这一语言现象体现了赣语与江淮官话方言接触关系。除了上文所提的知系合口字与见系合口字声母相混外，还有入声字舒化等语言现象。

　　综上所述，都昌县、湖口县、庐山市、永修县吴城镇、彭泽县、鄱阳县方言语音上有许多的共性，也存在各自的个性。共属历史渊源为共性的形成奠定基础，自然地理地缘关系、水路交通的时代变迁、不同来源方言的接触，使各县又有了各自独特的发展。都昌方言与邻县方言的关系体现了赣北文化深厚的历史底蕴及多元化发展。

结　语

都昌方言在方言区划归属上属于赣语，由于"吴头楚尾"的历史地理渊源，都昌方言的一些语言现象不同于赣中赣语，而同吴湘语具有同源性，同时不乏自身区域性的创新特点。本章在前文研究的基础上，进一步分析都昌方音的赣语特点，揭示都昌方言语音的演变规律，总结都昌方言的区别性特征。

一　都昌方言语音的赣语特点

关于赣语的共同性语音特点，学界已有不少研究成果（如颜森，1986；李如龙、张双庆主编，1992；刘纶鑫主编，1999；王福堂，1999；詹伯慧主编，2001；谢留文，2006；孙宜志，2007），孙宜志（2007：22~27）曾梳理研究各家提出的条目并将江西赣方言共同的语音特征归纳为17条。下面结合已刊成果及孙宜志提出的17条语音条目来论述都昌方音特点。

（一）声母特点

条目1：古全浊声母今读塞音、塞擦音时与次清声母合流。

颜森（1986：21）指出，赣语的共同点有古全浊声母今读塞音、塞擦音时为送气的清音。

李如龙、张双庆（1992：193）指出，客赣方言共同的语音特点有古全浊声母并、奉、定、澄、从、崇、群与同部位的次清声母滂、敷、透、彻、清、初、溪混同。刘纶鑫（1999：262）指出，客赣方言最为显著的共同特点是古全浊声母与次清声母今逢塞音、塞擦音时不论平仄都合流为一；合流以后大部分地区读送气清音，少部分地区读不送气或送气的浊音。王福堂（1999：55）指出，客赣方言共同的语音特点有古全浊声母清化后塞音、塞擦音一律送气。詹伯慧（2001：80）指出，赣方言比较突出的共同性语音特征有古全浊声母不论平声、仄声，今读塞声、塞擦声时，多数为送气的清音声母。谢留文（2006：266）结合已刊方言资料及各家的分区，将赣语重新划分为 9 片，指出赣语最重要的特点是古全浊声母今逢塞音、塞擦音时，一般读送气清音。

都昌方言古次清与全浊声母今读合流，合流以后在各乡镇方言中今读不送气浊音声母或互为变体的清音浊流声母。受官话发展影响，奉、船、匣母字清化为清擦音声母 [φ][ʂ][ɕ][x]，邪、崇、禅母部分字也清化为清擦音声母 [s][ʂ]。禅母字如"社佘薯署垂禅晨辰纯尝偿丞盛"等读 [ʂ]，读清擦音声母的例字数量比官话方言多。崇母读擦音声母的例字同官话方言较一致，如"士事"。都昌方言有些邪母字与从母字今读相同，读塞擦音声母，如谢 [dzia²]、徐 [ˌdzia]、词 [ˌdzia]、寺 [dzia²]；南方方言吴语从、邪母不分，赣北赣语与吴语相似。

条目 2：精组、庄组逢今洪音韵混同，知组三等与章组合流。

李如龙、张双庆（1992：193）指出，客赣方言的共同点之一是庄初崇生今读与同洪音相拼的精清从心今读无别，读舌尖前音 [ts、tsʻ、s]。刘纶鑫（1999：262）指出，客赣方言基本一致的特点有精组声母与洪音韵母相拼时，与庄组声母、知组二等声母混同。孙宜志（2007：104）指出，江西绝大多数赣方言点知组二等、庄组变化总是与精组相同，知组三等变化总是与章组相同。

都昌方言中大部分乡镇方言精组与洪音韵母相拼与庄组、知二组声母合流读 [tʂ、dz/tʂ^ɦ、s]，与知三章组合流读 [tʂ、dz/tʂ^ɦ、ʂ]。东部乡镇（中馆、大港、南峰等乡镇）方言遇合三、山合三、臻合三韵摄的知三章组字声母今读 [tɕ、dʑ/tɕ^ɦ、ɕ]，与昌都片赣语中的湖口、武宁方言相同，与鹰弋片赣语乐平、铅山、鄱阳、景德镇、彭泽、弋阳、横峰方言，吉茶片赣语万安、宁冈、遂川、萍乡、莲花方言同属于"开合分化型"（孙宜志，2007：109）。

条目 3：晓、匣母合口字和非组字读 [f] 声母。

詹伯慧（2001：81）指出，赣方言比较突出的共同性语音特征有古晓、匣合口字和非组字读 [f] 声母。王福堂（1999：55）指出，客赣方言共同的语音特点有非敷奉母字声母和晓匣母合口韵字声母音值一般相同。李如龙、张双庆（1992：193）指出客赣方言共同的语音特点有晓母合口字今多数方言点读［f］声母，韵母为洪音。都昌方言晓匣合口一二等、合口三四等（山合三四等、臻合三等、梗合三四等、通合三等除外）与非组字相混，读［ɸ］，开口一二等、合口三四等与非组字不混，晓匣母读［ç］，非组读［ɸ］。赣语晓匣合口字与非组字基本相混，音值有［x］［ɸ］［f］。晓匣母读［f］声母是中古以后的语音演变，都昌方言非组读［ɸ］声母是唇化［f］之前的阶段，而晓组读［ɸ］声母则是中古以后 x＋u＞ɸ 音变结果。非组与晓组［ɸ］声母现象在昌都片赣语其他方言如湖口流芳、庐山市、安义县、南昌市新建区（下新建）、南昌县（南新、幽兰、富山）、永修（三角、虬津）方言老年层中分布较普遍。

条目4：见系三四等字在古开口三四等韵母前腭化。

詹伯慧（2001：81）指出，古见系三四等字在江西赣语中大多声母颚化，有的与精组字有混同的倾向（如南昌方言），但在湘东赣语、闽西片赣语中却表现不同，闽西北赣语（邵武）见系三四等仍保留舌根音的读法。万波（2009：153~155）根据细音前是否腭化及音值将赣语古见组见溪群疑四声母的今读分为7种类型。都昌方言东部方言属于万波提出的第2种类型，第2种类型是赣语的主流形式（分布在赣语昌都片、宜浏片、鹰弋片、抚广片），洪音前读［k、g /kʰ、x］声母，细音前腭化读［tç、dʑ/tçʰ、ç］声母；西部方言兼有第2类与第7类情况，见母一二等今读［k］声母，三四等今读［tç］声母，溪母一二等今读［g］声母，溪群母三四等读零声母。晓匣母字开口三四等、开口二等（效摄、梗摄）读［ç］。有关都昌方言溪群母字今读零声母现象及成因较多学者（如刘泽民，2004；熊燕，2004；孙宜志，2007；万波编著，2009；卢继芳，2018）专门讨论过。

条目5：牙喉音声母开口二等字未腭化。

刘纶鑫（1999：262）指出，客赣方言基本一致的特点有牙喉音声母逢开口二等韵未腭化，仍读［k\kʰ\ŋ\h］，韵母为洪音。孙宜志（2007：24）指出，牙喉音声母开口二等字未腭化是普遍特点。都昌方言牙喉音声母开口二等字未腭化，例字有"家架阶界街解交教监间江讲角夹甲揩楷敲嵌掐确牙咬眼颜硬额岳虾下夏鞋效校咸狭闲限瞎项学鸦哑亚鸭压"，但部分牙喉音二等字有两读，文读已经腭化，但白读未腭化。如教~书［kau⁴³⁵］、教~育局［tɕiau⁴³⁵］。

条目6、7：疑母洪音韵字读［ŋ］声母，影母开口韵字一般今读［ŋ］声母。

颜森（1986：21）指出，赣语的共同点有影母字开口呼读［ŋ］声母，不读零声母。刘纶鑫（1999：262）指出，客赣方言基本一致的特点有疑母洪音字声母为［ŋ］。王福堂（1999：56）指出，赣方言不同于客家话的语音特点有影疑母开口一二等字声母混同。孙宜志（2007：24）认为，赣语疑母开口洪音字声母读［ŋ］，合口洪音韵字一般今读零声母；影母洪音字今读声母的只限于开口洪音。都昌方言疑母、影母一二等读［ŋ］声母，疑母三四等拼细音韵母读［n̠］，影母部分开口字读零声母（如"阿伊医衣"等），疑影母合口字（如"梧桅窝蛙乌污於"）同喻母一样读零声母。一些疑母合口字有两读，文读零声母，白读［ŋ］声母，如吴~国读［˗u］，吴姓读［˗ŋ］。影母字中古拟音就是零声母，刘泽民（2005：144）认为疑母今读零声母是客赣方言接受优势方言官话影响的结果。

条目8：匣母合口一二等白读零声母。

都昌方言匣母开口一二等读［x］声母，合口一二等读［ɸ］声母。一些匣母合口一二等字（如"禾话歪况"）读零声母，个别字读［g/kʱ］声母，如瓠~芦［˗g/kʱu］。万波（2009：182）将赣语晓匣母今读分为6种类型，都昌方言属于第2类，这是赣语的主流形式（主要分布在赣语昌都片、抚广片、吉茶片、鹰弋片），开口一二等读喉擦音［h］或舌面后擦音［x］，古合口一二等及止摄合口三等读齿唇擦音［f］或双唇擦音［ɸ］，与非组混同，三四等除止合三外，均读舌面擦音［ɕ］。万波（2009：190）认为，匣母合口字读零声母是中古声母弱化后形成的白读音，而［f］声母是匣母由北方官话借入［h］或［x］后受后接合口韵母影响发生唇化形成。从都昌方言匣母合口字共时差异来看，［g/kʱ］声母应是最早的读如群母的层次，然后经过浊塞音［ɣ］弱化为零声母阶段，而［ɸ］声母是匣母由北方官话借入［h］或［x］后受［u］介音影响发生唇化形成的文读音层次。

条目9：日母读［n̠］或有［n̠］的白读，与泥母在细音前的今读相同。

汉译研究及汉语史研究成果（蒲立本，1962；韦树关，2003；尉迟治平，1982；麦耘，1991；潘悟云，2000）说明，中古时期日母音值可拟作［ȵ］。孙宜志（2007：147）指出，赣方言止摄日母字基本读零声母，其余各摄一般有文白异读，白读鼻音声母，今读［l］和零声母是文读。刘泽民（2005：97）认为，［ȵ］类所代表的是中古前期即《切韵》时代的层次，是客赣方言日母现存的最早层次。都昌方言日母大多数字今读［l］声母，少数三等字读［ȵ］（如"软热肉"），止摄开口三等字读零声母（如"儿耳二而"）。"染忍认日让绒"有两读，白读［ȵ］声母，文读［l］声母。个别字的地理差异也体现出文白异读，如北山乡夏家山村方言"二""耳"分别读［lɛ²］［ˈlɛ］，其他乡镇方言分别读［ɚ²］［ˈɚ］。都昌方言音系中章组声母读［tʂ、dz/tʂɦ、ʂ］，并没有［ʐ］声母，日母字声母读［l］可以理解为［ʐ］的对应读法。止摄日母字读零声母应是受北方官话影响形成的新文读层。

（二）韵母特点

条目 10：果摄、假摄主要元音为［o］/［a］。

孙宜志（2007：25）认为，果摄、假摄主要元音为［o］/［a］之别应是江西赣方言的普遍特点；有些方言果摄读［ɤ］/［ə］，是从［o］演变过来的，有些方言假摄三等读［ɛ］，假摄二等读［a］，［ɛ］是由［a］高化来的。都昌方言果摄、假摄主要元音为［o］/［a］，果摄"大哪茄瘸靴"读入假摄。

条目 11：宕江二摄合流。

李如龙、张双庆（1992：193）指出，客赣方言共同的语音特点有宕摄开口一等唐韵与江摄开口二等江韵字韵母多相混，读为［ɔŋ］或［oŋ］。刘纶鑫（1999：263）指出，客赣方言基本一致的特点有宕摄开口一等和江摄二等字韵母读［ɡɔ］，入声（如果有入声的话）读［oʔ］；宕摄三等字韵母读［iɡɔ］，入声读［ioʔ］。都昌方言江宕摄韵母合流，宕摄一等、宕摄三等知庄章组字及江摄（见系部分字除外）字韵母今读［ɔ、ok/ʔ］，宕摄开口三等（知庄章组除外）及江摄（见系部分字）字读齐齿呼韵母［iɡɔ、iok/ʔ］，宕摄合口一等、三等非组及见系字读合口呼韵母［uɡɔ、uok/ʔ］。江摄见系个别字有两读，［ɡɔ］为白读，［iɡɔ］

为文读，如"江项降投～"。刘泽民（2005：173）认为，客赣方言大多数方言点江韵与唐韵是混而不分的，属于近古层，但不晚于《蒙古字韵》和《中原音韵》时代，因为《蒙古字韵》和《中原音韵》江韵产生了类似［i］元音的介音，而客赣方言江韵主体层没有介音。

条目 12：流摄一等字多数读［uɜ］/［iɜu］或相近的复合元音韵母。

刘纶鑫（1999：263）指出，客赣方言基本一致的特点有流摄一等字主要元音为［ɛ］或［e］/［ə］，韵母多为［ɛu］/［eu］；三等字韵母多为［iu］。詹伯慧（2001：82）指出，赣语古流摄字多数读［ɛu］/［iɛu］或相近的复合元音韵母。孙宜志（2007：25）指出，赣方言只有流摄一等字读［ɛu］/［iɛu］或相近的复合元音韵母，三等字一般不读［ɛu］/［iɛu］或相近的复合元音韵母。都昌方言中大部分乡镇方言流摄一等字韵母读［ɛu］；都昌县城方言及周边方言流摄一等与效摄一二等字合流为［au］韵母，这种类型在昌都片赣语还分布在安义方言、南昌市新建区松湖口音与生米口音个别方言中。

条目 13：咸山摄一等见系字与二等有别。

刘纶鑫（1999：263）指出，客赣方言基本一致的特点有一等字主要元音多为［o］，二等字主要元音多为［a］。因此，当韵摄存在一二等韵时，往往保留着一等、二等区分的痕迹，牙喉音字更加明显。这种情况在咸山蟹效四摄表现得尤为突出。孙宜志（2007：26）指出，咸山摄一等和二等字的主要元音的对立并不一定表现为"o/a"的对立，但是"咸山一二等见系字韵母对立"是赣语的共同特点。都昌方言咸摄与山摄合流，韵母今读［(u)ɔn、(u)ɔt/l］或［(u)an、(u)at/l］，一等、二等见系部分字有别，一等主元音读［ɔ］，二等主元音读［a］。

条目 14：鱼虞有分韵的痕迹。

《切韵》时代鱼虞韵主要元音是有区别的，中古以后鱼虞模逐渐合流，在现代汉语普通话中鱼虞两韵基本相同，合流为［u］［y］两个韵母。罗常培（1931）考察南北朝诗人用韵，提出北方诗人鱼虞不分，南方诗人鱼虞分韵，结论是：《切韵》鱼虞两韵在六朝时候沿着太湖周围的吴音有分别，在大多数的北音都没有分别。鱼韵属开口呼，所以应当读作［io］音，虞韵属于合口呼，所以应当读作［iu］

音，后来［y］音的演变是经过 io → iu → y 这样一个历程的。"刘纶
鑫（1999：290）指出，赣方言中有一部分鱼韵字韵母不同虞韵，例
字数量分布不平衡，赣北、赣中、赣西、赣东北一带一般是"锯去渠
他鱼"4 个字，赣东临川一带例字有 10 个以上，甚至多达 20 个。《切
韵》音系中的鱼虞有不同来源，鱼韵来自上古鱼部，虞韵大部分来自
上古侯部，只有唇音字来自上古鱼部。刘纶鑫（1999：292）认为，
江西境内的客赣方言存在鱼虞分立的痕迹，至少可以看作南北朝以前
的长江流域古汉语语音特点的保留，甚至是上古汉语鱼侯分立痕迹的
保留。谢留文（2020）认为，赣语普遍存在"鱼虞有别"现象，目
前所知赣语鱼韵区别虞韵的字共有 38 个："女吕滤 ‖ 蛆徐絮绪 ‖ 猪
楮苎箸除 ‖ 锄梳疏 ‖ 诸煮书薯鼠处 ‖ 汝 ‖ 车宿嗦子弄据锯榉去渠
鱼渔语 ‖ 虚墟许 ‖ 余饮"，保留最多的是江西中东部以黎川、崇仁、
南丰、南城为代表的抚州地区；大多数赣语只有一个鱼韵区别虞韵
的层次，鱼韵韵母主要为［e/ie、ɛ/iɛ］，与虞韵不同。都昌方言中体
现《切韵》时代"鱼虞有别"的例字有锯［kɛ²］、去［iɛ²］、渠他［｡iɛ/
gɛ］、虚萝卜中空［｡xɛ］。

条目 15：遇摄三等精组、知三章组部分字与止摄合口、蟹摄合口
三等精组、知三章组混同。

孙宜志（2007：183）提出，赣方言中普遍存在遇摄三等精组、知三
章组字与蟹摄、止摄合口三等精组、知三章组部分字相混的现象。都昌
方言遇蟹止三摄的混同，具体分合格局、音值存在地理差异。都昌县中
西部方言遇摄一等、三等知庄章组与止摄合口三等知章组混同，韵母
为［u］；遇摄三等精组、见系，蟹摄开口三等帮组、泥组、见系，蟹
摄开口四等，蟹摄合口一等帮组、端系，蟹摄合口三等精组，止摄开口
三等帮组、端系、见系，止摄合口三等泥组、精组、日母混同，韵母为
［i］。都昌县东部方言遇摄三等知章组与止摄合口三等知章组混同，韵
母为［y/ʉ］；遇摄三等精组、见系，蟹摄开口三等帮组、泥组、见系，
蟹摄开口四等，蟹摄合口一等帮组、端系，蟹摄合口三等精组，止摄开
口三等帮组、端系、见系，止摄合口三等泥组、精组、日母混同，韵母
为［i］。

条目 17："五"字的读音为［ŋ］。

都昌方言遇摄一等模韵疑母"五"字读音为[ŋ]是浊辅音自成音节现象，相同音韵地位的"吴蜈"也读[ŋ]。"吴蜈五"读自成音节的[ŋ̩、ŋ]是昌都片赣语普遍现象。刘泽民（2005：144）认为，[ŋ]与[u]在发音上都有的特征，在音节组合时易发生异化作用，有两种结果，一是[ŋ]吞并[u]，二是[u]挤掉[ŋ]。已刊研究成果的共识是"五"[ŋ]读音源自音变[ŋu]→[ŋ]。

（三）声调特点

条目 16：次浊入声字有两个走向，部分随清，部分随浊。

李如龙、张双庆（1992：193）指出，次浊声母入声字有两个走向，或与清声母同调，或与全浊声母字同调，相对而言客家方言多数跟全浊声走，赣方言多数跟清声母走。孙宜志（2007：235~243）讨论了中古次浊入声字演变，根据 119 个字材料统计，得出结论，赣方言中"蜡灭热末袜蜜默额脉木陆肉绿"一般归阴入，"腊篾捋月密莫落墨麦六"一般读阳入。卢继芳（2018：429）讨论了昌都片赣语次浊入字随清流现象，"落辣叶日木热腊蜡粒麦月脉六肉"单字易读成阴入调，口语词中较稳定地保留阳入调读法，可见次浊入字随清流是文读层，且次浊入字随清流的演变是以词汇扩散方式展开的。

都昌大部分方言次浊入声字演变三分，部分字读全浊入来源的阳入₁，部分字读阴入，部分字读次浊入来源的阳入₂。有些方言阳入₁与阳入₂不分，只有一个阳入调，那么部分次浊入字今读阴入，部分字归阳入。大港镇、鸣山乡、南峰镇等东部方言中古入声字发生舒化演变，浊入多归向阳去调，部分次浊入字归阳去调，部分次浊入字与清入字一样归向阴去调，可见次浊入字与清入字合流时间更早，然后再一起发生舒化演变。

综上所述，都昌方言归属赣语是没有问题的。结合汉语方言形成的历史，现代汉语方言形成都是多层次、多来源的，研究方言特征必须区分不同的区域和层次，所以赣语不同片都有各自的方言特征，由于历史源流或地理相连，不同方言片之间也会有共同的方言特征。从语言的主要特征及类型来看，都昌方言同昌都片赣语各市县方言相同，但是地处赣北，与鹰弋片赣语交界，历史源流或地理相连必然导致都昌方言与周边其他片区赣语方言有相同的特征。

二　都昌方言与吴语、湘语的关系

赣北是江西文化孕育的摇篮，既往考古与民俗研究成果证明鄱阳湖滨及赣江中下游最早的居民是苗蛮族，《战国策·魏策一》（1997：486）记："昔者三苗之居，左彭蠡之波，右洞庭之水，文山在其南，而衡山在其北。"彭蠡是鄱阳湖的古称，"三苗"就是苗蛮族的早期文献记录。赣北修水发掘的山背文化中有一些几何形印纹陶，彭适凡（1992：20）结合出土文物论证了这些印纹陶有三苗文化的遗迹。赣北所在区域最早的文化是非中原的少数民族文化。禹征三苗，"三苗"名称消失，夏商周时期，江西地区成为"扬、汉之南，百越之际"（张双棣等译注，2000：687），赣地在古越文化包围圈内。方言是文化的载体，如今天赣方言中"文身"（指躯体上半部）一词就是古越人"断发文身"文化遗留。三苗、百越距今久远，我们无法确知当时江西文化及江西方言面貌，但从后来的史料可以知道吴（越）楚文化在赣北留有深深的烙印。

春秋时期，赣北平原分布有番、艾两邑，《史记·楚世家》（1982：1716）记载："（楚昭王）十二年（前504年），吴复伐楚，取番。楚恐，去郢，北徙都鄀。"《左传》记载，鲁哀公二十年（前475年），"吴公子庆忌骤谏吴子，曰：'不改，必亡。'弗听。出居于艾"（杨伯峻编著，1990：1715）。史书注解"番"即今天的鄱阳县，"艾"在今修水县。据此我们可以推论吴国国界曾至今天赣北平原的西北部，楚国东界也曾到达今天鄱阳一带。

都昌方言人称代词单数形式记作"我侬、你侬、渠侬"。钱乃荣（1992：716）指出，早期文学作品中吴语第一人称代词常写作"我侬"，明代冯梦龙《山歌》中也记为"我侬"，清代的宝山、金山、青浦等地的县志中第一人称代词都记为"我侬"，上海地区明清县志写为"你侬"。赣东北广丰、玉山方言是吴语的自然延伸，广丰、玉山方言（胡松柏，2009：415）人称代词单数形式记为"阿农、尔农、渠农"。《彭泽县志》（1992：536）记人称代词单数形式为"我侬、你侬、其侬"，彭泽县同都昌东北部接壤，故人称代词"侬"尾同都昌方言

"侬"尾在地理上连成一片。都昌方言人称代词"侬"尾在地理上向东与吴语相接。

桥本万太郎（2008：31）曾指出："吴语和湘语曾经明显地构成一个方言区。"周振鹤、游汝杰（1998：51）指出："客赣方言的先声像一个巨大的楔子打进江西地区，把吴语和湘语的联系切断。"随着方言调查的深入，学者发现吴语和湘语的联系并没有完全切断，赣北赣语许多方言特点表现为吴湘语的过渡。赣北湖口、都昌、庐山市等地方言古浊音今读浊音，陈立中（2005a）指出，"在湘鄂赣边界地区的赣语中，有一条贯穿东西的浊声母分布带，它就像一条走廊一样把湘语区和吴语区连在一起"，赣北都昌、湖口、庐山市等地正是这条走廊上的方言点，故赣北赣语浊音分布区正是吴湘语"浊音"现象的连接地带。

一些研究成果还表明都昌方言及周边方言存在弛声发声态，这同吴语、湘语也存在相似性。送气分调现象是昌都片赣语的突出特点，这也是赣北赣语、湘语、吴语共有现象。卢继芳（2018：213~220）基于昌都片赣语167个点的方言对昌都片赣语送气分调现象做过详细分析，从送气分调涉及的调类来看，吴语最多，其次是赣北赣语，湘语主要涉及古去声字，所以从东至西，吴—赣北—湘"浊音走廊"并行存在一条"送气分调走廊"。"浊音走廊"及"送气分调走廊"的方言事实充分说明，都昌一带的赣北方言同吴湘语有着密切渊源关系，只是在历史发展过程中受到不同时期移民方言文化影响逐渐形成与吴湘语不同的发展。下面结合声韵调演变来看赣北都昌方言与邻近吴语、湘语的关系。

（一）浊音现象

孙宜志（2007：247）认为，赣方言许多早期的特点与吴方言和湘方言相同，如赣方言武宁方言全清、次清、全浊保留了三级分法，同现在的吴方言、湘方言（保留浊音型）一致。罗昕如（2011：41）认为，赣语中保留浊音是赣语古全浊声母的早期形式，反映了赣语与湘语、吴语的密切关系。

学者对赣语古全浊声母与次清声母今读类型之间的联系与演变规律做过不少讨论。陈昌仪、刘纶鑫、万波等人均主张浊音是早期赣语特点。陈昌仪（1991：13）提出其演变途径是：

(1) ┌ 古全浊塞音、塞擦音声母 ┐→ (2) 送气的古全浊塞音、塞擦音声母
　　└ 古次清塞音、塞擦音声母 ┘
　　　　　　　　　　　　　　　　→ (3) 送气的清音浊流塞音、塞擦音声母
　　　　　　　　　　　　　　　　→ (4) 送气的清塞音、塞擦音声母

　　星子（今庐山市）方言、修水方言的老年层以及都昌方言老中青的读音处于（2）阶段，星子方言、修水方言的中年层读音处于（3）阶段，赣语区的广大地区则处于（4）阶段。刘纶鑫（1999：41~45）指出，"修水方言古塞音、塞擦音次清与全浊声母合流为不送气浊声母"，并指出修水方言年轻人也读浊送气音。一般认为浊送气音比浊不送气音阶段更早，年轻人比老年人更易发出浊送气音是很难解释的现象，刘纶鑫认为这个公式无法解释赣语大部分方言次清声母是否经历了这样一个浊化过程（刘纶鑫主编，1999：270）。

　　较多学者认为古代汉语的全浊声母有送气的特征，并依这个源头探讨各地方言中古浊音声母今读送气与不送气的演变。例如，王福堂（2006）曾联系时间因素对古全浊声母清化后送气与否做解释（引自罗昕如，2011：45），古浊声母清化后送气与否取决于方言中浊声母清化时由送气向不送气变化过程中的所处阶段，在保持为送气浊音的早期阶段清化，就成为送气清音，在变为不送气浊音以后的晚期阶段清化，就成为不送气清音。根据王福堂的理解，吴方言是晚期阶段的不送气浊音清化，因此成为不送气清音；湘方言则是早期和晚期各有部分送气不送气的浊音清化，因此兼有送气不送气的清化音。

　　王福堂（1999）、何大安（2004）、王莉宁（2010）等学者均认为赣北浊音是一种后起现象，是全浊音与次清合流为送气清音后再浊化的结果。例如，王福堂（1999：23）认为，湖北省境内蒲圻、崇阳、通城（属大通片赣语）方言声母浊音送气，是因为送气浊声母清化和次清声母合流，合流以后的声母由于某种发音机制的作用再浊化，并指出这种情况在赣方言区的都昌话中也同样存在，修水话声母浊音不送气，则可以假设这是上述清音浊化后又发生了送气成分的脱落。赣北赣语浊音现象的音变过程如下：

　　　　p' → p' → b' (→ b)
　　　　b' ↗

　　以上的讨论及观点从不同角度、不同思路反映了赣语古全浊与次清声母合流今读特点。现代实验语音学研究成果证明都昌方言一带的赣北赣语音系中古浊音与次清声母在听感上是浊音，但声学上呈现出多样性，表现为带音、清音浊流、带同部位鼻冠音、内爆音等多样的特点或变体，这些变体在音系中并没有形成音位的对立。笔者在修水调查时发现，修水年轻人发音时，中古次清与全浊声母字今读听感上像送气浊音的声母不是真浊音声母，而是清音浊流现象，发声态上带有弛声特点。朱晓农（2012：87）曾对赣北赣语 32 个方言点进行考察，指出赣北赣语有常态浊声以及作为同位音的内爆音，还有弛声，没有发现浊送气。我们认为都昌及周边赣北方言次清与全浊声母今读早期特点同吴湘语三分（全清、次清、全浊）特点是一致的，今读特点不同于吴湘语的原因在于中古次清声母"送气"特点引发的演变，这也是原始北部赣语区域性创新发展。

　　结合本书前文的专题讨论，都昌方言及周边方言中古浊音与次清声母今读的"浊感"特征并不是源自真正带音的浊音，而是发声态上气化或弛声特点，这个共性特点也是次清与全浊合流为听感上"浊音"的机制。较多学者认为早期赣方言全浊声母与次清声母合流后的音值为送气的浊声母，而不送气的浊声母、送气浊流的浊声母和送气的清声母等都是后起的音变，即"次清化浊"是后起的音变。笔者认同这个观点，但在讨论"次清化浊"的机制时，笔者认为应当对赣语"送气"类型及特点做深入研究才有助于找到演变的真相。

　　徐通锵（1991：177）提出："处于双向对立中的音位，如果某一个区别性特征或音位的组合关系发生了变化，往往会波及聚合群中的所有的音位，使音变具有系列性的特点。"北方方言区浊辅音音位演变表现为音位的消失和分化，清浊音对立演变为送气与不送气的对立。南方方言是汉语与南方本地百越文化融合的结果，自然存在不同于北方的发展模式。赣北赣语中古次清声母音节带有气化特点，与带音声母音节在听感上有相似性，这样的语音特征导致了次清与全浊声母的合流，次清声母听上去也有了浊感。

　　董为光（1989：33）指出："造成次清声母'倒向'全浊声母的

语音条件，除了它们所共同具有的送气性质，很难再找到别的解释。"彭建国（2022）认为，普通的次清声母要浊化为送气浊音是比较困难的，因为这与语言的普遍规律相违背，"浊音走廊"区域之所以发生"次清化浊"，一定是受到某种"引力"的吸引，否则怎么解释大多数汉语方言中的送气清音不变浊呢？这个"引力"，在我们看来，就是该方言中存在"气声"。彭建国采用实验语音学方法证明了"气声"与"送气"存在生理上和听觉上的相似性，这种相似性导致二者相混，发生合流。笔者认为这是对赣北"次清化浊"探究中较有说服力的解释。全浊带音与次清不带声音位对立消失，这可能引发赣北赣语音系的重组与整合，中古次清与全浊音位区别转为声调的区别，次清与全浊声母清浊对立演变为古全清与古次清"清浊"对立及送气分调现象。

万波（2009：112）引用大量的古今文献及方言材料说明中晚唐时期山西晋南是"安史之乱"后江西迁入移民的主要输出地。这些北方移民南迁时把送气清音语音现象带到赣地，首先到达赣北，然后随着移民线路深入赣中、赣南。鄱阳湖中心地带开发较早，在唐代移民大潮到来之前居民密度大，"安史之乱"战乱后北来的移民越过这些人口相对稠密的湖区，继续南行，故都昌及周边湖口、庐山市、永修等地反而成了受移民语言影响较弱的地带。朱晓农（2010b：2）认为，中古汉语（甚至更早）的全浊塞音声母和今天吴语、湘语、赣语、桂北土话、老湖广话中的"浊音"相同，也就是说今天吴湘赣语中的"浊音"自古以来就没发生过什么变化，而是继承了中古甚至上古的全浊声母的属性（严格地说，不是声母，而是音节的属性），即听感"浑浊"的弛声。

基于学界的研究成果，本书进一步认为赣北的浊音现象正说明了赣北方言尤其是都昌一带保存浊音的方言较多地保留了赣北早期世居民族方言与中晚唐北方移民方言融合的初期状态，并且在此基础上有了区域的创新，即"次清化浊"，这是晚唐以后赣北赣语与吴湘方言的不同发展。本书已经论证了赣北方言送气清音听感及发声特点与赣中、赣南的赣语有不同之处。据此本书认为赣北昌都片赣语古全浊声母今读演变轨迹如下：

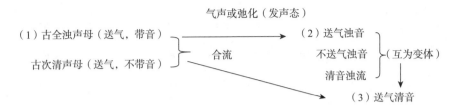

　　赣语昌都片武宁方言三分现象应属于（1）阶段，昌都片赣语尤其是都昌一带的方言（如都昌、湖口、庐山、永修、德安）都经历了（2）阶段或者正处于（2）阶段，这些方言的有些青年层实际已发展至（3）阶段，同时我们还认为并非所有方言都经历了（2）阶段才发展到（3）阶段。有些方言由于移民来源不同，音系中古全浊与次清声母直接合流为送气清音声母，即直接发展至（3）阶段。

　　（二）果摄［u］韵母

　　都昌县北部春桥乡、蔡岭镇方言，东北部大港镇、鸣山乡方言，东端中馆镇及东南部南峰镇、芗溪乡方言中，果摄戈韵字"果过火祸"韵母今读［u］，这些方言里戈韵其他字韵母读［ɔ］（帮组、端系字）、［uɔ］（见系字）。汪荣宝《歌戈鱼虞模古读考》（1923）发表后，学界基本认同果摄字韵母在唐宋以前读［a］，中古以后果摄字韵母经历了a>o高化音变，按照汉语元音后高化原则，音变链可以理解为a>ɔ>o>u，那么"果过火祸"比其他同韵字发展进程更快，韵母处于音变末端（今读［u］），但我们还是很难理解这些常用口语词为什么比不常用新词发展更快而不是存古滞后。方言共时平面叠置不同读音有三种可能成因：一是早期层次遗留，二是语言内部的演变，三是外部方言接触影响，从这些字的使用频率及地理分布来看，第二、第三种情况可能小。同时笔者发现都昌邻县湖口方言（果火过）、庐山方言（火）、彭泽方言（火过）、鄱阳方言（火货）同都昌方言一样，存在相同层次，所以第一种可能性大，即早期层次现象。下文都昌及周边方言例字简要举例：

	婆	坐	果	过	火	禾	货	祸
都昌春桥	₅pʰɔ₅	tsʰɔ⁵	˚ku	ku⁵	˚ɸu	₅uo	ɸu⁵	˚ɸuo⁵

都昌大港	₋bɔ	dzɔ²	ᶜkuɔ	kuɔ²	ᶜɸu	₋uɔ	ɸuɔ²	ɸuᶜ
都昌鸣山	₋bɔ	dzɔ²	ᶜkuɔ	kuɔ²	ᶜɸu	₋uɔ	ɸuɔ²	ɸuᶜ
都昌中馆	₋bɔ	dzɔ²	ᶜku	ku²	ᶜɸu	₋uɔ	ɸuɔ²	ɸuᶜ
都昌南峰	₋bɔ	dzɔ²	ᶜku	ku²	ᶜɸu	₋uo	ɸuɔ²	ɸu²
庐山蛟塘	₋bo	tsɔ²	ᶜkuo	kuo²	ᶜɸu	₋uo	ɸuo²	ɸuo²
湖口双钟	₋bo	dzɔ²	ᶜku	ku²	ᶜhu	₋uo	ho²	huo²
彭泽县城	₋p'o	ts'o²	ᶜko	ku²	ᶜhu	₋o	ho²	ho²
鄱阳鄱阳镇	₋p'o	₋ts'o	ᶜko	kuo²	ᶜxu	₋ho	xu²	₋huo

戈韵个别字与其他字不同，韵母今读［u］的现象也分布于邻近湘语中，如衡山（婆破窠火锅禾）、涟源（婆过窠禾）、桃江（过禾和）、新化（破婆窠禾）、蓝田（破婆禾）、白溪（禾）、衡东（婆破窠火锅禾）、隆回（禾）、株洲（过）、安化（过）、宁乡（过）、双峰（婆）等方言（彭建国，2010：134）。湘语类型同都昌方言及周边方言相同，只是例字多少不同。吴语歌韵读［u］韵母现象较普遍，这在历史文献中也有反映，如元末明初刘基《郁离子》中说"东瓯之人谓火为虎"。郑伟（2013：25）将果摄歌韵的主体层读音分为 7 种类型，其中苏州型是果摄一等歌韵和模韵合流的模式，而且此类型吴语最多。可见赣北赣语、湘语、吴语在果摄字读［u］韵母以吴语为典型。彭建国（2010：135）指出，湘语记音材料说明［u］韵母属白读，［o］韵母是文读，如衡山方言中婆～～：妈妈［pʰo］、婆狗～子［pʰu］、火～车［ho］、火起～［fu］。

都昌方言及周边方言果摄"果火过祸"没有明显文白异读，都昌人对北部及东部方言"果过火祸"［u］韵母读法有明显的区别意识，这些字韵母读［ɔ］［uɔ］应是同共同语一致的发展，已有的材料还很难说明都昌方言与周边方言中戈韵字读［u］韵母是与外来方言接触的结果，结合赣北历史地理位置，笔者目前更认同果摄个别字韵母读［u］是赣北、湘语、吴语的共有层次。

（三）覃谈分韵

覃谈是中古音系一等重韵现象，覃谈分韵是指咸摄开口一等的覃（覃感勘合）、谈（谈敢阚盍）两组韵母存在区别。孙宜志（2001、2007）认为，江西境内赣方言的内部差异首先表现在南区赣方言和北区赣方言之间在语言特征上的不同，咸摄一等覃谈韵字韵母不相混同是北部赣方言的特点。游汝杰（2000：95）认为："中唐和晚唐时代北方移民继续南进，逐渐从赣北深入到赣中和赣南。他们带来较接近首都长安话的北方话，和原始北片赣语接触后形成原始南片赣语。原始北片赣语的特点是保留全浊声母、覃谈两韵不同音；南片赣语的特征是全浊声母消失、覃谈两韵同音（与唐代长安话相同）。这些特征至今犹存。例如永修音：潭 t^hon^2 ≠ 谈 t^han^2。"谢留文（2006）指出，根据现有的资料，北区赣方言并不都具有以上两条特征，南区赣方言有的也具有北区赣方言的特点。

都昌方言及邻近赣方言相较，覃谈分韵现象较突出，都昌方言透定泥精清从母有别，见系没有区别。下文简要举例：

	贪	南	蚕	感	含	暗	淡	兰	敢
都昌阳峰	꜀ton	꜁non	꜁dzon	꜂kon	꜁xon	ŋon꜄	lan꜄	꜁lan	꜂kon
湖口江桥	꜀d'œn	꜁nœn	꜁dz'œn	꜂kœn	꜁xœn	ŋœn꜄	d'an꜄	꜁lan	꜂kœn
庐山华林	꜀don	꜁non	꜁dzon	꜂kon	꜁hon	ŋon꜄	dan꜄	꜁lan	꜂kon
永修吴城	꜀t'on	꜁lan	꜁ts'on	꜂kon	꜁xon	ŋon꜄	t'an꜄	꜁lan	꜂kon
鄱阳鄱阳镇	꜀t'ãn	꜁nãn	꜁ts'õn	꜂kõn	꜁hõn	ŋõn꜄	t'ãn꜄	꜁lãn	꜂kõn

湘语中也存在覃谈分韵现象。例如，鲍厚星（2006）指出，岳阳县荣家湾镇的方言中，南 løn ≠ 蓝 lan，蚕 tsøn ≠ 惭 tsan，但这里地处湘赣方言的过渡地带，不能排除受到赣语影响。

余颂辉（2022）详细分析论证了湘语的长益片和衡州片（学界称"新湘语"）的覃谈有别，指出此现象不仅出现在端系声母条件下，还出现在见系声母条件下，并且和闽南方言相似。结合以往研究成果来看，湘语中涉及覃谈分韵的例字并不多。

吴语中覃谈分韵特点很普遍。曹志耘（2002：75~76）指出，南部吴语覃谈分韵有两种类型：一是各声母字都有别，如龙游、开化、文成、温州方言；二是端系有别，见系无别，如磐安、金华、汤溪、常山、广丰、玉山、遂昌、缙云、云和、庆元方言。从音值来看，覃谈二韵的区别主要表现为"高—低""前—后"对立。

王洪君（2004）认为："如果认为南朝通语是西晋王室南迁后逐渐形成的通行于南方各方言之上的通用语，《切韵》是南北通语的叠合音系，则覃谈分韵既可以看作古吴方言的特点，也可以看作《切韵》叠合音系中南朝通语不同于北方通语的特点。因为当时的北方通语似乎已不区分一二等重韵，而现代方言中可以部分区分一二等重韵的，只有吴语、北部赣语、闽语和鲁文介绍的通泰方言。它们或与古吴方言的地域相当，或是古吴方言区居民的移民地，同时它们又在通常所说南朝通语的通行区域内。"

都昌方言及周边湖口、庐山、永修吴城、鄱阳鄱阳镇方言覃谈分韵现象同南部吴语第二个类型（端系有别，见系无别）很相似，覃谈分立音值表现为"高—低""后—前""圆唇—不圆唇"特点对立。这些说明以都昌方言为代表的赣北方言同吴语之间有着密切关系，存在相同的早期层次。

（四）"送气分调"现象

对于送气分调在声母清浊分调之后调类进一步分化演变的现象，有些学者称为"气流分调"。已刊成果表明这一现象主要分布在吴语、湘语、赣语中。赣北赣语送气分调涉及的调类情况同湘语、吴语有些不同，"送气分调"现象也能说明赣北赣语与吴湘方言的密切渊源关系。

颜森（1986：21）描述了南昌市、南昌县、新建区方言调类分化受今声母送气与否影响，都昌县、湖口县方言调类分化受古声母送气与否影响。陈昌仪（1991：10）指出，鄱阳湖周围和赣江下游市县方言的突出特色是"古今声母的送气不送气影响调类的分化"。刘纶鑫（1999：40~54）指出，送气分调现象主要分布于赣北、赣西，赣北方言如修水义宁方言、湖口双钟方言、庐山方言、都昌方言、永修江益乡（今江益镇，隶属共青城市）方言、德安蒲亭镇方言、新建县（今新建区）大塘坪乡方言、南昌县塔城乡方言、安义县方言等。

都昌、湖口、庐山方言都存在"次清化浊"现象，音系中不存在今读送气声母，所以这些方言中的"送气分调"现象是按古声母音类概念来理解的，即全清与次清分调。卢继芳（2018：213~220）用大量的方言事实说明"送气分调"现象应是昌都片赣语区别于其他赣语的典型性特征，按照次清字与全清字分调后能否拥有独立调类，分为分立、归并、混合三种类型。混合型是指同一语音系统中，有些古调类的次清字与全清字分调后仍能保持各自独立的今读调类，另一些古调类的次清字与全清字分调后不能保持独立调类，分调后同其他古调类字今读合流。永修吴城方言没有"次清化浊"现象，调类分化以古今声母送气与否分调。都昌、湖口、庐山、永修吴城方言均为混合型，具体见表6-1。

表6-1　都昌、湖口、庐山、永修方言调类分化情况

方言点	平声			上声			去声			入声			
	全清次清	次浊	全浊	全清次清	次浊	全浊	全清	次清	次浊全浊	全清	次清	次浊	全浊
都昌土塘	44	355		354		31	324	31		45	21	33 / 45	
都昌周溪	33	455	212	354		31	324	21		5	31	3	1
湖口双钟	51	323		34		224	45	214	224	45	214	224 / 45	
庐山南康	33	324		352		21	45	214 / 45	21	23	21 / 4	23	
庐山蛟塘	33	24		42		21	45	25	21	5	25	5 / 24	21
南昌市	42	44	24	213		21	44	213	21	5			
南昌向塘	45	44	213			21	44	213	21	5		2	

续表

方言点	平声			上声			去声			入声			
	全清次清	次浊	全浊	全清次清	次浊	全浊	全清	次清	次浊全浊	全清	次清	次浊	全浊
新建厚田	31…15	24	214	352		11	24	213	11	5		1	
永修吴城	21	44	24	213		21	35	213	21	5		2	

注：2022 年，厚田乡划入南昌市红谷滩区，表中仍使用田野调查时区划。

表 6-1 中方言演变的共同特点是"送气分调"均涉及去声调，古全清去与次清去字今读分调，都昌、湖口、庐山方言还涉及古入声调，都昌周溪、永修吴城、南昌市、南昌向塘、新建厚田方言古次浊平与全浊平字今读也发生了分化。

古去声按古声母送气与否分化后，湖口双钟、庐山南康、庐山蛟塘、永修吴城方言有了两个阴去调，都昌土塘、都昌周溪方言又发生了进一步的演变，次清去字今读与浊去字合流，归阳去。

新建厚田方言全清去与次浊平字今读合流，次清去今读独立阴去调。南昌市方言全清去与次浊平字今读合流，次清去字与清上、次浊上字合流为上声；南昌向塘方言在南昌市方言模式基础上，今上声调除了来源于次清去字、清上字、次浊上字，还吸收了全浊平字。

庐山南康方言次清去部分字分化为独立的阴去₂调，部分字与全清去字相同读阴去₁调，次清入部分字分化为独立的阴入₂调，部分字却与浊入字合流。昌都片赣语清去声字与清入声字今读调类的共时差异体现了"送气分调"的演变历程。

都昌境内不同乡镇方言情况也是如此。古全清平与次清平都不分调；古浊平与全浊平字今读，有些方言分调，有些方言不分调，若分调则次浊平字今读基本上是中升调、高平调，全浊平字基本上读起点较低的降升调。全清上、次清上、次浊上合流为上声，全浊上归去。

都昌方言古去声字今读清浊分调，不同点是全清与次清字今读是否分调及分调后的走向。昌都片赣语普遍存在清去按送气分调，卢继芳（2018：416）曾考察 167 个方言点，其中 136 个方言点存在送气分调，125 个方言点存在全清去与次清去分调。都昌方言及邻近方言全清去与次清去分调时，在调形、调值上也有共性特点，全清去字多为升调或降升调，调尾达到最高值 5，有些方言甚至出现假声现象（如湖口方言）；次清去字多为起点相同或稍低的降升调，但调尾调值上没有达到 5；浊去归阳去，为低平调、低降调（或存在低降升调变体）。

昌都片赣语是赣语入声字今读调类数最多，演变最复杂的区域（卢继芳，2018：418）。都昌方言古入声字今读全清入与次清入基本分调。据笔者调查，都昌蔡岭镇牌垄村、蔡岭镇东风村、和合乡田坂村、周溪镇古塘村方言全清入、次清入、次浊入、全浊入分为 4 个入声调类；大港镇邻波村、鸣山乡九山村、大港镇高塘村、蔡岭镇居委会中古入声字舒化，浊入字多读阳去，全清入、次清入分调后舒化归向不同。其他方言全清入与次清入分调为全阴入、次阴入，浊入为阳入，同时还存在一些共性变异，如部分浊入字读同全阴入调，个别浊入字读次阴入调，中古入声字按全清、次清、浊三分演变是都昌方言入声字调类演变的主要类型。

关于吴语"送气分调"的研究成果较多，钱乃荣（1992：20）指出，湖州、吴江、嘉兴一带，古次清（送气音）声母字的声调从清声母中分化出来，与全清声母对立，非上声的次浊声母字也会从浊声母字中分化出来并与全浊声母对立。学者对吴江方言"送气分调"现象关注较多，吴江是吴语声调最多的方言，叶祥苓（1983）指出，吴江 7 个镇方言有 10~12 个调，根据其文章中古调类今读演变情况表可知：①松陵（2018 年松陵镇撤销）、同里、平望、芦墟、震泽方言古全清平、次清平今读分调，黎里、盛泽方言不分调；②松陵、同里、平望、黎里、盛泽方言古全清上、次清上分调，芦墟方言分调后次清上字与次清去字合流归次阴去，震泽方言不分调；③ 7 个镇方言古全清去与次清去均分调；④除了盛泽方言，其他 6 个镇方言全清入与次清入分调，今读入声调有全阴入调、次阴入调、阳入调。朱晓农、徐越（2009）应用实验语音学的方法探究了吴江松陵话的分调现象及成因。松陵话次清分调发生于上声、去声，部分见于入声。6 位发音人实验材料说明松陵话全清平与次清平字今读同类；有一个"大阳去"来源于次清上、浊上、次清去、浊去字；全清去字今读演变有两种情况，一是并入全阴上，二是趋向于并入阳去；入声字今读演变有三种情况，一是次清未脱离全清，二是次清脱离全清后独立成一个居中的类，三是次清脱离全清后并入浊入。

都昌方言与吴江方言相距甚远，但从"送气分调"现象涉及调类与发展趋向来看，两地有许多相似之处，从已有的研究来看，这不可能源于方言接触的影响，应当是赣北与吴地历史文化渊源的印证。

湘语也存在送气分调现象。罗昕如研究（2011：65~66）指出，湘语、赣语不同之处是湘语"送气分调"现象主要发生在去声中，而赣语平声、去声、入声中都有"送气分调"现象，"送气分调"现象多于湘语。湘语和赣语都存在这种现象，方言演变过程中的这种演变方式的相似性是这两个方言关系密切的重要表现。

（五）全浊上、全浊去归阴平现象

都昌县西部方言及周边永修吴城方言、鄱阳方言都存在古全浊上、全浊去归阴平现象。卢继芳（2018：405~409）指出，从昌都片赣语地理分布来看，古全浊上及全浊去部分字归阴平现象是沿着鄱阳湖湖区，顺着水路交通扩散分布的。笔者调查还发现昌都片赣语德安县丰林镇方言也存在全浊上、全浊去字今读归阴平的现象。

江西境内全浊上归阴平现象还出现于赣东、赣中赣语及客家方言。刘纶鑫（1999：297）提到黎川方言全浊上大部分字归阴平或有读阴平的白读音，临川、南城、南丰、崇仁、乐安、广昌、宜黄、东乡、进贤、金溪、资溪、横峰、弋阳、铅山、余江、鄱阳、贵溪、鹰潭、永新、宁冈、万安、新干、吉水、永丰等地方言也有这种现象。客方言与赣方言在浊上归阴平的变化中表现不一样，客方言除了全浊上字归阴平外，还存在次浊上字归阴平，赣语很少有次浊上字归阴平情况（辛世彪，2004：60；刘纶鑫主编，1999：297）。

全浊上归阴平、全浊上归去声（或阳去）叠置于赣语共时平面中，这在赣语方言中有明显证据，如有些方言中存在部分字全浊上归阴平、归去声的两读现象时，归阴平属白读，归阳去属文读。请看赣中南城、黎川、南丰方言材料（刘纶鑫主编，1999：297~299）。

	南城	黎川	南丰
厚：	₋hɛu ~薄　hɛu² 深~	₋uɛu ~薄　hɛu² ~道	○
动：	○	₋hŋ ~一~　tʰuŋ² 运~	₋hŋ ~一~　tʰuŋ² ~作
坐：	○	tʰo ~到　tʰo² 请~	○
在：	○	tʰɛi 介词　tʰɛi² 现~	₋tʰoi 介词　tʰoi² 不~乎
重：	₋tsʰoŋ 轻~　tsʰoŋ² ~量	○	₋tʰuŋ 轻的反面　tʰuŋ² ~量

都昌周边的永修吴城方言全浊上归阴平、归去声也存在两读现象，从方言材料来看，常用口语词中读阴平调，新兴词中读去声调，如罢不去也~ ₋pʻa、罢~工 pʻa²，舍左邻右~ ₋sa、舍宿~ sa²（肖萍，2008）。

故就目前研究成果来说，我们仍很难断定"全浊上、全浊去归阴平"音变潮流发源于何时何处。学界有不少讨论，例如，刘纶鑫（1999：299）认为古代汉语全浊上变去发生在 8 世纪，但次浊上与清上合流则是宋代的事。那么，我们可以认为，客、赣方言的全浊上声字归阴平是 8~9 世纪以前的事，而次浊上归阴平最早形成于唐代，或者更早；赣语今读阴平的全浊上字比客方言多些，这说明浊上归阴平是赣方言自身的特点，如果存在阳去与阴平的文白异读，那么全浊上归阳去是北方官话影响的结果。孙宜志（2007：228）认为，唐朝"安史之乱"之前赣方言浊上字读阳上，浊上归阴平现象在赣中与赣南先发生，"安史之乱"后北方移民带来的全浊上归阳去、次浊上归清上的变化规律打断了客赣方言浊上归阴平的音变规律。较为一致的看法是全浊上归阴平现象是比中古汉语全浊上归去更早的语音现象。

联系赣语各地方言全浊上归阴平现象来看，都昌方言全浊上归阴平音变在晚唐之后北方官话影响下并没有完全中断，全浊上归阴平与全浊上归阳去两种音变现象可能在相当长的时间内并存发展，即当时赣方言全浊上部分字保存阴平读法，部分字发生归阳去现象，部分字存在两读现象。都昌县有些方言（东部方言）中归阳去的规律强势，有些方言中归阴平的规律强势，部分方言（如西部方言）的部分全浊去字与全浊上字合流后随全浊上字发生归阴平音变现象，音变采取词汇扩散方式进行，而与都昌县西部隔湖相望的永修吴城方言、与都昌县东端接壤的鄱阳方言词汇扩散音变已完成，即全浊上、全浊去字今读全部归阴平。

从鄱阳湖区域行政历史来看，都昌、鄱阳行政共属历史达 300 余年［210~304 年（汉至晋）隶鄱阳郡，766~975 年（唐至北宋）隶饶州］，都昌、永修吴城共属历史近 900 年（从 982 年至清隶属南康军、南康路、南康府）；从交通地理来看，陆路上都昌与鄱阳接壤，水陆无阻，至清雍正年间周溪镇是设有巡检司的集镇（都昌县地名志编纂委员会编，1986），其与永修吴城、鄱阳县都是鄱阳湖沿岸主要货物集散地，交通便利，居民交往较多。永修吴城、都昌西部、鄱阳方言古全浊上与全浊去归阴平现象并非平行创新，应是都昌与周边方言同源关系的体现。

罗昕如（2011：66~72）指出，湖南境内洞绥片赣语洞口话中存在全浊上与全浊去归阴平现象；湘语中娄邵片和辰溆片方言中也有全古浊上今读归阴平现象，新化方言、冷水江方言浊去归阴平字多于全浊上字，古全浊去、次浊去字都有今读阴平的现象。古全浊上声字今读阴平的现象在赣语中较多见，在湘语中只有零星分布。罗昕如认为，湘语中古全浊上声字今读阴平的现象应该是赣语随移民输入湘语区后对湘语产生的影响。而湘语中有些存在古全浊去今读归阴平现象的方言同时也有古浊上今读归阴平现象，这与赣语某些方言演变一致，表明这部分湘语是深受移民赣语影响的方言。

（六）古清去字与浊平字今读合流

古清去字今读仍为去声，这是赣语古去声字今读的基本类型。都昌县周溪镇输湖村方言古全清去字今读与全浊平字同调，次清去字今读阴去，浊去读阳去；和合乡大前村方言全清去字今读与全浊平字调形相同、调值相近，次清去与浊去合流读去声。周溪镇输湖村方言全清去字今读调类演变同都昌其他乡镇方言不同，这在昌都片赣语中也是不多见的。赣语中宜浏片、吉茶片古清去字与浊平字今读合流现象较突出，据已刊成果（刘纶鑫主编，1999；陈昌仪，2005），主要分布在新余、分宜、万年、宜春、万载、宜丰、吉安、万安、峡江、永丰、吉水等地。

表 6-2　赣中、赣西代表点方言今读调类分化

代表点	平		上		去		入			
	全清次清	次浊全浊	全清次清次浊	全浊	全清次清	次浊全浊	全清	次清	次浊	全浊
吉安市	34	21	53	213	21	213	34			213
万安县城	34	23	31	212	23	212	5			212
新干潭丘	42	13	21	51	13	51 / 13	32			
万载县城	31	33	213	41	33	41	2		5	
宜丰县城	32	24	212	44	24	44	5			
上高县城	32	24	213	31	24	31	4			
峡江县城	44	53	31	213	53	213	44			
分宜县城	45	44	452	312	44	312	45			
宜春市	34	33	21	213	33	213	5			

　　据罗昕如（2011：71）研究，湘语长益片益沅小片益阳市、沅江市、桃江县方言，娄邵片的安化东坪方言存在类似现象，如益阳方言清去大部分字白读阳平，少数字读阴去，浊声母去声字读阳去，即古清去字文读阴去，白读阳平调。笔者调查发现新干潭丘乡方言也是如此，浊平字、清去字、少量浊去字今读合流为阳平，浊去字读去声调。新干潭丘乡方言有些清去字存在阳平、去声两读现象，单念读去声调，口语词中读阳平调。赣北、赣中赣语同湘语这些方言存在某种联系。

　　综上所述，从方言史来讲，西汉扬雄《方言》中提到的"南楚"包括今天的湖南和江西大部分地区，司马迁《史记·食货志》将"南楚"作为一个经济区，包括"衡山、九江、江南、豫章、长沙"，所以湘语与赣语有着共同的源头。汉代，在地理上已形成了紧密相连的南楚方言区、吴越方言区。赣北自古被称作"吴头楚尾"，都昌方言在方言学上归属赣语昌都片，但有一些语音现象表现出其与邻近吴

语、湘语的相似性，这与三地早期历史文化渊源有着密切关系。

三　都昌方言的区别性语音特征

都昌方言归属昌都片赣语，既往研究较多地从昌都片区域来看都昌方言发展特点且成果斐然。研究方言区域特征的价值在于为方言分区提供重要依据。多年来经过学界前辈与同人的长期研究，赣语内部分片的特征轮廓基本清楚，但赣语各片之间的关系与层次仍有许多工作可拓展深入，同时有赖于区域性特征的深入挖掘。都昌地处鄱阳湖北岸线上，其东部与鹰弋片赣语交界，鄱阳湖周边区域自唐宋以来就是江西北部重要经济文化区，各县交流无阻，都昌方言演变发展中还应有因鄱阳湖区域地理上横向渗透形成的区域特征。因此下文在前文研究的基础上，从鄱阳湖滨区域着眼，归纳梳理出都昌方言与周边方言（湖口双钟、庐山蛟塘、永修吴城、南昌新建联圩，归昌都片赣语；彭泽县城、鄱阳鄱阳镇、余干县城，归鹰弋片赣语）的共同特征及差异特征，然后提炼出都昌方音发展分化的创新点。

（一）鄱阳湖滨区域方言语音的共同性特征及区别性特征

1.鄱阳湖滨区域方言语音的共同性特征

本书着重考察的鄱阳湖滨区域方言有都昌、湖口、庐山市、永修、南昌新建区（下新建）、彭泽、鄱阳、余干方言，虽然它们归属赣语不同的分片，但因为地理上毗邻，也有不少共同之处。具体表现有：

（1）中古次清与全浊声母今读合流，这是赣语的共性特点。

（2）中古明微疑日影喻母今读基本上是次浊声母或零声母。

（3）果假摄今读韵母主元音为［ɔ/o］与［a］分立，都存在果摄个别字读如假摄字主元音［a］的现象。只有鄱阳鄱阳镇方言音值不同，果假摄今读韵母主元音为［o］与［ɔ］分立。

（4）遇摄普遍存在《切韵》时代"鱼虞有别"层次，韵母音值是［e/ie、ɛ/iɛ］，只有彭泽方言例外。遇摄有个别字读声化韵现象，音值有［ŋ̍、l̩］。

（5）蟹摄开口一等有个别字读法特殊，今读韵母［ɛ］/［e］，例字没有统一性；蟹摄二等个别字今读韵母没有元音韵尾，读同假摄字韵母，例字较统一，为"稗洒晒佳涯"。

（6）止摄开口帮组、定母、见系与止摄合口来母、精组、日母韵母合流读［i］，湖口、彭泽方言帮组个别字产生了［i］→［ɛi］/［ei］裂化音变，如悲、美。

（7）咸山摄开口三四等字韵母合流为齐齿呼韵母［iɛn］［ien］［ian］，合口三等知章组字韵母今读不同于其他组系字韵母。

（8）深摄、臻摄合流，音类分合基本上相同。

（9）江宕摄韵母合流。

（10）曾梗摄合流，曾摄三等字与梗摄文读音发生合流现象；梗摄普遍存在文白异读，有些字有两读，有些字只有一读。

（11）个别曾梗摄字韵母读同通摄字，例字有"弘猛棚轰宏兄荣"。

（12）平声分阴阳，清上、次浊上归上声，去声分阴阳，古入声字按古声母清浊发生调类分化。

（13）清入字若舒化，以归向阴去为主，浊入字舒化后以归阳去为主。

2. 鄱阳湖滨区域方言语音的区别性特征

鄱阳湖滨区域方言语音较突出的区别性特征有：

（1）赣语的中古次清与全浊声母合流后今读音值有区别。都昌、庐山、湖口、永修（部分方言）、新建区（下新建）方言为浊音型，彭泽、鄱阳、余干、南昌市、永修（部分方言，如吴城方言）方言属清音送气型。

（2）古非组，晓母、匣母合口一二等及晓母止摄合口三等字声母今读合流，彭泽、鄱阳方言不合流，其他方言均合流。

（3）透定母今读边音声母。都昌方言音系存在系统性音变现象，湖口、鄱阳、余干、彭泽、庐山、永修、新建区（下新建）方言无系统音变现象。

（4）泥来母今读不混。都昌、湖口、庐山、鄱阳方言不混，泥母读［n］［ȵ］，来母读［l］，而永修、新建区、彭泽、余干方言泥来洪混为［l］，细分为［n］［ȵ］。

（5）精庄知章四组字今读声母合流。永修、新建区（下新建）、鄱阳、彭泽方言有此特征，而都昌、湖口、庐山、余干方言分两类，精组、庄组、知组二等字声母今读合流，知组三等与章组字声母今读合流。

（6）溪母合口一二三等及溪群母三四等今读零声母。只有都昌西部方言音系中存在这样的系统性音变，都昌东部、湖口、鄱阳、余干、彭泽、庐山、永修、新建区（下新建）方言无系统音变现象。

（7）蟹摄开口一二等今读分立。都昌县部分乡镇方言、庐山市部分乡镇方言、南昌市新建区（下新建）、永修、彭泽、鄱阳、余干方言属于分立型，都昌县部分乡镇方言、庐山市部分乡镇方言、湖口方言属于合流型。

（8）止摄开口精庄知章四组韵母今读。都昌、庐山、湖口、鄱阳、余干方言精庄组韵母读 [ɿ]，都昌、庐山、湖口、鄱阳知章组韵母读 [ʅ]，余干方言知章组韵母读 [o]，新建区（下新建）、永修、彭泽方言精庄知章组韵母合流读 [ɿ]。

（9）效流摄韵母合流情况不同。①都昌东部、湖口、鄱阳、彭泽方言效流摄韵母今读不相同；②都昌中西部、永修、庐山、余干、南昌市新建区（下新建）方言效摄三等（知章组），流摄一等、三等庄组韵母今读合流；③都昌县城及周边乡镇方言效摄一二等、三等（知章组），流摄一等、三等庄组韵母今读合流。

（10）都昌、湖口、鄱阳、永修、庐山、余干、新建区（下新建）方言咸山摄开口一二等韵母有别，见系字尤显，彭泽方言一二等韵母完全合流。

（11）永修、新建区（下新建）方言深摄、臻摄开口三等知章组字韵母均读 [in]，其他方言则读 [ən]。

（12）都昌、湖口、永修、庐山、新建区（下新建）方言深摄庄组、臻摄开口一等见系字韵母合流，今读 [ɛn、en]，且与咸山摄开口三等知章组今读合流。彭泽、鄱阳、余干方言深臻摄与咸山摄韵母没有合流现象。

（13）鄱阳方言宕江摄韵母鼻尾为前鼻尾，都昌、湖口、彭泽、永修、庐山、余干、新建区（下新建）方言宕江摄韵母均为后鼻尾。

（14）都昌、湖口、永修、庐山、新建区（下新建）方言有送气分调现象，余干、彭泽、鄱阳方言无送气分调现象。

（15）都昌县西部、永修吴城、鄱阳方言古全浊上与全浊去有归阴平的现象，其他方言没有此现象。

（16）去声清浊分调，都昌方言全浊上、次清去与浊去字合流归阳去调，周边其他方言没有此现象。

（17）都昌、湖口、永修、庐山、新建区（下新建）、余干方言中古入声字均保存入声调类，都昌县东部、鄱阳方言全清入字保存入声调类，彭泽方言无入声调类。

表 6-3 展示了都昌方言与周边方言语音特征的异同情况，也可窥见鄱阳湖滨区域方言之间的历时源流及共时横向影响。

表 6-3　鄱阳湖滨区域方言语音特征比较

比较项	都昌	湖口	庐山	永修	新建	彭泽	鄱阳	余干
中古次清与全浊声母今读浊音型	+	+	+	+/○	○	○	○	○
透定母读边音[l]声母	+	○	○	+/○	○	○	○	○
泥来母不混	+	+	+	○	○	○	+	○
知三章组字今读[tʂ]或[tʃ]组声母	+	+	+	○	○	○	○	+
溪群母今读零声母	+	○	○	○	○	○	○	○
晓匣母合口一二等合流	+	+	+	+	+	○	○	+
鱼虞有别	+	+	+	+	+	○	+	+
止摄开口知章组韵母读[ʅ]	+	+	+	+	+	○	○	+
效流摄韵母合流	+/○	○	+	+	+	○	○	+
咸山摄开口一二等韵母有别	+	+	+	+	+	○	+	+
深臻摄开口三等知章组韵母读[in]	○	○	○	+	+	+	○	○
宕江摄韵母鼻尾为后鼻尾	+	+	+	+	+	+	○	+
送气分调	+	+	+	+	○	○	○	○
古全浊上与全浊去字今归阴平调	+/○	○	○	+/○	○	○	+	○

比较项	都昌	湖口	庐山	永修	新建	彭泽	鄱阳	余干
次清去、全浊去字合流为阳去调	+	○	○	○	○	○	○	○
有入声调类	+	+/○	+/○	+	+	○	+	+

注：+号表示有此特征；○表示没有此特征；+/○表示部分方言有此特征，部分方言无此特征。

（二）都昌方音发展的创新点

基于前文的研究，结合表6-3分析可知，都昌方言区别于周边方言的语音特征是：透定母今读边音［l］声母现象、溪群母今读零声母现象、次清去与全浊去字今读调类合流为阳去。

1. 透定母今读边音［l］声母音变

赣语中透定母今读音变较丰富。《中国语言地图集》（1987）指出，赣语声母的一些特点，如抚广片赣语古透定母今开口呼字读［h］声母，洞绥片赣语古透定母字今白读为声母［h］。谢留文（2006）指出，抚广片赣语古透定母开口一等字声母白读为［h］，部分方言开口四等字声母白读为［h/ɕ］，合口一等字白读为［h/ f］，宜浏片和吉茶片少数方言也有此特点。赣语中透定母今读边音现象不多见。江西境内赣语宜浏片新余市渝水区方言存在四等端母字今读边音［l］声母（刘纶鑫主编，1999），但"透定"不读边音［l］声母，类型上与都昌方言不同。

中古全浊声母今读边音现象在汉语方言中并不少见，但不同方言涉及古声母及音变机制不太相同。湖南境内方言浊声母边音化涉及从邪澄崇船禅定等古浊声母，如湘语长益片益沅小片（包括益阳市、沅江市、桃江县）的主要特点是古从邪澄崇船禅等全浊声母舒声大批字读［l］声母（鲍厚星、陈晖，2005），湘语新宁方言老派方言（罗昕如，2011；陈晖，2006）及平江赣语（李冬香，2005）中定母存在今读［l］声母现象。福建北部建阳、崇安方言部分定母字今读边音［l］声母（陈章太、李如龙，1991）。同上述汉语方言相较，都昌方言今读边音［l］声母不仅有中古浊声母定母，还有次清"透母"字。

都昌周边方言中湖口县双钟镇月亮村（透母"梯体推退挑厅"，定母"题弟跳停"）、马影镇走马刘三房村（透母"梯体剃推腿退挑跳添天铁厅听"，定母"题弟第调碟达田电停定笛敌洞"）、文桥乡（今均桥镇）饶塘村陈凤姓村（透母"梯体厅"，定母"笛敌独读"）、武山镇武山村细沈祐（透母"推退跳添贴天铁厅"，定母"调甜碟田电停定笛敌洞"）、流芳乡青年村曹府台（透母"土吐兔梯体贪毯添天铁吞汤厅"，定母"徒图杜度题弟潭谭淡甜田电团段堂糖塘停笛敌动洞"）方言，庐山市东部沿湖蓼花镇（今星子镇）（透母"跳"，定母"笛"）、蓼南乡（透母"体推腿退添贴铁厅"，定母"弟第地甜碟停定笛敌"）也存在少量透定母字读［l］声母现象。另外，肖萍（2008：71）指出永修吴城方言中个别字（笛潭调地弟梯地殿蹋）读边音。

　　昌都片德安县丰林镇方言也存在透定母读边音［l］声母现象，类型上同都昌方言相同（卢继芳，2018：274~284）。从昌都片赣语全局来看，透定母读边音现象中心源地有两处：一个是都昌县西部方言，另一个是德安县中部方言。都昌县西部方言透定母完全读边音，音变向四周扩散，跨越县境中部的阳储山向东部方言蔓延，向西越过鄱阳湖向庐山、永修吴城方言推进，北部向湖口方言推进；德安县中部的丰林镇方言透定母合流今读边音现象向东部推进与庐山方言相连。昌都片透定母读边音［l］声母现象在地理上有着明显的环湖区分布的特点。都昌县西部与德安县丰林镇没有地缘接触关系，据目前研究成果我们还很难对这两地相同的音变存在关联做出定论，暂且认为这可能是平行创新现象。

　　以演化语言学观点来看，在人类语言共有、普适性的演化机制作用下，即使甲、乙两个语言之间既没有谱系关系，也没发生接触，也可能出现类型相同、方向平行的变化（麦耘，2016：158）。就都昌方言与周边方言来说，透定母今读边音［l］声母现象应是都昌方言突出的特色音变现象。都昌周边方言中透定母今读边音声母现象是零星个别的，并不是系统性的音变，从地缘关系及例字来看，都昌周边方言透定母字今读边音［l］声母现象同都昌方言有密切关系。

　　2. 溪群母今读零声母

　　昌都片赣语溪群母今读类型有 5 种（卢继芳，2018：295）。①溪群母无论拼洪音、细音韵母均读［k'］，主要分布于武宁县方言。②溪群母拼洪音与细音有别，拼洪音韵母今读［k］组，拼细音韵母今读

［tɕ］组，武宁县方言溪群母今读［kʻ/tɕʻ］；修水、瑞昌南义镇、都昌东部、湖口、庐山、德安、永修、安义、南昌市（包括新建区）、南昌县方言溪群母今读［gʻ、g、kʱ、kʻ］［dʑʻ、dʑ、tɕʱ、tɕʻ］。③溪（一二等字除外）群母拼洪音韵母今读［k］组，拼细音韵母今读［tɕ］组，溪母一二等字声母今读［x］，主要分布于修水县部分乡镇、湖口中北部、永修、南昌市新建区昌邑乡、南昌县东南部方言。④溪群母（部分三四等字除外）拼洪音韵母今读［k］组，拼细音韵母今读［tɕ］组，溪群母三四等今读零声母，主要分布于都昌中西部、湖口南部、庐山东部方言。⑤溪（一二等字除外）群母拼洪音韵母今读［k］组，拼细音韵母今读［tɕ］组，溪群母遇摄合口三等、山摄合口三等、臻摄合口三等字声母今读［dʐʰ］/［tʂʱ］/［tʂʰ］，主要分布于都昌东北部、德安西南部方言。结合汉语史来看，昌都片赣语溪群母读［k］组音应是最早的历史层次，类型 2、3、4、5 应是后来的发展演变。

　　都昌方言溪群母今读零声母也是学界关注较多的音变现象，如万波（2009）、孙宜志（2007）等研究成果中都把这一特点单列为独立类型。这说明都昌县中西部方言溪群母今读零声母不仅在昌都片赣语中很突出，在整个赣语中也是很有特色的。赣语溪母今读擦音声母现象很常见，宜浏片宜丰、上高方言溪母拼细音韵母读［ɕ］，吉茶片永新、莲花方言溪母拼开口呼韵母读［h］，拼齐齿呼韵母读［ɕ］，拼合口呼韵母读［f］；昌都片赣语修水县部分乡镇、湖口县中北部、永修、南昌市新建区昌邑乡、南昌县东南部方言溪母一二等字声母今读［x/h］。

　　为了考察昌都片赣语各地方言溪群母今读零声母现象的分布条件，笔者从《方言调查字表》选取 137 个溪母字、84 个群母字对昌都片赣语 182 个方言点进行了调查。调查结果显示，17 个点的方言有溪群母今读零声母现象，都昌周边方言中也有零星分布，如庐山市华林镇方言中溪母字 3 个（垮款弃）、群母字 1 个（跪），庐山市蓼花镇（今星子镇）蓼花村方言中溪母字 6 个（苦裤枯库款土）、群母字 1 个（葵），庐山市蓼南乡方言中溪母字 21 个（科区棵启块亏欺丘款宽圈坤犬捆群困裙筐匡腔轻）、群母字 7 个（跪球钳俭权拳狂）；共青城市苏家垱乡方言中溪母字 4 个（款宽圈劝）、群母字 3 个（跪权拳）；湖口县城山镇方言中溪母字 10 个（欺亏起巧窍丘谦欠劝犬）、群母字 8 个（渠第三人称乾权拳勤狂近穷），文桥乡（今均桥镇）方言中溪母字 12 个（枯库苦欠谦遣钦牵劝圈腔哭）、群母字 3 个（渠第三人称狂琼），舜德乡方言中溪母字 7 个（科圈课犬劝捆困）、群母字 1 个（狂）；永修县九合乡方言中溪母字 1 个（款）、群母字 6 个（跪舅柜件旧近）。溪群母零声母现象在昌都片赣语的分布具有区域性特点，主要分布在都昌县东部方言、南部方言及环湖的邻近县市方言。都昌方言以外的其他方言例字不出都昌方言例字范围（都昌境内具体情况请见本书第四章音变专题第一节）。从例字来看都昌方言溪群母零声母现象最为典型。

　　昌都片赣语有［x/h］声母音变，又有零声母音变，［x/h］声母与零声母之间有没有关联？首先请看表 6-4 中都昌、湖口、修水三地方言具体例字。

表 6-4　都昌、湖口、修水方言溪群母例字

地点	溪母字						群母字		
	靠	揩	欺	阔	快	去	桥	柜	局
都昌阳峰	ɡau²	₅ɡai	₅i	uɔt₂	uai²	iɛ²	₅ieu	i²	iuk₂
湖口双钟	ɡau²	₅ɡ'ai	₅dʑi	ɡo²	₅ɡuai²	dʑi²	₅dʑiau	ɡuei²	dʑy²
修水义宁	hau²	₅hai	₅₂dʑi	ɡuol₂	₅ɡuai²	dʑiɛ²	₅dʑiau	ɡui²	dʑiu?₂

　　从表 6-4 的例字可知修水方言溪母开口一二等字读［x/h］声母，都昌中西部方言溪母合口一二等、部分三四等字及全部群母字读零声母，从音韵条件看，都昌方言古溪母今读零声母的例字与修水方言古溪母今读［x/h］声母例字具有互补关系。赣语溪群母字今读合流，故都昌方言溪群母字今读零声母现象应当是溪群母合流之后因共同的机制而产生的二次变化。

　　做田野调查时，笔者发现湖口城山乡方言溪母既存在［h］音变，也存在零声母现象；安义新民乡发音人念"看苦宽圈"单字时，听感上像［kʰ］，又似［h］，又似零声母；南昌泾口乡发音人说"搭～颈"时第一遍念［ɛ］，第二遍念［hɛ］。都昌中部土塘镇方言处于东西部音变交界地带，我们发现横渠村、潘垄村方言发音人溪群母拼细音韵母时明显弱化为通音，如去、气读［ji²］，声母听感上若隐若现，处于消失之

前的弱化状态。

结合上面两方言的考察，我们认为昌都片赣语溪群母今读［x/h］声母及零声母应是在一个音变链条上的两个不同阶段，［x/h］层次更早，都昌方言零声母应是［x/h］声母弱化发展的结果。万波（2009：174）曾构拟赣语溪母今读的音变过程：

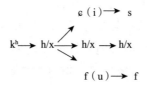

联系赣语宜浏片方言溪母读［ɕ］，吉茶片方言溪母读［x］［ɕ］［f］现象，万波（2009：174）的构拟具有合理性。再结合昌都片赣语零声母现象，我们对昌都片赣语溪群母今读演变过程做如下构拟（实线箭头表示昌都片赣语大部分方言的音变，虚线箭头表示都昌方言音变）：

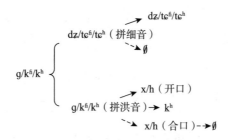

3. 次清去与全浊去合流读阳去

赣语次清与全浊声母合流，昌都片赣语北部不少方言古次清声母字与全浊声母字今读调类也发生了合流现象。昌都片赣语次清与全浊字调类合并主要发生在古去声字及古入声字；古次清去字与全浊去字合流的方言主要分布在都昌、武宁县东南部杨洲乡、德安县塘山乡、南昌县广福镇；次清入字与浊入字合流的方言主要分布在都昌、修水县（义宁镇、宁州镇、新湾乡、港口镇、布甲乡、白岭镇、全丰镇、黄龙乡、大桥镇、余埠乡）、德安县丰林镇（卢继芳，2018：418、430）。从目前已知材料可知，都昌方言次清字与全浊字调类合流现象在昌都片赣语较为突出，同邻近方言相较也具有明显的区别特色。都昌县乡镇方言调类具体见表6-5。

表6-5　都昌方言今读调类分化

地点	平			上			去				入			
	清平	次浊	全浊	清上	次浊	全浊	全清	次清	次浊	全浊	全清	次清	次浊	全浊
大港镇邻波村	33	23		352	21		41		21		325	41	325	21
鸣山乡九山村	33	23		354	21		212		21		45	212	45	21
大港镇高塘村	33	212		354	211		325	31	211		325	31	325	211
蔡岭镇居委会	32	23	212	452	313		35	31	313		35 45	31	313 45	
蔡岭镇牌垄村	33	23	212	452	312		35	31	312		45	21	45　312 44	
蔡岭镇东风村	33	344	213	354	312		325		312		45	31	33 45	11
大树乡大埠村	32	55	312	352	312		324		312		45	113	44 45	
和合乡田坂村	44	355	213	342	31		325		31		45	21	33 45	11
和合乡大前村	33	344	212	354	31		323		31		45	21	22 45	
大沙镇店前村	33	24	212	354	21		325		21		45	31	44 45	
阳峰乡龙山居委会	44	344	214	352	31		324		31		45	21	33 21 45	
西源乡中塘村	33	224	212	354	21		325		21		45	31	44 45	

地点	平			上			去				入			
	清平	次浊	全浊	清上	次浊	全浊	全清	次清	次浊	全浊	全清	次清	次浊	全浊
周溪镇_{输湖村}	32	114	214	352	323		214	312	323		<u>45</u>	<u>21</u>	<u>33</u> / <u>45</u> / 323	
周溪镇_{古塘村}	33	455	212	354		21	324	21			<u>45</u>	<u>31</u>	<u>33</u> / 45	<u>11</u>

　　都昌县东部方言全清字与次清字不分调，中西部方言全清字与次清字均分调。大港镇邻波村、鸣山乡九山村全清去字与次清去字不分调。蔡岭镇牌垄村方言全清去字与次清去字分调后为阴去₁、阴去₂，周溪镇输湖村方言全清去字与次清去字分调后，全清去字今读与全浊平字今读合流，次清去字读独立阴去调。大港镇高塘村、蔡岭镇居委会部分次清去字今读独立次阴去调，部分字与浊去合流为阳去调。次清去字与全清去字分调后与浊去字合流为阳去调是都昌方言去声字演变的主要类型。

　　朱晓农、徐越（2009）对于"送气分调"的解释是："次清分调的原因在于发声态起了变化。次清原来和全清一样，是普通清声态，但后来在低调中送气后声门较松弛而没有关严实，导致发元音时出现漏气，使得元音变为轻微气化——弛声化，从而与来自中古全浊类的弛声声母发声态相近或相同，弛声对音高的影响是降低音高。结果大部分分离的次清音高并入了阳调类，或即使个别独立成调，也相当接近于相应的阳调。"朱晓农、徐越关于吴江方言声调分化的论证对都昌方言同样具有很强的解释性。

　　都昌方言中存在次清声母与全浊声母合流今读同浊声母（或为变体"清音浊流"）现象，学界称之为"次清化浊"。都昌方言声调系统中存在古次清去字与全浊去字今读合流，次清入字与全浊入字今读合流，调类与声母的演变是一致的。结合前文的论述，赣北赣语中古次清声母音节带有气化特点，与带音声母音节听感上具有相似性，这样的语音环境导致次清与全浊声母合流。结合表 6–5 可知，都昌方言次清去、次清入字调值低于全清去、全清入字调值，所以都昌方言中古去声、入声今读送气分调与"次清化浊"应是同一机制引发的不同音变，同低调送气声母弛化有关。据此构拟古去声字今读调类演变轨迹（虚线箭头表示可能发生）：

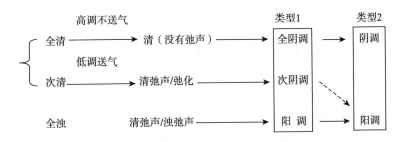

都昌方言中少数乡镇方言古去声字今读演变处于类型 1 阶段（如蔡岭镇牌垄村），部分方言处于从类型 1 至类型 2 演变的阶段（如大港镇高塘村、蔡岭镇居委会），大部分方言处于类型 2 阶段。

综上所述，参照学界提出的赣语语音条目，都昌方言从声韵调特点来看具备了赣语的基本特点。都昌方言又有许多不同于赣中赣语的特点，如古全浊声母与次清声母今读合流读浊声母、晓匣母合口与非组相混今读［ɸ］、覃谈分韵、古平去入声字按古今声母来源发生送气分调，这些都是赣北赣语的典型特点。都昌上古时期历史地理位置是"吴头楚尾"，中古之后又处于北民南迁的重要路线上，元明清时期又是"湖广填四川，江西填湖广"移民的重要转迁地，都昌县不同历史时期受到不同来源文化的影响，其方言共时平面上呈现出丰富的语音层次。都昌方言中的浊音、果摄个别字韵母读圆唇韵母［u］、覃谈分韵、送气分调等现象都表现出与吴湘语的联系，尤其是送气分调、次清去与浊去合流为"大阳去"调现象与吴语更是惊人地相似，这些语音特点也足以说明三地密切的历史文化渊源。都昌方言在中古以后的发展有着自身的创新，一是居于赣北鄱阳湖文化圈的共性创新，如都昌方言与鄱阳湖西侧方言溪群母字今读声母现象（零声母 ＞［x/h］），都昌方言与鄱阳湖东西岸方言共现的全浊上、全浊去归阴平现象，另一些则表现为都昌方言独特的区别性特征，如透定母字今读边音声母、溪群母今读零声母等现象。

都昌方言是昌都片赣语中十分复杂而又具有特色的方言。李荣早在 20 世纪 80 年代就方言分区提出"大区—区—片—小片—点"五级分层，在赣语内部分片研究史上，学者根据都昌方言的语言特征将都昌方言归属赣语昌靖片（颜森，1986）、赣语南昌片都昌小片（陈昌仪，1991）、赣语南昌都昌片（魏钢强、陈昌仪编写，1998）、赣语南昌片湖口小片（刘纶鑫主编，1999）、赣语北区都昌片（孙宜志、陈昌仪、徐阳春，2001）、赣语昌都片（谢留文，2008）等。卢继芳（2018：229~235）对赣语昌都片语音区别性特征及内部分片做了再探讨，结合早期、晚期及共时平面差异的语音条件将昌都片赣语分为南昌小片、都昌小片、武宁小片。本书重点考察的都昌、湖口、庐山方言属都昌小片，永修吴城、南昌新建区方言属南昌小片。都昌方言从基本特征来说同湖口、庐山、永修、南昌新建区方言有更多的共同点，而同鹰弋片赣语彭泽、鄱阳、余干方言有较大区别。方言事实表明，根据"对内统一，对外排它"的特征泾渭分明地把某个方言点归入某个方言区是不可能实现的操作，因为汉语方言在历时发展及地理空间分布上具有连续性特点，"纵向的同源关系和横向的渗透关系都会造成方言间共同的区域特征"（李如龙，2003：31）。方言是很难泾渭分明的，如都昌县腹地方言具有昌都片赣语的特点，但都昌县北部、东部交界处的方言与腹地方言区别大，更趋同于毗邻的湖口、鄱阳、彭泽方言。汉语方言是汉语在各个地域的变体，各个区域不同时期的历史文化渊源也会使方言中形成不同时期语言层次的叠置，都昌方言共时平面上叠置着复杂丰富的历史层次。

本书研究较多地运用历史比较语言学方法、历史层次分析法与接触语言学方法，分析提出都昌方言语音的区别性特征及创新点。这些区别性特征及创新点的提出主要基于都昌方言及周边方言的语料比较，以方便更加深入地挖掘都昌方音特点，而不是立足于整个赣语或者汉语方言，因为从演变语言学观点来看，具有普适性音理、类型相同、平行的变异过程，完全不需要依赖任何谱系关系或接触关系，都会很自然地发生（麦耘，2016：160）。总之，本书的写作旨在准确详细地记录都昌方言语音的面貌及特点，深入研究都昌方言内部差异与演变发展规律，探讨都昌方言与周边方言之间的关系。希望本书能为赣北赣语的挖掘与区域特征研究尽绵薄之力！

附录　发音人信息

本文方言调查发音人（按调查时间先后排）

序号	姓名	地点	性别	出生年月	职业	文化程度	调查时间
1	但某荣	都昌县大港镇繁荣村	男	1951	务农	小学	2002年7月
2	段某富	都昌县中馆镇银宝村	男	1951	务农	初中	2002年7月
3	曹某焕	都昌县万户镇长岭村	男	1956	退休干部	高中	2002年7月
4	程某梅	都昌县南峰镇暖湖村	女	1962	务农	高中	2002年7月
5	曹某详	都昌县蔡岭镇东风曹炎村	男	1928	退休教师	高中	2002年7月
6	杜某乔	都昌县和合乡田坂村	男	1976	机关干部	大学	2002年7月
7	曹某菊	都昌县周溪镇古塘村	女	1945	退休干部	中专	2002年7月
8	余某林	都昌县春桥乡云山村余良山	男	1949	退休干部	中专	2002年7月
9	彭某茂	都昌县春桥乡春桥村彭壁村	男	1947	务农	小学	2002年7月
10	袁某信	都昌县徐埠镇山峰村袁鏚村	男	1930	务农	小学	2002年7月
11	周某琴	都昌县左里镇周茂村	女	1972	镇干部	高中	2002年7月
12	于某梅	都昌县狮山乡老屋村于家湾村	女	1967	务农	初中	2002年7月
13	卢某佑	都昌县都昌镇柳树堰卢家	男	1937	退休教师	初中	2002年7月
14	张某庆	都昌县土塘镇信和村	男	1937	退休干部	中专	2002年7月

续表

序号	姓名	地点	性别	出生年月	职业	文化程度	调查时间
15	沈某汉	都昌县阳峰乡黄梅沈家	男	1933	务农	小学	2003 年 7 月
16	张某荣	都昌县土塘镇信和村柏树张家村	男	1933	退休教师	初中	2011 年 10 月
17	江某旺	都昌县土塘镇南源村佩畈村	男	1937	退休教师	初中	2011 年 10 月
18	江某山	都昌县土塘镇官洞村上官村	男	1933	退休教师	初中	2011 年 10 月
19	张某丁	都昌县土塘镇莲蓬村口头张家村	男	1939	退休教师	初中	2011 年 10 月
20	江某宏	都昌县土塘镇殿下村陶珠山村	男	1939	退休医生	高中	2011 年 10 月
21	刘某琦	都昌县北山乡夏家山村刘村	男	1987	学生	大学	2012 年 5 月
22	卢某林	都昌县阳峰乡龙山居委会卢家村	男	1948	务农	初中	2013 年 10 月
23	卢某河	都昌县阳峰乡龙山居委会卢家村	男	1947	退休教师	中师	2013 年 10 月
24	卢某华	都昌县阳峰乡龙山居委会卢家村	男	1955	退休干部	高中	2013 年 10 月
25	卢某英	都昌县阳峰乡龙山居委会卢家村	女	1957	退休干部	高中	2013 年 10 月
26	卢某光	都昌县阳峰乡龙山居委会卢家村	男	1981	务农	初中	2013 年 10 月
27	卢某英	都昌县阳峰乡龙山居委会卢家村	男	1983	务农	大学	2013 年 10 月
28	吴某宝	都昌县都昌镇吴家街	男	1945	退休干部	高中	2017 年 5 月
29	吴某玉	都昌县都昌镇金街岭	男	1956	退休干部	高中	2017 年 5 月
30	邵　某	都昌县都昌镇邵家街	男	1984	公司职员	高中	2017 年 5 月
31	陈某平	都昌县都昌镇金街岭	男	1990	机关干部	大学	2017 年 5 月
32	赵某烈	都昌县多宝乡宝桥村	男	1948	退休干部	高中	2018 年 1 月

续表

序号	姓名	地点	性别	出生年月	职业	文化程度	调查时间
33	汪某富	都昌县周溪镇输湖村西汪村	男	1955	小学教师	中师	2018年2月
34	江某济	都昌县西源乡中塘村迷儒堑村	男	1946	务农	初中	2018年2月
35	石某生	都昌县汪墩乡大桥村石甲山村	男	1965	村干部	初中	2018年6月
36	冯某中	都昌县鸣山乡九山村冯家山村	男	1956	退休教师	高中	2018年6月
37	王某荣	都昌县大树乡大埠村山下王家村	女	1949	务农	小学	2018年7月
38	杨某丰	都昌县春桥乡凤山村杨培祥村	男	1947	退休教师	高中	2018年8月
39	袁某珊	都昌县春桥乡老山村海落舍村	男	1958	退休教师	中学	2018年8月
40	詹某书	都昌县和合乡大前村老屋	男	1954	村支书	高中	2019年1月
41	冯某波	都昌县南峰镇石桥村	男	1951	退休干部	大专	2019年5月
42	段某金	都昌县中馆镇银宝村岭上段家	男	1964	务农	小学	2019年6月
43	周某民	都昌县大沙镇店前村	男	1947	务农	小学	2019年7月
44	徐某琴	都昌县苏山乡彭埠村色臣坂村	女	1953	家庭主妇	小学	2019年7月
45	石某	都昌县大港镇高塘村曹站	男	1957	退休教师	中师	2019年8月
46	魏某银	都昌县大港镇邻波村黄莲村	男	1944	村干部	初中	2019年8月
47	郭某庆	都昌县徐埠镇杨岭村郭家山	男	1948	退休干部	高中	2020年1月
48	曹某助	都昌县蔡岭镇华山村店下曹村	男	1953	退休干部	高中	2020年2月
49	张某生	都昌县蔡岭镇牌垄村张七房村	男	1954	村干部	初中	2020年5月

序号	姓名	地点	性别	出生年月	职业	文化程度	调查时间
50	胡某生	都昌县蔡岭镇居委会大路边胡家	男	1945	退休教师	中师	2020 年 6 月
51	刘某庭	都昌县蔡岭镇牌垄村刘虎山村	男	1963	务农	初中	2020 年 6 月
52	余某逊	都昌县芗溪乡芗溪村芗溪自然村	男	1962	务农	大专	2020 年 7 月
53	潘某兰	都昌县土塘镇珠光村中洲村	男	1948	务农	高中	2020 年 8 月
54	江某定	都昌县土塘镇化民居委会	男	1946	务农	小学	2020 年 8 月
55	刘某炎	都昌县土塘镇佛子村岭上刘村	男	1949	务农	初中	2021 年 1 月
56	刘某耀	都昌县土塘镇辉煌村桂芳湾	男	1965	务农	高中	2021 年 1 月
57	杨某节	都昌县土塘镇冯梓桥村康山	男	1957	务农	小学	2021 年 2 月
58	肖某贵	都昌县土塘镇小港村老屋肖家村	男	1960	务农	高中	2021 年 5 月
59	冯某贵	都昌县土塘镇冯家坊村	男	1948	务农	小学	2021 年 5 月
60	冯某秀	都昌县土塘镇长山村佛王山村	男	1948	务农	小学	2021 年 5 月
61	冯某和	都昌县土塘镇港东村冯家嘴	男	1949	退休干部	初中	2021 年 5 月
62	杨某英	都昌县土塘镇曹店村杨垄村	女	1959	务农	初中	2021 年 6 月
63	江某塔	都昌县土塘镇铺里村南海村	男	1995	村干部	大学	2021 年 6 月
64	刘某亮	都昌县土塘镇外楼村刘聪山村	男	1976	务农	初中	2021 年 6 月
65	江某明	都昌县土塘镇官洞村岭下村	男	1956	务农	初中	2021 年 6 月

续表

序号	姓名	地点	性别	出生年月	职业	文化程度	调查时间
66	王某昌	都昌县土塘镇潭湖村下坂村	男	1962	务农	高中	2021 年 6 月
67	段某星	都昌县土塘镇莲蓬村庙峦村	男	1961	务农	小学	2021 年 7 月
68	江某福	都昌县土塘镇潘垄村江楼村	男	1955	务农	小学	2021 年 7 月
69	江某生	都昌县土塘镇南源村佩畈	男	1948	务农	小学	2021 年 7 月
70	刘某龙	都昌县土塘镇信和村西舍	男	1949	务农	小学	2021 年 8 月
71	刘某星	都昌县土塘镇刘云村山塘里	男	1955	务农	小学	2021 年 8 月
72	邵某炳	都昌县土塘镇杭桥街	男	1954	务农	高中	2021 年 8 月
73	黄某亮	都昌县土塘镇化民居委会	男	1964	村干部	高中	2022 年 1 月
74	江某海	都昌县土塘镇殿下村陶珠山村	男	1953	退休教师	中师	2022 年 1 月
75	刘某南	都昌县土塘镇土桥村碧桃湾	男	1961	村干部	高中	2022 年 1 月
76	夏某坦	南昌市新建区联圩镇大圩村	男	1959	退休教师	高中	2012 年 12 月
77	余某生	南昌市新建区石岗镇石岗村	男	1955	务农	小学	2013 年 5 月
78	陶某长	南昌市新建区昌邑乡坪门村	男	1955	退休干部	高中	2013 年 5 月
79	樊某生	南昌县泾口乡辕门村	男	1950	退休教师	大专	2013 年 5 月
80	吴某沅	南昌县三江镇徐罗村吴黄村	男	1958	退休干部	初中	2013 年 5 月
81	曹某苟	湖口县流芳乡青年村曹府台	男	1953	村支书	初中	2013 年 7 月
82	金某滚	庐山市华林镇繁荣村大屋金	男	1956	退休干部	高中	2013 年 6 月

续表

序号	姓名	地点	性别	出生年月	职业	文化程度	调查时间
83	汪某璋	彭泽县龙城镇	男	1954	职员	小学	2018 年 7 月
84	邹某根	新干县潭丘乡	男	1951	村支书	小学	2022 年 7 月
85	李某炳	余干县三塘乡友爱村	男	1986	教师	研究生	2023 年 2 月

参考文献

鲍厚星、陈晖，2005，《湘语的分区（稿）》，《方言》第 3 期。

鲍厚星，2006，《湘方言概要》，长沙：湖南师范大学出版社。

曹保平、冯桂华，2003，《赣方言都昌话的语法现象》，《江西教育学院学报》（社会科学版）第 2 期。

曹保平，2003，《都昌方言的变式形容词》，《语言科学》第 4 期。

曹保平，2002，《都昌方言重叠式的构成形式及特征》，《南昌大学学报》（人文社会科学版）第 4 期。

曹剑芬，1987，《论清浊与带音不带音的关系》，《中国语文》第 2 期。

曹树基，1997，《中国移民史》第 5 卷，福州：福建人民出版社。

曹志耘，2002，《南部吴语语音研究》，北京：商务印书馆。

曾晓渝，2012，《语言接触的类型差距及语言质变现象的理论探讨——以中国境内几种特殊语言为例》，《语言科学》第 1 期。

昌梅香，2012，《赣语遂川方言的送气分调》，《方言》第 4 期。

陈保亚，2006，《从语言接触看历史比较语言学》，《北京大学学报》（哲学社会科学版）第 2 期。

陈保亚，1996，《论语言接触与语言联盟——汉越（侗台）语源关系的解释》，北京：语文出版社。

陈昌仪，1983，《都昌（土塘）方言的两个特点》，《方言》第 4 期。

陈昌仪，1991，《赣方言概要》，南昌：江西教育出版社。

陈昌仪主编，2005，《江西省方言志》，北京：方志出版社。

陈立中，2004，《论湘鄂赣边界地区赣语中的浊音走廊》，《汉语学报》第 2 期。

陈立中，2005a，《从现代汉语方言保留古代全浊声母系统现象的地理分布看湘语与吴语的历史层次关系》，《湘潭大学学报》（哲学社会科学版）第 1 期。

陈立中，2005b，《汉语方言声调送气分化现象初探》，《汉语学报》第 4 期。

陈凌，2019，《江西省湖口方言研究》，北京：北京师范大学出版社。

陈蒲清，1984，《益阳方言的边音声母》，《方言》第 3 期。

陈荣华等，2004，《江西经济史》，南昌：江西人民出版社。

陈维，2020，《都昌徐埠方言三个上升调的研究》，华东师范大学，硕士学位论文。

陈文华、陈荣华，1999，《江西通史》，南昌：江西人民出版社。

陈章太、李如龙，1991，《闽语研究》，北京：语文出版社。

陈忠敏，2017，《语音层次的定义及其鉴定的方法》，载丁邦新主编《历史层次与方言研究》，上海：上海教育出版社。

储倩文，2018，《南昌方言音系实验研究》，南京师范大学，硕士学位论文。

戴庆厦、袁焱，2002，《互补和竞争：语言接触的杠杆——以阿昌语的语言接触为例》，《语言文字应用》第 1 期。

德安县志编纂委员会编，1991，《德安县志》，上海：上海古籍出版社。

丁邦新，1998，《丁邦新语言学论文集》，北京：商务印书馆。

丁邦新，2009，《论官话方言研究中的几个问题》，载中华书局编辑部编《中研院历史语言研究所集刊：语言文字编·方言卷》第 1 册，北京：中华书局。

丁声树，1984，《汉语音韵讲义》，上海：上海教育出版社。

董为光，1989，《湘鄂赣三界方言的送气声母》，《语言研究》第 2 期。

都昌县地方志编纂委员会编，2009，《都昌县志》，南昌：江西人民出版社。

都昌县地名志编纂委员会编，1986，《都昌县地名志》，九江：都昌地名志办。

杜爱英，1998，《北宋江西诗人用韵研究》，南京大学，博士学位论文。

段玉泉，2002，《都昌方音中娘母字的来源及其分布规律》，《九江师专学报》第 1 期。

冯桂华、曹保平，2012，《赣语都昌方言初探》，成都：西南交通大学出版社。

冯桂华，2006，《普通话与都昌方言话题句的比较研究》，首都师范大学，硕士学位论文。

冯青，2018，《都昌（土塘）方言中"首"的特殊用法》，《中国语文》2018 年第 1 期。

〔瑞典〕高本汉，1994，《中国音韵学研究》，赵元任、罗常培、李方桂译，北京：商务印书馆。

高福生，1988，《安义方言同音字汇》，《方言》第 2 期。

葛剑雄主编，吴松弟著，1997，《中国移民史》第 3 卷，福州：福建人民出版社。

关英伟、吴晶，2011，《广西恭城直话单字调和双字调变调的实验研究》，《南开语言学刊》第 2 期。

韩琨，2013，《都昌方言对英语语音学习的负迁移及应对策略》，《考试与评价》（大学英语教研版）第 4 期。

何大安，1985，《云南汉语方言中与颚化音有关诸声母的演变》，《中研院历史语言研究所集刊》第 2 期。

何大安，2004，《规律与方向——变迁中的音韵结构》，北京：北京大学出版社。

孔江平，2015，《实验语音学基础教程》，北京：北京大学出版社。

胡方，2018，《汉语方言的实验语音学研究旨趣》，《方言》第 4 期。

胡松柏等，2009，《赣东北方言调查研究》，南昌：江西人民出版社。

黄雪贞，1988，《客家方言声调的特点》，《方言》第 4 期。

黄雪贞，1989，《客家方言声调的特点续论》，《方言》第 2 期。

江西省都昌县县志编修委员会编，1993，《都昌县志·方言卷》，北京：新华出版社。

江莹，2019，《都昌方言被动标记"驮"字语法化历程探析》，《江科学术研究》第 2 期。

雷道彩、雷芹、雷声，2017，《都昌俚语》，南昌：江西高校出版社。

李冬香，2005，《湖南赣语语音研究》，暨南大学，博士学位论文。

李方桂，1980，《中国的语言和方言》，梁敏译，《民族译丛》第 1 期。

李懋等，2019，《文化都昌》，南昌：江西高校出版社。

李荣，1985，《关于汉语方言分区的几点意见（二）》，《方言》第 3 期。

李如龙、张双庆主编，1992，《客赣方言调查报告》，厦门：厦门大学
　　出版社。

李如龙，2003，《汉语方言的比较研究》，北京：商务印书馆。

李新魁，2000，《中古音》，北京：商务印书馆，2000。

栗华益，2013，《试析汉语方言入声韵尾边音化》，《方言》第 4 期。

栗华益，2021，《江西都昌、余干方言的塞音塞擦音声母——兼论汉语
　　塞音塞擦声母的演变过程和类型》，《方言》第 1 期。

刘纶鑫主编，1999，《客赣方言比较研究》，北京：中国社会科学出
　　版社。

刘晓英，2009，《语言接触对郴州方言古全浊声母演变的影响》，《湘南
　　学院学报》第 4 期。

（汉）刘向，1997，《战国策》，桂林：广西民族出版社。

刘泽民，2005，《客赣方言历史层次研究》，兰州：甘肃民族出版社。

龙国贻，2015，《湖南攸县赣方言的清鼻音》，《方言》第 6 期。

卢继芳，2006，《都昌话与北京话比较研究》，《九江学院学报》（社会
　　科学版）第 1 期。

卢继芳，2007，《都昌阳峰方言研究》，北京：文化艺术出版社、中国
　　社会科学出版社，2007。

卢继芳，2010，《都昌方言语音的内部差异》，《九江学院学报》（哲学
　　社会科学版）第 2 期。

卢继芳，2012a，《都昌方言与邻县方言的关系及其成因》，《南昌大学
　　学报》（人文社会科学版）第 1 期。

卢继芳，2012b，《从古透定母方音看鄱阳湖文化的多元性》，《江西社
　　会科学》第 2 期。

卢继芳，2012c，《都昌方言助词"得"的用法及其历史层次》，《前沿》
　　第 12 期。

卢继芳，2012d，《赣语都昌方言古透定母今读地理差异及历史层次》，
　　《名作欣赏》第 18 期。

卢继芳，2012e，《都昌方言人称代词"侬"尾及其历史来源》，《语文
　　建设》第 22 期。

卢继芳，2013，《语言学视角下赣北文化的层次叠置现象》，《南昌大学学报》（人文社会科学版）第 6 期。

卢继芳，2018，《赣语昌都片方言语音研究》，北京：商务印书馆。

鲁国尧，1994，《客、赣、通泰方言源于南朝通语说》，载鲁国尧《鲁国尧自选集》，郑州：大象出版社。

罗常培，1931，《〈切韵〉鱼虞的音值及其所据方音考》，载罗常培《罗常培语言学论文集》，北京：商务印书馆。

罗常培，1931，《夏门音系》，北平：国立中央研究院历史语言研究所。

罗常培，1940，《临川音系》，北京：商务印书馆。

罗常培，2012，《唐五代西北方音》，北京：商务印书馆。

罗美珍，2020，《论族群互动中的语言接触》，《语言研究》第 3 期。

罗香林，1975，《中国民族史》，台北：中华文化出版事业社。

罗昕如，2011，《湘语与赣语比较研究》，长沙：湖南师范大学出版社。

罗自群，2017，《从语言接触看汉语方言"哒"类持续标记的来源》，《语言研究》第 4 期。

Lyle Campbell, 2013, *Historical Linguistics: An Introduction*, 3nd edition, Edinburgh University Press.

麦耘，2016，《从普适性自然演化的角度观察语言关系和语言变迁》，《中国方言学报》第 6 期。

〔法〕梅耶，2008，《历史语言学中的比较方法》，岑麒祥译，北京：世界图书出版公司北京公司。

聂有才，2013，《高安（太阳）方言单双字调声学实验研究》，广西师范大学，硕士学位论文。

潘悟云，2000，《汉语历史音韵学》，上海：上海教育出版社。

潘悟云，2007，《历史层次分析的目标与内容》，载丁邦新主编《历史层次与方言研究》，上海：上海教育出版社。

潘悟云，2010，《历史层次分析的若干理论问题》，《语言研究》第 2 期。

彭建国，2010，《湘语音韵历史层次研究》，长沙：湖南大学出版社。

彭建国，2022，《论气声、浊声与清送气的关系》，《当代语言学》第 4 期。

彭适凡，1992，《江西先秦考古》，南昌：江西高校出版社。

彭泽县志编纂委员会编，1992，《彭泽县志》，北京：新华出版社。

（清）钱大昕，1983，《十驾斋养新录》，上海：上海书店出版社。

钱曾怡主编，2010，《汉语官话方言研究》，济南：齐鲁书社。

钱乃荣，1992，《当代吴语研究》，上海：上海教育出版社。

〔日〕桥本万太郎，2008，《语言地理类型学》，余志鸿译，北京：世界
　　图书出版公司北京公司。

孙宜志、陈昌仪、徐阳春，2010，《江西赣方言语音的特点》，《南昌大
　　学学报》（人文社会科学版）第 4 期。

〔美〕萨丕尔，1985，《语言论》，陆卓元译，北京：商务印书馆。

《史记》，1982，北京：中华书局。

邵荣芬，1963，《敦煌俗文学中的别字异文和唐五代西北方音》，《中国
　　语文》第 3 期。

孙宜志、陈昌仪、徐阳春，2001，《江西境内赣方言区述评及再分区》，
　　《南昌大学学报》（人文社会科学版）第 2 期。

孙宜志，2002，《江西赣方言中古精庄知章组声母的今读研究》，《语言
　　研究》第 2 期。

孙宜志，2003，《江西赣方言来母细音今读舌尖塞音现象的考察》，《南
　　昌大学学报》（人文社会科学版）第 1 期。

孙宜志，2006，《江西永修（三角）方言的语音特点》，《浙江万里学院
　　学报》第 6 期。

孙宜志，2007，《江西赣方言语音研究》，北京：语文出版社。

孙宜志，2008，《江西赣方言古全浊声母今读新论》，《汉语学报》第
　　3 期。

孙宜志，2009，《江西赣方言见溪群母的今读研究》，《方言》第 2 期。

陶寰，2017，《吴语浊音声母的类型及其音系地位》，《方言》2017 年第
　　3 期。

万波编著，2009，《赣语声母的历史层次研究》，北京：商务印书馆。

万云文，2011，《语言接触视野下的向塘（新村）方言语音研究》，江
　　西师范大学，硕士学位论文。

汪高文，2019，《彭泽方言研究》，北京：商务印书馆。

汪玲，2020，《环鄱阳湖方言声调研究》，江西师范大学，硕士学位

　论文。

汪荣宝，1923，《歌戈鱼虞模古读考》，《国学季刊》第 1 卷第 2 号。

王福堂，1998，《关于客家话和赣方言的分合问题》，《方言》第 1 期。

王福堂，1999，《汉语方言语音的演变和层次》，北京：语文出版社。

王福堂，2007，《汉语方言语音中的层次》，载丁邦新主编《历史层次
　与方言研究》，上海：上海教育出版社。

王洪君，1999，《从开口一等重韵的现代反映形式看汉语方言的历史关
　系》，《语言研究》第 1 期。

王洪君，2004，《也谈古吴方言覃谈寒桓四韵的关系》，《中国语文》第
　4 期。

王洪君，2007，《文白异读与叠置式音变》，载丁邦新主编《历史层次
　与方言研究》，上海：上海教育出版社。

王军虎，2004，《晋陕甘方言的"支微入鱼"现象和唐五代西北方音》，
　《中国语文》第 3 期。

王力，1985，《汉语语音史》，北京：中国社会科学出版社。

王莉宁，2010，《赣语中的次清浊化与气流分调》，《语言研究》第 3 期。

魏钢强、陈昌仪编写，1998，《南昌话音档》，上海：上海教育出版社。

魏钢强编纂，1998，《萍乡方言词典》，南京：江苏教育出版社。

魏钢强，2017，《鱼蚣、鹅蚣、牛蚣和农蚣：客赣方言遇摄白读音的层
　次和分布》，《中国方言学报》第 7 期，北京：商务印书馆。

吴福祥，2007，《关于语言接触引发的演变》，《民族语文》第 2 期。

吴继章，1990，《魏县话双字组连读变调》，《河北大学学报》（哲学社
　会科学版）S1 期。

吴宗济，2002，《中国音韵学和语音学在汉语言语合成中的应用》，《语
　言教学与研究》第 1 期。

夏俐萍，2010，《赣语中的合流型浊音》，《语言科学》第 3 期。

夏俐萍，2020，《汉语方言全浊声母演变研究》，北京：中国社会科学
　出版社。

项梦冰、曹晖编，2005，《汉语方言地理学》，北京：中国文史出版社。

肖萍，1999，《鄱阳湖区赣语的体》，南昌大学，硕士学位论文。

肖萍，2001，《都昌方言的"得₂"初探》，《浙江万里学院学报》第 4 期。

肖萍，2008，《江西吴城方言语音研究》，山东：齐鲁书社。

谢留文，1998，《赣语古上声全浊声母字今读阴平调现象》，《方言》第 1 期。

谢留文，2006，《赣语的分区（稿）》，《方言》第 3 期。

谢留文，2008，《江西省的汉语方言》，《方言》第 2 期。

谢留文，2020，《赣语"鱼虞有别"的层次》，《中国语文》第 4 期。

辛世彪，2004，《东南方言声调比较研究》，上海：上海教育出版社。

熊桂芬、汪璞赟，2011，《从语言接触看嘉鱼县马鞍山话的语音层次》，《长江学术》第 1 期。

熊世辉，1979，《南昌方言的声调及其演变》，《方言》第 4 期。

徐世璇，1998，《毕苏语方言的形成和语言的接触影响》，《民族语文》第 3 期。

徐通锵，2001，《历史语言学》，北京：商务印书馆。

徐越，2013，《汉语方言中的气流分调现象》，《中国语文》第 3 期。

许怀林，1993，《江西史稿》，南昌：江西高校出版社。

颜森，1986，《江西方言的分区（稿）》，《方言》第 1 期。

杨伯峻编著，1990，《春秋左传注》，北京：中华书局。

杨秀芳，2007，《论文白异读》，载丁邦新主编《历史层次与方言研究》，上海：上海教育出版社。

杨自翔，2008，《都昌县城方言的入声》，载南开大学中文系《语言研究论丛》编委会编《语言研究论丛》第 8 辑，天津：南开大学出版社。

叶祥苓，1983，《吴江方言声调再调查》，《方言》第 1 期。

游汝杰，2000，《汉语方言学导论》，上海：上海教育出版社。

游汝杰，2016，《汉语方言学教程》（第二版），上海：上海教育出版社。

游汝杰，2018，《汉语方言学导论》（修订本），上海：上海教育出版社。

余颂辉，2022，《新湘语覃谈有别的语音层次》，《方言》第 4 期。

余志鸿，2000，《语言接触与语言结构的变异》，《民族语文》第 4 期。

袁家骅等，2001，《汉语方言概要》（第二版），北京：语文出版社。

詹伯慧主编，2001，《汉语方言及方言调查》，武汉：湖北教育出版社。

詹伯慧，2002，《方言分区问题再认识》，《方言》第 4 期。

张双棣等译注，2000，《吕氏春秋译注》，北京：北京大学出版社。

张兴权，2012，《接触语言学》，北京：商务印书馆。

赵建华，2014，《赣语都昌方言"是"字句的语气情态研究》，《常州工学院学报》（社科版）第 4 期。

赵元任等，1948，《湖北方言调查报告》第 3 册，北京：商务印书馆。

赵元任，2009，《中国方言当中爆发音的种类》，载中华书局编辑部编《中研院历史语言研究所集刊论文类编：语言文字编·方言卷》第 1 册，北京：中华书局。

赵元任，2011，《现代吴语研究》，北京：商务印书馆。

郑伟，2013，《吴方言比较韵母研究》，北京：商务印书馆。

中国社会科学院、澳大利亚人文学院，1987，《中国语言地图集》，香港朗文出版（远东）有限公司。

中国社会科学院语言研究所、中国社会科学院民族学与人类学研究所、香港城市大学语言资讯科学研究中心编，2012，《中国语言地图集》（第 2 版），北京：商务印书馆。

钟明立，2004，《江西武宁礼溪话音系》，《方言》第 4 期。

周赛红，2005，《湘方言音韵比较研究》，湖南师范大学，博士学位论文。

周振鹤、游汝杰，1998，《方言与中国文化》，上海：上海人民出版社。

周祖谟：《问学集》，北京：中华书局，1966。

周祖谟，1993，《宋代汴洛音与〈广韵〉》，载周祖谟《周祖谟学术论著自选集》，北京：北京师范学院出版社。

朱晓农，2003，《从群母论浊声和摩擦——实验音韵学在汉语音韵学中的实验》，《语言研究》第 2 期。

朱晓农、寸熙，2006，《试论清浊音变圈——兼论吴、闽语内爆音不出于侗台底层》，《民族语文》第 3 期。

朱晓龙，2007，《说鼻音》，《语言研究》第 3 期。

朱晓农、刘泽民、徐馥琼，2009，《自发新生的内爆音——来自赣语、闽语、哈尼语、吴语的第一手材料》，《方言》第 1 期。

朱晓农、徐越，2009，《弛化：探索吴江次清分调的原因》，《中国语文》第 4 期。

朱晓农，2010a，《语音学》，北京：商务印书馆。

朱晓农，2010b，《全浊弛声论——兼论全浊清化（消弛）低送高不送》，《语言研究》第 3 期。

朱晓农，2012，《音法演化：发声活动》，北京：商务印书馆。

后　记

　　都昌县坐落在中国第一大淡水湖——鄱阳湖北岸湖滨，宋代苏东坡曾作《过都昌》："鄱阳湖上都昌县，灯火楼台一万家。水隔南山人不渡，东风吹老碧桃花。"这是都昌历史文化悠久的见证。都昌南倚南山，北望长江，秀美隽永，这里有我许多美好的记忆。童年时与同龄伙伴嬉戏于东湖堤坝上，上学后学校组织春游、秋游便去南山、矶山，那时望着茫茫无边的湖面，感觉这里真是天尽头，时常憧憬着外面的世界。长大后真的离开家乡去省城上大学，隔着一汪湖水，一张船票便可解乡愁。月是故乡明，现在在省城成家立业，过节时，每每说起、听到家乡话，都会让我思念鄱阳湖滨那永远的、温暖的故乡！

　　儿时在祖母身边长大，祖母在闲暇时会同我讲一些民间故事，如田螺姑娘、野人家公、莴苣姑娘、苋菜的来源等，这些有趣的故事常常引得我遐想纷飞。记忆深处有个同语言学有关的故事：都昌人去永修县吴城镇做生意，来到一家饭馆吃饭，吴城店小二问都昌客人要吃什么，都昌人用方言说"来盘好味道"（与吴城方言"来盘好芋头"谐音），结果吴城店小二为都昌客人端来一盘烧芋头，因此都昌人笑话吴城的"好菜"竟是都昌乡下人天天吃的芋头。这个故事的笑点源于两地方言，吴城话的"芋［ui］头"同都昌话的"味［ui］道"产生了谐音现象，导致吴城店小二误解。很多年之后，我从事方言学研究后才真正明白这个故事的"玄妙"之处。

　　都昌方言在江西九江地区很有特色。在九江地区的人心中，都昌的标记是都昌话的"么嗝嘎"（普通话"什么"），都昌人常被戏称"摩托卡"（普通话"摩托车"，又与方言"么嗝嘎"谐音）。都昌方言与普通话区别大，也是赣北最难被听懂的方言之一。1994年我到省城上大学时，因为说不好普通话，常常被室友笑话。2000年我开始攻读汉语言文字学专业的硕士学位，专门学习方言调查与研究，通过三年专业的学习，我才真正明白了"老土"的都昌方言是语言资源的宝藏。

家乡不仅养育我，也赠予我宝藏——底蕴丰厚的都昌方言。母语引领我走上了语言学研究的学术道路，我也想有机会运用自己所学把家乡方言文化记录传承下来。2017年我在乡亲们的合作、帮助下完成了中国语言资源保护工程专项任务项目"江西汉语方言调查·都昌"的调查与摄录。之后由于都昌县城改造拆迁，父母从都昌县迁居九江市，那时感觉语保项目是上天冥冥之中赠予我完成凤愿的机会。在都昌语保调查中，我遇到了许多以前没有注意到的方言现象，也就是在这样的契机下，我对都昌方言语音特点再做研究，并且据研究成果成功获得了2021年国家社科基金后期资助项目（21FYYB045）。非常感激给书稿"江西都昌方言语音研究"立项机会的评审专家，由于专家客观、专业的评判让我有机会进一步发掘"母语"，这也更加坚定我"持之以恒，脚踏实地"的学术信念。

为了修改完善书稿，我利用寒暑假再次回到家乡开展田野调查，这次调查让我对家乡的山山水水、风土人情、历史文化有了更深入的了解。读硕士研究生时一遇到都昌方言音变现象就觉得这是多么"特殊"的新发现，二十年后我已对昌都片赣语做全面的调查和初步的研究，结合其他赣语的语音现象来看，已经可以理解与解释都昌方言的许多"特殊"音变现象。都昌东部方言中古入声字舒化发展，浊入归向阳去，清入归向阴去，这是赣北赣语（都昌、湖口、庐山、彭泽、鄱阳等方言）的共同发展规律。中古溪群母今读零声母现象是都昌方言的区别性特征，我把这个现象同周边方言的溪母今读［h］声母现象，甚至与赣中赣语擦音声母现象联系起来看，地理差异显示出历时的音变轨迹。昌都片赣语送气分调现象很普遍，随着调查研究广度、深度的拓展，我也越来越清晰地认识到：次清化浊与送气分调是同一机制在同一语音系统中作用后引发的两个不同又密切相关的音变现象，它们之间有着怎样的联系以及如何相互作用，这是一个很值得深入研究的课题。近知命之年，有了生活、学业的积累，这次的方言调查研究有了更多理性的认知、客观的分析，收获颇多。

翻看都昌方言的调查记录，教育上引领我的老师，陪伴我学术道路的同学挚友，许多人、许多事历历在目。二十年前同窗好友洪碧霞在左里镇、南峰乡政府工作，当时她刚生完小孩且工作忙碌，还要忙着为我联系发音人，安排好我下乡调查期间的饮食住宿。好友谌晓明为本项目的方言补充调查工作出力不少，她生病躺在床上还在为我联系发音人，天天关注我的调查进度。调查工作还得到了都昌县文联主席吴德胜先生及其爱徒的倾力协助。感谢可敬、可亲、可爱的发音人，因为这些乡亲积极配合、热情协助，每天的调查工作都充满乐趣。

在本书写作的过程中，我非常荣幸地得到了中国社会科学院语言研究所谢留文先生的教诲，有关都昌方言语音的疑惑在老师的启发下得以解决。谢老师曾多次带领我赴湖南、江西开展实地田野调查，许多有关赣语特点的认识也在调查实践中得到了深化。感谢访学期间中国社会科学院语言研究所老师们的帮助，这是一段非常美好的学习经历，特别感恩！

本书能顺利出版，感谢社会科学文献出版社的大力支持，特别致谢编辑团队，他们自始至终仔细认真地做好本书的编辑工作，为此付出大量的心血、辛劳。

我还要特别感谢江西省社会科学院社会学研究所张晓霞研究员，晓霞在工作之余参与本书的材料整理、校对工作，并发挥社会学专业专长为本书第五章"都昌方言与周边方言的关系"的历史人文地理分析收集整理了大量社会人文历史与谱牒材料，提供了大量宝贵的建议。

成长的道路，多少的帮助与关爱方可成就，无比感恩，维有渐进，方可永怀！

2023 年 1 月 20 日夜
翠湖嘉园记